Analyse coûts-avantages et environnement

AVANCÉES THÉORIQUES ET UTILISATION PAR LES POUVOIRS PUBLICS

Giles Atkinson, Nils Axel Braathen, Ben Groom
et Susana Mourato

OCDE
DES POLITIQUES MEILLEURES
POUR UNE VIE MEILLEURE

Cet ouvrage est publié sous la responsabilité du Secrétaire général de l'OCDE. Les opinions et les interprétations exprimées ne reflètent pas nécessairement les vues officielles des pays membres de l'OCDE.

Ce document, ainsi que les données et cartes qu'il peut comprendre, sont sans préjudice du statut de tout territoire, de la souveraineté s'exerçant sur ce dernier, du tracé des frontières et limites internationales, et du nom de tout territoire, ville ou région.

Merci de citer cet ouvrage comme suit :
OCDE (2018), *Analyse coûts-avantages et environnement : Avancées théoriques et utilisation par les pouvoirs publics*, Éditions OCDE, Paris.
http://dx.doi.org/10.1787/9789264300453-fr

ISBN 978-92-64-30044-6 (imprimé)
ISBN 978-92-64-30045-3 (PDF)
ISBN 978-92-64-30089-7 (HTML)
ISBN 978-92-64-30088-0 (epub)

Les données statistiques concernant Israël sont fournies par et sous la responsabilité des autorités israéliennes compétentes. L'utilisation de ces données par l'OCDE est sans préjudice du statut des hauteurs du Golan, de Jérusalem-Est et des colonies de peuplement israéliennes en Cisjordanie aux termes du droit international.

Note de la Turquie :

Les informations figurant dans ce document qui font référence à « Chypre » concernent la partie méridionale de l'Ile. Il n'y a pas d'autorité unique représentant à la fois les Chypriotes turcs et grecs sur l'Ile. La Turquie reconnaît la République Turque de Chypre Nord (RTCN). Jusqu'à ce qu'une solution durable et équitable soit trouvée dans le cadre des Nations Unies, la Turquie maintiendra sa position sur la « question chypriote ».

Note de tous les États de l'Union européenne membres de l'OCDE et de l'Union européenne :

La République de Chypre est reconnue par tous les membres des Nations Unies sauf la Turquie. Les informations figurant dans ce document concernent la zone sous le contrôle effectif du gouvernement de la République de Chypre.

Les corrigenda des publications de l'OCDE sont disponibles sur : *www.oecd.org/editions/corrigenda*.

Préface

L'analyse coût-avantages constitue depuis longtemps un instrument d'action publique central. Il est désormais largement admis qu'une étape essentielle du processus d'élaboration des politiques consiste à systématiquement calculer les coûts et avantages des actions possibles et des projets envisagés. En procédant de la sorte, les décideurs ont une idée précise des conséquences que la mise en œuvre des mesures envisageables pour atteindre un objectif particulier aura sur la société. Cela se vérifie tout particulièrement dans le cas de l'élaboration des politiques d'environnement : de nombreux pays font une place centrale à l'analyse coût-avantages aux stades de la conception et de l'exécution.

L'OCDE plaide depuis longtemps en faveur de l'analyse coût-avantages dans l'élaboration des politiques d'environnement. Les travaux menés à cet effet couvrent un large éventail de sujets, allant de l'évaluation financière des atteintes à l'environnement au rôle de l'actualisation dans les études de cas relatives à l'application de l'analyse coût-avantages. Voilà maintenant plus de dix ans que l'étude publiée par l'OCDE (*Cost-Benefit Analysis and the Environment: Recent Developments*), en 2006, fait autorité.

Ce nouveau rapport sur la question rend compte à propos de l'évolution récente de l'analyse coût-avantages sur les plans théorique et pratique. La théorie a connu d'importants changements ces dix dernières années, principalement du fait de l'économie de la lutte contre le changement climatique et du traitement de l'incertitude et de l'actualisation dans l'évaluation des politiques et des projets. Par exemple, une attention accrue est accordée au calcul du coût social du carbone. Il s'agit d'un exercice très complexe car il fait intervenir de nombreuses disciplines en raison de la variabilité spatio-temporelle des incidences globales des émissions de carbone et de l'hétérogénéité des secteurs concernés. Nous expliquons ici le fondement du coût social du carbone et passons en revue les différentes façons de le calculer ainsi que l'incertitude qui en découle, en réfléchissant à des questions déterminantes pour l'intérêt pratique de l'exercice : quelle trajectoire suivront les émissions ? quelle sera leur incidence sur les températures ? de quelle manière les changements de température seront-ils dommageables ?

Cette étude dresse également un état des lieux technique et pratique de l'actualisation, qui constitue un domaine fondamental. Si la théorie a clairement établi comment définir le taux social d'actualisation, de nombreuses questions se posent dans la pratique, en particulier lorsque l'on s'intéresse aux mesures dont les générations futures très lointaines subiront les conséquences : les politiques et les projets intergénérationnels. La recherche théorique et empirique pèse de plus en plus en faveur d'une diminution temporelle du taux d'actualisation. Mais cela a des répercussions importantes dans le débat sur l'action à mener à l'égard des grandes problématiques environnementales, telles que le changement climatique, la pollution atmosphérique et la gestion de l'eau.

Cet ouvrage contient des informations nouvelles sur la manière dont l'analyse coût-avantages est utilisée – ou ne l'est pas – avant et après une intervention dans différents contextes. Dans celui de l'élaboration des politiques environnementales, l'usage qui est fait de l'analyse coût-avantages varie grandement d'un pays à l'autre. On observe également de grandes disparités dans la manière dont les effets sur l'environnement sont pris en compte selon le secteur économique et le contexte analytique considérés. Dans le secteur de l'énergie, par exemple, les projets d'investissement et d'intervention font généralement l'objet d'analyses coût-avantages poussées. En revanche, les effets environnementaux non liés au climat y occupent une place nettement moindre que dans les évaluations de projets d'investissement touchant d'autres secteurs, notamment celui des transports.

Le recours à l'analyse coût-avantages est également étudié sous l'angle de l'économie politique. Si l'analyse coût-avantages fournit des informations extrêmement précieuses aux décideurs, elle ne constitue nécessairement que l'une des multiples facettes à prendre en considération dans le traitement des enjeux environnementaux. Il est fondamental de comprendre les modalités pratiques d'utilisation de l'analyse coût-avantages ainsi que les contraintes et difficultés qui en découlent pour bien informer les décideurs de ses « us et abus ». Certes, il est essentiel que les décideurs disposent de la flexibilité requise pour « agir sur le plan politique » ou atteindre d'autres objectifs d'action, mais cela aura une incidence particulière sur la nature de l'analyse coût-avantages. Aussi cet exercice a-t-il pour rôle d'expliquer la forme requise des décisions en cas d'adoption d'une approche économique donnée.

Cet ouvrage est le résultat d'une collaboration étroite entre d'éminents professeurs d'université et les pays de l'OCDE, qui ont travaillé sous les auspices du Comité des politiques d'environnement. La Direction de l'environnement de l'OCDE se tient à la disposition des pays pour les aider à appliquer les pratiques et outils exposés dans l'étude. Il ne fait aucun doute que ces travaux vont fortement enrichir la compréhension de l'analyse coût-avantages et inciter les pays, qu'ils soient ou non membres de l'OCDE, à y recourir pour faire face aux nombreux enjeux environnementaux collectifs.

Anthony Cox
Directeur par intérim, Direction de l'environnement de l'OCDE

Remerciements

Cet ouvrage est une mise à jour de l'édition parue en 2006 sous le titre *Analyse coûts-avantages et environnement : Développements récents* (Pearce et al., 2006). Il est cosigné par Giles Atkinson, Ben Groom et Susana Mourato, de la London School of Economics, ainsi que par Nils Axel Braathen, du Secrétariat de l'OCDE. Il a bénéficié de nombreux commentaires et suggestions formulés par les délégués auprès du Groupe de travail sur l'intégration des politiques environnementales et économiques, qui relève du Comité des politiques d'environnement de l'OCDE.

L'édition originale de 2006 est née d'échanges entre David Pearce et le Secrétariat de l'OCDE. Dans une longue et prestigieuse tradition avant-gardiste, l'OCDE s'intéresse à l'analyse économique des problèmes environnementaux, en particulier à l'analyse coûts-avantages et à l'évaluation environnementale. Avant la parution de Pearce et al. (2006), aucune publication n'avait réuni, au sein d'un même ouvrage, certaines des dernières évolutions de l'analyse coûts-avantages. Forte de son expérience, l'OCDE semblait être l'enceinte idoine pour donner corps à la première mouture. Nous espérons donc que ce nouvel ouvrage se révélera aussi utile que son prédécesseur à la communauté des chercheurs, mais aussi à celle des analystes, qui sont de plus de plus nombreux à appliquer et à utiliser l'analyse coûts-avantages.

La présente édition est le fruit d'un travail approfondi de révision et de réécriture destiné à tenir compte des nouvelles évolutions de l'analyse coûts-avantages et de l'environnement. Ainsi, un certain nombre de nouveaux chapitres ont fait leur apparition. Nous sommes infiniment reconnaissants à l'OCDE de nous avons donné l'occasion de reprendre l'édition de 2006 et restons profondément redevables à Jean-Philippe Barde, ancien membre de la Direction de l'environnement de l'OCDE, sans qui cette première édition n'aurait pas vu le jour. Nous aimerions remercier Nathalie Girouard et Shardul Agrawala du Secrétariat de l'OCDE pour leur conseils lors de la production de ce travail. Nous aimerions également remercier Joe Swierzbinski pour son aide inestimable dans la rédaction du chapitre 10, dont la numérotation reste inchangée, ainsi que Mark Freeman et Daniel Fujiwara, pour leurs commentaires sur certains chapitres. Notre gratitude va également à un certain nombre d'étudiants du cours sur l'évaluation économique des projets et politiques dispensé à la LSE (« Economic appraisal and valuation »), pour leur contribution à la relecture, et à Elvira Berrueta-Imaz, Janine Treves, Natasha Cline-Thomas et Catherine Roch du Secrétariat de l'OCDE, pour leur aide dans la préparation du manuscrit. Il va sans dire que les auteurs assument l'entière responsabilité des erreurs qui pourraient subsister.

Enfin, nous sommes immensément redevables au regretté David Pearce, qui nous a quittés soudainement avant la parution de l'édition originale en 2005. Source d'inspiration, maître à penser et figure exceptionnelle dans le domaine de l'économie environnementale, il a laissé un souvenir ému dans l'esprit des auteurs de cette édition, à qui ses précieuses contributions continuent de faire défaut. Nous mesurons toute l'importance de l'héritage qu'il nous a légué et la lourde responsabilité qui nous incombe à la préparation de ce nouvel ouvrage. Nous espérons sincèrement que David aurait salué nos efforts et nous dédions humblement cette édition à sa mémoire.

Giles Atkinson, Nils Axel Braathen, Ben Groom et Susana Mourato

Table des matières

Partie IV

L'analyse coûts-avantages dans la pratique

Tableaux

Graphiques

Abréviations et sigles

A/C	Rapport avantages-coûts
ACA	Analyse coûts-avantages
ACE	Analyse coût-efficacité
ACV	Analyse du cycle de vie
AI	Analyse d'impact
AMC	Analyse multicritères
AMP	Aires marines protégées
AN	Avantage net
ANA	Non-prise en compte de certains attributs (*Attribute non-attendance*)
ARA	Analyse risque-avantage
ARR	Analyse risque-risque
AS	Analyse de scénarios
ASS	Analyse santé-santé
BES	Bien-être subjectif
BWS	Best-worst scaling (modèle)
CA	Coefficient d'actualisation
CAA	Clean Air Act (États-Unis)
CAA	Consentement à accepter
CAP	Consentement à payer
CAPT	Consentement à payer total
CE	Commission européenne
CEA	Council of Economic Advisors (États-Unis)
CER	Comité d'examen de la réglementation (Union européenne)
CO	Monoxyde de carbone
CO_2	Dioxyde de carbone
COP	Conférence des Parties
COSC	Coût d'opportunité social du capital
CRRA	Aversion relative constante au risque (*Constant relative risk aversion*)
CSC	Coût social du carbone
CS-CO_2	Coût social du dioxyde de carbone
CUE	Cadre de l'utilité espérée
DDD	Différence des différences
DEFRA	Department for Environment, Food and Rural Affairs (Royaume-Uni)
DICE	Dynamic Integrated Climate and Economy (modèle)
EA	Valeur escomptée des avantages de la décision d'attendre
ECR	Évaluation comparative des risques
ED	Valeur escomptée des avantages du développement
EGC	Équilibre général calculable

EIE	Étude d'impact sur l'environnement
ELS	Entry Level Stewardship (Royaume-Uni)
ER	Évaluation des risques
ES	Valeur escomptée (pondérée en fonction des probabilités) des avantages procurés par la sauvegarde
ESE	Évaluation stratégique environnementale
ESM	Méthode d'échantillonnage des expériences (*Experience sampling method*)
EUR	Euro
EV	Évaluation contingente
EVAN	Espérance de valeur actuelle nette
EVRI	Inventaire de références de valorisation environnementale (*Environmental Valuation Reference Inventory*)
FI	Facteur d'imputation
FUND	Framework for Uncertainty, Negotiation and Distribution (modèle)
GBD	Étude sur la charge mondiale de morbidité (*Global burden of disease*)
GBP	Livre sterling
GES	Gaz à effet de serre
GIEC	Groupe d'experts intergouvernemental sur l'évolution du climat
HMT	Trésor britannique (*Her Majesty's Treasury*)
i.i.d.	Indépendant et identiquement distribué
IEG	Groupe d'évaluation indépendant (Banque mondiale)
IIA	Indépendance à l'égard des options non pertinentes
IPBES	Plateforme intergouvernementale sur la biodiversité et les services écosystémiques
IWG	Groupe de travail interinstitutionnel (*Interagency Working Group*)
KNPB	KwaZulu-Natal Parks Board
kWh	Kilowattheure
LCC	Péage urbain de Londres (*London congestion charge*)
MCD	Méthode des choix discrets
MCD	Méthode des coûts de déplacement
MEDAF	Modèle d'évaluation des actifs financiers
MEI	Modèles d'évaluation intégrée
MPH	Méthode des prix hédonistes
MPR	Multiplicateur de prime de risque
MUA	Modèle d'utilité aléatoire
NAS	National Academy of Sciences (États-Unis)
NCC	Natural Capital Committee (Royaume-Uni)
NO_2	Dioxyde d'azote
NOAA	National Oceanic and Atmospheric Administration (États-Unis)
NO_x	Oxydes d'azote
NU	Nations Unies
NZD	Dollar néo-zélandais
OCDE	Organisation de coopération et de développement économiques
ODD	Objectifs de développement durable
ONG	Organisation non gouvernementale
ONS	Office for National Statistics (Royaume-Uni)
PAC	Public Accounts Committee (Royaume-Uni)

PAGE	Policy Analysis of Greenhouse gas Emissions (modèle)
PD	Préférence déclarée
PFC	Prix fictif du capital
PIB	Produit intérieur brut
PM	Particules
PM_{10}	Particules de diamètre inférieur à 10 microns
$PM_{2.5}$	Particules de diamètre inférieur à 2.5 microns
PNUE	Programme des Nations Unies pour l'environnement
PR	Préférence révélée
PR	Prime de risque
PSE	Paiements pour services écosystémiques
RC	Rente compensatoire
RCE	Ratio coût-efficacité
RE	Rente équivalente
RNB	Revenu national brut
RPC	Regulatory Policy Committee (Royaume-Uni)
RR	Risque relatif
SCE	Sensibilité du climat à l'équilibre
SCT	Sensibilité climatique transitoire
SE	Services écosystémiques
SEQE	Système d'échange de quotas d'émission
SIG	Système d'information géographique
SO_x	Oxydes de soufre
TA	Transfert d'avantages
TAS	Taux d'actualisation social
TEEB	L'économie des écosystèmes et de la biodiversité (*The Economics of Ecosystems and Biodiversity*)
TPS	Particules totales en suspension
TRI	Taux de rendement interne
TSPT	Taux social de préférence temporelle
TV	Transfert de valeurs
TZS	Shilling tanzanien
UK-NEA	United Kingdom National Ecosystem Assessment (Royaume-Uni)
US EPA	Unites States Environmental Protection Agency (États-Unis)
USD	Dollar des États-Unis
VA	Valeur actuelle
VAN	Valeur actuelle nette
VAVS	Valeur d'une année de vie statistique
VC	Variation compensatoire
VE	Variation équivalente
VET	Valeur économique totale
VO	Valeur d'option
VQO	Valeur de quasi-option
VVS	Valeur d'une vie statistique

Résumé

Imaginons qu'il faille faire un choix entre plusieurs projets énergétiques impliquant d'investir soit dans une centrale au charbon, soit dans des moyens de production renouvelables tels que des éoliennes. L'analyse coûts-avantages (ACA) constitue l'un des outils analytiques auxquels peuvent avoir recours les décideurs et les analystes pour faire un choix entre ces projets (ou décider de n'en retenir aucun). La première étape peut consister à déterminer quels sont les avantages (définis comme une augmentation du bien-être humain) et les coûts (correspondant à une réduction de ce bien-être) induits par ces projets. Si le principe paraît simple, cette démarche implique de trouver un moyen d'agréger les avantages et coûts sociaux et environnementaux de populations différentes (dans des limites géographiques données) et de leur attribuer une valeur monétaire en tenant compte de leur répartition dans le temps. Pour que l'un des projets soit retenu sur la base du critère coûts-avantages, ses avantages sociaux doivent être supérieurs à ses coûts sociaux.

L'ACA environnementale s'applique aux projets ou politiques visant explicitement à améliorer l'environnement ou ayant de quelque manière qui soit un effet indirect sur les milieux naturels. Les usages de l'ACA et son utilisation dans la formulation des politiques et l'investissement se sont considérablement étendus ces dix dernières années, mais le recours à cet instrument n'est pas aussi généralisé qu'il pourrait l'être, bien qu'il se montre toujours utile dans la prise de décision en matière de politique environnementale et d'investissement.

Principales évolutions

- **Contribution de l'économie du climat :** les efforts déployés pour estimer le coût social des émissions de carbone font avancer la lutte contre le changement climatique malgré les difficultés et incertitudes qui entourent de telles estimations (au regard par exemple de la sensibilité du climat, des prévisions de croissance économique et d'évolution des émissions, ainsi que des dommages qui pourraient en découler). Ces travaux ont aussi amené à se pencher plus avant sur l'évaluation des coûts et avantages à très long terme et montré que les méthodes utilisées traditionnellement pour fixer un taux d'actualisation social posent problème lorsque le contexte s'étend sur plusieurs générations.
- **Application des techniques d'évaluation aux écosystèmes :** bien qu'une grande partie des travaux réalisés dans ce domaine s'attachent à définir une méthode d'évaluation des services écosystémiques, l'évolution des techniques d'évaluation non marchande reste au cœur de l'attention. Cela montre bien que l'évaluation non marchande demeure un sujet de recherche très en vue. On dispose d'un nombre considérable d'exemples d'utilisation de l'évaluation environnementale pour déterminer la valeur des écosystèmes nationaux et mondiaux.

- **Extension des méthodes fondées sur le bien-être social :** ce domaine de recherche a repoussé les frontières de l'attribution d'une valeur monétaire aux impacts environnementaux des politiques et projets d'investissement ; il permet par exemple de discerner de nombreux biens et services environnementaux (non marchands) implicitement échangés sur les marchés en établissant une inférence causale entre la transaction portant sur un bien marchand (comme l'achat d'une maison ou l'acceptation d'un emploi) et le prix implicite d'un bien environnemental (non marchand) (comme la qualité de l'air dans un quartier ou sur un lieu de travail). L'influence de l'économie comportementale profite également à l'économie environnementale en amenant à reconsidérer ce que l'on sait des biais d'évaluation et des anomalies dans les réponses. L'essor des enquêtes en ligne a par ailleurs beaucoup contribué à permettre de plus larges utilisations et un réexamen des biais et des moyens d'y remédier.
- **Perfectionnement continu de l'évaluation des effets sur la santé :** le volume croissant de données empiriques disponibles a permis de nouvelles avancées dans le domaine de l'évaluation des répercussions sanitaires, grâce par exemple à la réalisation de méta-analyses. Des « valeurs de référence » aisément utilisables dans le cadre d'évaluations concrètes ont ainsi pu être établies pour d'importantes catégories d'effets sur la santé, tels que le risque de mortalité. L'accumulation des preuves concernant la charge mondiale de morbidité, et plus particulièrement la contribution de la pollution à cette charge, confère un degré d'urgence accru à ces travaux.

Éléments à retenir

- Le perfectionnement technique de divers éléments de l'ACA environnementale comme les techniques d'évaluation des préférences déclarées, le traitement de l'incertitude et le recours à l'actualisation, a amélioré la rigueur statistique et permis d'établir des évaluations monétaires plus fiables et plus fines.
- Selon les résultats d'enquêtes, l'ACA est une pratique courante lors d'évaluations concrètes de l'action publique et de projets d'investissement dans les pays de l'OCDE, mais d'importants progrès restent à accomplir.
- Les enquêtes révèlent également que les processus d'évaluation minimisent souvent l'importance de l'ACA et que les décisions définitives semblent souvent aller à l'encontre de cette analyse.

Le processus de formulation des politiques fait intervenir un ensemble complexe d'institutions publiques et il importe d'en tenir compte lorsque l'on s'interroge sur l'utilisation effective de l'ACA. Il est essentiel de comprendre l'économie politique de cet instrument pour bien saisir comment il est effectivement utilisé et quelles seraient les mesures envisageables pour améliorer son utilisation.

Chose intéressante, des améliorations institutionnelles du type de celles que pourrait inspirer cette vision de l'économie politique sont en cours dans le contexte plus large de la réforme des cadres réglementaires engagée dans bien des pays et des instances supranationales. L'architecture institutionnelle qui influe sur le mode de réalisation de l'ACA (et le moment où elle est mise en œuvre) a donné lieu à la création d'organismes publics (souvent indépendants) qui pourraient conférer un rôle plus important à l'ACA, par exemple en ajoutant un niveau de contrôle supplémentaire sous la forme d'une vérification ou d'un « examen par les pairs » des évaluations officielles. Le comité d'examen de la réglementation de la Commission européenne en est un exemple notable.

De manière générale, le rôle de l'ACA environnementale est de fournir un instrument permettant de déterminer l'efficience (sociale) des décisions dans le cadre plus large de l'élaboration des politiques. Le présent ouvrage a pour objectif principal d'évaluer les évolutions théoriques récentes de l'ACA environnementale et d'illustrer l'utilisation pratique de l'ACA dans la formulation des politiques et l'évaluation des projets d'investissement.

Analyse coûts-avantages et environnement
Avancées théoriques et utilisation par les pouvoirs publics

Chapitre 1

Aperçu des grandes questions

Le présent chapitre propose un résumé des principaux thèmes abordés dans cet ouvrage. Il traite en l'occurrence de la nature évolutive des avancées à la frontière des connaissances, du recours à l'analyse des coûts et avantages environnementaux (ACAE) dans l'élaboration effective des politiques, ainsi que des éventuelles limites auxquelles peut se heurter l'analyse coûts-avantages. Il expose par ailleurs la structure de l'ouvrage.

Imaginons qu'il faille faire un choix entre plusieurs projets énergétiques impliquant d'investir soit dans une centrale au charbon, soit dans des moyens de production renouvelables tels que des éoliennes. L'analyse coûts-avantages (ACA) constitue l'un des outils analytiques auxquels peuvent avoir recours les décideurs et les analystes pour faire un choix entre ces projets (ou décider de n'investir dans aucun d'eux).

Cette analyse pourrait commencer par déterminer quels sont les avantages (définis comme une augmentation du bien-être humain, ou de « l'utilité » pour parler comme les économistes) et les coûts (correspondant à une réduction du bien-être humain) générés par ces projets. Pour que l'un des projets soit retenu sur la base du critère coûts-avantages, ses avantages sociaux doivent être supérieurs à ses coûts sociaux. Les limites géographiques retenues pour circonscrire la société qui supporte ces coûts et bénéficie de ces avantages coïncident généralement avec les frontières nationales, mais elles peuvent aisément être élargies pour couvrir un territoire plus étendu. Mais avant d'en arriver là, il faut trouver un moyen d'agréger les avantages et les coûts impliqués par le projet pour les différentes personnes concernées (dans les limites géographiques considérées). Il pourrait être nécessaire à cet effet de mesurer en termes de quantités physiques les intrants et les extrants du projet. Il est également fondamental de trouver le moyen d'attacher à ces quantités physiques une valeur monétaire correspondant à ce que les gagnants et les perdants de ce projet seraient disposés à sacrifier pour obtenir (ou éviter) les changements considérés. Ces coûts et ces avantages exprimés en valeurs monétaires sont par ailleurs enregistrés à différents moments et leur agrégation dans le temps implique leur actualisation. Les valeurs des avantages et des coûts futurs actualisés constituent ce que l'on appelle leurs « valeurs actuelles ». C'est la somme de ces valeurs actuelles qui est à la base du critère coûts-avantages et de la recommandation qui s'ensuit concernant la façon de choisir entre différentes options envisagées.

Un analyste entreprenant une telle évaluation économique bénéficiera de l'ancienneté de cet outil d'aide à la formulation des politiques et à la sélection des projets d'investissement. Le très grand nombre de textes faisant autorité portant sur la théorie et la pratique de l'analyse coûts-avantages en offre une illustration, tout comme les lignes directrices officielles établies par des autorités nationales et supranationales ou par des organisations internationales. Ces sources indiquent assurément que cette évaluation soulève par ailleurs des interrogations tout aussi anciennes. Il peut notamment s'agir de préoccupations relatives au mode de répartition des coûts et des avantages entre les différents individus (dans les limites géographiques considérées) ou à la manière de traiter l'incertitude qui caractérise le profil temporel estimé de ces flux d'avantages nets.

Il convient cependant de préciser un fait important : un examen approprié de la justification économique de chacune des options de projet devra tenir compte des récentes évolutions de l'analyse coûts-avantages dans le domaine de l'environnement (ACAE). Celle-ci correspond à l'application de l'ACA aux projets ou politiques visant explicitement à une amélioration de l'environnement ou ayant d'une manière ou d'une autre un effet indirect sur les milieux naturels. Dans le cas de l'exemple ci-dessus, elle est pertinente pour un certain nombre de raisons. Chacune des options aura des conséquences très différentes du point de vue de l'atténuation du changement climatique, de sorte que les analystes pourraient devoir trouver une estimation des coûts sociaux du carbone. La contribution de chaque option à la qualité locale de l'air sera de même sensiblement différente et, pour en estimer la valeur, il sera nécessaire d'établir le lien entre les émissions (de substances polluantes telles que les particules) de la centrale au charbon, par exemple, et (les variations de) la pollution de l'air ambiant là où les gens vivent, puis d'évaluer en dernier lieu les risques environnementaux (relatifs) qui s'ensuivent pour la santé humaine.

Ce n'est bien sûr là qu'un exemple parmi d'autres. La définition de l'ACAE fournie ci-dessus indique qu'elle peut s'appliquer à un grand nombre de politiques et de projets (et peut-être même dans une certaine mesure à toutes les initiatives de ce genre), tout comme à un large éventail de questions d'environnement. Dans un registre très différent, un autre projet pourrait ainsi viser à protéger les zones côtières de l'élévation du niveau des mers[1]. Les options envisageables peuvent faire appel à des moyens de défense traditionnels construits (ou produits) par l'homme, tels que des brise-lames ou des digues, ou bien à des solutions fondées sur la nature, qui pourraient impliquer un renforcement et une restauration des écosystèmes naturels. Dans le second cas, une recommandation importante serait que cette évaluation débute par un dialogue interdisciplinaire avec des spécialistes des sciences naturelles. C'est plus précisément la manière dont les différentes configurations d'habitats naturels (restaurés) contribueraient à atténuer la violence des vagues et assureraient à divers degrés des services écosystémiques de protection contre les inondations qui présente un intérêt. Encore une fois, l'évaluation de ce service et des variations des avantages auxquelles il contribue implique la prise en compte de divers impacts sur le bien-être humain pour lesquels on ne dispose d'aucun prix de marché évident. Par ailleurs, cette protection contre les inondations fondée sur la nature aura des impacts qui perdureront jusqu'à un avenir relativement lointain, et qui pourraient même être « perpétuels » si une gestion appropriée en est assurée. La question de la méthode à appliquer pour estimer la valeur d'avantages futurs très éloignés dans le temps par rapport à celle des mêmes avantages obtenus à une date plus rapprochée est particulièrement importante, d'autant que les considérations intergénérationnelles jouent un rôle primordial dans ce contexte.

Ce qu'il convient de retenir en l'occurrence, c'est qu'il faut se tenir au courant des évolutions de l'ACAE, puisqu'il s'agit d'une caractéristique potentiellement omniprésente des méthodes d'évaluation économique contemporaines. Le présent ouvrage vise à examiner ces évolutions récentes (et le contexte dans lequel elles s'inscrivent), ainsi qu'à en évaluer les conséquences pour la mise en œuvre concrète de l'ACA. Une grande partie des progrès réalisés jusqu'en 2006 ont été abordés dans la publication de l'OCDE rédigée par David Pearce et al. (2006) et intitulée *Analyse coûts-bénéfices et environnement : développements récents*. Cet ouvrage partait de la constatation que la théorie de l'ACA et sa mise en œuvre pratique avaient connu un certain nombre d'évolutions, pour la plupart indépendantes les unes des autres, mais qui, considérées conjointement, modifiaient l'idée que se faisaient bon nombre d'économistes d'une ACA bien menée. Il convient de noter que bon nombre de ces évolutions répondaient aux difficultés soulevées par l'application de l'ACA aux politiques et projets ayant d'importants impacts environnementaux.

Cette observation fondamentale constitue le point de départ du présent ouvrage. Cependant, comme c'était à prévoir, les évolutions intervenues depuis une dizaine d'années – sur lesquelles repose cette observation – se caractérisent par une certaine continuité, mais aussi par quelques traits distinctifs. Le reste de ce chapitre d'introduction propose une vue d'ensemble de certains des principaux thèmes examinés en détail dans les chapitres suivants.

L'un de ces thèmes a trait à la nature des évolutions à l'œuvre à la « frontière des connaissances ». La continuité est ici manifeste compte tenu de la place de choix qui est toujours faite à l'évaluation environnementale (ou évaluation non marchande). Rien de surprenant à cela. En effet, l'une des difficultés majeures auxquelles se heurte l'ACA dans le domaine de l'environnement consiste à trouver le moyen d'évaluer (les variations subies par) les intrants et les extrants non marchands. Il est donc inévitable que l'évolution des techniques d'évaluation non marchande conserve une place centrale et primordiale. Ces évolutions présentent néanmoins un certain nombre de caractéristiques inédites. Grâce à sa (relativement) longue tradition, ce sous-domaine a atteint un degré de maturité dont il faut se féliciter, à tel point que l'ACA est désormais couramment utilisée dans divers contextes environnementaux.

Cependant, cette maturité comporte aussi un inconvénient : les contributions véritablement novatrices se font sans doute plus rares. C'est naturellement une question de degré. L'évaluation selon la méthode du bien-être subjectif (chapitre 7) représente une nouvelle évolution notable. Elle pourrait en effet ouvrir une nouvelle frontière en ce domaine. De manière plus générale, on constate logiquement une continuité dans les moyens mis en œuvre pour démontrer que ces techniques d'évaluation peuvent permettre d'assigner des valeurs monétaires robustes aux impacts environnementaux des politiques et des projets d'investissement.

Dans le cas des méthodes fondées sur les préférences révélées (chapitre 3), par exemple, il s'en est suivi un raffinement statistique croissant qui a permis en particulier de mieux établir l'inférence causale entre la transaction portant sur un bien marchand (tel que l'achat d'une maison ou l'acceptation d'un emploi) et le prix implicite d'un bien environnemental (non marchand) (comme la qualité de l'air dans un quartier ou sur le lieu de travail). Ces techniques s'appuient sur le fait que beaucoup de biens et services environnementaux (non marchands) font implicitement l'objet de transactions commerciales sur les marchés, ce qui leur permet d'en déterminer la valeur de diverses manières, selon le bien considéré et le marché sur lequel s'opèrent les échanges correspondants. Par exemple, la demande de loisirs naturels est estimée sur la base des coûts de déplacement liés à cette activité, les évolutions récentes consistant à associer cette procédure aux systèmes d'information géographique afin d'en accroître la précision, notamment en inventoriant les caractéristiques naturelles des sites récréatifs. Une autre application notable est celle des techniques hédonistes, qui évaluent les biens et services environnementaux en les considérant comme des attributs ou des caractéristiques des achats correspondants, de propriétés résidentielles en particulier, ou des décisions telles que celles d'accepter un emploi pour un salaire donné.

Pour ce qui est des méthodes des préférences déclarées (chapitres 4 et 5), le formidable accroissement de la popularité de l'économie comportementale et, par voie de conséquence, de son influence sur l'économie de l'environnement s'est montré utile, amenant à reconsidérer à la lumière de ces nouvelles théories du comportement ce que l'on sait des biais d'évaluation et de l'anormalité des réactions. L'essor des enquêtes en ligne a par ailleurs beaucoup contribué à permettre de plus larges applications et un réexamen des biais et des moyens d'y remédier.

Le chapitre 4 examine la méthode d'évaluation contingente, dans laquelle les personnes interrogées sont directement questionnées sur leur consentement à payer (ou leur consentement à recevoir) pour un changement hypothétique du niveau de fourniture d'un bien non marchand. La vaste expérience aujourd'hui accumulée en la matière peut être trouvée dans les publications sur l'évaluation contingente et peut guider la réflexion actuelle sur la bonne conception des enquêtes et les moyens de réaliser une évaluation robuste. Les questions de validité et de fiabilité demeurent au cœur du débat, par exemple lors de l'examen des problèmes et biais spécifiques. Ces préoccupations paraissent de plus en plus étroitement liées aux recherches sur l'économie comportementale.

De nombreux types d'impacts environnementaux sont de nature multidimensionnelle. Autrement dit, lorsque la mise en œuvre d'un projet ou d'une politique a des répercussions sur une ressource naturelle, elle entraîne souvent des modifications de diverses caractéristiques, dont chacune devra être évaluée séparément. Le chapitre 5 examine un outil permettant d'obtenir des personnes interrogées une évaluation séparée de ces multiples dimensions : la méthode des choix discrets (MCD). De toutes les méthodes fondées sur les préférences déclarées, l'évaluation contingente est peut-être paradoxalement celle qui a suscité les polémiques les plus enflammées. Pourtant, la MCD en partage sans doute nombre des avantages et des inconvénients, aussi l'examen des questions de validité et de fiabilité au chapitre 4 lui est-il également applicable. Là encore, les liens avec la recherche comportementale sont très pertinents, notamment concernant les règles d'heuristique et de filtrage qui amènent à choisir les options jugées suffisamment bonnes plutôt que celles maximisant l'utilité.

Un autre aspect remarquable tient à l'extension de l'évaluation à de nouveaux domaines d'action, et à l'application plus systématique de ces méthodes dans le cadre de l'évaluation de l'action publique. L'évaluation des services écosystémiques (chapitre 13) est en l'occurrence exemplaire, et elle s'est pleinement imposée comme un sous-domaine important, notamment à la suite d'un certain nombre d'évaluations des écosystèmes mondiaux et nationaux. On dispose certes d'un socle de données factuelles étendu et – du moins pour certains services écosystémiques – d'une grande profondeur, mais l'analyse des progrès montre qu'une meilleure compréhension de la production écologique s'avère nécessaire, surtout en ce qui concerne la variabilité spatiale et la complexité des facteurs en jeu dans la production des services. Il s'agit là d'une activité réellement interdisciplinaire, vu que les sciences naturelles doivent éclairer les différentes étapes de ce processus analytique. Cette situation est loin d'être figée et d'importants domaines de recherche restent à explorer, notamment en ce qui concerne l'estimation de la valeur de non-usage des écosystèmes et l'évaluation des services culturels qu'ils fournissent, sujets qui ont moins retenu l'attention jusqu'à présent.

L'évaluation des problèmes de santé constitue une application plus ancienne. Néanmoins, l'accumulation des preuves concernant la charge mondiale de morbidité, et plus particulièrement la contribution de la pollution de l'environnement à cette charge, confère un degré d'urgence accru à ces travaux. Le chapitre 15 examine ce contexte et les efforts menés pour mesurer quantitativement la charge physique et économique que fait en particulier peser la pollution atmosphérique. Les considérables progrès de ces dernières années ont permis de mieux définir le concept de « valeur d'une vie statistique » (VVS) et d'en offrir une estimation plus précise. Une des principales questions était de savoir comment « transférer » les VVS d'un pays à un autre par exemple, ou dans des situations où les personnes visées par des propositions de politique ou de projet d'investissement ont des espérances de vie variables. En termes de recommandations pratiques, le corpus empirique a été d'une grande utilité en permettant de transposer les résultats observés en niveaux de base ou de référence. Les études telles que celle de l'OCDE (2012) ont joué un rôle important dans la transformation de ce corpus en un outil d'une grande facilité d'utilisation fournissant des valeurs « unitaires » normalisées pour certains effets défavorables sur la santé, telles que la VVS pour un pays ou un groupe de pays de référence, qui peut être ajustée pour être appliquée à des pays extérieurs à ce groupe de référence.

De manière plus générale, ces évolutions rendent possible un plus large recours à l'évaluation environnementale pour formuler les politiques et sélectionner les projets d'investissement. Il importe que tel soit le cas afin de remédier à un paradoxe potentiel, à savoir que la complexité toujours plus grande des techniques sur lesquelles s'appuient ces évaluations monétaires en fait le domaine réservé des spécialistes de l'économie. La transformation de ce corpus empirique en un outil plus aisément utilisable par les pouvoirs publics devient cruciale, et les bases de données d'évaluation (telles que l'EVRI) et les « barèmes de référence » (listes de valeurs moyennes et de fourchettes pour les différentes catégories de biens et services environnementaux) témoignent manifestement d'une prise de conscience de cet état de fait. Les instruments de ce type pourraient en vérité apporter une importante contribution à la diffusion de l'évaluation environnementale, sous réserve que les enseignements tirés des tentatives de transfert soient pris en considération lors de leur mise en œuvre (voir le chapitre 6, sur les « transferts de valeurs ») et mis à profit pour formuler des conseils avisés concernant leurs limites et leur utilisation. Une bonne application des méthodes de transfert requiert un jugement éclairé et une certaine expertise, mais aussi dans quelques cas, d'après les commentateurs les plus exigeants, des compétences techniques aussi poussées que pour la réalisation des études originales. C'est un peu paradoxal, puisque le recours au transfert trouve précisément sa justification dans la volonté de simplifier les évaluations courantes et d'en généraliser l'utilisation.

La contribution de l'économie du climat en est une autre illustration, vu l'attention qu'elle accorde aux évaluations du coût social des émissions de carbone (chapitre 14). Les difficultés et les incertitudes, concernant par exemple la sensibilité du climat, la croissance économique et les trajectoires d'émissions futures, ainsi que les dommages auxquels on peut s'attendre en conséquence, n'en rendent pas pour autant inutiles les évaluations concrètes, étant donné qu'il est très peu probable que le prix du carbone soit nul. Il est néanmoins nécessaire dans un tel contexte de recommander une interprétation prudente s'il s'agit d'éclairer l'action publique. Le problème tient en l'occurrence à la complexité technique des problèmes analytiques que soulève l'estimation du coût social du carbone (CSC). Cela a entraîné une nouvelle demande de transparence et d'approches illustratives plus simples, bien qu'il soit encore trop tôt pour décider du meilleur moyen d'introduire davantage de clarté sans perdre en rigueur et en crédibilité.

Les réflexions sur l'ACA dans le contexte de l'économie du climat ont également été de portée plus générale, concernant en particulier le taux d'actualisation social (chapitre 8). Les questions intergénérationnelles, telles que celle du changement climatique, ont lancé un formidable défi à l'approche classique de l'actualisation. Non seulement les hypothèses qui sous-tendent l'actualisation traditionnelle deviennent problématiques, mais les principes éthiques sur lesquels elle repose acquièrent une extrême importance. Aussi la manière dont les paramètres du taux d'actualisation utilisé dans l'analyse des coûts et avantages sociaux (ACAS) sont déterminés a-t-elle suscité un intérêt considérable, tout comme leurs fondements éthiques et pratiques. La manifestation la plus patente de cet intérêt est peut-être le consensus grandissant autour de l'idée d'un taux d'actualisation social décroissant. N'en demeurent pas moins d'innombrables débats sur le profil d'évolution empirique souhaitable de ces taux décroissants. Une chose est néanmoins claire : ces évolutions ont des ramifications dans d'autres domaines que l'économie du climat.

Certaines de ces évolutions présentent une caractéristique commune : le degré croissant de complexité technique de divers éléments de l'ACAE. Il s'ensuit certains avantages, tels que la rigueur statistique, qui constitue désormais une caractéristique habituelle des applications de l'évaluation environnementale – ce qui rend l'évaluation monétaire d'autant plus solide. Cela permet également d'asseoir sur une base théorique rigoureuse les efforts pour établir un taux d'actualisation social. Cette complexité entraîne toutefois un inconvénient : elle fait de beaucoup de ces évolutions le domaine réservé des spécialistes de l'économie. Au risque qu'elles ne soient pas prises en considération dans la pratique s'il apparaît qu'elles rendent ces questions moins accessibles à un public plus large.

Ce n'est toutefois pas inévitable, bien qu'un effort délibéré et supplémentaire puisse être nécessaire pour traduire les travaux des spécialistes en des termes plus généraux, tout comme pour diffuser des résultats analytiques sans doute complexes sous une forme qui les rend plus aisément utilisables. Parmi les exemples en la matière figure la modélisation statistique dans le cadre de la méthode des choix discrets, qui est de plus en plus largement accessible grâce aux possibilités croissantes de formation et à la diffusion de logiciels statistiques gratuits, mais aussi aux « barèmes de référence » et aux bases de données d'évaluation qui intègrent une quantité ahurissante de données empiriques et des profils concrets de décroissance des taux d'actualisation.

Il serait bien sûr étonnant que des tensions n'apparaissent pas en chemin entre les innovations à la « frontière des connaissances » de l'ACAE, d'une part, et l'utilisation effective de cet instrument pour formuler les politiques concrètes de l'autre. Il est par ailleurs vrai qu'un certain nombre de progrès à la frontière des connaissances qui émanent pour l'essentiel (mais pas exclusivement) de l'économie du climat et de l'économie du développement durable paraissent restreindre l'utilisation (et l'utilité) de l'ACA. On peut y voir, en d'autres termes, une prise de conscience des limites potentielles auxquelles se heurte l'application de l'ACA dans le domaine de l'environnement.

Cette idée qu'il existe des limites n'a bien sûr rien de nouveau. Les évolutions en cours marquent cependant un tournant et se manifestent en particulier dans les préoccupations scientifiques au sujet des seuils qui pourraient caractériser les systèmes écologiques, associées à la crainte que le non-respect de ces seuils puisse être extrêmement coûteux du point de vue du bien-être humain, voire menacer la durabilité du développement humain (chapitre 12). Il s'ensuit d'importantes implications pour l'ACA. Par exemple, en économie du climat, l'existence d'un risque faible, mais tout de même non négligeable de dommages climatiques catastrophiques l'emportera sur toute analyse coûts-avantages. Dans un tel cas de figure, les responsables de la formulation des politiques ne se soucieront pas tant d'en examiner attentivement les coûts et les avantages (marginaux) que de chercher les moyens de réduire ces risques catastrophiques formant une « queue de distribution épaisse ».

Une considérable incertitude entoure la nature de la perte occasionnée par la dégradation ou la destruction du capital naturel, tout comme la localisation effective des seuils critiques (contrairement aux distributions des probabilités connues). Le postulat pourrait être que la précaution doit prendre le pas sur l'analyse coûts-avantages dans ce genre de situations. Les considérations éthiques ne sont pas non plus absentes des réflexions sur le rôle de l'évaluation formelle des coûts et des avantages, vu qu'il s'agit fondamentalement là de questions de justice intergénérationnelle.

Tout cela pourrait donner le sentiment que le rôle de l'ACAE en tant qu'aide à la prise de décision collective en matière de formulation des politiques et de sélection des projets d'investissement est plutôt limité. Les recommandations économiques pourraient dès lors devoir être assorties de contraintes (de durabilité). Ou bien, l'ACA pourrait ne concerner que certaines options après que la décision stratégique d'agir a été prise. Le rôle joué par l'ACA pourrait même s'en trouver globalement amoindri. Par exemple, dans le cas de la protection des zones côtières dont il a été question au début du présent chapitre, il est possible que les préoccupations relatives à la durabilité influent sur les décisions stratégiques et fassent de ce fait préférer les solutions fondées sur la nature. Il s'agit alors pour l'ACA de faire un choix entre différentes options de protection contre les inondations fondées sur la nature, plutôt que de les comparer avec des infrastructures bâties (telles que des brise-lames construits par l'homme).

Il est certes important d'avoir conscience des limites susceptibles de donner lieu à de telles réactions, mais il existe par ailleurs un risque de surréaction. Il est tout à fait possible de repousser la frontière des connaissances et d'élargir cet outil de décision à des domaines où son application était auparavant jugée problématique ou délicate, comme l'attestent les nombreuses améliorations apportées par le passé à l'ACAE. Il importe d'établir si ces contraintes imposent d'importants coûts (d'opportunité). Le rôle de l'ACAE, qui consiste à déterminer le degré d'efficience (sociale) des décisions dans le cadre plus large de l'élaboration des politiques, demeure crucial.

Le progrès consiste en l'occurrence à repousser les limites existantes pour en rencontrer de nouvelles qui peuvent soulever des questions inédites sur les cas où il peut être fait appel à l'ACA et sur la manière de la mener à bien. Il importe également de se demander où on en est dans l'application des progrès de l'ACAE à l'élaboration des politiques et des projets d'investissement effectifs. Par exemple, l'idée d'intégrer les problèmes de répartition dans l'ACA remonte à loin (chapitre 11), bien que les applications concrètes en aient été moins fréquentes. On peut supposer qu'il ne s'agit pas uniquement là d'un problème d'offre (c'est-à-dire de l'intérêt particulier des spécialistes de l'ACA pour l'efficience), mais sans doute aussi d'un problème de demande tenant au fait que les responsables de l'action publique n'exigent pas la présentation des informations correspondantes dans le cahier des charges de l'ACAE sur laquelle ils fondent leurs décisions. Il est intéressant de se demander pourquoi il en est ainsi. Le problème pourrait tenir au fait que les réponses traditionnelles sont jugées discutables ou arbitraires (à l'instar de la pondération des coûts et des avantages en fonction des niveaux de vulnérabilité ou de revenu des différentes catégories de population sur lesquelles l'action envisagée aurait une incidence). Il existe d'autres solutions moins ambitieuses, mais instructives, telles que le recensement des modalités de répartition interindividuelle des coûts et des avantages, ou encore de certains biens ou de certaines nuisances spécifiques de nature environnementale (tels qu'une bonne ou une mauvaise qualité de l'air, des utilisations des sols non souhaitées, etc.).

De manière plus générale, la question de savoir si l'ACA(E) est ou non utilisée pour formuler des politiques réelles ou sélectionner de vrais projets d'investissement mérite un examen plus approfondi. L'importance de cette question est pourtant souvent minorée dans les études relatives à l'évaluation des coûts et des avantages, pour excellents que soient leurs conseils quant à la manière dont *devrait* être réalisée l'ACA en théorie comme en pratique[2]. Il n'en existe pas moins des exceptions, et l'enquête sur les pratiques des pays membres de l'OCDE menée dans le présent ouvrage offre un exemple parmi d'autres de systématisation du recueil d'informations sur l'utilisation officielle de l'ACAE (chapitre 16).

Cette enquête parvient aux mêmes conclusions que les études antérieures, à savoir que la métaphore du « verre à moitié plein, à moitié vide » résume le mieux la situation en matière de recours effectif à l'ACAE. Le degré auquel il est fait appel à l'ACA est très variable, tout comme celui auquel les divers impacts sur l'environnement sont pris en compte dans ces analyses, selon les secteurs économiques et les contextes analytiques. Par exemple, les *propositions* de mesures et les investissements dans les secteurs des transports et de l'énergie sont relativement bien pris en considération dans les ACA, mais celles-ci tiennent bien moins compte des impacts non climatiques sur l'environnement. Certains éléments mettent en évidence un recours effectif (et parfois de grande ampleur) à cet instrument, tandis que d'autres montrent que beaucoup de progrès restent à accomplir. À l'évidence, le processus de formulation des politiques fait intervenir un ensemble complexe d'institutions publiques et il importe d'en tenir compte lors de l'examen du recours effectif à cet instrument. En d'autres termes, il est essentiel de comprendre l'économie politique de l'ACA pour bien saisir comment elle est effectivement utilisée et quelles seraient les mesures envisageables pour améliorer la situation en la matière.

L'économie politique s'attache en effet à expliquer pourquoi l'économie telle qu'elle est enseignée dans les manuels ne trouve que rarement une traduction concrète dans le processus effectif de prise de décision ou dans le domaine connexe de la formulation des politiques. Expliquer le fossé entre pratique et théorie ne revient toutefois pas à le justifier. S'il importe effectivement de bien mieux comprendre les pressions qui s'exercent sur les décisions réelles, le rôle de l'ACA n'en demeure pas moins d'expliquer à quoi devrait ressembler une décision en cas d'adoption d'une approche économique.

Chose intéressante, des améliorations institutionnelles du type de celles que pourrait inspirer cette vision de l'économie politique sont en cours dans le contexte plus large de la réforme des cadres réglementaires engagée dans bien des pays et des instances supranationales. Cette modification de l'architecture institutionnelle qui influe sur le mode de réalisation de l'ACAE (et sur le moment où elle est mise en œuvre) a notamment donné lieu à la création d'organismes publics (souvent indépendants) qui pourraient conférer un rôle plus important à l'ACA, par exemple en ajoutant un niveau de contrôle supplémentaire sous la forme d'une « vérification » ou d'un « examen par les pairs » des évaluations officielles. Le comité d'examen de la réglementation de la Commission européenne en est un exemple notable.

Le reste du présent ouvrage s'articule de la manière suivante.

Le chapitre 2 plante le décor plus en détail et donne une vue d'ensemble du cadre de base sur lequel repose l'ACAE, tout en montrant comment les chapitres suivants présentent les évolutions de ce cadre et les réflexions sur son utilité.

Une série de chapitres traite ensuite de manière plus approfondie des évolutions intervenues dans les méthodes auxquelles les spécialistes de l'ACA ont recours.

Tel est pour commencer le cas des chapitres 3 à 7 qui traitent des techniques d'évaluation environnementale, dont les approches classiques reposant respectivement sur les comportements révélés et déclarés (ainsi que les « transferts de valeurs » fondés sur les études existantes, qui forment le corpus empirique). L'évaluation subjective du bien-être, basée sur les comportements expérimentés, est récemment venue s'ajouter à cet éventail de techniques.

Les quatre chapitres suivants (8 à 11) présentent un certain nombre d'éléments « classiques » au cœur de l'ACA, dont l'incertitude, l'actualisation et la répartition (intragénérationnelle).

Les chapitres 12 à 15 se penchent sur quelques domaines d'intervention des pouvoirs publics extrêmement importants, où les évolutions intervenues ont eu des conséquences non négligeables pour l'ACAE. Il s'agit notamment de la notion de durabilité, qui se rapporte à la manière dont le capital naturel est affecté par les politiques et les projets envisagés. Un autre aspect pertinent est celui de l'évaluation des écosystèmes, qui constitue un domaine de recherche appliquée très en vue depuis plus d'une décennie. De même, l'économie du climat a été une source prolifique de nouveaux défis, compte tenu des caractéristiques du problème du changement climatique. La dernière de ces applications, l'évaluation des effets sur la santé, est la plus ancienne, mais soulève des questions intéressantes sur la pratique consistant à condenser les données empiriques disponibles en la matière sous la forme d'une « valeur de référence » susceptible d'être utilisée pour orienter l'action publique.

Les trois derniers chapitres (16 à 18) poursuivent l'examen des questions relatives au recours à l'ACA par les pouvoirs publics. Ils évoquent les résultats d'une enquête auprès des pays de l'OCDE sur l'utilisation et l'influence de l'ACA dans divers domaines d'action liés à l'environnement, tels que les transports et l'énergie. Les chapitres suivants, consacrés à l'économie politique de l'ACA et aux autres outils de formulation des politiques, précisent le contexte pour permettre une meilleure compréhension des résultats.

Notes

1. Voir, par exemple, Nayaran et al. (2016) et Barbier (2012).
2. Il existe des exceptions notables, à commencer sans doute par les travaux de Robert Hahn aux États-Unis et de David Pearce au Royaume-Uni et en Europe.

Références

Barbier, E.B. (2012), « Progress and challenges in valuing coastal and marine ecosystem services », *Review of Environmental Economics and Policy*, vol. 6, n° 1, pp. 1-19, *https://doi.org/10.1093/reep/rer017*.

Nayaran, S. et al. (2016), « The effectiveness, costs and coastal protection benefits of natural and nature-based defences », *PLOS One*, vol. 11, n° 5, e0154735, *http://dx.doi.org/10.1371/journal.pone.0154735*.

OCDE (2012), *La valorisation du risque de mortalité dans les politiques de l'environnement, de la santé et des transports*, Éditions OCDE, Paris, *http://dx.doi.org/10.1787/9789264169623-fr*.

Chapitre 2

Analyse coûts-avantages dans le domaine de l'environnement – fondements, étapes et nouveaux enjeux

La raison d'être et les fondements de l'ACA dans le domaine de l'environnement sont bien connus, mais constituent néanmoins un point de départ logique. Pour résumer, les avantages correspondent à une augmentation du bien-être humain (ou de « l'utilité ») tandis que les coûts se traduisent par sa diminution ; un projet ou une politique satisfont au critère coûts-avantages si leurs avantages sociaux sont supérieurs à leurs coûts sociaux. Les limites géographiques dans lesquelles sont comptabilisés ces coûts et ces avantages sont généralement les frontières nationales, mais elles peuvent aisément être élargies à des régions plus vastes. L'agrégation des avantages tirés par les différents groupes sociaux ou pays peut amener à faire la somme de leurs consentements à payer (CAP) ou à accepter (CAA) sans tenir compte de la situation spécifique des gagnants ou des perdants (ou en faisant au contraire bénéficier de coefficients de pondération plus élevés les catégories défavorisées ou à faible revenu). L'agrégation dans le temps implique une actualisation dans le cadre de laquelle les avantages et les coûts futurs actualisés sont connus sous le nom de « valeurs actuelles ». On peut considérer qu'une grande partie du reste de cet ouvrage s'attache à apporter des perfectionnements à cette pratique courante en mettant l'accent sur l'ACA dans le domaine de l'environnement.

2.1. Introduction : pourquoi avoir recours à l'ACA ?

Le présent ouvrage vise principalement à décrire les évolutions récentes de l'ACA en mettant l'accent sur celles en rapport avec l'environnement, ainsi qu'à en illustrer les applications. Ces évolutions doivent bien sûr être remises en perspective par rapport aux fondements de l'ACA (afin d'établir plus précisément ce qu'elles apportent de plus). Il peut également être utile de revenir sur les raisons pour lesquelles les économistes tendent à privilégier l'ACA (sans toutefois être unanimes à ce sujet).

Ce chapitre a donc un triple objectif et s'articule en trois parties remontant le fil des questions précédemment formulées. À savoir, pourquoi avoir recours à l'ACA ? (dans le reste de cette introduction) ; qu'est-ce que l'ACA ? (à la section 2.2) ; et que ressort-il de cet ouvrage concernant les évolutions de l'ACA en rapport avec ses applications dans le domaine de l'environnement (à la section 2.3) ?

Pour commencer par les raisons qui justifient le recours à cet instrument, les arguments pour et contre l'ACA ont été maintes fois exposés dans d'autres ouvrages (pour les critiques voir par exemple Sagoff, 1988 et 2004, ou encore Heinzerling et Ackerman, 2004 ; voir par ailleurs Pearce, 2001 pour quelques-uns des points controversés). Ces discussions critiques perdent souvent de vue les raisons pour lesquelles les économistes s'accordent généralement à privilégier l'ACA.

La première raison qui justifie l'utilisation de l'ACA tient au fait qu'elle constitue un modèle de rationalité. Outre qu'elle mesure les gains et les pertes en termes monétaires, ce sur quoi le présent ouvrage reviendra bien plus en détail ultérieurement, l'ACA contraint le décideur à se demander quels sont les gagnants et les perdants, tant d'un point de vue spatial que temporel. Elle évite un raisonnement de type « lexical » dans lequel les décisions seraient prises en fonction de leurs impacts sur un seul objectif ou groupe de population. Certaines mesures pourraient par exemple être prises en ne tenant compte que de leur incidence sur la santé humaine, sans se préoccuper de celle qu'elles pourraient par ailleurs avoir sur les écosystèmes. L'insistance de l'ACA sur la nécessité de prendre en considération l'ensemble des gains et des pertes d'« utilité » ou de « bien-être » contraint les décideurs à adopter un point de vue plus large[1]. L'ACA fait à cet égard partie d'un ensemble de méthodes d'analyse des politiques qui procèdent de la même manière. Bien qu'il n'en soit souvent pas tenu compte dans la pratique, il convient de souligner à ce sujet qu'une ACA correctement menée doit faire apparaître quels sont les coûts et les avantages pour les différents groupes sociaux gagnants ou perdants. Il n'en est pas moins vrai que ces groupes doivent couvrir l'ensemble de la population et pas seulement un sous-ensemble de celle-ci.

Deuxièmement, l'ACA exige clairement que toute politique ou tout projet soient considérés comme une option parmi d'autres. Exposer les différentes options permettant d'atteindre le résultat souhaité constitue donc une condition préalable essentielle de l'ACA. Cette caractéristique est également partagée par d'autres méthodes d'analyse des politiques, mais pas par toutes. L'ACA se distingue toutefois plus particulièrement par sa capacité à déterminer l'*échelle optimale* de mise en œuvre de la politique retenue. C'est ce qui permet de maximiser les avantages nets. Pour pouvoir y parvenir, les coûts et les avantages doivent être exprimés dans une même unité (le plus souvent en valeurs monétaires pour des raisons pratiques). Dans le même ordre d'idées, l'ACA permet de décider si une intervention est véritablement nécessaire ou s'il est préférable de s'abstenir, contrairement aux autres approches, dans lesquelles on ne peut que choisir entre différentes possibilités d'intervention.

Troisièmement, l'ACA affirme expressément que la dimension temporelle doit être prise en compte de façon rigoureuse. C'est ce que permet de faire l'actualisation. Cette pratique demeure à juste titre controversée, mais il est impossible de s'abstenir de toute actualisation. Il convient de noter que la façon dont la dimension temporelle est traitée par les autres outils d'aide à la décision est loin d'être bien définie. S'abstenir de toute actualisation équivaudrait toutefois à appliquer un taux d'actualisation de 0 %, ce qui revient à dire qu'un gain de 1 USD enregistré dans 100 ans serait traité comme s'il avait la même valeur que s'il était réalisé aujourd'hui. Zéro est certes un nombre réel, mais la question de savoir quel est le nombre réel « approprié » n'en continue pas moins d'être débattue et le présent ouvrage rend amplement compte de ce débat.

Quatrièmement, l'ACA affirme expressément que ce sont les préférences individuelles qui comptent. Elle est donc « démocratique » à cet égard, mais certains y voient une faiblesse plutôt qu'un atout étant donné que ces préférences doivent dès lors être prises en considération, aussi mal informés que puissent être ceux qui les expriment. Les mêmes font également valoir qu'il existe deux sortes de préférences : celles correspondant aux intérêts personnels d'un individu et celles qu'il exprime en sa qualité de citoyen. Il y a à l'évidence du pour et du contre dans le jugement de valeur qui sous-tend l'ACA, à savoir que les préférences doivent être prises en considération.

Enfin, l'ACA cherche à établir les préférences explicites et non implicites. C'est pourquoi elle s'efforce de déterminer de manière directe ce que veulent les individus, bien qu'elle mette en œuvre divers moyens pour y parvenir, comme le montreront les applications de cet instrument au domaine de l'environnement. De quelque façon qu'elles soient prises, toutes les décisions impliquent aussi bien des préférences que des valeurs monétaires. Si la politique X est retenue au détriment de la politique Y, et si X coûte 150 millions USD alors que Y n'en coûte que 100, il s'ensuit que les avantages escomptés de X doivent être supérieurs d'au moins 50 millions USD à ceux de Y. Le caractère incontournable des valeurs monétaires a été démontré voici déjà quelque temps par Thomas (1963). Il pourrait être préférable de laisser les décisions révéler les valeurs implicites plutôt que de chercher à déterminer ces valeurs de manière explicite. Il n'en reste pas moins que l'ACA privilégie clairement cette dernière approche.

2.2. Étapes fondamentales de l'ACA

La présente section examine les étapes fondamentales d'une ACA. Il pourrait s'agir de l'ACA de n'importe quel projet d'investissement ou de n'importe quelle politique publique, bien que les aspects liés aux applications au domaine de l'environnement soient eux aussi brièvement mentionnés lorsque le besoin s'en fait sentir. Il importe également de garder à l'esprit que l'ACA s'appuie sur une théorie économique établie de longue date (bien que très controversée) qui sous-tend ces étapes concrètes. Cette théorie est brièvement décrite à l'encadré 1 ci-dessous et à l'annexe 2.A1. Les chapitres suivants examineront toutefois un peu plus en détail cette théorie eu égard aux évolutions qu'a connues l'ACA dans le domaine de l'environnement.

2.2.1. Questions préliminaires

Bien que cela puisse paraître aller de soi, la première question, et fondamentalement la plus importante, qu'il convient de régler lors de la réalisation concrète d'une ACA est celle du problème à résoudre. En règle générale, une analyse commence par examiner l'ensemble des options disponibles. La première question qui se pose est donc celle-ci : *quelles sont les options envisagées ?* On peut espérer que l'objectif à atteindre soit relativement précis, mais il est probable que différents moyens puissent par ailleurs permettre d'atteindre un même objectif. Il est possible de distinguer les options réalisables de celles qui ne le sont pas ; par ailleurs, d'autres considérations tendront à restreindre également l'éventail des options disponibles, telles que les facteurs politiques qui déterminent l'action des pouvoirs publics. Une question est souvent négligée : celle de la *date optimale* de démarrage de la politique (ou du projet). Il conviendrait pourtant de la prendre en considération, quels que soient la politique ou le projet en question, d'autant plus qu'elle peut s'avérer importante lorsque des circonstances particulières entourent la prise de décision.

Une autre question se posera vraisemblablement tout de suite après : *y a-t-il foncièrement lieu de mettre en œuvre l'action X ?* L'action peut désigner ici une *politique* ou un *projet* (un investissement) et cette question sera généralement posée *ex ante*. Elle vise alors à déterminer si quelque chose qui n'a pas encore été réalisé devrait l'être. Mais elle peut également être formulée *ex post*. Il s'agit dans ce cas d'établir si quelque chose qui a été fait (ou qui est peut-être en cours de réalisation) devait effectivement l'être. La raison justifiant de poser cette question *ex ante* tient au fait qu'il convient de déterminer s'il est ou non dans l'intérêt public de dépenser des sommes d'un montant souvent important. La raison justifiant de la poser *ex post* malgré l'impossibilité de revenir sur les dépenses déjà effectuées tient au fait qu'elle peut jeter une certaine lumière (a) sur le degré de pertinence de la réponse donnée *ex ante* à cette question, ou (b) sur l'adéquation de la règle de décision, quelle qu'elle ait pu être, ayant justifié la mise en œuvre de la politique ou du projet considérés. Dans l'un et l'autre cas, la réponse *ex post* vise à aider au processus d'*apprentissage* concernant les éléments qui contribuent au bien-être social global et ceux pour lesquels tel n'est pas le cas.

La réponse à cette question sera affirmative si la valeur actuelle des avantages escomptés (*ex ante*) est supérieure à celle des coûts escomptés, alors qu'elle sera négative dans le cas contraire. Il convient de noter que tout cela suppose que l'ACA soit *l'un* des outils d'aide à la décision appropriés, si ce n'est *le seul*. Dans ce qui suit, on partira du principe que l'ACA constitue toujours un instrument adéquat. Formuler cette hypothèse revient à faire abstraction des autres facteurs – politiques, éthiques, etc. – pertinents. En réalité, bien entendu, ces facteurs influeront souvent sur les décisions. Mais l'ACA constitue en l'occurrence un moyen de contrôle de ces décisions, de sorte qu'il est toujours avisé d'en réaliser une chaque fois que possible.

2.2.2. Qui doit être pris en considération ?

La question de savoir « qui doit être pris en considération » dans une ACA est connue sous le nom de problème du « statut ». Les avantages et les coûts pour les différents individus (i) sont additionnés conformément à la règle d'agrégation qui définit la « société » comme la somme de tous les individus. Aucune règle absolue ne définit dans quelles limites doit être effectuée cette somme des individus. Les ACA retiennent généralement à cet effet les frontières nationales, de sorte que la « société » se confond avec la somme de tous les individus (autrement dit de l'ensemble des habitants) que compte un pays. Des limites plus larges n'en devront pas moins être établies dans certains cas.

Les exemples qui illustrent cette question sont particulièrement pertinents dans le cas des applications de l'ACA au domaine de l'environnement. Les avantages et les coûts pour les habitants d'autres pays devraient être pris en considération si (a) la proposition s'inscrit dans un contexte international dans lequel il existe des obligations juridiques, par exemple dans le cadre d'une convention officielle (telles que celles sur les pluies acides, les changements climatiques, etc.), ou si (b) quelque argument éthique communément admis justifie qu'il en soit tenu compte. De manière générale, bien qu'aucune règle absolue ne s'applique, si le bien-être de la population du pays B revêt aux yeux du pays A la même importance que celui de ses propres habitants, les avantages et les coûts en question devraient être pris en considération dans l'ACA quels que soient ceux qui en bénéficient ou qui les supportent.

Dans de tels cas, l'ACA pour une action envisagée pourrait comporter deux volets. Le premier mettrait en évidence les avantages nets de cette action *pour le seul pays où elle serait mise en œuvre*. Le second ferait par exemple apparaître des coûts identiques, mais, au lieu de limiter les avantages indiqués à ceux retirés par le pays en question, il tiendrait également compte de ceux enregistrés par tous les autres pays qui bénéficieraient de l'action évaluée.

2.2.3. Évaluation des coûts et des avantages

Un critère fondamental doit être respecté pour qu'un projet ou une politique puissent être approuvés (ou recommandés) : leurs avantages doivent être supérieurs à leurs coûts. Cette règle apparemment simple présuppose un certain nombre d'étapes cruciales, dont la moindre n'est pas de disposer d'une base numérique permettant de comparer les avantages et les coûts. C'est là un trait distinctif de l'ACA (et des instruments économiques connexes), et il implique d'attribuer des valeurs monétaires aux impacts d'un projet ou d'une politique. Les principales étapes de cette procédure sont brièvement décrites ci-après. L'annexe 2.A2 apportera davantage de précisions et exposera plus en détail les principes d'évaluation.

Un avantage ou une augmentation du degré de bien-être, d'utilité ou de satisfaction d'un individu peuvent être mesurés par le montant maximal de biens ou de services – ou encore de revenu monétaire (ou de patrimoine) – auquel cet individu serait prêt à renoncer pour bénéficier du changement en question. Cela pourrait s'écrire CAP^G pour *consentement à payer* des « gagnants » en cas de mise en œuvre de la mesure proposée (G désignant les gagnants).

Si par contre le changement en question entraîne une réduction du bien-être, il pourrait être mesuré par le CAP^P. Cela signifie que les coûts sont mesurés par le consentement à payer pour éviter les coûts en question (P désignant les perdants). Ce n'est pas le seul moyen de mesurer ces coûts. Si ceux qui se retrouvent parmi les « perdants » à la suite de la mise en œuvre du projet ou de la politique considérés possèdent un droit de propriété légitime sur l'objet de la perte, le CAP doit alors être remplacé par le consentement à accepter (CAA^P).

La différence tient au fait que les pertes sont mesurées par le CAA et non par le CAP. On verra ultérieurement que le CAA peut s'écarter sensiblement du CAP. Il y a quelques dizaines d'années encore, on aurait supposé (partant de ce à quoi l'on aurait pu s'attendre en théorie) que l'écart entre ces deux mesures de la variation du bien-être serait très faible et n'aurait donc aucune conséquence pratique. L'estimation empirique de ces grandeurs a toutefois généralement montré qu'il existe entre elles un écart parfois important, le CAA étant supérieur au CAP. Dans ce cas, le choix de l'un ou l'autre de ces moyens de mesure peut avoir des répercussions non négligeables sur l'ACA (voir le chapitre 4).

Le CAP^G et le CAP^P (ou le CAA), pour utiliser les formes les plus usitées, indiquent uniquement quels sont les avantages et les coûts. Les avantages correspondent à l'évidence à la valeur des catégories des biens et services produits par l'action envisagée, tandis que les coûts de cette politique (ou de ce projet) recouvrent divers éléments. Il peut notamment s'agir de « coûts de mise en conformité » supportés par le secteur des entreprises et par les ménages, aussi bien que d'éventuels « coûts liés à la réglementation » assumés par les pouvoirs publics du fait de la mise en œuvre de la politique considérée. Ceux-ci constituent des coûts d'opportunité liés à l'affectation de ressources à une action donnée plutôt qu'à une autre. L'action en question peut imposer aussi aux perdants des coûts liés aux dommages. Tel peut par exemple être le cas si l'action en question a un effet négatif sur la fourniture de certains biens ou services environnementaux.

Inflation : les valeurs monétaires des avantages et des coûts sont (ou devraient être) exprimées en termes réels. Les éventuels effets de l'inflation (c'est-à-dire d'une augmentation du niveau général des prix) sont de ce fait corrigés, de sorte que ces valeurs peuvent être comparées d'une année sur l'autre. Se pose dès lors la question du choix de l'année de référence, la solution généralement retenue consistant à exprimer l'ensemble des coûts et des avantages aux prix de l'année de réalisation de l'évaluation. Il est néanmoins tout à fait possible de convertir les prix de l'année considérée pour tenir compte de quelque autre contrainte, par exemple pour pouvoir comparer les résultats d'une étude avec ceux d'une autre.

Variations des prix relatifs : la variation des prix relatifs doit être distinguée de l'inflation. Elle indique que la valeur attachée à certains avantages et à certains coûts s'accroît au fil du temps *par rapport au niveau général des prix*. Il peut en être ainsi parce qu'une plus grande valeur est attribuée aux avantages ou aux coûts en question lorsque les revenus augmentent. Pour employer la terminologie consacrée, le CAP présente une élasticité-revenu positive, de sorte que lorsque les revenus (par habitant, par exemple) augmentent, il en va de même du CAP, dont l'ampleur de la variation est fonction de l'importance de la hausse des revenus et du degré d'élasticité estimé. L'annexe 2.A1 montre plus en détail comment il en est tenu compte. Ce n'est pas là la seule raison d'une hausse (ou d'une baisse) des valeurs relatives dans le cadre d'une ACA. Si par exemple un bien devient plus rare, sa valeur marginale (par rapport aux autres biens) pourrait devenir relativement plus élevée à mesure que son offre diminue. En règle générale, d'autres caractéristiques du bien en question jouent alors un rôle essentiel, par exemple la possibilité restreinte d'y substituer d'autres biens. Dans les applications de l'ACA au domaine de l'environnement, il pourrait être particulièrement important de tenir compte de ces caractéristiques.

2.2.4. Actualisation des coûts et des avantages

Les coûts et les avantages seront échelonnés dans le temps et ils sont en règle générale pondérés de telle sorte que la valeur unitaire de ceux qui surviendront à une date future soit moindre que s'ils se produisaient au moment présent. Ce coefficient de pondération temporelle est appelé *coefficient d'actualisation* et s'écrit de la façon suivante :

$$CA_t = \frac{1}{(1+s)^t} \quad [2.1]$$

où CA_t désigne le coefficient d'actualisation, ou coefficient de pondération, au moment *t*, et s représente le *taux d'actualisation*. Si les projets et politiques sont évalués selon le point de vue de la société, s est un taux d'actualisation *social*. Les motifs qui justifient l'actualisation sont exposés au chapitre 8.

L'actualisation du flux des coûts et des avantages peut quant à elle s'écrire sous la forme suivante :

$$\sum_{i,t}\left(A_{i,t}-C_{i,t}\right)\cdot(1+s)^{-t} \qquad [2.2]$$

Il s'agit alors de savoir jusqu'à quel moment du futur il convient d'estimer ces impacts. Il n'existe là encore aucune règle absolue. Dans les premiers temps, lorsque l'ACA se limitait à évaluer l'intérêt des projets d'investissement, l'horizon temporel, c'est-à-dire le point au-delà duquel les coûts et les avantages ne sont plus estimés, était déterminé en fonction de la durée de vie matérielle ou économique de l'investissement. Dans le cas des infrastructures routières, portuaires, de distribution et de traitement de l'eau, etc., il était généralement d'au moins 30 ans et d'au plus 50 ans. Cette règle s'appliquait même aux actifs dont la durée de vie était plus longue, tels que les ensembles immobiliers, dont la durée de vie peut dépasser 100 ans. L'extension de l'ACA aux politiques à mettre en œuvre a assoupli cette règle puisque l'on ne sait avec certitude quelle sera la durée de leurs effets. La question de l'horizon temporel devient d'autant plus cruciale que l'ACA commence à s'appliquer à des politiques publiques visant expressément à atteindre des objectifs à plus long terme.

2.2.5. *Risque et incertitude*

Les avantages et les coûts ne seront pas connus avec certitude. Bien que les conventions varient, il semble légitime de distinguer « risque » et « incertitude » en en précisant le sens ainsi que les conséquences pour l'ACA. On parle de risque lorsque les avantages ou les coûts (voire les deux) ne sont pas connus avec certitude, mais que l'on connaît la distribution de probabilités. Ces distributions de probabilités peuvent quelquefois être très rudimentaires. Elles peuvent aussi être parfois d'une grande complexité. L'incertitude est une tout autre chose. Aucune distribution de probabilités n'est connue. Il se peut que les valeurs extrêmes le soient. Autrement dit, on sait ou on escompte que la valeur considérée ne pourra être inférieure à un certain plancher ni supérieure à un certain plafond. Dans d'autres cas, l'incertitude peut toutefois être totale et « tout peut arriver ».

Que l'incertitude soit indissociable de l'ACA n'est certes pas un fait nouveau pour les utilisateurs de cet outil. En effet, diverses procédures sont depuis longtemps appliquées pour faire face au risque et à l'incertitude. Leurs justifications théoriques sont variables, tout comme les aspects pratiques de leur mise en œuvre dans l'analyse. Dans le cas du risque, il s'agit notamment des approches fondées sur la valeur ou l'utilité escomptées, assorties des hypothèses correspondantes quant à l'indifférence du décideur à l'égard du risque ou à son aversion pour le risque[2,3]. En situation d'*incertitude*, c'est-à-dire si la distribution des avantages (ou des coûts) n'est pas connue, l'ACA exige à tout le moins qu'une *analyse de sensibilité* soit réalisée. Une analyse de sensibilité requiert que les calculs nécessaires à la réalisation d'une ACA soient effectués en faisant varier la valeur des paramètres sur lesquels il existe une incertitude. Cette façon de procéder impose de formuler des hypothèses concernant les valeurs minimales et maximales probables, mais pas pour ce qui est de la distribution des valeurs à l'intérieur de cette fourchette. Supposons par exemple qu'un taux d'actualisation de 4 % soit pris pour valeur centrale, il serait également envisageable de retenir les taux de 2 % et 6 %..., par exemple, dans une analyse de sensibilité. Il se peut que le signe des avantages nets ne soit pas affecté par le choix de l'une ou l'autre de ces dernières valeurs. Auquel cas, l'analyse est dite « robuste » s'agissant de ces hypothèses. Il est tout aussi possible que la modification des hypothèses ait des répercussions sur le résultat de l'ACA. Il faut alors s'interroger sur la pertinence des valeurs retenues.

2.2.6. Règles de décision

Dans la formule [2.2], les avantages et les coûts au fil du temps sont actualisés et leur addition permet d'obtenir ce que l'on appelle la *valeur actuelle* (VA). La valeur actuelle correspond simplement à la somme de toutes les valeurs futures *actualisées*. La formule [2.2] pourrait par conséquent s'écrire plus simplement de la façon suivante :

$$VA(A) - VA(C) > 0 \qquad [2.3]$$

L'actualisation est la méthode indiquée pour ramener les avantages et les coûts à une valeur synthétique unique. La règle de décision appropriée consiste à adopter tout projet présentant une valeur actuelle nette (*VAN*) positive et à classer les projets en fonction de leur *VAN*. Toutefois, en cas de contraintes budgétaires, les critères à appliquer sont plus complexes. Si ces contraintes – telles que le manque de capitaux – ne s'exercent que sur une seule période, il est possible d'avoir recours au rapport avantages-coûts (A/C) pour classer les projets. Les projets sont alors classés selon leur rapport A/C et leur mise en œuvre est recommandée selon cet ordre jusqu'à ce que la contrainte financière s'exerce. Sous d'autres aspects, il y a en règle générale moins de raisons de recommander cette procédure pour le choix des projets.

Un large consensus se dégage parmi les économistes sur le fait que le taux de rendement interne (*TRI*) ne devrait pas être utilisé pour classer et sélectionner des projets s'excluant mutuellement. Lorsqu'un projet constitue la seule alternative au statu quo, il s'agit de savoir si le fait de connaître le TRI permet de disposer d'un surcroît d'informations dignes d'intérêt. Les opinions divergent à cet égard. Certains font valoir qu'il n'est guère utile de calculer une statistique qui est soit de nature à induire en erreur, soit tributaire de la *VAN*. D'autres estiment que le *TRI* a un rôle à jouer dans la mesure où il donne une indication claire de la sensibilité des avantages nets d'un projet au taux d'actualisation. Quel que soit le point de vue adopté, force est de conclure que la règle fondée sur la *VAN* mérite généralement une place prépondérante dans l'analyse.

Encadré 2.1. **La théorie de l'ACA**

L'ACA est en définitive un outil pratique susceptible d'être utilisé pour aider à la formulation concrète des politiques. Il serait toutefois négligent de notre part d'omettre ses fondements théoriques, qui sous-tendent les étapes pratiques précédemment décrites. Ces fondements théoriques peuvent être brièvement résumés de la façon suivante :

- Les préférences individuelles doivent être considérées comme la source de la valeur. Dire que le degré de bien-être, de satisfaction ou d'utilité d'un individu est plus élevé dans la situation A que dans la situation B revient à dire que cet individu préfère la première à la seconde.
- Les préférences sont mesurées par un consentement à payer (CAP) dans le cas d'un avantage et par un consentement à accepter une compensation (CAA) s'il s'agit d'un coût[4].
- On part du postulat que les préférences individuelles peuvent être agrégées, de sorte que l'avantage social correspond simplement à la somme de tous les avantages individuels et le coût social à celle de tous les coûts individuels. Dans les faits, on admet l'utilisation d'une approche cardinale de l'utilité dans une certaine mesure.
- Si ceux qui tirent avantage d'un changement ont potentiellement la capacité d'offrir une compensation à ceux qui y perdent et qu'ils n'en continuent pas moins de bénéficier d'un gain net, la règle fondamentale selon laquelle les avantages doivent être supérieurs aux coûts est respectée.

Encadré 2.1. **La théorie de l'ACA** *(suite)*

Ce dernier fondement théorique correspond au principe de compensation de Kaldor-Hicks. Celui-ci assouplit la condition extrêmement restrictive connue sous le nom de « principe de Pareto », en vertu duquel une politique ne peut être tenue pour « bonne » que si une personne au moins enregistre un gain effectif sans que quiconque subisse de perte effective[5]. Presque toutes les situations de la vie réelle impliquent des gagnants et des perdants et le « principe de compensation » de Kaldor-Hicks repose sur l'idée que la capacité d'offrir une compensation potentielle fournit un critère de décision concret pour le choix des politiques et des projets dans ces situations réelles. Pour bénéficier d'une amélioration « potentielle » au sens de Pareto, il suffit que les gagnants aient la capacité de verser une compensation aux perdants. Le principe de compensation permet de vérifier la règle admise selon laquelle, pour être approuvés, les politiques et les projets doivent offrir des avantages (accroissement du bien-être humain) supérieurs à leurs coûts (diminution du bien-être humain). D'où la règle de décision de l'équation [2.3].

Toute cette théorie est sous-tendue par l'économie du bien-être, ou plus exactement par l'« économie néoclassique du bien-être », qui atteint son expression suprême dans le principe de compensation de Kaldor-Hicks. L'économie du bien-être a toujours suscité de houleuses controverses, tant de la part des économistes qu'en dehors de cette profession[6]. Les débats entre experts s'intéressent entre autres à un certain nombre d'anomalies susceptibles d'être créées par l'approche fondée sur la théorie du bien-être. Ces incongruités peuvent miner la confiance dans le bien-fondé de l'ACA comme outil d'aide à la décision concernant les politiques ou projets, bien que la portée pratique de ces complications théoriques reste sujette à caution[7]. Hors des cercles d'initiés (même si de nombreux économistes peuvent partager les mêmes points de vue), la controverse tourne notamment autour de l'affirmation selon laquelle la théorie du bien-être serait trop restrictive pour évaluer la « valeur » des projets ou mesures publics pour les individus et la société en général. La section 2.3.4 étudie les conséquences de ces controverses et la manière dont elles pourraient poser des limites à l'utilisation de l'ACA (plutôt que d'en remettre en cause la nécessité).

2.3. Évolutions récentes de l'ACA dans le domaine de l'environnement : principaux thèmes abordés dans cet ouvrage

Les principes fondamentaux de l'analyse coûts-avantages (ACA) sont certes établis depuis longtemps, mais les problèmes liés à leur application sont en constante évolution. Comme cela a été souligné au chapitre 1, ce sont ces évolutions qui constituent le principal centre d'intérêt de cet ouvrage. Les prochains chapitres décriront plus en détail un certain nombre de domaines importants où se sont produites de telles évolutions. La présente section recense certains des thèmes majeurs qui ressortent de ces chapitres. Elle indique par ailleurs où pourront être trouvés, dans la suite de l'ouvrage, davantage de précisions et un examen plus approfondi de ces questions.

2.3.1. *Détermination des valeurs monétaires*

La comparaison des coûts et des avantages dans une même unité, traditionnellement les valeurs monétaires correspondant à la valeur que les individus concernés par un projet ou une politique attribuent aux changements qu'entraînerait leur mise en œuvre, constitue un élément central de l'ACA. Il faut bien reconnaître que l'ACA dans le domaine de l'environnement serait d'une utilité très limitée si les diverses méthodes d'évaluation des impacts environnementaux n'avaient pas enregistré des progrès considérables depuis plusieurs décennies. Aussi les chapitres 3 à 7 consacrent-ils une grande attention à ces progrès.

L'ACA postule souvent que la somme nette de tous les CAP et CAA associés au résultat d'un projet ou à une modification des politiques correspond à la *valeur économique totale* (VET) de l'éventuelle variation du bien-être entraînée par ce projet ou cette politique. La VET peut être définie de différentes manières selon les types de valeurs économiques en jeu. Elle se répartit généralement entre les valeurs d'*usage* et de *non-usage* (ou d'*usage passif*). Les valeurs d'usage correspondent à l'utilisation effective (par exemple, visite d'un parc national), envisagée (visite prévue à l'avenir) ou possible du bien en question. Les utilisations effective et envisagée sont des concepts assez évidents, mais la notion d'« utilisation possible » pourrait aussi être importante du fait que les individus peuvent être disposés à payer pour sauvegarder un bien afin de conserver la *possibilité* de l'utiliser dans l'avenir. Cette *valeur d'option* est donc une forme de valeur d'usage. La valeur de non-usage est égale au consentement à payer pour préserver sans qu'il y ait d'utilisation effective, envisagée ou possible.

Il est possible de distinguer plusieurs types de valeurs de non-usage, mais il est commode de les répartir en trois catégories : a) valeur d'existence, b) valeur altruiste, et c) valeur patrimoniale. La valeur d'existence correspond au consentement à payer d'un individu pour la sauvegarde d'un bien dont il n'a aucune utilisation effective ou envisagée, que ce soit pour lui-même *ou quiconque d'autre*. Les motivations peuvent varier et aller d'un intérêt pour le bien lui-même (espèce menacée, par exemple) à un souci de « bonne gestion » conduisant à se sentir responsable de ce bien. La valeur altruiste reflète la volonté de faire en sorte que d'autres personnes de la génération présente puissent disposer du bien en question. La valeur patrimoniale est du même ordre, mais il s'agit alors d'assurer à la prochaine génération et aux suivantes la possibilité d'utiliser ce bien.

La notion de valeur économique totale (VET) fournit une mesure globale de la *valeur économique* de tout actif environnemental. Elle se décompose en valeur d'usage et de non-usage (ou d'usage passif) et d'autres sous-catégories peuvent être utilisées en cas de besoin. La VET n'englobe pas d'autres types de valeur, telle que la valeur intrinsèque, qui est généralement définie comme une valeur « incorporée dans » les actifs eux-mêmes et indépendante des préférences de l'être humain ou même de son observation. Cependant, quelles que soient les difficultés à rendre opérationnelle la notion de valeur intrinsèque, on peut arguer que le consentement à payer de certains individus pour la sauvegarde d'un actif, indépendamment de l'usage qu'ils pourraient en faire, est influencé par leur propre jugement quant à sa valeur intrinsèque. Cet état de fait peut en particulier se manifester dans des notions telles que le « droit à l'existence », mais aussi constituer une forme d'altruisme.

D'un point de vue pratique, les techniques d'évaluation environnementale peuvent être considérées comme un moyen de mesurer (les variations de) la VET dans son ensemble ou des éléments qui la composent. Il existe d'autres manières (connexes) d'établir une relation entre ces techniques concrètes et les concepts économiques. L'intérêt porté aux services écosystémiques ces vingt dernières années a par exemple contribué à établir quelles en sont les conséquences sur la manière dont les fonctions assurées par un actif écosystémique sous-jacent (forêt, zone humide, terre agricole, etc.) – offrent certains avantages aux entreprises et à la population. C'est ce que Freeman et al. (2013) appellent « le canal économique au travers duquel s'exercent des effets sur le bien-être » (p. 13). Ce canal prend des formes très diverses (voir par exemple Brown et al., 2007 ; ou Freeman et al., 2013), mais on peut de manière générale les classer en trois catégories.

Premièrement, certains services écosystémiques sont utilisés en tant que facteurs de production dans l'activité économique. À titre d'exemple, le cycle des éléments nutritifs et la pollinisation sont à l'origine d'une accumulation de biomasse entrant dans la production agricole. Les services de régulation et d'épuration de l'eau constituent des intrants pour les unités économiques (de production) pour lesquelles l'approvisionnement en eau salubre constitue un moyen de production indispensable, éventuellement en combinaison avec d'autres.

Deuxièmement, les services écosystémiques peuvent constituer des intrants conjoints dans la consommation finale des ménages. Autrement dit, les services écosystémiques sont utilisés en association avec des dépenses consacrées à l'achat de biens et services (ou en remplacement de ces dépenses) pour obtenir un « produit » destiné à la consommation. Dans de tels cas, le service écosystémique considéré et les biens ou services marchands constituent des intrants complémentaires (ou substituables), et les dépenses consacrées à l'achat de ces biens ou services peuvent donner une indication de la valeur du service écosystémique en question. Les services naturels utilisés en complément des dépenses de déplacement pour produire des avantages récréatifs en sont une illustration. Un exemple de service écosystémique substituable aux dépenses marchandes est celui de l'épuration de l'air assurée par les écosystèmes, qui peut remplacer l'achat de produits manufacturés de filtration de l'air.

Troisièmement, les services écosystémiques peuvent contribuer directement au bien-être des ménages. Autrement dit, ils n'entrent pas à titre d'intrant dans la composition d'une quelconque production économique ou d'un quelconque bien ou service de consommation des ménages. Ces services sont consommés directement en fournissant leurs avantages : ils sont directement issus de la nature, sans contribution d'aucun autre intrant (produit par l'homme). Les exemples en ce domaine sont assez abstraits, mais ils incluent notamment les services auxquels est attachée ce que l'on appelle communément une valeur « de non-usage » ou « d'usage passif ».

Cette manière de concevoir les écosystèmes et leurs avantages présente un grand intérêt pratique dans la mesure où elle permet d'établir des correspondances naturelles avec les méthodes appropriées pour évaluer les services écosystémiques non marchands (Day et Maddison, 2015). Certaines possibilités sont présentées au tableau 2.1 à titre d'exemple.

Tableau 2.1. **Techniques d'évaluation environnementale des services écosystémiques – une vue d'ensemble**

Canal économique	Explication d'un point de vue économique	Exemples de services écosystémiques	Méthodes d'évaluation
Production économique	Le bien ou service écosystémique constitue un intrant contribuant en association avec d'autres à la production économique	Services d'élimination des déchets Biens écosystémiques renouvelables et non renouvelables Qualité de l'eau	Méthodes indirectes telles que les fonctions de production
Production ou consommation des ménages	Les ménages choisissent le niveau du service écosystémique par l'achat de quelque bien marchand hétérogène par diverses caractéristiques dont il fait partie intégrante (incorporant le service écosystémique)	Valeur d'agrément Qualité locale de l'air Possibilités récréatives Valeur de non-usage mise en évidence par des achats et des dons	Méthodes indirectes telles que celle des prix hédonistes (par exemple sur les marchés immobiliers)
	Les ménages choisissent le niveau de service écosystémique dont ils bénéficieront par l'achat d'un bien marchand qui lui soit complémentaire (ou substituable)	Loisirs Qualité de l'eau Qualité de l'air	Méthodes indirectes telles que celles des coûts de déplacement ou des dépenses de protection
	Les ménages bénéficient du service écosystémique indépendamment de l'achat de tout bien marchand	Non-usage « pur » Climat stable	Méthodes directes telles que celle de l'évaluation contingente et celle de l'expérimentation des choix (discrets)

Source : Voir le corps du texte, et d'après Brown et al. (2007) et Day et Maddison (2013).

Depuis peu, l'évaluation des écosystèmes présente une autre grande caractéristique, son interdisciplinarité. L'évaluation doit bien entendu être le plus souvent précédée d'une quantification des impacts physiques. À ce titre, une bonne connaissance des sciences naturelles permettant de décrire (les variations de) la disponibilité d'un écosystème constitue un atout. Ce besoin d'interdisciplinarité ne se limite pas à l'évaluation des écosystèmes, bien qu'il s'y fasse particulièrement ressentir (voir par exemple MAE, 2006 ; TEEB, 2010 ; UK National Ecosystem Assessment, 2011). L'évaluation des effets sur la santé n'en est qu'un exemple parmi bien d'autres. Dans ce cas, il convient de disposer d'une évaluation physique de la réponse de la santé humaine aux variations de l'exposition à des polluants atmosphériques tels que les particules, les oxydes de souffre (SO_X) et les oxydes d'azote (NO_X), par exemple. Ces « répercussions finales » sur la santé – variations de la mortalité prématurée, du nombre d'hospitalisations pour des affections respiratoires, ou de celui de « jours d'activité restreinte » (jours de moindre activité que ce n'aurait été le cas si l'état de santé avait été normal), etc. – peuvent être évaluées au moyen de diverses techniques.

Ces applications de l'ACA posent entre autres un problème dit « de correspondance », qui explique en grande partie que leur mise en œuvre concrète puisse être limitée : les informations scientifiques sur l'évolution des écosystèmes ne correspondent pas à des indicateurs facilement compréhensibles par les particuliers. Ce problème est moins important dans le domaine de la santé, pour autant que les « répercussions finales » puissent être exprimées en unités aisément intelligibles telles que le nombre de journées d'arrêt de travail, ou celui de jours supplémentaires passés à souffrir d'une irritation oculaire, etc. Il convient cependant de retenir un point essentiel : l'interdisciplinarité n'est pas un processus à sens unique. Tout comme la science est souvent nécessaire à la réalisation ultérieure d'une évaluation robuste, un dialogue est également indispensable, par exemple, pour garantir que la première s'attache à mesurer des variables utiles à la seconde.

2.3.2. Quels sont les gagnants et les perdants ?

Tout au long de son histoire, l'économie néoclassique du bien-être s'est principalement préoccupée d'établir dans quelle mesure la notion d'efficience économique qui sous-tend le principe de compensation de Kaldor-Hicks peut ou doit être dissociée du problème de l'identification des gagnants et des perdants – c'est-à-dire de l'incidence des coûts et des avantages sur la répartition. Bien entendu, les questions d'équité et d'efficience sont difficiles à dissocier et la réflexion sur les implications pour l'ACA a donné naissance à plusieurs « écoles de pensée ». Certains font ainsi valoir que l'incidence sur la répartition n'a aucun rapport avec l'ACA : cette dernière devrait se contenter de « maximiser la taille du gâteau » de sorte que l'on ait davantage à se partager suivant une règle de répartition définie selon des critères moraux ou politiques. D'autres soutiennent que les notions d'équité et de justice sont plus profondément enracinées dans l'esprit humain que celle d'efficience, si bien que la répartition devrait être considérée comme un précepte moral primordial, l'efficience demeurant au second plan. D'autres encore partagent l'avis des précédents tout en ajoutant que c'est précisément parce que le discours social « minimise » l'importance de l'efficience qu'il est d'autant plus impérieux de lui réserver une place privilégiée dans l'ACA. En d'autres termes, on peut toujours compter sur les processus politiques pour aborder les problèmes d'équité, mais pas les questions d'efficience.

Les méthodes de prise en compte de l'équité dans l'ACA suivent l'une ou l'autre de ces différentes orientations et seront examinées au chapitre 11. Le premier point de vue part par exemple du principe qu'un analyste ayant recours à l'ACA dans la pratique doit faire totalement abstraction de ces questions, l'ACA classique étant suffisante pour formuler des recommandations. La seconde façon de voir suggère une approche plus proactive. Une de ses variantes prend en considération les différences de revenu ou de patrimoine. Par exemple, si les habitants de B sont pauvres alors que ceux de A sont riches, il pourrait être tenu compte de la probabilité qu'un gain ou une perte de 1 USD représente une plus grande variation du bien-être (ou « utilité ») pour une personne dans le besoin que pour un nanti. Cela donne lieu à une forme très répandue de « pondération au titre de l'équité ».

Le dernier point de vue, sans doute plus nuancé, pourrait ne pas aller jusqu'à cette pondération au titre de l'équité. En effet, il n'est pas tout à fait évident de savoir comment pondérer les valeurs monétaires des avantages et des coûts par des mesures de l'« intérêt social ». Si l'ACA en devient trop confuse, cette approche risque sans doute de perdre l'un de ses atouts majeurs. Il serait possible de chercher d'autres moyens de tenir compte d'un aspect important. À titre d'exemple, une présentation sous forme de tableau des coûts et des avantages ne doit pas seulement faire apparaître leurs montants globaux, conformément aux règles précédemment indiquées, mais aussi quels sont les gagnants et les perdants. Il peut en l'occurrence s'agir de différents groupes de population définis en fonction de leurs revenus, de leur appartenance ethnique, de leur localisation géographique, etc. D'autres types d'effets sur la répartition peuvent par exemple avoir trait au mode de partage des coûts et des avantages entre les entreprises et les consommateurs.

La question de savoir pourquoi les individus ont certaines préférences plutôt que d'autres – autrement dit de connaître leurs motivations – suscite un intérêt croissant, tout comme la perspective de juger quelles sont les motivations acceptables et celles qui ne le sont pas. Les valeurs morales peuvent également influer sur les comportements et si tel est le cas ces motivations pourraient peut-être être intégrées dans l'ACA. Malgré le sentiment largement partagé par certains détracteurs de l'ACA, rien dans la notion de préférences individuelles n'implique qu'elles soient nécessairement toujours fondées sur « l'intérêt personnel » et sur « la convoitise ».

La prise en compte des problèmes de répartition n'est pas seulement importante pour l'ACA en général, mais aussi, et surtout, pour ce qui est de l'environnement, et il convient de noter que ces préoccupations (et les jugements moraux de manière plus générale) émergent dans bien des domaines d'application de l'ACA aux questions d'environnement. Le chapitre 14, consacré à l'économie du climat et à la contribution de ce sous-domaine à une meilleure compréhension de cet important secteur de la politique environnementale, montre clairement à quel point les aspects éthiques et les jugements moraux sont omniprésents. Ce thème sera en outre de nouveau abordé lors de l'examen des taux d'actualisation au chapitre 8. Le chapitre 12, sur la durabilité et l'ACA, repose sur les mêmes préoccupations d'équité intergénérationnelle, bien qu'elles soient envisagées sous un angle légèrement différent.

2.3.3. Choix d'un taux d'actualisation

L'actualisation constitue un problème omniprésent en sciences économiques, et sans doute dans l'ACA plus que dans tout autre domaine. De fait, le choix du taux d'actualisation est l'une des questions les plus controversées dans la réflexion sur l'ACA. D'un point de vue technique, il faut « simplement » déterminer le (taux de variation du) prix fictif d'une unité de consommation à une date future. Il s'agit en d'autres termes de quantifier dans quelle mesure la valeur de cette consommation future sera inférieure à celle d'une unité de consommation au moment présent. Le choix du prix que les pouvoirs publics devraient retenir pour les besoins d'une ACA d'ordre social est cependant loin d'être simple dans la pratique et donne lieu à des débats sans fin. Ainsi, dans la pratique, les taux d'actualisation utilisés dans les différents pays (ou par les diverses organisations, dont les agences de développement international) varient sensiblement (voir le chapitre 16).

La « tyrannie de l'actualisation » est également devenue une préoccupation de premier plan : les coûts et les avantages de grande ampleur survenant dans un avenir lointain sont en effet insignifiants en valeur actuelle (VA) du fait que le prix (fictif) qui leur est associé est si faible qu'il en devient quasiment nul. Les travaux relatifs à l'ACA dans le domaine de l'environnement – en particulier, et de manière plus générale, ceux ayant trait à l'économie du climat – ont ouvert de nouvelles perspectives concernant ces résultats « tyranniques ». Comme le chapitre 8 le met en évidence, cela a concouru à ébranler les fondements théoriques de l'actualisation, grâce en partie à de nouvelles connaissances techniques, mais aussi (et surtout) à la relance des débats sur les principes éthiques sous-jacents.

Une partie non négligeable du débat actuel tourne autour de la notion de taux d'actualisation décroissants, par opposition aux taux constants habituellement utilisés dans l'ACA, qui ont en outre servi de base à l'introduction initiale à l'analyse coûts-avantages ci-dessus, dans laquelle était appliqué un taux d'actualisation constant, c'est-à-dire identique quelle que soit l'année du cycle de vie du projet ou de la politique considérés. C'est ce qui ressort de bien des enquêtes sur les raisons qui justifient le recours à des taux d'actualisation décroissants. Une idée maîtresse s'en dégage, à savoir que l'incertitude concernant l'avenir, associée à la prudence (à la précaution dont font preuve les décideurs sociaux face aux risques en question), aboutit à des grilles de taux d'actualisation décroissants. Cette incertitude pourrait par exemple avoir trait à la croissance économique (à son taux et à sa variation) ou aux taux d'intérêt futurs.

À mesure que les idées économiques ont évolué, les travaux de recherche semblent avoir relativement vite adhéré à la théorie des taux d'actualisation décroissants, adoptés par ailleurs rapidement par un certain nombre de gouvernements nationaux (voir par exemple Groom et Hepburn, 2016). Néanmoins, comme le montre le chapitre 8, d'autres approches théoriques de la question des taux d'actualisation sont particulièrement pertinentes du point de vue de l'ACA dans le domaine de l'environnement. Il convient notamment de mentionner un regain d'intérêt pour la « double actualisation ». Dans le cadre de celle-ci, des taux d'actualisation différents pourraient être appliqués aux diverses catégories de biens. Une de ces catégories pourrait être constituée par les biens « environnementaux ». Fait important, si ces biens sont relativement rares par rapport aux (autres) biens « de consommation » et si, par ailleurs, la substituabilité des biens environnementaux est limitée, il s'ensuit qu'un taux d'actualisation différent devrait leur être appliqué. Il est toutefois délicat de tirer de ce constat une règle exploitable, et un moyen d'y parvenir (Weikard et Zhu, 2005) consiste à estimer pour les biens environnementaux des valeurs fictives tenant compte de ces paramètres (rareté croissante et substituabilité limitée).

2.3.4. Quelles limites poser à l'ACA ?

Dans quelle mesure le recours à l'ACA en tant qu'outil d'élaboration des politiques exige-t-il de la part de l'analyste ou de son utilisateur effectif qu'il adhère à la théorie du bien-être généralement avancée pour motiver son utilisation (voir l'encadré 2.1) ? C'est là une question primordiale car nombreux sont ceux qui peinent à souscrire à cette prémisse théorique. Randall (2014) donne un certain nombre d'explications à cette résistance, la plupart liées au fait que cette théorie repose sur une vision étroite du niveau de bien-être d'un individu en la réduisant au niveau de satisfaction des préférences de cet individu et au fait qu'elle s'appuie sur le degré de satisfaction des préférences de la population pour estimer ensuite ce qui est bon pour la société.

Randall défend l'idée qu'il s'agit d'une théorie de l'éthique lacunaire comme outil d'aide à la décision. Son appréciation s'accompagne toutefois d'un important corollaire, à savoir que les informations sur l'évolution du bien-être sont loin d'être dénuées d'intérêt pour juger le bien-fondé des décisions de politique ou sur les projets. Autrement dit, tenir compte de l'évolution du bien-être devient un principe éthique parmi d'autres en vue de déterminer les bienfaits d'une action. Ces autres considérations éthiques – qui peuvent tenir compte entre autres des valeurs intrinsèques et des droits et obligations des individus – peuvent donc poser des limites à l'analyse fondée sur la théorie du bien-être, et donc à l'ACA.

De prime abord, il semble difficile de nier cette « pluralité » de considérations éthiques. Rares sont ceux, parmi les partisans de l'ACA, qui prétendent qu'il s'agit d'une règle devant s'appliquer de façon générale et exclusive. Autrement dit, ce n'est pas le seul jugement de valeur pertinent. Mais une fois ce point acquis, s'ouvre un débat sur les cas où son application pourrait être admise et ceux où elle ne le serait pas. S'agissant de l'ACA, par exemple, ces limites seraient « partout » pour certains, et peut-être en particulier dans la prise de décisions en matière de politique environnementale. Pour d'autres, à l'inverse, elles ne seraient qu'exceptionnelles, si bien que la primauté serait « presque toujours » accordée à la théorie du bien-être et à l'ACA. Quoi qu'il en soit, le « pluralisme de valeurs » formulé par Randall (2014) constitue à tout le moins le ferment de débats plus approfondis sur le rôle de l'ACA et d'une meilleure compréhension des éventuelles divergences d'opinion. On peut estimer à bien des égards que cet ouvrage étaye les débats sur la question. D'une part, il fait état d'évolutions récentes qu'il est important de prendre en compte dans les cas où l'ACA peut paraître utile à la prise de décisions environnementales. D'autre part, l'ouvrage s'intéresse également aux circonstances dans lesquelles elle semble montrer des limites, si bien qu'il étudie les conséquences pratiques sur la manière dont l'ACA est menée.

Des limites peuvent se poser notamment lorsqu'il s'agit de tenir compte des préoccupations relatives à la durabilité (en termes d'équité intergénérationnelle) de l'ACA, comme l'explique le chapitre 12. Cette démarche peut reposer sur des méthodes permettant de déterminer les valeurs fictives du « capital naturel » ou de son évolution, mais elle se situe aux frontières mêmes de l'ACA. Une évaluation systématique pourrait ne pas être envisageable de sitôt, si tant est qu'elle le soit jamais. Peut-être certains estiment-ils en effet que les individus sont mal informés au sujet de l'environnement et de l'importance qui doit lui être accordée en sa qualité d'actif indispensable à la vie. Vouloir fonder le choix des politiques à mettre en œuvre sur des mesures des préférences individuelles risquerait alors de nuire aux autres objectifs sociaux, voire à la survie de l'espèce humaine elle-même.

Une solution pourrait être de fixer des contraintes de durabilité en termes physiques. Autrement dit, s'il est possible d'établir quels niveaux de capital naturel il convient de conserver, ceux-ci pourraient faire office de contrainte imposée aux politiques ou aux projets envisagés. Dans cette hypothèse, l'ACA serait réalisée en tenant compte de ces contraintes. Cela reviendrait in fine à suivre les recommandations des ceux qui prêtent aux autres espèces des « valeurs intrinsèques » ne pouvant être analysées en se fondant sur les seules préférences humaines (à moins de supposer que les êtres humains tiennent compte de ces valeurs quand ils expriment leurs propres préférences). Bien que certains analystes ayant recours à l'ACA dans la pratique puissent être réticents à l'idée d'avoir les mains liées de la sorte (Pearce, 1998), il n'est pas interdit de penser que cette contrainte découle de l'application du « pluralisme de valeurs » proposé par exemple par Randall (2014). Il n'en semble pas moins utile d'évaluer les coûts (d'opportunité) de ces contraintes de durabilité, afin de mieux comprendre quelles concessions le respect de ces limites implique.

2.3.5. Comment l'ACA est-elle menée dans les faits (et comment mieux faire) ?

Bien que l'ACA mette essentiellement l'accent sur sa fonction d'outil normatif, un nombre croissant d'études ont procédé à une analyse positive des conditions et des raisons qui poussent les responsables de l'action publique à avoir ou non recours à l'ACA pour formuler les politiques qui seront effectivement mises en œuvre. Ces études sont pour partie le fait d'économistes soucieux de savoir comment sont réellement utilisés leurs outils d'analyse (tels que Hahn et Tetlock, 2008 ; ou encore Groom et Hepburn, 2017). Des données tout aussi intéressantes peuvent être trouvées dans les études réalisées par des non-économistes (notamment des spécialistes des sciences politiques et des analystes de l'action publique), bien que ces dernières s'intéressent davantage à l'évaluation des impacts de manière générale qu'à l'ACA proprement dite (pour une vue d'ensemble, voir OCDE, 2015, et Adelle et al., 2012). Par ailleurs, de nouveaux organismes de contrôle tels que le Comité d'examen de la réglementation de l'UE collectent de plus en plus de données sur l'utilisation et la qualité de l'ACA (voir le chapitre 17).

Cet effort vise aussi à déterminer à quel stade du processus de l'action publique cette évaluation intervient effectivement (au début, au moment de la définition des mesures envisageables, ou bien après la décision prise par les pouvoirs publics d'entreprendre telle ou telle action, par exemple). L'examen des données disponibles à ce jour donne à réfléchir à quiconque s'imaginerait que l'ACA est systématiquement utilisée, qu'elle est toujours réalisée comme il convient et qu'elle exerce toujours une influence notable sur l'élaboration des politiques publiques.

Il montre combien il importe, en fin de compte, de situer l'évolution de l'évaluation des politiques, y compris l'ACA, dans une vision réaliste de la façon dont se déroule réellement le processus de formulation des politiques. Si, par exemple, l'ACA n'était « tout bonnement » qu'un outil de rationalité permettant d'optimiser la formulation des politiques en s'appuyant sur des données factuelles, tout défaut manifeste de qualité (toute mesure peu satisfaisante des impacts, etc.) ne pourrait être qu'une simple conséquence d'une mauvaise mise en œuvre dans le cadre de ces applications réelles. Le chapitre 17 développe l'idée que le recours à l'ACA répond également à d'autres motivations de divers ordres. Il peut s'agir d'objectifs de communication, de visées politiques, mais aussi de fonctions plus symboliques. Ce qui importe, c'est que les différentes utilisations qui en sont faites peuvent offrir un bon moyen de comprendre pourquoi la qualité effective de l'ACA peut laisser à désirer (si elle est considérée comme un outil purement rationnel comme le « postulent » la plupart des manuels relatifs à l'ACA).

Du point de vue de ce qui fait une bonne ACA, rien de tout cela n'excuse les insuffisances constatées. Indiscutablement, une meilleure compréhension de la manière dont se déroule réellement la formulation des politiques permet de se faire une idée plus réaliste de la stratégie à adopter en la matière. Autrement dit, il ne suffit pas d'accomplir davantage de progrès à la frontière des connaissances de l'ACA, de perfectionner les outils existants (en améliorant les méthodes d'évaluation) et d'améliorer les lignes directrices officielles relatives à l'ACA. Tous ces éléments demeurent certes importants. Après tout, si on a le sentiment que l'ACA ne repose pas dans la pratique sur des bases robustes, il sera sans doute moins probable qu'il y soit fait appel et plus vraisemblable que cette approche soit rejetée. Mais cette stratégie doit d'accompagner d'une réflexion sur les modifications à apporter aux processus de formulation des politiques, concernant par exemple la nécessité de mettre en place de nouvelles infrastructures institutionnelles (dont les lignes directrices ne sont qu'un élément parmi d'autres).

Des signes d'évolution des pratiques qui pourraient aller dans ce sens se font jour dans certains pays. L'évaluation de l'ACA mise en œuvre dans le cadre de la politique régionale de l'UE, dans l'objectif plus particulier d'orienter le décaissement des fonds régionaux en faveur des projets d'infrastructure, s'attache ainsi non seulement à renforcer les lignes directrices, mais aussi à comprendre les incitations auxquelles sont soumis les bénéficiaires des projets lors de la présentation des analyses coûts-avantages, ainsi que la capacité limitée des procédures institutionnelles en place quand il s'agit d'examiner de près les données et de faire en sorte que ces incitations promeuvent ce qui est socialement souhaitable. Cette évolution s'inscrit dans une tendance plus large ayant pour objectif d'interpréter les décisions prises par ceux qui procèdent à l'ACA ou qui l'utilisent pour effectivement formuler des politiques dans les mêmes termes (tels qu'une rationalité limitée des acteurs) que ceux utilisés par l'économie comportementale pour expliquer les choix des ménages.

Des organismes officiels sont en cours de mise en place pour assurer un tel examen. Le Comité d'examen de la réglementation de la Commission européenne et le Comité de la politique réglementaire du Royaume-Uni en sont des exemples. Ces évolutions paraissent toutefois répondre bien souvent à des préoccupations diverses des pouvoirs publics qui ne relèvent pas de la mission fondamentale qui est celle de l'ACA, comme peuvent l'être par exemple les priorités en matière de déréglementation ou dans le domaine de la gestion publique. Néanmoins, ces évolutions institutionnelles pourraient jouer un rôle plus large et contribuer dans le même temps à promouvoir et renforcer l'utilisation et l'application futures de l'ACA (dans le domaine de l'environnement).

Un dernier commentaire paraît s'imposer. Les évolutions à la frontière de l'ACA pourraient paraître aller à l'encontre de ce qui serait souhaitable pour en favoriser l'utilisation par les pouvoirs publics. En dépit de leur diversité, un certain nombre d'évolutions récentes sont le reflet de considérations relativement techniques et de plus en plus spécialisées. Cette spécialisation a évidemment été cruciale pour assurer un progrès approprié et durable dans des domaines inévitablement complexes. Cependant, on peut craindre qu'elle réduise aujourd'hui les chances d'une adoption effective de l'ACA, à moins que ces enseignements puissent facilement trouver une application concrète (et qu'un renforcement des capacités économiques soit en outre présent au niveau des mécanismes décisionnels). Il est essentiel que ces nouvelles évolutions débouchent sur des approches pratiques : l'exemple des taux d'actualisation décroissants est en l'occurrence particulièrement pertinent.

2.4. Conclusions

Les fondements de l'ACA peuvent être résumés de la façon suivante :

- Les avantages sont définis comme des augmentations du bien-être humain (ou de l'utilité).
- Les coûts sont définis comme des réductions du bien-être humain.
- Un projet ou une politique satisfont au critère coûts-avantages si leurs avantages sociaux sont supérieurs à leurs coûts sociaux.

- Les limites géographiques dans lesquelles sont comptabilisés ces coûts et ces avantages sont généralement les frontières nationales, mais elles peuvent aisément être élargies à des régions plus vastes.
- L'agrégation des avantages tirés par les différents groupes sociaux ou les différents pays amène à faire la somme de leurs consentements à payer (CAP) ou à accepter (CAA) sans tenir compte de la situation spécifique des gagnants ou des perdants, mais elle peut également conduire à attacher des coefficients de pondération plus élevés aux catégories défavorisées ou à faible revenu. Une des raisons en est que l'utilité marginale du revenu est variable et s'avère plus élevée pour les catégories à faible revenu.
- L'agrégation dans le temps implique l'actualisation. La raison qui justifie l'actualisation est indiquée plus loin dans cet ouvrage. Les avantages et les coûts futurs actualisés sont connus sous le nom de « valeurs actuelles ».

Le présent chapitre a également identifié quelques thèmes importants qui se dégagent des évolutions récentes de l'ACA dans le domaine de l'environnement. Les chapitres suivants de cet ouvrage les examinent bien plus en détail.

Notes

1. L'analyse coût-efficacité (ACE) et l'analyse multicritères (AMC) imposent ainsi une discipline en matière de définition des objectifs – en explicitant quels devraient être les résultats de la politique mise en œuvre et en différenciant les coûts des indicateurs de réalisation des objectifs (voir le chapitre 18).
2. L'indifférence à l'égard du risque signifie que le décideur ne montre aucune préférence lorsqu'il doit choisir entre deux distributions de probabilités ayant l'une et l'autre la même moyenne. Pourtant, deux distributions peuvent présenter des mesures de dispersion très différentes tout en ayant la même moyenne. L'indifférence à l'égard du risque implique que le décideur ne se soucie pas de la probabilité que la politique ou le projet considérés n'offrent qu'un très faible rendement, voire un rendement négatif. L'hypothèse qu'il puisse exister une telle indifférence à l'égard du risque ne paraît pas déraisonnable dans la mesure où l'ACA tend à se cantonner aux décisions des administrations publiques, lesquelles peuvent en effet « mutualiser » de diverses manières les risques liés à leurs décisions. Lorsque les probabilités sont connues et que le décideur est *indifférent au risque*, la méthode appropriée consiste à utiliser la *valeur escomptée* des avantages et des coûts. Par conséquent, si l'on pense que des avantages de A_1 ont une probabilité p_1 de se produire, que des avantages de A_2 ont une probabilité p_2 de se produire, etc., la valeur escomptée des avantages est tout simplement la suivante : $\sum_i p_i \, . \, A_i$.
3. Si l'on se trouve dans une situation de risque (probabilités connues), mais que le décideur montre une *aversion à l'égard du risque*, en donnant une plus grande importance aux conséquences négatives, par exemple, qu'aux conséquences positives, la méthode de la valeur escomptée cède le pas devant celle de l'*utilité escomptée*. La procédure est la même que dans le cas précédent, mais la formule à appliquer est à présent la suivante : $\sum_i p_i \, . \, U(A_i)$. Cette formule indique l'utilité escomptée et le moyen le plus aisé de se la représenter consiste à y voir une série de coefficients de pondération attachés par un décideur aux résultats susceptibles d'être obtenus. De façon plus formelle, ces coefficients de pondération font partie intégrante d'une *fonction d'utilité des avantages*. Pour autant qu'une forme spécifique puisse être donnée à cette fonction, il est possible de calculer ce que l'on appelle l'*équivalent certain* des avantages, lequel correspond à la probabilité que ces avantages se produisent. C'est cet équivalent certain qui sera introduit dans la formule coûts-avantages.
4. Les notions de CAP et de CAA peuvent être élargies afin d'englober respectivement le consentement à payer pour éviter un coût et le consentement à accepter une compensation pour renoncer à un avantage.
5. Pigou considérait qu'un paiement effectif était nécessaire et que la tâche de l'économiste consistait à déterminer la forme qu'il pourrait prendre. Cependant, comme cela a déjà été indiqué, l'ACA a continué d'être appliquée en partant de l'hypothèse que si le pollueur a la capacité de verser une

compensation aux perdants tout en continuant à bénéficier d'un avantage net, l'activité polluante satisfait au critère coûts-avantages.

6. Toutes ces considérations sont bien sûr antérieures à l'ACA telle qu'elle est pratiquée actuellement. Les fondements théoriques de l'économie du bien-être moderne sur laquelle repose l'ACA ont été établis dans les années 30 et 40 par Hicks (1939, 1943), Kaldor (1939) et d'autres auteurs, tandis que la contribution de Pareto (1848-1923) avait été présentée bien avant, en 1896, dans son Cours d'économie politique

7. Par exemple, les critiques ne manquent pas sur les effets que la mise en œuvre d'une politique ou d'un projet risque d'exercer sur la répartition des revenus. Celle-ci pourrait en théorie s'en trouver à tel point modifiée que la politique initialement approuvée en vertu du principe de compensation potentielle pourrait tout aussi bien être remise en cause au nom de ce même principe – autrement dit, les avantages de cette politique sont certes supérieurs à ses coûts, mais l'ACA pourrait tout autant justifier un retour à la situation préalable à la mise en œuvre de la politique en question. C'est le « paradoxe de Scitovsky » (Scitovsky, 1941). Un autre problème résulte du fait que les politiques peuvent modifier la répartition du revenu (et donc les prix relatifs), c'est ce que l'on appelle le « paradoxe de Boadway » (Boadway, 1974). La politique qui offre les avantages nets les plus élevés peut en effet ne pas être la meilleure à mettre en œuvre. Cela a conduit à rechercher des « échappatoires » permettant d'éviter ce type de problèmes. Les efforts dans ce sens ont commencé avec Bergson (1938) et se sont concentrés sur la conception d'une « fonction de bien-être social » – c'est-à-dire d'une règle indiquant comment le bien-être global varie en fonction de la somme des bien-être individuels. Ces réflexions ont à leur tour soulevé de nouveaux problèmes (voir par exemple Arrow, 1951). L'une de ces difficultés est de trouver une fonction de bien-être social susceptible de faire l'objet d'un « consensus » au sein de la société : bien des fonctions peuvent être envisagées sans que rien ne permette de décider concrètement laquelle retenir.

Références

Adelle, C., A. Jordan et J. Turnpenny (2012), « Proceeding in Parallel or Drifting Apart? A Systematic Review of Policy Appraisal Research Practices », *Environment and Planning C: Government and Policy*, vol. 30, pp. 401-415, *http://dx.doi.org/10.1068/c11104.*

Arrow, K. (1951), (2e édition 1963), *Social Choice and Individual Values*, Wiley, New York.

Boadway, R. (1974), « The welfare foundations of cost-benefit analysis », *Economic Journal*, vol. 84, pp. 926-939.

Brown, T.C., J.C. Bergstrom et J.B. Loomis (2007), « Defining, valuing and providing ecosystem goods and services », *Natural Resources Journal*, vol. 47, pp. 329-376, *www.fs.fed.us/rm/value/docs/defining_valuing_providing_ecosystem_services.pdf.*

Brown, G. et D.A. Hagen (2010), « Behavioral economics and the environment », *Environmental and Resource Economics*, vol. 46, pp. 139-146, *http://dx.doi.org/10.1007/s10640-010-9357-6.*

Camerer, C.F., G. Loewenstein et M. Rabin (2011), *Advances in Behavioral Economics*, Princeton University Press, USA.

Day, B. et D. Maddison (2015), *Improving Cost Benefit Analysis Guidance*, Natural Capital Committee, Londres.

Dunlop, C.A. et al. (2012), « The Many Uses of Regulatory Impact Assessment: A Meta-Analysis of EU and UK Cases », *Regulation and Governance*, vol. 6, pp. 23-45, *http://dx.doi.org/10.1111/j.1748-5991.2011.01123.x.*

Freeman, A.M. III et al. (2013), *The Measurement of Environmental and Resource Values*, 3e édition, Resources for the Future, Washington, DC.

Groom, B. et C. Hepburn (2016), *Looking Back at Social Discount Rates: The Influence of Papers, Presentations, Political Preconditions and Personalities on Policy*, Department of Geography and Environment, London School of Economics, *www.strategie.gouv.fr/sites/strategie.gouv.fr/files/atoms/files/20_2017_groom_hepburn_2017_reep.pdf.*

Heinzerling, L. et F. Ackerman (2004), *Priceless: On Knowing the Price of Everything and the Value of Nothing*, The New York Press, New York.

Hicks, J.R. (1943), « The four consumer's surpluses », *Review of Economic Studies*, vol. 11, pp. 31-41.

Hicks, J.R. (1939), « Foundations of welfare economics », *Economic Journal*, vol. 49, pp. 696-712.

HM Treasury (2003), *The Green Book, Appraisal and Evaluation in Central Government*, HM Treasury, *www.gov.uk/government/uploads/system/uploads/attachment_data/file/220541/green_book_complete.pdf*, Londres.

Horowitz, J.K., K.E. McConnell et J.J. Murphy (2008), « Behavioral foundations of environmental economics and valuation », in List, J. et M. Price (dir. pub.), *Handbook on Experimental Economics and the Environment*, Edward Elgar, Northampton, MA.

Kaldor, N. (1939), « Welfare propositions of economics and interpersonal comparisons of utility », *Economic Journal*, vol. 49, pp. 549-552.

OCDE (2015), *Perspectives de l'OCDE sur la politique de la réglementation 2015*, Éditions OCDE, Paris, *http://dx.doi.org/10.1787/9789264245235-fr*.

Pearce, D.W. (2001), « Controversies in economic valuation », in McMahon, P. et D. Moran (dir. pub.), *Economic Valuation of Water Resources: Policy and Practice*, Terence Dalton, Londres.

Pigou, A. (1920), *The Economics of Welfare*, Macmillan, Londres.

Sagoff, M. (2004), *Price, Principle and the Environment*, Cambridge University Press, Cambridge.

Sagoff, M. (1988), *The Economy of the Earth*, Cambridge University Press, Cambridge.

Scitovsky, T. (1941), « A note on welfare propositions in economics », *Review of Economic Studies*, vol. 9, pp. 77-88.

Shafir, E. (dir. pub.) (2013), *The Behavioral Foundations of Public Policy*, Princeton University Press, New York.

Shogren, J. et L. Taylor, (2008), « On Behavioral-Environmental Economics », *Review of Environmental Economics and Policy*, vol. 2, pp. 26-44, *https://doi.org/10.1093/reep/rem027*.

TEEB (2010), *The Economics of Ecosystems and Biodiversity, Mainstreaming the Economics of Nature*, A Synthesis of the Approach, Conclusions and Recommendations of TEEB, Routledge, Oxford, *www.teebweb.org/publication/mainstreaming-the-economics-of-nature-a-synthesis-of-the-approach-conclusions-and-recommendations-of-teeb/*.

UK National Ecosystem Assessment (2011), *The UK National Ecosystem Assessment: Synthesis of the Key Findings*, PNUE-WCMC, Cambridge.

Weikard, H.P. et X. Zhu (2005), « Discounting and environmental quality: When should dual rates be used? », *Economic Modelling*, vol. 22, pp. 868-878, *http://dx.doi.org/10.1016/j.econmod.2005.06.004*.

ANNEXE 2.A1

Exemple numérique

Le tableau ci-dessous présente un exemple numérique simple du calcul des avantages nets actualisés. Il indique que c'est la valeur actualisée des avantages et des coûts qui doit être additionnée ou faire l'objet de l'agrégation, et non leur valeur absolue, comme le montre la dernière ligne du tableau 2.A1.1.

Tableau 2.A1.1. **L'ACA – Un exemple simple**

	Année 1	Année 2	Année 3	Année 4
Avantages (à prix courants)	0	80	60	40
Coûts (à prix courants)	-103	24	24	23
Avantages nets (à prix courants)	-103	64	44	23
Indice des prix (Année 0 = 1.000)	1.030	1.061	1.093	1.126
Avantages nets (aux prix constants de l'année 0)	-100	60.0	40.0	20.0
Coefficient d'actualisation (CA) (Taux d'actualisation = 5 % et CA pour l'année 0 = 1.000)	0.952	0.907	0.864	0.823
Avantages nets actualisés (aux prix constants de l'année 0)	-95.2	54.4	34.6	16.5

Dans ce tableau, les signes moins indiquent un coût. Les coûts et les avantages sont mesurés aux prix de l'année en cours. Aussi, pour illustrer la procédure de correction de l'inflation, le tableau inclut-il un indice des prix qui suppose un taux d'inflation de 3 % par an, l'année 0 (celle où est entreprise l'évaluation) est prise en tant qu'année de référence. La division des avantages nets à prix courants par cet indice permet de calculer les coûts et les avantages à prix constants.

La distinction entre correction des effets de l'inflation et actualisation devrait donc être claire : il faut toujours commencer par s'assurer que les avantages et les coûts sont exprimés à prix constants et ne procéder que dans un second temps à l'actualisation des valeurs ainsi obtenues. Les coefficients d'actualisation sont calculés à l'aide de la formule [2.2], le taux d'actualisation étant supposé égal à 5 %. La dernière ligne fait apparaître les avantages nets actualisés. Après les avoir additionnés, on constate que ceux de signe positif s'élèvent au total à 105.5, alors que les coûts ne sont que de 95.2 ; autrement dit la valeur actuelle nette (VAN) est positive. Cet exemple illustre également la notion d'« année de référence », c'est-à-dire l'année par rapport à laquelle les coûts et avantages futurs sont actualisés. Dans le cas qui nous occupe, il existe une année 0, si bien que les coûts supportés au cours de l'année 1 sont actualisés par rapport à l'année 0 pour obtenir la valeur actuelle des coûts de l'année 1 (première colonne de chiffres). Il est plus courant de choisir pour année de référence celle où se produisent les coûts initiaux – qui prennent généralement la forme de dépenses d'investissement. Il n'existe là encore aucune règle absolue. N'importe quelle année peut être prise pour référence, à condition que ce choix soit cohérent avec les procédures appliquées.

L'augmentation des valeurs relatives pourrait également être prise en compte dans l'estimation. Dans le cas de figure où la valeur relative augmente du fait d'une hausse des revenus par habitant, il faudrait pour ce faire calculer l'équation suivante pour n'importe quelle année donnée : $(1 + [e \times g])^t$, où e représente l'élasticité du consentement à payer par rapport au revenu, c'est-à-dire le pourcentage de variation du consentement à payer résultant d'un certain pourcentage de variation du revenu réel par habitant et où g correspond au taux de croissance des revenus (réels) par habitant. Des informations devront être obtenues sur la taille probable de e. Mais à des fins d'illustration, supposons que la fourchette estimative des avantages procurés par cet exemple simplifié de projet soit d'environ 0.3 à 0.7. Pour toute année t, et si l'on retient une estimation médiane de 0.5 pour e et un taux de croissance du revenu réel de 2 % par exemple, le montant des avantages enregistrés au cours de cette année doit être multiplié par $(1 + [0.5 \times 0.02])^t$. S'il s'agit de l'année 3, cela signifie que les avantages de l'année 4 doivent être multipliés par 1.04. S'il s'agit de l'année 40, les avantages enregistrés l'année en question doivent être multipliés par 1.49. La prise en considération des variations des prix relatifs risque donc de modifier sensiblement le résultat d'une ACA.

ANNEXE 2.A2

L'interprétation en termes de bien-être des coûts et des avantages

Considérons un individu dont l'état initial de bien-être U_0 est le résultat de l'association d'un revenu monétaire Y_0 et d'une qualité de l'environnement E_0 :

$$U_0 (Y_0, E_0) \quad [A2.1]$$

Supposons une proposition visant à améliorer la qualité de l'environnement pour la faire passer de E_0 à E_1. Cette amélioration porterait à U_1 le bien-être de l'individu :

$$U_1 (Y_0, E_1) \quad [A2.2]$$

Il nous faut savoir de combien le bien-être de cet individu s'est accru du fait de cette amélioration de la qualité de l'environnement, c'est-à-dire déterminer la valeur de $U_1 - U_0$. Compte tenu de l'impossibilité de mesurer directement l'utilité, nous devrons recourir à une mesure indirecte, à savoir la part maximale de son revenu que l'individu consentirait à payer (CAP) pour bénéficier de ce changement. L'individu est supposé avoir le choix entre deux combinaisons de revenu et de qualité de l'environnement dont l'une et l'autre lui procurent le même degré de bien-être (U_0) : dans la première son revenu diminue et la qualité de l'environnement augmente, alors que dans la seconde son revenu ne baisse pas et la qualité de l'environnement ne s'améliore pas, soit :

$$U_0 (Y_0 - CAP, E_1) = U_0 (Y_0, E_0) \quad [A2.3]$$

Le CAP d'un individu correspond au point où ces deux combinaisons de revenu et de qualité de l'environnement produisent un même degré de bien-être. Le CAP est alors égal à la valeur monétaire de la différence de bien-être $U_1 - U_0$ résultant d'une augmentation de la qualité de l'environnement portant celle-ci de E_0 à E_1. Ce CAP correspond à la *variation compensatoire* de cet individu, et il est calculé par rapport au degré de bien-être initial, U_0.

Une autre possibilité consiste à se demander quelle augmentation de son revenu un individu consentirait à accepter (CAA) pour renoncer à l'amélioration de la qualité de l'environnement tout en conservant néanmoins le même degré de bien-être que si la qualité de l'environnement s'était accrue. L'individu doit donc choisir entre deux combinaisons de revenu et de qualité de l'environnement qui engendrent l'une et l'autre un même degré de bien-être (U_1) :

$$U_1 (Y_0 + CAA, E_0) = U_1 (Y_0, E_1) \quad [A2.4]$$

où CAA est une mesure de la valeur monétaire attachée par l'individu à la différence de bien-être ($U_1 - U_0$) qu'il éprouve à la suite de l'amélioration de la qualité de l'environnement. C'est ce que l'on appelle la *variation équivalente*. Elle est mesurée par rapport au degré de bien-être

W_1 enregistré après qu'ait eu lieu ce changement de qualité de l'environnement. La valeur monétaire de la différence de bien-être pourrait en l'occurrence être infinie si aucune somme d'argent ne peut constituer pour l'individu une compensation suffisante de l'absence d'amélioration de l'environnement.

Des mesures analogues de la valeur monétaire des changements entraînés par des politiques aboutissant à des pertes de bien-être peuvent en être dérivées. La variation compensatoire est alors mesurée par le CAA et la variation équivalente par le CAP. Supposons que le passage de E_0 à E_1 soit à l'origine d'une réduction du bien-être de l'individu. La variation compensatoire est donc la somme d'argent que l'individu serait prêt à accepter à titre de compensation pour laisser le changement se produire en conservant néanmoins un aussi grand bien-être qu'avant ledit changement :

$$U_0 (Y_0 + CAP, E_1) = U_0 (Y_0, E_0) \qquad [A2.5]$$

La compensation requise pourrait là encore être en principe infinie si aucune somme d'argent ne peut constituer une compensation suffisante pour remplacer pleinement la perte de qualité de l'environnement.

La variation équivalente correspond à la somme d'argent que l'individu consentirait à payer pour éviter le changement :

$$U_1 (Y_0 - CAP, E_0) = U_1 (Y_0, E_1) \qquad [A2.6]$$

Dans ce cas, mesurée par la variation équivalente, la valeur attachée par l'individu à la perte de bien-être subie à la suite d'une dégradation de la qualité de l'environnement faisant passer celle-ci de E_0 à E_1 est finie et elle est limitée par le revenu de l'individu.

Le tableau 2.A2.1 présente de façon synthétique les diverses mesures des gains et des pertes de bien-être.

Tableau 2.A2.1. **Mesure par les variations compensatoire et équivalente**

	Variation compensatoire = Quantité de Y qui peut être retirée à un individu *après* un changement de telle sorte qu'il conserve un aussi grand bien-être qu'*avant* le changement	Variation équivalente = Si un changement *ne se produit pas*, quantité de Y qui devrait être donnée à l'individu pour qu'il bénéficie d'un aussi grand bien-être que si le changement avait eu lieu
Augmentation du bien-être humain	$U_0 (Y_0\ CAP, E_1) = U_0 (Y_0, E_0)$	$U_1 (Y_0 + CAA, E_0) = U_1 (Y_0, E_1)$
Diminution du bien-être humain	$U_0 (Y_0 + CAA, E_1) = U_0 (Y_0, E_0)$	$U_1 (Y_0\ CAP, E_0) = U_1 (Y_0, E_1)$

Jusque voici quelques dizaines d'années, la plupart des économistes supposaient que l'écart entre les mesures de la différence de bien-être selon qu'elles sont effectuées au moyen de la variation compensatoire ou de la variation équivalente devait être très faible et n'avoir aucune conséquence pratique. Autrement dit, pour les besoins de l'ACA, peu importait que le CAP ou le CAA soient utilisés dans l'une ou l'autre des situations envisageables (c'est-à-dire qu'il s'agisse d'un gain ou d'une perte). Certains arguments théoriques permettent en effet de supposer que le CAP et le CAA devraient être très similaires. L'estimation empirique de ces grandeurs a toutefois généralement montré qu'il existe entre elles un écart parfois important, le CAA étant supérieur au CAP. Selon l'attitude de chacun face à cet écart entre le CAA et le CAP observé dans la pratique, le choix de l'un ou l'autre de ces moyens de mesure peut avoir des répercussions non négligeables sur l'ACA. Nous reviendrons donc sur cette question au chapitre 4, où elle sera examinée plus en détail. Elle n'est pas sans conséquence sur notre étude de l'ACA. Si les perdants possèdent un droit légitime sur ce qu'ils perdent, c'est alors le CAA au titre de cet impact qui constitue la mesure de la valeur appropriée.

PARTIE I

Méthodes d'évaluation environnementale

Analyse coûts-avantages et environnement
Avancées théoriques et utilisation par les pouvoirs publics

PARTIE I

Chapitre 3

Méthodes des préférences révélées

Les méthodes des préférences révélées renvoient à un éventail de techniques d'évaluation qui s'appuient toutes sur le fait que beaucoup de biens et services environnementaux (non marchands) font implicitement l'objet de transactions sur les marchés, ce qui leur permet d'en déterminer la valeur de diverses manières, selon le bien considéré et le marché où s'opèrent les échanges correspondants. Par exemple, la demande de loisirs naturels peut être estimée sur la base des coûts de déplacement liés à cette activité, les évolutions récentes consistant à associer cette procédure aux systèmes d'information géographique afin d'en accroître la précision, en inventoriant les caractéristiques naturelles des sites récréatifs ou leur éloignement. Une autre application notable est celle des techniques des prix hédonistes, qui évaluent les biens et services environnementaux en les considérant comme des attributs ou des caractéristiques des achats correspondants, de propriétés résidentielles en particulier, ou sont employées pour analyser le lien entre les salaires et les risques de décès ou de dommages corporels sur le lieu de travail. Enfin, on peut étudier les comportements de prévention et dépenses de protection, qui correspondent aux cas où les individus prennent des mesures coûteuses pour éviter d'être exposés à une nuisance non marchande. Une importante évolution dans le domaine des préférences révélées tient à la complexité croissante des méthodes économétriques mises en œuvre, qui traduit le plus grand intérêt accordé par une large part de l'économie appliquée à des questions cruciales comme celle de l'inférence causale.

3.1. Introduction

Le principe selon lequel il est souhaitable, lors de l'évaluation préalable des politiques publiques, de procéder (dans toute la mesure du possible et si cela présente un intérêt) à une quantification monétaire de leurs impacts immatériels sur le bien-être de la population est désormais bien établi. Il est ainsi de plus en plus largement admis que ces impacts immatériels constituent vraisemblablement une importante composante des avantages globaux des mesures prises dans le domaine de l'environnement ou de la santé. Beaucoup d'entre eux prennent cependant la forme de biens (ou de nuisances) de nature non marchande. En d'autres termes, la valeur attachée par la population à ces impacts ne peut être simplement déterminée grâce aux informations fournies par les marchés, concernant par exemple le niveau des prix ou celui de la demande. De multiples méthodes se sont dès lors efforcées de mettre au jour par divers moyens la valeur des biens non marchands. Certaines d'entre elles, parmi les plus connues, existent déjà depuis de nombreuses années. Il n'en reste pas moins que leur utilisation croissante – tout particulièrement dans le domaine de l'environnement – a favorisé leur perfectionnement non seulement grâce à leur application à des situations toujours plus complexes, mais aussi à l'examen approfondi de leur validité et de leur fiabilité. Ce chapitre offre une vue d'ensemble de l'une des approches les plus couramment utilisées pour évaluer les biens non marchands : celle fondée sur les préférences révélées.

Les *méthodes des préférences révélées* ont toutes en commun de s'appuyer sur les comportements effectivement observés sur les marchés réels, et en particulier sur les achats qui y sont réalisés, pour estimer la valeur des impacts non marchands. Elles sont exclusivement axées sur les valeurs d'usage. Pour reprendre la terminologie de Russell (2001), ces méthodes s'efforcent de quantifier la « trace » laissée sur les marchés par les biens (ou les nuisances) de nature non marchande. Un certain nombre d'approches différentes ont été proposées pour atteindre cet objectif. Boyle (2003) a récemment examiné les trois principales méthodes, dont le tableau 3.1 offre une vue d'ensemble : i) prix hédonistes ; ii) coûts de déplacement ; et iii) comportements de prévention ou de protection.

Le tableau 3.1 (colonne 2) indique quels sont les aspects spécifiques des comportements économiques observés que chaque méthode s'efforce d'examiner. Il peut s'agir de l'achat de biens durables tels que des biens immobiliers dans le cas des prix hédonistes ou des fenêtres à double vitrage dans celui des dépenses de protection. Le comportement des individus ou des ménages constitue le plus souvent le principal centre d'intérêt. Les comportements observés sur chacun de ces marchés sont supposés fournir certaines indications sur le prix implicite d'un bien (ou d'une nuisance) connexe de nature non marchande. Chacune de ces méthodes repose toutefois sur un cadre théorique différent (tableau 1, colonne 3). L'achat d'un bien immobilier peut ainsi être considéré comme celui d'un bien différencié dont le prix dépend de ses diverses caractéristiques, parmi lesquelles le nombre et la qualité des aménités environnementales situées à proximité. Dans le cas des dépenses de protection, il peut s'agir de l'achat d'un bien de substitution marchand, comme celui de fenêtres à double

Tableau 3.1. **Vue d'ensemble des méthodes des préférences révélées**

Méthode	Comportements observés	Cadre théorique	Types d'applications
Méthode des prix hédonistes	Achat d'un bien immobilier ; choix d'un emploi	Demande de produits différenciés	Qualité de l'environnement ; risques de morbidité et de mortalité
Méthode des coûts de déplacement/modèles de demande d'activités récréatives	Participation à une activité récréative en un lieu donné	Production des ménages ; biens complémentaires	Demande d'activités récréatives
Modèles de comportements de prévention/dépenses de protection	Coûts en temps ; achats pour éviter des dommages	Production des ménages ; biens de substitution	Santé : mortalité et morbidité

Source : D'après Boyle (2003).

vitrage, pour compenser l'existence d'une nuisance non marchande telle que le bruit de la circulation automobile.

Les méthodes des préférences révélées ont été appliquées dans divers contextes (tableau 3.1, colonne 4). Leur intérêt tient au fait qu'elles sont fondées sur les décisions effectives des individus ou des ménages, contrairement aux méthodes des préférences déclarées (chapitres 4 et 5), dans lesquelles il leur est demandé quelle serait la valeur hypothétique attachée par eux à certaines variations de l'offre de biens non marchands. Certains commentateurs en déduisent que les résultats obtenus au moyen de ces méthodes fondées sur le marché constituent en principe le meilleur indicateur des préférences individuelles. Elles fournissent en effet des informations concrètes sur le montant du consentement à payer des individus pour se procurer une plus grande quantité d'un bien non marchand ou pour se prémunir contre le préjudice occasionné par une nuisance non marchande. La réalité est bien entendu un peu plus complexe. Il n'est par exemple pas toujours aisé de déterminer quel serait ce montant dans la pratique. Il pourrait être préférable dans les faits de juger au cas par cas de l'éventuelle supériorité de cette approche – par rapport aux autres méthodes d'évaluation.

Ce chapitre offre une vue d'ensemble des fondements théoriques de différentes méthodes d'évaluation des impacts économiques non marchands fondées sur les préférences révélées. Il examine les principales hypothèses théoriques sur lesquelles repose chacune d'entre elles et quelles en sont les conséquences pour leur application pratique. Dans chaque cas, nous donnons un ou plusieurs exemples d'étude de cas pour illustrer la manière dont l'approche correspondante a été utilisée, et comment certains des problèmes théoriques ou empiriques ont été traités. Nous passons également en revue les plus récents progrès méthodologiques pour chacune des techniques. L'objectif est de suggérer dans quelle mesure les différentes approches pourraient être appliquées à l'évaluation des impacts économiques non marchands dans d'autres secteurs que ceux dans lesquels elles ont été déjà employées.

3.2. Méthode des prix hédonistes

La méthode des prix hédonistes (MPH) (Rosen, 1974) estime la valeur d'un bien non marchand en observant les comportements sur le marché d'un bien connexe. Elle s'appuie plus particulièrement sur un bien marchand par le biais duquel le bien non marchand fait l'objet de transactions implicites. Elle part de la constatation que le prix d'un grand nombre de biens marchands est fonction d'une multiplicité de caractéristiques. Il est ainsi probable que le prix d'une voiture soit lié à sa consommation de carburant, à sa sécurité et à sa fiabilité, ou encore que celui d'une machine à laver dépende par exemple de sa consommation d'énergie, de sa fiabilité et de la diversité des programmes de lavage. La méthode des prix hédonistes se sert de techniques statistiques pour isoler le « prix » implicite de chacune de ces caractéristiques. Cette méthode a beaucoup d'applications potentielles (par exemple pour le marché du vin, Gustafson et al., 2011), mais deux types de marchés présentent un intérêt tout particulier du point de vue de l'évaluation des biens non marchands : a) les marchés immobiliers et b) les marchés de l'emploi.

Sur le marché du logement, la méthode des prix hédonistes s'appuie sur les transactions marchandes qui y sont opérées pour déduire la valeur implicite des caractéristiques fondamentales du logement considéré. Nous pouvons décrire n'importe quel logement donné par ses caractéristiques structurelles (dont le nombre et la taille des pièces, l'existence d'un jardin et sa superficie), sa localisation et son accessibilité (tels que sa proximité par rapport aux écoles, aux commerces, aux axes routiers), les caractéristiques du quartier (taux de criminalité, par exemple), l'environnement local et les aménités disponibles à proximité (qualité de l'air, proximité des espaces verts, etc.). Le prix d'un logement est déterminé par l'ensemble particulier de caractéristiques qu'il offre, de sorte que les biens immobiliers qui possèdent des caractéristiques souhaitables en plus grand nombre et de meilleure qualité atteignent des prix plus élevés que ceux qui présentent davantage de défauts, toutes choses égales par ailleurs. La méthode des prix hédonistes s'attache à isoler la part respective des divers grands facteurs qui influent sur le prix des logements afin de déterminer le montant marginal du consentement à payer pour chacune de leurs caractéristiques. Les études consacrées au marché immobilier ont largement fait appel à cette méthode (Herath et Maier, 2010).

Rosen (1974) présente les fondements théoriques de cette analyse, et il montre que le gain d'utilité lié à des variations marginales d'un élément de l'ensemble d'attributs d'un bien composite tel que le logement peut être évalué en termes monétaires en mesurant la dépense supplémentaire requise pour établir un équilibre. Nous pourrions ainsi supposer que la plupart des gens préfèrent habiter dans un quartier calme plutôt que dans un environnement bruyant. L'aménité que constituent « le calme et la quiétude » ne s'échange cependant sur aucun marché susceptible de nous fournir des éléments d'information directs sur la valeur qui lui est attachée à l'endroit considéré. Le calme et la quiétude peuvent toutefois faire l'objet de transactions implicites sur les marchés immobiliers. Les individus peuvent exprimer leur préférence pour un environnement paisible en achetant un logement dans un quartier calme. La différence de prix entre un logement plus tranquille et un autre plus bruyant, mais par ailleurs identique constitue donc une mesure de la valeur du calme et de la quiétude. Cette solide assise, qui repose sur la théorie économique et sur les comportements observables sur les marchés, plutôt que sur des enquêtes sur les préférences déclarées, confère à cette méthode un intérêt tout particulier du point de vue de la politique environnementale.

La méthode des prix hédonistes implique la collecte d'un grand nombre d'informations sur les prix et les caractéristiques des biens immobiliers d'un quartier et l'application de techniques statistiques pour estimer une « fonction de prix hédonistes ». Cette fonction indique les prix d'équilibre pour l'échantillon de logements considéré. Ces prix résultent de l'interaction entre les acquéreurs et les vendeurs sur le marché immobilier en question. Si l'éventail des caractéristiques présentées par les logements disponibles sur le marché forme un quasi-continuum, il est probable que les acheteurs feront en sorte que chacune d'elles atteigne un niveau tel que leur prix implicite marginal soit tout juste égal à la valeur qu'ils leur accordent. La pente de la fonction de prix hédonistes pour chacune de ces caractéristiques indique donc quel en est le prix implicite. La forme de la fonction appropriée compte tenu de cette spécification de la régression peut donner matière à discussion, mais beaucoup d'études empiriques ont estimé des modèles de régression semi-logarithmique se présentant sous la forme suivante :

$$LnHP_{ijt} = \alpha + x'_{it}\beta_{1i} + n'_{it}\beta_{2i} + s'_{it}\beta_{3i} + f_j + \varepsilon_{it} \quad [3.1]$$

où la variable dépendante ($LnHP_{ijt}$) est le logarithme naturel du prix de vente correspondant à chaque transaction immobilière *i* sur le marché du travail *j* au cours de la période *t*. Les variables indépendantes pourraient inclure les caractéristiques structurelles du logement s_{it}, les caractéristiques du quartier n_{it}, les caractéristiques environnementales x_{it}, les caractéristiques non observées du marché du travail f_j, et les autres éléments non observés ε_{it}. Ces dernières années, l'utilisation des systèmes d'information géographique (SIG) et la disponibilité de données fournies par ceux-ci sur les caractéristiques environnementales et sur celles du quartier ont permis d'établir avec plus de précision, de souplesse et d'exactitude une relation entre ces caractéristiques et la localisation des logements (Kong et al., 2007 ; Noor et al., 2015).

Des études font de longue date appel à la méthode des prix hédonistes pour estimer l'effet des aménités et des nuisances environnementales sur le prix des biens immobiliers, puisque la plus ancienne, qui en offrait une application à la pollution atmosphérique, date de 1967 (Ridker et Henning, 1967). Depuis, un très grand nombre de travaux ont analysé les impacts sur les prix d'un large éventail d'aménités environnementales, telles que la qualité de l'eau (Walsh et al., 2011 ; Leggett et Bockstael, 2000 ; Boyle et al., 1999), la qualité de l'air (Smith et Huang, 1995 ; Bayer et al., 2009), les espaces naturels préservés (Correll et al., 1978 ; Lee et Linneman, 1998), les zones humides (Doss et Taff, 1996 ; Mahan et al., 2000), les forêts (Garrod et Willis, 1992 ; Tyrvainen et Miettinen, 2000 ; Thorsnes, 2002), les plages (Landry et Hindsley, 2011), les activités agricoles (Le Goffe, 2000), les paysages naturels (Benson et al., 1998 ; Paterson et Boyle, 2002 ; Luttik, 2000 ; Morancho 2003), les arbres urbains (Anderson et Cordell, 1985 ; Morales, 1980 ; Morales et al., 1983) et les espaces verts (Cheshire et Sheppard, 1995, 1998 ; Bolitzer et Netusil, 2000 ; Netusil, 2005 ; McConnell et Walls, 2005). Ces études environnementales fondées sur la méthode des prix hédonistes se concentrent en règle générale sur une seule caractéristique environnementale ou sur un très petit nombre d'entre elles, aussi ne parviennent-elles sans doute pas à rendre compte de l'interaction entre de multiples caractéristiques environnementales et les préférences en matière de logements. Une étude récente réalisée par Gibbons, Mourato et Resende (2014) fait figure d'exception, puisqu'elle examine un grand nombre d'aménités naturelles simultanément (encadré 3.1).

Encadré 3.1. **Valeurs d'agrément de la nature anglaise**

Gibbons, Mourato et Resende (2014) ont recours à la méthode des prix hédonistes pour estimer la valeur d'agrément liée à la proximité de divers habitats, espaces protégés, jardins résidentiels et autres aménités naturelles en Angleterre. Contrairement aux études antérieures, qui ont pour une large part eu tendance à se concentrer sur un unique bien environnemental, cette analyse s'est efforcée de mesurer la valeur attachée à un grand nombre d'aménités naturelles à l'échelle nationale en Angleterre. Il importe de savoir si le lien habituellement constaté entre les caractéristiques environnementales et le prix des logements demeure perceptible lorsque l'analyse porte sur une zone géographique bien plus vaste et d'une plus grande diversité environnementale. Par ailleurs, une analyse portant sur une zone géographique plus vaste donne la possibilité d'étudier la valeur de variables environnementales de plus grandes dimensions, telles que différents habitats ou écosystèmes et divers types d'espaces protégés.

Encadré 3.1. **Valeurs d'agrément de la nature anglaise** *(suite)*

Les auteurs analysent un échantillon de 1 million de transactions sur le marché du logement de 1996 à 2008, les informations sur l'emplacement étant données par le code postal sous son format intégral. L'ensemble de données comprend les prix de vente ainsi que diverses caractéristiques propres des logements ou relatives à leur environnement local. Les caractéristiques propres des logements incluent le type de bien immobilier, la surface au sol, la surface au sol au carré, le type de système de chauffage central (inexistant, complet, partiel, selon le type de combustible), le garage (superficie, simple, double, inexistant), le bail, s'il s'agit d'une nouvelle construction, l'ancienneté, l'ancienneté au carré, le nombre de salles de bains (variable muette), le nombre de chambres à coucher (variable muette), ainsi que des variables muettes correspondant au mois et à l'année. Les auteurs ont recours à des effets fixes sur les bassins d'emploi pour neutraliser les variables non observées relatives au marché du travail (telles que les rémunérations et les taux de chômage), entre autres facteurs d'ordre géographique. L'intégration dans la régression de la fonction hédoniste de variables muettes correspondant au bassin d'emploi implique que le modèle s'appuie exclusivement sur les variations des aménités environnementales et des prix des logements survenant au sein de chaque bassin d'emploi (c'est-à-dire au sein de chaque marché du travail), et qu'elle tient compte ce faisant des différences plus générales entre les différents bassins d'emploi du point de vue des caractéristiques de leurs marchés du travail et du logement. Parmi les autres variables de contrôle figurent les distances jusqu'à diverses infrastructures de transport, la distance par rapport aux établissements scolaires, la distance jusqu'au centre du marché du travail local (bassin d'emploi), la superficie du district, la densité démographique et la qualité des établissements scolaires locaux.

Pour ce qui est des caractéristiques environnementales locales, Gibbons et al. (2014) distinguent neuf grandes catégories d'habitat permettant de décrire la couverture physique des sols en fonction de leur part en pourcentage dans le secteur de 1 km x 1 km où est situé le bien immobilier considéré : (1) franges marines et côtières ; (2) eaux douces, zones humides et plaines inondables ; (3) montagnes, landes et bruyères ; (4) prairies semi-naturelles ; (5) terres agricoles clôturées ; (6) forêt de conifères ; (7) forêt de feuillus ou forêt mixte ; (8) zone urbaine ; et (9) sols nus de l'arrière-pays. Six autres variables permettent par ailleurs de décrire la part des différents types d'occupation des sols ci-après au sein du district de recensement où est situé le logement en question : (1) jardins résidentiels ; (2) espaces verts ; (3) eau ; (4) bâtiments résidentiels ; (5) bâtiments non résidentiels et (6) « autres » (dont les infrastructures de transport, les chemins et les autres utilisations des terres). Enfin, cinq variables de « distance » mesurant le degré d'éloignement par rapport à diverses aménités naturelles et environnementales (en centaines de kilomètres) sont également prises en compte : (1) la distance par rapport au littoral, (2) la distance par rapport aux cours d'eau, (3) la distance par rapport aux parcs nationaux (Angleterre et Pays de Galles), (4) la distance par rapport aux Réserves naturelles nationales (Angleterre et Écosse), et (5) la distance par rapport aux terres appartenant au *National Trust* (principale organisation indépendante de protection de la nature assurant la gestion de vastes portions de la campagne, des côtes et du patrimoine foncier du Royaume-Uni). Les auteurs ont en outre utilisé deux variables relatives aux espaces classés, à savoir la proportion des terres faisant respectivement partie d'une ceinture verte ou d'un parc national au sein du district de recensement où est situé le logement considéré. Il s'agit de vérifier si le fait de savoir que certains habitats sont protégés contre les projets d'aménagement a une valeur aux yeux des acheteurs sur le marché du logement.

Gibbons et al. utilisent une fonction des prix hédonistes de type semi-logarithmique et les estimations sont assez peu sensibles aux modifications de la spécification et de l'échantillon. Cela donne une certaine assurance quant au fait que les résultats fournis par la méthode des prix hédonistes offrent une utile indication des valeurs attachées à la proximité des aménités environnementales en Angleterre.

Le tableau 3.2 présente un récapitulatif des principales constatations pour l'Angleterre. Les résultats mettent en évidence que les effets de nombreuses caractéristiques environnementales sur le prix des logements sont très significatifs sur le plan statistique et que leur ordre de grandeur est assez important d'un

Encadré 3.1. **Valeurs d'agrément de la nature anglaise** *(suite)*

point de vue économique. Les jardins, espaces verts et masses d'eau situés dans le district de recensement sont autant d'éléments qui donnent lieu à une considérable augmentation des prix. Les étendues d'eau douce, les forêts de feuillus, les forêts de conifères et les terres agricoles clôturées ont également un fort effet positif sur les prix (par rapport à celui des terrains dont la couverture est de nature urbaine). Un allongement de la distance par rapport aux aménités naturelles telles que les cours d'eau, les parcs nationaux ou les sites appartenant au *National Trust* est clairement associé à une baisse du prix des logements. Chaque kilomètre supplémentaire de distance par rapport au parc national le plus proche entraîne une baisse de prix de 0.24 %, soit 465 GBP. Il s'ensuit qu'une localisation au sein d'un parc national (c'est-à-dire à une distance nulle de celui-ci), assorti du fait que l'intégralité (100 %) du district de recensement soit incluse dans un parc national, implique une formidable majoration du prix s'élevant à 33 686 GBP, par rapport à un logement anglais moyen (distant de 46.7 km d'un parc national). Pareillement, la localisation dans une ceinture verte est un critère important dans le cas des grandes agglomérations. Les résultats mettent en évidence un CAP d'environ 7 000 GBP pour les logements situés dans une ceinture verte, qui donnent la possibilité d'avoir accès aux villes, tout en bénéficiant des sévères restrictions auxquelles est soumise l'offre de logements.

Les auteurs parviennent à la conclusion globale que le marché du logement en Angleterre montre l'importante valeur d'agrément attachée à un certain nombre d'habitats, de zones classées, de jardins résidentiels et d'aménités environnementales locales.

Tableau 3.2. **Prix implicites des principales aménités environnementales en Angleterre**

GBP, valeurs capitalisées

Aménité environnementale	% de variation de la valeur du logement	Prix implicite par rapport au prix moyen des logements en 2008	
En cas d'augmentation de 1 point de pourcentage de la part dans la couverture des sols :			
Eaux douces, zones humides, plaines inondables	0.36 % d'augmentation du prix des logements	694 GBP	***
Terres agricoles clôturées	0.06 % d'augmentation du prix des logements	115 GBP	***
Forêt de feuillus	0.19 % d'augmentation du prix des logements	376 GBP	***
Forêt de conifères	0.12 % d'augmentation du prix des logements	232 GBP	*
En cas d'augmentation de 1 point de pourcentage de la part dans l'utilisation des sols :			
Jardins résidentiels	1.02 % d'augmentation du prix des logements	1 982 GBP	***
Espaces verts	1.04 % d'augmentation du prix des logements	2 031 GBP	***
Eau	0.97 % d'augmentation du prix des logements	1 897 GBP	***
En cas de localisation dans une zone classée :			
Localisation dans une ceinture verte *(grandes agglomérations)*	3.25 % d'augmentation du prix des logements	6 967 GBP	*
Localisation dans un parc national, par rapport à la moyenne	17.36 % d'augmentation du prix des logements	33 686 GBP	***
En cas d'allongement de 1 km de la distance :			
Distance par rapport à un cours d'eau	0.93 % de baisse du prix des logements	1 811 GBP	*
Distance par rapport à un parc national	0.24 % de baisse du prix des logements	465 GBP	***
Distance par rapport aux terres du *National Trust*	0.70 % de baisse du prix des logements	1 344 GBP	***

Notes : Les astérisques indiquent les niveaux de signification statistique : ***$p < 0.01$, **$p < 0.05$, *$p < 0.10$. La localisation dans un parc national correspond à une distance nulle par rapport au parc national et au fait que celui-ci couvre 100 % du district considéré. Les prix implicites indiqués dans le tableau correspondent à des valeurs capitalisées, c'est-à-dire aux valeurs actuelles, et non à un consentement à payer annuel. Des chiffres annualisés à long terme peuvent être obtenus en multipliant les valeurs actuelles par un taux d'actualisation approprié (par exemple 3.5 %).

L'effet des nuisances et des désagréments a également été étudié au moyen de la méthode des prix hédonistes, notamment pour ce qui est des nuisances sonores routières, ferroviaires et aéroportuaires (Andersson et al., 2009 ; Day et al., 2006 ; Wilhelmsson, 2000 ; Pope, 2008a), des éoliennes (Gibbons, 2015 ; Hoen et al., 2011), des centrales électriques (Davis, 2011), de la recherche de gaz de schiste (Muehlenbachs et al., 2015 ; Gibbons et al., 2016) et des inondations (Beltrán-Hernández, 2016). Pour finir, cette méthode a également été utilisée pour évaluer les effets des politiques environnementales telles que le *Clean Air Act* (loi américaine de protection de la qualité de l'air) (Chay et Greenstone, 2005), ou encore le programme *Superfund* de dépollution des décharges de déchets dangereux aux États-Unis (McCluskey et Rausser, 2003).

L'approche méthodologique la plus couramment utilisée dans ces études a consisté à tenir compte de la distance séparant le bien immobilier de l'aménité ou de la nuisance environnementale en tant que variable explicative dans le cadre du modèle. Plus récemment, le recours aux SIG a amélioré la capacité des régressions hédonistes à expliquer la variation des prix des logements en ne tenant pas uniquement compte du degré de proximité, mais aussi du degré d'abondance et des caractéristiques topographiques des aménités environnementales, par exemple en prenant pour variable explicative la proportion d'une aménité donnée comprise dans un certain rayon de distance par rapport au logement considéré.

Le plus souvent, ce très grand nombre d'études a systématiquement mis en évidence que les facteurs environnementaux exercent un effet observable sur le prix des biens immobiliers, confortant l'hypothèse que le choix d'un logement est la conséquence d'un choix implicite en faveur des aménités environnementales situées à proximité, de sorte que la valeur des variations marginales du degré de proximité de ces agréments se trouve intégrée dans le prix des logements.

La méthode des prix hédonistes a également été utilisée pour estimer la valeur attachée à l'évitement des risques de mort ou de blessure. On s'intéresse pour ce faire aux écarts de salaire entre des emplois caractérisés par différents degrés d'exposition à ces risques. Certains emplois comportent en effet plus de risques que d'autres (un pompier court ainsi en règle générale bien plus de risques de blessure, voire de décès, qu'un employé de bureau). Les employeurs doivent donc verser une prime aux travailleurs pour les inciter à réaliser les travaux les plus dangereux. Cette prime fournit une estimation de la valeur marchande de faibles variations des risques de mort ou de blessure (Kolstad, 2010). La méthode des prix hédonistes a par conséquent été appliquée aux marchés de l'emploi afin de distinguer ces primes de risque des autres déterminants des salaires (tels que le degré d'instruction, etc.). L'encadré 3.2 offre un exemple d'application de cette approche.

Encadré 3.2. **Méthode des prix hédonistes et compensation salariale au titre des risques encourus sur le lieu de travail**

Marin et Psacharopoulos (1982) ont entrepris l'une des premières études de la relation entre les salaires et les risques professionnels au Royaume-Uni. Leur étude répondait à deux objectifs. Premièrement, elle visait à vérifier l'hypothèse selon laquelle les revenus devraient être plus élevés pour les emplois impliquant les plus grands risques, une fois pris en considération les facteurs non concurrentiels tels que la syndicalisation. En second lieu, il s'agissait de fournir une estimation de la valeur des variations du risque de mortalité qui puisse être utilisée pour l'évaluation des projets et des politiques.

Encadré 3.2. **Méthode des prix hédonistes et compensation salariale au titre des risques encourus sur le lieu de travail** *(suite)*

Les auteurs ont utilisé les données issues de l'Enquête générale auprès des ménages (*General Household Survey*) et des données sur les risques professionnels pour estimer une fonction des revenus – un type de fonction des prix hédonistes – prenant en considération des variables telles que le nombre d'années de scolarité et d'expérience professionnelle (variables relatives au « capital humain »), les risques professionnels, le taux de syndicalisation, et le classement de l'emploi considéré selon l'attrait qu'il exerce. Deux séries d'indices de risques ont été élaborées. La première tient compte du risque relatif de mortalité dans chaque catégorie professionnelle, considéré globalement. Cette mesure intégrerait implicitement les risques pour lesquels aucune compensation ne pourrait être exigée du fait qu'ils sont supportés de plein gré (par les débitants de boissons, par exemple), l'effet des risques résultant de la réalisation d'autres tâches (tels que les taux de mortalité plus élevés des mineurs de surface découlant de problèmes de santé contractés dans des emplois antérieurs, en tant que mineurs de fond), et les risques chroniques (de cancer, par exemple) que les travailleurs pourraient avoir du mal à évaluer. Les problèmes de mesure entraînés par ce premier indice ont amené les auteurs à préférer une variable de risque plus spécifique correspondant au risque de décès lors d'un accident du travail, jugé constituer un indicateur plus direct et plus aisément perceptible des risques les moins « souhaitables ». Il a donc été considéré que cet indicateur mesure un risque plus spécifiquement lié au marché du travail que le précédent, qui avait trait au risque global de décès.

Marin et Psacharopoulos ont également intégré dans leur fonction de revenus une variable permettant de tenir compte de toute éventuelle interaction entre le risque professionnel et le taux de syndicalisation, sans idée préconçue sur le point de savoir si le coefficient estimé devrait être positif ou négatif. L'effet pourrait être positif si les syndicats ont une meilleure connaissance des risques que les travailleurs considérés individuellement, et s'ils en tirent parti dans les négociations collectives sur les salaires. L'effet pourrait être négatif pour diverses raisons. La négociation collective pourrait avoir lieu à un niveau plus large que celui des métiers pris en compte par les auteurs, réduisant de ce fait la sensibilité de la négociation aux mesures des risques professionnels. Par ailleurs, les syndicats pourraient négocier directement la mise en œuvre de mesures visant à renforcer la sécurité au travail, réduisant ainsi l'importance du risque en tant qu'enjeu des négociations salariales.

Les résultats de l'analyse ont confirmé qu'il existe un lien au Royaume-Uni entre des risques de décès plus élevés et une meilleure rémunération. Comme on pouvait s'y attendre, ce lien était plus fort avec la mortalité découlant des accidents de travail qu'avec le taux global de mortalité des membres de la profession. Le terme décrivant les interactions entre le risque et le fait d'être ou non syndiqué s'est avéré négatif, ce qui donne à penser (non sans la plus grande prudence) que la syndicalisation avait tendance à réduire l'écart de rémunération entre les emplois impliquant davantage de risques et les autres.

La valeur implicite du risque de mortalité peut être convertie en une mesure à l'échelle de l'ensemble de la population communément dénommée « valeur d'une vie statistique », en calculant la différentielle de la fonction des revenus eu égard au risque. Pour l'ensemble des travailleurs de l'échantillon (n = 5 509), la valeur de la vie statistique était de 603 000 GBP ou 681 000 GBP aux prix de 1975 (3.14 millions GBP ou 3.54 millions GBP aux prix de 2001), selon que l'interaction entre la syndicalisation et le risque était ou non prise en considération. Du fait de la nature de la fonction des prix hédonistes, en tant que lieu où s'établissent les prix d'équilibre par l'interaction entre les acheteurs et les vendeurs, ces chiffres fournissent également des évaluations des coûts que devraient supporter les entreprises pour assurer une réduction des risques sur le lieu de travail.

Encadré 3.2. Méthode des prix hédonistes et compensation salariale au titre des risques encourus sur le lieu de travail *(suite)*

Marin et Psacharopoulos ont également réalisé des évaluations sur des sous-échantillons de l'ensemble de l'échantillon de travailleurs, pour vérifier si les écarts de rémunération variaient selon les catégories de salariés : membres du personnel d'encadrement et travailleurs non manuels ou manuels, respectivement. Les estimations relatives au personnel d'encadrement étaient peu satisfaisantes, compte tenu du très bas niveau de risques (et donc de décès) observé dans les catégories professionnelles correspondantes. Les auteurs ont suggéré que c'est là un reflet de la valeur élevée attachée à la sécurité par ces salariés, et du bas coût qu'impose aux entreprises la réduction des risques encourus par le personnel sédentaire. Les estimations relatives aux travailleurs non manuels ou manuels étaient plus satisfaisantes, et ont abouti à des valeurs de la vie statistique d'environ 2.25 millions GBP pour la première de ces catégories (du fait du revenu moyen plus élevé dont bénéficient les travailleurs non manuels, ainsi que de leur plus fort coefficient de risque estimé), alors que les chiffres correspondant à la seconde de ces catégories sont très proches de ceux estimés pour l'échantillon tout entier (619 000 GBP-686 000 GBP). La valeur d'une vie statistique pour les travailleurs non manuels s'élève à environ 11.7 millions GBP aux prix de 2001.

3.2.1. Limites

Comme il fallait s'y attendre, l'application pratique de la méthode des prix hédonistes soulève un certain nombre de problèmes. Premièrement, cette méthode ne mesure que les valeurs d'usage, telles qu'elles sont reflétées par les prix des biens immobiliers. Elle repose en outre sur un certain nombre d'hypothèses, dont celle que les marchés immobiliers sont concurrentiels et à l'équilibre, ce qui suppose que les individus optimisent leurs choix en matière de logements compte tenu de leurs prix selon leur localisation. Elle implique par ailleurs une totale liberté de mouvement. Autrement dit, les individus peuvent ajuster les différents niveaux de chacune des caractéristiques des logements en déménageant, sans avoir à supporter le moindre coût de transaction.

Qui plus est, la méthode des prix hédonistes suppose une information parfaite. En réalité, les individus pourraient ne pas être parfaitement informés. Dans le cas des primes de risque comprises dans le salaire, les travailleurs ne sont donc sans doute pas pleinement conscients des risques d'accident auxquels ils sont exposés sur leur lieu de travail, de sorte que leurs exigences salariales ne donnent pas une bonne indication de la vraie valeur qu'ils leur attribuent. Les estimations de cette dernière établies à partir de l'observation des décisions qu'ils prennent en la matière seront dès lors faussées. Dans le cas des variables environnementales, les acheteurs de maisons pourraient ne pas être conscients de questions telles que la contamination des sols ou la probabilité d'inondation, auquel cas ces éléments ne seront pas fidèlement pris en compte dans le prix des logements. Pope (2008 b) étudie les asymétries de l'information concernant le risque d'inondation, dont les vendeurs sont en général mieux informés que les acheteurs, ce qui fait qu'il est tentant pour un vendeur d'attendre qu'un acheteur non informé lui fasse une offre pour sa maison. À la suite de l'adoption en Caroline du Nord d'une loi imposant la divulgation de certains éléments d'information par le vendeur, qui exigeait que celui-ci révèle les risques d'inondation, de sorte que les acheteurs en aient pleine connaissance, l'auteur a estimé à 4 % la baisse des prix des logements dans les zones inondables. Chose remarquable, avant que cette loi ne soit entrée en vigueur, le classement en zone inondable ne paraît avoir eu aucune incidence sur le prix des logements. Les résultats de Pope portent à croire que l'information asymétrique entre les acheteurs et les vendeurs était à l'origine d'une sous-estimation des valeurs marginales estimées pour les zones inondables avant l'entrée en vigueur de la loi en question.

La procédure d'évaluation par la méthode des prix hédonistes se heurte également à certains problèmes économétriques bien connus tels que le choix arbitraire d'une forme fonctionnelle pour la fonction hédoniste des prix, la multicolinéarité, l'hétéroscédasticité, la définition de l'étendue spatiale et temporelle des marchés immobiliers et le biais lié aux variables omises. Par ailleurs, l'approche couramment adoptée dans les études passées impliquait l'utilisation de données transversales qui posaient de nombreux problèmes d'identification, d'où la nécessité d'avoir recours à des variables de contrôle pour tenir compte du grand nombre de facteurs ayant une incidence sur le prix des logements, dont beaucoup sont inobservables.

En cas de multicolinéarité, les caractéristiques non marchandes tendent à être associées : les biens immobiliers proches des routes sont ainsi exposés à de plus grandes nuisances sonores *et* à de plus fortes concentrations de polluants atmosphériques. Il est dès lors souvent difficile de distinguer l'impact de chacune de ces deux formes de pollution sur le prix des biens considérés. Les chercheurs ont eu tendance à négliger cette question dans un grand nombre de cas, omettant ainsi de tenir compte d'une caractéristique potentiellement importante dans leurs analyses, ce qui a eu pour résultat de fausser les estimations. Voir l'encadré 3.3 pour un exemple.

Encadré 3.3. **Méthode des prix hédonistes et impact de la qualité de l'eau sur la valeur des maisons d'habitation**

Leggett et Bockstael (2000) se penchent directement sur le problème de la multicolinéarité dans leur étude de l'impact qu'exercent les variations de la qualité de l'eau sur la valeur des maisons d'habitation situées sur le rivage dans la baie de Chesapeake aux États-Unis. La pollution de l'eau dans la baie de Chesapeake pourrait être due aux stations d'épuration des eaux usées ainsi qu'à d'autres installations susceptibles d'avoir également une incidence négative sur l'agrément esthétique. Les estimations risquent donc d'être faussées du fait que les maisons les plus proches de ces installations pâtiront sans doute d'une eau de moins bonne qualité, mais aussi d'un moindre agrément esthétique, d'où la difficulté de déterminer l'effet sur les prix imputable à chacun de ces deux facteurs.

Les auteurs ont cependant su tirer parti d'une caractéristique naturelle de la baie de Chesapeake pour surmonter ce problème potentiel. Cette baie possède un littoral échancré, doté de nombreuses petites criques ayant un régime variable de dispersion de la pollution par les marées. Ils ont donc pu trouver une maison située sur une crique dont l'eau est de qualité médiocre, mais depuis laquelle la source de pollution correspondante n'était pas directement visible, d'où l'absence de nuisance esthétique. À l'inverse, une maison située à proximité d'une station d'épuration ne pâtissait pas nécessairement d'une eau de qualité médiocre si le régime des marées dans cette crique particulière s'avère favorable. Les caractéristiques naturelles de la baie de Chesapeake ont ainsi permis de rompre la colinéarité potentielle entre l'agrément esthétique et la qualité de l'eau, offrant de ce fait la possibilité d'inclure ces deux caractéristiques dans l'équation d'estimation sans qu'il en résulte pour autant des problèmes statistiques.

Dans les applications de la méthode des prix hédonistes aux biens immobiliers comme dans la plupart des études de la valeur des ressources environnementales, il faut veiller à

Encadré 3.3. **Méthode des prix hédonistes et impact de la qualité de l'eau sur la valeur des maisons d'habitation** *(suite)*

bien choisir le moyen de mesurer la variable environnementale à laquelle on s'intéresse. Les profanes sont ainsi très souvent particulièrement sensibles à l'aspect visuel de l'eau, à laquelle ils tendent à accorder d'autant plus de valeur qu'elle est transparente. Sa qualité biologique – qui reflète le potentiel écologique d'une masse d'eau – n'est toutefois pas nécessairement liée à sa transparence. Sa qualité chimique constitue en outre une variable plus importante quand il s'agit de déterminer si une masse d'eau présente les conditions requises pour que l'on puisse y nager ou y pratiquer d'autres sports susceptibles d'impliquer un contact avec l'élément liquide. La qualité chimique de l'eau risque cependant de ne pas être un indicateur aisément compréhensible pour la population.

Pour mesurer la qualité de l'eau, Leggett et Bockstael se sont servis des informations officielles concernant les concentrations de coliformes fécaux. Leur étude visait principalement à estimer la valeur récréative d'une maison située à proximité de la baie de Chesapeake. Ces concentrations étaient rendues publiques par les journaux locaux et aux points d'information, qui indiquaient par ailleurs clairement le seuil au-delà duquel les plages seraient fermées pour des raisons sanitaires. Les auteurs ont en outre recueilli des indices qui donnent de bonnes raisons de penser que les résidents de la baie de Chesapeake tout comme les personnes qui souhaitent s'y installer montrent un intérêt réel pour la qualité locale de l'eau, ce qui conforte l'hypothèse d'une relation positive entre cette dernière et la valeur des biens immobiliers.

Les auteurs ont constaté que les variables de situation habituelles présentaient un signe conforme aux attentes dans leur équation des prix hédonistes estimée. Une plus grande superficie, des trajets quotidiens moins longs, ainsi que la proximité du rivage constituent des facteurs ayant un impact positif sur le prix des biens immobiliers, dont la valeur moyenne est estimée à 350 000 USD par acre. Le prix d'un bien immobilier est en règle générale d'autant plus bas qu'il se situe à proximité d'une source de pollution. Il est par ailleurs inversement proportionnel aux concentrations locales de coliformes fécaux. Toute augmentation d'une unité de la concentration annuelle moyenne enregistrée par la station de mesure la plus proche se traduisait ainsi par une baisse de la valeur du bien immobilier égale à 5 000 USD (la concentration moyenne au sein de l'échantillon était d'une unité par ml, alors que la fourchette de variation était de 0.4-2-3 unités/ml). Ces chiffres pourraient être utilisés pour estimer la valeur marginale de légères variations de la qualité de l'eau dans la région de Chesapeake comme ailleurs.

Leggett et Bockstael soulignent que les résultats obtenus par eux ne permettent en revanche pas d'estimer la valeur de variations importantes de la qualité de l'eau (comme celles que pourrait par exemple entraîner l'adoption de nouvelles normes d'environnement). De telles variations seraient en effet à l'origine d'une évolution du degré de qualité de l'environnement offerte sur le marché immobilier de la baie de Chesapeake et induiraient donc un déplacement le long de la courbe des prix hédonistes, puisque les acquéreurs et les vendeurs s'engageraient alors dans une série de tractations jusqu'à ce qu'ils parviennent à établir de nouveaux prix d'équilibre. C'est là un important inconvénient qui limite l'utilisation par les pouvoirs publics des estimations de la valeur non marchande obtenues grâce à la méthode des prix hédonistes.

Le risque que certaines variables ne soient pas prises en considération dans la modélisation hédoniste a longtemps préoccupé les chercheurs (Kuminoff et al., 2010). Le biais lié aux variables omises résulte du fait que certaines caractéristiques inobservables du logement importantes aux yeux des ménages peuvent être corrélées avec l'aménité environnementale étudiée. Cette mauvaise spécification potentielle de la fonction des prix hédonistes a pu fausser des estimations de la valeur. Dans une étude marquante, Cropper et al. (1988) ont montré qu'en présence de variables omises, des formes fonctionnelles plus simples, linéaires, log-linéaires ou log-log, donnent les meilleurs résultats. Aussi la plupart des études publiées depuis lors ont-elles eu recours à ces modèles plus simples pour réduire au minimum le risque d'un biais lié aux variables omises.

Il faut également prendre soin de préciser quelles sont exactement les limites géographiques du marché immobilier considéré. Celles-ci sont définies pour chacun des acquéreurs par les recherches effectuées par lui. Les estimations fondées sur les prix hédonistes seront faussées si des biens immobiliers situés à l'extérieur des limites du marché correspondant à l'individu en question sont pris en considération dans l'analyse. Si des biens immobiliers relevant de fait de ce marché en sont à l'inverse exclus, les estimations ainsi obtenues ne seront certes pas faussées, mais s'avéreront inefficientes. Malheureusement, vu que de nombreux individus recherchent un logement dans une localité donnée, les informations relatives aux achats de biens immobiliers seront sans doute tirées d'un grand nombre de marchés se recoupant partiellement. Certains ont dès lors fait valoir qu'il est probablement préférable dans ces conditions de sous-estimer que de surestimer l'ampleur du marché étudié (Palmquist, 1992).

Pour finir, la très grande majorité des études faisant appel à la méthode des prix hédonistes n'estime que les prix implicites marginaux liés aux caractéristiques sur lesquelles elles portent, puisque la question typique présentant un intérêt sur le plan de l'action est de savoir si le stock existant d'un bien non marchand se trouve capitalisé sur le marché immobilier. Mais ce n'est là que la première étape de l'évaluation par les prix hédonistes. La plupart des études ne vont pas jusqu'à estimer des fonctions de demande pour les caractéristiques étudiées, et ne passent donc pas à la seconde étape de l'évaluation, qui permettrait d'estimer la valeur des variations non marginales et non localisées. En effet, l'estimation des relations de demande à partir des données relatives aux prix hédonistes pose de grandes difficultés théoriques et analytiques et exige de grandes quantités d'information. Day et al. (2006) en fournissent l'un des rares exemples.

3.2.2. Évolutions récentes

Ces dernières années, les recherches sur le biais lié aux variables omises et les problèmes d'endogénéité qui s'ensuivent dans les modèles des prix hédonistes ont entraîné beaucoup d'évolutions économétriques. Dans un examen des effets de ce biais dans les études fondées sur la méthode des prix hédonistes, Kuminoff et al. (2010), constatent que les études qui s'appuient sur de vastes ensembles de données transversales ont commencé à tenir compte des effets fixes spatiaux dans la fonction des prix hédonistes (effets fixes pour les bassins d'emploi, comme dans Gibbons et al., 2014, ou pour les districts scolaires, par exemple) afin de tenir compte des variables omises spatialement corrélées. De plus, à mesure que la disponibilité des séries de données de panels et de celles de données transversales répétées s'est accrue, les chercheurs ont pu adopter des méthodes quasi expérimentales telles que celles des effets fixes, des différences premières et de la différence des différences pour faire face au problème des variables omises et pour déterminer avec précision les valeurs non marchandes (par exemple Horsch et Lewis, 2009 ; Gibbons, 2015 ; Gibbons et al., 2016). Certains auteurs ont également utilisé des données répétées sur les ventes pour remédier à ce problème (par exemple Beltrán-Hernández, 2016). Kuminoff et al. (2010) avancent que, lorsque des effets fixes spatiaux sont utilisés pour tenir compte des variables omises, le résultat fondateur auquel sont parvenus Cropper et al. (1988) concernant la supériorité des formes plus simples de la fonction des prix hédonistes ne tient plus. Ils démontrent au contraire que l'estimation gagne beaucoup en précision si on leur préfère des spécifications de la fonction des prix hédonistes offrant une plus grande souplesse (telles que le modèle quadratique de Box-Cox) et que l'on a recours à des méthodes d'identification quasi expérimentale, des effets fixes spatiaux, et/ou des variables de contrôle temporelles pour tenir compte des ajustements du marché du logement.

Horsch et Lewis (2009) proposent une expérience quasi aléatoire pour identifier les effets du myriophylle, une espèce aquatique envahissante, sur la valeur des biens immobiliers. La propagation du myriophylle est une conséquence de la circulation des bateaux et, vu que les plaisanciers ont une plus grande probabilité de visiter les beaux lacs offrant des aménités attractives (et souvent inobservables), la probabilité qu'un lac soit envahi par le myriophylle est corrélée avec le terme d'erreur dans une fonction des prix hédonistes (endogénéité). Aussi l'estimation des données transversales relatives aux prix hédonistes au moyen de la méthode classique des moindres carrés ordinaires (MCO) affectera-t-elle vraisemblablement d'un biais positif les coefficients estimés pour les variables liées à la présence du myriophylle. S'appuyant sur une série de données chronologique fournissant des informations sur les lacs avant et après les invasions de myriophylles, les auteurs proposent une analyse de la différence des différences (DDD) assortie d'effets fixes sur les lacs. Cette stratégie d'estimation permet de déterminer quelle est l'incidence du myriophylle sur la valeur des biens immobiliers, étant donné que les effets fixes tiennent compte de toutes les aménités observables et inobservables des lacs qui ont un impact sur la valeur des biens immobiliers, tandis que la spécification fondée sur la DDD tire parti des caractéristiques d'expérience naturelle propres à la série de données, qui fournit des informations antérieures et postérieures aux invasions de myriophylles. Les résultats indiquent que les invasions de myriophylles réduisent d'environ 8 % la valeur moyenne des biens immobiliers.

Dans un autre exemple récent, Beltrán-Hernández (2016) s'appuie sur la méthode de la différence des différences pour mesurer les avantages économiques *ex post* des ouvrages structurels de protection contre les inondations construits en Angleterre entre 1995 et 2004. L'étude est fondée sur un vaste ensemble de données de panel, couvrant plus de 12 millions de transactions immobilières, et portant notamment sur les prix de vente de maisons qui ont été vendues à plusieurs reprises. Ces données ont ensuite été fusionnées avec celles fournies par les SIG, qui donnaient notamment des indications sur la localisation géographique et les principales caractéristiques d'un nombre total de 1 666 ouvrages de protection contre les inondations construits en Angleterre au cours de la période examinée. L'auteur utilise un modèle de ventes répétées pour observer la capitalisation des ouvrages de protection contre les inondations entre deux ventes de la même propriété. Le modèle des ventes répétées est similaire à une spécification du modèle DDD fondée sur les différences premières. Cette spécification permet d'évaluer l'effet sur les prix de la construction d'ouvrages de protection contre les inondations, qui n'est pas uniforme pour l'ensemble des biens immobiliers, tout en tenant compte des facteurs invariables dans le temps. Les résultats donnent à penser que ces ouvrages entraînent des augmentations des prix des biens immobiliers allant de 1 % à 13 %, selon le niveau de risque et le type de propriété (soit de 2 000 GBP à 30 000 GBP pour une maison de valeur moyenne en 2014). Cependant, dans le cas des appartements (non touchés par les inondations) et des propriétés rurales (où ce type d'infrastructures risque d'entraîner une perte de valeur d'agrément), la construction d'un ouvrage de protection contre les inondations est associée à d'importants effets négatifs sous la forme d'une baisse de prix allant de -1 % à -9 % (de -3 000 GBP à -10 000 GBP).

Afin de remédier à l'endogénéité, des études récentes ont également eu recours à une approche à variable instrumentale. L'étude des prix hédonistes de la qualité de l'air effectuée par Bayer et al. (2009) en est un exemple. Comme il est vraisemblable que la pollution atmosphérique soit corrélée avec des caractéristiques locales non observées, telles que l'activité économique, qui ont également une incidence sur le prix des propriétés, les estimations classiques du consentement à payer risquent d'être biaisées à la baisse. Pour surmonter ce problème, les auteurs instrumentent la pollution atmosphérique locale en utilisant la contribution des sources distantes à la pollution atmosphérique locale en guise d'instrument. Cette stratégie porte ses fruits du fait que beaucoup de polluants atmosphériques sont émis par des sources distantes et qu'il est improbable que ces sources éloignées présentent une corrélation avec l'activité économique locale. L'instrumentation de la pollution atmosphérique accroît considérablement l'ordre de grandeur du coefficient appliqué à la concentration de pollution atmosphérique (par les particules PM_{10} en l'occurrence) dans la régression des prix hédonistes.

3.3. Méthode des coûts de déplacement

La méthode des coûts de déplacement (MCD) est une technique mise au point pour estimer la valeur d'usage récréatif de biens non marchands généralement constitués d'espaces naturels extérieurs, mais qui peut s'appliquer à tout site utilisé à des fins récréatives (Clawson et Knetsch, 1969 ; Bockstael et McConnell, 2007 ; Parsons 2017). Les espaces naturels (tels que les parcs, les bois, les plages, les cours d'eau, les lacs, etc.) constituent souvent la destination des voyages d'agrément. Pour des raisons diverses, ces espaces naturels n'ont en règle générale de prix sur aucun marché, aussi faut-il trouver un autre moyen d'estimer leur valeur.

La méthode des coûts de déplacement part du principe que les individus ont recours à divers éléments pour vivre des expériences récréatives. Parmi ces éléments figurent la zone récréative elle-même, le déplacement pour s'y rendre et en revenir, et dans certains cas le séjour d'une ou plusieurs nuitées sur place, etc. La zone récréative proprement dite constitue en règle générale un bien non marchand, alors que bon nombre des autres éléments nécessaires pour jouir de l'expérience récréative ont un prix sur le marché, comme c'est le cas des coûts de déplacement. Ces derniers pourraient donc être utilisés en tant qu'indicateur de la valeur de l'accès au site considéré.

La plupart des premières recherches à avoir fait appel à la méthode des coûts de déplacement visaient en effet à estimer la valeur des visites de sites récréatifs. Au fil du temps, certaines adaptations ont été apportées à cette méthode afin de pouvoir également estimer la valeur de leurs variations qualitatives. En effet, les 50 dernières années ont connu une considérable évolution des techniques mises en œuvre dans le cadre de la méthode des coûts de déplacement, les modèles simples de la demande globale des premiers temps ayant cédé la place à une analyse extrêmement pointue des choix individuels.

Parsons (2003) a établi une utile distinction entre les modèles des coûts de déplacement selon qu'ils estiment la demande pour un *seul* site récréatif ou pour des sites *multiples*. Nous examinerons à présent tour à tour ces deux catégories de modèles.

3.3.1. Modèles pour un seul site

La méthode des coûts de déplacement appliquée à un seul site découle de la constatation que la zone récréative et le déplacement pour s'y rendre se caractérisent par leur (faible) complémentarité, de sorte que la valeur de la première peut être mesurée par le prix atteint sur le marché par le second. Pour pouvoir appliquer la méthode des coûts de déplacement, il faut donc connaître deux éléments : a) le nombre de déplacements effectués au cours d'une certaine période de temps (une année, par exemple) par un individu ou un ménage pour se rendre dans une zone récréative donnée, et b) ce que coûtent à cet individu ou à ce ménage les déplacements jusqu'à la zone récréative, ce coût constituant un indicateur du prix de visite du site.

Les coûts de déplacement jusqu'à la zone récréative se composent à leur tour de deux éléments : i) le coût monétaire des billets aller-retour ou de la consommation de carburant, de l'usure et de la dépréciation du véhicule, etc., et ii) le coût du temps nécessaire au déplacement. Le temps constitue une ressource rare pour le ménage. Le temps nécessaire au déplacement pourrait être affecté à une autre activité (telle que le travail) susceptible de générer du bien-être. Autrement dit, l'individu ou le ménage supportent un *coût d'opportunité* lorsqu'ils consacrent du temps à se déplacer. Pour le dire plus simplement, la demande de déplacements sera d'autant plus grande qu'il faudra moins de temps pour se rendre jusqu'à la zone récréative, quel que soit par ailleurs le coût monétaire du trajet.

Bien entendu, pour appliquer cette méthode, il faut disposer d'une valeur permettant d'estimer le prix (fictif) du temps. Le taux de salaire d'un individu peut être un moyen de mesurer la valeur qu'il attache au temps (Cesario, 1976). Si les individus ont la possibilité de décider du nombre d'heures qu'ils consacrent au travail, ils préféreront travailler jusqu'à ce qu'une heure supplémentaire affectée à cette activité ait pour eux la même valeur qu'une heure de loisir. La valeur du temps de loisir sera donc à la limite égale au taux de salaire. En réalité, les individus ne peuvent qu'imparfaitement choisir le nombre d'heures qu'ils consacrent au travail et il est peu probable que la valeur du temps de loisir soit effectivement égale au taux de salaire. Les travaux empiriques effectués ont révélé que la valeur attribuée au temps nécessaire aux déplacements se situe quelque part entre le tiers et la moitié du taux de salaire et les chercheurs qui ont recours à cette méthode retiennent fréquemment l'une ou l'autre de ces valeurs en tant qu'estimation du prix du temps (Czajkowski et al., 2015).

Les informations utilisées dans la méthode des coûts de déplacement sont généralement obtenues au moyen d'enquêtes réalisées sur le site récréatif. Ces données permettent d'estimer une courbe de demande pour l'accès au site récréatif, laquelle établit un lien entre le nombre de visites (la quantité) et les coûts de déplacement (le prix) et d'autres variables explicatives appropriées. Cette courbe de demande se caractérise en règle générale par une pente descendante, puisque le nombre de déplacements est d'ordinaire d'autant plus faible que les coûts de déplacement sont élevés. Les coûts les plus élevés sont normalement supportés par les personnes qui vivent le plus loin du site. Les points situés le long de la courbe de demande indiquent le consentement à payer des consommateurs pour visiter le site. La valeur non marchande associée aux avantages récréatifs procurés par le site correspond à la rente du consommateur, c'est-à-dire à l'aire située sous la courbe de demande entre le CAP d'un individu et ses dépenses de déplacement.

Les premières applications de la méthode des coûts de déplacement s'appuyaient sur ce que l'on appelle la méthode des coûts de déplacement *par zone* (Parsons, 2003). Celle-ci calculait des taux de visite globaux (c'est-à-dire le nombre de visites en provenance d'une certaine zone divisé par la population de cette même zone) et le coût moyen des trajets depuis différentes zones géographiques prédéfinies situées aux alentours du site récréatif considéré. Cela permettait d'estimer le nombre de visites par habitant pour chacune des zones considérées. Cette approche s'intéressait donc au comportement moyen des groupes de visiteurs et non aux choix des individus. Le recours au modèle des coûts de déplacement par zone est devenu de plus en plus rare au fil du temps, car jugé peu compatible avec la théorie économique.

Aujourd'hui, la variante de la méthode des coûts de déplacement pour un seul site à laquelle il est le plus souvent fait appel s'intéresse aux coûts *individuels*. Cette approche s'appuie sur des données individuelles et non sur des données globales, à savoir, le nombre de visites individuelles d'un site récréatif au cours d'une période donnée (une année, par exemple) et leurs coûts respectifs. Elle a été appliquée pour évaluer un large éventail d'activités de loisirs de plein air telles que les activités récréatives en milieu forestier (Christie et al., 2006), les visites de lacs (Corrigan et al., 2007), la pêche de loisir (Shrestha et al., 2002), les déplacements dans les stations de ski (Steriani et Soutsas, 2005), la pratique du vélo tout-terrain (Chakraborty et Keith, 2000), la visite de parcs nationaux (Heberling et Templeton, 2009) ou la chasse au cerf (Creel et Loomis, 1990), parmi bien d'autres.

Dans les premiers modèles utilisés dans le cadre de la méthode des coûts de déplacement individuels, le nombre de visites était traité comme une variable continue et il était généralement fait appel à des techniques de régression par les MCO, aboutissant à des estimations biaisées. Vers la fin des années 80, les chercheurs ont commencé à leur préférer des modèles de données de comptage plus appropriés tels que les modèles de régression de Poisson ou binomiale négative prenant en considération la nature des données relatives aux visites : la quantité de visites ne peut être représentée que par des nombres entiers non négatifs ; les données sont souvent tronquées à zéro du fait de la sélection de l'échantillon sur le site même, qui implique que les personnes interrogées ont effectué au moins une visite ; et la distribution des visites tend généralement à être biaisée en faveur d'un petit nombre de déplacements (Parsons, 2017).

L'une des limites auxquelles se heurte la méthode des coûts de déplacement individuels tient au fait qu'elle ne s'accommode pas aisément de l'existence de sites récréatifs de substitution. Dans beaucoup de situations réelles, les individus sont confrontés à un large éventail de sites récréatifs de substitution : ils peuvent par exemple choisir sur quelle plage se rendre, dans quelle rivière aller pêcher, quelle station de sports d'hiver visiter, ou même choisir entre différents types de sites, entre une forêt et un parc national, par exemple. En pareil cas, il faut avoir recours à une méthode permettant de modéliser de manière satisfaisante le choix discret entre les différents sites auquel procèdent les consommateurs, et non à une approche focalisée sur le choix « continu » du nombre de déplacements réalisés pour se rendre à un seul et unique site. La prochaine section présente le modèle généralement utilisé dans ces circonstances : le modèle d'utilité aléatoire.

3.3.2. Modèles pour des sites multiples

Le *modèle d'utilité aléatoire* (MUA) constitue la méthode couramment appliquée en cas de sites multiples (Bockstael et al., 1987). Il s'agit d'une technique de modélisation des choix discrets où, en présence de plusieurs sites récréatifs, les individus sont supposés choisir celui qu'ils iront visiter non seulement en fonction de ses caractéristiques, mais aussi en tenant compte des coûts de déplacement jusqu'aux différents sites de substitution. Bien que cette méthode soit souvent décrite comme une extension de la méthode des coûts de déplacement, elle s'apparente de fait davantage à une théorie des choix qu'à une technique d'évaluation, et elle peut être appliquée dans n'importe quelle situation dans laquelle les ménages sont amenés à faire des choix discrets entre plusieurs combinaisons de biens marchands et de biens et services environnementaux (Maddison et Day, 2015).

Ces dernières années, pour ce qui est des choix récréatifs, le modèle d'utilité aléatoire a connu un succès éclatant, contrairement aux modèles plus classiques des coûts de déplacement, en perte de vitesse. Il représente désormais la principale méthode des préférences révélées utilisée pour estimer la demande récréative (Phaneuf et Smith, 2005), et a été appliqué à une gamme très étendue d'activités récréatives, dont la pêche, la natation, l'escalade, la navigation de plaisance et la pratique du canoë ou du kayak, la chasse, la randonnée, le ski et la visite de parcs/forêts/rivières, notamment. Pour les besoins de l'action publique et de la gestion, l'approche du modèle d'utilité aléatoire s'avère extrêmement utile, car elle permet d'estimer la valeur des variations de la qualité des sites, aussi bien que des fermetures de sites, dans l'hypothèse de sites multiples. Phaneuf et Smith (2005) et Parsons (2017) ont décrit de manière détaillée l'évolution du modèle d'utilité aléatoire et de ses applications à la demande récréative. L'encadré 3.4 en présente une application au choix des parcs cynégétiques en Afrique du Sud (Day, 2002).

Encadré 3.4. **Valeurs récréatives des réserves cynégétiques en Afrique du Sud**

Day (2002) présente une application relativement complexe de la méthode des coûts de déplacement pour des sites multiples à quatre réserves cynégétiques d'Afrique du Sud. Ces réserves de chasse de renommée internationale – Hluhluwe, Umfolozi, Mkuzi et Itala –, dont chacune couvre de vastes superficies (plusieurs centaines de kilomètres carrés), sont gérées par le *KwaZulu-Natal Parks Board* (KNPB).

L'approche adoptée par Day part du principe qu'une visite dans l'une quelconque de ces réserves cynégétiques résulte d'un choix en fonction de quatre grandes composantes des coûts : i) le coût économique du déplacement jusqu'au site, ii) le coût du temps nécessaire au déplacement, iii) le coût de l'hébergement sur place, et iv) le coût du temps passé sur place. La plupart des analyses fondées sur les coûts de déplacement se sont exclusivement intéressées aux composantes i) et ii). Cela peut suffire pour de nombreux sites récréatifs. Day fait cependant valoir que les visites aux réserves examinées dans son étude présentent une importante caractéristique, à savoir qu'elles donnent lieu à une excursion de plusieurs jours. Pour tenir compte de cette spécificité, Day étend le cadre d'analyse fondé sur les modèles d'utilité aléatoire souvent appliqué aux activités récréatives pour prédire qu'un individu choisira de visiter un site plutôt que les autres s'il en tire une plus grande utilité (ou un plus grand bien-être). Ces modèles permettent donc parfaitement d'expliquer le choix d'un visiteur par les qualités des différents sites (telles que l'abondance et la diversité de la faune et de la flore) ainsi que par les coûts qui doivent être supportés pour s'y rendre. Day étend également ce cadre d'analyse de façon à pouvoir tenir compte des choix du visiteur concernant son hébergement et la durée de son séjour sur place.

Les données utilisées dans cette étude sont basées sur un échantillon (aléatoire) de 1 000 personnes ayant visité l'une au moins de ces quatre réserves. Pour chacun de ces visiteurs, elles fournissent par exemple des informations sur la durée du séjour, sur le nombre de personnes participant au voyage et sur le coût total de la visite pour chaque ménage. Il convient de noter que cette étude n'avait pas besoin de s'appuyer sur des enquêtes sur place portant par exemple sur les coûts totaux de déplacement supportés par

Encadré 3.4. **Valeurs récréatives des réserves cynégétiques en Afrique du Sud** *(suite)*

les visiteurs ou sur leurs caractéristiques démographiques et socioéconomiques. La distance « de porte à porte » parcourue par les différents visiteurs était en effet calculée par l'auteur sur la base des renseignements recueillis au sujet de leur adresse en ayant recours à des systèmes d'information géographique (SIG) pour en déterminer l'éloignement. Seuls les visiteurs habitant en Afrique du Sud étaient retenus dans l'échantillon, afin de réduire au minimum le problème des déplacements à des fins multiples.

L'étude de Day présente une particularité intéressante : elle détermine la valeur monétaire d'une heure de déplacement par rapport à celle d'une heure passée sur place. Day démontre de façon assez convaincante que la valeur attachée à une heure de déplacement est probablement inférieure à celle d'une heure passée sur place dans la réserve. Il fait en outre valoir que la valeur attribuée à une heure de déplacement est certainement supérieure à celle conférée au temps en général du fait qu'une importante désutilité pourrait être associée à la durée des trajets. Autrement dit, les individus apprécient beaucoup moins le temps nécessaire aux trajets que celui qu'ils consacrent à la plupart des autres activités, si bien que les déplacements ont un coût d'opportunité élevé. En revanche, la valeur attachée à une heure passée sur place dans la réserve sera probablement moindre que celle accordée au temps en général puisqu'une importante utilité pourrait être associée à la durée du séjour sur place. Day parvient à la conclusion que la valeur du temps exprimée en pourcentage du taux de salaire du ménage s'élève à 150 % dans le cas des heures nécessaires aux déplacements et à 34 % pour ce qui est de celles passées sur place. Ce dernier chiffre paraît certes cadrer avec les constatations des travaux précédemment publiés (voir ci-dessus), mais le premier est un peu plus élevé que ne le supposaient habituellement les analystes ayant recours à la méthode des coûts de déplacement.

Day s'appuie sur les données recueillies au sujet des coûts, de la durée du déplacement et du choix de l'hébergement, ainsi que des autres caractéristiques du voyage pour procéder à une analyse statistique complexe des facteurs qui déterminent la décision de se rendre dans une réserve plutôt que dans une autre (à l'aide d'un modèle logit imbriqué). En définitive, les résultats de cette analyse détaillée pourraient permettre de tirer des informations utiles aux pouvoirs publics concernant les avantages offerts par les réserves. Day calcule ainsi la somme d'argent qui devrait être versée aux ménages sud-africains qui subiraient les conséquences de la fermeture (hypothétique) de l'une de ces réserves pour les dédommager pleinement de la perte de cette aménité récréative. Étant donné que seuls les visiteurs sud-africains étaient pris en considération dans l'analyse, ces estimations ne tiennent pas compte des pertes de bien-être entraînées par la diminution du nombre de visiteurs venus de l'étranger. Le tableau 3.3 offre une vue d'ensemble des résultats.

Tableau 3.3. **Valeurs par voyage des réserves cynégétiques du KwaZulu-Natal**

1994/95

Réserve cynégétique	Perte moyenne de bien-être par déplacement (USD)	Perte annuelle totale de bien-être (USD)
Hluhluwe	49.7	473 884
Umfolozi	30.5	290 448
Itala	20.4	194 169
Mkuzi	18.7	178 026
Hluhluwe et Umfolozi	105.6	1 006 208

Source : Day (2002).

Encadré 3.4. **Valeurs récréatives des réserves cynégétiques en Afrique du Sud** *(suite)*

En quoi ces données sont-elles importantes ? Day affirme qu'une des réponses à cette question tient au fait que des pressions croissantes s'exercent sur le KNPB afin qu'il justifie les considérables crédits publics dont il bénéficie. Démontrer la valeur monétaire des avantages récréatifs qu'il procure pourrait être pour cet organisme un moyen essentiel de plaider sa cause en vue d'obtenir des crédits publics. Les chiffres indiqués au tableau 3.3 (colonne 2) correspondent donc à la valeur des avantages par voyage attribuables à l'actuel régime de gestion de chacune des réserves. On peut tout aussi bien considérer qu'ils représentent la valeur monétaire de la perte de bien-être ou de satisfaction par voyage qui surviendrait si la réserve devait fermer « demain ».

La colonne 3 du tableau 3.3indique la perte annuelle totale de bien-être pour chacune des réserves, c'est-à-dire la valeur des avantages par voyage multipliée par le nombre de voyages par année qui n'auraient plus lieu si la réserve venait à fermer. Cette colonne fournit de fait aux décideurs un moyen d'estimer la valeur approximative en dollars des avantages récréatifs (non marchands) générés par les dépenses publiques dans chacune des réserves. Enfin, il est intéressant de noter que la dernière ligne du tableau 3.3montre que si les réserves de Hluhluwe et Umfolozi (qui sont les plus appréciées) devaient fermer toutes deux, la perte globale de bien-être serait plus élevée (que la somme des valeurs correspondant à chacune de ces réserves, respectivement indiquées à la colonne 3, aux lignes 2 et 3). Le fait que ces deux réserves soient très proches l'une de l'autre en est une explication intuitive. La fermeture de l'une ou l'autre se traduirait probablement par un transfert des visites de bien des ménages au profit de celle qui demeurerait ouverte. Cependant, si ni l'un ni l'autre de ces sites ne devaient plus être accessibles aux visiteurs, la perte subie par les ménages serait alors incomparablement plus grande puisqu'ils ne pourraient se reporter sur aucun substitut.

L'application du modèle d'utilité aléatoire exige de grandes quantités de données, notamment sur le choix des sites par les individus, leur lieu de résidence, leurs caractéristiques socioéconomiques et démographiques, la fréquence de leurs visites du site considéré et d'autres sites similaires, ainsi que des informations sur les coûts de déplacement. Ces données peuvent être recueillies au moyen d'enquêtes réalisées au sein même du site ou à l'extérieur de celui-ci. Il faut également disposer de données sur les caractéristiques des différents sites récréatifs considérés, ainsi que sur leur qualité. Elles peuvent être tirées de séries de données objectives (telles que des mesures de la qualité de l'eau) ou être fondées sur le jugement subjectif sur leur qualité porté par les visiteurs.

Le MUA s'attache à modéliser la probabilité de visiter un site donné en fonction des caractéristiques de l'ensemble des sites susceptibles d'être visités. Le modèle estimé tient compte des caractéristiques socioéconomiques des visiteurs, des coûts de déplacement et de la durée du trajet, ainsi que des caractéristiques qualitatives des sites, pour évaluer les avantages tirés d'une visite à des fins récréatives. La valeur d'une variation de la qualité environnementale est alors estimée en établissant un lien entre le coefficient de qualité environnementale du modèle estimé et le coût d'une visite, calculé d'après la méthode des coûts de déplacement.

3.3.3. Limites

L'application de la méthode des coûts de déplacement se limite à l'estimation des valeurs d'usage récréatif, et elle exige par ailleurs la disponibilité de grandes quantités de données sur les activités récréatives, et notamment une analyse approfondie à l'aide des SIG des données relatives aux coûts de déplacement et des caractéristiques des différents sites (dans le cas des études ayant recours au modèle d'utilité aléatoire).

Certaines des limites de la méthode des coûts de déplacement appliquée à un seul site, telles que l'absence de prise en compte des sites de substitution, peuvent être surmontées grâce au modèle d'utilité aléatoire, qui en est une variante. Il n'en subsiste pas moins un problème, celui des déplacements à des fins multiples (Parsons, 2017). De nombreux voyages d'agrément répondent en effet à plus d'une motivation. La méthode standard des coûts de déplacement ne peut ainsi être aisément appliquée aux déplacements des touristes internationaux, car ceux-ci visitent généralement plus d'une destination. Une solution à ce problème a consisté à demander aux visiteurs (dans le cadre d'une enquête réalisée sur place) d'estimer quelle est la part de la satisfaction globale tirée de leur voyage qui leur paraît imputable à la visite du site récréatif considéré. Les coûts totaux de déplacement imposés par l'ensemble du voyage sont alors multipliés par ce taux en vue d'évaluer les coûts de déplacement jusqu'au site récréatif en question.

D'autres problèmes tiennent notamment à l'estimation de la valeur du temps de déplacement, car souvent les résultats sont très sensibles aux hypothèses formulées. Comme précédemment indiqué, les analystes ayant recours à la méthode des coûts de déplacement doivent formuler des hypothèses quant à la manière dont les visiteurs auraient consacré leur temps à d'autres activités accroissant leur bien-être s'ils n'avaient pas effectué ce déplacement à des fins récréatives. Il s'agit pour une large part d'hypothèses au cas par cas généralement basées sur une fraction du salaire horaire qu'il est difficile de valider par des études empiriques. Les détracteurs de l'approche de la valeur du temps fondée sur le salaire font par ailleurs remarquer qu'il n'y aurait guère de sens à supposer que, dans le cas des personnes qui ne perçoivent aucun salaire (comme les étudiants ou les personnes au foyer), l'utilité marginale du temps puisse être égale à zéro (Czajkowski et al., 2015).

3.3.4. *Évolutions récentes*

Comme dans le cas de la méthode des prix hédonistes examinée ci-dessus, bon nombre des innovations intervenues dans la modélisation de la demande récréative ont concerné les méthodes d'analyse économétrique utilisées. Les modèles de choix discrets ont en particulier connu une véritable révolution au cours des dernières années, du fait de la complexité toujours croissante des techniques d'estimation. Parmi les exemples de telles évolutions figurent les nouvelles approches adoptées pour tenir compte de l'hétérogénéité non observée (par exemple à l'aide de modèles logit mixtes et de modèles à structure latente), les variables instrumentales, les modèles permettant de gérer l'échantillonnage sur place et le traitement des solutions contraintes (Phaneuf et Smith, 2005 ; Parsons, 2017). Par ailleurs, les modèles d'estimation des valeurs récréatives pourraient également tirer profit des plans d'expérience quasi aléatoires modernes aux fins d'évaluation des réorientations des politiques et des pratiques de gestion mises en œuvre au sein des sites récréatifs (Phaneuf et Smith, 2017).

Dans le même temps, certains ont tenté d'intégrer les modèles des coûts de déplacement avec les données obtenues par la méthode des préférences déclarées (Adamowicz et al., 1994 ; Englin et Cameron, 1996 ; Whitehead et al., 2000 ; Landry et Liu, 2011). L'avantage de cette approche combinée tient à sa capacité de mesurer des variations de la qualité des sites récréatifs qui ne se sont pas encore produites. La plupart des efforts se sont concentrés sur les modèles des coûts de déplacement pour un seul site, associés à l'évaluation contingente ou à des questions sur les comportements contingents. Par exemple, Corrigan et al. (2007) ont associé un modèle des coûts de déplacement pour un seul site à une question sur le comportement contingent en vue d'estimer la valeur d'une amélioration de la qualité de l'eau à Clear Lake dans l'Iowa (États-Unis). Les ménages participant à l'enquête étaient non seulement interrogés sur le nombre de visites qu'ils avaient effectuées au cours de l'année écoulée, mais aussi sur celui des déplacements qu'ils auraient effectués si la qualité de l'eau du lac avait été meilleure, selon un scénario contingent décrit dans l'enquête. L'adjonction d'une question relative à un comportement contingent a permis d'estimer les valeurs du consentement à payer pour divers degrés d'amélioration de la qualité de l'eau du lac. La valeur moyenne des améliorations de la qualité de l'eau à Clear Lake était estimée à environ 140 USD par ménage et par an pour une petite amélioration et à 350 USD par ménage et par an pour une forte amélioration. L'analyse de l'ensemble combiné de données implique de manière générale un empilement des données issues de deux sources différentes et l'estimation d'un modèle simple utilisant les deux types d'observations.

Pour finir, le traitement du coût d'opportunité des temps de trajet dans les modèles des coûts de déplacement est un domaine où sont désormais menées des recherches actives pour tenter de surmonter les limites imposées par l'hypothèse couramment formulée que la valeur du temps est fonction des taux de salaire (Czajkowski et al., 2015). Plusieurs auteurs ont eu recours aux méthodes des préférences déclarées pour déterminer la valeur attribuée au temps (Álvarez-Farizo, Hanley et Barberán, 2001 ; Ovaskainen, Neuvonen et Pouta, 2012 ; Czajkowski et al., 2015). Álvarez-Farizo et al. (2001) ont constaté une importante variation des valeurs attachées au temps de loisir. D'autres ont concentré leurs efforts sur l'estimation de la valeur du temps consacré aux déplacements par la méthode des préférences révélées. Par exemple, pour déterminer la valeur du temps, Fezzi, Bateman et Ferrini (2014) se sont appuyés sur une expérience naturelle dans le cadre de laquelle les personnes avaient à choisir entre emprunter une route à péage, plus rapide, ou ne pas avoir à payer de péage et mettre plus de temps à arriver jusqu'au site récréatif. En dernier lieu, Larson et Lew (2014) ont proposé un système d'équations conjointes travail-loisirs pour rendre compte du fait que la demande de temps est variable, selon que les individus peuvent librement substituer leurs heures de travail par des moments de loisir ou qu'ils sont tenus de respecter des horaires de travail fixes.

3.4. Méthodes fondées sur les comportements de prévention et sur les dépenses de protection

Les méthodes fondées sur les comportements de prévention partent principalement du principe que les individus et les ménages peuvent se prémunir contre une nuisance non marchande en adoptant des types de comportements plus coûteux (Dickie, 2017). Ces comportements pourraient ainsi être plus coûteux en temps ou du fait qu'ils imposent des restrictions aux activités auxquelles l'individu aurait sinon souhaité se consacrer. Il est par ailleurs possible que les individus puissent se soustraire à des nuisances non marchandes grâce à l'achat d'un bien marchand. Ces dépenses monétaires sont appelées « dépenses de protection ». La valeur de chacun de ces achats constitue le prix implicite du bien ou de la nuisance de nature non marchande en question.

Ces méthodes d'évaluation des biens et nuisances de nature non marchande peuvent être illustrées par de nombreux exemples. Garrod et Willis (1999) citent celui des ménages qui installent des fenêtres à double vitrage pour réduire leur exposition au bruit de la circulation automobile. Les fenêtres à double vitrage constituent pour l'essentiel un bien marchand qui représente en l'occurrence un substitut d'un bien non marchand (le calme et la quiétude définis par l'absence de bruit de la circulation automobile). Si l'intensité des nuisances sonores diminue pour d'autres raisons – par exemple à la suite de la mise en œuvre par les autorités locales de mesures visant à modérer la circulation –, les ménages effectueront moins de dépenses de protection de ce type. Les variations des dépenses consacrées à l'achat de ce bien de substitution fournissent une bonne indication de la valeur accordée par les ménages aux politiques de modération de la circulation ayant pour effet de diminuer la pollution acoustique (qui représente une nuisance) et d'accroître d'autant le calme et la quiétude (qui constituent un bien). On pourrait citer bien d'autres exemples, comme en témoigne le tour d'horizon réalisé par Dickie (2017), et la majeure partie d'entre eux correspondent à des applications visant à estimer la valeur d'une réduction de la mortalité et de la morbidité. Provins (2011) passe en revue des applications empiriques récentes de la méthode des dépenses de protection pour évaluer les impacts sur la santé des services d'eau, en mettant plus particulièrement l'accent sur la qualité de l'eau potable. L'encadré 3.5 décrit brièvement une application bien connue aux casques de vélo et à la sécurité des enfants (Jenkins, Owens et Wiggins, 2001).

Encadré 3.5. **Achats de casques de vélo et valeur de la sécurité des enfants**

Les mesures permettant de réduire les risques pour la santé des enfants et la manière dont les avantages correspondants devraient être traités dans le cadre d'une analyse coûts-avantages suscitent un intérêt croissant de la part des responsables de l'action publique (voir chapitre 15). Une étude de Jenkins, Owens et Wiggins (2001) fournit un exemple simple, mais intéressant d'application à cette question d'une approche reposant sur les préférences révélées – la méthode des dépenses de protection, en l'occurrence. Les auteurs font valoir que rien ne permet de supposer que des valeurs tirées d'un contexte correspondant aux risques de mortalité pour des adultes puissent donner une idée approximative de la valeur d'une réduction des risques de mortalité pour des enfants. D'une part, il reste (en moyenne) davantage d'années à vivre aux enfants qu'à l'adulte « standard » pris en considération dans ces études. Il est en outre vraisemblable que la société accorde une plus grande importance à la sécurité des enfants, et plus particulièrement à celle des plus jeunes d'entre eux. D'autre part, les enfants ne sont pas encore économiquement productifs ni ne le seront dans un avenir proche. Autrement dit, Jenkins, Owens et Wiggins avancent qu'il y a, pour diverses raisons, tout lieu de penser que la valeur que la société attacherait à un certain risque de mortalité auquel serait exposé un enfant différera (peut-être en termes de compensation) de celle qu'un adulte accorderait à son propre risque de décès.

Jenkins, Owens et Wiggins (2001) examinent le cas de l'achat de produits de sécurité spécifiquement destinés aux enfants. Les auteurs se penchent plus particulièrement sur le marché des casques de vélo aux États-Unis. Cet équipement réduit en effet de manière significative le risque de décès à la suite d'une blessure à la tête de ceux qui en sont porteurs. Il présente, avancent-ils, un certain nombre de caractéristiques qui en font un bon indicateur du prix implicite de la sécurité d'un individu. Par exemple, seul en tire avantage celui qui le porte (contrairement à d'autres dépenses de protection telles que l'achat de détecteurs de fumée, qui profitent à tous les habitants d'un logement). Cette spécificité s'avère utile s'il s'agit de déterminer la valeur d'une réduction des risques individuels (et non de ceux auxquels sont exposés tous les membres d'un même ménage). Les auteurs font en outre valoir que les casques de vélo ne sont pas à l'origine d'un aussi grand nombre de coproduits que les autres dispositifs de protection (tels que les systèmes de climatisation ou les fenêtres à double vitrage). Il ne faut pas pour autant conclure à l'absence de toute difficulté.

Encadré 3.5. Achats de casques de vélo et valeur de la sécurité des enfants *(suite)*

Par exemple, un casque de vélo ne protège pas seulement son porteur contre le risque de blessures à la tête mortelles : il réduit également, à l'évidence, les risques de blessures non fatales.

L'utilisation dans cette étude du coût des casques de vélo comme indicateur de la valeur d'une réduction du risque de blessure mortelle repose sur l'hypothèse qu'un consommateur achète un casque lorsqu'il attache à la réduction du risque une valeur supérieure au coût (net) du produit. Naturellement, dans le cas de l'achat du casque d'un enfant, c'est en règle générale le parent qui est l'acheteur et donc le décideur. En d'autres termes, Jenkins et ses collègues se sont efforcés d'évaluer les préférences révélées des parents concernant la sécurité de leurs enfants. Pour reformuler la justification logique de cette approche dans ce contexte, un parent achète un casque quand il considère que la valeur d'une réduction des risques courus par son enfant est plus élevée que le coût (net) du produit. Les auteurs s'appuient sur ce raisonnement pour estimer la valeur (implicite) d'une vie statistique pour un enfant « standard » circulant à vélo équipé d'un casque. Celle-ci est définie comme le coût (annualisé) du casque divisé par la variation du risque de décès liée à l'achat du casque.

L'étude de Jenkins et al. a estimé que la valeur d'une vie statistique pour les enfants âgés de 5 à 9 ans était aux États-Unis d'environ 2.9 millions USD en 1997. Le calcul sous-jacent est le suivant. Premièrement, il est admis que le coût annualisé d'un casque est d'environ 6.50 USD. Deuxièmement, les auteurs calculent que, pour cette catégorie d'âge, le port d'un casque de vélo la plupart du temps (mais pas en permanence) entraîne (à l'échelle nationale) une diminution d'environ 32 unités du nombre de décès. Étant donné que la population de 5 à 9 ans faisant du vélo était constituée d'environ 14.3 millions d'enfants en 1997, il s'ensuit une réduction du risque annuel de décès égale à 0.0000024, soit 32/14.3 millions (ou encore 1 sur 446 875). La valeur d'une vie statistique pour un enfant « standard » de 5 à 9 ans auquel les parents ont acheté un casque de vélo est calculée selon la formule 6.50 USD/0.0000024, ce qui donne 2.9 millions USD. Il convient de noter que ce calcul part du principe que ce bien n'offre qu'un seul avantage : la réduction du nombre de blessures à la tête mortelles. En réalité, le port d'un casque réduira également le nombre de blessures à la tête non fatales. Les auteurs surmontent ce problème en supposant arbitrairement que le désir de réduire le risque pour un enfant d'être victime d'une blessure mortelle contribue pour moitié à la décision d'achat d'un casque. Il faut donc multiplier 2.9 millions USD par 0.5 pour obtenir une estimation plus prudente de la valeur de la vie statistique, soit 1.5 million USD (933 000 GBP aux prix de 2001).

Bien que la logique d'ensemble de cette approche soit bien fondée, elle suppose que les parents qui achètent des casques à leurs enfants sont extrêmement bien informés des risques auxquels ceux-ci sont exposés lorsqu'ils font du vélo, et qu'ils sont incités à acheter des biens marchands qui n'assurent que des réductions des risques en apparence mineures. On pourrait faire valoir qu'en réalité les parents considèrent la somme de 6.50 USD par an comme un bien petit prix à payer pour assurer une diminution, si minime soit-elle, du risque auquel sont exposés leurs enfants. D'autre part, on ne peut considérer que la somme de 933 000 GBP constitue un chiffre élevé pour la valeur d'une vie statistique si on la compare aux estimations obtenues par d'autres méthodes d'évaluation marchande ou non marchande. C'est là l'occasion de rappeler que, par leurs achats, les parents indiquent une valeur d'une vie statistique (pour leur enfant) *au moins* égale à cette somme, mais que dans la pratique leur évaluation maximale pourrait être bien plus élevée. Autrement dit, la méthode des dépenses de protection permet d'obtenir des estimations *basses* de la valeur du bien non marchand en question.

Les exemples de dépenses de protection concernent principalement l'achat de biens marchands en guise de substituts de ceux de nature non marchande. Les individus pourraient cependant modifier leurs comportements d'une façon moins évidente, mais ayant un coût, en vue d'éviter un impact négatif sur leur bien-être. Freeman et al. (2014) donnent l'exemple d'un individu qui resterait plus longtemps à l'intérieur pour éviter de s'exposer à la pollution de l'air extérieur. Dans ce cas, le temps passé à se protéger d'une nuisance non marchande (c'est-à-dire d'éventuelles retombées négatives sur la santé telles que des crises d'asthme ou des accès de toux et d'éternuement) ne peut généralement être observé, outre que le bien de substitution (à savoir les heures qui auraient pu être consacrées à d'autres activités plus productives) est lui-même de nature non marchande. Néanmoins, le coût des comportements de protection consistant à rester à l'intérieur pourrait être évalué en interrogeant directement les individus sur leur emploi du temps. Le temps possède de surcroît un équivalent marchand sous la forme des salaires qui auraient été versés à l'individu s'il avait consacré au travail les heures passées à l'intérieur (voir plus haut l'examen de la valeur du temps dans la section consacrée à la méthode des coûts de déplacement). L'encadré 3.6 présente un exemple d'application de cette méthode au cas des comportements de prévention visant à réduire les risques sanitaires liés à la pollution atmosphérique (Bresnahan, Dickie et Gerking, 1997).

Encadré 3.6. **Comportements de prévention et qualité de l'air à Los Angeles**

Bresnahan, Dickie et Gerking (1997) examinent les comportements adoptés et les variations des risques pour la santé. Ces derniers résultent en particulier de l'exposition aux concentrations d'ozone troposphérique, qui résulte de la transformation de certains polluants émis par la production d'énergie et les véhicules à moteur sous l'effet du rayonnement solaire. Un certain nombre d'études épidémiologiques et médicales font notamment état de problèmes de santé aigus à la suite de pics de concentration d'ozone. Les auteurs notent en outre que le fait de passer moins de temps à l'extérieur les jours de mauvaise qualité de l'air – par exemple ceux où les concentrations d'ozone dépassent les seuils recommandés – peut effectivement diminuer l'exposition de certains groupes à risque à cette forme de pollution. Leur étude vise à évaluer dans quelle mesure les membres de ces groupes à risque qui résident dans la région de Los Angeles adoptent réellement des comportements de prévention ou procèdent de fait à des dépenses de protection.

Les données utilisées provenaient d'enquêtes réitérées auprès d'un échantillon d'habitants (non-fumeurs) de Los Angeles demeurant dans des zones caractérisées par des concentrations relativement élevées de polluants atmosphériques locaux. L'échantillon comprenait en outre une forte proportion d'individus souffrant d'une altération de leurs fonctions respiratoires. Les personnes interrogées devaient répondre à une série de questions concernant par exemple leur état de santé, leurs achats de biens durables susceptibles de réduire leur exposition à l'ozone à l'intérieur de leur logement, leur comportement à l'extérieur en général et en particulier les jours de mauvaise qualité de l'air.

L'étude de Bresnahan, Dickie et Gerking parvenait à la conclusion que les deux tiers de leur échantillon déclaraient modifier sensiblement leur comportement les jours de mauvaise qualité de l'air. Par exemple, 40 % des personnes interrogées déclaraient adapter leurs activités de loisir ou rester à l'intérieur ces jours-là, et 20 % d'entre elles affirmaient utiliser davantage les appareils de climatisation de leur logement. Les personnes interrogées qui souffraient de symptômes (aigus) liés à la pollution atmosphérique avaient en outre tendance à passer moins de temps à l'extérieur les jours de mauvaise qualité de

Encadré 3.6. Comportements de prévention et qualité de l'air à Los Angeles *(suite)*

l'air. Enfin, les auteurs ont relevé un certain nombre d'éléments paraissant indiquer que les comportements de prévention augmentent proportionnellement aux coûts médicaux qui auraient été supportés si la personne interrogée était tombée malade.

Pour résumer, cette étude fait apparaître que les jours de mauvaise qualité de l'air induisent une modification sensible des comportements (bien que cette constatation ne tienne pas compte des décisions à titre définitif de passer son temps libre à l'intérieur quelle que soit la qualité de l'air certains jours). On peut raisonnablement supposer que ces changements de comportement imposent des coûts économiques non négligeables aux personnes interrogées. Ces coûts peuvent par exemple résulter de l'achat et de l'utilisation d'appareils de climatisation équipés d'un purificateur d'air ou découler de la gêne entraînée par la nécessité de rester chez soi. Bresnahan et al. ne tentent toutefois pas d'en estimer la valeur monétaire. Comme le font remarquer Dickie et Gerking (2002), ce ne serait pas nécessairement là une tâche aisée. Par exemple, comme cela a déjà été indiqué, le temps passé à l'intérieur pour éviter de s'exposer à la pollution atmosphérique n'est pas obligatoirement gaspillé. Autant dire qu'aucune méthode simple ne permet d'en estimer la valeur pour un individu qui déciderait de consacrer à des loisirs d'intérieur le temps qu'il aurait autrement voué à des activités récréatives de plein air.

Sur le plan de l'action, le fait que les individus puissent prendre des mesures concrètes pour réduire au minimum leur exposition aux risques environnementaux et/ou procéder à des dépenses de protection aura une incidence sur le degré d'exactitude des mesures des effets physiques de ces risques environnementaux. La prise en considération de ces réponses comportementales est donc essentielle pour mesurer avec précision l'effet des variations des risques environnementaux et fournir des informations exactes sur les avantages économiques de la lutte contre la pollution. Ne pas en tenir compte pourrait entraîner d'importants biais d'évaluation, c'est-à-dire une sous-estimation des dommages physiques provoqués par une augmentation des facteurs de risques environnementaux (Neidell, 2009 ; Dickie, 2017).

3.4.1. *Limites*

L'application concrète des méthodes d'évaluation des biens non marchands fondées sur les comportements de prévention et les dépenses de protection suscite un certain nombre de difficultés. Dickie (2017) avance que les difficultés auxquelles doit faire face cette méthode expliquent pourquoi elle a un impact plus limité sur l'analyse des mesures concrètes prises par les pouvoirs publics que les autres méthodes des préférences révélées examinées dans le présent chapitre.

Quatre problèmes méritent plus particulièrement d'être mentionnés ici. Premièrement, les dépenses de protection ne représentent d'ordinaire qu'une estimation partielle ou minimale de la valeur de l'impact que la nuisance non marchande exerce sur le bien-être. Les fenêtres à double vitrage peuvent certes assurer une plus grande tranquillité à l'intérieur des logements, mais l'intensité du bruit de la circulation automobile restera inchangée dans les jardins, si bien que les propriétaires ne pourront malgré tout éviter la totalité des coûts imposés par ces nuisances sonores. Par ailleurs, le consentement à payer des ménages pour bénéficier d'une plus grande tranquillité pourrait être supérieur aux seuls coûts du double vitrage.

Deuxièmement, beaucoup de comportements de prévention et de dépenses de protection engendrent des coproduits. Par exemple, le temps passé à l'intérieur pour se protéger de la pollution atmosphérique n'est pas nécessairement gaspillé. D'autres activités productives ayant une valeur peuvent en effet être menées à bien en parallèle : réalisation de tâches ménagères, loisirs d'intérieur, travail à domicile, etc. Des coproduits sont également générés dans le cas des fenêtres à double vitrage, par exemple sous la forme d'économies d'énergie. C'est le coût net de ces dépenses ou de ces comportements – après prise en compte de la valeur des activités auxquelles les individus pourraient simultanément s'adonner, ou encore de celle des économies d'énergie – qu'il convient de prendre pour indicateur de la valeur de la réduction de la nuisance non marchande ainsi rendue possible. Il pourrait néanmoins s'avérer malaisé dans la pratique de déterminer le facteur à l'origine du comportement considéré, tout comme le coût des divers éléments.

Troisièmement, il n'est pas facile d'attribuer une valeur monétaire aux changements comportementaux liés aux mesures de protection. Dickie (2017) cite l'exemple du maintien d'un enfant à l'intérieur pour éviter de l'exposer à la pollution de l'air extérieur. Le coût monétaire du maintien d'un enfant à l'intérieur plutôt qu'à l'extérieur n'est pas facile à estimer, surtout que la méthode d'estimation de la valeur du temps fondée sur le salaire ne peut être appliquée aux enfants.

Enfin, l'identification causale des effets de la nuisance et du comportement de prévention sur le résultat considéré peut s'avérer difficile, compte tenu de l'existence de facteurs non observés liés au comportement aussi bien qu'au résultat (Dickie, 2017). Reprenons l'exemple des risques pour la santé et du comportement de prévention dans le cadre duquel les enfants sont maintenus à l'intérieur pour éviter leur exposition à la pollution de l'air extérieur. Certains enfants seront de santé plus fragile et seront plus vulnérables à la pollution atmosphérique, et ils pourraient donc rester plus souvent à l'intérieur. En présence d'effets non observés (c'est-à-dire d'une variable omise, comme l'hétérogénéité de la résistance naturelle des enfants à la maladie) liés aux résultats sur le plan de la santé et au comportement de prévention, l'incidence sanitaire de la pollution et celle du comportement de prévention sont toutes deux mal mesurées du fait de l'endogénéité. Le problème de l'identification causale des effets de la nuisance et du comportement de prévention sur le résultat considéré constitue l'un des principaux défis auxquels est confrontée l'approche fondée sur les comportements de prévention.

3.4.2. Évolutions récentes

Comme pour les autres méthodes des préférences révélées examinées dans le présent chapitre, d'importantes avancées économétriques présentant un intérêt pour l'approche fondée sur les comportements de prévention se sont produites. Des progrès ont en particulier été enregistrés ces dernières années en ce qui concerne les stratégies d'identification causale. Conjuguées à la disponibilité croissante de séries de données complètes et détaillées, notamment en matière de santé et de pollution (voir par exemple Deschênes et Greenstone, 2011, ou encore Ziving et al., 2011), ces évolutions devraient permettre d'obtenir des estimations plus précises et d'accroître ce faisant le rôle joué par les méthodes fondées sur les comportements de prévention dans l'analyse des politiques mises en œuvre.

Il existe bon nombre d'exemples du recours aux méthodes économétriques pour remédier au problème de l'identification. Par exemple, Neidell (2009) étudie la réponse comportementale à la fourniture d'informations sur les risques d'asthme liés à l'exposition à l'ozone en Californie du Sud. Une approche par discontinuité de la régression est utilisée pour identifier l'effet des informations fournies par les alertes au smog en tirant parti de la règle de sélection déterministe utilisée pour émettre les alertes. L'auteur constate que les alertes au smog réduisent sensiblement le nombre quotidien de visiteurs de deux grands sites de plein air : le zoo de Los Angeles et l'observatoire du parc Griffith. Aussi Neidell s'appuie-t-il sur des modèles de régression des séries chronologiques quotidiennes, qui incluent des effets fixes spatiaux et temporels, pour étudier l'incidence de l'ozone sur les hospitalisations liées à l'asthme. Il constate que les estimations de l'incidence de l'ozone sur le nombre d'admissions à l'hôpital d'enfants et de personnes âgées qui prennent en considération les effets de l'information sont sensiblement plus élevées que celles qui n'en tiennent pas compte (d'environ 160 % pour les enfants et de 40 % pour les personnes âgées). L'auteur en conclut que cette absence de prise en compte des mesures non négligeables que peuvent prendre les individus pour réduire leur exposition à la pollution atmosphérique lorsqu'ils bénéficient d'une bonne information, dont par exemple une diminution du temps passé à l'extérieur, aura pour effet de fausser les estimations des dommages dus à la pollution atmosphérique.

Deschênes et Greenstone (2011) ont estimé l'incidence du changement climatique sur la mortalité, ainsi que les effets des dépenses de protection contre les impacts du changement climatique. La consommation d'énergie (liée à la climatisation, utilisée pour se protéger des températures élevées) leur sert d'indicateur de l'autoprotection. L'analyse tire parti d'une vaste série de données exhaustives sur la mortalité, la consommation d'énergie, la météorologie et les prévisions de changement climatique pour l'ensemble des États-Unis continentaux. La stratégie d'identification mise en œuvre pour remédier à l'éventuel biais imputable aux variables omises s'appuie sur la variation annuelle aléatoire des températures à l'échelle locale, et les modèles statistiques utilisés incluent des effets fixes par comté ou par État et par année pour tenir compte des différences non observées en matière de santé qui affectent les diverses régions du pays, par un effet de sélection. Les auteurs observent des relations statistiquement significatives entre la mortalité et les températures quotidiennes, les jours extrêmement froids ou chauds étant associés à des taux de mortalité élevés. L'effet est toutefois plus faible que l'on aurait pu le penser compte tenu des vagues de chaleur précédentes. Deschênes et Greenstone constatent également une hétérogénéité non négligeable dans les réponses comportementales aux températures extrêmes dans les différentes régions du pays. Ils parviennent à la conclusion que les relations plus faibles que prévu entre la mortalité et la température sont au moins en partie dues à l'autoprotection assurée par les comportements individuels de prévention (sous forme de climatisation), comme le met en évidence l'augmentation de la consommation d'énergie.

Pour finir, un certain nombre d'auteurs ont commencé à combiner les méthodes des dépenses de prévention ou des comportements de protection avec celles fondées sur les préférences déclarées (par exemple Rosado et al., 2006), et/ou avec des données relatives aux attitudes ou aux perceptions obtenues au moyen de questionnaires d'enquête. À titre d'exemple de ce dernier cas de figure, Lanz (2015) étudie les dépenses de prévention destinées à remédier à la dureté de l'eau du robinet et à préserver ses qualités gustatives et olfactives. Les dépenses de prévention correspondent à l'achat d'adoucisseurs d'eau, d'eau en bouteille, de dispositifs de filtration de l'eau, ou encore de boissons aux fruits ou de sirops aromatisés ajoutés à l'eau avant de la boire. Au moyen d'une enquête, il constate que 39 % des personnes interrogées font état d'au moins un comportement de ce type, la dépense annuelle moyenne s'élevant à environ 92 GBP (une somme non négligeable si on la compare à la facture annuelle moyenne de 186 GBP acquittée par les ménages pour les services d'eau).

Lanz fait valoir que c'est l'incapacité *ressentie* (et pas nécessairement réelle) à assurer la qualité de l'eau souhaitée qui détermine ces dépenses de prévention. La non-prise en compte de l'effet du ressenti des individus risque donc de biaiser les estimations. Pour éviter cet écueil, il fournit des informations sur la qualité de l'eau objective et subjective (cette dernière étant établie grâce à l'enquête). Des facteurs non observés pourraient exercer une influence sur le comportement de prévention et sur la perception de la qualité de l'eau, et biaiser ce faisant l'estimation du CAP marginal. Pour surmonter cette éventuelle endogénéité, Lanz modélise la relation entre la qualité objective et subjective de l'eau dans une première étape de la régression, puis il introduit la qualité subjective instrumentée dans la fonction d'évaluation. Les résultats confirment que la qualité subjective de l'eau est endogène, et que les estimations correspondantes du CAP marginal sont biaisées à la baisse ; instrumenter la qualité subjective par la qualité objective permet d'obtenir des estimations du CAP marginal environ deux fois supérieures pour la dureté de l'eau et trois fois plus élevées pour la qualité esthétique.

3.5. Conclusion

Les économistes ont mis au point une série de méthodes pour estimer la valeur économique des impacts immatériels ou non marchands. Celles examinées dans ce chapitre ont toutes en commun de s'appuyer sur les informations fournies par les marchés et sur les comportements observés sur ceux-ci pour estimer la valeur économique d'un impact connexe de nature non marchande.

Chacune de ces méthodes repose sur des bases théoriques qui lui sont propres. Celle des prix hédonistes tire parti du fait que certains biens marchands sont en réalité constitués d'une multiplicité de caractéristiques qui représentent pour une partie d'entre elles des biens (ou des nuisances) de nature immatérielle. Les transactions dont font l'objet ces biens marchands permettent par conséquent aux consommateurs d'exprimer la valeur qu'ils attachent aux biens immatériels, laquelle peut en outre être déterminée à l'aide de techniques statistiques. Ce processus risque toutefois d'être compromis du fait qu'un bien marchand peut posséder plusieurs caractéristiques immatérielles, qui peuvent s'avérer colinéaires par surcroît. Il peut également être difficile de mesurer les caractéristiques immatérielles de façon satisfaisante. Par ailleurs, le risque que certaines variables soient omises et que la spécification de la fonction des prix hédonistes soit par conséquent erronée constitue un sujet de préoccupation constant.

Les méthodes fondées sur les coûts de déplacement et sur l'utilité aléatoire tirent parti de la complémentarité qui peut exister entre les biens et services marchands et ceux de nature immatérielle, l'achat des premiers étant indispensable pour bénéficier des seconds. Il faut ainsi supporter des coûts en temps et en argent pour se rendre sur les sites récréatifs. Ces coûts donnent dès lors une indication de la valeur accordée à cette expérience récréative par ceux qui acceptent de les encourir. La situation est toutefois rendue d'autant plus complexe qu'il existe d'autres sites susceptibles de leur être substitués, que le déplacement peut avoir une valeur en soi, que certains des coûts peuvent être eux-mêmes de nature immatérielle (dont le coût d'opportunité du temps), et que bien des déplacements peuvent répondre à des motivations multiples.

La méthode des comportements de prévention et des dépenses de protection est similaire aux deux précédentes, à ceci près qu'elle renvoie aux comportements adoptés par les individus en vue d'éviter les impacts immatériels négatifs. L'achat de biens tels que des casques de sécurité pourrait ainsi permettre de réduire les risques d'accident, tout comme celui de fenêtres à double vitrage pourrait diminuer l'exposition au bruit de la circulation, révélant ce faisant la valeur que ceux qui y procèdent attachent à ces nuisances. La situation est cependant là encore d'autant plus complexe que ces biens marchands pourraient avoir d'autres avantages que la simple réduction d'une nuisance immatérielle. Les comportements de prévention impliquent que les individus concernés prennent des mesures ayant un coût pour éviter de s'exposer à une nuisance non marchande (ils pourraient par exemple devoir supporter des coûts de déplacement plus élevés pour ne pas avoir à se rendre par des moyens risqués du point A au point B). L'estimation de la valeur des mesures de ce type pourrait à nouveau ne pas être aisée, par exemple si l'individu considéré ne se contente pas d'éviter de s'exposer à l'impact non marchand en question, mais met en outre à profit le temps qu'il aurait normalement passé à faire autre chose pour se consacrer en parallèle à des activités ayant une valeur économique en elles-mêmes. L'identification causale des effets de la nuisance et du comportement de prévention sur les résultats auxquels on s'intéresse est par ailleurs souvent malaisée.

Le présent chapitre a montré que les méthodes des préférences révélées sont très utilisées dans toute une série d'applications liées à la politique environnementale. Au cours des dernières décennies, des évolutions non négligeables se sont produites, en particulier du point de vue de la complexité des méthodes économétriques mises en œuvre pour établir les relations de cause à effet, du degré de détail, de précision et d'exhaustivité des séries de données disponibles, ainsi que de l'utilisation conjointe de diverses méthodes. De manière générale, nous constatons que les méthodes dans lesquelles la valeur du bien ou du service environnemental est déduite à partir de l'observation d'actes d'achat réalisés sur un marché réel pourraient jouer un rôle central dans l'analyse des politiques mises en œuvre.

Références

Adamowicz, W.L., J. Louviere et M. Williams (1994), « Combining Revealed and Stated Preference Methods for Valuing Environmental Amenities », *Journal of Environmental Economics and Management*, vol. 26, pp. 271-292, *https://doi.org/10.1006/jeem.1994.1017*.

Álvarez-Farizo, B., N. Hanley et R. Barberán (2001), « The Value of Leisure Time: A Contingent Rating Approach », *Journal of Environmental Planning & Management*, vol. 44, n° 5, pp. 681-699, *http://dx.doi.org/10.1080/09640560120079975*.

Andersson, H., L. Jonsson et M. Ogren (2009), « Property Prices and Exposure to Multiple Noise Sources: Hedonic Regression with Road and Railway Noise », *Environmental and Resource Economics*, vol. 45, n° 1, pp. 73-89, *http://dx.doi.org/10.1007/s10640-009-9306-4*.

Anderson, L.M. et H.K. Cordell (1985), « Residential property values improve by landscaping with trees », *Southern Journal of Applied Forestry*, vol. 9, pp. 162-166.

Bayer, P., N. Keohane et C. Timmins (2009), « Migration and hedonic valuation: The case of air quality », *Journal of Environmental Economics & Management*, vol. 58, pp. 1-14, *https://doi.org/10.1016/j.jeem.2008.08.004*.

Beltrán-Hernández, A. (2016), « Essays on the economic valuation of flood risks », *thèse de doctorat*, University of Birmingham.

Benson, E.D. et al. (1998), « Pricing residential amenities: The value of a view », *Journal of Real Estate Economics Finance*, vol. 16, pp. 55-73, *http://dx.doi.org/10.1023/A:1007785315925*.

Bockstael, N.E. et K. McConnell (2007), *Environmental and Resource Valuation with Revealed Preferences*, Springer, Pays-Bas, *http://dx.doi.org/10.1007/978-1-4020-5318-4*.

Bockstael, N.E., W.M. Hanemann et C.L. Kling (1987), « Estimating the value of water quality improvements in a recreational demand framework », *Water Resources Research*, vol. 23, pp. 951-960.

Bolitzer, B. et N.R. Netusil (2000), « The impact of open space on property values in Portland, Oregon », *Journal of Environmental Management*, vol. 59, n° 3, pp. 185-193, *http://dx.doi.org/10.1006/jema.2000.0351*.

Boyle, K.J. (2003), « Introduction to revealed preference methods », in Champ, P.A., K.J. Boyle et T.C. Brown (dir. pub.) (2003), *A Primer on Nonmarket Valuation*, Kluwer, Dordrecht.

Boyle, K.J., P.J. Poor et L.O. Taylor (1999), « Estimating the demand for protecting freshwater lakes from eutrophication », *American Journal of Agricultural Economics*, vol. 81, n° 5, pp. 1118-1122, *https://doi.org/10.2307/1244094*.

Bresnahan, B.W., M. Dickie et S. Gerking (1997), « Averting behaviour and urban air pollution », *Land Economics*, vol. 73, n° 3, pp. 340-357.

Cesario, F.J. (1976), « Value of Time in Recreation Benefit Studies », *Land Economics*, vol. 52, n° 1, pp. 32-41.

Chakraborty, K. et J.E. Keith (2000), « Estimating the Recreation Demand and Economic Value of Mountain Biking in Moab, Utah: An Application of Count Data Models », *Journal of Environmental Planning & Management*, vol. 43, n° 4, pp. 461-469, *http://dx.doi.org/10.5367/000000006776387097*.

Chay, K.Y. et M. Greenstone (2005), « Does air quality matter? Evidence from the housing market », *Journal of Political Economy*, vol. 113, pp. 376-424, *https://doi.org/10.1086/427462*.

Cheshire, P.C. et S. Sheppard (1995), « On the Price of Land and the Value of Amenities », *Economica*, vol. 62, pp. 247-267.

Cheshire, P.C. et S. Sheppard (2002), « The welfare economics of land use planning », *Journal of Urban Economics*, vol. 52, pp. 242-269, *https://doi.org/10.1016/S0094-1190(02)00003–7*.

Cheshire, P.C. et S. Sheppard (1998), « Estimating the demand for housing, land and neighbourhood characteristics », *Oxford Bulletin of Economics and Statistics*, vol. 60, pp. 357-382, *http://dx.doi.org/10.1111/1468-0084.00104*.

Christie, M. et al. (2006), *Valuing forest recreation activities*, Report to the UK Forestry Commission, *www.forestry.gov.uk/pdf/vfrfcfinalreportv5.pdf/$file/vfrfcfinalreportv5.pdf*.

Clawson, M. et J.L. Knetsch (1969), *Economics of Outdoor Recreation*, John Hopkins University, Baltimore.

Correll, M.R., J.H. Lillydahl et L.D. Singell (1978), « The Effects of Greenbelts on Residential Property Values: Some Findings on the Political Economy of Open Space », *Land Economics*, vol. 54, pp. 207-217.

Corrigan, J.R., K.J. Egan et J.A. Downing, (2007), « Aesthetic Values of Lakes and Rivers », in Likens, G.E. (dir. pub.), *Encyclopedia of Inland Waters*, Elsevier, Amsterdam.

Creel, M. et J.B. Loomis (1990), « Theoretical and empirical advantages of truncated count data estimators for analysis of deer hunting in California », *American Journal of Agricultural Economics*, vol. 72, pp. 434-441.

Cropper, M.L., L.B. Deck et K.E. McConnell (1988),« On the choice of functional form for hedonic price functions », *Review of Economics & Statistics*, vol. 70, pp. 668-675.

Czajkowski, M. et al. (2015), « The Individual Travel Cost Method with Consumer-Specific Values of Travel Time Savings », Faculty of Economic Sciences, *University of Warsaw Working Papers*, n° 12/2015(160), *www.wne.uw.edu.pl/files/6714/2651/1660/WNE_WP160.pdf*.

Davis, L.W. (2011), « The Effect of Power Plants on Local Housing Values and Rents », *Review of Economics and Statistics*, vol. 93, n° 4, pp. 1391-1402, *http://dx.doi.org/10.1162/REST_a_00119*.

Day, B. (2002), « Valuing visits to game parks in South Africa », in Pearce, D.W., C. Pearce et P. Palmer (dir. pub.), *Valuing the Environment in Developing Countries: Case Studies*, Edward Elgar, Cheltenham.

Day, B., I. Bateman et I. Lake (2006), « Estimating the demand for peace and quiet using property market data », *CSERGE Working Paper* EDM 06-03, University of East Anglia, *www.econstor.eu/bitstream/10419/80288/1/511176120.pdf*.

Deschênes, O. et M. Greenstone (2011), « Climate Change, Mortality, and Adaptation: Evidence from Annual Fluctuations in Weather in the US », *American Economic Journal: Applied Economics*, vol. 3, n° 4, pp. 152-185, *http://dx.doi.org/10.1257/app.3.4.152*.

Dickie, M. (2017), « Averting Behavior Methods », in Champ, P.A., K.J. Boyle et T.C. Brown (dir. pub.), *A Primer on Nonmarket Valuation*, 2e édition, Kluwer, Dordrecht.

Dickie, M. et S. Gerking (2002), « Willingness to Pay for Reduced Morbidity », *Department of Economics Working Paper* 02-07, University of Central Florida.

Doss, C.R. et S.J. Taff (1996), « The Influence of Wetland Type and Wetland Proximity on Residential Property Values », *Journal of Agricultural and Resource Economics*, vol. 21, n° 1, pp. 120-29, *https://core.ac.uk/download/pdf/7060414.pdf*.

Earnhart, D. (2001), « Combining revealed and stated preference methods to value environmental amenities at residential locations », *Land Economics*, vol. 77, n° 1, pp. 12-29.

Englin, J. et T. Cameron (1996), « Augmenting travel cost models with contingent behaviour data », *Environmental & Resource Economics*, vol. 7, n° 2, pp. 133-147, *http://dx.doi.org/10.1007/BF00699288*.

Fezzi, C., I.J. Bateman et S. Ferrini (2014), « Using revealed preferences to estimate the Value of Travel Time to recreation sites », *Journal of Environmental Economics and Management*, vol. 67, n° 1, pp. 58-70, *https://doi.org/10.1016/j.jeem.2013.10.003*.

Freeman, A.M. III, J.A. Herriges et C.L. Kling (2014), *The Measurement of Environmental and Resource Values*, 3e édition, Resources for the Future, Washington, DC.

Garrod, G.D. et K.G. Willis (1999), *Economic Valuation of the Environment*, Edward Elgar Publishing Ltd., Cheltenham.

Garrod, G.D. et K.G. Willis (1992), « The Environmental Economic Impact of Woodland: A Two State Hedonic Price Model of the Amenity Value of Forestry in Britain », *Applied Economics*, vol. 24, n° 7, pp. 71-728, *http://dx.doi.org/10.1007/BF00304970*.

Geoghegan, J. (2002), « The value of open spaces in residential land use », *Land Use Policy*, vol. 19, n° 1, pp. 91-98.

Gibbons, S. et al. (2016), « Fear of Fracking? The Impact of the Shale Gas Exploration on House Prices in Britain », *SERC Discussion Paper 207*, London School of Economics & Political Science, Londres, *www.spatialeconomics.ac.uk/textonly/SERC/publications/download/sercdp0207.pdf*.

Gibbons, S. (2015), « Gone with the Wind: Valuing the visual impacts of wind turbines through house prices », *Journal of Environmental Economics and Management*, vol. 72, pp. 177-196, *https://doi.org/10.1016/j.jeem.2015.04.006*.

Gibbons, S., S. Mourato et G. Resende (2014), « The amenity value of English nature: A hedonic price approach », *Environmental and Resource Economics*, vol. 57, pp. 175-196, *http://dx.doi.org/10.1007/s10640-013-9664-9*.

Gustafson, C.R., T.J. Lybbert et D.A. Sumner (2011), « Consumer Characteristics, Identification, and Hedonic Valuation of Wine Attributes: Exploiting Data from a Field Experiment, » Centre for Wine Economics, *RMI-CWE Working Paper*, n° 1102, *http://ageconsearch.umn.edu/record/162517/files/cwe1102.pdf*.

Heberling, M. et J. Templeton (2009), « Estimating the economic value of national parks with count data models using on-site, secondary data: The case of the great sand dunes national park and preserve », *Environmental Management*, vol. 43, n° 4, pp. 619-627, *http://dx.doi.org/10.1007/s00267-008-9149-8*.

Herath, S. et G. Maier (2010), « The hedonic price method in real estate and housing market research. A review of the literature », *SRE–Discussion Papers*, 2010/03, WU Vienna University of Economics and Business, Vienne, *http://epub.wu.ac.at/588/1/sre-disc-2010_03.pdf*.

Hoen, B. et al. (2011), « Wind Energy Facilities and Residential Properties: The Effect of Proximity and View on Sales Prices », *Journal of Real Estate Research*, vol. 33, n° 3, pp. 279-316, *http://pages.jh.edu/jrer/papers/pdf/past/vol33n03/01.279_316.pdf*.

Horsch, E.J. et D.J. Lewis (2009), « The Effects of Aquatic Invasive Species on Property Values: Evidence from a Quasi-Experiment », *Land Economics*, vol. 85, n° 3, pp. 391-409, *http://dx.doi.org/10.3368/le.85.3.391*.

Jenkins, R.R., N. Owens et L.B. Wiggins (2001), « Valuing reduced risks to children: The case of bicycle safety helmets », *Contemporary Economic Policy*, vol. 19, n° 4, pp. 397-408, *http://dx.doi.org/10.1093/cep/19.4.397*.

Kolstad, C.D. (2010), *Environmental Economics*, 2e édition, Oxford University Press, Oxford.

Kong, F., H. Yin et N. Nakagoshi (2007), « Using GIS and landscape metrics in the hedonic price modeling of the amenity value of urban green space: A case study in Jinan City, China », *Landscape & Urban Planning*, vol. 79, pp. 240-252, *http://dx.doi.org/10.1016/j.landurbplan.2006.02.013*.

Kuminoff, N.V., C.F. Parmeter et J.C. Pope (2010), « Which hedonic models can we trust to recover the marginal willingness to pay for environmental amenities? », *Journal of Environmental Economics and Management*, vol. 60, pp. 145-160, *http://dx.doi.org/10.1016/j.jeem.2010.06.001*.

Landry, C. et P. Hindsley (2011), « Valuing beach quality with hedonic property models », *Land Economics*, vol. 87, n° 1, pp. 92-108, *http://dx.doi.org/10.3368/le.87.1.92*.

Landry, C.E. et H. Liu (2011), « Econometric Models for Joint Estimation of Revealed and Stated Preference Site-Frequency Recreation Demand Models », in Whitehead, J., T. Haab et J.-C. Huang (dir. pub.) (2011), *Preference Data for Environmental Valuation: Combining Revealed and Stated Approaches*, Routledge, Londres.

Lanz, B. (2015), « Avertive expenditures, endogenous quality perception, and the demand for public goods: An instrumental variable approach », *Research Paper* 36, Graduate Institute Geneva, *http://repec.graduateinstitute.ch/pdfs/ciesrp/CIES_RP_36.pdf.*

Larson, D.M. et D.K. Lew (2014), « The Opportunity Cost of Travel Time as a Noisy Wage Fraction », *American Journal of Agricultural Economics*, vol. 96, n° 2, pp. 420-437, *https://doi.org/10.1093/ajae/aat093.*

Lee, C.M. et P. Linneman (1998), « Dynamics of the Greenbelt Amenity Effect on the Land Market: The Case of Seoul's Greenbelt », *Real Estate Economics*, vol. 26, n° 1, pp. 107-129.

Leggett, C.G. et N.E. Bockstael (2000), « Evidence of the Effects of Water Quality on Residential Land Prices », *Journal of Environmental Economics and Management*, vol. 39, n° 2, pp. 121-144, *https://doi.org/10.1006/jeem.1999.1096.*

Le Goffe, P. (2000), « Hedonic Pricing of Agriculture and Forestry Externalities », *Environmental and Resource Economics*, vol. 15, n° 4, pp. 397-401, *http://dx.doi.org/10.1023/A:1008383920586.*

Luttik, J. (2000), « The value of trees, water and open space as reflected by house prices in the Netherlands », *Landscape and Urban Planning*, vol. 48, 3-4, pp. 161-167, *https://doi.org/10.1016/S0169-2046(00)00039-6.*

Maddison, D. et B. Day (2015), *Improving Cost-Benefit Analysis Guidance: A Report to the Natural Capital Committee*, Natural Capital Committee, Londres, Royaume-Uni, *www.gov.uk/government/uploads/system/uploads/attachment_data/file/517027/ncc-research-improving-cost-benefit-guidance-final-report.pdf.*

Mahan, B.L., S. Polasky et R.M. Adams (2000), « Valuing Urban Wetlands: A Property Price Approach », *Land Economics*, vol. 76, pp. 100-113.

Marin, A. et G. Psacharopoulos (1982), « The Reward for Risk in the Labor Market: Evidence from the United Kingdom and a Reconciliation with Other Studies », *Journal of Political Economy*, vol. 90, n° 4, pp. 827-853.

McCluskey, J.J. et G.C. Rausser (2003), « Stigmatized asset value: Is it temporary or long-term? », *Review of Economics & Statistics*, vol. 85, pp. 276-285, *http://dx.doi.org/10.1162/003465303765299800.*

McConnell, V. et M. Walls (2005), *The value of open space: Evidence from studies of nonmarket behavior*, Resources for the Future, Washington, DC, *www.rff.org/files/sharepoint/WorkImages/Download/RFF-REPORT-Open%20Spaces.pdf.*

Morales, D.J. (1980), « The Contribution of Trees to Residential Property Value », *Journal of Arboriculture*, vol. 7, pp. 109-112.

Morales, D.J., F.R. Micha et R.L. Weber (1983), « Two Methods of Valuating Trees on Residential Sites », *Journal of Arboriculture*, vol. 9, pp. 21-24.

Morancho, A.B. (2003), « A hedonic valuation of urban green areas », *Landscape and Urban Planning*, vol. 66, n° 1, pp. 35-41, *http://dx.doi.org/10.1016/S0169-2046(03)00093-8.*

Muehlenbachs, L., E. Spiller et C. Timmins (2015), « The Housing Market Impacts of Shale Gas Development », *American Economic Review*, vol. 105, n° 12, pp. 3633-3659, *http://dx.doi.org/10.1257/aer.20140079.*

Neidell, M. (2009), « Information, Avoidance Behavior, and Health: The Effect of Ozone on Asthma Hospitalizations », *Journal of Human Resources*, vol. 44, n° 2, pp. 450-478, *http://dx.doi.org/10.3368/jhr.44.2.450.*

Netusil, N.R. (2005), « The effect of environmental zoning and amenities on property values: Portland, Oregon », *Land Economics*, vol. 81, n° 2, pp. 227-246, *http://dx.doi.org/10.3368/le.81.2.227.*

Netusil, N.R., S. Chattopadhyay et K.F. Kovacs (2010), « Estimating the demand for tree canopy: A second-stage hedonic price analysis in Portland, Oregon », *Land Economics*, vol. 86, n° 2, pp. 281-293, *http://dx.doi.org/10.3368/le.86.2.281.*

Noor, N.M., M.Z. Asmawi et A. Abdullah (2015), « Sustainable Urban Regeneration: GIS and Hedonic Pricing Method in determining the value of green space in housing area », *Procedia – Social and Behavioral Sciences*, vol. 170, pp. 669-679, *https://doi.org/10.1016/j.sbspro.2015.01.069.*

Ovaskainen, V., M. Neuvonen et E. Pouta (2012), « Modelling recreation demand with respondent-reported driving cost and stated cost of travel time: A Finnish case », *Journal of Forest Economics*, vol. 18, n° 4, pp. 303-317, *https://doi.org/10.1016/j.jfe.2012.06.001.*

Palmquist, R.B. (1992), « Valuing localized externalities », *Journal of Urban Economics*, vol. 31, pp. 59-68.

Parsons, G.R (2017), « The Travel Cost Model », in Champ, P.A., K.J. Boyle et T.C. Brown (dir. pub.) (2017), *A Primer on Nonmarket Valuation*, 2e édition, Kluwer, Dordrecht, *www.springer.com/us/book/9781402014451*.

Paterson, R.W. et K.J. Boyle (2002), « Out of sight, out of mind? Using GIS to incorporate visibility in hedonic property value model », *Land Economics*, vol. 78, n° 3, pp. 417-425, *http://dx.doi.org/10.2307/3146899*.

Pearson, L.J., C. Tisdell et A.T. Lisle (2002), « The impact of Noosa National Park on surrounding property values: An application of the hedonic price method », *Economic Analysis & Policy*, vol. 32, n° 2, pp. 155-171, *https://doi.org/10.1016/S0313-5926(02)50023-0*.

Phaneuf, D.J. et V.K. Smith (2005), « Chapter 15: Recreation Demand Models », in Mäler, K. et J. Vincent (dir. pub.) (2005), *Handbook of Environmental Economics*, pp. 671-761, *http://dx.doi.org/10.1016/S1574-0099(05)02015-2*.

Poor, P.J., K.L. Pessagnob et R.W. Paul (2007), « Exploring the hedonic value of ambient water quality: A local watershed-based study », *Ecological Economics*, vol. 60, n° 4, pp. 797-807, *http://dx.doi.org/10.1016/j.ecolecon.2006.02.013*.

Pope, J.C. (2008a), « Buyer information and the hedonic: The impact of a seller disclosure on the implicit price for airport noise », *Journal of Urban Economics*, vol. 63, n° 2, pp. 498-516, *http://dx.doi.org/10.1016/j.jue.2007.03.003*.

Pope, J.C. (2008b), « Do seller disclosures affect property values? Buyer information and the hedonic model », *Land Economics*, vol. 84, n° 4, pp. 551-572, *http://dx.doi.org/10.3368/le.84.4.551*.

Provins, A. (2011), *The Use of Revealed Customer Behaviour in Future Price Limits*, Final Report to Ofwat, Eftec and Cascade Consulting, *www.ofwat.gov.uk/wp-content/uploads/2015/11/rpt_com_201105eftec_casc_reveal.pdf*.

Ridker, R.B. et J.A. Henning (1967), « The determinants of residential property values with special reference to air pollution », *Review of Economics and Statistics*, vol. 49, n° 2, pp. 246-257.

Rosado, M. et al. (2006), « Combining averting behavior and contingent valuation data: An application to drinking water treatment in Brazil », *Environment & Development Economics*, vol. 11, n° 6, pp. 729-746, *https://doi.org/10.1017/S1355770X0600324X*.

Rosen, S. (1974), « Hedonic prices and implicit markets: Product differentiation in pure competition », *Journal of Political Economy*, vol. 82, n° 1, pp. 34-55.

Russell, C.S. (2001), *Applying Economics to the Environment*, Oxford University Press, Oxford.

Shrestha, R.K., A.F. Seidl et A.S. Moraes (2002), « Value of recreational fishing in the Brazilian Pantanal: A travel cost analysis using count data models », *Ecological Economics*, vol. 42, n° 1, pp. 289-299, *https://doi.org/10.1016/S0921-8009(02)00106-4*.

Smith, V.K. et J. Huang (1995), « Can Markets Value Air Quality? A Meta-Analysis of Hedonic Property Value Models, » *Journal of Political Economy*, vol. 103, n° 1, pp. 209-227, *https://doi.org/10.1086/261981*.

Steriani, M.K. et K.P. Soutsas (2005), « Recreation Demand Model Construction Through the Use of Regression Analysis With Optimal Scaling », *New Medit*, vol. 4, pp. 25-30, *http://newmedit.iamb.it/share/img_new_medit_articoli/116_25steriani.pdf*.

Thorsnes, P. (2002), « The Value of a Suburban Forest Preserve: Estimates from Sales of Vacant Residential Building Lots », *Land Economics*, vol. 78, n° 3, pp. 426-441, *http://dx.doi.org/10.2307/3146900*.

Tyrvainen, L. et A. Miettinen (2000), « Property prices and urban forest amenities », *Journal of Environmental Economics and Management*, vol. 39, n° 2, pp. 205-223, *http://dx.doi.org/10.1006/jeem.1999.1097*.

Walsh, P.J., J.W. Milon et D.O. Scrogin (2011), « The spatial extent of water quality benefits in urban housing markets », *Land Economics*, vol. 87, n° 4, pp. 628-644, *http://dx.doi.org/10.3368/le.87.4.628*.

Whitehead, J.C., T.C. Haab et J.-C. Huang (2000), « Measuring Recreation Benefits of Quality Improvements with Revealed and Stated Behavior Data », *Resource & Energy Economics*, vol. 22, n° 4, pp. 339-354, *https://doi.org/10.1016/S0928-7655(00)00023-3*.

Wilhelmsson, M. (2000), « The Impact of Traffic Noise on the Values of Single-Family Houses », *Journal of Environmental Planning and Management*, vol. 43, pp. 799-815, *http://dx.doi.org/10.1080/09640560020001692*.

Yusuf, H.R. et al. (1996), « Leisure-time physical activity among older adults, United States, 1990 », *Archives of Internal Medicine*, vol. 156, pp. 1321-1326, *http://dx.doi.org/10.1001/archinte.1996.00440110093012*.

Zivin, J.G., M. Neidell et W. Schlenker (2011), « Water quality violations and avoidance behavior: Evidence from bottled water consumption », *American Economic Review*, vol. 101, n° 3, pp. 448-453, *http://dx.doi.org/10.1257/aer.101.3.448*.

Analyse coûts-avantages et environnement
Avancées théoriques et utilisation par les pouvoirs publics

PARTIE I

Chapitre 4

Méthode de l'évaluation contingente

La méthode de l'évaluation contingente (EC) constitue une approche fondée sur les préférences déclarées dans laquelle il est directement demandé aux personnes interrogées d'indiquer leur consentement à payer (ou à accepter une compensation) pour une variation hypothétique de l'offre d'un bien non marchand. Elle est applicable dans un large éventail de situations, y compris celles où il s'agit de mesurer des changements futurs et des changements impliquant des valeurs de non-usage. Comme le montre le présent chapitre, d'abondantes données d'expérience peuvent désormais être trouvées dans les études consacrées à l'évaluation contingente, et elles peuvent éclairer les réflexions actuelles sur les moyens d'assurer une bonne conception des enquêtes et la robustesse des évaluations. C'est là quelque chose d'essentiel puisque la question de la validité de la méthode demeure au cœur du débat, ce qui transparaît dans l'examen de problèmes et de biais particuliers. Certains de ces problèmes sont de plus en plus étudiés à la lumière des enseignements de l'économie comportementale. D'autres évolutions notables, dont la montée en puissance des enquêtes en ligne, ont contribué pour une large part à permettre des applications plus étendues et à soumettre à un examen plus approfondi les biais et les mécanismes pouvant permettre de les atténuer.

4.1. Introduction

La méthode de l'évaluation contingente (EC) est une technique fondée sur les préférences déclarées mises en œuvre au moyen d'enquêtes permettant d'obtenir des informations sur les comportements que les individus envisagent d'adopter à l'avenir sur des marchés fictifs. Un questionnaire d'évaluation contingente décrit un marché hypothétique sur lequel le bien considéré peut faire l'objet de transactions. Ce marché contingent décrit le bien lui-même, dans quel contexte institutionnel il serait fourni, et quel en serait le mode de financement. Il est directement demandé aux personnes interrogées d'indiquer leur consentement à payer (ou leur consentement à accepter) pour une variation hypothétique de l'offre du bien considéré (Mitchell et Carson, 1989). Les personnes interrogées sont supposées se comporter de la même manière que si elles se trouvaient sur un marché réel.

Un des atouts des méthodes des préférences déclarées réside dans leur souplesse. Du fait de sa nature hypothétique et vu qu'elle n'est pas tributaire des marchés existants, la méthode de l'évaluation contingente peut être théoriquement appliquée à la plupart des biens ou services non marchands, tout comme aux variations passées et futures, et elle constitue en outre une des rares approches à même de rendre compte de tous les types d'avantages qu'ils pourraient procurer, et notamment de ceux qui ne sont liés ni à leur usage présent ni à celui qu'ils seraient susceptibles d'avoir à l'avenir, c'est-à-dire des « valeurs de non-usage ».

L'idée de l'évaluation contingente a d'abord été formulée par von Ciriacy-Wantrup (1947) et sa première application a été entreprise par Davis (1963) pour évaluer les avantages liés aux activités récréatives de plein air. Au fil du temps, l'évaluation contingente est devenue la méthode prépondérante parmi celles fondées sur les préférences déclarées, largement appliquée à l'évaluation d'un vaste éventail de variations d'éléments non marchands dans les pays développés comme dans ceux en développement : qualité de l'eau, loisirs de plein air, sauvegarde des espèces, protection des forêts, qualité de l'air, agrément esthétique, gestion des déchets, amélioration de l'assainissement, biodiversité, impacts sur la santé, dommages aux ressources naturelles, réduction des risques environnementaux, patrimoine culturel et nouvelles technologies énergétiques, pour n'en citer que quelques-uns. Cette expansion a en grande partie été impulsée par les conclusions du groupe de travail spécial constitué en 1993 par l'Administration océanique et atmosphérique nationale des États-Unis (*National Oceanic and Atmospheric Administration* ou NOAA) à la suite de la marée noire provoquée par l'Exxon Valdez en Alaska en 1989 (Nelson, 2017). Ce groupe de travail a en effet considéré que, sous réserve qu'un certain nombre de recommandations de bonnes pratiques soient respectées, les études d'évaluation contingente pourraient offrir des estimations suffisamment fiables pour que les autorités judiciaires puissent s'en servir pour déterminer le montant des dommages infligés aux ressources naturelles. Et malgré les critiques formulées alors par certains (par exemple Diamond et Hausman, 1994), le nombre d'études d'évaluation contingente a sensiblement augmenté depuis. En 2011, Carson a publié une bibliographie annotée des études d'évaluation contingente (publiées ou non) : elle comportait plus de 7 500 références issues de plus de 130 pays (Carson, 2011). En outre, une recherche bibliographique sur *Web of Science* à l'aide du terme anglais « *contingent valuation* » a produit près de 6 000 résultats en janvier 2017.

Près de vingt-cinq ans se sont désormais écoulés depuis les délibérations de la NOAA et il n'est nullement exagéré de dire qu'un examen des expérimentations et des évolutions méthodologiques survenues dans le domaine des méthodes fondées sur les préférences déclarées, et de l'évaluation contingente en particulier, pourrait donner matière à plusieurs volumes. Au cours des années qui se sont écoulées depuis, les méthodes fondées sur les préférences déclarées ont été couramment appliquées par les pouvoirs publics. Des lignes directrices élaborées à la demande des autorités sont désormais disponibles, qu'elles portent de manière générale sur l'utilisation de ces méthodes pour éclairer l'action publique au Royaume-Uni (Bateman et al., 2002) ou qu'elles fournissent des indications spécifiques pour certains secteurs (voir par exemple Bakhshi et al., 2015, pour le secteur culturel au Royaume-Uni). Des lignes directrices à la pointe du progrès couvrant la plupart des aspects de l'évaluation non marchande (environnementale) ont également été publiées aux États-Unis (Champ et al., 2003).

Ces évolutions ne se sont pas limitées à l'application des outils en question au domaine de l'économie de l'environnement. Des interactions fructueuses se sont par ailleurs produites, par exemple avec l'économie de la santé ou plus récemment avec celle de la culture ou des sports, ainsi qu'avec d'autres domaines d'action des pouvoirs publics. Par ailleurs, les recherches sur les méthodes des préférences déclarées ont également contribué aux progrès accomplis par les sciences économiques dans leur ensemble. Selon Kerry Smith (2006), « l'évaluation contingente a donné lieu à l'étude la plus sérieuse des préférences individuelles jamais entreprise dans le cadre des sciences économiques » (p. 46). En particulier, la récente montée en puissance des sciences économiques comportementales et expérimentales doit beaucoup aux recherches sur les anomalies dans les méthodes des préférences déclarées (Carson et Hanemann, 2005 ; Carlsson, 2010 ; Nelson, 2017). Les perspectives sont particulièrement prometteuses puisque l'on sait à présent bien mieux dans quels cas ces méthodes donnent de bons résultats – et débouchent sur des conclusions valables et fiables – et dans quelles circonstances il faut s'attendre à des difficultés. Les recherches dans le domaine de l'économie comportementale ont montré que certaines des anomalies initialement décelées sur les marchés hypothétiques s'observent également sur les marchés réels et constituent une caractéristique inévitable de la manière dont les individus se comportent et réagissent aux incitations et à l'information (plutôt qu'une défaillance propre à l'évaluation contingente). Ces constatations ont grandement contribué à faire progresser les meilleures pratiques, par exemple en matière de conception des questionnaires d'évaluation contingente.

Cependant, malgré des milliers d'études, de nombreux progrès méthodologiques et une application largement répandue, l'évaluation contingente reste controversée. Les détracteurs de longue date, tels que Jerry Hausman, demeurent sceptiques quant aux mérites des préférences déclarées et de l'évaluation contingente en particulier. En 1994, Diamond et Hausman ont publié une critique souvent citée de la méthode de l'évaluation contingente (Diamond et Hausman, 1994) dans laquelle ils émettent des doutes sur sa validité en mettant l'accent sur l'insensibilité à l'étendue. Plus récemment, en 2012, Hausman s'en est de nouveau pris sans ménagement à l'évaluation contingente en faisant valoir qu'il s'agit d'une méthode « sans espoir » malgré l'abondance des expériences et des avancées accumulées entre-temps (Hausman, 2012). Trois limites potentielles bien connues auxquelles se heurte l'évaluation contingente, à savoir le biais hypothétique, l'insensibilité à l'étendue et l'écart entre le CAP et le CAA, demeurent pour lui un sujet de préoccupation. Après un passage en revue « sélectif » des études d'évaluation contingente, il parvient à la conclusion que les personnes interrogées « fournissent des réponses improvisées sur le moment » et que « mieux vaut encore ne disposer d'aucun chiffre que d'un chiffre issu d'une évaluation contingente ». Hausman poursuit en préconisant, de manière controversée, le recours aux experts pour déterminer les valeurs économiques. Un examen détaillé et des arguments en sens contraire pourront être trouvés dans Kling et al. (2012), Carson (2012) et Haab et al. (2013).

Le présent chapitre s'attache à passer en revue certains des principaux progrès récemment enregistrés par l'évaluation contingente, puis en tient compte pour offrir un examen critique des éléments permettant d'apprécier la validité de cette approche. La section 4.2 décrit brièvement le cadre conceptuel. La section 4.3 examine et évalue un certain nombre d'éléments fondamentaux susceptibles de favoriser une bonne conception de l'enquête, en partant du principe qu'il est bien plus probable de trouver des estimations valables et fiables des valeurs non marchandes dans les études prenant appui sur la vaste expérience qui peut être tirée des travaux sur l'évaluation contingente. La section 4.4 se penche sur la question de l'écart entre le CAP moyen et le CAP médian – qui s'avère particulièrement importante lors de l'agrégation des résultats des études fondées sur les méthodes des préférences déclarées. La section 4.5 se penche sur les éléments permettant d'en apprécier la validité et la fiabilité et offre un examen critique d'un certain nombre de difficultés et de biais potentiels qui risquent de figurer parmi les principaux problèmes rencontrés par les praticiens de l'évaluation contingente. La section 4.6 propose une vue d'ensemble des évolutions récentes, telles que l'influence exercée par les travaux connexes du domaine de l'économie comportementale et la montée en puissance des enquêtes en ligne. Enfin, la section 4.7 formule quelques remarques en guise de conclusion ainsi que des recommandations à l'intention des pouvoirs publics.

4.2. Fondements théoriques

La valeur d'un bien ou service non marchand est liée à son impact sur le bien-être humain, mesuré en termes monétaires. Hicks (1943) a proposé quatre mesures de la valeur économique permettant de maintenir l'utilité constante, contrairement à la rente du consommateur de Marshall, qui maintient les revenus constants. Les mesures du bien-être proposées par Hicks comprennent la variation compensatoire et la rente compensatoire, qui mesurent les gains ou les pertes par rapport au niveau d'utilité initial (autrement dit, le droit de propriété implicite est lié à la situation de *statu quo*) ; et la variation équivalente et la rente équivalente, qui mesurent les gains ou les pertes par rapport à un nouveau niveau d'utilité (autrement dit, le droit de propriété implicite est lié à la nouvelle situation) (Mitchell et Carson, 1989). Les mesures correspondant aux variations sont utilisées pour évaluer les effets des changements de prix, l'individu pouvant réagir en faisant varier les quantités du bien ou du service considéré, alors que les mesures relatives aux rentes sont utilisées dans les situations impliquant des modifications de la quantité ou de la qualité des biens et des services, l'individu ne pouvant dépenser qu'une somme fixe pour se les procurer (Freeman, 1994). Une explication plus détaillée des mesures du bien-être proposées par Hicks se trouve à l'annexe 4.A1. La plupart des applications au domaine de l'environnement portent sur des situations donnant lieu à des augmentations ou à des diminutions fixes de la quantité ou de la qualité d'un bien ou d'un service non marchand. Dans ce type de contextes, les mesures appropriées du bien-être sont donc les mesures de la rente compensatoire et de la rente équivalente proposées par Hicks (Freeman, 1994) :

- *la rente compensatoire* (RC) correspond à la variation des revenus, acquittée ou reçue, qui permettra à l'individu de conserver son niveau de bien-être *initial après* une variation de la disponibilité du bien ou du service ;
- *la rente équivalente* (RE) correspond à la variation des revenus, acquittée ou reçue, qui permettra à l'individu de bénéficier du niveau de bien-être *consécutif en l'absence* de variation de la disponibilité du bien ou du service.

De manière formelle, pour une amélioration du bien-être, ces mesures du bien-être peuvent être exprimées comme suit (Freeman, 1993) :

$$u\left(Q^0, M^0\right) = u\left(Q^1, M^0 - RC\right) \quad [4.1]$$

$$u\left(Q^0, M^0 + RE\right) = u\left(Q^1, M^0\right) \quad [4.2]$$

où *u* désigne la fonction d'utilité indirecte, M un montant monétaire ou un revenu, Q le bien non marchand, RC la rente compensatoire, *RE* la rente équivalente, et où les exposants 0 et 1 indiquent respectivement les situations antérieure et postérieure à la variation de la disponibilité du bien non marchand.

Selon que la variation considérée a un effet positif ou négatif sur le bien-être, la rente compensatoire (RC) et la rente équivalente (RE) peuvent être reformulées en termes de consentement à payer (CAP) ou de consentement à accepter (CAA). Le tableau 4.1 récapitule les quatre mesures envisageables (Freeman, 1994).

Tableau 4.1. **Mesures du bien-être par la rente compensatoire et par la rente équivalente proposées par Hicks**

	Rente compensatoire (RC)	Rente équivalente (RE)
Gain de bien-être	(1) CAP pour s'assurer la variation positive	(2) CAA une compensation pour renoncer à la variation positive
Perte de bien-être	(3) CAA une compensation pour supporter la variation négative	(4) CAP pour éviter la variation négative

4.3. Conception d'un questionnaire d'évaluation contingente

Tout comme pour les autres techniques fondées sur des enquêtes, un questionnaire bien conçu constitue un élément fondamental des études d'évaluation contingente. C'est en effet un instrument de collecte d'informations qui regroupe diverses questions expressément destinées à obtenir les renseignements souhaités (Dillon et al., 1994). La conception du questionnaire pourrait paraître aller de soi puisqu'il suffirait de réunir une série de questions portant sur le sujet considéré. Cette apparente simplicité est toutefois à l'origine de bon nombre d'enquêtes mal conçues qui aboutissent à des résultats faussés, inexacts et sans aucune utilité tout en imposant des coûts parfois très élevés. Le libellé, la forme, le contenu, l'ordre et la structure des questions même les plus simples exigent en effet mûre réflexion si l'on veut recueillir des informations dignes de foi[1]. Les projets de questionnaire doivent par ailleurs être testés avec succès avant que l'on puisse affirmer qu'ils sont prêts à être utilisés sur le terrain. Mitchell et Carson (1989, p. 120) font remarquer que :

> « le principal problème qui se pose à ceux chargés de concevoir une étude d'évaluation contingente consiste à faire en sorte que le scénario paraisse suffisamment compréhensible, plausible et sensé aux personnes interrogées pour qu'elles puissent effectivement exprimer des valeurs valables et fiables malgré leur méconnaissance d'un ou plusieurs aspects dudit scénario ».

Cette section présente les principes fondamentaux auxquels doit obéir la conception des questionnaires d'évaluation contingente, qui s'attachent généralement à obtenir des informations sur les préférences individuelles, exprimées en termes monétaires, concernant les variations quantitatives ou qualitatives de l'offre de biens ou services non marchands. Ces questionnaires visent à déterminer la valeur estimée que les individus attribuent à la concrétisation ou au contraire à l'évitement des changements considérés. Pour exprimer ces préférences sous forme monétaire, il faut établir quel est le consentement à payer (CAP) maximal ou le consentement à accepter (CAA) minimal des individus pour les diverses variations envisagées. Autrement dit, les questionnaires d'évaluation contingente sont des instruments d'enquête constitués d'une série de questions destinées à estimer la valeur monétaire de certaines modifications subies par un bien non marchand. Ces changements sont généralement de nature hypothétique.

La plupart des instruments d'enquête utilisés dans le cadre des études d'évaluation contingente comportent trois grands volets.

On commence d'ordinaire par poser aux personnes interrogées une série de questions sur leurs attitudes et leurs comportements face au bien public à évaluer, afin de les préparer à répondre à la question relative à la valeur qu'elles lui attribuent, mais aussi pour déterminer quels en sont les principaux facteurs sous-jacents.

Dans un second temps, on présente le scénario contingent aux personnes interrogées et on leur demande quelle serait d'après elles la valeur monétaire du bien considéré. Ce scénario décrit le bien en question et les conditions auxquelles il serait en théorie proposé. Il indique également quelles seraient la qualité et la fiabilité de l'approvisionnement, selon quel calendrier et par quels moyens logistiques il serait assuré, tout comme le mode de paiement envisagé. Les personnes interrogées sont alors invitées à dire quelle valeur elles attribueraient au bien considéré si elles avaient la possibilité de se le procurer dans les conditions indiquées. La question destinée à obtenir cette information peut être posée sous différentes formes comme nous le verrons plus loin dans ce chapitre. L'existence de biens de substitution et la nécessité de procéder à des ajustements compensatoires des autres postes de dépenses pour que cette transaction financière supplémentaire puisse être effectuée sont par ailleurs rappelées aux personnes interrogées. La conception du scénario contingent et des questions destinées à obtenir une estimation de la valeur constituent les éléments centraux de la méthode d'évaluation contingente.

Enfin, on invite les personnes interrogées à répondre à des questions relatives à leurs caractéristiques socioéconomiques et démographiques afin de vérifier que l'échantillon sur lequel porte l'enquête est bien représentatif de la population concernée, de s'assurer de la similitude des groupes auxquels sont soumises différentes versions du questionnaire et d'examiner comment le consentement à payer des individus varie en fonction de ces caractéristiques.

Des techniques économétriques sont alors appliquées aux résultats de l'enquête en vue d'en tirer les mesures du bien-être souhaitées, telles que le CAP moyen ou le CAP médian (et elles sont en outre utilisées pour expliquer quels sont les principaux déterminants de ceux-ci).

La suite de cette section sera principalement consacrée à l'examen du deuxième volet des questionnaires d'évaluation contingente, dont il constitue l'élément essentiel et qui se compose lui-même de trois éléments interdépendants : i) l'identification du bien à évaluer, ii) l'élaboration du scénario hypothétique, et iii) l'obtention des valeurs monétaires.

4.3.1. *Quel changement entraîné par l'action des pouvoirs publics s'agit-il d'évaluer ?*

Avant de s'engager dans la conception du questionnaire, les chercheurs doivent avoir une idée très précise du changement entraîné par l'action des pouvoirs publics qu'ils souhaitent évaluer, c'est-à-dire de la ou des variations qualitatives ou quantitatives auxquelles ils s'intéressent, ainsi que du ou des biens ou services non marchands considérés. Il s'agit essentiellement de formuler le problème à évaluer. Mais pour fondamentale qu'elle soit, la tâche risque de ne pas être si simple. Premièrement, il peut exister une certaine incertitude scientifique quant aux impacts physiques de certains changements. Deuxièmement, il est possible que l'on ne sache pas très bien quelle est l'incidence exercée sur le bien-être humain par ces variations des variables physiques. Troisièmement, certaines des modifications en question peuvent avoir des effets difficiles à dépeindre à l'aide de mots ou de phrases aisément compréhensibles pour les personnes interrogées. Quatrièmement, ces changements peuvent parfois s'avérer très complexes et présenter de multiples aspects, d'où la difficulté de les décrire de façon satisfaisante compte tenu du temps et des moyens dont on dispose pour soumettre le questionnaire aux personnes interrogées. Cinquièmement, les descriptions textuelles de certains d'entre eux peuvent n'offrir qu'une image incomplète de la réalité (notamment dans le cas des impacts sonores, olfactifs ou visuels). Le tableau 4.2 offre divers exemples de changements qui pourraient être difficiles à définir.

Tableau 4.2. **Exemples de situations à évaluer et de difficultés potentielles**

Changements à évaluer	Difficultés
Dommages subis par une rivière à la suite de l'accroissement des prélèvements d'eau	Incertitude scientifique quant aux impacts physiques entraînés par l'accroissement des prélèvements Difficultés à décrire bon nombre des changements affectant la faune, la flore, l'agrément esthétique, la qualité de l'eau et le potentiel récréatif sans faire crouler les personnes interrogées sous une masse d'informations Difficultés à distinguer les impacts des prélèvements effectués dans une rivière de ceux réalisés dans les autres Possibilité que les dommages varient selon les tronçons de la rivière et selon les saisons.
Diminution du risque de contracter une maladie ou une infection	Difficultés de compréhension des variations des risques et des probabilités Difficultés à faire comprendre la notion de faibles variations des risques Difficultés à distinguer les impacts prenant la forme de douleurs et de souffrances des coûts des médicaments ou des pertes de salaires.
Dommages occasionnés à un monument historique par les émissions dues à la circulation	Difficultés à distinguer l'impact des émissions atmosphériques dues à la circulation de ceux imputables aux autres sources de pollution Difficultés à expliquer le type de dommages occasionnés (selon qu'ils se traduisent par exemple par un noircissement ou par une érosion de la pierre) Difficultés à faire comprendre les impacts esthétiques du changement sans recourir à des supports visuels.
Dommages causés par l'introduction d'un ennemi des cultures	Possibilité que les informations scientifiques soient trop limitées pour permettre d'identifier tous les impacts environnementaux entraînés par les ennemis des cultures Difficultés à expliquer en termes simples les dommages causés à la biodiversité et aux écosystèmes Possibilité que les impacts occasionnés par un ennemi des cultures soient trop complexes à expliquer vu le temps limité dont on dispose pour soumettre le questionnaire aux personnes interrogées.

4.3.2. *Élaboration du scénario hypothétique*

Comme toutes les enquêtes, celles menées dans le cadre de l'évaluation contingente dépendent du contexte. Autrement dit, les valeurs estimées sont fonction des divers éléments du scénario présenté aux personnes interrogées et des questions auxquelles elles sont invitées à répondre. Certains de ces éléments n'auront vraisemblablement guère d'influence sur l'opinion des personnes interrogées alors que d'autres auront sans doute une grande incidence, dont les informations fournies au sujet du bien, le type de questions posées pour en déterminer la valeur, ainsi que la façon dont elles sont formulées, ou encore les indications quant à l'environnement institutionnel et au mode de paiement. La conception du scénario hypothétique et le choix du mode de paiement revêtent donc une importance fondamentale si l'on veut obtenir des réponses précises et fiables.

Le scénario hypothétique se compose de trois éléments essentiels : i) la description du changement envisagé, ii) la description du marché fictif et iii) la description du mode de paiement.

Description du changement envisagé

Dans le cas des politiques n'ayant d'impact que sur une seule variable, la description du changement à évaluer doit avoir lieu en plusieurs étapes. Celle des caractéristiques du bien considéré doit à l'évidence avoir un sens et être compréhensible pour les personnes interrogées. Certaines des difficultés évoquées au tableau 4.2 risquent dès lors de surgir, puisqu'il peut être indispensable de synthétiser une multitude d'informations très complexes au moyen d'un nombre restreint de « grands indicateurs » pertinents. La disponibilité de substituts du bien considéré (qui indique à quel point il est ou non unique à l'échelle locale, nationale ou mondiale) et les autres usages auxquels pourraient être affectées les dépenses correspondantes peuvent avoir une incidence sur les valeurs exprimées par les personnes interrogées, et il devrait à ce titre en être fait mention dans le scénario. Le changement de politique envisagé devrait enfin être décrit, tout comme la manière dont les caractéristiques du bien considéré s'en trouveraient modifiées[2]. Les *niveaux de référence* (situation de *statu quo* ou de départ) et *ceux pris pour objectif* (état des choses après le changement proposé) doivent en particulier être clairement indiqués pour chacune des caractéristiques examinées.

L'évaluation des politiques multidimensionnelles pose des problèmes supplémentaires de conception du questionnaire. Le changement particulier dont il s'agit d'estimer la valeur peut ainsi faire partie intégrante d'une politique plus large prévoyant d'en mener simultanément à bien un certain nombre d'autres (protéger les tigres blancs, mais aussi les rhinocéros noirs, les baleines bleues, les pandas géants et les gorilles des montagnes, par exemple). Il est alors fondamental qu'il apparaisse comme un élément de cet ensemble plus vaste. Les personnes interrogées ont dès lors la possibilité de tenir compte de tous les effets de substitution, de complémentarité et de revenu susceptibles de se produire entre les diverses composantes de cette politique, ce qui n'aurait pas été le cas si l'élément auquel on s'intéresse avait été présenté de façon isolée (d'où de possibles « effets d'enchâssement », les personnes interrogées assimilant la valeur d'une « partie » du changement de politique à celle qu'elles attribuent à l'« ensemble », ce qui aboutit à une surestimation de la valeur du changement particulier considéré).

Une façon de procéder consiste à aller du plus général au plus particulier, les personnes interrogées étant tout d'abord invitées à évaluer la politique d'ensemble puis à répartir ce chiffre global entre ses diverses composantes. La quantité d'éléments dont la valeur peut être estimée selon cette méthode est à l'évidence limitée : la description de chacun d'entre eux est par nécessité d'autant plus brève que leur nombre est plus élevé, d'où une moindre précision du scénario, tandis que les personnes interrogées risquent par ailleurs de se lasser ou de se sentir désorientées. Il convient de noter que l'évaluation contingente peut certes en théorie permettre d'estimer la valeur des changements entraînés par les politiques multidimensionnelles, mais, comme cela a été précédemment indiqué, la modélisation des choix pourrait offrir un moyen plus efficace d'y parvenir (voir chapitre 5).

Description du marché fictif

Le marché fictif renvoie au contexte social dans lequel s'inscrit la transaction hypothétique objet de l'évaluation contingente, c'est-à-dire le changement entraîné par la politique envisagée. Un certain nombre d'éléments du marché fictif revêtent de l'importance.

L'*institution* chargée de produire le bien ou le changement considéré n'est pas sans importance. Ce peut être une administration publique, une collectivité locale, une organisation non gouvernementale (ONG), un institut de recherche, une entreprise, une œuvre de bienfaisance, etc. Les choix en la matière exerceront une influence sur le CAP étant donné que les personnes interrogées peuvent avoir leur propre opinion quant au niveau d'efficacité, de fiabilité et de crédibilité de ces divers types d'institutions. *La faisabilité technique et politique du changement* est un élément fondamental dont il doit être tenu compte lors de la conception du questionnaire. Les personnes interrogées ne peuvent fournir des estimations pertinentes de sa valeur que si elles sont convaincues de la faisabilité du scénario décrit.

Les conditions de fourniture du bien recouvrent deux éléments, à savoir l'idée que les personnes interrogées se font de l'obligation de paiement ainsi que leurs attentes concernant cette fourniture. S'agissant du premier point, plusieurs possibilités peuvent se présenter : les personnes interrogées peuvent présumer que la somme à acquitter sera égale au montant qu'elles auront indiqué, mais elles peuvent également penser qu'elle est indéterminée (et qu'elle pourrait tout aussi bien être supérieure ou inférieure au CAP déclaré par elles), tout comme elles peuvent avoir été informées qu'elles auraient à payer un prix forfaitaire ou une certaine proportion des coûts de fourniture. Pour ce qui est du second point, il s'agit fondamentalement de savoir si les personnes interrogées sont ou non convaincues que l'offre du bien dépendra du montant de leur CAP. Ces deux types d'information sont importants étant donné que chacune de leurs combinaisons renvoie à des comportements stratégiques de nature différente (Mitchell et Carson, 1989). Il convient en particulier d'encourager les personnes interrogées à révéler leurs véritables estimations de la valeur, c'est-à-dire de concevoir un système de fourniture *compatible avec des incitations*. Cette question est abordée à diverses reprises plus loin dans le présent chapitre (voir en particulier l'encadré 4.2).

Le calendrier de fourniture – c'est-à-dire à quel moment et pendant quelle durée le bien serait fourni – doit également être expressément indiqué. Compte tenu des préférences temporelles des individus, un bien aura plus de valeur s'il est proposé aujourd'hui que s'il l'est dans 10 ans. La durée pendant laquelle le bien ou le service serait fourni peut également revêtir une importance cruciale. La valeur d'un programme destiné à sauvegarder les rhinocéros noirs pendant 50 ans ne représente qu'une fraction de celle qu'il aurait eue s'il avait visé à les protéger indéfiniment.

Description du mode de paiement

Un certain nombre d'aspects du mode de paiement devraient être clairement définis dans les questionnaires d'évaluation contingente. Le choix de l'instrument de mesure des avantages constitue une étape tout à fait fondamentale des études d'évaluation contingente. L'encadré 4.1 fait état d'un autre problème, à savoir celui de l'éventuelle existence et de la possible obtention d'un CAP négatif lorsque certaines des personnes interrogées pourraient aussi bien préférer le *statu quo*.

Encadré 4.1. **Obtention d'un CAP négatif**

Les décideurs ont souvent à choisir entre un ou plusieurs projets de modification de l'état de l'environnement et le statu quo. Pour les y aider, il peut être fait appel à des techniques d'enquête fondées sur les méthodes des préférences déclarées, dont celle de l'évaluation contingente, en vue d'estimer l'ampleur des avantages en termes de bien-être que procurerait chacune des modifications envisagées. Une certaine variation de l'offre de paysages ruraux pourrait par exemple susciter des avis partagés, une partie des personnes interrogées se montrant favorables à un tel changement alors que d'autres expriment une préférence pour le statu quo. En pareil cas, les praticiens de l'évaluation contingente pourraient envisager de concevoir une enquête qui permette aux personnes interrogées d'attribuer une valeur monétaire au gain ou au contraire à la perte de bien-être qu'entraînerait pour elles le changement considéré.

Un certain nombre d'études, dont celles de Clinch et Murphy (2001) ou de Bohara et al. (2001), ont cherché à examiner le problème de l'obtention d'un CAP négatif. Atkinson et al. (2004) offrent une illustration des problèmes qui peuvent se présenter. Cette étude d'évaluation contingente, relative aux préférences quant à de nouveaux modèles de pylônes supportant les lignes électriques à haute tension, faisait apparaître des avis partagés. Certaines des personnes interrogées étaient en effet favorables à un changement alors que d'autres exprimaient une préférence pour le statu quo. De fait, une partie des personnes interrogées jugeaient certains des nouveaux modèles suffisamment laids pour que le paysage s'en trouve défiguré s'ils étaient installés.

Dans le cas des personnes interrogées qui préféraient l'un des nouveaux modèles à l'existant, le CAP était déterminé à l'aide d'un mode de paiement prenant la forme d'une majoration exceptionnelle de leur facture d'électricité. Pour celles qui préféraient au contraire le type de pylônes existant à certains des nouveaux modèles ou à la totalité d'entre eux, la façon de procéder était moins simple. Elles auraient pu être interrogées sur leur consentement à accepter (CAA) une réduction du montant de leur facture d'électricité à titre de compensation du désagrément imposé par la vision du nouveau modèle de pylônes. Cette réduction pourrait par exemple être justifiée en invoquant la diminution des coûts de maintenance rendue possible par ce nouveau modèle. Dans de telles circonstances, un individu donné pourrait préférer un certain changement au statu quo tout en n'en « préférant pas » un autre. Or, dans le cadre des efforts pour déterminer la valeur respective de chacun des changements envisagés, les personnes interrogées doivent avoir la conviction que ceux auxquels elles accordent leur préférence se traduiraient par une majoration de leur facture d'électricité, alors que ceux qu'elles aimeraient mieux éviter entraîneraient une diminution de son montant. Les auteurs se sont demandé si les personnes interrogées pourraient juger crédible un tel scénario.

Une autre solution consisterait à demander aux personnes interrogées quelles seraient, parmi une liste de tâches classées par ordre de difficulté croissante, celles qu'elles seraient prêtes à exécuter pour éviter que les pylônes existants soient remplacés par ceux d'un nouveau modèle. Ces tâches sont décrites à la première colonne du tableau 4.3 : signature de pétitions, rédaction de lettres de doléances ou dons à des groupes protestataires. Il est alors possible d'attacher à chacune des actions envisagées une valeur monétaire supposée égale à celle du temps nécessaire à leur réalisation (dans le cas de la rédaction de lettres ou de la signature de pétitions) ou à la somme d'argent investie à cet effet (pour ce qui est des dons).

La seconde colonne du tableau 4.3 indique le montant du CAP correspondant à chacune des actions qui pourraient être entreprises pour éviter le remplacement du modèle existant, en désignant par c la valeur monétaire du temps, de l'effort et de la dépense nécessaires

Encadré 4.1. **Obtention d'un CAP négatif** *(suite)*

pour écrire une lettre de doléances. Les personnes interrogées qui déclaraient qu'elles ne feraient rien étaient présumées exprimer leur indifférence, c'est-à-dire un CAP égal à zéro pour conserver le modèle existant. Celles qui assuraient qu'elles signeraient une pétition, mais n'iraient pas jusqu'à écrire une lettre à leur député étaient supposées indiquer qu'elles n'étaient pas indifférentes, mais qu'elles ne souffriraient pas d'une perte de bien-être suffisante pour investir le temps, l'effort et la dépense nécessaires à la rédaction d'une telle lettre. Leur CAP était donc supérieur à zéro, mais inférieur à **c**. Celles qui affirmaient qu'elles écriraient une lettre, mais ne verseraient pas 10 GBP à un groupe protestataire faisaient savoir que leur perte de bien-être était comprise entre **c** (inclus) et **c** + 10 GBP (exclu). Celles qui déclaraient qu'elles écriraient une lettre et verseraient 10 GBP à un fonds de financement des actions de protestation, mais n'iraient pas jusqu'à verser 30 GBP indiquaient que leur perte de bien-être se situait dans une fourchette allant de **c** + 10 GBP (inclus) à **c** + 30 GBP (exclu). Quant à celles qui se disaient prêtes à faire un don de 30 GBP, on peut en déduire que leur CAP maximal était égal ou supérieur à **c** + 30 GBP.

Tableau 4.3. **Traduction des actions envisagées en estimations du CAP**

Action envisagée	CAP supposé pour conserver le modèle existant
Je ne ferai rien, car cela me laisse indifférent	CAP = 0
Je signerai une pétition pour me plaindre à mon député et à ma mairie	0 < CAP < ***c***
Je signerai une pétition et écrirai par ailleurs à ma mairie et/ou à mon député et/ou à la compagnie d'électricité pour me plaindre	***c*** ≤ CAP < 10 GBP + ***c***
Je suis non seulement prêt à signer une pétition et à écrire des lettres de doléances, mais aussi à donner 10 GBP à un groupe coordonnant la protestation	10 GBP + ***c*** ≤ CAP < 30 GBP + ***c***
Je suis non seulement prêt à signer une pétition et à écrire des lettres de doléances, mais aussi à donner 30 GBP à un groupe coordonnant la protestation	CAP ≥ 30 GBP + ***c***

Note : **c** représente la valeur monétaire du temps, de l'effort et de la dépense nécessaires pour écrire une lettre de doléances.
Source : Atkinson et al. (2004).

La valeur de c n'étant pas connue, on est parti du principe qu'il faudrait une heure pour écrire et expédier une telle lettre. Autrement dit, la valeur de c est présumée égale à celle attribuée par le ménage à une heure de son temps. Conformément à une hypothèse fréquemment formulée concernant la valeur du temps consacré à d'autres activités que le travail, c est calculé sur la base du revenu annuel après impôts. La valeur d'une heure de temps est en l'espèce supposée égale à un tiers du taux de salaire, soit approximativement deux millièmes du revenu annuel après impôts du ménage.

Pour ce qui est des modes de paiement susceptibles d'être retenus – c'est-à-dire de la manière dont la fourniture du bien sera financée – il s'agit fondamentalement de choisir entre ceux de nature volontaire et ceux à caractère contraignant. Ces derniers prennent la forme d'impôts, de taxes, de droits et de redevances, ou encore de tarifs. Les premiers consistent quant à eux en des dons et donations. Le mode de paiement constitue un élément essentiel du scénario d'ensemble qu'il s'agit d'évaluer et n'est généralement pas jugé sans incidence sur les résultats de l'enquête. Le choix de modes de paiement tels que l'impôt sur le revenu et les redevances sur l'eau n'est assurément pas sans conséquences, et il est relativement fréquent que des personnes interrogées se refusent à répondre à la question relative à la valeur au motif qu'elles s'opposent par principe au paiement d'impôts ou de redevances sur l'eau de montant plus élevé, même si le changement proposé accroît leur bien-être. Le recours à l'impôt soulève également des problèmes de transparence et de confiance dans les pouvoirs publics, sans compter que les recettes fiscales ne peuvent en règle générale être spécialement affectées à un usage particulier. Il exclut en outre de l'échantillon les personnes non imposables et il risque de ne pas être crédible dans le cas des scénarios qui font appel au CAA, c'est-à-dire qui impliquent un allègement d'impôts. Les paiements volontaires risquent pour leur part d'encourager le resquillage étant donné que les personnes interrogées ont intérêt à surestimer leur CAP afin d'obtenir la fourniture du bien ou du service considérés, la décision de les acquérir ou non dans le futur n'étant (librement) prise qu'à une date ultérieure (voir encadré 4.2). Le choix d'un mode de paiement sous la forme de tarifs pose également des problèmes étant donné que les personnes interrogées peuvent accepter de payer davantage, mais ajuster tout simplement les quantités consommées afin que la dépense totale demeure inchangée.

Encadré 4.2. **Contrainte ou volontariat et CAP pour un bien public**

Carson, Groves et Machina (2007) ont analysé de façon détaillée dans quels cas les personnes interrogées dans le cadre d'une enquête d'évaluation contingente sont incitées à « resquiller ». Ils parviennent à la conclusion que la fourniture d'un bien public moyennant des contributions volontaires est particulièrement problématique en raison d'une forte incitation à surestimer le CAP lors de l'enquête (s'il ne semble pas y avoir de lien entre le CAP déclaré et le paiement effectif). Une surestimation du CAP hypothétique accroît en effet la probabilité que le bien public considéré soit fourni sans avoir à payer pour en disposer. À l'inverse, les personnes interrogées peuvent décider de resquiller (et déclarer un CAP inférieur à ce qu'elles seraient en réalité prêtes à payer) s'il leur paraît crédible que les valeurs déclarées par elles correspondent aux contributions effectives qu'elles auront à verser. Les modes de paiement sous la forme de contributions volontaires devraient donc être généralement évités dans les enquêtes d'évaluation contingente, car ils semblent générer davantage de distorsions que le caractère hypothétique de la méthode. Il convient d'avoir recours à des modes de paiement compatibles avec des incitations afin de réduire au minimum le risque de comportements stratégiques.

Une étude effectuée par Champ et al. (2002) s'est attachée à vérifier certaines de ces idées. Les auteurs ont examiné trois types de modes de paiement, qu'ils ont utilisés pour obtenir le CAP pour la création d'un espace vert dans le Comté de Boulder, dans le Colorado : (A) une contribution volontaire individuelle à un fonds spécial, (B) une contribution volontaire individuelle à un fonds spécial qui serait intégralement remboursée si le projet d'espace vert n'aboutissait pas, et (C) une taxe exceptionnelle payable par les résidents dont le montant serait établi en fonction des résultats d'un référendum. Sous réserve que les personnes interrogées aient la conviction que le montant de leur CAP pourrait déterminer celui des coûts effectifs qu'elles auraient à supporter pour financer le projet, il était par principe admis que la théorie (précédemment décrite) permettrait de prévoir l'obtention des résultats suivants :

1. CAP(C) ≤ CAP(A)
2. CAP(C) ≤ CAP(B)
3. CAP(A) ≤ CAP(B)

En d'autres termes, les auteurs pensaient que les modes de paiement relativement contraignants ont moins de probabilité de favoriser le resquillage que ceux de nature plus volontaire. Leur étude paraît leur donner en partie raison puisque de nombreux indices

Encadré 4.2. **Contrainte ou volontariat et CAP pour un bien public** *(suite)*

concourent à conforter la première de ces hypothèses. Autrement dit, le CAP était sensiblement plus faible quand il prenait la forme d'une taxe (C) que lorsqu'il revêtait celle de contributions volontaires (A). Les éléments tendant à confirmer les deux autres postulats sont moins nombreux (voire inexistants), mais ces conclusions étayent dans une certaine mesure l'idée que les modes de paiement contraignants réduisent l'ampleur des comportements implicites susceptibles d'être jugés de nature stratégique. Cependant, comme le font remarquer les auteurs, ce n'est là qu'une des caractéristiques souhaitables des modes de paiement et, dans la pratique, leur crédibilité jouera également un grand rôle dans la détermination de leurs mérites respectifs.

Un certain consensus paraît se dégager sur la nécessité d'éviter dans la plupart des cas les modes de paiement de nature volontaire en raison du problème insurmontable du resquillage, mais le choix du mode de paiement n'en dépendra pas moins, en dernière analyse, du bien particulier considéré et du contexte dans lequel il sera fourni. La crédibilité et l'acceptabilité sont en l'occurrence d'importants éléments à prendre en considération. Un principe simple consiste à retenir le mode de paiement auquel il sera selon toute vraisemblance réellement fait appel. Le recours aux tarifs de l'eau ou redevances sur l'eau devrait ainsi être privilégié sur le marché contingent dès lors qu'elles constituent le moyen par lequel il est prévu de réaliser la modification de l'approvisionnement considérée. Ce principe n'est toutefois pas absolu puisqu'il peut entrer en conflit avec certains des critères précédemment mentionnés. Une étude menée par Georgiou et al. (1998) a par exemple constaté une forte résistance à l'utilisation des tarifs de l'eau comme mode de paiement immédiatement après la privatisation des sociétés publiques de distribution d'eau au Royaume-Uni. L'utilisation d'un autre mode de paiement pourrait alors se justifier dans la pratique (pour autant qu'il soit crédible).

Obtention des valeurs monétaires

Après que le scénario hypothétique, le système de fourniture et le mode de paiement leur ont été présentés, un certain nombre de questions sont posées aux personnes interrogées en vue de déterminer quelle valeur elles attribueraient au bien considéré si elles avaient la possibilité de l'obtenir dans les conditions indiquées.

La question destinée à recueillir cette information peut se présenter sous différentes formes. Le tableau 4.4 résume les principaux modes d'obtention de valeurs monétaires pour certaines modifications du paysage aux alentours de Stonehenge, au Royaume-Uni (Maddison et Mourato, 2002). Les exemples mentionnés ont tous trait à l'obtention du CAP, mais pourraient aisément être transposés de telle sorte qu'ils s'appliquent au CAA.

Les questions *ouvertes* offrent un moyen d'obtenir de façon simple et directe des valeurs monétaires. Elles ne donnent aux personnes interrogées aucune indication sur celles que pourraient avoir les modifications considérées, elles fournissent une grande quantité d'informations dans la mesure où elles permettent de déterminer le CAP maximal de chaque personne interrogée, et elles ne nécessitent que des techniques statistiques relativement rudimentaires. Elles ne génèrent donc aucune distorsion imputable à l'effet d'ancrage ou à l'influence exercée par le point de départ. En d'autres termes, les personnes interrogées ne sont pas influencées par les valeurs de départ et par les montants qui leur sont ensuite proposés. Cependant, un certain nombre de problèmes ont poussé les praticiens de

Tableau 4.4. **Différents modes d'obtention de valeurs monétaires couramment utilisés**

Mode d'obtention	Exemple
Questions ouvertes	*Quelle est la somme maximale que vous seriez prêt à payer tous les ans sous la forme d'une majoration d'impôts (ou d'une surtaxe) pour améliorer le paysage aux alentours de Stonehenge conformément à ce que je viens de décrire ?*
Systèmes d'enchères	*Accepteriez-vous de payer 5 GBP par an sous la forme d'une majoration d'impôts (ou d'une surtaxe) pour améliorer le paysage aux alentours de Stonehenge conformément à ce que je viens de décrire?* Si oui : l'enquêteur continue à augmenter le montant proposé jusqu'à ce que la personne interrogée réponde non. Le CAP maximal est dès lors déterminé. Si non : l'enquêteur continue à diminuer le montant proposé jusqu'à ce que la personne interrogée réponde oui. Le CAP maximal est dès lors déterminé.
Carte de paiements	*Laquelle des sommes indiquées ci-dessous se rapproche le plus du montant maximal que vous seriez prêt à payer tous les ans sous la forme d'une majoration d'impôts (ou d'une surtaxe) pour améliorer le paysage aux alentours de Stonehenge conformément à ce que je viens de décrire ?* 0 0.5 GBP 1 GBP 2 GBP 3 GBP 4 GBP 5 GBP 7.5 GBP 10 GBP 14.5 GBP 15 GBP 20 GBP 30 GBP 40 GBP 50 GBP 75 GBP 100 GBP 150 GBP 200 GBP 200 GBP
Choix dichotomiques à simple proposition	*Accepteriez-vous de payer 5 GBP par an sous la forme d'une majoration d'impôts (ou d'une surtaxe) pour améliorer le paysage aux alentours de Stonehenge conformément à ce que je viens de décrire ? (Le montant proposé varie de façon aléatoire selon les personnes interrogées.)*
Choix dichotomiques à double proposition	*Accepteriez-vous de payer 5 GBP par an sous la forme d'une majoration d'impôts (ou d'une surtaxe) pour améliorer le paysage aux alentours de Stonehenge conformément à ce que je viens de décrire ? (Le montant proposé varie de façon aléatoire selon les personnes interrogées.)* Si oui : *Et accepteriez-vous de payer 10 GBP?* Si non : *Et accepteriez-vous de payer 1 GBP ?*

Source : Pearce et al. (2006).

l'évaluation contingente à se détourner progressivement de cette méthode (bien qu'elle puisse dans certains cas donner de bons résultats, voir encadré 4.3). Elle suscite en effet un fort taux de non-réponse, de réponses de protestation, de réponses faisant état d'un CAP égal à zéro, ou encore de réponses aberrantes ou plus généralement peu fiables (Mitchell et Carson, 1989)[3]. Il est en effet très difficile aux personnes interrogées de déclarer « de but en blanc » le vrai montant de leur CAP maximal pour un changement qu'elles ont du mal à appréhender et qu'elles n'ont jamais songé à évaluer auparavant. Qui plus est, la plupart des transactions qui ont quotidiennement lieu sur les marchés impliquent la décision d'acheter ou non un bien à un certain prix et non la déclaration d'un quelconque CAP maximal.

Les *systèmes d'enchères* ont été l'une des techniques les plus largement utilisées dans les années 70 et 80. Dans cette approche, comme dans une vente aux enchères, les personnes interrogées sont confrontées à une série de questions impliquant des choix discrets, dont la dernière est une question ouverte sur le CAP. De l'avis général, cette procédure itérative facilitait la réflexion des personnes interrogées et les encourageait à mûrement peser leurs préférences. Elle présente toutefois un inconvénient majeur : elle risque de générer des distorsions imputables à l'effet d'ancrage ou à l'influence exercée par le point de départ. Elle aboutit également à un grand nombre de réponses aberrantes, c'est-à-dire faisant état de montants irréalistes, ainsi qu'à un assentiment systématique de certaines des personnes interrogées quelle que soit la somme proposée, par souci d'éviter la situation socialement embarrassante d'avoir à opposer un refus. L'évaluation contingente ne fait plus guère appel aux systèmes d'enchères dans la pratique.

Les *cartes de paiement* ont été mises au point en vue de disposer de meilleures méthodes que les questions ouvertes ou les systèmes d'enchères. La présentation aux personnes interrogées d'un support visuel qui leur propose un grand nombre de valeurs monétaires facilite leur effort d'évaluation en mettant en contexte les montants proposés, et elle permet dans le même temps d'éviter toute distorsion imputable à l'influence exercée par le point de départ. Le nombre de réponses aberrantes est également réduit par rapport aux méthodes précédemment mentionnées. Certaines cartes de paiement comparent les valeurs monétaires qui y sont indiquées aux dépenses réelles du ménage ou au montant effectif des impôts acquittés par lui (points de référence). Dans les enquêtes en ligne, les cartes de paiement peuvent être présentées sous la forme d'échelles, le long desquelles les personnes interrogées peuvent faire glisser le curseur pour choisir la valeur retenue par elles (graphique 4.1). Plusieurs variantes de la méthode de la carte de paiement ont également été mises au point pour remédier à certains problèmes empiriques, tels que l'existence d'une part d'incertitude dans les évaluations. L'encadré 4.3 présente un exemple de carte de paiement spécialement conçue pour permettre de distinguer les valeurs certaines des incertaines. Les cartes de paiement risquent néanmoins de générer des distorsions liées à l'éventail des sommes qu'elles proposent et au choix des points de référence.

Graphique 4.1. **Exemple de carte de paiement sous la forme d'une échelle glissante tirée d'une enquête en ligne**

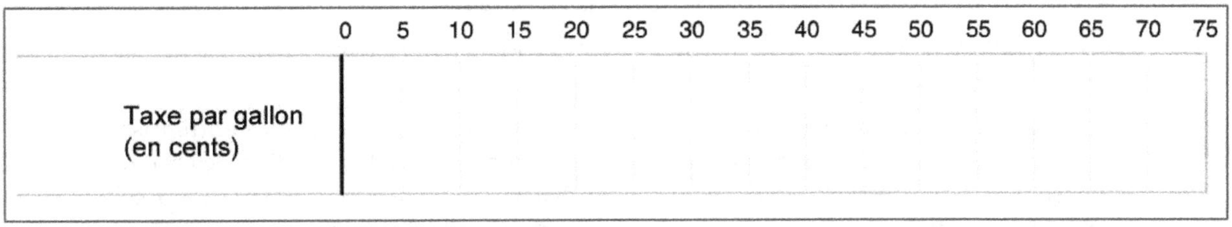

Source : Arold (2016), *The Effect of Newspaper Framing on the Public Support of the Paris Climate Agreement*, MSc thesis, Department of Geography & Environment, LSE.

Les *choix dichotomiques à simple proposition* ou « méthode du référendum » ont connu une popularité croissante dans les années 90. Ils sont censés simplifier l'effort de réflexion des personnes interrogées (auxquelles il est seulement demandé de porter un jugement sur un prix donné, de la même façon qu'elles décident d'acheter ou non un bien à un certain prix dans un supermarché) tout en leur donnant des incitations à indiquer sincèrement quelles sont leurs préférences dans un contexte donné – autrement dit, il est dans l'intérêt stratégique des personnes interrogées d'accepter le montant proposé si leur CAP est supérieur ou égal à cette somme et de le rejeter si tel n'est pas le cas (voir l'encadré 4.2 pour un examen du problème de la compatibilité avec des incitations). Ce mode d'obtention de valeurs monétaires réduit au minimum le taux de non-réponse et

Encadré 4.3. **Méthode de détermination du CAP au moyen de questions ouvertes sur mesure : évaluation d'un changement d'utilisation des terres dans l'Amazonie péruvienne**

Mourato et Smith (2002) ont eu recours à des questions ouvertes sur mesure afin d'estimer la compensation exigée par les agriculteurs pratiquant l'agriculture sur brûlis dans l'Amazonie péruvienne pour passer à des systèmes d'agroforesterie plus durables. Au total, 214 agriculteurs du district de Campo Verde, au Pérou, ont été interrogés dans le cadre d'une enquête en face à face. Des dessins simples en noir et blanc ont été utilisés pour décrire le scénario et le mode d'évaluation appliqué (graphique 4.2), puisque la plupart des agriculteurs étaient illettrés.

Graphique 4.2. Support Graphique d'aide à l'évaluation

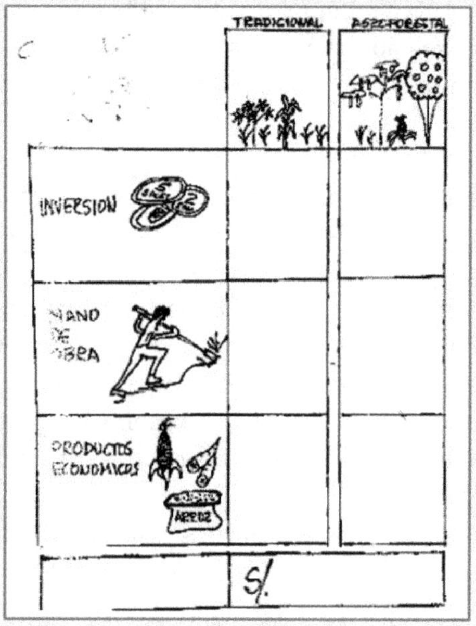

De droit à gauche: Traditionel, agroforestier. De haut en bas: Investissement, main d'oeuvre, produits économiques.

Les agriculteurs se voyaient présenter un projet potentiel dans lequel les entreprises d'électricité des pays développés, poussées par la perspective de l'adoption d'une législation imposant une réduction des émissions, étaient disposées à offrir une compensation aux agriculteurs prêts à préserver la forêt en adoptant des systèmes d'agroforesterie à strates multiples. Un montant forfaitaire annuel leur serait versé pour chaque hectare d'agroforesterie. Les paiements ne seraient plus effectués en cas de déforestation de la superficie correspondante.

À l'aide des dessins présentés au graphique 4.2, les agriculteurs étaient interrogés sur les impacts économiques potentiels de l'agroforesterie sur l'investissement, la main-d'œuvre, les rendements, et les produits disponibles, par rapport au système traditionnel d'agriculture sur brûlis. Il leur était ensuite demandé, au moyen de questions ouvertes, d'indiquer le montant minimal de leur consentement à accepter une compensation annuelle pour convertir à l'agroforesterie à strates multiples un hectare de forêt primaire ou secondaire consacré à l'agriculture sur brûlis.

Il était dans le même temps rappelé aux agriculteurs qu'ils se trouvaient en concurrence avec d'autres fournisseurs de services de compensation des émissions de carbone. Il était

Encadré 4.3. **Méthode de détermination du CAP au moyen de questions ouvertes sur mesure : évaluation d'un changement d'utilisation des terres dans l'Amazonie péruvienne** *(suite)*

donc souhaitable de proposer un montant aussi faible que possible, d'autant plus que rien ne garantissait qu'aucune offre ne soit retenue. Ce mécanisme avait deux objectifs : accroître le réalisme du scénario et réduire au minimum les risques de surenchère, qui constituent l'un des inconvénients liés aux méthodes d'évaluation du CAA.

La phase pilote de l'étude avait démontré que les approches fondées sur les choix dichotomiques ne donnaient pas de bons résultats : les agriculteurs formaient une communauté très soudée, et se communiquaient mutuellement les offres reçues, suscitant un mécontentement général. Au lieu de cela, grâce à la procédure sur mesure décrite ci-dessus, les agriculteurs avaient la possibilité de réfléchir aux coûts et aux avantages des différentes utilisations des terres et de formuler des offres sur cette base. Compte tenu de la taille relativement réduite de l'échantillon, cette approche permettait également d'obtenir davantage d'informations.

La compensation moyenne exigée pour passer à l'agroforesterie s'élevait à 138 USD d'après l'enquête d'évaluation contingente. Ce chiffre était très proche de l'écart moyen entre les rendements de l'agriculture sur brûlis et de l'agroforesterie au cours des deux premières années, établi sur la base de données expérimentales (144 USD). Aussi les compensations estimées au moyen des questions ouvertes sur le montant du CAA dans un contexte concurrentiel paraissent-elles correspondre aux pertes économiques prévues, plutôt qu'au résultat de comportements stratégiques.

évite les réponses aberrantes. Le succès des choix dichotomiques a atteint son apogée en 1993, date à laquelle le groupe de travail de la NOAA en a admis la supériorité (Arrow et al., 1993). L'enthousiasme pour les questions fermées est toutefois progressivement retombé, car de plus en plus d'études empiriques ont révélé que les valeurs obtenues au moyen des choix dichotomiques sont notablement supérieures à celles tirées de questions ouvertes comparables. L'assentiment systématique de certaines des personnes interrogées pourrait également engendrer des distorsions. Les choix dichotomiques sont par ailleurs relativement inefficients dans la mesure où ils fournissent moins d'informations sur chacune des personnes interrogées (le chercheur sait uniquement si le CAP est supérieur ou inférieur à un certain montant), de sorte qu'ils exigent des échantillons de plus grande taille et des hypothèses statistiques plus solides. Les enquêtes sont donc plus coûteuses et leurs résultats plus sensibles aux hypothèses statistiques formulées.

Les *choix dichotomiques à double proposition* sont plus efficients que ceux à simple proposition, car ils permettent d'obtenir davantage d'informations sur le CAP de chaque personne interrogée. On sait ainsi que le vrai montant du CAP d'un individu se situe entre 5 GBP et 10 GBP dès lors qu'il a répondu positivement à la première de ces propositions, mais négativement à la seconde. Cependant, tous les inconvénients des choix dichotomiques à simple proposition subsistent en l'occurrence. Un autre problème tient à la probabilité d'une moindre compatibilité avec des incitations, puisque les personnes interrogées pourraient considérer que la seconde question n'est pas indépendante de la situation de choix, sans compter le risque accru de distorsions imputables à l'effet d'ancrage et à l'assentiment systématique de la part de certains.

Parmi les autres évolutions concernant les différents modes d'obtention de valeurs monétaires, il convient de citer la méthode proposée par Hanemann et Kanninen (1999), qui constitue un *moyen terme entre les choix dichotomiques à simple et à double proposition* et dans laquelle les personnes interrogées sont d'emblée informées que les coûts de fourniture du bien en question se situeront entre X GBP et Y GBP (X<Y), les valeurs de X et de Y variant selon les individus au sein de l'échantillon. Les personnes interrogées sont alors invitées à dire si elles seraient prêtes à payer le montant le plus bas, c'est-à-dire X GBP. Si la réponse est négative, aucune autre question ne leur est posée. Si elle est positive, il leur est demandé si elles accepteraient de payer Y GBP. Il est également possible de commencer par leur proposer le chiffre le plus élevé, c'est-à-dire Y GBP, et de ne leur présenter le montant de X GBP que si elles ne se déclarent pas prêtes à payer la première de ces sommes.

Le choix du mode d'obtention des valeurs monétaires revêt une importance cruciale, étant donné que les différents modes d'obtention produisent généralement des estimations différentes. Ce choix n'est pas sans conséquences sur les résultats du questionnaire. Carson et al. (2001) présentent quelques constatations sommaires sur les modes d'obtention des valeurs monétaires. Elles sont décrites au tableau 4.5. Compte tenu des avantages et des inconvénients respectifs des approches mentionnées ci-dessus, certaines contributions telles que celles de Bateman et al. (2002) ou de Champ et al. (2003) recommandent généralement de privilégier les choix dichotomiques et, dans une certaine mesure, les cartes de paiement. Ces dernières fournissent en effet davantage d'informations sur le CAP des personnes interrogées et sont moins coûteuses à mettre en œuvre que les choix dichotomiques, et elles s'avèrent supérieures aux questions ouvertes directes comme aux systèmes d'enchères. Les choix dichotomiques pourraient quant à eux être compatibles avec des incitations et facilitent l'effort d'évaluation des personnes interrogées[4]. L'approche plus récente à mi-chemin entre les choix dichotomiques à simple et à double proposition paraît également prometteuse. Une dernière considération est que, s'il importe d'établir quel mode d'obtention des valeurs monétaires est le plus valable et le plus fiable, un certain degré de souplesse dans l'utilisation des différents modes est néanmoins souhaitable, et qu'il convient de prêter attention aux spécificités empiriques de chaque application, comme le suggèrent les exemples des encadrés 4.3 et 4.4.

Tableau 4.5. **Différents modes d'obtention de valeurs monétaires – quelques constatations sommaires**

Mode d'obtention	Principaux problèmes
Questions ouvertes	Grand nombre de réponses faisant état d'un CAP égal à zéro, faible proportion de réponses positives de montant modeste
Systèmes d'enchères	Dépendance de l'estimation finale par rapport au point de départ retenu
Cartes de paiement	Légère dépendance de l'estimation à l'égard des montants indiqués sur la carte
Choix dichotomiques à simple proposition	Estimations généralement supérieures à celles établies à l'aide des autres modes d'obtention
Choix dichotomiques à double proposition	Hétérogénéité des distributions sous-jacentes du CAP correspondant respectivement à l'une et l'autre des deux réponses

Source : Carson et al. (2001), « Contingent Valuation : Controversies and Evidence », *Journal of Environmental and Resource Economics*, vol. 19, n° 2, pp. 173-210.

Quel que soit le mode d'obtention retenu, l'existence de biens de substitution devrait être rappelée aux personnes interrogées, tout comme les contraintes budgétaires auxquelles elles sont soumises (ainsi que la possible nécessité qui en découle de procéder à des ajustements compensatoires de leurs autres postes de dépenses pour permettre la transaction financière supplémentaire impliquée par l'enquête). Il s'agit de leur remettre en mémoire que le bien en question pourrait ne pas être unique et que ce n'est pas sans incidence sur sa valeur, mais

Encadré 4.4. **Incertitude des valeurs dans les cartes de paiement**

Il paraît vraisemblable que les individus n'aient pas tous des préférences très précises concernant les variations de l'offre de certains biens non marchands. Dans les études fondées sur les méthodes des préférences déclarées, il pourrait en résulter que certaines des personnes interrogées éprouvent des difficultés à exprimer une valeur unique bien définie. Il pourrait dès lors être souhaitable de leur permettre d'indiquer une fourchette de valeurs au sein de laquelle se situerait très probablement leur CAP, par exemple. Un petit nombre d'études basées sur des enquêtes d'évaluation contingente se sont efforcées de permettre aux personnes interrogées d'exprimer cette incertitude. Afin d'en estimer l'ampleur, tant Dubourg et al. (1997) que Hanley et Kriström (2003) ont adapté les cartes de paiement habituellement utilisées pour déterminer les valeurs monétaires.

La seconde de ces études décrit une enquête d'évaluation contingente visant à déterminer le CAP pour des améliorations de la qualité des eaux côtières dans deux localités écossaises. Une carte de paiement (voir tableau 4.6) proposant des valeurs comprises entre 1 GBP et 125 GBP était présentée à un échantillon de la population écossaise résidant à proximité de ces localités qui était composé d'individus ayant déclaré un CAP positif pour cette amélioration. Afin de vérifier si les personnes interrogées étaient incertaines du montant précis de leur CAP, les auteurs ont posé de deux façons différentes la question relative à la valeur de ce dernier.

Tableau 4.6. **Carte de paiement utilisée dans l'étude d'évaluation contingente de l'amélioration des eaux côtières en Écosse**

GBP par an	A : Je paierai certainement (✓)	B : Je ne paierai certainement PAS (×)
1	✓	
2	✓	
5	✓	
10	✓	
13	✓	
15	✓	
20	✓	
26	✓	
34	✓	
40		
52		
60		×
65		×
70		×
93		×
104		×
125		×

Source : D'après Hanley et Kriström (2003), *What's It Worth? Exploring Value Uncertainty Using Interval Questions in Contingent Valuation*, Department of Economics, University of Glasgow, document non publié.

Les personnes interrogées étaient tout d'abord priées de dire si elles seraient vraiment prêtes à payer le plus faible montant indiqué sur la carte (soit 1 GBP) pour améliorer la qualité des eaux côtières. Si elles répondaient « oui », il leur était ensuite demandé si elles seraient vraiment prêtes à payer la plus faible des autres sommes figurant sur la carte (à savoir 2 GBP), et ainsi de suite, des montants de plus en plus élevés leur étant successivement proposés jusqu'à ce qu'elles répondent « non » pour un chiffre donné.

Encadré 4.4. Incertitude des valeurs dans les cartes de paiement *(suite)*

En second lieu, outre ce moyen classique d'obtention du CAP à l'aide d'une carte de paiement, les personnes interrogées étaient invitées à dire si le plus élevé des montants indiqués (soit 125 GBP) leur paraissait excessif. Si elles répondaient « oui », il leur était demandé si la plus grosse des autres sommes (à savoir 104 GBP) était trop élevée, et ainsi de suite, des montants de plus en plus faibles leur étant successivement proposés jusqu'à ce qu'elles déclarent ne pas être sûres qu'un chiffre donné soit excessif. Le tableau 4.6 offre une illustration de cette manière de procéder pour mettre en évidence l'incertitude de la personne interrogée. L'écart entre les cases cochées et celles marquées d'une croix sur cette carte de paiement indique jusqu'à quel point la personne interrogée est incertaine du montant exact de son CAP. Celle-ci n'est en l'occurrence vraiment pas prête à payer 60 GBP, mais elle n'est pas sûre que les montants supérieurs à 34 GBP et inférieurs à 60 GBP sont trop élevés. Il importe à l'évidence que les études de ce type qui seront entreprises à l'avenir se préoccupent de mieux comprendre les causes de cette incertitude, qui pourrait être imputable à un certain nombre de facteurs, et d'établir si elle varie ou non en fonction du bien non marchand considéré.

aussi que leurs revenus sont limités et qu'elles doivent procéder à des arbitrages entre l'affectation de leur argent à l'amélioration de l'environnement ou à d'autres usages. Une fois achevé le processus d'obtention du CAP, un certain nombre de questions peuvent par la suite leur être posées pour qu'elles expliquent leurs réponses afin d'aider l'analyste à comprendre pourquoi elles étaient ou non prêtes à payer pour que le changement proposé se produise. Ces questions sont importantes, car elles concourent à identifier les réponses non valables (telles que celles de protestation), c'est-à-dire celles qui ne reflètent pas les variations du bien-être individuel liées au changement considéré.

4.4. Consentement à payer moyen ou médian ?

Les décideurs qui s'appuient sur les conclusions d'une analyse coûts-avantages (ACA) admettent par là même que les préférences exprimées par les individus au travers de leur CAP permettent entre autres de mesurer valablement les effets exercés sur le bien-être par une certaine variation de l'offre d'un bien public donné. Il n'est généralement pas tenu compte du fait que la capacité de paiement peut limiter le montant de leur CAP (ce qui revient à dire que la répartition des revenus existante est censée être donnée) et l'on présume que ceux qui déclarent un CAP plus élevé montrent tout simplement une plus grande préférence pour ce bien (voir cependant le chapitre 11 pour un examen des moyens de prendre en considération la répartition). Dans ces circonstances, le CAP moyen est préféré au CAP médian, car il rend mieux compte de la variation des préférences des différents individus, dont l'agrégation doit permettre de déterminer les préférences de l'ensemble de la société.

Pour certains biens environnementaux et culturels, il n'est pas rare que la distribution du CAP soit asymétrique, un très petit nombre de personnes interrogées déclarant un CAP extrêmement élevé alors que l'écrasante majorité fait état d'un montant extrêmement modeste (voire égal à zéro). Autrement dit, le CAP *moyen* confère alors un poids « excessif » à une minorité de personnes interrogées exprimant des préférences positives très marquées. Le CAP moyen est certes l'instrument de mesure qu'il convient en théorie d'utiliser dans l'ACA. Il est toutefois probable que le CAP médian puisse mieux prédire la somme que le plus grand nombre accepterait effectivement de payer (en cas de forte dispersion des montants déclarés). Cet état de choses revêt une importance extrême lorsque les décideurs souhaitent recouvrer une partie des avantages monétaires d'un projet afin, par exemple, d'en amortir les coûts de mise en œuvre. Vu que le CAP médian correspond à la somme que la majorité des individus seraient prêts à payer, répercuter une fraction des coûts ne dépassant pas ce chiffre paraîtra vraisemblablement plus acceptable à l'opinion publique que répercuter un montant plus proche d'un CAP moyen, qui pourrait être trop influencé par un nombre relativement restreint de réponses faisant état de valeurs très élevées.

L'ACA décrit la procédure d'évaluation des projets au niveau micro-économique, mais elle ne fournit aucun modèle permettant de rendre compte de la manière dont les grandes questions politiques sont tranchées – autrement dit par les élections aboutissant à la désignation du gouvernement. En l'occurrence, si l'on retient un système simple limité à deux options (pour permettre une comparaison avec le mode d'évaluation d'un projet qui n'envisage que deux possibilités : soit il est approuvé, soit il est rejeté), la décision est prise à une majorité simple par le corps électoral concerné. Ce système s'apparente à la mesure du CAP médian dans une étude d'évaluation contingente. La question de savoir s'il convient de préférer l'une ou l'autre de ces mesures de la valeur fait toutefois l'objet d'un débat qui n'est toujours pas clos au sein de l'économie de l'environnement. Pour résumer, aussi bien les mesures moyennes que les mesures médianes méritent d'être prises en considération, tant dans les procédures de décision les plus modernes que pour la gestion des biens environnementaux.

4.5. Validité et fiabilité

Malgré les nombreuses améliorations méthodologiques qui lui ont été apportées et la large application qui en est faite, en particulier dans le domaine de l'économie de l'environnement, l'évaluation contingente n'en suscite pas moins certaines controverses (voir par exemple Hausman, 2012). Un des principaux motifs de préoccupation concerne la capacité de cette méthode à fournir des estimations du CAP valables et fiables. La validité des estimations fournies par les études d'évaluation contingente (c'est-à-dire jusqu'à quel point elles mesurent la variable souhaitée, ou l'absence de biais systématique) et leur fiabilité (c'est-à-dire leur degré de reproductibilité, ou l'absence de biais aléatoire) ne sont pas faciles à évaluer pour la bonne raison qu'aucun paiement effectif ne peut être observé. Divers aspects de la validité et de la fiabilité peuvent néanmoins être indirectement testés.

4.5.1. *Validité*

Les tests de *validité apparente ou de contenu* examinent l'adéquation, le réalisme et la neutralité de l'instrument d'enquête aussi bien que la compréhension, la perception et les réactions des personnes interrogées face au questionnaire. Les premiers de ces éléments peuvent être vérifiés dans le cadre de réunions avec les parties prenantes au démarrage du projet, puis tout au long de sa mise en œuvre, dans celui d'un comité consultatif invité à donner son avis sur divers aspects de la réorientation de l'action publique et de la conception de l'enquête. Les derniers de ces éléments peuvent être examinés lors de la phase pilote d'élaboration du questionnaire, qui peut s'appuyer sur des groupes de discussion, des entretiens approfondis et, surtout, sur des essais sur le terrain (Bateman et al., 2002). En outre, le taux de réponses de protestation fournit de précieuses informations sur la manière dont les personnes interrogées réagissent aux scénarios et aux mécanismes de paiement.

Les tests de *validité de la convergence* comparent les estimations issues d'une étude d'évaluation contingente aux valeurs pour un bien identique ou similaire obtenues au moyen d'autres méthodes d'évaluation, telles que celles fondées sur les préférences révélées. Carson et al. (1996) ont réalisé une méta-analyse à partir de 616 estimations de la valeur tirées de 83 études faisant appel à plusieurs méthodes d'évaluation. Ils sont parvenus à la conclusion qu'en règle générale les estimations obtenues à l'aide de l'évaluation contingente étaient très similaires, quoique légèrement inférieures à celles établies au moyen des méthodes des préférences révélées, les unes et les autres étant fortement corrélées (leurs coefficients de corrélation allant de 0.78 à 0.92). Comme nous le verrons plus en détail plus loin dans la présente section, les détracteurs de l'évaluation contingente reprochent fréquemment à cette méthode de fournir des estimations du CAP qui surestiment les véritables valeurs attribuées au changement envisagé par les personnes interrogées (voir par exemple Cummings et al., 1986). Ces constatations confortent l'idée que, malgré le caractère hypothétique de la méthode qu'elles utilisent, les études d'évaluation contingente fournissent des estimations raisonnables de la valeur des biens environnementaux, puisqu'elles sont très proches de celles fondées sur les comportements réels mis en évidence au moyen des préférences révélées, malgré la nature hypothétique de la méthode. Les tests de validité convergente ne sont cependant utiles que pour les biens quasi publics, puisque seules peuvent être comparées les estimations des valeurs d'usage compte tenu de la portée restreinte des techniques des préférences révélées. La valeur des biens publics au sens strict ne peut donc être analysée au moyen de celles-ci.

Le test de validité le plus souvent utilisé consiste peut-être à vérifier si les résultats de l'évaluation contingente sont conformes à ce que prévoit la théorie économique. Cette façon de procéder renvoie au concept de validité théorique (Bateman et al., 2002). En général, les tests de la validité théorique examinent l'influence qu'exercent sur le CAP estimé un certain nombre de variables démographiques, économiques, comportementales et géographiques présumées en être les déterminants. Ils sont normalement réalisés en régressant sur ces variables le CAP estimé et en observant si les coefficients obtenus sont significatifs et si leur signe et leur ordre de grandeur sont conformes aux attentes. Ils sont désormais couramment mis en œuvre dans le cadre de l'évaluation contingente et la plupart des études en font état. Un test de la validité théorique fréquemment utilisé consiste à voir si le pourcentage de personnes interrogées prêtes à payer un prix donné diminue à mesure que le montant qu'il leur est demandé d'acquitter augmente (dans le cadre des choix dichotomiques). Cette condition équivaut à une élasticité négative de la demande par rapport au prix dans le cas d'un bien individuel. On en vérifie généralement le respect en s'assurant que le coefficient des prix est négatif et significatif, et les études d'évaluation contingente montrent qu'elle est presque toujours satisfaite (Carson et al., 1996).

Un autre test de la validité théorique fréquemment utilisé consiste à analyser la relation entre le revenu et le CAP. Si l'actif environnemental qu'il s'agit d'évaluer est un bien ordinaire, il faut s'attendre à ce que le coefficient du revenu soit positif et significatif[5]. Les études d'évaluation contingente appliquées aux actifs environnementaux parviennent souvent à la constatation empirique que l'élasticité du CAP par rapport au revenu est positive, mais sensiblement inférieure à un. Cette faible élasticité par rapport au revenu a été à l'origine d'une partie des critiques adressées à l'évaluation contingente : la plupart des actifs environnementaux sont généralement considérés comme des biens de luxe plutôt que de première nécessité, aussi beaucoup d'auteurs s'attendaient-ils à ce que l'élasticité du CAP par rapport au revenu soit en règle générale supérieure à un. Cependant, comme le font remarquer Flores et Carson (1997), les études d'évaluation contingente calculent l'élasticité du CAP par rapport au revenu pour des quantités constantes et non l'élasticité de la demande par rapport au revenu, qui est établie pour des quantités variables. Ces auteurs démontrent qu'un bien de luxe défini en fonction du comportement de la demande peut tout autant se caractériser par une élasticité du CAP par rapport au revenu inférieure à zéro, comprise entre zéro et un, ou encore supérieure à un. Ils analysent également dans quels cas il est probable que cette élasticité s'avère inférieure à celle de la demande par rapport au revenu pour le même bien.

Dans un vaste tour d'horizon de 20 années de travaux de recherche sur l'évaluation contingente dans les pays en développement, Whittington (2010) montre que le CAP est généralement faible dans ces pays, en termes absolus, autrement dit en pourcentage du revenu, mais aussi en termes relatifs, c'est-à-dire par rapport aux coûts de fourniture. Cette constatation vaut pour le vaste éventail de biens et services non marchands examinés : amélioration des infrastructures de distribution d'eau, systèmes d'assainissement, traitement des eaux domestiques, services écosystémiques et protection des bassins versants, gestion des déchets solides, conservation des tortues marines, vaccins contre la typhoïde et le choléra, sauvegarde du patrimoine culturel, etc. Ce résultat n'est bien sûr nullement surprenant, puisque la capacité de paiement moyenne est très faible dans les pays en développement, dont une grande partie de la population arrive tout juste à assurer sa subsistance, ses revenus étant trop bas pour pouvoir épargner. Whittington fait par ailleurs remarquer que la population peut avoir d'autres priorités et d'autres besoins urgents que les biens ou services non marchands proposés. Sur le plan de l'action, la solution peut impliquer des subventions, une aide internationale et d'autres formes de parrainage, ou encore un report des projets jusqu'à ce que les revenus soient plus élevés.

D'autres tests de la validité théorique consistent à vérifier si les valeurs sont sensibles à l'ampleur du bien ou du service qu'il s'agit d'évaluer, et si les mesures du CAP et du CAA portant sur un changement similaire sont elles-mêmes similaires. Le problème de l'insensibilité à l'étendue (ou du « biais d'enchâssement ») sera, tout comme celui de l'écart entre le CAP et le CAA, examiné plus en détail ci-dessous.

Le moyen le plus puissant et direct de vérifier la validité et l'exactitude des estimations hypothétiques obtenues grâce à l'évaluation contingente pourrait consister à comparer celles-ci avec les valeurs « réelles » ou « véritables » correspondantes lorsqu'il est possible de déterminer ces dernières du fait qu'elles sont révélées par les comportements observés. Ces tests de *validité des critères* analysent dans quelle mesure la nature hypothétique de l'évaluation contingente fausse systématiquement les résultats lorsque l'influence de tous les autres facteurs est neutralisée. C'est là le test de validité le plus difficile à réaliser étant donné qu'il ne peut s'appliquer à de nombreux types de biens. De fait, une grande partie des tests de validité des critères ont été menés en laboratoire sous la forme de transactions « en monnaie réelle » simulées et la plupart ont porté sur des biens privés. Beaucoup de ces études mettent en évidence une tendance à surestimer le CAP sur les marchés hypothétiques. Ces résultats sont examinés plus en détail ci-dessous, lors de l'étude du biais hypothétique.

4.5.2. Test et correction des biais

Les principaux sujets de préoccupation concernant les méthodes empiriques telles que l'évaluation contingente tiennent aux divers biais auxquelles elles sont exposées (pour un examen approfondi, voir Mitchell et Carson, 1989 ; Bateman et al., 2002 ; ou encore Champion et al., 2002). La validité peut également être interprétée comme l'absence de biais systématique et le test des biais consiste souvent en une vérification de la présence ou de l'absence de certains biais. Beaucoup de ces biais ne sont pas propres aux méthodes d'évaluation contingente, mais s'avèrent communs à la plupart des techniques fondées sur des enquêtes et paraissent essentiellement liés aux problèmes de conception et de mise en œuvre de ces dernières. Mais de manière générale, plus le scénario est éloigné de la réalité et moins il est familier, plus il sera difficile aux personnes interrogées de se comporter comme ils le feraient sur un marché réel. Chose importante, certaines des anomalies observées sur les marchés contingents se produisent également sur les marchés réels et ne représentent pas tant un problème imputable à la méthode mise en œuvre qu'une caractéristique du comportement réel des individus (Carson et Hanemann, 2005). Cet aspect est examiné plus en détail à la section 4.6.

Parmi les problèmes les plus étudiés figurent les biais hypothétiques (terme générique désignant l'ensemble des problèmes qui découlent du caractère fictif du marché objet de l'évaluation contingente) ; l'insensibilité à l'étendue (l'estimation de la valeur étant insensible à l'ampleur du bien considéré) ; l'écart entre le CAP et le CAA (le CAA étant bien plus élevé que le CAP) ; et les effets de la formulation ou biais informationnels (lorsque l'énoncé de la question influe indûment sur les réponses). Ces biais sont examinés plus en détail ci-dessous.

Biais hypothétique

Bien entendu, compte tenu de la nature hypothétique des scénarios des préférences déclarées, la critique adressée à l'évaluation contingente qui a peut-être suscité la plus grande attention a trait au biais hypothétique (Arrow et Solow, 1993 ; Champ and Bishop, 2001 ; Hausman, 2012), où l'on constate que les individus surestiment systématiquement le CAP déclaré par rapport au montant des paiements effectifs, du fait de la nature hypothétique de l'enquête. Foster et al. (1997) ont passé en revue les travaux publiés dans ce domaine, qui portent aussi bien sur les expériences sur le terrain que sur celles menées en laboratoire. Des mécanismes de paiements volontaires sont habituellement utilisés, en raison des difficultés liées à la mise en œuvre d'expériences portant sur des contributions obligatoires. Les données empiriques montrent que les études d'évaluation contingente, qui ont un caractère hypothétique, ont tendance à surestimer le CAP effectif. On a pu constater que la plupart des facteurs de calibrage (c'est-à-dire des ratios CAP hypothétique/CAP effectif) se situaient dans une fourchette allant de 1.3 à 14. Carson et al. (1997) relèvent que le biais hypothétique est plus répandu en cas de recours à des *mécanismes de paiements volontaires*, puisque les personnes interrogées sont alors incitées à « resquiller ». Les données portent à croire qu'il existe une forte incitation à surestimer le CAP dans le contexte de l'enquête et à resquiller au moment de s'acquitter de contributions réelles (un phénomène connu sous le nom de biais stratégique). Une surestimation du CAP accroît en effet la probabilité que le bien public considéré soit fourni sans avoir à payer pour en disposer. Afin d'expliquer la raison de l'écart constaté dans leur étude entre les valeurs réelles et hypothétiques, Foster et al. (1997) ont également réalisé une expérience dans laquelle ils comparaient les statistiques relatives aux dons effectivement reçus à la suite d'un appel à la générosité du public en vue de sauvegarder une espèce d'oiseaux menacée avec les valeurs estimées au moyen d'études d'évaluation contingente portant sur des ressources environnementales similaires. Ils en ont pour l'essentiel conclu que l'écart entre les valeurs réelles et les estimations hypothétiques pourrait être autant dû aux comportements de resquillage – compte tenu de la nature volontaire du mode de paiement – qu'au caractère hypothétique de l'évaluation contingente.

Par ailleurs, le biais hypothétique tend à être plus fréquemment observé lors de l'évaluation de biens et services éloignés, complexes et peu familiers, car les individus risquent de ne pas avoir de préférences préalables bien définies et pourraient ne pas être en mesure d'établir quelles sont leurs préférences dans le court laps de temps que dure une enquête (ponctuelle). Ce problème pourrait affecter tout particulièrement certains types de valeurs de non-usage dans le cas de changements peu connus et éloignés entraînés par l'action des pouvoirs publics. Les valeurs d'usage, et les biens et services déjà familiers aux individus pourraient être moins exposés au biais hypothétique. Une récente enquête d'évaluation contingente portant sur le CAP des visiteurs pour avoir accès au Museum d'histoire naturelle de Londres, moyennant un droit d'entrée, a débouché sur des valeurs légèrement inférieures à 7 GBP par visite (Bakhshi et al., 2015). Ces valeurs d'usage sont crédibles et conformes à l'évolution tendancielle des tarifs des expositions payantes dans les institutions culturelles au Royaume-Uni.

Tout un éventail de procédures ou d'ajustements permettant de contrebalancer les biais hypothétiques ou de les corriger a été mis au point pour contribuer à réduire au minimum leur incidence. Beaucoup de ces mécanismes interviennent *ex ante*, avant la réalisation de l'évaluation, et ils impliquent des modifications de la conception et de la mise en œuvre des enquêtes d'évaluation contingente. En premier lieu, comme précédemment indiqué, le biais hypothétique est lié à l'utilisation des mécanismes de paiements volontaires, car les personnes interrogées sont incitées à resquiller (Carson et al., 1997). Il s'agit donc pour les analystes d'*éviter d'avoir recours aux paiements volontaires* dans toute la mesure du possible et de leur préférer les mécanismes de paiements obligatoires sous la forme d'impôts, de redevances ou de tarifs (voir encadré 4.2).

Une autre évolution tient à l'utilisation de *mécanismes établissant un seuil de fourniture* dans le scénario contingent, afin de restreindre les comportements de resquillage lors du recours aux mécanismes de paiements volontaires en guise de mode de paiement. Dans un tel mécanisme, les personnes interrogées sont informées que le projet ne sera mis en œuvre que si un certain volume de dons (autrement dit le seuil de fourniture) est atteint. Si le montant total des dons collectés est inférieur à ce seuil, le projet n'est pas mis en route et les dons effectués sont remboursés aux personnes interrogées. Comme le montrent les expériences en laboratoire (Bagnoli et McKee, 1991), ce mécanisme incite à dire la vérité, puisqu'une sous-estimation du CAP pourrait avoir pour conséquence la non-mise en œuvre du projet. Poe et al. (2002) ont constaté que la définition d'un seuil donne également de bons résultats dans le cadre d'une étude de terrain fondée sur l'évaluation contingente, incitant à révéler le montant réel du CAP. Cependant, ce mécanisme présente aussi certains inconvénients potentiels. Champ et al. (2002) n'ont constaté aucune différence entre un mécanisme établissant un seuil de fourniture assorti d'une garantie de remboursement et un système standard de contributions volontaires, les personnes interrogées n'ayant pas cru que le seuil serait atteint, ce qui a probablement découragé les contributions. Groothuis et Whitehead (2009) ont de même constaté que ceux estimant que le seuil de fourniture ne serait pas atteint avaient une plus grande probabilité de rejeter les montants proposés dans le cadre des choix dichotomiques, en guise de protestation.

Les mesures (*ex ante*) destinées à contrebalancer les biais prennent souvent la forme d'une « exhortation » insérée dans l'énoncé de l'enquête. Cummings et Taylor (1999), notamment, ont mis au point une exhortation connue sous le nom de *cheap talk* (« parole sans engagement ») visant à réduire le biais hypothétique, c'est-à-dire un message de mise en garde décrivant le problème posé par ce type de biais et invitant les personnes interrogées à ne pas surestimer leur véritable consentement à payer. Les données disponibles donnent à penser que cette exhortation réduit le biais hypothétique sans pour autant l'éliminer totalement (voir par exemple Aadland et Caplan, 2006 ; Carlsson et al., 2005 ; Carlsson et Martinsson, 2006 ; List et Lucking-Reiley, 2000 ; Lusk, 2003 ; Murphy et al., 2003)[6]. D'autres précisions sur les travaux expérimentaux relatifs à cette technique sont fournies à l'encadré 4.5.

Encadré 4.5. **Caractère imaginaire de la situation : *cheap talk* et méthode de l'évaluation contingente**

Des études en nombre restreint, mais croissant se sont efforcées d'examiner l'impact qu'exerce sur le biais hypothétique l'adaptation du concept de cheap talk (défini comme la communication d'informations n'impliquant aucun engagement) dans le cadre d'expériences faisant appel à des méthodes similaires à celle de l'évaluation contingente. Il convient notamment de citer les expériences pilotes réalisées par Cummings et Taylor (1999), ou encore par Brown et al. (2003).

Dans ces études, le « biais hypothétique » est défini comme l'écart entre ce qu'un individu se déclare prêt à payer dans une situation imaginaire et la somme qu'il verse en conditions réelles. La technique du cheap talk consiste à ajouter à la question (portant sur un scénario imaginaire) posée aux personnes interrogées un texte complémentaire ou un message de mise en garde leur expliquant le problème du biais hypothétique et les invitant à répondre comme si elles étaient en situation réelle. Cette approche vise donc à déterminer s'il est possible de demander aux personnes interrogées de se comporter en faisant abstraction du caractère imaginaire de la situation.

L'impact psychologique que cette approche pourrait exercer sur les personnes interrogées suscite, il est vrai, certaines craintes (risque qu'elle génère un biais en sens inverse et/ou que la mise en garde soit jugée par trop évidente). Il n'en reste pas moins que les résultats de ces études sont non seulement intéressants, mais revêtent aussi une grande importance. Cummings et Taylor (1999) soumettent un seul et même montant à toutes les personnes interrogées, qu'ils invitent à répondre par « oui » ou par « non » au chiffre proposé. Ils observent que la technique du cheap talk réduit efficacement le biais hypothétique ; autrement dit, elle assure une plus grande concordance entre le montant du CAP déclaré et celui du paiement effectif. Brown et al. (2003) font varier le montant proposé selon les personnes interrogées et ils constatent eux aussi que cette technique donne de bons résultats dans des conditions similaires.

La plupart de ces études sont basées sur des expériences menées en faisant appel à des étudiants d'université (rémunérés) ; autrement dit, elles ne sont pas fondées sur des applications réalisées sur le terrain auprès du grand public. Cela permet un message de mise en garde relativement long. Un des problèmes tient au fait que le message doit être bien plus court si l'on veut que cette méthode puisse être largement appliquée sur le terrain. Les effets de son raccourcissement ne paraissent toutefois guère encourageants, ni en situation expérimentale (Loomis et al., 1996) ni sur le terrain (Poe et al., 1997).

Un type d'exhortation récemment proposé se présente sous la forme d'un *serment*, les personnes interrogées étant généralement invitées à accepter de promettre ou de jurer qu'elles se montreront honnêtes au moment de répondre aux questions ou de faire état de valeurs. Dans le cadre de l'économie de l'environnement, la formule du serment n'a été que rarement mise en application (voir par exemple Carlsson et al., 2013 ; de-Magistris et Pascucci, 2014 ; Ehmke et al., 2008 ; Jacquemet et al., 2013 ; Stevens et al., 2013 ; Bakhshi et al., 2015).

Dans une enquête portant sur les préférences pour des sushis à base d'insectes, de-Magistris et Pascucci (2014) ont trouvé des éléments tendant à démontrer l'efficacité du serment en tant que moyen de faire baisser les estimations du CAP, par rapport à l'approche du *cheap talk* et à un groupe témoin. Dans une étude récente ayant pour objectif d'estimer la valeur qui pouvait être accordée au fait de garantir l'avenir de deux institutions culturelles du Royaume-Uni, Bakhshi et al. (2015) ont constaté que la formule du serment avait pour effet de réduire le CAP moyen, qu'elle soit utilisée seule ou en association avec la technique du *cheap talk*. Ces résultats portent à croire que la formule du serment peut constituer un bon moyen de remédier au biais hypothétique dans les enquêtes d'évaluation contingente.

Certains changements sont complexes et difficiles à expliquer et les personnes interrogées pourraient ne pas être certaines de leurs effets potentiels sur leur bien-être. L'incertitude est généralement liée aux biens et services complexes et peu familiers. Champ et Bishop (2001) ont tenté d'utiliser des *questions sur le degré de certitude* (par exemple « dans quelle mesure êtes-vous certain que vous paieriez vraiment le montant indiqué si cela vous était demandé ? ») dans une expérience avec paiements réels. Ils ont constaté que les personnes interrogées indiquant un degré de certitude élevé pour ce qui est du montant de leur CAP déclaré étaient plus susceptibles d'indiquer qu'elles verseraient réellement ces montants lorsqu'il leur était demandé de le faire. Cela donne à penser que la valeur prédictive des résultats pourrait être accrue, par exemple, en recodant les réponses faisant état d'un CAP incertain comme si elles indiquaient un paiement nul (ajustement *ex post*). Bien qu'en règle générale bon nombre d'études d'évaluation n'en tiennent pas compte, la détermination du degré de certitude dans les réponses relatives à l'estimation de la valeur paraît contribuer à en renforcer la validité.

D'autres facteurs importants peuvent contribuer à réduire le biais hypothétique : il s'agit notamment de concevoir le scénario contingent de telle manière que la crédibilité, la neutralité et le réalisme en soient garantis ; de faire en sorte, dans toute la mesure du possible, que les personnes interrogées aient le sentiment que les enquêtes ne sont pas sans conséquences, autrement dit qu'elles soient persuadées que leurs réponses comptent et auront un impact ; de rappeler l'existence de contraintes budgétaires et de biens de substitution ; et de donner le temps de la réflexion aux personnes interrogées (Arrow et al., 1993 ; Mitchell et Carson, 1989 ; Bateman et al., 2002 ; Whittington, 1992 ; Carson et Groves, 2007 ; Haab et al., 2013).

Pour finir, il importe de noter que, malgré le risque que des problèmes surgissent du fait du caractère hypothétique de l'évaluation contingente, ce dernier trait constitue également son principal atout, étant donné qu'il lui confère une souplesse, une applicabilité et une portée que les autres méthodes n'offrent pas au même degré, puisqu'elles sont au plus haut point tributaires des données existantes.

Insensibilité à l'étendue

L'insensibilité à l'étendue[7] renvoie à une absence de sensibilité des valeurs fournies par les personnes interrogées à l'égard des variations de l'ampleur du bien ou du service évalué. De manière plus formelle, une insensibilité à l'étendue se fait sentir lorsque les valeurs déclarées ne varient pas sensiblement (ou, selon un critère encore plus strict, proportionnellement) en fonction de l'ampleur des avantages procurés (autrement dit, le montant du CAP devrait être d'autant plus élevé que ces avantages sont grands, mais ce n'est pas le cas) (Mitchell et Carson, 1989 ; Bateman et al., 2002). La question de savoir si les estimations obtenues au moyen de l'évaluation contingente respectent ce critère est une des plus controversées dans le cadre du débat sur la validité de cette méthode. Il est possible de faire remonter ce débat à deux études très souvent citées, Kahneman et Knetsch (1992) et Desvousges et al. (1993), qui ont constaté que les réponses des individus aux enquêtes d'évaluation contingente ne diffèrent pas sensiblement en fonction de l'ampleur des variations quantitatives ou qualitatives du bien considéré. Les tests de sensibilité utilisés pour en mesurer le degré peuvent être internes : il est en l'occurrence demandé à un même échantillon d'évaluer divers niveaux d'offre du bien. Ils peuvent également être externes, des sous-échantillons différents, mais équivalents étant invités à évaluer divers niveaux d'offre du bien. Les tests internes infirment le plus souvent l'hypothèse selon laquelle les personnes interrogées ne seraient pas sensibles au niveau d'offre du bien permis par le changement hypothétique. La controverse a essentiellement porté sur les tests externes, plus puissants. Il convient de noter un point important : du fait des contraintes de revenu et d'une utilité marginale parfois fortement décroissante, il est improbable que le CAP enregistre des variations liées par une fonction linéaire à l'ampleur du changement ; mais il est tout de même vraisemblable qu'il montre une certaine variation.

Un certain nombre d'explications ont été avancées pour rendre compte de ce phénomène. Kahneman et Knetsch (1992) ont ainsi fait valoir que les individus ne montrent pas de préférences très marquées pour les biens environnementaux et tendent à privilégier d'autres facettes de la protection de l'environnement, telles que la satisfaction morale de contribuer à une bonne cause. Ce sentiment de satisfaction serait donc indépendant de l'ampleur de la cause. Ne pas utiliser les dons en tant que mode de paiement aurait manifestement pour effet de réduire au minimum cette possibilité, puisque la perspective de payer des impôts a peu de chances de faire réellement chaud au cœur. D'autres auteurs ont affirmé que l'effet d'enchâssement résulte pour l'essentiel d'une mauvaise conception de l'enquête, que ce soit dû, par exemple, à une description trop vague du bien à évaluer ou à une information insuffisante sur l'ampleur du changement (Carson, Flores et Meade, 2001 ; Smith, 1992). Il a également été suggéré que, pour faciliter l'évaluation et les décisions financières, les individus réfléchissent selon un système de postes de dépenses ou de « comptes mentaux » entre lesquels ils répartissent leurs revenus (Thaler, 1984). Dans le cas des améliorations environnementales, en admettant qu'ils affectent un budget relativement faible au « poste environnement », ils risquent de ne pas pouvoir procéder à des ajustements significatifs de leurs estimations de la valeur pour tenir compte des changements quantitatifs ou qualitatifs du bien environnemental considéré. L'effet d'enchâssement pourrait être en l'occurrence principalement dû au fait que les estimations de la valeur prennent en considération une contrainte budgétaire relativement stricte et inflexible par rapport aux variations du revenu total de la personne interrogée.

Pour évaluer empiriquement l'ampleur de ce phénomène, Carson (1998) a procédé à un vaste tour d'horizon des travaux publiés concernant les tests de sensibilité réalisés sur la base d'échantillons fractionnés. Il a mis en évidence que, depuis 1984, l'hypothèse d'une insensibilité aux variations a été infirmée par 31 études, alors que 4 autres parvenaient à la conclusion contraire. Cette question peut également être examinée en procédant à une comparaison de différentes études portant sur des biens similaires. Une méta-analyse de la valeur attachée aux améliorations de la qualité de l'air (Smith et Osborne, 1996) a également écarté l'hypothèse d'un effet d'enchâssement et a montré que les estimations obtenues par les études d'évaluation contingente présentaient des variations systématiques et prévisibles en fonction des différences de caractéristiques du bien considéré. Les premières conclusions quant à une insensibilité persistante à l'égard de ces différences paraissent donc pouvoir être en partie attribuées au manque de puissance statistique du test utilisé pour détecter les variations de la valeur.

De nombreux praticiens sont parvenus à la conclusion que, si tant est qu'elle existe, l'insensibilité à l'étendue du bien considéré est généralement due à l'imprécision des scénarios ou à une description vague et abstraite du changement que devrait entraîner la politique mise en œuvre, d'où la possibilité que les personnes interrogées ne puissent percevoir de différence réelle entre des impacts de différentes ampleurs (Carson et Mitchell, 1995). Une bonne conception des enquêtes devrait donc permettre de surmonter dans une certaine mesure ce problème potentiel. L'ampleur du changement proposé doit être définie de façon claire, précise et pertinente. Une solution envisageable au niveau de la conception consisterait à adopter une *approche descendante*, les personnes interrogées étant d'abord invitées à estimer la valeur du bien ou service de plus grande ampleur, puis à attribuer une part proportionnelle de cette valeur aux biens ou services de moindre étendue qui le composent. La montée en puissance des enquêtes d'évaluation contingente en ligne rend peut-être plus facile la communication d'informations, la vérification du degré de compréhension, et bien entendu une adaptation sur mesure des informations fournies aux personnes interrogées qui pourraient avoir des difficultés à comprendre les détails de ce qu'il leur est demandé d'évaluer. D'autres suggestions seraient d'éviter les dons (pour éviter le sentiment de « chaud au cœur ») et de donner aux personnes interrogées le temps de réfléchir, de lire attentivement les scénarios et d'apprécier les différences d'ampleur des changements impliqués.

Il n'en est pas moins particulièrement difficile de décrire dans certains cas l'ampleur des changements envisagés. Le mode de présentation des variations des risques pour la santé (sous la forme de faibles pourcentages de variation) en est un parfait exemple, puisqu'une insensibilité à l'ampleur de ces variations est systématiquement constatée, malgré les efforts des chercheurs pour communiquer ces informations de manière simple et accessible aux personnes interrogées (voir encadré 4.6). En effet, les êtres humains ont du mal à manier les petits nombres et éprouvent des difficultés à distinguer des variations de très faible ampleur dans l'absolu. Cette limite n'est pas propre aux enquêtes et caractérise au contraire le comportement des individus sur les marchés réels.

Encadré 4.6. **Insensibilité aux risques dans les études fondées sur les méthodes des préférences déclarées**

Un certain nombre d'indices recueillis par le passé tendent à montrer que, dans les enquêtes fondées sur les méthodes des préférences déclarées, le CAP des personnes interrogées pourrait être insuffisamment sensible à l'ampleur de la réduction des risques et que tel est en particulier le cas des très faibles variations de ces derniers par rapport à leurs niveaux de référence (Jones-Lee et al., 1985 ; Beattie et al., 1998). Dans un vaste tour d'horizon, Hammitt et Graham (1999) sont parvenus à la conclusion suivante : « Dans l'ensemble, les données limitées dont on dispose sur les études d'évaluation contingente appliquées au domaine de la santé ne sont pas rassurantes concernant la sensibilité du CAP aux variations des probabilités » (p. 40). Corso et al. (2000) ont cependant constaté que divers éléments paraissaient révéler une certaine insensibilité aux risques lorsque les réductions apportées à ceux-ci étaient exclusivement décrites par oral aux personnes interrogées, mais que d'importants indices de sensibilité aux risques étaient observés lorsqu'elles l'étaient également par des moyens visuels. À la suite de cette constatation, beaucoup de praticiens ont eu recours à des supports visuels pour illustrer la notion de variation des risques.

Encadré 4.6. **Insensibilité aux risques dans les études fondées sur les méthodes des préférences déclarées** *(suite)*

Ce mode particulier de présentation visuelle a été utilisé avec succès dans une étude des préférences individuelles en matière de réduction des risques de décès au Canada et aux États-Unis réalisée par Alberini et al. (2004). Il était demandé aux personnes interrogées d'indiquer – au moyen de choix dichotomiques – quel serait leur CAP pour réduire ces risques de 1 pour 1 000 ou de 5 pour 1 000, ce qui constitue en d'autres termes un test externe de la sensibilité à leurs variations. Pour les aider à visualiser ces faibles variations, les auteurs ont eu recours à un mode de présentation des risques similaire à celui recommandé par Corso et al. (2000). Il se composait en l'occurrence d'une grille de 1 000 carrés dont ceux de couleur rouge mettaient en évidence la prévalence des risques, cet outil étant associé à d'autres dispositifs destinés à familiariser les personnes interrogées avec le concept de risque de décès). Les premières questions qui leur étaient posées visaient à identifier celles qui avaient saisi ce concept et celles auxquelles il échappait manifestement. Il leur était par exemple demandé de comparer les grilles de deux individus hypothétiques et de dire lequel avait le plus de risques de mourir. Il est intéressant de noter qu'environ 12 % des personnes interrogées aux États-Unis et au Canada ont échoué à ce test puisqu'elles ont désigné (à tort) celui qui avait le moins de risques de disparaître (sa grille comportant moins de carrés rouges).

Cette question, tout comme d'autres posées par les auteurs en vue d'effectuer une présélection au sein de l'échantillon, avait pour objet de déterminer quelles étaient les personnes interrogées qui saisissaient « correctement » les risques – et étaient donc à même de répondre aux questions ultérieures relatives au CAP – et celles qui n'y parvenaient pas. Les auteurs s'attendaient à ce que les préférences déclarées des membres du premier groupe aient plus de probabilités de satisfaire à un test de sensibilité aux variations des risques (leur CAP étant par exemple proportionnel à l'ampleur de ces dernières) que celles « contaminées » par les réponses des membres du second groupe. Les auteurs ont certes constaté que l'exclusion de ceux ayant échoué aux tests de sensibilité aboutissait à des CAP d'un montant nettement différent selon qu'il s'agit de réductions des risques de 1 pour 1 000 ou de 5 pour 1 000, sans que le respect du critère de proportionnalité auquel beaucoup voudraient que se conforment ces tests puisse pour autant être observé. Il s'agit en d'autres termes de savoir si le CAP est ou non (environ) 5 fois plus élevé lorsque la variation des risques atteint 5 pour 1 000 que lorsqu'elle n'est que de 1 pour 1 000.

Une question d'auto-évaluation ultérieurement posée aux personnes interrogées en vue de déterminer si elles se sentaient plus ou moins assurées de leur réponse au sujet de leur CAP semble constituer le trait distinctif de cette étude. Les résultats en sont résumés au tableau 4.7. Les personnes interrogées les plus assurées de leurs réponses paraissent dans

Tableau 4.7. **Test de sensibilité à l'étendue des risques de mortalité**

CAP médian, USD

Réduction des risques	CAP médian au Canada		CAP médian aux États-Unis	
	Plus assurées	Moins assurées	Plus assurées	Moins assurées
5 pour 1 000	414	268	205	445
1 pour 1 000	126	136	23	236
Ratio	3.3	2.0	8.9	1.9

Source : Alberini et al. (2004), « Does the value of statistical life vary with age and health status? Evidence from the US and Canada », *Journal of Environmental Economics and Management*, vol. 48, pp. 769-792.

Encadré 4.6. Insensibilité aux risques dans les études fondées sur les méthodes des préférences déclarées *(suite)*

l'ensemble déclarer des CAP satisfaisant au critère plus strict de proportionnalité par rapport à l'ampleur des variations (le ratio des CAP médians n'est pas exactement égal à 5, ni dans le cas des États-Unis ni dans celui du Canada, mais ce qui importe en l'occurrence, c'est qu'il ne s'en écarte pas significativement). Les CAP médians calculés en ne tenant compte que des personnes interrogées qui n'étaient pas tellement assurées de leurs réponses ne respectaient par contre pas ce critère particulier. Ces constatations offrent donc manifestement des indications essentielles à la compréhension du CAP et de l'insensibilité aux risques.

Écart entre le CAP et le CAA

Comme expliqué à la section 4.2, les mesures hicksiennes du bien-être que les études d'évaluation contingente visent à estimer peuvent être obtenues à l'aide de questions portant soit sur le CAP soit sur le CAA. En théorie, ces deux mesures de la valeur devraient être similaires[8], mais dans la pratique les données empiriques mettent systématiquement en évidence que les valeurs du CAA peuvent être sensiblement plus élevées que celles du CAP correspondant. Horowitz et McConnell (2002) ont passé en revue 45 études exploitables faisant aussi bien état du CAP que du CAA, et ils ont observé des écarts significatifs entre ces deux variables (tableau 4.8). Ils ont constaté que le CAA était en moyenne sept fois plus important que le CAP, et que plus le bien évalué était différent d'un bien privé ordinaire, plus le ratio entre le CAA et le CAP était élevé. Chose importante, Horowitz et McConnell ont également constaté que les enquêtes concernant des biens réels ne faisaient pas apparaître des ratios plus faibles que celles axées sur des biens hypothétiques. Cela porte à croire que l'écart entre le CAP et le CAA n'est pas uniquement observé dans les situations hypothétiques caractéristiques des études fondées sur les préférences déclarées, contrairement à une des explications parfois avancées pour justifier cet écart, mais qu'il s'agit au contraire une fois encore d'une caractéristique inhérente au comportement réel des consommateurs.

Tableau 4.8. **CAA/CAP pour différents types de biens**

Types de biens	Ratio	Erreur-type
Biens publics ou non marchands	10.4	2.5
Santé et sécurité	10.1	2.3
Biens privés	2.9	0.3
Loteries	2.1	0.2
Ensemble des biens	7.2	0.9

Source : Horowitz et McConnell (2002), « A Review of WTA/WTP Studies », *Journal of Environmental Economics and Management*, vol. 44, pp. 426-447.

Ces éléments ont incité la NOAA à privilégier dans ses lignes directrices les mesures de la valeur fondées sur le CAP (Arrow et al., 1993). En effet, comme il est limité par le montant des revenus, il y a moins de risques qu'il soit surestimé. Cependant, les mesures du bien-être fondées sur le CAA sont souvent celles qu'il conviendrait en toute logique d'utiliser. Mitchell et Carson (1989) font valoir que le choix entre le CAP et le CAA dépend des droits de la personne interrogée à l'égard du bien évalué : si la personne interrogée est invitée à renoncer à un droit, le CAA est alors la mesure appropriée (Carson, 2000). Par exemple, dans l'étude de Mourato et Smith (2002) décrite à l'encadré 4.3, les agriculteurs se voyaient offrir une compensation pour renoncer à l'utilisation des terres qui avait leur préférence au profit d'une autre qui ne serait pas aussi rentable pour eux à court terme ; dans ce cas précis, il serait absurde de vouloir déterminer leur CAP pour un changement d'utilisation des terres.

Plusieurs hypothèses ont été avancées pour expliquer l'écart entre le CAP et le CAA. Quelques-unes des principales explications sont examinées à tour de rôle ci-après. L'absence de biens et services étroitement substituables à ceux évalués impliquera un écart plus important entre le CAP et le CAA (Hanemann 1991, 1999). Intuitivement, si les biens environnementaux n'ont que peu de substituts, une compensation de montant très élevé sera nécessaire pour qu'une réduction des quantités soit tolérée. D'un point de vue plus théorique, le ratio CAA/CAP est fonction du rapport entre les effets de revenu et de substitution.

Une autre explication en vogue de l'écart entre le CAP et le CAA, qui fait d'ailleurs l'objet d'un nombre non négligeable d'études, s'est développée autour des notions d'« *aversion pour la perte* » et de « *dépendance à l'égard du point de référence* » et aurait, si elle s'avérait exacte, des conséquences majeures pour l'analyse coûts-avantages. L'idée fondamentale est que la perte d'un droit établi exigera une compensation plus élevée que le gain d'un nouveau droit. En effet, l'importance attachée aux pertes est bien plus élevée que celle attribuée aux gains lorsque ces pertes et ces gains sont quantitativement identiques. Le point de référence pour la perte et le gain est constitué par un point de dotation qui correspond souvent à l'ensemble de biens ou à la quantité d'un bien particulier déjà possédés, mais pourrait tout aussi bien se rapporter à un niveau d'aspiration, par exemple. Le modèle de dépendance à l'égard du point de référence est essentiellement dû à Tversky et Kahnemann (1991) et il s'appuie sur l'ouvrage précédemment consacré par ces auteurs à la « théorie prospective » (Kahnemann et Tversky, 1979). Bon nombre de travaux marquants traitant de la dépendance à l'égard du point de référence sont répertoriés dans Kahnemann et Tversky (2000). La dépendance à l'égard du point de référence a pour l'essentiel une explication psychologique : les tenants de cette approche affirment que cette dépendance peut être constatée dans de nombreux cas de gain ou de perte, si bien que la théorie ne fait que tenter d'expliquer les comportements observés. D'autres explications comportementales des anomalies observées dans les préférences déclarées sont examinées ci-dessous. Le point de savoir si les seuls effets de substitution ou les seuls effets de dotation suffisent à expliquer l'écart entre le CAA et le CAP est en dernière analyse un problème de nature empirique. Certains auteurs (tels que Morrison, 1996, 1997 ; Knetsch, 1989 ; Knetsch et Sinden, 1984) ont affirmé que l'écart entre le CAA et le CAP s'explique aussi bien par des effets de dotation que par des effets de substitution. L'aversion pour les pertes renforce de fait les effets de substitution puisqu'elle entraîne un déplacement de la courbe d'indifférence.

Un certain nombre d'autres explications ont été proposées. Les personnes interrogées incertaines de leurs réponses tendent à déclarer un CAP de faible montant et un CAA de montant élevé du fait de leur méconnaissance de la procédure d'évaluation ou du bien lui-même (Bateman et al., 2002). Les personnes interrogées invitées à indiquer le montant de la compensation qu'elles accepteraient pour renoncer à leurs droits initiaux peuvent déclarer des CAA très élevés en guise de protestation (Mitchell et Carson, 1989). L'écart entre le CAP et le CAA peut également, dans une certaine mesure, être le fruit de l'inexpérience et d'un manque d'information. Par exemple, List (2003) a constaté que le comportement des opérateurs plus expérimentés (sur divers marchés réels) n'a montré aucun signe d'existence d'un effet de dotation. Par ailleurs, une mauvaise conception des études sur le CAA peut entraîner une surestimation des montants déclarés pour les compensations souhaitées, faute de rappeler aux personnes interrogées que la mesure du bien-être qu'il s'agit d'évaluer correspond à la compensation *minimale* requise pour produire le même degré (et non un niveau plus élevé) de bien-être que le changement auquel ils sont invités à renoncer (dans le cas d'une politique d'amélioration du bien-être) (Bateman et al., 2002).

Biais de cadrage

La qualité des réponses aux enquêtes d'évaluation contingente dépend fondamentalement des *informations* fournies dans le scénario contingent, c'est-à-dire de l'exactitude et de la plausibilité des scénarios, afin d'engager les personnes interrogées à révéler leurs préférences de manière sincère ou d'en favoriser la formation. Ces dernières années, le recours accru aux enquêtes d'évaluation contingente en ligne a facilité la communication d'informations, vu qu'il permet d'accélérer l'adaptation des informations en question aux besoins de la personne interrogée (et à son degré de compréhension), de mesurer le temps (l'effort) consacré à la lecture des informations, d'en vérifier la bonne compréhension, et de faire appel à d'autres types de médias, tels que des images, des vidéos ou des documents sonores. Toutefois, malgré le très grand nombre d'études consacrées aux effets de l'information dans le cadre de l'évaluation contingente (voir par exemple Hoehn et Randall, 2002 ; Blomquist et Whitehead, 1998 ; Ajzen, Brown et Rosenthal, 1996 ; Bergstrom, Stoll et Randall, 1990, 1989 ; Samples, Dixon et Gowen, 1986), les données empiriques relatives au volume d'informations « approprié » à fournir lors d'une enquête demeurent limitées.

Une autre question importante relative au mode de communication des informations est de savoir si les changements envisagés sont présentés séparément, successivement, ou simultanément, comme un élément faisant partie intégrante d'un ensemble de changements (Carson et Mitchell, 1995 ; Carson et al., 2001). L'évaluation séparée des changements peut aboutir à un classement des préférences et à des valeurs monétaires différents de ceux obtenus au moyen d'une évaluation conjointe ou multiple, étant donné que les informations sont utilisées différemment lorsque l'on dispose d'un élément de comparaison (Hsee et Zhang, 2004). Il peut en résulter une inversion des préférences, ainsi que des classements contradictoires des valeurs selon l'ordre d'évaluation des changements envisagés (voir par exemple Brown, 1984 ; Gregory et al., 1993 ; ou encore Irwin et al., 1993). Par ailleurs, les enquêtes axées sur un unique problème d'action des pouvoirs publics risquent d'en gonfler artificiellement l'importance (phénomène également appelé « biais de focalisation ») (Kahneman et Thaler, 2006). En effet, au moment de faire état de leurs préférences, les individus se focalisent uniquement sur les aspects saillants de la politique proposée et il se peut que leur réaction ne corresponde pas à ce qu'ils éprouveraient vraiment si cette politique était mise en œuvre dans la vie réelle, où bien d'autres phénomènes se trouveraient en concurrence pour attirer leur attention (Kahneman et al., 2006 ; Dolan et Kahneman, 2008). Par ailleurs, les individus pourraient s'adapter à certains changements et donc les évaluer différemment au bout d'un certain temps.

Pour finir, le mode de présentation des informations dans le cadre d'une enquête devrait être conforme à la manière dont on s'attendrait à ce que les changements se produisent dans la pratique, séparément, successivement, ou simultanément. Pour éviter une trop grande focalisation sur le changement qu'il s'agit d'évaluer, les enquêtes fondées sur les préférences déclarées devraient prendre soin de ne pas en exagérer l'importance. Les changements auxquels s'intéresse l'enquête devraient être intégrés dans le contexte plus large de la vie et de l'expérience personnelles des individus. À cet effet, il importe d'introduire dans le scénario des rappels des biens et services de substitution, tout comme des rappels des contraintes budgétaires et des autres dépenses qui pourraient être supportées (Bateman et al., 2002 ; Arrow et Solow, 1993). En effet, si l'on omet de rappeler aux personnes interrogées l'existence d'autres biens similaires, elles risquent de surestimer leur CAP pour un bien spécifique ou d'indiquer en lieu et place la valeur qu'elles attachent à l'ensemble des biens du même type (Arrow et Solow, 1993 ; Loomis et al., 1994). À cet égard, des problèmes de surcharge d'information pourraient se présenter, étant donné que pour garantir que les personnes interrogées prennent suffisamment en considération les biens et services de substitution, il faudra fournir des quantités d'informations équivalentes, non seulement sur les biens et services à évaluer, mais aussi sur leurs substituts (Rolfe, Bennett et Louvière, 2002).

Il est par ailleurs souhaitable d'accorder dans toute la mesure du possible aux personnes interrogées un long délai pour réfléchir à la question, à l'importance qu'elle revêt à leurs yeux et à la valeur qu'elles lui attachent, et pour leur donner la possibilité d'en discuter avec d'autres parties prenantes. Whittington et al. (1992) ont montré que donner aux personnes interrogées la possibilité de rentrer chez elles et de penser à l'enquête pendant 24 heures avait un impact négatif significatif sur les valeurs du CAP, les personnes interrogées ayant la possibilité de réfléchir à l'importance de la question considérée dans le contexte plus large de leur propre existence. Grâce aux enquêtes en ligne, les personnes interrogées peuvent avoir la possibilité d'interrompre l'enquête pour la reprendre ultérieurement, ce qui leur donne un délai de réflexion supplémentaire.

4.5.3. Fiabilité

La fiabilité est un indicateur de la stabilité et de la reproductibilité d'une mesure. Un test de fiabilité couramment utilisé consiste à évaluer la reproductibilité dans le temps des estimations obtenues au moyen de l'évaluation contingente (procédure de test et retest). McConnell et al. (1997) ont examiné les données disponibles sur les tests de fiabilité temporelle et constaté que les CAP exprimés par les individus étaient fortement corrélés dans le temps (les coefficients de corrélation étant généralement compris entre 0.5 et 0.9), quelles que soient la nature du bien et la population étudiée, ce qui indique que l'évaluation contingente est une méthode de mesure fiable. En outre, le questionnaire établi en faisant appel aux techniques les plus modernes, utilisé à l'origine en Alaska à la suite du naufrage de l'Exxon Valdez (Carson et al., 1992), a été soumis deux ans plus tard à un autre échantillon de la population : les coefficients des deux équations de régression permettant de prédire le montant du CAP étaient presque identiques (Carson et al., 1997).

4.6. Évolutions récentes et domaines inexplorés

4.6.1. Apports de l'économie comportementale

L'économie comportementale a bénéficié d'une extraordinaire progression de sa popularité au cours des dix dernières années (voir Camerer et al., 2011, pour un des premiers tours d'horizon, ainsi que l'ouvrage rédigé sous la direction de Shafir, 2013), et il en a été de même, par voie de conséquence, de son influence sur l'économie environnementale (par exemple Horowitz et al., 2008 ; Shogren et Taylor, 2008 ; ou encore Brown et Hagen, 2010). La recherche expérimentale en ce domaine a identifié à plusieurs reprises des phénomènes empiriques qui ne sont pas expliqués de manière satisfaisante par l'analyse économique néoclassique traditionnelle. Rabin (2010) distingue trois étapes dans le développement de l'économie comportementale : elle a d'abord mis l'accent sur l'identification des anomalies comportementales, avant de procéder à une formalisation des nouvelles conceptions théoriques dans des modèles rigoureusement définis, pour parvenir ensuite à une totale intégration de ces nouvelles interprétations dans l'analyse économique, améliorant et rénovant ainsi les principes économiques.

Le développement de l'économie comportementale a amené à réinterpréter à la lumière de ces nouvelles théories certains des problèmes bien connus posés par les méthodes des préférences déclarées. D'après Shogren et Taylor (2004, p. 29), « l'économie comportementale a probablement exercé le plus grand impact sur l'économie de l'environnement par le biais des recherches sur l'évaluation non marchande des biens environnementaux ». Il convient de noter que deux numéros spéciaux de la revue *Environmental and Resources Economics* (datant respectivement de septembre 2005 et de juin 2010) ont été consacrés à l'économie comportementale et à l'environnement, ainsi qu'aux méthodes mises au point pour remédier aux anomalies relatives aux préférences dans les études d'évaluation fondées sur les préférences déclarées.

En réalité, la plupart des biais affectant les préférences déclarées avaient été identifiés avant que l'économie comportementale ne devienne un moyen à la mode de rendre compte de ces constatations (Mitchell et Carson, 1989 ; Carson et al., 2001 ; Carson et Hanemann, 2005 ; Kahneman, 1986). Par exemple, les « effets informationnels », comme on les appelait auparavant, sont désormais souvent connus sous le nom de biais de cadrage, d'amorçage ou de focalisation, à la suite de ce virage général en faveur de l'analyse comportementale pris par les sciences économiques. En fait, l'évaluation environnementale et l'économie comportementale maintiennent des relations complexes et leurs évolutions passées sont profondément imbriquées. Les recherches sur les anomalies décelées dans les études fondées sur les préférences déclarées ont sans doute contribué au développement et à la popularité de l'économie comportementale. D'après Carson et Hanemann (2005, p. 30) : « il y a bien sûr une certaine ironie dans le fait que beaucoup des principes essentiels de ce que l'on appelle souvent à présent « la révolution de l'économie comportementale » aient d'abord été démontrés dans le cadre d'études d'évaluation contingente et considérés comme des anomalies imputables à la méthode plutôt que comme d'authentiques comportements économiques. » Comme il en a été précédemment question dans le présent chapitre, des problèmes tels que la capacité cognitive limitée à manier des petits nombres, ou l'aversion pour la perte, s'observent dans les comportements adoptés sur les marchés réels et ne sont pas une simple conséquence des marchés hypothétiques, contrairement à ce qu'avaient initialement tenu pour acquis les détracteurs de l'évaluation contingente. Quinze ans plus tard, Carlsson (2010) a également fait valoir que le mariage de l'économie comportementale et des techniques d'évaluation non marchande a été inspiré par les anomalies apparues dans les études appliquées faisant appel aux préférences déclarées. Et, comme l'ont affirmé Horowitz et al. (2008, p. 4), « [l]'évaluation est une forme d'expérimentation et cette expérimentation a joué un grand rôle dans l'acquisition de connaissances sur les préférences et, par extension, sur l'économie comportementale ». Plus récemment, Nelson (2017) a avancé que ce sont les efforts déployés par l'industrie pétrolière pour discréditer l'évaluation contingente après la catastrophe de l'Exxon Valdez qui ont contribué à promouvoir une économie comportementale de nouvelle génération.

Les anomalies observées s'agissant des données obtenues à l'aide des préférences déclarées sont souvent liées à une rationalité limitée (du fait en règle générale de la complexité des changements considérés et de leur mauvaise compréhension), et elles peuvent prendre des formes très diverses. Les préférences peuvent par exemple être imprécises, ou n'être perçues ou définies qu'au cours de la réalisation de l'enquête (et même dans ce cas il est probable que leur connaissance demeure incomplète). Peuvent également entrer en ligne de compte des facteurs qu'il ne devrait en théorie pas être utile de connaître pour déterminer les préférences des personnes interrogées, mais dont le rôle pourrait ne pas être dans la pratique si superflu qu'il y paraît (comme des éléments du contexte, tels que l'humeur du moment de la personne interrogée, ou son environnement immédiat) ; tout comme il est possible que les personnes interrogées accordent au changement évalué une plus grande importance au moment de l'enquête que ce ne serait le cas dans d'autres circonstances (« illusion de focalisation »). Divers problèmes liés à la complexité des tâches d'évaluation peuvent également être considérés de la sorte, par exemple celui du choix en présence de risques et d'incertitudes (Sugden, 2005 ; Swait et Adamowicz, 2001 ; Horowitz et al., 2008 ; Shogren et Taylor, 2008 ; DellaVigna, 2009 ; Brown et Hagen, 2010 ; Carlsson, 2010 ; Gsottbauer et van den Bergh, 2011 ; Bosworth et Taylor, 2012).

Sugden (2005, p. 7) affirme que, pour tenter de comprendre les anomalies constatées même dans les études les mieux conçues portant sur les préférences déclarées, « il nous faut tenir compte de données issues d'un ensemble bien plus large de tâches connexes de jugement et de prise de décision ». Ces données peuvent par exemple provenir de l'évaluation d'expériences de laboratoire menées par des psychologues ou par des spécialistes de l'économie du comportement, ou encore de l'observation du comportement économique des individus dans d'autres contextes que celui des études fondées sur les préférences déclarées. La meilleure compréhension des facteurs à l'origine des problèmes rencontrés dans le cadre des préférences déclarées, acquise grâce aux études relatives à l'économie comportementale, permettra d'élaborer de meilleures solutions pour les réduire au minimum, comme nous le verrons plus en détail ci-après.

Diverses études ont montré que la vision selon laquelle le comportement de l'*Homo economicus* serait exclusivement fondé sur son intérêt particulier est bien éloignée de la réalité, puisque dans la vraie vie les individus montrent en règle générale leur souci d'égalité et de réciprocité (Fehr et Gächter, 2000 ; Camerer et al., 2011). Il a été démontré que les individus punissent ceux qui ne se comportent pas de manière coopérative, tout en récompensant ceux qui agissent dans l'intérêt commun. Cai et al. (2010) ont constaté que les personnes interrogées dans le cadre d'une étude d'évaluation contingente hypothétique réalisée en ligne (et destinée à mesurer le CAP pour des stratégies d'atténuation du changement climatique) faisaient état de CAP d'un montant plus élevé lorsqu'ils pensaient que les populations les plus pauvres de la planète supporteraient une part disproportionnée des effets négatifs du changement climatique, et que ceux réputés avoir une plus grande responsabilité dans l'apparition de ce phénomène assumeraient de plus fortes proportions des coûts d'atténuation. Le contexte social dans lequel a lieu l'évaluation n'est par ailleurs pas indifférent, car les individus se soucient du regard des autres et recherchent leur approbation. Alpizar et al. (2008) ont ainsi constaté que les contributions à une cause d'intérêt général déclarées en public étaient de 25 % plus élevées que celles déclarées en privé.

Le rôle des émotions dans la formation des préférences déclarées concernant des biens non marchands a également été étudié (Peters, 2006). Peters, Slovic et Gregory (2003) ont examiné l'impact des affects sur l'écart entre le CAP et le CAA. Ils ont constaté que les acheteurs dont les sentiments positifs à l'égard du bien étaient les plus marqués étaient disposés à payer davantage pour son obtention, tandis que les vendeurs montrant les sentiments négatifs les plus intenses face à l'idée de devoir s'en passer déclaraient un consentement à accepter minimal plus élevé à titre de contrepartie. Araña et León (2008) ont pour leur part pris en considération les variations de l'intensité des émotions pour prédire les effets d'ancrage et le CAP. En outre, dans un article récent, Hanley et al. (2016) se sont penchés sur l'influence des émotions incidentes d'ordre général (joie, tristesse et état d'esprit neutre, indépendamment du bien évalué) sur l'évaluation des variations de la qualité des eaux côtières et des populations de poissons en Nouvelle-Zélande. Cette étude ne constatait aucun effet statistiquement significatif des variations de l'état émotionnel sur le CAP.

Comme précédemment mentionné, l'existence d'un écart entre les valeurs respectivement obtenues par les études sur le CAP et sur le CAA a été amplement démontrée (Horowitz et McConnell, 2002). Knetsch (2010) s'est efforcé de déterminer laquelle de ces deux méthodes d'obtention il convient de choisir selon le cas considéré, et il a mis en évidence qu'une bonne compréhension des états de référence contribuera à éviter la sous-estimation des biens environnementaux non marchands. S'inspirant des apports de l'économie comportementale, Bateman et al. (2009) ont constaté que l'écart entre les valeurs du CAP et du CAA pour des changements d'affectation des terres était d'autant plus réduit que les tâches à réaliser par les personnes interrogées étaient simples. Horowitz et al. (2008, p. 3) ont également examiné de manière assez détaillée l'écart entre les montants du CAP et du CAA, et ils ont montré que la connaissance comportementale du mode de conception de l'enquête et de la dépendance à l'égard du contexte peut aider à comprendre l'écart entre le CAP et le CAA : « il est essentiel d'expliquer ces écarts pour soutenir la validité de cette méthode d'évaluation ».

Les résultats de la méta-analyse des études d'évaluation contingente réalisée par Brander et Koetse (2011) ont montré comment la conception des études influe sur les estimations de la valeur, et ces auteurs ont mis en évidence la nécessité d'en prendre conscience et d'en tenir compte lors de l'utilisation des résultats de ce type d'études (voir également OCDE, 2012). Ils ont constaté que la conception méthodologique d'une étude d'évaluation contingente avait une influence notable sur les résultats et que les valeurs obtenues lorsqu'il était fait appel à des modes de paiement tels que des dons volontaires ou des contributions obligatoires avaient tendance à être sensiblement inférieures qu'en cas de recours à d'autres formes de paiement. Comme pour bien d'autres études, les auteurs ont constaté que l'utilisation de méthodes reposant sur les choix dichotomiques ou sur les cartes de paiement produisait des valeurs sensiblement plus faibles que le recours à des questions ouvertes. Brown et Hagen (2010) ont considéré que les différences de comportement pourraient être atténuées en assortissant l'enquête d'éléments tels que des rappels des contraintes budgétaires ou des procédures « donnant le temps de la réflexion ».

Akter et al. (2008) se sont attachés à déterminer si le degré d'incertitude des personnes interrogées pouvait ou non être mesuré avec précision. Pour ce faire, ils se sont penchés sur sept études empiriques dont les estimations du CAP étaient ajustées au moyen de scores d'incertitude des préférences indiquant, sur une échelle numérique, dans quelle mesure les personnes interrogées se déclaraient incertaines du montant de leur CAP (par exemple sur une échelle de 0 à 10, où 0 correspondrait à une incertitude totale et 10 à une certitude absolue). Ils ont ensuite comparé ces montants ajustés avec les estimations classiques (c'est-à-dire non ajustées) obtenues par la méthode des choix dichotomiques à double proposition. Contrairement à l'avis formulé par le groupe de travail de la NOAA (Arrow et al., 1993), les données empiriques examinées dans cette étude suggéraient que la prise en compte d'informations relatives à l'incertitude débouchait sur des estimations du bien-être en grande partie incohérentes (et moins efficientes). Cela dit, avoir conscience du degré de certitude associé à l'estimation de la valeur dont font état les personnes interrogées peut aider à comprendre les résultats des enquêtes. Morrison et Brown (2009) se sont quant à eux intéressés aux techniques susceptibles de réduire le biais hypothétique, telles que les échelles de certitude, la technique du *cheap talk* et la réduction de la dissonance cognitive (formule dans laquelle les personnes interrogées sont autorisées à exprimer leur soutien à un programme sans avoir à l'accompagner d'aucun paiement). Ils ont constaté que les échelles de certitude et la réduction de la dissonance cognitive étaient les moyens les plus efficaces de limiter le biais.

En dernier lieu, dans un article fondateur, Bateman et al. (2008) ont fait valoir qu'un mécanisme fondamental permettant de réduire les anomalies observées dans les études fondées sur l'évaluation contingente consiste à donner aux personnes interrogées la possibilité d'apprendre par la répétition et l'expérience. Les auteurs ont testé trois conceptions différentes des préférences individuelles : i) des préférences *a priori* bien établies, qui peuvent être mises en lumière par la méthode des choix dichotomiques à simple proposition comme le recommandent les lignes directrices de la NOAA (Arrow et al., 1993) ; ii) des préférences dont la connaissance a été acquise ou qui ont été « découvertes » par un processus de répétition et d'expérience basé sur « l'hypothèse des préférences découvertes » de Plott (1996), laquelle considère que les préférences stables et cohérentes ne constituent pas des éléments préexistants, mais bien le produit de l'expérience acquise grâce à la répétition ; et iii) des préférences caractérisées par leur cohérence interne, mais fortement influencées par des points d'ancrage arbitraires, conformément à une hypothèse inspirée par les travaux d'Ariely et al. (2003). D'après ceux-ci, même s'ils présentent une cohérence interne, les choix individuels n'en peuvent pas moins être fortement ancrés à quelque point de départ arbitraire, les valeurs pouvant être arbitrairement manipulées par une modification de ce point de départ (un type de comportement appelé « arbitraire cohérent »).

Pour tester ces différentes options, Bateman et al. (2008) ont mis au point une méthode qu'ils qualifient « d'évaluation contingente avec possibilité d'apprentissage ». Reposant pour l'essentiel sur un mode de paiement fondé sur les choix dichotomiques à double proposition (Hanemann et al., 1991), elle est appliquée à plusieurs reprises à des biens s'excluant mutuellement, afin de permettre l'apprentissage et l'acquisition d'expérience concernant les tâches d'évaluation et pour donner la possibilité de « découvrir » les préférences au cours de la durée de l'enquête. Les résultats obtenus viennent à l'appui d'un modèle dans lequel les préférences convergent vers des attentes standard par un processus de répétition et d'apprentissage, c'est-à-dire conformément à « l'hypothèse des préférences découvertes » (Plott, 1996). La connaissance des règles de fonctionnement du marché contingent s'est également avérée être une condition préalable à l'obtention de valeurs fiables et précises.

Les résultats auxquels sont parvenus Bateman et al. (2008) suggèrent un certain nombre de solutions empiriques d'ordre pratique pour remédier aux problèmes communs posés par les méthodes d'évaluation contingente. Premièrement, ils soutiennent le recours aux choix dichotomiques à double proposition plutôt qu'à ceux à simple proposition mis en œuvre une seule et unique fois. Les modèles à double proposition présentent en outre l'avantage de permettre une amélioration non négligeable des résultats statistiques d'un échantillon donné par rapport à ceux procurés par l'application d'un format à simple proposition (du fait qu'ils fournissent davantage d'informations sur les préférences des personnes interrogées). Aussi les formats d'évaluation contingente à double proposition ont-ils gagné en popularité ces dernières années et sont-ils sans doute devenus l'une des méthodes d'évaluation contingente les plus répandues. Deuxièmement, les résultats font apparaître que c'est la dernière réponse au sein d'une série d'estimations de la valeur (et non la première) qui doit être retenue. Troisièmement, ils militent en faveur de l'utilisation de questions « d'entraînement » (comme celles décrites par Plott et Zeiler, 2005) qui pourraient alors être suivies d'une seule et unique question d'évaluation contingente compatible avec des incitations. Pour finir, ils mettent également en évidence l'avantage comparatif dont bénéficie la méthode de plus en plus courante de l'expérimentation des choix, qui sera examinée au chapitre suivant, en tant que moyen de favoriser l'apprentissage institutionnel et la « découverte » de la valeur. Les chercheurs ayant recours à la méthode de l'expérimentation des choix ont également adhéré à l'idée qu'un apprentissage des préférences se produit lors d'un processus de choix répétés. Plusieurs études ont montré que les estimations des préférences et de la variance obtenues sur la base des choix initiaux s'écartent souvent de celles établies à partir des choix ultérieurs (Carlsson et al., 2012 ; Hess et al., 2012 ; Czajkowski et al., 2014).

Il y a lieu d'espérer qu'une adoption plus large des méthodes d'enquête offrant des possibilités d'apprentissage pourra donner lieu à une réduction des problèmes posés par les études fondées sur les préférences déclarées qui étaient auparavant considérés comme des anomalies insolubles. Ce pourrait être, en particulier, un moyen prometteur d'obtenir des estimations plus précises des valeurs de non-usage, dans le cadre desquelles les biens peu familiers et les préférences mal établies sont particulièrement propices à toute une série d'effets heuristiques et de cadrage.

4.6.2. *Évolutions des technologies et des médias sociaux*

Sur un plan plus pratique, beaucoup de progrès ont été accomplis dans la mise en œuvre des enquêtes des préférences déclarées. Le développement de l'internet, la plus grande pénétration du haut débit et la popularité des forums en ligne ont donné lieu à une évolution marquée en faveur de la conception et de la mise en œuvre des enquêtes en ligne (Lindhjem et Navrud, 2010). Nombre d'excellents logiciels (qu'ils soient protégés par des droits de propriété ou qu'ils soient libres) sont désormais disponibles et peuvent être utilisés pour produire des enquêtes de grande qualité sur le Web (Qualtrics ou Survey Monkey, par exemple). En règle générale, la mise en œuvre est assurée par l'intermédiaire d'une société d'études de marché ayant accès à un panel d'enquête en ligne couvrant un large éventail de caractéristiques démographiques, laquelle est rémunérée pour réaliser les enquêtes. Il existe par ailleurs de nouvelles ressources de production participative telles que le « marché de tâches d'intelligence humaine » d'Amazon, auquel cette société a donné le nom de « Turc mécanique » (*Mechanical Turk*). Là, les chercheurs (les « demandeurs », ou *Requesters*) peuvent directement proposer des tâches à réaliser (des enquêtes en l'occurrence). Les participants potentiels (ou *Turkers*) passent alors en revue les tâches proposées et choisissent celles qu'ils acceptent d'accomplir en contrepartie d'une incitation monétaire versée par les chercheurs.

Les enquêtes en ligne offrent de nombreux avantages : elles peuvent être réalisées dans de très brefs délais (il n'est pas rare de recevoir des centaines de questionnaires remplis dans les 24 heures de leur lancement) ; elles sont peu onéreuses (en particulier si on les compare aux entretiens en face à face) ; il n'est pas nécessaire de saisir les données sur une feuille de calcul, puisque cette tâche est réalisée automatiquement ; les réponses sont exemptes de tout risque de biais lié à l'enquêteur ; et les personnes interrogées peuvent se sentir plus à l'aise pour répondre à des questions sensibles et progresser dans l'enquête à leur propre rythme, et dans l'environnement auquel ils sont habitués (Bateman et al., 2002 ; MacKerron et al., 2009). Et, surtout, ces enquêtes offrent une grande souplesse de mise en œuvre. Par exemple, le questionnaire peut être adapté sur mesure à la personne interrogée, et il est facile de modifier le flux des questions en fonction des réponses reçues. Il est aisé d'y adjoindre du son ou des images, et il est possible de contrôler le temps passé sur une page particulière, ou de vérifier si la personne interrogée a eu accès à un complément d'information.

Inutile de préciser qu'il existe également des chausse-trappes. Tout le monde n'a pas accès à l'internet (bien qu'avec le temps, ce ne sera plus tant un problème à mesure que l'expansion du haut débit se poursuivra, même dans les pays en développement), et les enquêtes en ligne pourraient ne pas être la meilleure solution pour certains groupes tels que les personnes très âgées ou illettrées (bien qu'il soit possible de concevoir des enquêtes graphiques pour éviter ce problème). Il n'est par ailleurs pas possible de fournir des éclaircissements aux personnes interrogées si elles se sentent déroutées par certaines parties du texte ou certaines questions. Un nombre considérable d'études ont été consacrées à l'impact exercé par le mode d'enquête sur les valeurs déclarées (comme Dickie et al., 2007, ou encore Marta-Pedroso et al., 2007).

Par chance, il semble que bon nombre des problèmes potentiellement soulevés par les enquêtes d'estimation de la valeur réalisées en ligne puissent être corrigés, voire totalement évités. Si par exemple certaines personnes interrogées bâclent leurs réponses à l'enquête, il est aisé de s'en rendre compte et de les exclure au besoin de l'échantillon. Certaines questions peuvent être insérées pour vérifier le degré d'attention et de compréhension des personnes interrogées. Des mécanismes d'apprentissage et des questions « d'expérimentation » peuvent leur être ajoutés si les essais pilotes font apparaître des difficultés, etc. Sous un angle plus positif, certaines études suggèrent que les enquêtes de panel en ligne présentent des caractéristiques souhaitables sous divers aspects essentiels (Bell et al., 2011). Chose importante, Lindhjem et Navrud (2010) n'ont constaté aucune différence significative entre les valeurs obtenues à l'aide des méthodes d'évaluation contingente selon que celles-ci étaient mises en œuvre en ligne ou au travers d'entretiens directs. Dans ce contexte, ces auteurs n'excluent pas un abandon massif des entretiens directs, qui constituent traditionnellement la norme en matière de réalisation des enquêtes d'évaluation contingente, au profit des enquêtes par l'internet, beaucoup plus rapides et efficaces par rapport aux coûts.

4.7. Synthèse et recommandations à l'intention des décideurs

Bien qu'elle soit à certains égards controversée, de nombreux universitaires et décideurs reconnaissent de plus en plus que l'évaluation contingente constitue une méthode souple et puissante d'estimation de la valeur monétaire des impacts non marchands des projets et des politiques. De façon plus générale, les approches fondées sur les préférences déclarées s'appuient sur des enquêtes directes pour déterminer les préférences des individus ou des ménages, et plus spécifiquement le montant du CAP pour des variations de l'offre de biens (non marchands), lequel présente une corrélation systématique avec les préférences sous-jacentes des personnes interrogées. Cette technique est donc particulièrement utile pour évaluer les impacts sur les biens non marchands, dont la valeur ne peut être déterminée à l'aide des méthodes des préférences révélées. Il convient toutefois de noter que l'évaluation contingente est souvent utilisée même quand il est possible de faire appel à ces dernières.

Cet intérêt croissant a été à l'origine d'un considérable développement des recherches concernant l'évaluation contingente depuis un quart de siècle. La question de savoir quelle forme doivent de préférence prendre les questions posées en vue de déterminer le CAP des personnes interrogées dans le cadre des enquêtes d'évaluation contingente est par exemple déjà passée par un certain nombre d'étapes différentes, comme cela a été précédemment indiqué dans ce chapitre. Cela ne signifie pas qu'une homogénéité des études du point de vue de la conception des enquêtes fondées sur les préférences déclarées puisse être espérée de sitôt. Ni que ce soit nécessairement souhaitable. Ce chapitre a montré que réduire au minimum les distorsions générées par les comportements stratégiques des personnes interrogées en adoptant systématiquement des modes de paiement compatibles avec des incitations constitue à juste titre une priorité, mais qu'il est tout aussi souhaitable et légitime de se préoccuper de la crédibilité de ces mêmes modes de paiement. Toujours est-il que la réponse à ce problème variera vraisemblablement selon les différents types de projets ou de politiques envisagés.

Comme pour toute méthode empirique, la validité et la fiabilité des conclusions des études d'évaluation contingente demeurent des sujets de préoccupation, en particulier pour ce qui est de la quantification des valeurs de non-usage. Une grande partie des recherches dans ce domaine ont visé à concevoir des tests rigoureux de leur robustesse méthodologique quels que soient les contextes et les biens et services non marchands considérés. L'évaluation contingente a été soumise à des tests plus rigoureux qu'aucune autre méthode comparable, et elle n'en est devenue que plus robuste. L'analyse des anomalies d'abord décelées dans l'évaluation contingente a amené à prendre conscience qu'elles n'étaient pas nécessairement une conséquence de l'évaluation contingente, mais qu'elles correspondaient bien souvent à la manière dont les individus se comportent en réalité. L'évaluation contingente s'est révélée être un terreau fertile pour le développement de l'économie comportementale.

Le tour d'horizon auquel il a été procédé dans la dernière partie de ce chapitre permet de finir sur une note d'optimisme concernant l'utilisation de l'évaluation contingente pour estimer la valeur des biens non marchands. Il y a en effet lieu d'espérer au vu des récents développements que les enseignements tirés des tests de validité et de fiabilité permettent de formuler des recommandations pratiques quant à la conception des enquêtes futures. Il est de fait possible d'affirmer que bon nombre des critiques adressées à cette technique tiennent davantage aux problèmes qui se posent aux stades de la conception et de la mise en œuvre de l'enquête (et à la manière dont se comportent les individus) qu'à un quelconque défaut intrinsèque de la méthode utilisée. Dans l'ensemble, les constatations empiriques corroborent pour une large part la validité et la fiabilité potentielles des estimations obtenues au moyen de l'évaluation contingente.

Les recherches les plus récentes en matière d'évaluation contingente soulignent dans leur immense majorité l'intérêt que peuvent présenter (par leur validité et leur fiabilité) les études de bonne qualité et elles montrent ce faisant qu'il est souhaitable que les praticiens respectent d'une façon ou d'une autre des lignes directrices définissant les bonnes pratiques. Celles établies par la NOAA font figure de référence, mais certaines autres plus récentes (dont celles de Bateman et al., 2002, qui visent à éclairer l'application des méthodes des préférences déclarées par les pouvoirs publics au Royaume-Uni, ou encore celles de Champ et al., 2003, pour les États-Unis) fournissent également aux praticiens d'utiles points de référence tenant compte des connaissances les plus récentes.

Notes

1. La rédaction de questions valables obéit à l'évidence à certains principes généraux, tout comme le choix de la forme et de la présentation du questionnaire. Les études fondées sur les méthodes des préférences déclarées doivent en outre respecter une série de recommandations. Des lignes directrices relatives à ces problèmes d'ordre général peuvent être trouvées dans diverses sources (voir par exemple Tourangeau et al. 2000).
2. La description des modifications subies par le bien considéré et du changement de politique envisagé pourrait devoir s'appuyer non seulement sur des informations textuelles, mais aussi sur des photos, des dessins, des plans, des diagrammes et des graphiques. Par exemple, l'OCDE (2012) présente une méta-analyse des études du CAP pour des variations des risques de mortalité faisant appel à la méthode des préférences déclarées et en tire la conclusion suivante : « Il y a de fortes indications que la VVS estimée tende à être plus faible dans le cas de l'utilisation d'un outil visuel ou d'une explication orale ou écrite précise pour présenter la modification du risque aux personnes interrogées » (p. 74).
3. Les réponses de protestation correspondent aux situations où les personnes interrogées sur lesquelles une politique a une incidence positive indiquent néanmoins un CAP égal à zéro pour sa mise en œuvre sur les cartes de paiement ou dans leurs réponses à des questions ouvertes, ou rejettent toutes les offres dans le cadre des méthodes faisant appel aux choix dichotomiques. Les réponses aberrantes correspondent aux valeurs si élevées qu'elles en sont irréalistes, généralement rencontrées dans le cas des questions ouvertes sur le montant du CAP ou du CAA.
4. Un certain nombre d'ajustements doivent être apportés aux arguments précédemment exposés quand le CAA est préféré au CAP. Tout d'abord, contrairement à ce qui se produit lorsque l'on opte pour ce dernier, les questions ouvertes aboutissent généralement à des valeurs moyennes plus élevées que les choix dichotomiques. Elles peuvent également susciter de très nombreuses réponses aberrantes. Les choix dichotomiques constituent dès lors l'option la plus prudente. Les mesures fournies par le CAA n'étant pas limitées par le revenu, les personnes interrogées peuvent avoir une certaine tendance à la surenchère. Il pourrait être souhaitable de mettre en place des mécanismes pour y remédier.
5. Il convient de souligner que le fait que le revenu ou la capacité de paiement influencent le CAP ne constitue pas un biais des méthodes des préférences déclarées. Il montre au contraire que le CAP est conforme aux attentes théoriques. Ces méthodes s'efforcent de simuler ce qui se produirait sur un marché réel s'il en existait un pour le bien ou le service en question. Sur un marché réel, la capacité de paiement exerce une influence sur les achats effectués ; il est donc normal qu'il en soit de même sur les marchés hypothétiques.
6. Ces exhortations ont bien d'autres utilisations potentielles. Atkinson et al. (2012) y ont par exemple recours pour réduire les réponses de protestation dans une étude d'évaluation contingente visant à estimer la valeur de la protection de la biodiversité tropicale pour ceux qui en bénéficient à distance.
7. L'insensibilité à l'étendue est souvent dénommée « effet d'enchâssement ».
8. Dans un article important, Willig (1976) fait valoir que la divergence entre le CAP et le CAA doit être faible, les effets sur le revenu étant eux-mêmes faibles.

Références

Aadland, D. et A.J. Caplan (2006), « Cheap talk reconsidered: New evidence from CVM », *Journal of Economic Behavior & Organization,* vol. 60, n° 4, pp. 562-578.

Akter, S., J. Bennett et S. Akhter (2008), « Preference uncertainty in contingent valuation », *Ecological Economics*, vol. 67, n° 3, pp. 345-351, *http://dx.doi.org/10.1016/j.ecolecon.2008.07.009*.

Alberini, A. et al. (2004), « Does the value of statistical life vary with age and health status? Evidence from the US and Canada », *Journal of Environmental Economics and Management,* vol. 48, pp. 769-792, *http://dx.doi.org/10.1016/j.jeem.2003.10.005*.

Alpizar, F., F. Carlsson et O. Johansson-Stenman (2008), « Does context matter more for hypothetical than for actual contributions: Evidence from a natural field experiment », *Experimental Economics*, vol. 11, pp. 299-314, *http://dx.doi.org/10.1007/s10683-007-9194-9*.

Araña, J.E. et C.J. León (2008), « Do emotions matter? Coherent preferences under anchoring and emotional effects », *Ecological Economics*, vol. 66, n° 4, pp. 700-711, *http://dx.doi.org/10.1016/j.ecolecon.2007.11.005*.

Ariely, D., G. Loewenstein et D. Prelec (2003), « 'Coherent Arbitrariness': Stable Demand Curves Without Stable Preferences », *Quarterly Journal of Economics*, vol. 118, n° 1, pp. 73-105, *https://doi.org/10.1162/00335530360535153*.

Arold, B. (2016), *The Effect of Newspaper Framing on the Public Support of the Paris Climate Agreement*, MSc thesis, Department of Geography & Environment, LSE.

Arrow, K. et R. Solow (1993), *Report of the NOAA Panel on Contingent Valuation*, National Oceanic and Atmospheric Administration, Washington, DC, *https://sites.google.com/site/economiayambiente/PanelNOAA.pdf*.

Atkinson, G. et al. (2012), « When to Take No for an Answer? Using Entreaties to Reduce Protest Zeros in Contingent Valuation Surveys », *Environmental and Resource Economics*, vol. 51, n° 4, pp. 497-523, *http://dx.doi.org/10.1007/s10640-011-9509-3*.

Atkinson, G. et al. (2004), « 'Amenity' or 'Eyesore'? Negative willingness to pay for options to replace electricity transmission towers », *Applied Economic Letters*, vol. 14, n° 5, pp. 203-208, *http://dx.doi.org/10.1080/13504850410001674803*.

Azjen, I., T.C. Brown et L.H. Rosenthal (1996), « Information Bias in Contingent Valuation: Effects of Personal Relevance, Quality of Information, and Motivational Orientation », *Journal of Environmental Economics and Management*, vol. 30, n° 1, pp. 43-57, *http://dx.doi.org/10.1006/jeem.1996.0004*.

Bagnoli, M. et M. Mckee (1991), « Voluntary Contribution Games: Efficient Private Provision of Public Goods », *Economic Inquiry*, vol. 29, n° 2, pp. 351-366, *http://dx.doi.org/10.1111/j.1465-7295.1991.tb01276.x*.

Bakhshi, H. et al. (2015), *Measuring Economic Value in Cultural Institutions*, Arts and Humanities Research Council, *www.ahrc.ac.uk/documents/project-reports-and-reviews/measuringeconomicvalue/*.

Bateman, I.J. et al. (2009), « Reducing gain-loss asymmetry: A virtual reality choice experiment valuing land use change », *Journal of Environmental Economics and Management*, vol. 58, n° 1, pp. 106-118, *http://dx.doi.org/10.1016/j.jeem.2008.05.003*.

Bateman, I.J. et al. (2008), « Learning design contingent valuation (LDCV): NOAA guidelines, preference learning and coherent arbitrariness », *Journal of Environmental Economics and Management*, vol. 55, n° 2, pp. 127-141, *http://dx.doi.org/10.1016/j.jeem.2007.08.003*.

Bateman, I.J. et al. (2002), *Economic Valuation with Stated Preference Techniques: A Manual*, Edward Elgar, Cheltenham, Royaume-Uni.

Beattie, J. et al. (1998), « On the Contingent Valuation of Safety and the Safety of Contingent Valuation: Part 1 – Caveat Investigator », *Journal of Risk and Uncertainty*, vol. 17, n° 1, pp. 5-25, *http://dx.doi.org/10.1023/A:1007711416843*.

Bell, J., J. Huber et W. Kip Viscusi (2011), « Survey Mode Effects on Valuation of Environmental Goods », *International Journal of Environmental Research on Public Health*, vol. 8, n° 4, pp. 1222-1243, *http://dx.doi.org/10.3390/ijerph8041222*.

Bergstrom, J.C., J.R. Stoll et A. Randall (1990), « The impact of information on environmental commodity valuation decisions », *American Journal of Agricultural Economics*, vol. 72, n° 3, pp. 614-621.

Bergstrom, J.C., J.R. Stoll et A. Randall (1989), « Information effects in contingent markets », *American Journal of Agricultural Economics*, vol. 71, n° 3, pp. 685-691.

Blomquist, G.C. et J.C. Whitehead (1998), « Resource quality information and validity of willingness to pay in contingent valuation », *Resource and Energy Economics*, vol. 20, n° 2, pp. 179-196, *https://doi.org/10.1016/S0928-7655(97)00035-3*.

Bosworth, R. et L.O. Taylor (2012), « Hypothetical Bias in Choice Experiments: Is Cheap Talk Effective at Eliminating Bias on the Intensive and Extensive Margins of Choice? », *B.E. Journal of Economic Analysis and Policy*, vol. 12, n° 1, pp. 1-28, *http://dx.doi.org/10.1515/1935-1682.3278*.

Brander, L.M. et M.J. Koetse (2011), « The value of urban open space: meta-analyses of contingent valuation and hedonic pricing results », *Journal of Environmental Management*, vol. 92, n° 10, pp. 2763-2773, *http://dx.doi.org/10.1016/j.jenvman.2011.06.019*.

Brown, T.C. (1984), « The concept of value in resource allocation », *Land Economics*, vol. 60, pp. 231-246.

Brown, T.C., I. Ajzen et D. Hrubes (2003), « Further tests of entreaties to avoid hypothetical bias in referendum contingent valuation », *Journal of Environmental Economics and Management*, vol. 46, n° 2, pp. 353-361, *http://dx.doi.org/10.1016/S0095-0696(02)00041-4*.

Brown, G. et D.A. Hagen (2010), « Behavioral Economics and the Environment », *Environmental and Resource Economics*, vol. 46, n° 2, pp. 139-146, *http://dx.doi.org/10.1007/s10640-010-9357-6*.

Cai, B., T.A. Cameron et G.R. Gerdes (2008), « Distributional Preferences and the Incidence of Costs and Benefits in Climate Change Policy », *Environmental and Resource Economics*, vol. 46, n° 4, pp. 429-458, *http://dx.doi.org/10.1007/s10640-010-9348-7*.

Camerer, C.F., G. Loewenstein et M. Rabin (2011), *Advances in Behavioral Economics*, Princeton University Press, États-Unis.

Carlsson, F. (2010), « Design of Stated Preference Surveys: Is There More to Learn from Behavioral Economics? », *Environmental and Resource Economics*, vol. 46, n° 2, pp. 167-177, *http://dx.doi.org/10.1007/s10640-010-9359-4*.

Carlsson, F., P. Frykblom et C. Lagerkvist (2005), « Using cheap talk as a test of validity in choice experiments », *Economics Letters*, vol. 89, n° 2, pp. 147-152, *http://dx.doi.org/10.1016/j.econlet.2005.03.010*.

Carlsson, F. et al. (2013), « The truth, the whole truth, and nothing but the truth–A multiple country test of an oath script », *Journal of Economic Behaviour and Organisation*, vol. 89, pp. 105-121, *http://dx.doi.org/10.1016/j.jebo.2013.02.003*.

Carlsson, F. et P. Martinsson (2006), « Do Experience and Cheap Talk Influence Willingness to Pay in an Open-Ended Contingent Valuation Survey? », *Working Papers in Economics 109*, Department of Economics School of Business, Economics and Law, Université de Göteborg, *https://gupea.ub.gu.se/bitstream/2077/2732/1/gunwpe0190.pdf*.

Carlsson, F., M.R. Mørbak et S.B. Olsen (2012), « The first time is the hardest: A test of ordering effects in choice experiments », *Journal of Choice Modelling*, vol. 5, n° 2, pp. 19-37, *http://dx.doi.org/10.1016/S1755-5345(13)70051-4*.

Carson, R.T. (2012), « Contingent Valuation: A Practical Alternative When Prices Aren't Available », *Journal of Economic Perspectives*, vol. 26, n° 4, pp. 27-42, *http://dx.doi.org/10.1257/jep.26.4.27*.

Carson, R.T. (2011), *Contingent Valuation: A Comprehensive Bibliography and History*, Edward Elgar, Cheltenham.

Carson, R.T. (2000), « Contingent Valuation: A User's Guide », *Environment Science and Technology*, vol. 34, n° 8, pp. 1413-1418, *http://dx.doi.org/10.1021/es990728j*.

Carson, R.T. (1998), « Contingent Valuation Surveys and Tests of Insensitivity to Scope », in Kopp, R., W. Pommerhene et N. Schwartz, (dir. pub.), *Determining the Value of Non-Marketed Goods: Economic, Psychological and Policy Relevant Aspects of Contingent Valuation Methods*, Kluwer, Boston.

Carson, R.T. et al. (1996), « Contingent valuation and revealed preference methodologies: Comparing estimates for quasi-public goods », *Land Economics*, vol. 72, pp. 80-99.

Carson, R.T. et al. (1992), *A Contingent Valuation Study of Lost Passive Use Values Resulting from the Exxon Valdez Oil Spill*, Report to the Attorney General of the State of Alaska, préparé par Natural Resource Damage Assessment, Inc, La Jolla, CA, *www.evostc.state.ak.us/Universal/Documents/Publications/Economic/Econ_Passive.pdf*.

Carson, R.T., N.E. Flores et N.F. Meade (2001), « Contingent Valuation: Controversies and Evidence », *Environmental and Resource Economics*, vol. 19, n° 2, pp. 173-210, *http://dx.doi.org/10.1023/A:1011128332243*.

Carson, R.T., T. Groves et M.J. Machina (1997), « Stated preference questions: Context and optimal response », in *National Science Foundation Preference Elicitation Symposium*, University of California, Berkeley.

Carson, R.T. et T. Groves (2007), « Incentive and informational properties of preference questions », *Environmental and Resource Economics*, vol. 37, n° 1, pp. 181-210, *http://dx.doi.org/10.1007/s10640-007-9124-5*.

Carson, R. et W.M. Hanemann (2005), « Contingent Valuation », in Mäler, K.-G. et J.R. Vincent (dir. pub.), *Handbook of Environmental Economics*, Elsevier, Amsterdam.

Carson, R.T. et J.J. Louviere (2011), « A Common Nomenclature for Stated Preference Elicitation Approaches », *Environmental and Resource Economics*, vol. 49, n° 4, pp. 539-559, *http://dx.doi.org/10.1007/s10640-010-9450-x*.

Carson, R.T. et R.C. Mitchell (1995), « Sequencing and Nesting in Contingent Valuation Surveys », *Journal of Environmental Economics and Management*, vol. 28, n° 2, pp. 155-173, *http://dx.doi.org/10.1006/jeem.1995.1011*.

Champ, P.A. et R.C. Bishop (2001), « Donation Payment Mechanisms and Contingent Valuation: An Empirical Study of Hypothetical Bias », *Environmental and Resource Economics*, vol. 19, n° 4, pp. 383-402, *http://dx.doi.org/10.1023/A:1011604818385*.

Champp, P.A. et al. (2002), « Contingent Valuation and Incentives », *Land Economics*, vol. 78, n° 4, pp. 591-604, *www.fs.fed.us/rm/value/docs/contingent_valuation_incentives.pdf*.

Champ, P.A., K.J. Boyle et T.C. Brown (dir. pub.) (2003), *A Primer on Nonmarket Valuation*, Kluwer Academic Publishers, Dordrecht.

Corso, P.S., J.K. Hammitt et J.D. Graham (2001), « Valuing mortality-risk reduction: Using visual aids to improve the validity of contingent valuation », *Journal of Risk and Uncertainty*, vol. 23, n° 2, pp. 165-184, *http://dx.doi.org/10.1023/A:1011184119153*.

Cummings, R.G., D.S. Brookshire et W.D. Schulze (dir. pub.) (1986), *Valuing Environmental Goods: An Assessment of the Contingent Valuation Method*, Rowman and Allanhed, Totowa, New Jersey.

Cummings, R.G. et L.O. Taylor (1999), « Unbiased Value Estimates for Environmental Goods: A Cheap Talk Design for the Contingent Valuation Method », *American Economic Review*, vol. 89, n° 3, pp. 649-665, *http://dx.doi.org/10.1257/aer.89.3.649*.

Czajkowski, M., M. Giergiczny et W. Greene (2014), « Learning and Fatigue Effects Revisited: The Impact of Accounting for Unobservable Preference and Scale Heterogeneity », *Land Economics*, vol. 90, n° 2, pp. 324-351, *http://dx.doi.org/10.3368/le.90.2.324*.

Davis, R. (1963), « Recreation Planning as an Economic Problem », *Natural Resources Journal*, vol. 3, pp. 239-249.

DellaVigna, S. (2009), « Psychology and Economics: Evidence from the Field », *Journal of Economic Literature*, vol. 47, n° 2, pp. 315-372, *http://dx.doi.org/10.1257/jel.47.2.315*.

de-Magistris, T. et S. Pascucci (2014), « The effect of the solemn oath script in hypothetical choice experiment survey: A pilot study », *Economic Letters*, vol. 123, n° 2, pp. 252-255, *http://dx.doi.org/10.1016/j.econlet.2014.02.016*.

Desvousges, W. et al. (1993), « Measuring Natural Resource Damages with Contingent Valuation: Tests of Validity and Reliability », in Hausman, J. (dir. pub.), *Contingent Valuation: A Critical Assessment*, Hollande-Septentrionale, Amsterdam.

Diamond, P.A. et J.A. Hausman (1994), « Contingent Valuation: Is Some Number Better Than No Number? », *Journal of Economic Perspectives*, vol. 8, n° 4, pp. 45-64.

Dickie, M., S. Gerking et W.L. Goffe (2007), « Valuation of Non-Market Goods Using Computer-Assisted Surveys: A Comparison of Data Quality from Internet and Rdd Samples », communication à l'European Association of Environmental and Resource Economists, Thessalonique, Grèce, *http://cook.rfe.org/Survey_Comparison_3.pdf*.

Dillon, W.R., T.J. Madden et N.H. Firtle (1994), *Marketing Research in a Marketing Environment*, 3e édition, Irwin, Boston.

Dolan, P. et D. Kahneman (2008), « Interpretations of Utility and Their Implications for the Valuation of Health », *The Economic Journal*, vol. 118, n° 525, pp. 215-234, *http://dx.doi.org/10.1111/j.1468-0297.2007.02110.x*.

Dubourg, W.R., M.W. Jones-Lee et G. Loomes (1997), « Imprecise preferences and survey design in contingent valuation », *Economica*, vol. 64, pp. 681-702, *http://dx.doi.org/10.1111/1468-0335.00106*.

Ehmke, M.D., J.L. Lusk et J.A. List (2008), « Is Hypothetical Bias a Universal Phenomenon? A Multinational Investigation », *Land Economics*, vol. 84, pp. 489-500, *http://dx.doi.org/10.3368/le.84.3.489*.

Fehr, E. et S. Gächter (2000), « Fairness and Retaliation: the Economics of Reciprocity », *Journal of Economic Perspectives*, vol. 14, n° 3, pp. 159-181, *http://dx.doi.org/10.1257/jep.14.3.159*.

Flores, N. et R. Carson (1997), « The Relationship Between Income Elasticities of Demand and Willingness to Pay », *Journal of Environmental Economics and Management*, vol. 33, pp. 287-295, *http://dx.doi.org/10.1006/jeem.1997.0998*.

Foster, V., I. Bateman et D. Harley (1997), « Real and Hypothetical Willingness to Pay for Environmental Protection: A Non-Experimental Comparison », *Journal of Agricultural Economics*, vol. 48, n° 2, pp. 123-138, *http://dx.doi.org/10.1111/j.1477-9552.1997.tb01140.x*.

Freeman III, A.M. (1994), *The Measurement of Environmental and Resource Values: Theory and Methods*, Resources for the Future, Washington, DC.

Georgiou, S. et al. (1998), « Determinants of Individuals' Willingness to Pay for Perceived Reductions in Environmental Health Risks: A Case Study of Bathing Water Quality », *Environment and Planning A*, vol. 30, n° 4, pp. 577-594, *http://dx.doi.org/10.1068/a300577*.

Gregory, R., S. Lichtenstein et P.Slovic (1993), « Valuing environmental resources: A constructive approach », *Journal of Risk and Uncertainty*, vol. 7, n° 2, pp. 177-197, *http://dx.doi.org/10.1007/BF01065813*.

Groothuis, P.A. et J.C. Whitehead (2009), « The Provision Point Mechanism and Scenario Rejection in Contingent Valuation », *Agricultural and Resource Economics Review*, vol. 38, n° 2, pp. 271-280, *http://dx.doi.org/10.1017/S1068280500003257*.

Gsottbauer, E. et J.C. van den Bergh (2011), « Environmental Policy Theory Given Bounded Rationality and Other-Regarding Preferences », *Environmental and Resource Economics*, vol. 49, pp. 263-304, *http://dx.doi.org/10.1007/s10640-010-9433-y*.

Haab, T.C. et al. (2013), « From Hopeless to Curious? Thoughts on Hausman's 'Dubious to Hopeless' Critique of Contingent Valuation », *Applied Economic Perspectives and Policy*, vol. 35, n° 4, pp. 593-612, *https://doi.org/10.1093/aepp/ppt029*.

Hammitt, J. et J. Graham (1999), « Willingness to pay for health protection: Inadequate Sensitivity to Probability? », *Journal of Risk and Uncertainty*, vol. 18, pp. 33-62, *https://doi.org/10.1023/A:1007760327375*.

Hanemann, M. (1999), « The economic theory of WTP and WTA », in Bateman, I. et K. Willis (dir. pub.), *Valuing Environmental Preferences: Theory and Practice of the Contingent Valuation Method in the US, EU and Developing Countries*, Oxford University Press, Oxford.

Hanemann, M. (1991), « Willingness to Pay and Willingness to Accept: How Much Can They Differ? », *American Economic Review*, vol. 93, n° 1, pp. 458-463, *https://doi.org/10.1257/000282803321455430*.

Hanemann, W.M. et B. Kanninen, (1999), « The Statistical Analysis of Discrete-Response CV Data », in Bateman, I.J. et K.G. Willis (dir. pub.), *Valuing Environmental Preferences: Theory and Practice of the Contingent Valuation Method in the US, EU, and Developing Countries*, Oxford University Press, Oxford.

Hanemann, M., J. Loomis et B. Kanninen (1991), « Statistical Efficiency of Double-Bounded Dichotomous Choice Contingent Valuation », *American Journal of Agricultural Economics*, vol. 73, n° 4, pp. 1255-1263, *https://doi.org/10.2307/1242453*.

Hanley, N. et al. (2016), « Sad or Happy? The Effects of Emotions on Stated Preferences for Environmental Goods », *Environmental and Resource Economics*, *https://doi.org/10.1007/s10640-016-0048-9*.

Hanley, N. et B. Kriström (2003), *What's It Worth? Exploring Value Uncertainty Using Interval Questions in Contingent Valuation*, Department of Economics, University of Glasgow, document non publié, *www.gla.ac.uk/media/media_22253_en.pdf*.

Hausman, J. (2012), « Contingent Valuation: From Dubious to Hopeless », *Journal of Economic Perspectives*, vol. 26, n° 4, pp. 43-56, *https://doi.org/10.1257/jep.26.4.43*.

Hess, S., D.A. Hensher et A. Daly (2012), « Not bored yet – Revisiting respondent fatigue in stated choice experiments », *Transportation Research Part A*, vol. 46, n° 3, pp. 626-644, *http://dx.doi.org/10.1016/j.tra.2011.11.008*.

Hicks, J.R. (1943), « The Four Consumer's Surpluses », *Review of Economic Studies*, vol. 11, n° 1, pp. 31-41, *http://dx.doi.org/10.2307/2967517*.

Hoehn, J.P. et A. Randall (2002), « The effect of resource quality information on resource injury perceptions and contingent values », *Resource and Energy Economics*, vol. 24, n° 1-2, pp. 13-31, *http://dx.doi.org/10.1016/S0928-7655(01)00051-3*.

Horowitz, J. et K. McConnell (2002), « A review of WTA/WTP studies », *Journal of Environmental Economics and Management*, vol. 44, n° 3, pp. 426-447, *http://dx.doi.org/10.1006/jeem.2001.1215*.

Horowitz, J.K., K.E. McConnell et J.J. Murphy (2008), « Behavioral Foundations of Environmental Economics and Valuation », in List, J. et M. Price (dir. pub.), *Handbook on Experimental Economics and the Environment*, Edward Elgar, Northampton, MA.

Hsee, C.K. et J. Zhang (2004), « Distinction Bias: Misprediction and Mischoice Due to Joint Evaluation », *Journal of Perspectives in Social Psychology*, vol. 86, pp. 680-695, *http://dx.doi.org/10.1037/0022-3514.86.5.680*.

Irwin, J.R. et al. (1993), « Preference reversals and the measurement of environmental values », *Journal of Risk and Uncertainty*, vol. 6, n° 1, pp. 5-18, *http://dx.doi.org/10.1007/BF01065347*.

Jacquemet, N. et al. (2013), « Preference elicitation under oath », *Journal of Environmental Economics and Management*, vol. 65, n° 1, pp. 110-132, *http://dx.doi.org/10.1016/j.jeem.2012.05.004*.

Jones-Lee, M.W., M. Hammerton et P.R. Phillips (1985), « The Value of Safety: Results from a National Sample Survey », *Economic Journal*, vol. 95, n° 377, pp. 49-72, *http://dx.doi.org/10.2307/2233468*.

Kahneman, D. (1986), « Comments », in Cummings, R., D. Brookshire et W. Schulze (dir. pub.), *Valuing Environmental Goods: An Assessment of the Contingent Valuation Method*, Rowman and Allenheld, Totowa, NJ.

Kahneman, D. et al. (2006), « Would You Be Happier if You Were Richer? A Focusing Illusion », *Science*, vol. 312, n° 5782, pp. 1908-1910, *http://dx.doi.org/10.1126/science.1129688*.

Kahnemann, D. et A. Tversky (dir. pub.) (2000), *Choice, Values and Frames*, Cambridge University Press, Cambridge.

Kahneman, D. et A. Tversky (1979), « Prospect Theory: An Analysis of Decision under Risk », *Econometrica*, vol. 47, n° 2, pp. 263-291, *http://dx.doi.org/10.2307/1914185*.

Kahneman, D. et J.L. Knetsch (1992), « Valuing public goods: The purchase of moral satisfaction », *Journal of Environmental Economics and Management*, vol. 22, n° 1, pp. 57-70, *http://dx.doi.org/10.1016/0095-0696(92)90019-S*.

Kahneman, D. et R.H. Thaler (2006), « Anomalies: Utility Maximization and Experienced Utility », *Journal of Economic Perspectives*, vol. 20, n° 1, pp. 221-234, *http://dx.doi.org/10.1257/089533006776526076*.

Kling, C.L., D.J. Phaneuf et J. Zhao (2012), « From Exxon to BP: Has Some Number Become Better Than No Number? », *Journal of Economic Perspectives*, vol. 26, n° 4, pp. 3-26, *http://dx.doi.org/10.1257/jep.26.4.3*.

Knetsch, J. (2010), « Values of Gains and Losses: Reference States and Choice of Measure », *Environmental and Resource Economics*, vol. 46, n° 2, pp. 179-188, *http://dx.doi.org/10.1007/s10640-010-9355-8*.

Knetsch, J. (1989), « The Endowment Effect and Evidence of Non-Reversible Indifference Curves », *American Economic Review*, vol. LXXIX, pp. 1277-84.

Knetsch, J. et J. Sinden (1984), « Willingness to Pay and Compensation Demanded: Experimental Evidence of an Unexpected Disparity in Measures of Value », *Quarterly Journal of Economics*, vol. XCIX, pp. 507-521, *http://dx.doi.org/10.2307/1885962*.

Lindhjem, H. et S. Navrud (2010), « Can cheap panel-based internet surveys substitute costly in-person interviews in CV surveys? », Department of Economics and Resource Management, Norwegian University of Life Sciences, *http://citeseerx.ist.psu.edu/viewdoc/download?doi=10.1.1.969.3518&rep=rep1&type=pdf*.

List, J.A. (2003), « Does market experience eliminate market anomalies? », *Quarterly Journal of Economics*, vol. 118, n° 1, pp. 41-72, *https://doi.org/10.1162/00335530360535144*.

List, J.A. et D. Lucking-Reiley (2000), « Demand Reduction in Multiunit Auctions: Evidence from a Sportscard Field Experiment », *American Economic Review*, vol. 90, n° 4, pp. 961-972, *http://dx.doi.org/10.1257/aer.90.4.961*.

Loomis, J.B., T. Lucero et G. Peterson (1996), « Improving Validity Experiments of Contingent Valuation Methods: Results of Efforts to Reduce the Disparity of Hypothetical and Actual Willingness to Pay », *Land Economics*, vol. 72, n° 4, pp. 450-461.

Loomis, J., A. Gonzalez-Caban et R. Gregory (1994), « Do Reminders of Substitutes and Budget Constraints Influence Contingent Valuation Estimates? », *Land Economics*, vol. 70, n° 4, pp. 499-506.

Lusk, J.L. (2003), « Effects of Cheap Talk on Consumer Willingness-to-Pay for Golden Rice », *American Journal of Agricultural Economics*, vol. 85, n° 4, pp. 840-856, *https://doi.org/10.1111/1467-8276.00492*.

MacKerron, G. et al. (2009), « Willingness to Pay for Carbon Offset Certification and Co-Benefits Among (High-)Flying Young Adults in the UK », *Energy Policy*, vol. 37, n° 4, pp. 1372-1381, *http://eprints.lse.ac.uk/44829/*.

Maddison, D. et S. Mourato (2002), « Valuing different road options for Stonehenge », in Navrud, S. et R. Ready (dir. pub.), *Valuing Cultural Heritage*, Edward Elgar, Cheltenham.

Marta-Pedroso, C., H. Freitas et T. Domingos (2007), « Testing for the survey mode effect on contingent valuation data quality: A case study of web based versus in-person interviews », *Ecological Economics*, vol. 62, n° 3-4, pp. 388-398, *http://dx.doi.org/10.1016/j.ecolecon.2007.02.005*.

McConnell, K., I.E. Strand et S. Valdes (1997), « Testing Temporal Reliability and Carry-Over Effect: The Role of Correlated Responses in Test-Retest Reliability Studies », *Environmental and Resource Economics*, vol. 12, n° 3, pp. 357-374, *http://dx.doi.org/10.1023/A:1008264922331*.

Mitchell, R.C. et R.T. Carson (1989), *Using Surveys to Value Public Goods: The Contingent Valuation Method*, Resources for the Future, Washington, DC.

Morrison, G. (1997), « Willingness to Pay and Willingness to Accept: Have the Differences Been Resolved? », *American Economic Review*, vol. 87, n° 1, pp. 236-240.

Morrison, G. (1996), « Willingness to Pay and Willingness to Accept: Some Evidence of an Endowment Effect », *Discussion Paper 9646*, Department of Economics, Southampton University.

Morrison, M. et T.C. Brown, (2009), « Testing the Effectiveness of Certainty Scales, Cheap Talk, and Dissonance-Minimization in Reducing Hypothetical Bias in Contingent Valuation Studies », *Environmental and Resource Economics*, vol. 44, n° 3, pp. 307-326, *http://dx.doi.org/10.1007/s10640-009-9287-3*.

Mourato, S. et J. Smith (2002), « Can carbon trading reduce deforestation by slash-and-burn farmers? Evidence from the Peruvian Amazon », in Pearce, D., C. Pearce et C. Palmer (dir. pub.) (2002), *Valuing the Environment in Developing Countries: Case Studies*, Edward Elgar, Cheltenham, Royaume-Uni.

Murphy, J.J., T. Stevens et D. Weatherhead (2003), « An Empirical Study of Hypothetical Bias in Voluntary Contribution Contingent Valuation: Does Cheap Talk Matter? », *Document de travail*, University of Massachusetts, Amherst.

Nelson, S.H. (2017), "Containing Environmentalism: Risk, Rationality, and Value in the Wake of the Exxon Valdez", *Capitalism Nature Socialism*, vol. 28, n° 1, pp. 118-136.

OCDE (2012), *La valorisation du risque de mortalité dans les politiques de l'environnement, de la santé et des transports*, Éditions OCDE, Paris, *http://dx.doi.org/10.1787/9789264169623-fr*.

Peters, E. (2006), « The functions of affect in the construction of preferences », in Lichtenstein, S. et P. Slovic (dir. pub.) (2006), *The Construction of Preferences*, Cambridge University Press, New York.

Peters, E., P. Slovic et R. Gregory (2003), « The role of affect in the WTA/WTP disparity », *Journal of Behavioral Decision Making*, vol. 16, n° 4, pp. 309-330, *http://dx.doi.org/10.1002/bdm.448*.

Plott, C.R. (1996), « Rational individual behavior in markets and social choice processes: The discovered preference hypothesis », in Arrow, K. et al. (dir. pub.) *Rational Foundations of Economic Behavior*, Macmillan, Londres et St. Martin's, New York.

Plott, C.R. et K. Zeiler (2005), « The willingness to pay-willingness to accept gap, the 'endowment effect', subject misconceptions, and experimental procedures for eliciting valuations », *American Economic Review*, vol. 95, n° 3, pp. 530-545, *http://dx.doi.org/10.1257/0002828054201387*.

Poe, G.L. et al. (2002), « Provision Point Mechanisms and Field Validity Tests of Contingent Valuation », *Environmental and Resource Economics*, vol. 23, n° 1, pp. 105-131, *http://dx.doi.org/10.1023/A:1020242907259*.

Poe, G., M. Welsh et P. Champ (1997), « Measuring the difference in mean willingness to pay when dichotomous choice valuation responses are not independent », *Land Economics*, vol. 73, n° 2, pp. 255-267.

Rabin, M. (2010), « Behavioral Economics », Lecture to the American Economic Association (AEA) Continuing Education Program in Behavioral Economics, Atlanta, 5-7 janvier, voir : *https://scholar.harvard.edu/files/laibson/files/atlantapostmatthew.pdf*.

Rolfe, J., J. Bennett et J. Louviere (2002), « Stated values and reminders of substitute goods: Testing for framing effects with choice modelling », *Australian Journal of Agricultural and Resource Economics*, vol. 46, n° 1, pp. 1-20, *http://dx.doi.org/10.1111/1467-8489.00164*.

Samples, K.C., J.A. Dixon et M.M. Gowen (1986), « Information disclosure and endangered species valuation », *Land Economics*, vol. 62, pp. 306-312.

Shogren, J. et L. Taylor (2008), « On behavioral-environmental economics », *Review of Environmental Economics and Policy*, vol. 2, n° 1, pp. 26-44, *https://doi.org/10.1093/reep/rem027*.

Smith, V.K. (2006), « Fifty years of contingent valuation », in Alberini, A. et J.R. Kahn, (dir. pub.) (2006), *Handbook on Contingent Valuation*, Edward Elgar, Cheltenham.

Smith, V.K. (1992), « Arbitrary values, good causes, and premature verdicts », *Journal of Environmental Economics and Management*, vol. 22, n° 1, pp. 71-89, *http://dx.doi.org/10.1016/0095-0696(92)90020-W*.

Smith, V.K. et L. Osborne (1996), « Do Contingent Valuation Estimates Pass a Scope Test? A Meta-Analysis », *Journal of Environmental Economics and Management*, vol. 31, n° 3, pp. 287-301, *http://dx.doi.org/10.1006/jeem.1996.0045*.

Stevens, T.H., M. Tabatabaei et D. Lass (2013), « Oaths and hypothetical bias », *Journal of Environmental Management*, vol. 127, pp. 135-141, *http://dx.doi.org/10.1016/j.jenvman.2013.04.038*.

Sugden, R. (2005), « Anomalies and Stated Preference Techniques: A Framework for a Discussion of Coping Strategies », *Environmental and Resource Economics*, vol. 32, pp. 1-12, *http://dx.doi.org/10.1007/s10640-005-6025-3*.

Swait, J. et W. Adamowicz (2001), « Choice Environment, Market Complexity, and Consumer Behavior: A Theoretical and Empirical Approach for Incorporating Decision Complexity into Models of Consumer Choice », *Organizational Behavior and Human Decision Processes*, vol. 86, n° 2, pp. 141-167, *http://dx.doi.org/10.1006/obhd.2000.2941*.

Thaler, R. (1984), « Towards a Positive Theory of Consumer Choice », *Journal of Economic Behaviour and Organisation*, vol. 1, pp. 29-60, *www.eief.it/butler/files/2009/11/thaler80.pdf*.

Tversky, A. et D. Kahneman, (1991), « Loss aversion in riskless choice: A reference-dependent model », *Quarterly Journal of Economics*, vol. 106, n° 4, pp. 1039-1061, *https://doi.org/10.2307/2937956*.

von Ciriacy-Wantrup, S. (1947), « Capital returns from soil-conservation practices », *Journal of Farm Economics*, vol. 29, pp. 1181-1196.

Whittington, D. (2010), « What have we learned from 20 years of stated preference research in less-developed countries? » *Annual Review of Resource Economics*, vol. 2, pp. 209-236, *http://dx.doi.org/10.1146/annurev.resource.012809.103908*.

Whittington, D. et al. (1992), « Giving respondents time to think in contingent valuation studies: A developing country application », *Journal of Environmental Economics and Management*, vol. 22, n° 3, pp. 205-225, *http://dx.doi.org/10.1016/0095-0696(92)90029-V*.

Willig, R. (1976), « Consumers' Surplus Without Apology », *American Economic Review*, vol. 66, n° 4, pp. 589-597, *www.jstor.org/stable/1806699*.

ANNEXE 4.A1

Mesures hicksiennes de la rente du consommateur en cas de variation de prix

Variation compensatoire (VC)

Considérons une *diminution* de prix. L'individu bénéficie d'un plus grand bien-être si le prix diminue que si tel n'est pas le cas. La VC est alors égale à la somme maximale qui pourrait lui être retirée de sorte que la (nouvelle) situation postérieure à la variation de prix et celle (initiale) antérieure à ladite variation lui soient indifférentes. Le point de référence correspond au niveau *initial* de bien-être.

Considérons à présent une *augmentation* de prix. L'individu bénéficie d'un moins grand bien-être si le prix augmente que si tel n'est pas le cas. La VC est alors égale à la compensation qui devrait lui être versée pour que la nouvelle situation et l'ancienne lui soient indifférentes. Le point de référence correspond là encore au niveau *initial* de bien-être.

La VC renvoie aux situations où la variation de prix a effectivement lieu. Dans le cas d'une diminution de prix, elle est égale au *montant maximal du consentement à payer* de l'individu pour ne pas avoir à renoncer à la baisse de prix. Dans celui d'une augmentation de prix, elle correspond au *montant minimal du consentement à accepter* de l'individu à titre de compensation pour tolérer la hausse de prix. Il convient de remarquer que, pour ce qui est de la VC, on part de l'hypothèse implicite que les individus ont un droit au maintien de la situation antérieure à la variation de prix.

Variation équivalente (VE)

Considérons une *diminution* de prix. L'individu bénéficie d'un plus grand bien-être si le prix diminue que si tel n'est pas le cas. La VE est alors égale à la somme d'argent qui devrait lui être versée dans la situation initiale pour qu'il bénéficie d'un aussi grand bien-être que dans la nouvelle situation. Le point de référence correspond au niveau de bien-être dans la *nouvelle* situation.

Considérons à présent une *augmentation* de prix. La VE est à présent égale au consentement à payer de l'individu pour échapper à l'augmentation de prix, c'est-à-dire pour éviter la diminution du bien-être dont il souffrirait dans la situation postérieure à la variation de prix. Le point de référence correspond au niveau de bien-être dans la *nouvelle* situation.

La VE renvoie aux situations où *la variation de prix n'a pas lieu*. Dans le cas d'une diminution de prix, elle est égale au *montant minimal du consentement à accepter de l'individu* pour renoncer à la baisse de prix. Dans celui d'une augmentation de prix, elle correspond au *montant maximal du consentement à payer de l'individu* pour éviter la hausse de prix. Il convient de remarquer que, pour ce qui est de la VE, on part de l'hypothèse implicite que les individus ont un droit à bénéficier de la situation postérieure à la variation de prix.

Rente compensatoire (RC)

La rente compensatoire, RC, et la rente équivalente, RE, renvoient aux situations où l'individu est contraint de consommer soit la nouvelle quantité de X (RC) résultant de la variation de prix, soit l'ancienne quantité de X (RE). La RC est donc égale à la somme requise pour que la situation initiale et la situation dans laquelle l'individu est contraint d'acheter la quantité de X résultant de la variation de prix lui soient indifférentes. Dans le cas d'une *diminution* de prix, la RC est égale au *consentement à payer* pour garantir cette baisse de prix. Dans celui d'une *augmentation* de prix, la RC correspond au *consentement à accepter* une compensation pour cette hausse de prix.

Rente équivalente (RE)

La RE est également assortie d'une contrainte quantitative et est égale à la somme requise pour que la nouvelle situation (postérieure à la variation de prix) et l'ancienne soient indifférentes à l'individu s'il est contraint d'acheter la même quantité de X que dans la situation initiale. Dans le cas d'une *diminution* de prix, la RE est égale au *consentement à accepter* une compensation pour renoncer à l'avantage procuré par cette baisse de prix. Dans celui d'une *augmentation* de prix, la RE correspond au *consentement à payer* pour éviter cette hausse de prix.

Ces mesures peuvent être exposées sous la forme d'un diagramme, comme dans le graphique A4.1, qui décrit la situation en cas de diminution de prix. Les relations suivantes sont valables pour des variations de prix d'un même montant :

- VC en cas de diminution de prix = - VE en cas d'augmentation de prix.
- VE en cas de diminution de prix = - VC en cas d'augmentation de prix.
- VE = VC si l'élasticité de la demande de X par rapport au revenu est égale à zéro.
- VE > VC en cas de diminution de prix si l'élasticité de la demande par rapport au revenu est positive.
- VE < VC en cas d'augmentation de prix si l'élasticité de la demande par rapport au revenu est positive.
- L'écart entre VC et VE est d'autant plus important que l'élasticité de la demande de X par rapport au revenu est forte.

Il convient de noter que le graphique A4.1 fait apparaître les quatre mesures de la rente en cas de diminution de prix. Ces mêmes mesures s'appliquent en cas d'augmentation de prix, ce qui nous donne huit mesures en tout.

Graphique A4.1. **Les quatre mesures hicksiennes de la rente du consommateur en cas de diminution de prix**

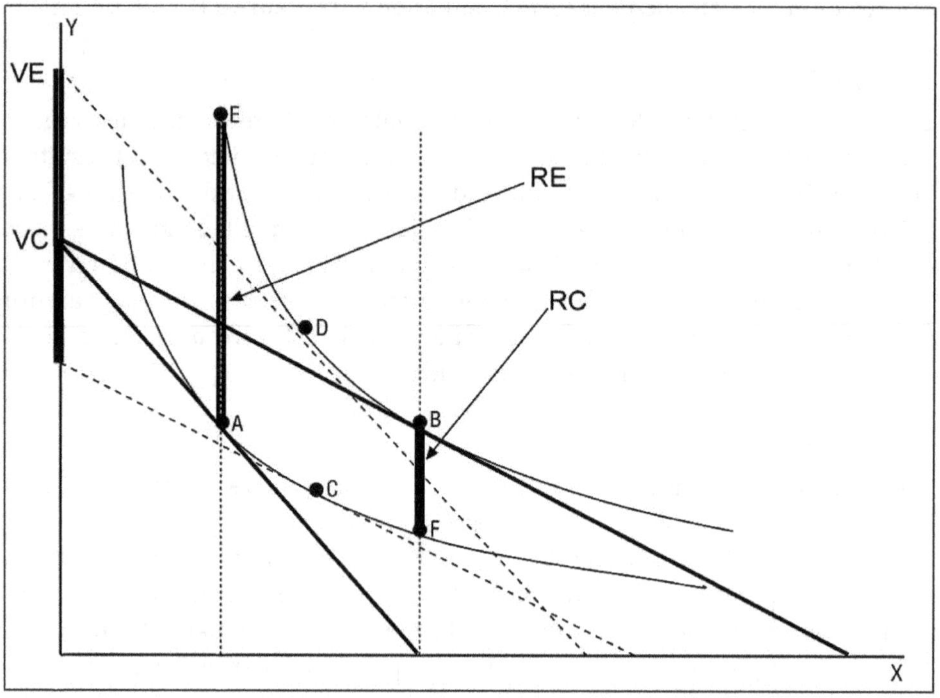

Analyse coûts-avantages et environnement
Avancées théoriques et utilisation par les pouvoirs publics

PARTIE I

Chapitre 5

Méthode des choix discrets

De nombreux types d'impacts environnementaux sont de nature multidimensionnelle. En effet, le changement subi par une ressource environnementale à la suite de la mise en œuvre d'un projet ou d'une politique se traduit souvent par des modifications de ses divers attributs, dont chacun devra être évalué séparément. Il existe un outil capable de faire ressortir la valeur attribuée à chacune de ces dimensions par les personnes interrogées et de tenir compte des arbitrages entre ces dimensions, il s'agit de la méthode des choix discrets (MCD), qui partage avec l'évaluation contingente certains points forts et certains points faibles mais qui présente aussi des caractéristiques propres qui peuvent lui conférer un profil de performance et de précision différent. À première vue, certaines tendances semblent aller à l'encontre les unes des autres. Le choix du plan d'expérience, c'est-à-dire la construction des paires d'attributs et de niveaux qui seront proposées aux personnes interrogées dans les ensembles de choix qui leur seront présentés, est une étape fondamentale et la tendance est à retenir des plans d'une complexité croissante dans un souci d'efficacité des réponses. Cette complexification entraîne toutefois pour les personnes interrogées d'inévitables difficultés cognitives puisqu'elles doivent opérer de nombreux choix délicats entre des options comportant un certain nombre d'attributs et de niveaux. Il existe une limite à la quantité d'informations que les personnes interrogées peuvent traiter de façon pertinente lors d'une prise de décision, ce qui peut entraîner dans leurs réponses des erreurs et des imprécisions selon qu'un phénomène de fatigue ou d'apprentissage prévaut. Là encore, les liens avec la recherche comportementale sont très pertinents, notamment concernant les règles d'heuristique et de filtrage, qui amènent à choisir les options jugées suffisamment bonnes plutôt que celles maximisant l'utilité. Autre caractéristique notable de ces travaux, la modélisation statistique des réponses s'est perfectionnée et permet de rendre bien mieux compte d'aspects comme l'hétérogénéité des préférences. Bien qu'elle demeure réservée à des spécialistes, cette modélisation devient progressivement accessible à un plus grand nombre d'analystes grâce à la multiplication des formations et des logiciels de statistique gratuits.

5.1. Introduction

La méthode des choix discrets (MCD) est une méthode de préférences exprimées à attributs multiples initialement élaborée par Louviere et Hensher (1982) et Louviere et Woodworth (1983) dans le contexte des travaux de recherche sur les transports et les études de marché (par exemple Green et Srinivasan, 1978 ; Henscher, 1994). Depuis, la MCD connaît un succès croissant dans le domaine de l'évaluation environnementale (Adamowicz et al., 1998 ; Louviere, Hensher et Swait, 2000 ; Hanley, Mourato et Wright, 2001 ; Bennett et Blamey, 2001 ; Hensher, Rose et Greene, 2015 ; Adamowicz, 2004 ; Kanninen, 2007 ; Hoyos, 2010). Elle fait partie des méthodes de modélisation des choix (ou de l'analyse conjointe), à l'instar du classement contingent, de l'évaluation contingente et des comparaisons par paires (Bateman et al., 2002 ; Hanley, Mourato et Wright, 2001). La MCD est cependant la seule méthode de modélisation des choix qui satisfasse véritablement aux exigences de la théorie du bien-être (Bateman et al., 2002). Une étude récente montre que depuis une dizaine d'années, la MCD est de plus en plus souvent préférée à la méthode de l'évaluation contingente (chapitre 4), comme en témoigne la comparaison aussi bien du nombre de publications que du nombre de citations (Mahieu et al., 2014).

La MCD est dérivée de la théorie de Lancaster (1966) sur les caractéristiques de la valeur, selon laquelle tout bien peut être décrit par un ensemble d'attributs et les modalités (ou niveaux) qu'ils sont susceptibles d'afficher. En s'appuyant sur le concept d'utilité aléatoire, elle utilise la théorie des plans d'expérience pour élaborer des fiches de choix décrivant différents scénarios envisageables qui s'excluent mutuellement (généralement 2 ou 3), parmi lesquelles les personnes interrogées sont invitées à choisir celle qu'elles préfèrent, les options en question présentant des attributs et niveaux différents. En variant les niveaux des attributs d'une option à une autre et en incluant un attribut monétaire, il est possible d'estimer la valeur totale d'un changement affectant un bien ou un service ainsi que la valeur des attributs qui le caractérisent. Ces valeurs ne sont pas données directement mais elles sont déduites indirectement des choix faits par les individus. Par ailleurs, il est possible aussi d'évaluer les arbitrages non monétaires entre les attributs. Pour rendre le choix économique plus réaliste, il est nécessaire d'inclure une option de base ou de statu quo, ce qui permet d'éviter le problème qui se présente quand les personnes interrogées sont obligées de choisir des options qui ne correspondent pas nécessairement à leurs préférences. Comme l'évaluation contingente, la modélisation des choix permet aussi de mesurer toutes les formes de valeur, y compris les valeurs de non-usage.

Si certains des arguments pour affirmer que les méthodes de modélisation des choix permettent de surmonter les problèmes rencontrés avec l'approche dominante de l'évaluation contingente relèvent encore, pour le moment, du domaine de la spéculation (Hanley, Mourato et Wright, 2001), les éléments les plus convaincants à l'appui des premières concernent sans doute les situations dans lesquelles les changements à évaluer sont multidimensionnels, autrement dit, celles dans lesquelles ces changements affectent un certain nombre des attributs en question et dans lesquelles les arbitrages entre les attributs sont importants. On fera généralement appel à l'évaluation contingente pour déterminer la valeur du changement global d'un bien multidimensionnel. Le recours à certaines variantes de la modélisation des choix pourra néanmoins être envisagé si les décideurs ont besoin de mesurer les modifications de chacune des dimensions ou caractéristiques du bien en question.

Ce chapitre s'articule en plusieurs parties. La section 5.2 étudie les fondements conceptuels de l'expérience de choix. Dans la section 5.3, les étapes de la MCD sont présentées et illustrées par des exemples. La section 5.4 traite des avantages et des inconvénients de la MCD par rapport à l'évaluation contingente. Un certain nombre d'évolutions récentes sont présentées dans la section 5.5. La section 5.6 reprend les conclusions.

5.2. Fondements conceptuels

La MCD a initialement été décrite par Louviere et Hensher (1982), puis par Louviere et Woodworth (1983). Elle s'appuie sur un cadre théorique identique à celui de la méthode d'évaluation contingente fondée sur les choix dichotomiques sur laquelle repose le modèle d'utilité aléatoire (Luce, 1959 ; McFadden, 1973), ainsi que sur le même type d'analyse empirique que l'étude économétrique de variables dépendantes limitées (Greene, 2008). Il s'ensuit que la fonction d'utilité indirecte (*U*) pour chaque personne interrogée *i* peut être décomposée en deux éléments : une composante déterministe (*V*) qui prend généralement la forme d'un indice linéaire des attributs (X) des différentes options *j* incluses dans l'ensemble de choix, et un élément stochastique (*e*) qui représente les influences inobservables sur les choix individuels. C'est ce que montre l'équation [5.1].

$$U_{ij} = Vij(Xij) + eij = bXij + eij \qquad [5.1]$$

Comme le montre l'équation [5.2], la probabilité qu'une personne interrogée donnée préfère l'option *g* à toute autre option *h* proposée dans le même ensemble de choix est égale à la probabilité que l'utilité procurée par l'option *g* soit supérieure à celle offerte par toute autre option :

$$P\left[(Uig > Uih)\forall h \neq g\right] = P\left[(Vig - Vih) > (eih - eig)\right] \qquad [5.2]$$

Pour déterminer de façon explicite cette probabilité, il faut connaître la distribution des résidus (*eij*). On suppose fréquemment qu'ils sont distribués de façon indépendante et identique selon la distribution des valeurs extrêmes (également appelée « distribution de Weibull ») :

$$P\left(e_{ij} \leq t\right) = F(t) = \exp(-\exp(-t)) \qquad [5.3]$$

La distribution des résidus indiquée ci-dessus implique que la probabilité qu'une option *g* donnée soit préférée à toutes les autres doit pouvoir prendre la forme de la distribution logistique (McFadden, 1973), qui est présentée à l'équation [5.4]. Celle-ci est connue sous le nom de *modèle logit conditionnel* :

$$P(Uig > Uih, \forall h \neq g) = \frac{\exp(\mu Vig)}{\sum_j \exp(\mu Vij)} \qquad [5.4]$$

où μ est un paramètre d'échelle inversement proportionnel à l'écart type de la distribution des résidus. Ce paramètre ne peut être calculé séparément et il est donc en règle générale supposé égal à un. Cette formule a une importante conséquence : les choix effectués doivent respecter le critère d'indépendance à l'égard des options non pertinentes (ou axiome du choix de Luce ; Luce, 1959), qui veut que les probabilités relatives que deux options soient retenues ne soient pas affectées par l'introduction ou le retrait d'autres options. Ce critère découle de l'indépendance de la distribution des résidus correspondant aux différentes options proposées dans l'ensemble de choix (conformément à la loi de Weibull).

Ce modèle peut être estimé par la méthode classique du maximum de vraisemblance, au moyen de la fonction de log-vraisemblance (log L) correspondante décrite à l'équation [5.5] ci-dessous, où *yij* est une variable indicatrice dont la valeur est égale à un si la personne interrogée *j* choisit l'option *i* et à zéro dans tous les autres cas.

$$\log L = \sum_{i=1}^{N}\sum_{j=1}^{J} yij \log[\frac{\exp(Vij)}{\sum_{j=1}^{J}\exp(Vij)}] \qquad [5.5]$$

Outre les caractéristiques propres à l'ensemble de choix, des variables socioéconomiques peuvent être incluses dans les termes X de l'équation [5.1], mais compte tenu qu'elles demeurent constantes pour un même individu quels que soient les ensemble de choix considérés (son revenu ne varie pas entre le premier choix et le second), elles ne peuvent apparaître dans l'équation que sous la forme de termes d'interaction, c'est-à-dire mises en interaction avec les caractéristiques propres aux choix.

Cependant, la pratique habituelle qui consiste à soumettre aux personnes interrogées une série de questionnaires de choix n'est pas sans poser des problèmes. Les analystes considèrent en règle générale que les réponses à chaque ensemble de choix constituent des sources d'information bien distinctes. En d'autres termes, les réponses à chacun des ensembles de choix proposés à une personne interrogée sont présumées totalement indépendantes les unes des autres. Tel n'est très probablement pas le cas, car il existe vraisemblablement une certaine corrélation entre les résidus de chaque groupe d'ensembles envisagées par une même personne. Les données se présentent donc dans les faits comme un tableau comportant n « périodes de temps » correspondant aux n ensembles de choix présentés à chaque individu. De ce fait, les modèles standard surestiment la quantité d'information contenue dans le jeu de données. Un certain nombre de méthodes permettent de remédier à ce problème. Dans certains cas, une correction peut être apportée *ex post* en multipliant l'écart type des coefficients correspondant à chaque caractéristique par la racine carrée du nombre de questions posées à chacune des personnes interrogées. D'autres types de modèles utilisés pour estimer les données au moyen de la MCD – tels que le modèle logit à paramètres aléatoires – corrigent automatiquement cette distorsion dans le cadre de la procédure d'estimation.

Après estimation des paramètres, une mesure monétaire du surplus compensatoire du bien-être conforme à la théorie de la demande peut être calculée pour chacune des caractéristiques à l'aide de l'équation [5.6] (Hanemann, 1984 ; Parsons et Kealy, 1992) où V^0 représente l'utilité de l'état initial et V^1 l'utilité de l'autre état proposé. Le coefficient b_c indique l'utilité marginale du revenu et s'applique à l'attribut coût.

$$Valeur\ monétaire = \frac{ln\left\{\frac{\sum_i exp(V_i^1)}{\sum_i exp(V_i^0)}\right\}}{b_c} \qquad [5.6]$$

Il est aisé de montrer que, pour l'indice linéaire d'utilité précisé dans l'équation [5.1], la formule ci-dessus peut être simplifiée et réduite au ratio de coefficients indiqué à l'équation [5.7] où b_x est le coefficient de l'attribut considéré (non monétaire) et b_c correspond au coefficient de l'attribut coût. Les ratios de ce type sont souvent appelés « prix implicites ».

$$Valeur\ monétaire = \left|\frac{b_x}{b_c}\right| \qquad [5.7]$$

L'expérience de choix est par conséquent compatible avec la maximisation de l'utilité et la théorie de la demande, du moins lorsqu'une option correspondant au statu quo est incluse dans l'ensemble de choix.

Il convient toutefois de noter que le calcul des écarts types s'avère plus complexe dans le cas des ratios correspondant aux prix implicites. Bien que la distribution asymptotique de l'estimateur du maximum de vraisemblance soit connue pour les paramètres b_x, elle ne l'est pas pour la mesure du bien-être, puisqu'elle constitue une fonction non linéaire du vecteur de paramètres. Les intervalles de confiance de cette mesure peuvent être obtenus au moyen de la procédure mise au point par Krinsky et Robb (1986). Cette technique simule la distribution asymptotique des coefficients au moyen de tirages aléatoires répétés dans une distribution normale à plusieurs variables définie par les estimations des coefficients et la matrice de covariance qui leur est associée. Celles-ci permettent de générer une distribution empirique pour la mesure du bien-être, et les intervalles de confiance correspondants peuvent alors être calculés.

Enfin, les données de la MCD peuvent être utilisées pour estimer les valeurs de bien-être associées aux différentes combinaisons d'attributs et de niveaux (Bennett et Blamey, 2001). Le recours aux prix implicites estimés pour les divers attributs permet au chercheur de calculer la valeur économique de telle ou telle option particulière (chaque option étant définie par un ensemble particulier d'attributs et de niveaux) par rapport au statu quo. Un certain nombre d'estimations du surplus compensatoire peuvent être calculées selon les niveaux des attributs sélectionnés.

Si l'on constate que l'hypothèse de l'indépendance à l'égard des options non pertinentes n'est pas respectée, il est nécessaire de recourir à des modèles statistiques plus complexes qui assouplissent certaines des hypothèses formulées. Il s'agit notamment des modèles probit multinomial (Hausman et Wise, 1978), logit emboîté (McFadden, 1981), logit mixte ou logit à paramètres aléatoires (Train, 1998), et du modèle à structure latente (Boxall et Adamowicz, 2002). L'indépendance à l'égard des options non pertinentes peut être testée à l'aide d'une procédure suggérée par Hausman et McFadden (1984). Celle-ci consiste essentiellement à élaborer un test de ratio de vraisemblance à partir de différentes versions du modèle excluant toute possibilité de choix. Si l'hypothèse relative à l'indépendance à l'égard des options non pertinentes est vérifiée, le modèle estimé en tenant compte de toutes les options devrait être identique à celui estimé pour un sous-ensemble d'entre elles (on en trouvera un exemple chez Foster et Mourato, 2002).

5.3. Les étapes d'une méthode des choix discrets

Comme indiqué à la section 5.2, le cadre conceptuel de la MCD suppose que les utilités des consommateurs ou des personnes interrogées pour un certain bien puissent être décomposées en utilité ou bien-être découlant des attributs de ce bien et en un élément stochastique. On présente aux personnes interrogées une série d'options qui diffèrent par leurs attributs comme par les niveaux qu'ils affichent, avant de les inviter à choisir celle qu'elles préfèrent. Une option de base correspondant au statu quo ou à la situation où « rien n'est fait » figure d'ordinaire parmi les choix proposés. L'inclusion d'une option de base ou d'une option « statu quo » est un élément important de la MCD : les personnes interrogées ne sont pas obligées de faire un choix entre des options qu'elles considèrent comme moins désirables que ce dont elles disposent déjà, et c'est ce qui permet aux analystes d'interpréter les résultats en termes économiques standard (en termes de bien-être).

Une application type de la MCD se caractérise par un certain nombre d'étapes fondamentales (Hanley, Mourato et Wright, 2001 ; Bennett et Blamey, 2001 ; Bateman et al., 2002 ; Hoyos, 2010), qui sont présentées dans le Tableau 5.1.

Tableau 5.1. **Étapes d'une application de la méthode des choix discrets**

Étape	Description
Sélection du bien/du service/ de la mesure à évaluer	On choisit une mesure, un bien ou un service multi-attributs à évaluer.
Sélection des attributs	Identification des attributs pertinents du bien/ du service/ de la mesure. La sélection des attributs auxquels les individus attachent de l'importance est assurée en s'appuyant sur les travaux publiés et sur des groupes témoins, alors que des experts devront être consultés pour déterminer ceux sur lesquels la politique considérée aura un impact. Afin de permettre l'estimation du CAP ou du CAA, le coût monétaire figure généralement parmi les caractéristiques retenues.
Association de niveaux aux attributs	Les niveaux des attributs doivent être réalistes, ne pas être linéairement espacés et couvrir tout l'éventail des préférences que pourraient avoir les personnes interrogées. Les groupes témoins, les enquêtes pilotes, l'examen des travaux publiés et la consultation d'experts sont des moyens essentiels pour choisir les niveaux appropriés. Un niveau de référence correspondant au « statu quo » est généralement inclus.
Choix du plan d'expérience	La théorie des plans d'expérience permet de regrouper les niveaux des attributs en un certain nombre de scénarios ou profils qui seront proposés aux personnes interrogées. Les *plans factoriels complets* sont constitués de toutes les combinaisons possibles d'attributs et de niveaux et permettent d'estimer la totalité des effets que les attributs exercent sur les choix, c'est-à-dire de déterminer l'impact de chacun de ces attribut *considéré individuellement* (principaux effets) et jusqu'à quel point les comportements varient selon leur *combinaison* (interactions). Ces plans sont souvent à l'origine un nombre de combinaisons trop élevé pour en permettre l'évaluation : 27 options seraient ainsi générées par un plan factoriel complet à 3 attributs ayant chacun 3 niveaux. Les *plans factoriels fractionnaires*, avec lesquels seul un sous-ensemble de combinaisons est sélectionné, permettent de réduire le nombre de combinaisons présentées mais entraînent une diminution concomitante de la capacité d'estimation (ce qui signifie que certaines des interactions ou la totalité d'entre elles ne seront pas détectées). Le nombre d'options peut ainsi être ramené de 27 à 9 en ayant recours à un plan factoriel fractionnaire. Des logiciels spécialisés permettent l'élaboration de ces plans.
Élaboration des ensembles de choix	Les profils identifiés au stade de la conception de l'expérience sont ensuite groupés en vue de constituer des ensembles de choix qui seront proposés aux personnes interrogées. Les profils peuvent être présentés par paires ou par groupes plus importants, généralement par triplets. Les 9 options identifiées au moyen du plan factoriel fractionnaire peuvent ainsi être groupées en trois ensembles de choix entre 4 possibilités.
Mesure des préférences	Les préférences individuelles peuvent être déterminées en demandant aux personnes interrogées de choisir l'option qu'elles préfèrent parmi les ensembles d'options qui leur sont proposés.
Estimation de valeurs	L'analyse économétrique (par exemple avec les modèles logit conditionnel, logit imbriqué, logit à paramètres aléatoires ou à structure latente) permet d'estimer les prix implicites pour chaque attribut ainsi que les valeurs de bien-être des combinaisons d'attributs.

5.3.1. Exemple : mesure des préférences pour des scénarios d'énergie nucléaire en Italie

Nous illustrerons le fonctionnement de la MCD à travers l'exemple d'une étude récente des préférences relatives à l'énergie nucléaire en Italie (pour plus de détails, voir Contu, Strazzera et Mourato, 2016). La réintroduction prévue de l'énergie nucléaire en Italie a été abandonnée au lendemain de l'accident nucléaire de Fukushima, suite à un référendum ayant mis en évidence une opposition massive de l'opinion publique. Cependant, une nouvelle technologie « révolutionnaire » en matière d'énergie nucléaire, la technologie de quatrième génération, actuellement en phase de recherche et développement, devrait résoudre un certain nombre des problèmes que posent les technologies actuelles, notamment en minimisant le risque d'accidents catastrophiques ainsi que la quantité de déchets nucléaires produits. Sachant que l'énergie nucléaire demeure une technologie essentielle pour permettre à un pays d'atteindre ses objectifs de réduction des émissions de gaz à effet de serre (GES), il est important d'obtenir l'acceptation sociale d'une nouvelle technologie nucléaire plus sûre.

Pour l'évaluation des préférences en matière d'énergie nucléaire, c'est la MCD qui a été choisie plutôt que l'évaluation contingente. Comme noté précédemment, la MCD est particulièrement bien adaptée lorsque les variations de valeur sont multidimensionnelles

(les scénarios sont alors présentés sous la forme d'ensembles d'attributs) et lorsque l'on s'intéresse aux arbitrages entre les différentes dimensions. Les scénarios en matière d'énergie nucléaire revêtent de multiples aspects qui sont importants pour le public, certains négatifs, comme le risque supposé d'accident, et d'autres positifs, comme les avantages pour l'environnement. En second lieu, les valeurs se déduisent implicitement des choix exprimés, si bien qu'il n'est pas nécessaire que les personnes interrogées attribuent directement une valeur monétaire aux changements de scénario. Cette dernière propriété a conduit à suggérer que les formats de la MCD pouvaient être moins sujets à des réponses de protestation que l'évaluation contingente, l'attention ne se portant pas seulement sur l'attribut financier mais sur tous les attributs du scénario (Hanley et al., 2001). Ceci vaut surtout pour les scénarios relatifs à l'énergie nucléaire, qui sont plus particulièrement susceptibles d'inspirer des votes de protestation compte tenu des positions notoirement très tranchées dans une grande partie du public vis-à-vis de l'énergie nucléaire.

Dans le scénario d'expérience de choix, il a été demandé aux personnes interrogées d'imaginer qu'elles avaient la possibilité de choisir entre une série d'options concernant la construction de centrales nucléaires de 4e génération en Italie. Les attributs sélectionnés étaient les suivants : réduction des émissions de GES (par rapport aux niveaux actuels des émissions, en l'absence de technologie nucléaire) ; réduction des déchets nucléaires (un avantage apporté par la technologie nucléaire de 4e génération par rapport à la technologie actuelle) ; distance entre la ville de résidence et la centrale nucléaire (pour des raisons de sécurité, habiter loin d'une centrale nucléaire est considéré comme un avantage) ; investissements publics (l'implantation d'une centrale nucléaire s'accompagne souvent d'investissements dans la région concernée, par exemple de nouveaux hôpitaux et des mesures de réaménagement du territoire) ; réduction de la facture d'électricité, par foyer et par an. L'attribut financier (réduction du montant des factures) est donc exprimé sous forme de compensation financière. Le tableau 5.2 présente les attributs et leurs niveaux.

Tableau 5.2. **Attributs et niveaux de l'expérience de choix**

Attributs	Niveaux
Distance de la centrale nucléaire	20, 50, 100, 200 km de la ville de résidence
Réduction des déchets nucléaires	30 %, 20 %, 10 %, pas de réduction
Réduction de la pollution atmosphérique	20 %, 10 %, pas de réduction
Réduction de la facture d'électricité	30 %, 20 %, 10 %, pas de réduction
Investissements publics	Construction d'hôpitaux, mesures de réaménagement du territoire, pas d'investissements

Il a été présenté aux personnes interrogées une série d'ensembles de choix et il leur a été demandé de choisir dans chaque cas le scénario qu'elles préféraient. Chaque ensemble était formé d'une paire de scénarios avec énergie nucléaire comportant les cinq attributs et les niveaux détaillés dans le tableau 5.2 ainsi qu'une option « statu quo », de telle sorte que les répondants puissent ne choisir aucune des deux options nucléaires. Compte tenu des cinq attributs et des niveaux associés, avec deux options pour chaque ensemble de choix, le nombre total de scénarios possibles était de 576 (4 niveaux de distance * 4 niveaux de réduction des déchets * 3 niveaux de réduction des émissions * 4 niveaux de réduction du montant des factures * 3 niveaux d'investissement public). Afin de réduire le nombre de choix demandés aux personnes interrogées, on a utilisé un plan orthogonal d'effets principaux, ce qui donnait un total de 64 paires de choix structurées en 8 blocs comportant chacun 8 ensembles de choix. Par souci de clarté, après la phase pilote, l'attribut investissements publics a été présenté sous forme de deux attributs distincts : construction de nouveaux hôpitaux (oui ou non) et mesures de réaménagement du territoire (oui ou non). Le graphique 5.1 présente l'exemple d'un ensemble de choix utilisé dans l'étude.

Graphique 5.1. **Exemple d'un ensemble de choix**

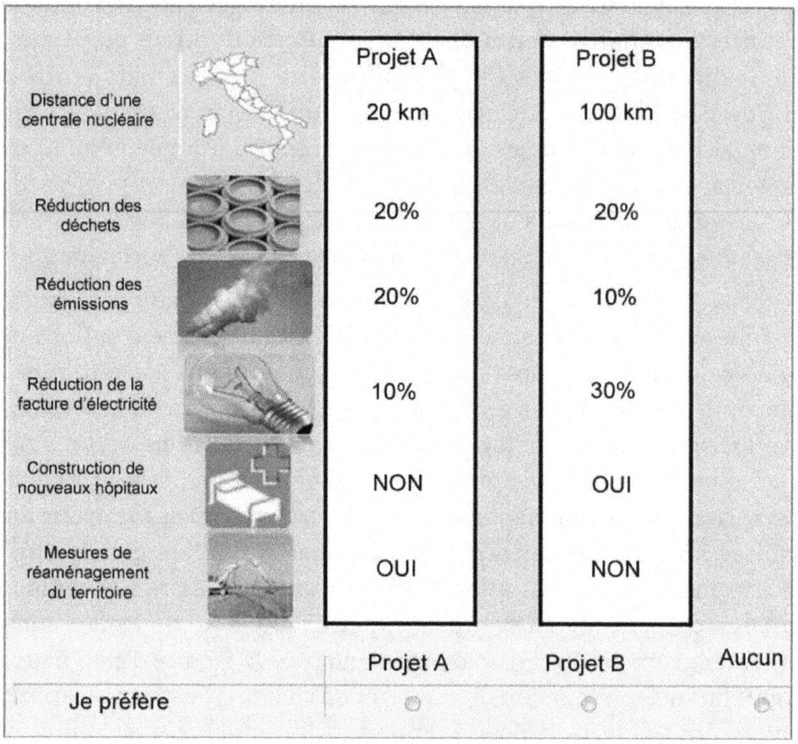

La méthode des choix discrets est compatible avec la maximisation de l'utilité et avec la théorie de la demande, du moins lorsqu'une option correspondant au statu quo est proposée dans l'ensemble de choix, comme c'est le cas ici. Si, par contre, tel n'est pas le cas, les personnes interrogées sont en fait « contraintes » de choisir l'une ou l'autre des options qui leur sont soumises, ce qu'elles pourraient ne pas du tout souhaiter. À supposer que certaines d'entre elles préfèrent l'option correspondant à la situation de départ (dans *le cas présent*, l'absence d'énergie nucléaire), aucun des modèles l'omettant parmi les choix proposés ne pourrait fournir d'estimations exactes du bien-être des consommateurs.

L'étude a été programmée dans Qualtrics et lancée en ligne en 2014 auprès d'un panel de 1 200 répondants italiens représentatif en termes de sexe, d'âge et de région. Comme on pouvait s'y attendre, les personnes interrogées étaient divisées vis-à-vis des scénarios d'énergie nucléaire : environ 23 % n'ont choisi aucun des deux scénarios d'énergie nucléaire dans chaque ensemble de choix, et une proportion similaire a toujours choisi un des deux scénarios d'énergie nucléaire dans chaque ensemble de choix.

Les données de l'expérience de choix ont été analysées en utilisant un modèle logit conditionnel, un modèle à paramètres aléatoires et à erreurs composées et un modèle à structure latente (voir section 5.2). Nous présentons ici les résultats du modèle logit conditionnel. Dans l'analyse, on suppose que la composante déterministe de la fonction d'utilité ou de bien-être V_{ij} (de la i^e personne interrogée pour les j options différentes proposées dans l'ensemble de choix) est simplement fonction (linéaire) des attributs des choix présentés :

$$V_{ij} = \beta_1 ASC + \beta_2 Distance_{200} + \beta_3 Distance_{100} + \beta_4 Distance_{50} + \beta_5 Déchets_{30} + \beta_6 Déchets_{20} + \beta_7 Déchets_{10} + \beta_8 Émissions + \beta_9 Hôpitaux + \beta_{10} Territoire + \beta_{11} Facture \quad [5.8]$$

où les βi sont les coefficients du modèle, et où les autres variables sont les attributs de l'expériencementation des choix présentés dans le tableau 5.2. L'ASC est une constante spécifique à l'alternative reflétant la variation des choix qui n'est pas expliquée par les attributs. Elle représente ici l'option « statu quo » dans chaque ensemble de choix. Un coefficient β_1 positif indique que les individus sont plus susceptibles de ne choisir aucun des scénarios d'énergie nucléaire, et il constitue donc une mesure de l'opposition globale à l'énergie nucléaire. En raison d'aspects non linéaires, certains des attributs sont codés sous forme de variables muettes : Distancex (distance entre la ville de résidence et la centrale nucléaire, variables muettes pour 50, 100 et 200 km, base de référence 20 km), Déchetsx (réduction des déchets nucléaires, variables muettes pour une réduction de 10, 20 et 30 %, base de référence « pas de réduction ») et les investissements publics Hôpitaux et Territoire (construction d'hôpitaux et mesures de réaménagement du territoire, respectivement, base de référence « pas d'investissement » dans chaque cas). Les deux derniers attributs sont les Émissions (représentant les réductions des émissions atmosphériques, par intervalles de 10 %) et la Facture (représentant les réductions du montant de la facture d'électricité par foyer, par an, en EUR, obtenues en appliquant les pourcentages de réduction de la facture à la moyenne des montants annuels des factures d'électricité des personnes interrogées).

En utilisant le modèle logit conditionnel pour estimer l'équation [5.8], on a déterminé les coefficients suivants : $\beta_1 = 1.60$; $\beta_2 = 0.72$; $\beta_3 = 0.579$; $\beta_4 = 0.431$; $\beta_5 = 0.726$; $\beta_6 = 0.606$; $\beta_7 = 0.367$; $\beta_8 = 0.274$; $\beta_9 = 0.326$; $\beta_{10} = 0.516$; $\beta_{11} = 0.00213$. Les coefficients relatifs à ces attributs sont tous positifs, sachant qu'il s'agit d'éléments qui augmentent l'utilité ou le bien-être : habiter loin d'une centrale nucléaire, réduire les déchets nucléaires, réduire les émissions, investir dans de nouveaux hôpitaux et dans des mesures de réaménagement du territoire, et réduire les factures d'électricité. Par ailleurs, l'effet de la distance du site nucléaire est non linéaire : la magnitude des coefficients augmente avec la distance.

À partir de ces résultats, l'analyste peut obtenir des estimations de valeur monétaire en divisant le coefficient de chaque attribut non monétaire (par exemple β_2, le coefficient de Distance 200 km) par le coefficient de l'attribut monétaire (β_{11}), conformément aux équations [5.6] et [5.7] ci-dessus. Ces valeurs représentent la propension à accepter des compensations, en termes de réductions des factures d'électricité, pour un niveau d'un attribut donné correspondant à une diminution de l'utilité (par exemple, une centrale nucléaire située plus près du domicile), ou sinon, le consentement à payer (en termes de renoncement à une compensation) pour un niveau d'un attribut qui représente une augmentation de l'utilité (par exemple, une centrale nucléaire située à plus grande distance du domicile, ou une réduction des émissions). Dans ce cas, sachant que tous les attributs sont formulés en termes d'avantages, les évaluations peuvent être interprétées comme des estimations du consentement à payer (c'est-à-dire à renoncer aux compensations). Les prix implicites des attributs sont donc les suivants :

$$CAP_{\text{ASC pas de nucléaire}} = \beta_1 / \beta_{11} = 1.60 / 0.00213 = \text{EUR } 751$$
$$CAP_{\text{Distance 200 km}} = \beta_2 / \beta_{11} = 0.72 / 0.00213 = \text{EUR } 338$$
$$CAP_{\text{Distance 100 km}} = \beta_3 / \beta_{11} = 0.579 / 0.00213 = \text{EUR } 272$$
$$CAP_{\text{Distance 50 km}} = \beta_4 / \beta_{11} = 0.431 / 0.00213 = \text{EUR } 202$$

$CAP_{Déchets\ 30\ \%} = \beta_5 / \beta_{11} = 0.726 / 0.00213 =$ EUR 341

$CAP_{Déchets\ 20\ \%} = \beta_6 / \beta_{11} = 0.606 / 0.00213 =$ EUR 285

$CAP_{Déchets\ 10\ \%} = \beta_7 / \beta_{11} = 0.367 / 0.00213 =$ EUR 172

$CAP_{Émissions} = \beta_8 / \beta_{11} = 0.274 / 0.00213 =$ EUR 129

$CAP_{Hôpitaux} = \beta_9 / \beta_{11} = 0.326 / 0.00213 =$ EUR 153

$CAP_{Territoire} = \beta_{10} / \beta_{11} = 0.516 / 0.00213 =$ EUR 242

En moyenne, les résultats montrent que les ménages italiens sont prêts à renoncer à une compensation annuelle de 338 EUR pour une centrale nucléaire située à 200 km (par rapport à une base de référence de 20 km), ce montant se réduisant à 202 EUR pour une distance de seulement 50 km. Par ailleurs, la réduction des déchets nucléaires est évaluée à 341 EUR (pour une réduction de 30 %), soit davantage que les mesures de réaménagement du territoire (242 EUR) et les hôpitaux (153 EUR). Enfin, les réductions des émissions sont fortement valorisées, à 129 EUR pour une réduction de 10 %. Il convient de remarquer que l'ASC représentant le statu quo, en l'occurrence l'absence d'énergie nucléaire, est positive et très fortement évaluée (751 EUR), ce qui indique une nette préférence pour les scénarios sans énergie nucléaire.

En 2004, Adamowicz (2004) prédisait que l'attention pourrait bientôt se porter moins sur les valeurs des biens environnementaux et davantage sur les choix. Il semble que cette prédiction se soit avérée : aujourd'hui, la MCD est plus prisée que l'évaluation contingente (Mahieu et al., 2014). Les applications abondent dans les transports, la santé, le marketing, l'agriculture mais aussi l'environnement, dans les pays développés comme dans les pays en développement. Un exemple d'application dans les pays en développement est présenté dans l'encadré 5.1.

Encadré 5.1. **Les préférences des pêcheurs pour les mécanismes de PSE marins en Tanzanie**

Depuis trente ans, la pêche tanzanienne est confrontée à un déclin significatif de la biodiversité et de la productivité. La population et le nombre de pêcheurs continuent à croître, et les ressources côtières sont soumises à une pression croissante. La gestion de l'espace maritime privilégie en général des solutions d'ordre réglementaire comme la création d'aires marines protégées (AMP), avec des interdictions totales de pêcher. Or, les AMP peuvent être inefficientes et inefficaces et faire peser une charge irréaliste sur les communautés locales de pêcheurs à faibles revenus. Les paiements pour services écosystémiques (PSE) peuvent compléter les instruments de gestion de l'espace maritime existants en incitant à court terme à accepter les restrictions de pêche – que celles-ci s'appliquent à des zones ou à des engins – grâce à une compensation pour la diminution des captures.

Barr et Mourato (2014) ont recouru à la MCD pour étudier la façon dont les compensations proposées aux pêcheurs en Tanzanie pour qu'ils adhèrent à des restrictions de pêche dans un parc marin local – zones fermées à la pêche et modification des engins de pêche – les conduisent à participer à un mécanisme de PSE marin. Le tableau 3 présente les attributs et les niveaux de l'expérience de choix discrets : superficie de la zone de pêche interdite dans le parc marin (par rapport à une base de référence sans restrictions spatiales), taille du maillage autorisé (un taille de 3 pouces étant le minimum légal : plus le maillage est large et plus les poissons peuvent s'échapper), et compensation financière. Les étapes d'expérimentation pilote font apparaître une forte variation des préférences en matière d'attributs de gestion. Certains niveaux des attributs (comme un maillage plus serré) étaient

Encadré 5.1. **Les préférences des pêcheurs pour les mécanismes de PSE marins en Tanzanie** *(suite)*

considérés comme très avantageux par certains pêcheurs, si bien qu'ils étaient disposés à payer pour cela. L'attribut monétaire final inclut donc une compensation négative, équivalente au consentement à payer.

Tableau 5.3. **Attributs et niveaux des attributs dans l'expérience de choix type**

Attribut du mécanisme de PSE	Description	Niveau de l'attribut
Superficie de la zone de pêche interdite	Superficies en % de la zone de pêche actuelle dans laquelle la pêche ne sera plus autorisée et AMP déclarée.	0, 10, 25, 50
Taille du maillage autorisé	Taille des mailles en pouces que les pêcheurs sont autorisés à utiliser sur les lieux de pêche. Le maillage se mesure quand la maille est étirée dans chaque coin.	1, 3, 6
Paiement	Paiement hebdomadaire en shillings tanzaniens (TZS) dans le cadre du mécanisme de PSE.	-1 000, 5 000, 10 000, 20 000

Sachant que près de 30 % des pêcheurs n'avaient pas reçu d'éducation formelle et que la plupart des autres n'avaient bénéficié que d'un enseignement primaire, les attributs et les niveaux de l'expérience de choix ont été présentés visuellement, à l'aide de schémas simples en noir et blanc (graphique 5.2). Dix-huit scénarios de gestion expérimentaux ont été définis et présentés sous forme de choix. Les deux premières fiches de scénario ont été tirées au hasard par l'agent recenseur, sans remise, dans un sac contenant les 18 scénarios. Le scénario de référence du statu quo a été ajouté, ce qui a donné un triplet de possibilités. Il a été présenté à chaque personne interrogée six de ces triplets générés de façon aléatoire (graphique 5.2).

Graphique 5.2. **Exemple du choix des pêcheurs tanzaniens**

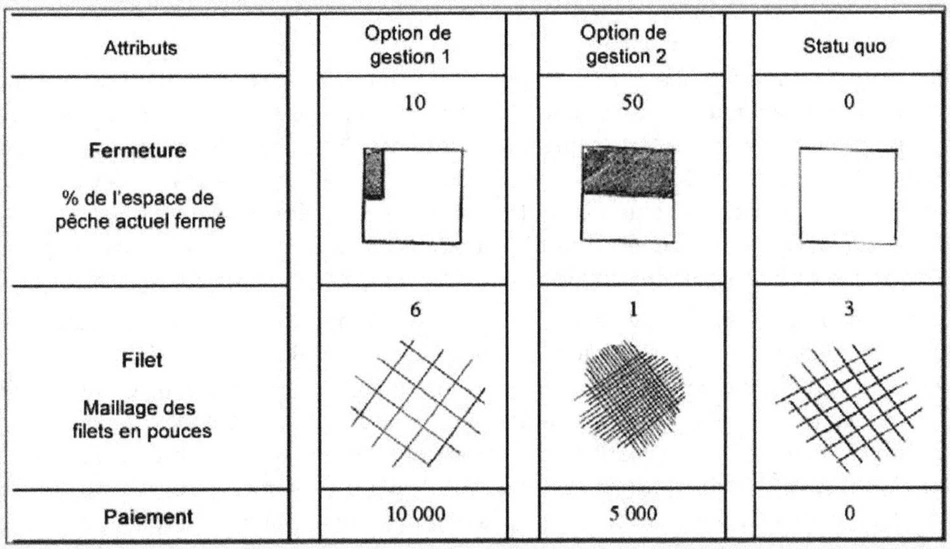

Des entretiens en face-à-face ont été organisés en 2010 avec 317 pêcheurs provenant de six villages côtiers du sud de la Tanzanie. Les données des choix ont été analysées en utilisant

Encadré 5.1. **Les préférences des pêcheurs pour les mécanismes de PSE marins en Tanzanie** *(suite)*

un modèle logit imbriqué. Les résultats montrent que l'abandon du statu quo était considéré comme une perte significative, les pêcheurs exigeant une compensation de 12.7 USD par semaine en moyenne (le revenu moyen de la pêche dans ces villages étant compris entre 4.8 USD et 1.3 USD par jour). Il n'y avait pas de quoi être surpris sachant que le statu quo apparaissait comme le choix préféré dans un peu plus de la moitié des choix présentés, 30 % des pêcheurs (96) ayant choisi le statu quo lors des six choix, ce qui révèle une aversion pour le changement.

Les autres résultats ont montré que des restrictions supplémentaires concernant le maillage représentaient un coût d'utilité élevé pour les pêcheurs : une compensation hebdomadaire de près de 10 USD par pêcheur était exigée pour faire passer de 3 à 6 pouces la taille minimum, tandis que pour la fermeture de 10 % supplémentaires du paysage marin aux activités de pêche, la compensation hebdomadaire exigée n'était que de 1.60 USD. Pour les pêcheurs, il apparaît qu'une fermeture de 20 % des zones de pêche représente la même perte d'utilité qu'une augmentation de 1 pouce du maillage autorisé. En agrégeant les combinaisons correspondantes de prix implicites, on détermine la valeur économique associée aux différents scénarios de gestion de l'espace maritime au moyen de PSE, par rapport à la situation actuelle (tableau 5.4).

Tableau 5.4. **Valeur économique du bien-être dans différents scénarios de gestion**

en USD par semaine

Maillage en pouces	Superficie fermée à la pêche (% de fermeture des zones de pêche actuelles)			
	0	10	25	50
1	-11.499	-13.082	-15.457	-19.414
3	-	-14.304	-16.678	-20.635
6	-22.072	-23.655	-26.029	-29.987

À chacun des programmes de PSE, les pêcheurs ont associé une perte d'utilité élevée, ce qui reflète leur aversion pour le changement. Le scénario comportant le moins de restrictions (la fermeture de 10 % seulement des zones de pêche et le maintien de la taille courante des mailles, de 3 pouces) réduit l'utilité de 14.3 USD par semaine (soit 12.7 USD pour renoncer au statu quo plus 1.60 USD pour endurer la réduction des zones de pêche). Comme prévu, la plus grande perte d'utilité a été associée aux scénarios de gestion comportant les plus grandes restrictions.

Globalement, les résultats de Barr et Mourato (2014) mettent en évidence une aversion pour le changement et des prévisions de taux d'adoption des PSE relativement faibles. Environ la moitié seulement des pêcheurs consentiraient à s'engager dans un mécanisme de PSE comportant la plus faible restriction, soit la fermeture de 10 % des zones de pêche et aucun changement concernant le maillage. Cela indique que les coûts associés à un mécanisme de PSE marin pourraient être élevés : créer un environnement favorable, dans lequel les changements ne susciteraient pas d'appréhension ni d'hostilité, peut être tout aussi important qu'investir dans des mécanismes de compensation conditionnelle en nature.

5.4. Forces et faiblesses relatives de la méthode des choix discrets

La MCD étant une méthode des préférences déclarées et, dans les faits, une généralisation de l'évaluation contingente fondée sur des choix discrets, elle comporte pour partie les mêmes avantages et inconvénients. De façon similaire à l'évaluation contingente, la MCD se fonde sur des scénarios hypothétiques et sur des choix sans conséquence pour le répondant, avec les réserves que cela peut impliquer (voir chapitre 4). Par ailleurs, comme l'évaluation contingente, la MCD est très flexible et permet de mesurer les changements futurs ainsi que les valeurs de non-usage. Cependant, la MCD présente des caractéristiques distinctives qui peuvent affecter de différentes manières sa performance et sa précision. Cette section étudie certains des principaux avantages et inconvénients de la MCD par rapport à l'évaluation contingente.

5.4.1. *Forces*

La MCD présente un certain nombre d'avantages par rapport à la technique standard d'évaluation contingente (Hanley, Mourato et Wright, 2001 ; Mahieu et al., 2014). Les principaux atouts de la MCD sont les suivants :

1. La MCD est particulièrement adaptée à l'analyse des changements multidimensionnels et lorsque les arbitrages entre les dimensions présentent un grand intérêt, du fait d'une capacité naturelle à identifier séparément la valeur des différents attributs d'un bien ou d'un programme, lesquels sont généralement indissociables les uns des autres. Il est vrai que l'évaluation contingente pourrait en principe être également utilisée pour estimer la valeur des attributs d'un programme, en incluant par exemple différents scénarios dans un questionnaire d'évaluation contingente, ou encore en procédant à une série d'études d'évaluation contingente. Cette solution est toutefois plus coûteuse et plus contraignante. C'est pourquoi la MCD convient mieux que l'évaluation contingente pour mesurer la valeur marginale des changements affectant diverses caractéristiques des programmes environnementaux par exemple, de même qu'elle apporte une meilleure compréhension des arbitrages entre eux. Du point de vue de la gestion et de la politique, il s'agit souvent d'une approche plus utile que celle consistant à porter l'attention sur le gain ou la perte globale associé(e) au bien, ou sur un seul changement discret affectant ses attributs. Ainsi, par exemple, une compagnie de distribution d'eau désireuse d'identifier les domaines possibles d'investissement devra sans doute déterminer, parmi les différents services qu'elle fournit, lesquels ont le plus d'importance aux yeux de sa clientèle et comparer les valeurs relatives (c'est-à-dire les avantages) de ces services avec les coûts des prestations. Or, les services fournis ont des dimensions multiples : la qualité de l'eau potable (par exemple le goût et l'odeur de l'eau, sa dureté, sa couleur, et l'éventuel besoin de la faire bouillir), la fiabilité de l'approvisionnement (par exemple la pression de l'eau, les interruptions de l'approvisionnement, les fuites d'eau et les inondations) et les impacts environnementaux (qualité des eaux fluviales, débit et niveau des rivières, interdiction éventuelle d'arroser les jardins). La MCD constitue donc le cadre idéal pour mesurer ces valeurs.
2. L'accent mis sur les attributs est susceptible d'augmenter les possibilités de généralisation des résultats, ce qui fait que la MCD est plus appropriée du point de vue du transfert de valeurs (Rolfe, 2006 ; Rolfe et Windle, 2008). Morrison et al. (1998) ont fourni des premières données encourageantes sur l'utilisation de la MCD pour le transfert de valeurs et ont mis en évidence des avantages comme la prise en compte des différences en termes d'améliorations environnementales entre les sites ainsi que des différences en termes de caractéristiques socio-économiques entre les populations auxquelles appartiennent les

personnes interrogées. Plus récemment, Rolf, Windle et Bennett (2015) ont étudié plusieurs raisons pour lesquelles la MCD pourrait se prêter plus facilement au transfert de valeurs. Ces raisons ont trait principalement à la richesse et au détail de l'estimation de valeur obtenue par la MCD, en termes d'attributs et de niveaux multiples. Cette richesse des données est particulièrement importante lorsqu'il s'agit d'effectuer des transferts de bénéfices en utilisant une fonction de transfert de valeurs (pour une étude sur les méthodes de transfert de valeurs, voir le chapitre 6). Les valeurs de bien-être estimées dans les études de MCD sont fonction des caractéristiques du site et des caractéristiques des personnes interrogées sur le site de l'étude initiale. Cette même fonction peut alors être utilisée pour un transfert de valeurs vers un site d'accueil différent, en utilisant les niveaux associés aux caractéristiques du nouveau site et de la population, dans la mesure où ces niveaux sont dans les limites utilisées dans l'étude initiale (Rolf, Windle et Bennett, 2015).

3. L'insensibilité à l'étendue du changement est un des grands problèmes avec la méthode de l'évaluation contingente (voir chapitre 4). Au contraire, la présentation simultanée de l'ensemble et des parties dans la MCD impose une certaine cohérence interne dans les choix des personnes interrogées. La MCD fournit donc naturellement un test interne d'étendue (au niveau des sujets), sachant que plusieurs réponses sont demandées à chaque individu. Ce test interne est cependant moins puissant qu'un test externe (entre les sujets) par prélèvement fractionné puisque les réponses données par un même individu ne sont pas indépendantes les unes des autres et qu'il en résulte inévitablement une certaine sensibilité aux variations. Dans le cadre d'un des rares tests formels de sensibilité à l'étendue qui existent, dans l'évaluation contingente et la MCD, Foster et Mourato (2003) ont mené des études d'évaluation contingente séparées concernant deux biens publics imbriqués, l'un et l'autre explicitement intégrés dans une étude parallèle utilisant la MCD. Les auteurs ont constaté que si l'évaluation contingente et la MCD donnaient visiblement des résultats faisant apparaître une sensibilité à l'étendue, les éléments produits par la MCD étaient bien plus probants que ceux produits par l'évaluation contingente. Ce constat concorde avec les attentes antérieures, le test d'étendue utilisé pour la méthode de l'évaluation contingente étant un test externe, par conséquent plus rigoureux que le test interne fourni par la MCD.
4. Les méthodes basées sur la modélisation des choix discrets fournissent davantage d'informations que les études d'évaluation contingente fondées sur des choix discrets, sachant que les personnes interrogées ont de multiples possibilités d'exprimer leur préférence pour un bien considéré par rapport à un éventail de paiements de différents montants : par exemple, si l'on présente aux personnes interrogées 8 paires d'options et un scénario de base où « rien n'est fait », elles peuvent répondre en choisissant parmi 17 montants proposés, dont un montant nul. En fait, certains considèrent que la MCD constitue une généralisation de l'évaluation contingente fondée sur des choix discrets dans laquelle une série de questions impliquant des choix discrets visent à évaluer au moins deux biens (Hanley, Mourato et Wright, 2001). Le recours à la MCD peut réduire les coûts d'évaluation de programmes multi-attributs, puisque cette méthode permet, par sa nature même, d'estimer la valeur des attributs du programme au moyen d'un seul questionnaire et de recueillir ce faisant davantage d'informations que les enquêtes d'évaluation contingente fondées sur des choix discrets.
5. Dans l'expérience de choix, on évite en règle générale de poser aux personnes interrogées une question explicite sur leur consentement à payer (ou sur leur consentement à accepter) et l'on préfère leur présenter une série d'options différentes et leur demander de

les classer ou de faire un choix parmi elles, pour déduire ensuite indirectement leur CAP à partir de leurs réponses. De ce fait, la MCD atténue probablement certaines difficultés posées par les réponses dans la méthode de l'évaluation contingente, comme les biais de protestation, stratégiques ou de complaisance (Hanley, Mourato et Wright, 2001). Cette hypothèse, si elle est intuitive, reste cependant spéculative et reste à démontrer. Dans un examen récent des études de MCD, Rakotonarivo et al. (2016) ont observé des fréquences de protestation comprises entre 2 % et 58 % dans les pays développés, mais en l'absence d'études comparatives réalisées en utilisant l'évaluation contingente il n'est pas possible de dire si celle-ci aurait donné de plus mauvais résultats.

5.4.2. *Faiblesses*

L'expérience de la MCD dans des contextes environnementaux et plus généralement dans les domaines des transports, du marketing et de la santé met aussi en évidence un certain nombre de problèmes potentiels :

1. Le principal inconvénient des approches par la MCD tient sans doute à l'effort intellectuel qu'imposent la complexité et la multiplicité des choix parmi des options comportant une grande quantité d'attributs qui présentent eux-mêmes bon nombre de niveaux. Si la recherche de l'efficacité statistique a plus de chances d'aboutir quand on pose un grand nombre de questions sur des arbitrages difficiles, les personnes interrogées s'en sortent mieux (en termes de réponses probantes) quand elles sont confrontées à un plus petit nombre d'arbitrages plus faciles (Johnson et al., 2013). Tant les économistes que les psychologues expérimentaux ont largement constaté qu'il existait une limite à la quantité d'informations que les personnes interrogées peuvent traiter de façon pertinente lors d'une prise de décision. On observe couramment que la complexité du choix peut être à l'origine d'un plus grand nombre d'erreurs aléatoires ou du moins, d'une plus grande imprécision des réponses (voir l'encadré 5.2). De façon plus générale, puisque dans la plupart des cas un grand nombre d'ensembles de choix sont proposés aux personnes interrogées, on peut se trouver confronté à des effets d'apprentissage mais aussi de fatigue et l'une des grandes questions qui se pose est de savoir lequel des deux l'emporte le plus souvent sur l'autre, et dans quelles circonstances. Le traitement des réponses répétées fournies par une même personne interrogée pose également des problèmes statistiques et la corrélation entre ces réponses doit alors être prise en compte et modélisée comme il convient (Adamowicz, Louviere et Swait, 1998).

   Il en résulte que si le chercheur souhaite inclure de nombreux attributs et de nombreux niveaux, les personnes interrogées seront confrontées à une tâche d'une ampleur décourageante, à moins que de très vastes échantillons ne soient constitués. Aussi, devant des choix complexes, les personnes interrogées sont susceptibles de recourir à des règles heuristiques ou empiriques pour simplifier la prise de décision. Ces critères de sélection les amènent à choisir les options jugées suffisamment bonnes même si ce ne sont pas nécessairement les meilleures, évitant ainsi d'avoir à résoudre le problème sous-jacent de maximisation de l'utilité (en se contentant d'une approche satisfaisante plutôt qu'optimale). Parmi les outils heuristiques fréquemment utilisés pour faire face aux choix difficiles figurent les stratégies maximin et maximax et les classements lexicographiques (Tversky, 1972 ; Foster et Mourato, 2002). Il importe donc que la MCD inclue des tests de cohérence afin de détecter l'ensemble des problèmes précédemment mentionnés (voir par exemple l'encadré 5.2). La section 5 ci-après présente certains développements récents dans ce domaine.

Encadré 5.2. **Tester la charge cognitive**

Le classement contingent est une variante de la modélisation des choix dans laquelle les personnes interrogées doivent ordonner une série d'alternatives (Hanley, Mourato et Wright, 2001 ; Bateman et al., 2002), plutôt que simplement choisir l'option qu'elles préfèrent comme c'est le cas avec la MCD. De la même façon qu'avec la MCD, chaque alternative se caractérise par un certain nombre d'attributs, proposés à des niveaux différents, et une option de statu quo est normalement incluse dans les possibilités de choix afin d'obtenir des résultats cohérents du point de vue du bien-être. Cependant, la tâche du classement impose une charge cognitive significative aux personnes interrogées, une charge qui s'intensifie avec le nombre d'attributs utilisés et avec le nombre d'alternatives proposées à chaque individu. On peut dès lors se demander si les personnes interrogées sont véritablement capables d'apporter des réponses significatives à ces questions. Dans une étude, Foster et Mourato (2002) examinent trois aspects différents de la cohérence logique dans le contexte d'une expérience de classement contingent : dominance, cohérence du classement, et transitivité de l'ordre du classement. Chacun de ces concepts est défini ci-dessous avant que soient exposées les conclusions de cette étude :

Dominance : on dit qu'une alternative en domine une autre quand elle est au moins aussi bonne du point de vue de chaque attribut. Si l'option A domine l'option B, alors il serait clairement incohérent, de la part d'une personne interrogée, d'attribuer à l'option B un meilleur rang qu'à l'option A. Les paires présentant une dominance sont parfois exclues des exercices de modélisation des choix au motif qu'elles n'apportent aucune information supplémentaire sur les préférences. Néanmoins, leur inclusion délibérée peut servir à tester la cohérence des réponses données par les personnes interrogées.

Cohérence du classement : lorsque les personnes interrogées doivent procéder à une série de classements, il devient aussi possible de tester la cohérence du classement à travers les questions. Cela peut se faire en concevant l'expérience de telle sorte que des paires d'options courantes apparaissent dans des propositions de classement successives. Ainsi, par exemple, on pourra demander à la personne interrogée de classer les options A, B, C, D dans la première question et les options A, B, E, F dans la deuxième question. La cohérence du classement veut qu'un individu qui préfère l'option B à l'option A dans la première question continue à exprimer la même préférence dans la deuxième question.

Transitivité : la transitivité de l'ordre du classement signifie qu'une personne interrogée qui a exprimé sa préférence pour l'option A par rapport à B dans la première question et pour l'option B par rapport à C dans une autre question n'exprime pas, dans la suite du questionnaire, une préférence pour l'option C par rapport à l'option A. L'analogie avec l'axiome de transitivité sur lequel repose la théorie néoclassique du consommateur est évidente.

Le jeu de données qui sert de base aux tests présentés par Foster et Mourato (2002) est une étude de classement contingent portant sur les coûts sociaux de l'utilisation de pesticides dans la production de pain au Royaume-Uni. Trois attributs de produit ont été retenus dans l'enquête, chacun présenté avec trois niveaux différents : le prix du pain, avec des mesures relatives à la santé humaine – nombre de cas de maladie par an résultant de l'exposition aux pesticides – et les impacts environnementaux des pesticides – nombre d'espèces d'oiseaux des champs en situation de déclin à long terme en raison de l'utilisation de pesticides. Le tableau 5.5 illustre un exemple de fiche de choix pour cette étude.

Les résultats de base des tests de cohérence logique élaborés par les auteurs sont présentés dans le tableau 5.6. Chaque personne interrogée a été classée dans une des trois catégories suivantes : i) « pas d'échec » signifie que ces individus ont toujours réussi un test particulier ; ii) « échecs occasionnels » fait référence aux individus qui l'ont parfois

Encadré 5.2. **Tester la charge cognitive** *(suite)*

Tableau 5.5. **Exemple de question de classement contingent dans une enquête sur les pesticides**

	Processus A	Processus B	Processus C	Processus D
Prix du pain	0.60 GBP la miche	0.85 GBP la miche	0.85 GBP la miche	1.15 GBP la miche
Conséquences sanitaires	100 cas de maladie par an	40 cas de maladie par an	40 cas de maladie par an	60 cas de maladie par an
Effets sur les oiseaux des champs	9 espèces en déclin	2 espèces en déclin	5 espèces en déclin	2 espèces en déclin
Classement				

Notes : Processus A : technologie actuelle de culture du blé ; Processus B à D : alternatives écologiques pour la culture du blé.

Tableau 5.6. **Comparaison des échecs aux tests**

	Pas d'échec	Échecs occasionnels	Échec systématique
Dominance	83 %	13 %	4 %
Cohérence du classement	67 %	32 %	1 %
Transitivité	87 %	13 %	0 %
ENSEMBLE	54 %	41 %	5 %

Note : Le pourcentage global d'échecs occasionnels présenté dans la dernière ligne du tableau est calculé déduction faite de tous les individus qui ont échoué systématiquement à un des tests.

réussi, mais pas toujours ; iii) « échec systématique » fait référence aux individus qui ont échoué à tous les tests qui leur ont été présentés.

Les résultats montrent qu'en considérant les tests un par un, une vaste majorité des personnes interrogées ont passé ces tests avec succès. Plus de 80 % ont toujours réussi les tests de dominance et de transitivité, tandis que les deux tiers ont réussi le test de cohérence du classement. Parmi ceux qui ont échoué à des tests, une vaste majorité n'a échoué que de façon occasionnelle. Le taux d'échec le plus élevé concerne le test de cohérence du classement, auquel ont échoué 32 % des individus de l'échantillon, tandis que seulement 13 % des personnes interrogées ont échoué aux deux autres tests. Les échecs systématiques sont comparativement rares, et aucun échec n'a été observé au test de transitivité.

Quand les résultats des tests sont regroupés, le Tableau 5 indique que seulement 5 % des membres de l'échantillon ont échoué de façon systématique. Le sous-ensemble global « pas d'échec » représente 54 % du total. Le fait que ce chiffre soit substantiellement plus petit que le pourcentage associé à « pas d'échec » pour chacun des tests indique que différentes personnes interrogées échouent à des tests différents, et non pas qu'un petit groupe de personnes interrogées échouerait à tous les tests. Cependant, ce résultat indique aussi un taux relativement élevé d'échecs occasionnels parmi les personnes interrogées, près de la moitié de l'échantillon ayant échoué à au moins un des tests une partie du temps.

De tels résultats peuvent avoir d'importantes implications pour la méthode du classement contingent, et plus généralement, pour la modélisation des choix. Le fait qu'à l'évidence une proportion substantielle des personnes interrogées éprouvent des difficultés à donner des réponses cohérentes à des problèmes de classement contingent soulève quelques préoccupations concernant la méthodologie, quand le but ultime de la recherche est d'estimer les coefficients avec lesquels calculer des montants du CAP qui soient valides et fiables. D'un autre côté, il semble que les erreurs soient le plus souvent occasionnelles, et leur fréquence devrait diminuer dans le contexte plus simple de la MCD dans lequel il s'agit seulement d'identifier l'option préférée (plutôt que de tout classer).

2. La MCD a plus de difficultés que l'évaluation contingente à estimer la valeur d'une suite d'éléments mis en œuvre dans le cadre d'une politique ou d'un projet. Aussi est-il sans doute préférable de recourir à l'évaluation contingente pour estimer la valeur des biens successivement fournis dans le cadre de programmes multidimensionnels (Hanley, Mourato et Wright, 2001).

3. Pour estimer à l'aide d'une approche fondée sur la MCD la valeur totale d'un programme ou d'un bien public et non plus une variation d'un seul de leurs attributs, il faut supposer que la valeur du tout est égale à celle de la somme des parties (voir l'encadré 5.1). Il en résulte deux problèmes potentiels. Tout d'abord, le bien en question peut posséder d'autres attributs dont il n'est pas tenu compte dans l'étude mais qui n'en génèrent pas moins de l'utilité (dans la pratique, ces effets peuvent être mesurés par d'autres moyens). Par ailleurs, la valeur du « tout » risque de ne pouvoir être obtenue par une simple addition de ce type. Dans d'autres secteurs des sciences économiques, des objections ont été soulevées concernant l'hypothèse selon laquelle la valeur du tout serait en fait égale à la somme des parties. C'est ce que l'on a parfois appelé les « package effects » dans la littérature grise (par exemple eftec et ICS Consulting, 2013). Avec la MCD, les « package effects » risquent davantage de poser un réel problème lorsque les valeurs marginales du CAP pour les changements dans les attributs sont appliquées à des mesures mettant en jeu des changements importants et multiples de façon simultanée au niveau des attributs, c'est-à-dire là où l'on peut s'attendre à des effets de substitution.

   Pour vérifier s'il s'agit là d'une objection valable dans le cas de la MCD, les estimations de la valeur totale d'un programme ou d'un bien obtenues grâce à la MCD pourraient être comparées à celles établies pour le même actif et dans des circonstances similaires au moyen d'une autre méthode telle que l'évaluation contingente. Dans le domaine des transports, des études réalisées pour le métro et pour le réseau de bus de Londres ont clairement démontré que la valeur globale des améliorations est inférieure à la somme des valeurs de chacune d'elles, toutes étant mesurées à l'aide de la MCD (SDG, 1999, 2000). Comme noté précédemment, Foster et Mourato (2003) ont constaté que les estimations de la valeur totale des services de bienfaisance au Royaume-Uni calculée à l'aide de l'expérience de choix étaient sensiblement plus élevées que celles obtenues grâce à une enquête d'évaluation contingente menée parallèlement. Ils en concluent qu'en retenant la somme des composantes individuelles du choix, on risque de surestimer grandement la valeur de l'ensemble.

4. Avec la MCD, on trouve fréquemment un nombre disproportionné de personnes interrogées choisissant le statu quo, la base de référence ou la solution de refus (par exemple Ben Akiva et al., 1991 ; Meyerhoff et Liebe, 2009). Cela pourrait refléter un biais de statu quo, c'est-à-dire un biais en faveur de la situation courante ou de référence (Samuelson et Zeckhauser, 1988) qui pourrait survenir pour un certain nombre de raisons : inertie, perceptions biaisées, capacité cognitive limitée, incertitude, défiance vis-à-vis des institutions, doutes sur l'efficacité du programme proposé, ou complexité de la tâche (Meyerhoff et Liebe, 2009). Un petit nombre d'auteurs ont expérimenté différentes présentations de l'option du statu quo dans la MCD pour en étudier les effets sur les choix (Banzhaf, Johnson et Mathews, 2001 ; Kontoleon et Yabe, 2004).

5. Comme c'est le cas pour toutes les techniques des préférences déclarées, les estimations du bien-être obtenues au moyen de la MCD sont sensibles à la façon dont est conçue l'étude. Le choix des attributs et de leurs niveaux, tout comme la façon dont ils sont

présentés aux personnes interrogées (par exemple au moyen de photos ou au contraire de textes descriptifs, et selon qu'il s'agit de procéder à des choix ou à des classements) ne sont pas sans conséquence et peuvent avoir une incidence sur la valeur des estimations de la rente des consommateurs et de leur utilité marginale.

5.5. Évolutions récentes et problèmes de frontières

Les techniques des préférences déclarées atteignant leur maturité, des percées décisives ont moins de chances de se produire. Les méthodes de modélisation des choix ne font pas exception. Au cours de la dernière décennie, il y a eu essentiellement de petites améliorations de la conception statistique, de l'analyse économétrique et des méthodes de mise en œuvre d'enquêtes (avec l'apparition des sondages en ligne dont il est question au chapitre 4). Cependant, il y a eu également des progrès dans notre compréhension de la façon dont les choix individuels sont formulés dans les contextes de choix séquentiels, ainsi que le développement de nouvelles variantes des modèles de choix. Cette section présente un bref aperçu de certaines évolutions essentielles de la compréhension du comportement des personnes interrogées dans le contexte de l'expérience de choix.

5.5.1. *Des méthodes de plan d'expérience*

La sélection du plan expérimental, c'est-à-dire de la combinaison d'attributs et de niveaux à présenter aux personnes interrogées dans les questionnaires de choix, est une étape clé dans l'élaboration de la MCD lorsqu'on utilise des conceptions factorielles partielles (section 2). Ces dernières années, de nombreuses innovations ont eu lieu dans les méthodes de conception expérimentales (De Bekker-Grob et al., 2012 ; Johnson et al., 2013). Les configurations orthogonales (dans lesquelles les attributs sont statistiquement indépendants les uns des autres et les niveaux apparaissent le même nombre de fois) sont largement utilisées et disponibles dans des catalogues de plans de sondages, des tableaux de matrices orthogonales en ligne, ou plus communément dans des programmes statistiques comme SPSS (SPSS, 2008), SPEED (Bradley, 1991), ou SAS (Kuhfeld, 2010).

Plus récemment, des plans de sondage plus efficients (conçus pour minimiser les erreurs type des estimations de paramètres pour une taille d'échantillon donnée) ont été mis au point, et ils sont de plus en plus utilisés. Parmi ceux-ci, les plans qui utilisent le critère d'efficience D (disponibles dans le logiciel SAS). De nouveaux logiciels de conception avancés, conçus spécifiquement pour la MCD, ont aussi été développés ces dernières années. De façon plus spécifique, Ngene (Choice Metrics, 2014), de plus en plus populaire, permet de créer des plans pour un vaste ensemble de modèles de MCD, d'utiliser des distributions bayésiennes et d'adapter les spécifications aux contraintes et aux effets d'interaction. Enfin, comme pour l'évaluation contingente (Chapitre 4), les enquêtes en ligne sont devenues le moyen le plus apprécié d'appliquer la MCD (Mahieu et al., 2014) et cette évolution, elle-même, a facilité la mise en œuvre de plans expérimentaux avancés.

5.5.2. *Apprécier l'efficience des réponses*

La précision globale des estimations de paramètres dans les modèles de MCD dépend non seulement de l'efficacité statistique du plan d'expérience évoqué en 5.1., mais aussi de l'efficience des réponses ou, en d'autres termes, de l'erreur de mesure qui résulte des erreurs et des choix non optimaux des personnes interrogées (Johnson et al., 2013).

Comme noté précédemment, on sait que dans une expérience de choix, les personnes interrogées peuvent adopter différentes stratégies ou heuristiques pour se simplifier la tâche

(Heiner et al., 1983; Payne et al., 1993). Ce genre d'aide psychologique à la décision face à une expérience de choix peut procéder d'un jugement conscient de la part de la personne interrogée. Ainsi, par exemple, la personne peut décider de façon rationnelle de faire des choix en ne tenant compte que d'une partie des informations fournies (De Palma et al., 1994). Elle peut aussi recourir à une heuristique (peut-être inconsciemment) en raison de capacités cognitives limitées ou d'une surcharge d'informations (Simon, 1955 ; Miller, 1955 ; Lowenstein et Lerner, 2003).

Parallèlement, de plus en plus d'observations associent divers niveaux de complexité dans les choix à des variations de la variance des erreurs (Mazzotta et Opaluch, 1995 ; Dellaert et al., 1999 ; Swait et Adamowicz, 2001 ; DeShazo et Fermo, 2002; Arentze et al., 2003 ; Cassuade et al., 2005 ; Islam et al., 2007 ; Bech et al., 2011 ; Carlsson et al., 2012 ; Czajkowski et al., 2014 ; Mayerhoff et al., 2014), ce qui indique l'importance qu'il y a à prendre en compte à la fois l'efficacité statistique et l'efficience des personnes interrogées. En d'autres termes, les personnes interrogées peuvent éprouver une certaine fatigue quand l'expérience de choix est complexe ou quand il leur est difficile de décider ; de même, il se peut que les personnes interrogées se servent des premiers choix pour apprendre à faire les choix et se mettre à utiliser une ou plusieurs règles de décision.

Le niveau de complexité d'une expérience de choix est défini au stade du modèle expérimental, quand les combinaisons qui seront présentées aux personnes interrogées sont déterminées. Dans cette optique, Louviere et al. (2008) apportent la preuve d'un lien négatif entre le nombre d'attributs et de niveaux et la cohérence des choix. Les préoccupations relatives à l'efficience des personnes interrogées ont conduit à la pratique courante consistant à diviser le nombre total de jeux de choix en ensembles plus petits de manière à réduire le nombre de choix que devra faire chaque personne interrogée (ainsi qu'à des plans plus économiques pour déterminer le nombre de ces jeux de choix, comme les plans factoriels fractionnaires). La procédure de blocage peut être appliquée à un plan factoriel complet ou à un plan factoriel fractionnaire. L'attention croissante portée à une conception plus flexible et efficiente de la MCD pourrait aussi aider à réduire la charge cognitive pour les personnes interrogées (voir par exemple Severin, 2001 ; Sándor et Franses, 2009 ; Danthurebandara et al., 2011).

5.5.3. Choix non entièrement compensatoires

Il est largement admis que les individus peuvent présenter une structure de préférence moins sage que ce qu'imposeraient les modèles standard de choix discrets. L'interprétation standard de la manière dont les personnes interrogées choisissent quelles options elles préfèrent dans la MCD est qu'elles prennent en compte (et arbitrent entre) tous les attributs concernés par le choix en question. Or, un certain nombre d'études montrent que les personnes interrogées peuvent déroger à ce comportement pleinement compensatoire et plutôt que de procéder à de tels compromis, prendre des décisions non compensatoires en retenant des attributs relativement moins préférés qui ne pourront jamais compenser un attribut davantage favorisé. Ou bien, il se peut que les personnes interrogées ne procèdent que partiellement à ces compromis et prennent des décisions qui sont semi-compensatoires, c'est-à-dire à la suite desquelles seule une quantité vraiment importante d'un attribut moins recherché pourrait permettre de compenser les pertes d'un attribut auquel les personnes interrogées tiennent davantage. De ce fait, un vaste ensemble de stratégies de décision non compensatoires et semi-compensatoires sont mentionnées dans la littérature, en vue de faciliter l'analyse des choix formulés par les personnes interrogées.

Ceci a des conséquences sur les modèles économétriques utilisés lors de la phase d'estimation ainsi que lors de la phase de conception expérimentale.

Depuis l'étude de Hensher et al. (2005), de nombreux travaux ont porté sur la modélisation de l'absence de prise en compte de certains attributs. Le terme *Attribute non-attendance* (ANA) fait référence à une situation dans laquelle les personnes interrogées ne prennent en compte qu'une partie des attributs présentés pour chaque choix à exprimer (elles n'arbitrent pas entièrement entre tous les attributs qui leur sont présentés). Il a été montré que la prise en compte de l'ANA pouvait conduire à des évaluations monétaires ou à des estimations de paramètres significativement différentes (Hensher, 2006 ; Hensher et Rose, 2009 ; Hess et Hensher, 2010 ; Hole, 2011 ; Scarpa et al., 2009 ; Scarpa et al., 2010 ; Campbell et al., 2011 ; Puckett et Hensher, 2008 ; Puckett et Hensher, 2009 ; Lagarde, 2013).

La « non-attendance » est généralement identifiée soit en demandant directement aux répondants de préciser s'ils n'ont pas tenu compte de certains attributs, et lesquels, soit en déduisant cette information au moyen d'un modèle économétrique approprié. L'ANA *déclarée* a été définie pour la première fois par Hensher et al. (2005) ; cependant, elle est controversée dans la mesure où les informations obtenues suscitent des préoccupations quant à leur fiabilité (Campbell et Lorimer, 2009 ; Carlsson et al., 2010 ; Hess et Hensher, 2010 ; Hess et al., 2012 ; Hess et al., 2013 ; Kaye-Blake et al., 2009 ; Kragt, 2013), certains auteurs avançant l'argument contraire (Hole et al., 2013). Comme il semble insatisfaisant d'opérer sommairement une discrimination entre les personnes interrogées qui prennent en compte tous les attributs et les autres, les auteurs proposent de recueillir des informations plus poussées et plus nuancées sur la prise en compte des attributs (Alemu et al., 2013 ; Colombo et al., 2013 ; Scarpa et al., 2013). Quant aux auteurs des études sur l'ANA *déduite*, ils considèrent qu'il est sans doute plus approprié de réduire l'étendue d'un paramètre lorsqu'il existe des signes de non-participation de l'attribut correspondant, plutôt que de fixer tout bonnement sa magnitude à zéro (Balcombe et al., 2011 ; Cameron et DeShazo, 2010 ; Kehlbecher et al., 2013).

En dehors du débat concernant l'opposition entre ANA *déclarée* et ANA *déduite*, d'autres courants de recherche ont étudié des voies alternatives. Un exemple est le concept d'*importance déclarée de l'attribut*, les personnes interrogées devant classer les attributs des choix expérimentaux par ordre d'importance pour leurs choix (voir par exemple Balcombe et al., 2014). Certaines de ces études ont aussi porté sur la façon dont la science du comportement pourrait éclairer la compréhension des choix effectués par les personnes interrogées. Ainsi, par exemple, il est généralement supposé que la personne interrogée traite les situations de choix selon un modèle d'utilité aléatoire, c'est-à-dire en choisissant des combinaisons d'attributs, parmi ce qui lui est proposé, selon l'option qui lui procure la plus grande utilité. Or, le choix exprimé par la personne interrogée pourrait plausiblement refléter d'autres procédures de décision, notamment un modèle de regret aléatoire, la personne interrogée choisissant l'option avec laquelle elle minimise ses chances de regretter son choix (Boeri et al., 2012 ; Chorus et al., 2008, 2014).

Il existe encore d'autres possibilités. Certaines personnes interrogées peuvent montrer des préférences lexicographiques, c'est-à-dire effectuer des choix selon un ordre strict en fonction de l'option comportant la plus forte valeur d'un attribut recherché tout en ignorant d'autres attributs (Sælensminde, 2001 ; Scott, 2002 ; Rosenberger et al., 2003 ; Gelso et Peterson, 2005 ; Campbell et al., 2006 ; Lancsar et Louviere, 2006 ; Hess et al., 2010) ; d'autres peuvent aussi utiliser des critères comme l'élimination selon l'aspect (Cantillo et Ortúzar,

2005 ; Swait, 2001) ou des points de référence (Hess et al., 2012). Enfin, une même personne peut parfois se comporter selon un modèle entièrement compensatoire, et à d'autres occasions adopter une stratégie de simplification (Araña et al., 2008 ; Leong et Hensher, 2012).

Le fait que les personnes interrogées adoptent une règle de décision unique ou se réfèrent à un ensemble de règles dépend de l'étude de cas concernée. Ce qui importe pour le professionnel, c'est de détecter une éventuelle hétérogénéité dans les règles de décision utilisées par les personnes interrogées et d'en tenir compte en analysant les choix dans le cadre d'un modèle statistique, faute de quoi les estimations des coefficients risqueraient d'être biaisées, de même que les évaluations monétaires, lesquelles sont cruciales dans la perspective de l'action publique. Des recherches sont nécessaires pour identifier un ensemble de règles de décision qui refléterait au mieux l'hétérogénéité des processus de décision tout en tenant compte de l'hétérogénéité des préférences (Hess et al. 2012 ; Araña et al., 2008 ; Boeri et al. 2012). Enfin, il reste à mener des recherches pour examiner la manière dont il conviendrait d'interpréter ou d'estimer les évaluations monétaires des personnes interrogées présentant cette diversité décisionnelle.

5.5.4. *Modélisation économétrique*

Bien que le modèle logit conditionnel de base continue d'être utilisé dans un nombre appréciable d'études (Louviere et Lancsar, 2009), des examens récents de la littérature relative à la MCD indiquent une évolution vers des modèles économétriques plus flexibles, dans lesquels on s'écarte de certaines hypothèses du modèle standard (voir section 2). Comme cela a été indiqué précédemment, les chercheurs adoptent de plus en plus des modèles comme le logit imbriqué, le logit mixte ou le modèle de structure latente, qui prennent du recul par rapport à l'hypothèse IIA, et surtout, qui tiennent davantage compte de l'hétérogénéité des préférences. Dans leur étude sur les applications de la MCD dans le domaine de la santé, De Bekker-Grobb et al. (2012) observent une légère progression de l'application de ces modèles sur la période 2001-2008, par rapport à la décennie précédente. Selon Mahieu et al. (2014), l'utilisation de modèles économétriques plus flexibles est plus répandue dans la recherche environnementale que dans la recherche sur l'agriculture ou la santé.

L'utilisation de modèles économétriques avancés devrait continuer à s'intensifier, du fait d'un certain nombre de facteurs : la disponibilité accrue de manuels spécialisés dans le domaine de la MCD (par exemple Hensher, Rose et Greene, 2015 ; Train, 2009) ; la prolifération des formations sur la MCD (par exemple l'Advanced Choice Modelling Course, dispensé par le Centre for Choice Modelling de l'université de Leeds ; le cours d'analyse des choix discrets organisé conjointement par le MIT et l'École polytechnique fédérale de Lausanne ; le cours Stated Preference Methods: State of the Art Modelling à l'Université suédoise des Sciences agricoles) ; des conférences spécialisées (par exemple la série de conférences International Choice Modelling Conference, *www.icmconference.org.uk/*); et enfin, et c'est important, des logiciels statistiques gratuits comme R (qui comporte un module *mlogit* pour l'estimation des choix discrets ; Viton, 2015) et Biogeme (développé spécifiquement pour l'estimation des modèles de MCD ; Bierlaire, 2003), ainsi que des logiciels commerciaux spécialisés de pointe dans le domaine de la MCD comme NLogit (Greene, 2016) et des commandes de modèle de choix discrets disponibles chez STATA (*www.stata.com*).

5.5.5. *Les modèles « Best-worst »*

L'utilisation des modèles Best-Worst Scaling (BWS), une méthode de choix alternatifs imposant une charge cognitive moins lourde que la MCD, suscite depuis peu un certain intérêt. La technique BWS a été initialement élaborée par Finn et Louviere (1992), après quoi Marley et Louviere (2005) ont apporté la preuve formelle des propriétés de ses mesures. La méthode BWS consiste à présenter aux personnes interrogées une série de trois éléments ou davantage et à leur demander de choisir les deux éléments extrêmes sur une échelle latente d'intérêt : le meilleur/le pire ou le plus important/le moins important, ou autres extrêmes pertinents pour l'étude. On présente successivement aux personnes interrogées plusieurs exemples, et à chaque fois elles doivent choisir les deux éléments extrêmes (par exemple le meilleur et le pire) parmi les éléments présentés. La série d'exemples est définie par un plan expérimental.

Dans l'application de la méthode BWS, contrairement à la MCD, on présente aux personnes interrogées une situation unique à la fois et on leur demande d'indiquer le meilleur et le plus mauvais attribut de ladite situation. L'objectif est de déterminer le poids relatif ou l'importance relative que les personnes interrogées assignent aux différents éléments d'un jeu (par exemple les attributs d'une politique). La méthode BWS met donc l'accent sur les préférences pour différents attributs et non sur les scénarios, qui représentent parfois une question utile au plan politique. Cependant, la méthode BWS, à moins de la combiner avec la MCD (par exemple Scarpa et al., 2011), ne permet pas de calculer des valeurs monétaires. Elle est aussi sujette à un certain nombre de biais, comme le biais de position (Campbell et Erden, 2015).

Potoglu et al. (2011) ont effectué une comparaison formelle entre la BWS et la MCD pour le même bien : la qualité de vie liée à la protection sociale. Le graphique 5.3 montre un exemple de jeu de choix dans la méthode BWS, et le graphique 5.4 montre l'exemple de deux jeux de choix utilisés dans la MCD parallèle. Les auteurs concluent que les deux techniques font apparaître un schéma de préférences similaire.

Graphique 5.3. **Exemple d'échelle « Best-Worst »**

Lequel de ces neuf points serait pour vous le meilleur, et lequel le pire ?		
Le meilleur (mettre un « X »)	**Aspect de la vie**	**Le pire (mettre un « X »)**
	Je peux avoir tout ce dont j'ai besoin pour manger et boire	
	Je n'ai pas une bonne hygiène, je ne me sens donc pas propre ni présentable	
	Ma maison est aussi propre et aussi confortable que je le désire	
	Parfois je ne me sens pas assez en sécurité	
	Parfois je me sens seul(e), mais j'ai des contacts avec des gens que j'aime	
	Je passe mon temps comme je le désire, à faire des choses qui comptent pour moi ou qui me plaisent	
	J'ai une bonne maîtrise de ma vie quotidienne	
	La façon dont on m'aide compromet l'image que j'ai de moi-même	
	Et je suis propriétaire de mon logement	

Source : Potoglu et al. (2011).

Graphique 5.4. **Exemple de jeu de choix discrets**

a — Laquelle de ces situations serait pour vous la pire ?

	Situation A	Situation B
Alimentation et nutrition	Je ne peux pas toujours avoir la nourriture et la boisson qu'il me faut, et je pense que cela entraîne un risque pour ma santé	Je ne peux pas toujours avoir la nourriture et la boisson qu'il me faut, mais je ne pense pas que cela entraîne un risque pour ma santé
Soins à la personne	Je n'ai pas l'impression d'être assez propre et présentable	J'estime être assez propre et présentable
Sécurité	En général je me sens suffisamment en sécurité	La plupart du temps je ne me sens pas suffisamment en sécurité
Maîtrise de ma vie quotidienne	J'ai une bonne maîtrise de ma vie quotidienne	J'ai une bonne maîtrise de ma vie quotidienne
La façon dont on m'aide	La façon dont on m'aide compromet l'image que j'ai de moi-même	Parfois, la façon dont on m'aide compromet l'image que j'ai de moi-même
Choix (mettez un « X » sur la plus mauvaise option)	☐	☐

b — Laquelle de ces situations serait pour vous la pire ?

	Situation A	Situation B
Logement, propreté et confort	Ma maison est suffisamment propre et confortable	Ma maison est aussi propre et aussi confortable que je le désire
Vie sociale	Je ne me sens pas seul(e), et j'ai suffisamment de contacts avec des gens que j'aime	J'ai autant de contacts que je le désire avec les gens que j'aime
Utilisation de mon temps	Je passe mon temps comme je le désire, à faire des choses qui comptent pour moi ou qui me plaisent	Il y a assez de choses qui comptent pour moi ou qui me plaisent pour occuper mon temps
Maîtrise de ma vie quotidienne	J'ai une certaine maîtrise de ma vie quotidienne, mais pas suffisamment	J'ai une certaine maîtrise de ma vie quotidienne, mais pas suffisamment
La façon dont on m'aide	La façon dont on m'aide ne change rien à l'image que j'ai de moi-même	La façon dont on m'aide ne change rien à l'image que j'ai de moi-même
Propriétaire de mon logement	Et je suis propriétaire de mon logement	Et je suis propriétaire de mon logement
Choix (mettez un « X » sur la plus mauvaise option)	☐	☐

Source : Potoglu et al. (2011).

Le nombre d'applications de BSW est en augmentation depuis quelques années, en particulier dans le domaine de la santé (par exemple Flynn et al., 2007). On observe aussi des exemples dans des études relatives au secteur alimentaire, à l'agriculture et à l'environnement (pour un aperçu, voir Campbell et Erdem, 2015).

5.6. Conclusions

De nombreux types d'impacts environnementaux sont de nature multidimensionnelle. En effet, le changement subi par un actif environnemental à la suite de la mise en œuvre d'un projet ou d'une politique se traduit souvent par des modifications de ses divers attributs, dont chacun devra être évalué séparément. On est proche du postulat théorique de la méthode hédoniste, l'une des méthodes des préférences révélées examinées au chapitre 3, dans laquelle la valeur de certains actifs tels que les biens immobiliers peut être considérée comme une résultante de la valeur estimée attachée par les consommateurs à un ensemble de caractéristiques qu'une analyse statistique appropriée permet de distinguer les unes des autres. En revanche, les méthodes des préférences déclarées connues sous l'appellation d'expériences de choix discrets et qui sont examinées dans ce chapitre doivent estimer la valeur attachée par les personnes interrogées aux multiples dimensions d'un bien environnemental, alors que la valeur totale de celui-ci ne peut elle-même être observée du fait qu'il ne s'échange sur aucun marché. Les informations ainsi obtenues sur la valeur (marginale) de chaque dimension sont en effet ensuite utilisées pour estimer la valeur totale des variations de l'offre du bien environnemental considéré.

Le terme générique de modélisation des choix recouvre certes un certain nombre d'approches différentes, mais l'expérience de choix en constitue probablement la variante la plus utilisée dans le cas des biens environnementaux. Dans une expérience de choix, les personnes interrogées sont invitées à dire quelle serait, parmi une série de choix constituée d'au moins deux options dont une correspond au statu quo ou à la situation existante, celle qui aurait leur préférence. Les résultats fournis par cette méthode peuvent être interprétés selon les critères de l'économie du bien-être classique, ce qui constitue un atout évident lorsqu'il est souhaitable de garantir la cohérence avec la théorie de l'analyse coûts-avantages.

La MCD, en qualité de méthode des préférences déclarées, comporte pour partie les mêmes avantages et inconvénients que la méthode de l'évaluation contingente. Une bonne partie du chapitre 4, concernant par exemple les questions de validité et de fiabilité dans le contexte des études d'évaluation contingente, s'applique sans doute aussi dans le contexte de la MCD. De façon similaire à l'évaluation contingente, la MCD se fonde sur des scénarios hypothétiques. De même, la MCD est très flexible et permet de mesurer les changements futurs ainsi que les valeurs de non-usage. Cependant, comme on peut le constater dans ce chapitre, la MCD présente des caractéristiques distinctives qui peuvent affecter de différentes manières sa performance et sa précision.

Le recours à la MCD pour évaluer les problèmes environnementaux unidimensionnels s'est constamment développé ces dernières années. La MCD est aujourd'hui systématiquement décrite parallèlement à l'évaluation contingente, sans doute plus connue, dans les manuels les plus récents portant sur la construction, l'analyse et l'utilisation d'études fondées sur les méthodes des préférences déclarées. Depuis quelques années, la MCD est davantage utilisée et citée que l'évaluation contingente (Mahieu et al., 2014) dans les domaines de l'environnement, de l'agriculture et de la santé. Plusieurs facteurs étudiés dans ce chapitre expliquent son succès. L'efficacité de la MCD tient au fait qu'elle permet d'obtenir des informations détaillées de la part des personnes interrogées dans les enquêtes. Sa construction statistique, sa mise en œuvre et son analyse économétrique ont été facilitées par la mise au point de logiciels statistiques spécialisés et d'une technologie pour les enquêtes en ligne, ce qui permet une présentation simple pour l'utilisateur des ensembles de choix et accélère considérablement la mise en œuvre et l'analyse. De nouveaux manuels spécialisés, des cours, des conférences et même une revue (le Journal of Choice Modelling) ont permis de faire connaître cette méthode dans plusieurs disciplines.

Globalement, les éléments étudiés ici semblent indiquer la supériorité de la MCD lorsqu'il s'agit d'évaluer des changements multidimensionnels complexes. Plus précisément, s'il s'agit d'évaluer les différentes composantes d'une stratégie et si les arbitrages à faire entre ces composantes sont importants, alors la MCD est probablement la méthode à retenir. Par ailleurs, la MCD présente aussi un avantage lorsque l'obtention directe de valeurs peut être problématique. En revanche, si l'on cherche à estimer la valeur totale d'une stratégie, alors l'évaluation contingente est sans doute la méthode à privilégier. En fin de compte, le choix de la méthode doit se faire au cas par cas : il convient d'utiliser la MCD lorsque les circonstances l'exigent. De ce fait, il est critiquable de considérer les deux méthodes comme étant toujours en concurrence, l'une étant nécessairement supérieure à l'autre. Chacune de ces deux approches aura probablement un rôle à jouer dans l'analyse coûts-avantages et il serait utile que les recherches à venir aident à comprendre dans quels cas il convient d'avoir recours à l'une plutôt qu'à l'autre. À l'instar de l'évaluation contingente, la MCD constitue un élément essentiel de l'ensemble de techniques d'évaluation que les spécialistes de l'analyse coûts-avantages ont à leur disposition.

Références

Adamowicz, W. (2004), « What's it worth? An examination of historical trends and future directions in environmental valuation », *Australian Journal of Agricultural and Resource Economics*, vol. 48, pp. 419-443, *http://dx.doi.org/10.1111/j.1467-8489.2004.00258.x*.

Adamowicz, W., J. Louviere et J. Swait (1998), *Introduction to Attribute-Based Stated Choice Methods*, Final Report, NOAA, Washington, DC.

Adamowicz, W. et al. (1998), « Stated Preference Approaches for Measuring Passive Use Values: Choice Experiments and Contingent Valuation », *American Journal of Agricultural Economics*, vol. 80, n° 1, pp. 64-75, *https://doi.org/10.2307/3180269*.

Alemu, M.H. et al. (2013), « Attending to the Reasons for Attribute Non-attendance in Choice Experiments », *Environmental and Resource Economics*, vol. 54, n° 3, pp. 333-359, *http://dx.doi.org/10.1007/s10640-012-9597-8*.

Araña, J.E., C.J. Leon et M.W. Hanemann (2008), « Emotions and decision rules in discrete choice experiments for valuing health care programmes for the elderly », *Journal of Health Economics*, vol. 27, n° 3, pp. 753-769, *http://dx.doi.org/10.1016/j.jhealeco.2007.10.003*.

Arentze, T. et al. (2003), « Transport Stated Choice Responses: Effects of Task Complexity, Presentation Format and Literacy », *Transportation Research Part E*, vol. 39, n° 3, pp. 229-244, *http://dx.doi.org/10.1016/S1366-5545(02)00047-9*.

Balcombe, K.G. et al. (2014), « Using Attribute Rankings Within Discrete Choice Experiments: An Application to Valuing Bread Attributes », *Journal of Agricultural Economics*, vol. 65, n° 2, pp. 446-462, *http://dx.doi.org/10.1111/1477-9552.12051*.

Balcombe, K.G., M. Burton et D. Rigby (2011), « Skew and attribute non-attendance within Bayesian mixed logit model », *Journal of Environmental Economics and Management*, vol. 62, n° 3, pp. 446-461, *https://doi.org/10.1016/j.jeem.2011.04.004*.

Banzhaf, M.R., F.R. Johnson et K.E. Mathews (2001), « Opt-Out Alternatives and Anglers' Stated Preferences », in Bennett J. et R. Blamey (dir. pub.) (2001),*The Choice Modelling Approach to Environmental Valuation*, Edward Elgar Publishing Company, Cheltenham, *www.e-elgar.com/shop/the-choice-modelling-approach-to-environmental-valuation*.

Barr, R. et S. Mourato (2014), « Investigating Fishers' Preferences for the Design of Marine Payments for Environmental Services Schemes », *Ecological Economics*, vol. 108, pp. 91-103, *http://dx.doi.org/10.1016/j.ecolecon.2014.09.006*.

Bateman, I.J. et al. (2002), *Economic valuation with stated preference techniques: A manual*, Edward Elgar, Cheltenham, *www.e-elgar.com/shop/economic-valuation-with-stated-preference-techniques?__website=uk_warehouse*.

Bateman, I.J. et al. (2009), « Reducing gain-loss asymmetry: A virtual reality choice experiment valuing land use change », *Journal of Environmental Economics and Management*, vol. 58, n° 1, pp. 106-118, *http://dx.doi.org/10.1016/j.jeem.2008.05.003*.

Bech, M., T. Kjaer et J. Lauridsen (2011), « Does the number of choice sets matter? Results from a web survey applying a discrete choice experiment », *Health Economics*, vol. 20, n° 3, pp. 273-286, *http://dx.doi.org/10.1002/hec.1587*.

Ben-Akiva, M., T. Morikawa et F. Shiroishi (1991), « Analysis of the Reliability of Preference Ranking Data », *Journal of Business Research*, vol. 23, pp. 253-268.

Bennett, J. et R. Blamey (2001), *The Choice Modelling Approach to Environmental Valuation*, Edward Elgar, Cheltenham, *www.e-elgar.com/shop/the-choice-modelling-approach-to-environmental-valuation*.

Bierlaire, M. (2003), « BIOGEME: A free package for the estimation of discrete choice models », *Proceedings of the 3rd Swiss Transportation Research Conference*, Ascona, Suisse.

Boeri, M, et al. (2012), « Site choices in recreational demand: A matter of utility maximization or regret minimization? », *Journal of Environmental Economics and Policy*, vol. 1, pp. 32-47, *http://dx.doi.org/10.1080/21606544.2011.640844*.

Boxall, P. et W.L. Adamowicz (2002), « Understanding heterogeneous preferences in random utility models: A latent class approach », *Environmental and Resource Economics*, vol. 23, pp. 421-446, *http://dx.doi.org/10.1023/A:1021351721619*.

Bradley, M. (1991), *User's manual for Speed version 2.1*, Hague Consulting Group, Hague.

Cameron, T.A. et J.R. de DeShazo (2010), « Differential Attention to Attributes in Utility-theoretic Choice Models », *Journal of Choice Modelling*, vol. 3, n° 3, pp. 73-115, *www.sciencedirect.com/science/journal/17555345/3*.

Campbell, D., C.D. Aravena et W.G. Hutchinson (2011), « Cheap and expensive alternatives in stated choice experiments: Are they equally considered by respondents? », *Applied Economics Letters*, vol. 18, pp. 743-747, *http://dx.doi.org/10.1080/13504851.2010.498341*.

Campbell, D. et S. Erdem (2015), « Position Bias In Best-Worst Scaling Surveys: A Case Study on Trust in Institutions », *American Journal of Agricultural Economics*, vol. 97, n° 2, pp. 526-545, *https://doi.org/10.1093/ajae/aau112*.

Campbell, D., W.G. Hutchinson et R. Scarpa (2006), « Lexicographic preferences in discrete choice experiments: Consequences on individual-specific willingness to pay estimates », *Nota di lavoro* 128.2006, Fondazione Eni Enrico Mattei, Milan, *http://ageconsearch.umn.edu/bitstream/12224/1/wp060128.pdf*.

Campbell, D. et V.S. Lorimer (2009), *Accommodating attribute processing strategies in stated choice analysis: do respondents do what they say they do?*, 17e conférence annuelle de l'European Association of Environmental and Resource Economists, Amsterdam, *www.webmeets.com/files/papers/EAERE/2009/558/Campbell_Lorimer_EAERE2009.pdf*.

Cantillo, V. et J. de D. Ortuzar (2005), « Implication of thresholds in discrete choice modelling », *Transport Reviews*, vol. 26, n° 6, pp. 667-691, *http://dx.doi.org/10.1080/01441640500487275*.

Carlsson, F. (2010), « Design of Stated Preference Surveys: Is There More to Learn from Behavioral Economics? », *Environmental and Resource Economics*, vol. 46, n° 2, pp. 167-177, *http://dx.doi.org/10.1007/s10640-010-9359-4*.

Carlsson, F., M.R. Mørbak et S.B. Olsen (2012), « The first time is the hardest: A test of ordering effects in choice experiments », *Journal of Choice Modelling*, vol. 5, n° 2, pp. 19-37, *https://doi.org/10.1016/S1755-5345(13)70051-4*.

Cassuade, S. et al. (2005), « Assessing the influence of design dimension on stated choice experiment estimates », *Transportation Research Part B*, vol. 39, pp. 621-640, *http://dx.doi.org/10.1016/j.trb.2004.07.006*.

ChoiceMetrics (2014), *Ngene 1.1.2.: User Manual and Reference Guide: The Cutting Edge in Experimental Design*, ChoiceMetrics Pty Ltd.

Chorus, C.G., T.A. Arentze et H.J.P. Timmermans (2008), « A random regret-minimization model of travel choice », *Transportation Research Part B Methodology*, vol. 42, n° 1, pp. 1-18, *http://dx.doi.org/10.1016/j.trb.2007.05.004*.

Chorus, C.G., S. van Cranenburgh et T. Dekker (2014), « Random regret minimization for consumer choice modeling: assessment of empirical evidence », *Journal of Business Research*, vol. 67, n° 11, pp. 2428-2436, *https://doi.org/10.1016/j.jbusres.2014.02.010*.

Colombo, S., M. Christie et N. Hanley (2013), « What are the consequences of ignoring attributes in choice experiments? Implications for ecosystem service valuation », *Ecological Economics*, vol. 96, pp. 25-35, *https://doi.org/10.1016/j.ecolecon.2013.08.016*.

Contu, D., E. Strazzera et S. Mourato (2016), « Modeling individual preferences for energy sources: The case of IV generation nuclear energy in Italy », *Ecological Economics*, vol. 127, pp. 37-58, *http://dx.doi.org/10.1016/j.ecolecon.2016.03.008*.

Czajkowski, M., M. Giergiczny et W. Greene (2014), « Learning and Fatigue Effects Revisited: The Impact of Accounting for Unobservable Preference and Scale Heterogeneity », *Land Economics*, vol. 90, n° 2, pp. 324-351, *http://dx.doi.org/10.3368/le.90.2.324*.

Danthurebandara, V.M., J. Yu et M. Vanderbroek (2011), « Effect of choice complexity on design efficiency in conjoint choice experiments », *Journal of Statistical Planning and Inference*, vol. 141, n° 7, pp. 2276-2286, *http://dx.doi.org/10.1016/j.jspi.2011.01.008*.

De Bekker-Grob, E.W., M. Ryan et K. Gerard (2012), « Discrete choice experiments in health economics: A review of the literature », *Health Economics*, vol. 21, pp. 145-172, *http://dx.doi.org/10.1002/hec.1697*.

Dellaert, B.G.C., J.D. Brazell et J. Louviere (1999), « The Effect of Attribute Variation on Consumer Choice Consistency », *Marketing Letters*, vol. 10, n° 2, pp. 139-147, *http://dx.doi.org/10.1023/A:1008088930464*.

De Palma, A., G. Myers et Y. Papeorgiou (1994), « Rational choice under imperfect ability to choose », *American Economic Review*, vol. 84, pp. 419-440.

DeShazo, J.R. et G. Fermo (2002), « Designing Choice Sets for Stated Preference Methods: The Effects of Complexity on Choice Consistency », *Journal of Environmental Economics and Management*, vol. 44, n° 1, pp. 123-143, *http://dx.doi.org/10.1006/jeem.2001.1199*.

Eftec et ICS Consulting (2013), *South Staffs Water PR14 Stated Preference Study: Final Report*, Economics for the Environment Consultancy, Londres, *www.south-staffs-water.co.uk/media/1163/final_report_ssw_pr14_wtp_study.pdf*.

Finn, A. et J.J. Louviere (1992),« Determining the Appropriate Response to Evidence of Public Concern: The Case of Food Safety », *Journal of Public Policy and Marketing*, vol. 11, n° 2, pp. 12-25.

Flynn, T.N. et al. (2007), « Best-worst scaling: What it can do for health care research and how to do it », *Journal of Health Economics*, vol. 26, n° 1, pp. 171-189, *http://dx.doi.org/10.1016/j.jhealeco.2006.04.002*.

Foster, V. et S. Mourato (2003), « Elicitation Format and Sensitivity to Scope », *Environmental and Resource Economics*, vol. 24, n° 2, pp. 141-160, *https://link.springer.com/article/10.1023/A:1022856329552*.

Foster, V. et S. Mourato (2002), « Testing for Consistency in Contingent Ranking Experiments », *Journal of Environmental Economics and Management*, vol. 44, n° 2, pp. 309-328, *https://doi.org/10.1006/jeem.2001.1203*.

Gelso, B.R. et J.M. Peterson (2005), « The influence of ethical attitudes on the demand for environmental recreation: Incorporating lexicographic preferences », *Ecological Economics*, vol. 53, n° 1, pp. 35-45, *http://dx.doi.org/10.1016/j.ecolecon.2004.01.021*.

Green, P. et V. Srinivasan (1978), « Conjoint Analysis in Consumer Research: Issues and Outlook », *Journal of Consumer Research*, vol. 5, pp. 103-123.

Greene, W.H. (2016), NLogit 6 (software), Econometric Software, Inc.

Greene, W.H. (2008), *Econometric Analysis*, 6e édition, Macmillan, New York.

Hanemann, W.M. (1984), « Discrete/continuous models of consumer demand », *Econometrica*, vol. 52, pp. 541-561.

Hanley, N., S. Mourato et R. Wright (2001), « Choice modelling approaches: A superior alternative for environmental Valuation? », *Journal of Economic Surveys*, vol. 15, pp. 435-462, *http://dx.doi.org/10.1111/1467-6419.00145*.

Hausman, J. (dir. pub.) (1993), *Contingent Valuation: A Critical Assessment*, Amsterdam.

Hausman, J. (2012), « Contingent Valuation: From Dubious to Hopeless », *Journal of Economic Perspectives*, vol. 26, n° 4, pp. 43-56, *http://dx.doi.org/10.1257/jep.26.4.43*.

Hausman, J. et D. Wise (1978), « A conditional Probit model for qualitative choice: Discrete decisions recognising interdependence and heterogeneous preferences », *Econometrica*, vol. 42, pp. 403-426.

Hausman, J. et D. McFadden (1984), « Specification tests for the multinomial Logit model », *Econometrica*, vol. 52, pp. 1219-1240.

Heiner, R. (1983), « The origin of predictive behaviour », *American Economic Review*, vol. 73, pp. 560-595.

Hensher, D.A. (2006), « How do respondent process stated choice experiments? Attribute consideration under varying information load », *Journal of Applied Econometrics*, vol. 21, n° 6, pp. 861-878, *http://dx.doi.org/10.1002/jae.877*.

Hensher, D.A. (1994), « Stated preference analysis of travel choices: The state of practice », *Transportation*, vol. 21, pp. 107-133.

Hensher, D.A. et J.M. Rose (2009), « Simplifying choice through attribute preservation or non-attendance: Implication for willingness to pay », *Transportation Research E*, vol. 45, n° 4, pp. 583-590, *http://dx.doi.org/10.1016/j.tre.2008.12.001*.

Hensher, D.A., J.M. Rose et W.H. Greene (2015), *Applied Choice Analysis*, 2e édition, Cambridge University Press, New York.

Hensher, D.A., J.M. Rose et W.H. Greene (2005), « The implications on willingness to pay of respondents ignoring specific attributes », *Transportation*, vol. 32, n° 3, pp. 203-222, *http://dx.doi.org/10.1007/s11116-004-7613-8*.

Hess, S. et al. (2013), « It's not that I don't care, I just don't care very much: Confounding between attribute non-attendance and taste heterogeneity », *Transportation*, vol. 40, n° 3, pp. 583-607, *http://dx.doi.org/10.1007/s11116-012-9438-1*.

Hess, S. et D.A. Hensher (2010), « Using conditioning on observed choices to retrieve individual-specific attribute processing strategies, » *Transport Research Part B*, vol. 44, n° 6, pp. 781-790, *http://dx.doi.org/10.1016/j.trb.2009.12.001*.

Hess, S., D. Hensher et A.J. Daly (2012), « Not bored yet: Revisiting fatigue in stated choice experiments », *Transportation Research Part A*, vol. 46, n° 3, pp. 626-644, *http://dx.doi.org/10.1016/j.tra.2011.11.008*.

Hess, S., J.M. Rose et J. Polak (2010), « Non-trading, lexicographic and inconsistent behaviour in stated choice data », *Transportation Research Part D*, vol. 15, n° 7, pp. 405-417, *http://dx.doi.org/10.1016/j.trd.2010.04.008*.

Hole, A.R. (2011), « A discrete choice model with endogenous attribute attendance », *Economics Letters*, vol. 110, n° 3, pp. 203-205, *http://dx.doi.org/10.1016/j.econlet.2010.11.033*.

Hole, A.R., J.R. Kolstad et D. Gyrd-Hansen (2013), « Inferred vs. stated attribute non-attendance in choice experiments: A study of doctors' prescription behaviour », *Journal of Economic Behavior & Organization*, vol. 96, pp. 21-31, *http://dx.doi.org/10.1016/j.jebo.2013.09.009*.

Hoyos, D. (2010), « The state of the art of environmental valuation with discrete choice experiments », *Ecological Economics*, vol. 69, n° 8, pp. 1595-1603, *http://dx.doi.org/10.1016/j.ecolecon.2010.04.011*.

Islam, T., J.J. Louviere et P.F. Burke (2007), « Modelling the effects of including/excluding attributes in choice experiments on systematic and random components », *International Journal of Research in Marketing*, vol. 24, pp. 289-300, *http://dx.doi.org/10.1016/j.ijresmar.2007.04.002*.

Johnson, F.R. et al. (2013), « Constructing Experimental Designs for Discrete-Choice Experiments: Report of the ISPOR Conjoint Analysis Experimental Design Good Research Practices Task Force », *Value in Health*, vol. 16, n° 1, pp. 3-13, *http://dx.doi.org/10.1016/j.jval.2012.08.2223*.

Kahneman, D. et J. Knetsch (1992), « Valuing public goods: the purchase of moral satisfaction », *Journal of Environmental Economics and Management*, vol. 22, n° 1, pp. 57-70.

Kanninen, B.J. (dir. pub.) (2007), *Valuing Environmental Amenities Using Stated Choice Studies*, Springer, Dordrecht.

Kaye-Blake, W.H., W.L. Abell et E. Zellman (2009), « Respondents' ignoring of attributes information in a choice modelling survey », *Australian Journal of Agricultural and Resource Economics*, vol. 53, n° 4, pp. 547-564, *http://dx.doi.org/547-564. 10.1111/j.1467-8489.2009.00467.x*.

Kehlbacher, A., K. Balcombe et R. Bennet (2013), « Stated Attribute Non-attendance in Successive Choice Experiments », *Journal of Agricultural Economics*, vol. 64, n° 3, pp. 693-706, *http://dx.doi.org/10.1111/1477-9552.12021*.

Kontoleon, A. et M. Yabe (2004), « Assessing the Impacts of Alternative 'Opt-out' Formats in Choice Experiment Studies », *Journal of Agricultural Policy Research*, vol. 5, pp. 1-32.

Kragt, M.E. (2013), « Stated and Inferred Attribute Non-attendance Models: A Comparison with Environmental Choice Experiments », *Journal of Agricultural Economics*, vol. 64, n° 3, pp. 719-736, *http://dx.doi.org/10.1111/1477-9552.12032*.

Krinsky, I. et A. Robb (1986), « On approximating the statistical properties of elasticities », *Review of Economics and Statistics*, vol. 68, pp. 715-719.

Kuhfeld, W.F. (2010), *Marketing research methods in SAS*, SAS Institute Inc Cary, *https://support.sas.com/techsup/technote/mr2010.pdf*.

Lancaster, K. (1966), « A New Approach to Consumer Theory », *Journal of Political Economy*, vol. 74, n° 2, pp. 132-157, *https://doi.org/10.1086/259131*.

Lagarde, M. (2013), « Investigating attribute non-attendance and its consequences in choice experiments with latent class models », *Health Economics*, vol. 22, n° 5, pp. 554-567.

Lancsar, E. et J. Louviere (2006), « Deleting 'irrational' responses from discrete choice experiments: A case of investigating or imposing preferences? », *Health Economics*, vol. 15, n° 8, pp. 797-811, *www.ncbi.nlm.nih.gov/pubmed/16615039*.

Leong, W. et D.A. Hensher (2012), « Embedding heuristics into choice models: An exploratory analysis », *Journal of Choice Modelling*, vol. 5, n° 3, pp. 131-144, *http://dx.doi.org/10.1016/j.jocm.2013.03.001*.

Loewenstein, G. et J.S. Lerner (2003), « The role of affect in decision making », in Davidson, R.J., K.R. Scherer et H.H. Goldsmith (dir. pub.) (2003), *Handbook of Affective Sciences*, Oxford University Press, Oxford.

Louviere, J.J. et D.A. Hensher (1982), « On the design and analysis of simulated choice or allocation experiments in travel choice modelling », *Transportation Research Record*, vol. 890, pp. 11-17.

Louviere, J.J. et al. (2008), « Designing Discrete Choice Experiments: Do Optimal Designs Come at a Price? », *Journal of Consumer Research*, vol. 35, n° 2, pp. 360-375, *http://dx.doi.org/10.1086/586913*.

Louviere, J.J., D.A. Hensher et J. Swait (2000), *Stated Choice Methods: Analysis and Applications*, Cambridge University Press, Cambridge.

Louviere, J.J. et E. Lancsar (2009), « Choice experiments in health: The good, the bad, and the ugly and toward a brighter future », *Health Economics, Policy, and Law*, vol. 4, n° 4, pp. 527-546, *http://dx.doi.org/10.1017/S1744133109990193*.

Louviere, J.J. et G. Woodworth (1983), « Design and Analysis of Simulated Consumer Choice or Allocation Experiments: An Approach based on Aggregate Data », *Journal of Marketing Research*, vol. 20, n° 4, pp. 350-367.

Luce, R.D. (1959), *Individual Choice Behavior: A Theoretical Analysis*, John Wiley & Sons, New York.

Mahieu, P.-A. et al. (2014), « Is choice experiment becoming more popular than contingent valuation? A systematic review in agriculture, environment and health », *FAERE Working Paper* 2014.12, *http://faere.fr/pub/WorkingPapers/Mahieu_Andersson_Beaumais_Crastes_Wolff_FAERE_WP2014.12.pdf*.

Marley, A.A.J. et J.J. Louviere (2005), « Some Probabilistic Models of Best, Worst, and Best-Worst Choices », *Journal of Mathematical Psychology*, vol. 49, n° 6, pp. 464-480, *http://dx.doi.org/10.1016/j.jmp.2005.05.003*.

Mazzotta, M.J. et J.J. Opaluch (1995), « Decision Making when Choices are Complex: A Test of Heiner's Hypothesis », *Land Economics*, vol. 71, n° 4, pp. 500-515.

McFadden, D. (1981), « Econometric models of probabilistic choice », in Manski, C. et D. McFadden, (dir. pub.) (1981), *Structural Analysis of Discrete Data with Econometric Applications*, MIT Press, Cambridge.

McFadden, D. (1973), « Conditional Logit analysis of qualitative choice behaviour », in Zarembka, P. (dir. pub.), *Frontiers in Econometrics*, Academic Press, New York.

Meyerhoff, J. et U. Liebe (2009), « Status Quo Effect in Choice Experiments: Empirical Evidence on Attitudes and Choice Task Complexity », *Land Economics*, vol. 85, n° 3, pp. 515-528.

Meyerhoff, J., M. Oehlmann et P. Weller (2014), « The Influence of Design Dimension on Stated Choice », *Environmental and Resource Economics*, vol. 61, pp. 385-407, *http://dx.doi.org/10.1007/s10640-014-9797-5*.

Miller, G.A. (1955), « The Magical Number Seven, Plus or Minus Two: Some Limits on our Capacity of Processing Information », *Psychological Review*, vol. 101, n° 2, pp. 343-352.

Morrison, M. et al. (1998), « Choice Modelling and Tests of Benefit Transfer », *Choice Modelling Research Report* 8, University College, University of New South Wales, Canberra.

Munro, A. et N. Hanley (1999), « Information, Uncertainty and Contingent Valuation », in Bateman, I.J. et K.G. Willis (dir. pub.) (1999), *Contingent Valuation of Environmental Preferences: Assessing Theory and Practice in the USA, Europe, and Developing Countries*, Oxford University Press, Oxford.

Parsons, G.R. et M.J. Kealy (1992), « Randomly drawn opportunity sets in a random utility model of lake recreation », *Land Economics*, vol. 68, n° 1, pp. 93-106.

Payne, J.W., J.R. Bettman et E.L. Johnson (1993), *The Adaptive Decision Maker*, Cambridge University Press, Cambridge.

Potoglou, D. et al. (2011), « Best-worst scaling vs. discrete choice experiments: An empirical comparison using social care data », *Social Science & Medicine*, vol. 72, pp. 1717-1727, *http://dx.doi.org/10.1016/j.socscimed.2011.03.027*.

Puckett, S.M. et D.A. Hensher (2009), « Revealing the extent of process heterogeneity in choice analysis. An empirical assessment », *Transportation Research Part A: Policy and Practice*, vol. 43, n° 2, pp. 117-126, *www.sciencedirect.com/science/article/pii/S0965856408001432*.

Puckett, S.M. et D.A. Hensher (2008), « The role of attribute processing strategies in estimating the preferences of road freight stakeholders under variable road user charges », *Transportation Research E*, vol. 44, n° 3, pp. 379-395, *http://dx.doi.org/10.1016/j.tre.2007.01.002*.

Rakotonarivo, O.S., M. Schaafsma et N. Hockley (2016), « A systematic review of the reliability and validity of discrete choice experiments in valuing non-market environmental goods », *Journal of Environmental Management*, vol. 183, pp. 98-109, *http://dx.doi.org/10.1016/j.jenvman.2016.08.032*.

Rolfe, J. (2006), « Theoretical issues in using choice modelling data for benefit transfer », in Rolfe, J. et J. Bennett, (dir. pub.) (2006), *Choice Modelling and the Transfer of Environmental Values*, Edward Elgar, Cheltenham.

Rolfe, J. et J. Windle, (2008), « Testing for differences in benefit transfer values between state and regional frameworks », *Australian Journal of Agricultural and Resource Economics*, vol. 52, pp. 149-168, *http://dx.doi.org/10.1111/j.1467-8489.2008.00405.x*.

Rolfe, J., J. Windle et J. Bennett (2015), « Benefit Transfer: Insights from Choice Experiments », in Johnson, R.J. et al. (dir. pub.) (2015), *Benefit Transfer of Environmental and Resource Values: A Guide for Researchers and Practitioners*, Springer, Dordrecht.

Rosenberger, R.S. et al. (2003), « Measuring dispositions for lexicographic preferences of environmental goods: integrating economics, psychology and ethics », *Ecological Economics*, vol. 44, pp. 63-76.

Sælensminde, K. (2001), « Inconsistent choices in stated choice data: Use of the logit scaling approach to handle resulting variance increases », *Transportation*, vol. 28, pp. 269-296.

Samuelson, W. et R. Zeckhauser (1988), « Status Quo Bias in Decision Making », *Journal of Risk and Uncertainty*, vol. 1, pp. 7-59.

Sándor, Z. et H. Franses (2009), « Consumer price evaluations through choice experiments », *Journal of Applied Econometrics*, vol. 24, n° 3, pp. 517-535, *http://dx.doi.org/10.1002/jae.1061*.

Scarpa, R. et al. (2013), « Inferred and Stated Attribute Non-attendance in Food Choice Experiments », *American Journal of Agricultural Economics*, vol. 95, n° 1, pp. 165-180, *http://dx.doi.org/10.1093/ajae/aas073*.

Scarpa, R. et al. (2011), « Exploring Scale Effects of Best/Worst Rank Ordered Choice Data to Estimate Benefits of Tourism in Alpine Grazing Commons », *American Journal of Agricultural Economics*, vol. 93, n° 3, pp. 813-828, *http://dx.doi.org/10.1093/ajae/aaq174*.

Scarpa, R., M. Thiene et D.A. Hensher (2010), « Monitoring Choice Task Attribute Attendance in Non-market Valuation of Multiple Park Management Services: Does it Matter? », *Land Economics*, vol. 86, n° 4, pp. 817-839, *http://dx.doi.org/10.3368/le.86.4.817*.

Scott, A. (2002), « Identifying and analysing dominant preferences in discrete choice experiments: An application in health care », *Journal of Economic Psychology*, vol. 23, n° 3, pp. 383-398.

Steer Davies Gleave (SDG) (2000), *London Underground Customer Priorities Research*, Rapport à l'intention du London Undergound, London Underground, Londres.

Steer Davies Gleave (SDG) (1999), *Bus Station Passenger Preferences*, Rapport à l'intention du London Transport Buses, London Transport, Londres.

Severin, V. (2001), *Comparing Statistical and Respondent Efficiency in Choice Experiments*, thèse de doctorat, Faculty of Economics and Business, Université de Sydney.

Simon, H.A. (1955), « A Behavioral Model of Rational Choice », *Quarterly Journal of Economics*, vol. 69, n° 1, pp. 99-118.

SPSS (2008), *Computer software*, SPSS Inc Chicago.

Swait, J. (2001), « A non-compensatory choice model incorporating attribute cutoffs », *Transportation Research B*, vol. 35, n° 10, pp. 903-928.

Swait, J. et W. Adamowicz (2001), « Choice Environment, Market Complexity, and Consumer Behavior: A Theoretical and Empirical Approach for Incorporating Decision Complexity into Models of Consumer Choice », *Organizational Behavior and Human Decision Processes*, vol. 86, n° 2, pp. 141-167, *http://dx.doi.org/10.1006/obhd.2000.2941*.

Train, K.E. (2009), *Discrete Choice Methods with Simulation*, 2e édition, Cambridge University Press, Cambridge.

Train, K.E. (1998), « Recreation Demand Models with Taste Differences across People », *Land Economics*, vol. 74, n° 2, pp. 230-239.

Tversky, A. (1972), « Elimination by aspects: a theory of choice », *Psychological Review*, vol. 79, n° 4, pp. 281-299.

Viton, P.A. (2015), *Discrete Choice Logit Models with R*, Ohio State University, Colombus, *http://facweb.knowlton.ohio-state.edu/pviton/courses2/crp5700/5700-mlogit.pdf*.

PARTIE I

Chapitre 6

Transferts de valeurs

Les transferts de valeurs constituent le socle de l'analyse concrète des politiques car les praticiens n'ont que rarement le luxe de concevoir et de réaliser des études originales. Dans ces situations, les analystes doivent donc se rabattre sur les informations pouvant être tirées des études antérieures pour pouvoir estimer les valeurs monétaires associées à une proposition de politique ou de projet. Un tel raccourci est-il une solution valide ? C'est ce que visent à déterminer les tests de transfert de valeurs, qui fournissent des indications utiles sur les situations dans lesquelles les transferts de valeurs peuvent être effectués en toute confiance et les cas dans lesquels les spécialistes doivent procéder avec davantage de précaution. Il en ressort que d'importants arbitrages peuvent être opérés entre la simplicité du transfert effectué et sa précision. Pour appliquer les méthodes de transfert correctement, il faut donc pouvoir s'acquitter de cette tâche en toute connaissance de cause et disposer d'un savoir-faire très développé ; selon des commentateurs plus exigeants, il faut aussi parfois des compétences techniques aussi pointues que pour la réalisation des études originales. Il y a là quelque chose d'assez paradoxal, sachant que l'objet même des transferts est de simplifier et de généraliser l'évaluation. Un pas a été fait dans ce sens avec la création de bases de données d'études d'évaluation (comme EVRI) et de « tables de référence » (listes de valeurs moyennes et d'intervalles pour diverses catégories de biens et de services environnementaux), qui favorisent grandement le recours aux évaluations dans la formulation des politiques, encore que ces outils exigent de disposer d'indications solides sur la manière de les utiliser.

6.1. Introduction

Les progrès des méthodes d'évaluation des biens et les services environnementaux (et de façon plus générale, des biens non marchands) constituent un trait marquant de l'analyse coûts-avantages (ACA). Évolution tout aussi importante, on recourt de plus en plus à ces méthodes pour éclairer les choix de projets en matière de politique et d'investissement dans un nombre toujours plus grand de pays. La possibilité de tirer pleinement parti de cette volonté apparente, chez les décisionnaires, d'exploiter ces avancées de façon pratique dépend elle-même d'un certain nombre d'autres considérations.

À titre d'exemple, il est nécessaire de disposer d'un ingrédient essentiel : d'abondantes études d'évaluation primaires pouvant être utilisées pour résoudre ces problèmes émergents de politique et de projets. Cependant, de tels ingrédients coûtent cher, et peuvent donc être rares. Lorsque c'est le cas, les praticiens doivent faire preuve de davantage d'initiative pour répondre à la demande d'ACA du monde des décideurs. Citons dans cet esprit le recours accru au transfert de valeurs (ou, plus précisément, d'avantages) : il s'agit en d'autres termes de prendre la valeur unitaire d'un bien non marchand telle qu'elle a été estimée dans une étude originale ou « primaire » et de s'appuyer sur elle (après lui avoir éventuellement apporté un certain ajustement) pour évaluer celle des avantages ou des coûts tirés de la mise en œuvre d'une nouvelle politique (ou d'un nouveau projet d'investissement).

Le transfert de valeurs fait aujourd'hui l'objet d'une abondante littérature. La raison en est évidente : à supposer que cette méthode soit valable, la nécessité de procéder à de longues et coûteuses études originales (également dites « initiales » ou « primaires ») en vue d'estimer les valeurs non marchandes s'en trouverait considérablement réduite. En d'autres termes, le processus d'évaluation permet de se contenter d'un plus petit nombre d'ingrédients. Cependant, pour pousser plus loin cette métaphore culinaire, il importe de garder à l'esprit un certain nombre d'autres considérations. Les ingrédients primaires doivent être d'une qualité suffisamment bonne pour que le plat préparé soit appétissant et il faut une recette pour guider leur utilisation. C'est pourquoi Rolfe et al. (2015) qualifient le transfert de valeurs d' « [...] attrayant à première vue [...] » (p. 4).

Une grande partie de ce chapitre porte principalement sur la validité du transfert de valeurs, plutôt que sur l'abondance d'études de bonne qualité. Au risque de caricaturer, l'entreprise d'un transfert de valeurs est souvent le reflet de deux traditions opposées. La première entend rendre l'évaluation aussi accessible que cela est concevable. L'un des aspects alors étudiés, par exemple, est celui des valeurs « de référence externe » : des valeurs standard pour les impacts (non marchands) régulièrement évalués dans l'évaluation des politiques ou des projets d'investissement. La seconde conception traditionnelle redoute de prime abord qu'un transfert de valeurs mal fait puisse entraîner des erreurs dans le choix des politiques ; les tests pour savoir quand le transfert de valeurs fonctionne et quand il ne fonctionne pas sont un élément clé pour appréhender ce problème. De façon peut-être ironique, les deux traditions sont compréhensibles. Cette méthode peinera probablement à être adoptée si l'évaluation est du ressort exclusif d'experts dûment formés et spécialisés, qui pourront permettre la réalisation du transfert de valeurs mais en exigeant qu'il soit de plus en plus pointu dans son application. De même, il devient difficile de justifier le recours à l'analyse coûts-avantages pour les décisions de politique publique et d'investissement quand les estimations de valeur ne sont pas suffisamment fiables et peuvent être facilement remises en question.

Il en est ainsi car la validité et la fiabilité des transferts de valeurs peuvent être examinées de près et – comme le montrent différents tests repris dans la littérature – leur insuffisance risque d'entraîner des inexactitudes de plus ou moins grande ampleur. Bien sûr, les conclusions sur l'exactitude des transferts de valeurs doivent comporter une certaine dose de pragmatisme. En d'autres termes, une certaine inexactitude est pratiquement inévitable et des transferts peuvent être jugés invalides en raison de l'application de critères trop stricts. D'un point de vue pratique, il se pourrait qu'un certain degré d'inexactitude soit « sans importance », encore qu'il serait légitime de discuter de la question de savoir ce que cela signifie réellement.

Il est donc clair qu'un équilibre doit être trouvé et que des considérations pratiques ne doivent pas se traduire par une approche de type « tout peut passer ». À ce jour, le fait que la méthode des transferts de valeurs soit examinée de près a été utile pour montrer en quoi elle semble mieux fonctionner dans certains contextes et dans certaines situations que dans d'autres. Les raisons à cela deviennent plus claires à mesure que les résultats d'études empiriques progressent, en même temps que la qualité des tests effectués. En conséquence, de tels résultats peuvent permettre de guider l'utilisation du transfert de valeurs en indiquant dans quel cas il est fiable et dans quel cas il convient de faire preuve de davantage de prudence. Il devrait en résulter un meilleur transfert de valeurs. Citons ici le problème de la variabilité spatiale, par exemple. S'agissant des services écosystémiques, la situation géographique est importante et les transferts qui n'en tiennent pas compte peuvent être extrêmement trompeurs. Néanmoins, lorsque ces considérations spatiales peuvent être prises en compte, le transfert de valeurs peut être un moyen utile et même puissant d'évaluer de nouvelles politiques ou de nouveaux projets d'investissement.

L'objectif idéal du transfert de valeurs est une base de données exhaustive des études ou des valeurs non marchandes spécifiques susceptibles d'être appliquées directement à de nouvelles politiques et à de nouveaux projets lorsque le besoin s'en fait sentir. Il existe aujourd'hui un certain nombre d'exemples de ces bases de données, l'inventaire EVRI[1] étant peut-être le plus important et le plus ancien. L'établissement de « valeurs de référence » et de tables « de consultation » utilisées, par exemple, par les autorités gouvernementales, s'il n'est pas courant, est tout de même aussi un fait marquant. Une question essentielle est de savoir si ces évolutions (bienvenues) s'accompagnent d'indications suffisantes concernant la méthode à appliquer pour transférer les valeurs de façon valide et fiable.

Le reste de ce chapitre s'articule en plusieurs parties. La section 6.2 présente une définition du transfert de valeurs, puis aborde les étapes que devrait généralement suivre une méthode fondée sur le transfert de valeurs. Elle examine aussi la façon dont les valeurs unitaires (à transférer) pourraient être ajustées pour « mieux correspondre » aux caractéristiques (du bien considéré et de la population touchée) associées à une nouvelle politique. Un bref examen de ce qui est connu concernant la robustesse de ces transferts est ensuite présenté dans la section 6.3. La section 6.4 précise de quelle manière un enseignement tiré de ces tests a permis une meilleure utilisation du transfert de valeurs dans le cas de la variabilité spatiale. La section 6.5 étudie les efforts pour constituer de vastes bases de données de valeurs susceptibles d'être utilisées dans le cadre de futurs transferts. La section 6.6 formule en guise de conclusion un certain nombre de remarques sur des questions telles que celle des meilleures pratiques compte tenu des considérations précédemment exposées.

6.2. Transfert de valeurs : concepts fondamentaux et méthodes de base

6.2.1. *Définition du transfert de valeurs*

Le concept de transfert de valeurs ou transfert d'avantages (TV ou TA) a été avancé dans un certain nombre d'articles au cours de 25 dernières années. Il est apparu dans les premiers temps notamment dans les contributions novatrices parues en 1992 dans un numéro de la revue *Water Resources Research* (vol. 28, n° 3), spécialement consacré au transfert d'avantages. Cette revue donnait la définition suivante du transfert d'avantages : « ... le transfert d'estimations existantes de valeurs non marchandes en vue de les utiliser dans le cadre d'une nouvelle étude différente de celle pour laquelle elles ont été initialement établies » (Boyle et Bergstrom, 1992). Depuis lors, le nombre et la qualité des études de TV ou de TA ont sensiblement progressé. Celle de Desvousges, Johnson et Banzhaf (1998), une des premières études d'envergure sur la validité du transfert d'avantages à avoir été publiée, a également marqué un tournant. Elle distinguait deux grandes définitions du transfert d'avantages, qui restent largement valables aujourd'hui.

La première définit ce concept *au sens large* et renvoie à l'utilisation des informations existantes valables dans un contexte particulier (le « contexte initial ») pour déterminer les politiques à mettre en œuvre dans un autre contexte (le « contexte du transfert »). L'analyse coûts-avantages (ACA) et les approches qui lui sont apparentées ne sont pas les seules à recourir au transfert d'avantages. Il y est fait appel chaque fois que les analystes s'appuient sur des études antérieures pour prédire les effets des politiques dans un autre contexte. Vu sous cet angle, le transfert de valeurs est, sous une forme ou une autre, bien plus répandu dans le cadre de l'analyse des politiques que beaucoup n'en ont peut-être vraiment conscience.

La seconde définition ramène le transfert de valeurs à un concept *plus étroit* et se réfère à l'utilisation de la valeur d'un bien estimée en un lieu (le « site de l'étude ») en tant que mesure représentative de la valeur du (même) bien en un autre lieu (le « site de mise en œuvre de la politique »). C'est ce type de TV qui est le plus couramment utilisé dans l'ACA et c'est donc cette définition plus restreinte que nous retenons dans ce chapitre.

Ce type de transfert de valeurs s'applique toutefois à un éventail de biens particulièrement vaste. Le bien non marchand à fournir sur le site de mise en œuvre de la politique pourrait ainsi correspondre à un cours d'eau situé en un lieu précis (alors que les études primaires porteraient sur des cours d'eau situés en d'autres lieux). Cependant, les impacts dont il doit être tenu compte sur un site pourraient également entraîner certaines modifications de l'état de santé de la population humaine. Le site de mise en œuvre de la politique pourrait par ailleurs être situé dans un pays totalement différent de celui où l'étude initiale a été menée. Les valeurs transférées pourraient dès lors provenir de pays sur lesquels on dispose d'abondantes informations (lesquels constituent une minorité) et être destinées à des pays sur lesquels on n'en possède que très peu (c'est-à-dire la majorité d'entre eux).

6.2.2. *Méthodes de transfert*

Il importe tout d'abord de préciser que le TV ne constitue pas nécessairement pour les analystes un choix par défaut ou allant de soi. Une fois le TV retenu en tant que méthode d'évaluation (choix qui exige en soi une certaine réflexion), il faut ensuite faire preuve de bon sens et de clairvoyance à chacune des étapes fondamentales à suivre pour le mener à bien. Des informations doivent ainsi être obtenues sur la qualité de l'environnement au départ comme sur ses variations, ainsi que sur les variables socio-économiques pertinentes. Il faut de surcroît identifier les études originales susceptibles de servir au transfert. On pourrait s'appuyer pour ce faire sur les travaux publiés et non publiés (dont par exemple ceux issus de la « littérature grise »). Les études précédemment réalisées pourraient néanmoins être déjà répertoriées dans une base de données, auquel cas sa consultation constituerait sans doute un bon point de départ. Plus loin dans ce chapitre, nous décrirons les mesures prises pour constituer des bases de données recensant les études d'évaluation de l'environnement (voir la section 6.5).

Un transfert ne peut en principe être plus fiable que les estimations initiales sur lesquelles il repose. Compte tenu que l'on manque d'études originales de qualité pour de nombreux types de valeurs non marchandes et que celles qui répondent à ce critère n'ont généralement pas été spécialement conçues pour servir au transfert d'avantages, il convient en l'occurrence de se montrer prudent. L'analyste doit à l'évidence se fonder sur certains critères pour juger de la qualité des études en l'absence de lignes directrices « officielles » (ou autres).

L'étape la plus essentielle est peut-être celle du choix des estimations ou des modèles déjà existants et de l'évaluation des effets escomptés pour le site de mise en œuvre de la politique (il pourrait par exemple s'agir des avantages par ménage). C'est à ce stade qu'a effectivement lieu le transfert et cela implique le choix d'une méthode de transfert particulière (voir ci-dessous). La population du site de mise en œuvre de la politique doit en outre être déterminée. L'agrégation est obtenue en multipliant les valeurs par ménage par la population, dont le choix exige un examen approfondi.

Pour illustrer les difficultés qui se posent lorsque l'on souhaite définir la population pour laquelle agréger les résultats, observons l'utilisation qui a été faite du transfert de valeurs au Royaume-Uni pour guider des décisions de refus d'autorisation de prélèvement d'eau aux compagnies de distribution d'eau dans le souci d'atténuer les problèmes de débit faible des cours d'eau. Une de ces décisions a été infirmée suite à une enquête judiciaire, laquelle a déterminé que la population concernée par la valeur de non-usage précédemment attribuée à une rivière (la Kennet) était plus petite d'un facteur 75[2]. Cet exemple date un peu, mais à cette époque beaucoup d'observateurs avaient vu dans cette décision un coup dur pour l'ACA (ou du moins, pour son utilisation dans le processus décisionnel en matière d'environnement au Royaume-Uni) (Pearce, 1998). Avec le recul, ces craintes se sont révélées excessives ; il convient cependant de ne pas négliger ce genre d'exemple qui constitue un avertissement pertinent dans la situation actuelle.

Il existe au moins trois différents types d'ajustement de complexité croissante parmi lesquels l'analyste peut faire son choix. Ils sont successivement examinés ci-après.

Le transfert de valeurs non ajusté (ou transfert naïf)

Cette méthode consiste en l'occurrence à « emprunter » une estimation du CAP dans le contexte E (correspondant au site de l'étude) pour l'appliquer au contexte P (c'est-à-dire au site de mise en œuvre de la politique). L'estimation en question n'est généralement pas ajustée :

$CAP_P = CAP_E$.

Diverses valeurs unitaires peuvent faire l'objet du transfert, bien qu'il s'agisse le plus souvent de mesures moyennes ou médianes. Les valeurs moyennes sont en effet aisément compatibles avec une analyse coûts-avantages puisqu'il suffit d'une simple transformation pour pouvoir agréger les estimations des avantages en vue de calculer les avantages totaux, par exemple en multipliant le CAP moyen par le nombre de personnes qui composent la population à laquelle on s'intéresse.

L'intérêt de cette approche tient à l'évidence à sa simplicité et à la facilité avec laquelle elle peut être appliquée une fois les études primaires appropriées identifiées. Mais cette relative simplicité a bien entendu un revers, à savoir qu'elle ne permet pas de tenir compte des différences notables qui peuvent exister entre les caractéristiques du ou des sites où a été réalisée l'étude originale et celles du nouveau site de mise en œuvre de la politique. Si ces différences constituent d'importants facteurs du CAP, il s'ensuit que cette méthode de transfert – parfois appelée de façon plus normative « transfert naïf » – ne pourra rendre compte des probables écarts entre le CAP observé sur le site de l'étude et celui correspondant au site de mise en œuvre de la politique.

Les facteurs du CAP susceptibles de différer selon que l'on considère le site de l'étude ou celui de mise en œuvre de la politique sont notamment les suivants :

- Les caractéristiques socio-économiques et démographiques des populations concernées. Il pourrait notamment s'agir du revenu, du degré d'instruction et de l'âge.
- Les caractéristiques physiques du site de l'étude et de celui de mise en œuvre de la politique. Il pourrait notamment s'agir des services environnementaux procurés par le bien considéré, tels que, dans le cas d'un cours d'eau, les possibilités récréatives en général et la pêche à la ligne en particulier.
- Les variations de l'offre du bien à évaluer envisagées sur chacun des sites. Les estimations de la valeur tirées d'études portant sur de légères améliorations de la qualité de l'eau risquent ainsi de ne pas être valables dans le cas des politiques qui impliqueraient de fortes variations quantitatives ou qualitatives de la ressource (du fait, entre autres, que la relation entre le CAP et les quantités offertes peut ne pas être parfaitement linéaire).
- Les écarts entre les conditions du « marché » en vigueur sur chacun des sites. Il peut par exemple exister des différences au niveau de la disponibilité de substituts dans le cas des ressources récréatives telles que les cours d'eau. Deux rivières par ailleurs identiques pourraient se distinguer par les possibilités récréatives offertes par chacune d'elles. Toutes choses égales par ailleurs (hypothèse retenue ici), le CAP moyen pour éviter une dégradation de la qualité de l'eau d'une rivière dont il n'existe que peu de substituts devrait être plus élevé que s'il s'agissait d'une rivière ayant beaucoup de substituts. La raison en est que la ressource récréative est plus rare dans le premier cas que dans le second.
- Les variations temporelles. Les estimations de la valeur peuvent varier au fil du temps, par exemple en raison de l'augmentation des revenus et/ou de la rareté croissante des cours d'eau non pollués.

De façon générale, il n'est pas certain qu'un transfert de valeurs non ajustées soit acceptable dans la pratique. Il faudrait en effet pour ce faire qu'aucune des variables listées ci-dessus ne varie d'un site à l'autre, c'est-à-dire que ceux-ci soient de fait « identiques » sous tous ces aspects (ou que les variables en question ne soient pas des facteurs importants du CAP, ce qui irait à l'encontre de la théorie économique).

Le transfert de valeurs avec ajustement

La formule suivante est largement utilisée pour procéder au transfert ajusté :

$CAP_P = CAP_E\,(Y_P/Y_E)^e$,

où Y représente le revenu par habitant, CAP le consentement à payer, et *e* l'élasticité du CAP par rapport au revenu[3]. Ce dernier terme constitue une estimation de la façon dont le CAP pour le bien (non marchand) en question évolue compte tenu des variations du revenu. D'après cette formule, si *e* est supposé égal à un, le rapport entre les valeurs du CAP sur les sites E et P est égal au ratio des revenus par habitant sur chacun de ces sites (soit $CAP_P/CAP_E = Y_P/Y_E$). Dans cet exemple, les valeurs sont simplement ajustées à la hausse dans le cas des projets qui touchent des personnes dont les revenus sont supérieurs à la moyenne et à la baisse dans celui des projets ayant une incidence sur des personnes dont les revenus sont inférieurs à la moyenne. À titre d'illustration, Hamilton et al. (2014), d'après OCDE (2014), transfèrent le CAP pour différents états de santé (en particulier pour les risques de mortalité) en utilisant le ratio des revenus entre deux sites (et en formulant diverses hypothèses concernant l'élasticité du CAP par rapport au revenu) afin d'estimer le bilan sanitaire des particules fines produites par les processus industriels en plus du dioxyde de carbone.

Dans la formule d'ajustement courante présentée ci-dessus, le revenu par habitant est la seule caractéristique modifiée d'un site à l'autre. En effet, il s'agit sans doute du plus important facteur dont dépend l'évolution du CAP, selon ce qu'indiquent des méta-études comme OCDE (2014). Or, le revenu n'est évidemment pas le seul facteur du CAP, ce qui signifie que même cette amélioration pourrait ne pas suffire pour se rapprocher du CAP effectif sur le site de l'étude. Il est toutefois possible d'opérer un ajustement similaire pour tenir compte par exemple des différences dans la pyramide des âges des deux sites, des écarts de densité démographique, etc. La prise en compte de multiples différences de ce type revient à procéder au transfert des fonctions d'avantages et c'est cette dernière approche du transfert qui est étudiée ci-après.

Le transfert de fonction de valeurs

Une approche plus complexe consiste à transférer la *fonction d'avantages* ou *de valeurs* du site E pour l'appliquer au site P. Par conséquent, si l'on sait que le CAP sur le site de l'étude est fonction d'un éventail de caractéristiques physiques du site et de l'utilisation de celui-ci, ainsi que des caractéristiques socio-économiques (et démographiques) de la population du site, cette information peut elle-même être utilisée dans le cadre du transfert. Supposons par exemple que $CAP_E = f(A,B,C,Y)$, où A, B et C représentent d'autres facteurs significatifs qui (outre Y) affectent le CAP sur le site E. La variable CAP_P peut être estimée en appliquant les coefficients de cette équation aux valeurs prises par A, B, C et Y sur le site P, soit :

$CAP_S = f(A, B, C, Y)$

$CAP_S = a_0 + a_1A + a_2B + a_3C + a_4Y$,

où les termes a_i correspondent à des coefficients permettant de quantifier la variation du CAP entraînée par une variation (marginale) de cette variable. Supposons par exemple que le CAP dépende (simplement) du revenu, de l'âge et du niveau d'instruction de la population du site de l'étude et que les analystes qui entreprennent cette étude aient estimé la relation suivante entre le CAP et ces variables (explicatives) :

$CAP_E = 3 + 0.5AN_E - 0.3\ ÂGE_E + 2.2\ INSTR_E$

Autrement dit, CAP_E est fonction croissante du revenu et du niveau d'instruction mais fonction inverse de l'âge comme l'indique la formule. Dans cette méthode de transfert, l'intégralité de la fonction d'avantages serait transférée de la façon suivante :

$\Rightarrow CAP_P = 3 + 0.5AN_P - 0.3\ ÂGE_P + 2.2\ INSTR_P$

Pour illustrer les conséquences de cette approche, admettons que la population du site de mise en œuvre de la politique soit dans l'ensemble bien plus âgée que celle du site de l'étude, la valeur de CAP_P sera alors – toutes choses égales par ailleurs – inférieure à celle de CAP_E.

La méta-analyse constitue une approche encore plus ambitieuse (voir par exemple Bateman et al. 2000). Il s'agit d'une analyse statistique des résultats synthétiques d'un ensemble d'études (généralement) assez vaste. L'objectif est d'expliquer pourquoi des études différentes donnent des estimations moyennes (ou médianes) du CAP différentes. Dans sa forme la plus simple, une méta-analyse consiste à calculer la moyenne des estimations existantes du CAP, à condition que la dispersion autour de la moyenne ne soit pas trop importante, et à l'utiliser dans les études du site où doivent intervenir les pouvoirs publics. Les valeurs moyennes pourraient par ailleurs être pondérées en fonction de la dispersion autour de la moyenne, le coefficient de pondération attaché à une estimation étant d'autant plus faible que la dispersion est importante.

Les résultats des études antérieures peuvent également être analysés en vue de pouvoir expliquer les variations du CAP. Cette solution devrait favoriser un meilleur transfert des valeurs puisqu'elle permet à l'analyste de déterminer de quelles variables le CAP est systématiquement fonction. Dans le cas de la méta-analyse, ce sont des fonctions entières et non des valeurs moyennes qui sont transférées et ces fonctions ne sont pas tirées d'une étude unique mais d'un ensemble d'études. À titre d'illustration, supposons que la fonction suivante soit estimée à l'aide d'études antérieures de la valeur de l' « offre » de zones humides dans un pays donné :

CAP = a_1 + a_2 TYPE DE SITE + a_3 AMPLEUR DE LA VARIATION + a_4 VISITEURS + a_5 NON-UTILISATEURS + a_6 REVENU + a_7 MODE D'ENQUÊTE + a_8 ANNÉE

La méta-analyse prise ici pour exemple vise à expliquer le CAP en se rapportant non seulement aux particularités des sites sur lesquels portent les études sur les zones humides (type de site, ampleur de la variation de l'offre de zones humides, et distinction des visiteurs et des non-utilisateurs) et aux caractéristiques socio-économiques (revenu) de la population concernée, mais aussi à des variables de processus découlant des méthodes utilisées dans les études initiales (modes d'enquête utilisés dans les études fondées sur les méthodes des préférences déclarées etc.) et de l'année où l'étude a été réalisée. L'application de la méta-analyse au domaine de l'estimation des valeurs non marchandes a connu une rapide expansion ces dernières années. Des études de ce type ont ainsi été réalisées sur la pollution urbaine, sur les activités récréatives, sur les fonctions écologiques des zones humides, sur la valeur d'une vie statistique, ou encore sur le bruit et les embouteillages.

De nombreux commentateurs en ont conclu que, du moins en théorie, plus l'approche est complexe, plus le transfert gagne en exactitude. Cette conclusion se fonde vraisemblablement sur le fait que le transfert de valeurs a peu de choses pour lui s'il est entaché d'erreur et trompeur. Beaucoup n'en ont pas moins conjugué à juste titre ce souci d'exactitude à un certain pragmatisme à l'heure de décider s'il fallait totalement écarter les approches les plus simplificatrices. Dans cette optique, le TV peut difficilement être recommandé s'il n'est pas possible de l'appliquer de façon systématique. Il en résulte que le TV aurait probablement moins d'attraits s'il demeurait en tous lieux et en tous temps la chasse gardée de spécialistes de haut niveau. Des méta-études comme OCDE (2014) clarifient les situations dans lesquelles des méthodes simples sont justifiées et celles dans lesquelles elles ne le sont pas. Des tensions persistent cependant, comme l'illustre la présence accrue de méta-fonctions sophistiquées pour le transfert de valeurs d'une part, et pour des « tables de référence » qui se veulent pratiques (par exemple listes de valeurs moyennes et de plages de CAP pour les services écosystémiques) et des bases de données d'évaluations d'autre part.

6.3. Le transfert de valeurs est-il solide ?

À l'évidence, dans la mesure où l'on se fonde de plus en plus sur le transfert de valeurs pour l'ACA, il est essentiel de déterminer dans quels cas ce transfert est une procédure solide. D'une manière générale, on trouve deux types de réponses à cette question dans les études relatives au TV. En premier lieu, de plus en plus d'études ont visé à évaluer l'ordre de grandeur probable des erreurs de transfert et, dans une large mesure, à comprendre quand et où ces erreurs ont le plus de chances d'être observées (et d'être importantes). En second lieu, dans la pratique, ces observations ont permis d'améliorer les transferts. La présente section traite du premier aspect, tandis qu'une illustration du second est présentée dans la section suivante.

Un nombre croissant d'études se sont attachées à mesurer la validité du transfert de valeurs. L'idée de base qui sous-tend ces tests de validation est de réaliser également une étude originale sur le site de mise en œuvre de la politique. La valeur dont le transfert est envisagé peut ainsi être comparée à celle obtenue dans cette étude primaire. Le bien-fondé général du transfert est clairement indiqué par le fait que la valeur transférée et l'estimation primaire soient ou non jugées similaires sur la base d'un ou plusieurs critères (statistiques ou autres).

La façon la plus évidente de procéder à cette évaluation consiste à se référer à la *validité de convergence*, c'est-à-dire à chercher à savoir dans quelle mesure on observe une concordance ou des erreurs (une divergence ou une convergence) quand on compare le CAP estimé sur le site de l'étude et sur le site de mise en œuvre de la politique. Afin d'en mesurer l'ampleur, comme conséquence du transfert de valeurs, on considère successivement chaque site dans un test de TV comme la « cible », c'est-à-dire comme le site de mise en œuvre de la politique. En d'autres termes, chaque site est tour à tour considéré comme le site pour lequel une estimation de valeur est nécessaire. L'estimation transférée est alors comparée à l'estimation faite dans l'étude pour le site cible, et l'erreur de transfert peut être calculée comme suit :

$$\text{Erreur de transfert} = \frac{(\text{Valeur transférée} - \text{Estimation effectuée sur le site lui-même})}{\text{Estimation effectuée sur le site lui-même}} \times 100$$

Brouwer et al. (2015) constatent qu'un avantage de la méthode des choix discrets (MCD) (voir chapitre 5) est l'évaluation des changements marginaux dans les attributs associés à un changement de politique. Cela représente en principe une base solide pour des transferts de valeurs subséquents, surtout lorsque ces attributs varient considérablement entre le site d'accueil et le (ou les) site(s) de l'étude. Pour tester cela, les auteurs étudient la transférabilité des valeurs entre les pays. Plus spécifiquement, l'étude couvre la Grèce, l'Italie, l'Espagne et l'Australie et utilise la méthode des choix discrets (MCD). L'accent est mis sur le fait que tous ces pays sont exposés à la sécheresse et les tests réalisés portent sur la transférabilité des valeurs non marchandes pour la préservation de l'eau. L'eau est ainsi considérée comme un bien, ce qui signifie que la consommation domestique d'eau apporte des avantages aux ménages et que l'amélioration des écosystèmes contribue au bien-être de ces derniers. Les attributs de la MCD dans cette étude sont la situation écologique en fonction du débit des eaux, la probabilité de restrictions à l'utilisation de l'eau en extérieur pour les ménages, et le coût pour un ménage, sous forme de facture de consommation d'eau.

Un certain nombre de méthodes de transfert ont été utilisées, avec notamment des transferts d'un seul pays vers un seul autre (par exemple un transfert de valeurs de la Grèce à l'Australie) ainsi que des transferts de valeurs moyennes d'un groupe de pays vers un pays unique (par exemple un transfert de valeurs d'un groupe de pays constitué de la Grèce, de l'Italie et de l'Espagne vers l'Australie). Différents modèles statistiques ont aussi été utilisés pour estimer les valeurs des attributs, en insistant sur l'utilisation de différents modèles capables de prendre en compte des caractéristiques socioéconomiques variées au sein de ces pays ainsi que l'hétérogénéité des préférences d'une façon relativement complexe (un modèle logit mixte). Comme cela semble être souvent le cas avec ces tests, les résultats sont à la fois rassurants pour les pragmatistes et dérangeants pour les puristes. Le degré d'erreur de transfert est considérablement réduit quand les données des pays sont regroupées et quand il est tenu compte des différences socioéconomiques entre le site cible et le (ou les) site(s) de l'étude. Néanmoins, l'hétérogénéité des préférences non observées est importante aussi et ce facteur, de par sa nature même, ne peut pas être aussi « facilement » pris en compte.

Kaul et al. (2013) proposent un test d'erreurs de transfert à l'aide d'une méta-étude relativement complète portant sur plus de 30 études antérieures, comportant au total plus de 1 000 estimations d'erreurs de transfert (mais provenant essentiellement des États-Unis et d'Europe). En conséquence, leur étude fournit des observations éloquentes sur les perspectives empiriques essentielles pouvant être obtenues sur la base de toutes ces études antérieures. Il en ressort un certain nombre de constats intéressants. Les marges d'erreur possibles sont véritablement étendues. Pour une étude type, l'erreur peut varier de quelques points de pourcentage seulement à un nombre de l'ordre de de dix fois plus (et parfois même davantage). Cependant, quand il est fait abstraction des valeurs extrêmes atypiques (ce qui réduit l'échantillon à 925 tests de TV), l'erreur de transfert moyenne est d'environ 40 %.

Un certain nombre d'autres éléments identifiables contribuent aussi aux différences au niveau des erreurs. Les approches les plus complexes (celles basées sur les transferts de fonction d'avantages) l'emportent sur les approches les plus simples (basées sur des transferts de valeurs généralement non ajustés) en termes de réduction de la marge d'erreur probable, mais le regroupement des estimations permet aussi de limiter les erreurs. La proximité géographique entre les sites de mise en œuvre et les sites des études réduit l'erreur de transfert. En outre, les erreurs de transfert sont moins grandes avec les mesures environnementales consistant à réaliser des changements quantitatifs qu'avec celles consistant à réaliser des changements qualitatifs.

Comme l'indiquent les auteurs, ces constats sont importants dans la mesure où ils permettent de savoir dans quels cas les praticiens doivent envisager avec davantage de prudence l'utilisation des TV. Cela ne signifie pas nécessairement qu'il conviendrait d'éviter le TV, qui est parfois, malgré tout, la seule solution pour évaluer les changements induits par une politique ou un projet. Cependant, il peut être approprié d'être plus circonspect, de recourir à l'analyse de sensibilité, etc. Un bon exemple est l'évaluation des changements de politique quand la qualité de l'environnement est en question.

Dans l'interprétation de ces résultats, il convient également de s'interroger sur l'ampleur de l'erreur de transfert à laquelle les décideurs (ou les analystes) doivent être prêts à s'exposer pour mieux éclairer leurs choix. D'aucuns estiment que la réponse à la question de savoir si ces marges d'erreur (tout comme d'autres) devraient être considérées comme « importantes » ou « excessives » pourrait dépendre de l'utilisation à laquelle sont destinés les résultats. Pour certaines applications relatives aux projets et aux politiques, elles sont sans doute acceptables lorsque leur ampleur est celle indiquée par le graphique 6.1. Ready et al. (2004) font en effet valoir que, par rapport aux autres sources d'incertitude auxquelles est exposée l'analyse des politiques, l'ampleur de la marge d'erreur constatée par eux est probablement acceptable dans la pratique. Une analyse de sensibilité peut être entreprise pour lever toute incertitude quant aux résultats finals.

Graphique 6.1. **Continuum des situations de décision et degré d'exactitude requis d'un transfert de valeurs**

Source : Brookshire (1992).

Le degré d'exactitude requis devra légitimement faire l'objet d'un débat. Brookshire (1992) a apporté une contribution déjà ancienne mais d'un grand intérêt pour structurer la réflexion. Le graphique 6.1 indique que, si une étude fondée sur le transfert de valeurs a pour objectif d'accroître les connaissances disponibles sur quelque valeur sur le site de mise en œuvre d'une politique ou de réaliser une première évaluation de la valeur des différentes options envisageables (c'est-à-dire de procéder à une sélection ou à une étude exploratoire), il n'est pas exclu qu'un assez faible degré d'exactitude soit acceptable. Si, par contre, l'analyste vise à réaliser une telle étude pour éclairer une prise de décision concrète des pouvoirs publics ou une procédure pour obtenir l'indemnisation d'une atteinte à des ressources naturelles, une plus grande exactitude sera sans doute souhaitable. Dans de tels cas, la réalisation d'une évaluation originale pourrait vraisemblablement être justifiée, à moins que l'on ne possède des preuves irréfutables de la validité du transfert d'avantages.

6.4. Transfert de valeurs et variabilité spatiale[4]

Les tests de validité des TV et les méta-études de ces tests (par exemple Kaul et al., 2013) montrent clairement que les similitudes géographiques ont tendance à limiter les erreurs possibles. En d'autres termes, lorsque cette condition de « similitude » n'est pas vérifiée, les transferts doivent être effectués avec un soin tout particulier. Il est indispensable que la variabilité spatiale soit prise en compte dans la réalisation d'un transfert de valeurs. Certains points peuvent être illustrés en ce qui concerne les valeurs standard des services écosystémiques par hectare et par grands types d'habitat (hautes terres, espaces verts urbains, etc.). Plusieurs problèmes peuvent se poser lors d'une estimation naïve de la valeur totale comme produit de cette valeur unitaire représentative et (de la variation) de la superficie totale de l'écosystème d'un type particulier.

Un exemple est donné par Barbier et al. (2008), qui se sont intéressés à la relation éventuellement non linéaire entre l'étendue de l'écosystème et les fonctions et services qu'il assure. Dans l'exemple des mangroves en Thaïlande, qui permettent d'atténuer les dommages causés par les vagues lors des types de tempêtes les plus courants, on observe une hétérogénéité spatiale parce que la proximité (des mangroves) du littoral est un facteur critique qui détermine le degré auquel cette fonction est assurée : plus l'écosystème en question est éloigné du littoral (vers l'intérieur des terres), plus ce degré diminue. Il est nécessaire de tenir compte explicitement de cette hétérogénéité pour mieux défendre le bien-fondé de l'agrégation. C'est nécessaire également pour mener une analyse plus précise de l'action des pouvoirs publics. En d'autres termes, ce que montrent Barbier et al., c'est que la valeur marginale (estimée) des zones de mangroves dans l'exemple de leur étude, en Thaïlande, est en baisse. À l'évidence, il est important de tenir compte de cette non-linéarité pour aboutir à des transferts plus fiables.

L'un des plus importants transferts de valeurs de services écosystémiques réalisés à ce jour a joué un rôle central dans l'analyse économique sur laquelle s'est appuyée l'évaluation nationale des écosystèmes au Royaume-Uni (UK-NEA, 2011). Des fonctions de valeurs ont été estimées pour un certain nombre de services écosystémiques comme la valeur d'approvisionnement de la production agroalimentaire, les services de régulation qu'apporte l'environnement comme espace de stockage des gaz à effet de serre (GES) et ce que l'on appelle les services culturels des loisirs de nature, qu'ils soient ruraux ou urbains. L'approche adoptée s'inspire de Bateman et al. (2011), avec des fonctions de valeurs simplifiées afin de s'en tenir aux principaux déterminants de la valeur et de rester ainsi dans le général. Les fonctions ont aussi été établies selon une approche unifiée, en les liant les unes aux autres. À titre d'illustration, si la valeur des services d'approvisionnement augmente par suite d'une intensification de l'agriculture, cette intensification peut aussi avoir pour conséquences un accroissement des émissions de GES et une dégradation des possibilités de loisirs en milieu rural.

Le graphique 6.2 illustre les conclusions de l'analyse par l'UK-NEA des avantages pour les loisirs en milieu rural d'un changement d'affectation de terres consacrées à l'agriculture conventionnelle pour en faire des zones boisées à usage multiple et d'accès libre (voir aussi Bateman et al., 2003). La distribution obtenue en transférant une fonction de valeur récréative sur la totalité du Pays de Galles reflète divers facteurs, notamment la distribution de la population ainsi que la disponibilité et la qualité du réseau routier. De tels résultats géographiquement désagrégés permettent aux décisionnaires de cibler les ressources de façon plus efficace. Les responsables politiques britanniques ont rapidement tiré parti de ces avantages et les leçons de l'évaluation nationale britannique des écosystèmes ont été explicitement intégrées dans le Livre blanc du Royaume-Uni pour l'environnement (Defra, 2011), publié à la suite du rapport d'évaluation.

À titre d'exemple de ces résultats de transferts, Bateman et al. (2011) estiment qu'au Royaume-Uni, les services écosystémiques apportent chaque année 3 milliards de visites récréatives extérieures et que la valeur sociale du produit de toutes ces visites pourrait bien dépasser 10 milliards GBP. La situation géographique (de ces sites) compte considérablement et, ce qui n'a rien de surprenant, ces chiffres globaux ne sont qu'un élément de l'ensemble. Un site récréatif naturel particulier de taille modérée, par exemple, peut produire une

Graphique 6.2. **Valeurs récréatives résultant d'un changement d'affectation des terres**

Remplacement de cultures agricoles par des zones boisées à usage multiple et d'accès libre au Pays de Galles.

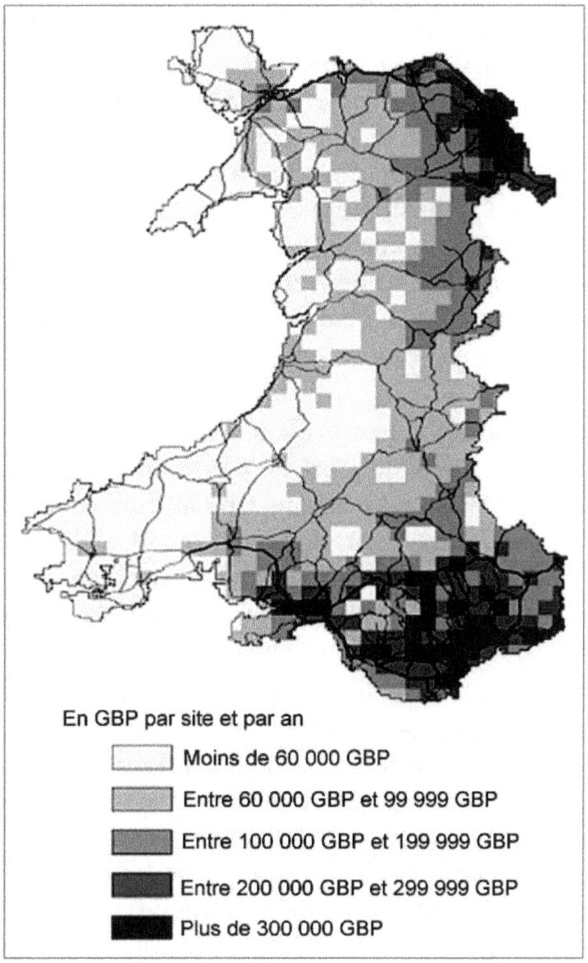

Source : D'après UK-NEA (2011).

valeur comprise entre 1 000 GBP et 65 000 GBP par an, tout dépend uniquement de sa localisation. Il n'est peut-être pas étonnant que cette fourchette de valeurs dépende fondamentalement de la proximité d'une importante agglomération. En d'autres termes, une zone boisée qui ne se trouverait pas au « bon » endroit (qui serait relativement éloignée des populations susceptibles de s'y rendre) aurait peu de chances de produire des valeurs sociales aussi élevées (toutes choses égales par ailleurs), une observation qui revêt une importance particulière pour les responsables politiques qui envisageraient de nouveaux investissements dans ces sites naturels.

6.5. Bases de données de transferts de valeurs et directives

Faute de disposer d'un ensemble d'études d'évaluation des avantages aisément accessible, toute tentative de transfert de valeurs risque de se trouver compromise par la nécessité ô combien décourageante de répertorier les résultats des études antérieures. Encore suppose-t-on ici qu'il existe une abondance d'études originales qui resteraient à rassembler de cette manière. Cette supposition est peut-être optimiste. Les examens des études relatives aux transferts de valeurs et de la pratique en la matière, comme Johnston et Rosenberger (2010) et Johnston et al. (2015), mettent en lumière des difficultés sur ce plan qui ne sont pas sans conséquences, entre autres le biais géographique dans les études (à savoir qu'elles proviennent principalement d'Amérique du Nord et d'Europe occidentale). Il s'agit aussi d'observations sur la nature des recherches dans le domaine de l'évaluation environnementale, dans lesquelles on privilégie généralement les innovations théoriques (la production d'un nouveau savoir) plutôt que la production de données plus reproductibles empiriquement mais de bonne qualité. C'est là un exemple de progrès à la frontière de l'ACA susceptible de ne pas répondre aux besoins des pouvoirs publics aussi efficacement que possible. Si Johnston et Rosenberger (2010) prennent leurs distances à juste titre avec la communauté des chercheurs en raison de ce biais, la question de savoir si les responsables politiques ont suffisamment encouragé ce domaine de recherche a aussi son importance. Loomis (2015) note des preuves émergentes d'exceptions à cette tendance dans l'évaluation des dégâts causés par les marées noires le long du littoral aux États-Unis.

L'idée qu'il conviendrait de créer des bases de données des études d'évaluation auxquelles les chercheurs désireux de procéder à un transfert d'avantages puissent avoir accès est déjà ancienne. Un exemple pratique est d'ailleurs connu depuis longtemps. La collaboration internationale entre Environnement Canada, l'Agence américaine pour la protection de l'environnement et le ministère britannique de l'Environnement, de l'Alimentation et des Affaires rurales a abouti à la création d'un considérable répertoire des estimations des avantages baptisé EVRI (*www.evri.ca*).

Les bases de données et les manuels relatifs au transfert de valeurs constituent de façon générale un progrès, comme en témoigneraient très probablement les analystes ayant jamais eu à rechercher longuement des valeurs sur lesquelles se fonder. Cependant, il faut bien entendu émettre quelques réserves. Il reste nécessaire de s'appuyer sur le jugement et l'analyse d'experts pour procéder au choix et à l'ajustement des valeurs. Cette base de données doit en principe fournir des informations sur la qualité probable des études, bien que, dans la pratique, les modalités d'évaluation de cette qualité ne paraissent pas bien claires à ce stade. Ajouter à la « trousse à outils » du transfert d'avantages un instrument qui rende beaucoup plus aisé le travail de l'analyste et lui permette de bien mieux l'étayer à mesure que les études d'évaluation antérieures sont systématiquement synthétisées et organisées, ne peut qu'être dans l'ensemble quelque chose de bienvenu.

Les valeurs de référence sont une variante de la base de données des transferts de valeurs : des valeurs non marchandes « officielles » pour certaines catégories de services que les praticiens chargés d'évaluer les politiques et les projets d'investissement pour le compte des décisionnaires doivent utiliser quand le besoin s'en fait sentir. Un exemple concernant l'Allemagne (plus particulièrement, l'Agence fédérale allemande pour l'environnement) est l'étude de Schwermer et al. (2014), qui présente un ensemble de valeurs unitaires dont certaines sont reprises dans le tableau 6.1 pour les polluants atmosphériques.

Bien que la relative facilité de calcul de cette méthode la rende largement applicable, de nombreux analystes risquent de protester avec véhémence devant le risque qu'elle s'avère par trop simplificatrice en l'absence d'orientations sur la façon de réaliser des transferts de valeurs robustes. La validité dépend pour une large part de la façon dont les

Tableau 6.1. **Valeurs « de référence » de l'Agence fédérale allemande pour l'environnement**

a) Coûts de la pollution atmosphérique, coût total et coût par catégorie de dommage, en EUR par tonne, valeurs 2010

	Santé	Perte de biodiversité	Dommages aux cultures	Dommages matériels	Total
$PM_{2.5}$	55 400				55 400
NO_x	12 600	2 200	500	100	15 400

b) Coûts des particules fines par source d'émission et par site, en EUR par tonne, valeurs 2010

	Industrie	Centrales électriques	Transport routier
Urbain	56 000	30 600	364 100
Rural	55 400	30 600	122 800

Source : D'après Schwermer et al. (2014).

données sont utilisées et de la provenance des valeurs synthétiques, qui peuvent découler ou non d'éléments d'information abondants et de bonne qualité. Si l'on observe quelques variations dans le tableau selon la source d'émission et selon que les émissions se produisent en zone urbaine ou rurale (surtout pour le transport routier), sachant que les valeurs telles que celles présentées au tableau 6.1 sont tout simplement utilisées comme si elles étaient « prêtes à l'emploi », c'est-à-dire sans qu'aucun ajustement ne leur soit apporté, il y a tout lieu de se demander si l'exactitude ne s'en trouve pas dans une certaine mesure sacrifiée. On peut en tirer la conclusion d'ensemble que les efforts pour constituer des bases de données susceptibles de servir au transfert d'avantages sont assurément bienvenus mais qu'ils devraient être conjugués à l'élaboration de procédures largement admises et faisant autorité en vue de définir quelles sont les meilleures pratiques en matière d'utilisation des valeurs répertoriées. Schwermer et al. (2012), dans un document distinct mais annexé à l'étude, nous donnent des informations, en faisant valoir par exemple que des valeurs unitaires comme celles du tableau fournissent une base pour « (...) permettre simplement un calcul approximatif des dommages possibles imputables aux émissions de polluants atmosphériques » (p. 22).

Selon Rolfe et al. (2015), il n'existe pas de lignes directrices plus générales, ou du moins d'accord général sur le sujet. Cependant, un exemple vaut d'être cité pour le Royaume-Uni, celui d'eftec (2009), qui pose les une base pour réaliser un transfert de valeurs dans une ACA officielle. Cet organisme renforce les lignes directrices du ministère britannique de l'Environnement relatives à l'évaluation des services écosystémiques, lesquelles sont une extension des lignes directrices en matière d'ACA publiées par le Trésor de Sa Majesté (le *Green Book*, HM Treasury, 2003). Ce guide propose en tout huit étapes pour la réalisation d'un transfert de valeurs en vue de l'évaluation d'une politique ou d'un projet d'investissement. Certaines de ces étapes concernent des points généraux à propos de l'ACA environnementale : par exemple, définir le changement politique et définir la population touchée au début de l'analyse. D'autres étapes ont plus spécifiquement trait au transfert de valeurs et consistent à se poser une série de questions sur la qualité des études initiales auxquelles il s'agit de se référer pour le transfert et sur les différences qui pourraient exister entre les sites de l'étude et les sites de mise en œuvre. L'accent est mis sur la démonstration pratique de la manière dont ces différences peuvent être prises en compte lors de la réalisation du transfert et dont la sensibilité des résultats peut être testée.

6.6. Remarques conclusives

Dans la pratique, l'analyse des politiques s'appuie bien souvent sur des études utilisant le transfert d'avantages car les praticiens n'ont que rarement le luxe de concevoir et de réaliser des études originales. Dans ces circonstances, les analystes en sont réduits à se rabattre sur les informations qui peuvent être tirées des études antérieures. Le transfert de valeurs introduit presque inéluctablement une part de subjectivité et une plus grande incertitude dans les évaluations puisque les analystes doivent formuler un certain nombre d'hypothèses et de postulats *supplémentaires* à ceux des études originales. Bien entendu, cette observation ne doit pas être sortie de son contexte, car on pourrait en dire autant de pratiquement tout exercice de modélisation. La question fondamentale est de savoir si ce surcroît de subjectivité et d'incertitude que génère le transfert est acceptable et si ce dernier demeure une source d'informations utile.

L'analyse présentée dans ce chapitre indique que malgré le rôle central qu'elles jouent dans la prise de décision publique, les études reposant sur des transferts de valeurs doivent éviter d'utiliser des méthodes simplistes pour interpréter, résumer et rassembler les informations disponibles. Le danger est en effet que l'on ne puisse privilégier la simplicité sans sacrifier la précision du transfert, et vice-versa. Pour appliquer les méthodes de transfert correctement, il faut donc pouvoir s'acquitter de cette tâche en toute connaissance de cause et disposer d'un savoir-faire très développé ; selon les commentateurs les plus exigeants, il faut aussi parfois des compétences techniques aussi pointues que pour la réalisation des études originales. Cependant, le dilemme entre simplicité et précision n'est sans doute qu'une partie du problème, sachant qu'un certain nombre d'études importantes mettent en doute le fait que des méthodes plus élaborées permettent toujours d'obtenir des valeurs de transfert plus précises. Quand bien même, il est peu probable – et peu souhaitable – que la réalisation transferts fiables puisse jamais se résumer à une procédure purement mécanique. Des expériences montrent en effet qu'une telle approche de ce processus peut avoir des conséquences hasardeuses pour les perspectives plus larges des approches coûts-avantages.

Certaines conditions doivent sans doute être satisfaites pour qu'un transfert d'avantages puisse être valablement réalisé. De ce point de vue, il est peut-être surprenant de constater le petit nombre de protocoles généralement acceptés (voir cependant eftec, 2009 à titre d'exemple). Néanmoins, les pratiques que l'on pourrait juger exemplaires en matière de transfert d'avantages forment un puzzle dont un certain nombre de pièces reprises ci-après sont couramment mentionnées.

Premièrement, les études sur lesquelles s'appuie l'analyse doivent elles-mêmes être fiables. Une étape initiale mais essentielle de tout transfert consiste pour une très large part à vérifier soigneusement l'exactitude et la qualité des études d'origine. En soi, cela requiert de faire preuve d'un grand discernement, même si le regroupement des informations dans la base de données EVRI en cours de constitution et l'évaluation de la qualité de chaque étude au sein du système rendent cette tâche particulière moins épineuse. Des efforts analogues s'imposent pour établir, dans des protocoles (officiels) exposant les meilleures pratiques en matière de transfert de valeurs, les procédures « idoines » de sélection et d'ajustement des valeurs du site d'étude, par exemple. Ce n'est que de cette manière que la valeur des bases de données peut être pleinement et judicieusement exploitée.

Lors de la réalisation d'un transfert de valeurs, la population touchée et ses caractéristiques doivent être comparables sur le site de l'étude et sur celui de mise en œuvre de la politique. Si tel n'est pas le cas, il devra être tenu compte des différences démographiques et de leurs conséquences du point de vue du CAP. Il est tout aussi essentiel que la variation de l'offre du bien évalué soit similaire sur les deux sites. Ce dernier point soulève de nombreuses questions, comme celle de savoir si le contexte dans lequel la fourniture d'un certain bien est assurée constitue un facteur important du CAP. Dans un certain sens, la dissemblance est la norme (par exemple, les habitats écosystémiques et la répartition spatiale des substituts autour d'un site sont uniques). L'élément décisif, cependant, est de savoir dans quelle mesure cette dissemblance influe sur les valeurs.

Les tests du transfert d'avantages ont essentiellement eu pour objectif d'évaluer dans quelle mesure des biens en apparence similaires pouvaient effectivement être caractérisés comme tels dans la réalité. L'une des interprétations possibles des résultats de ces tests est que la validité et la précision du transfert d'avantages sont discutables. Une autre interprétation possible est que ces tests eux-mêmes fournissent des indications utiles sur les situations dans lesquelles un transfert de valeurs peut être réalisé avec confiance et les cas dans lesquels les spécialistes doivent procéder avec davantage de précaution et de minutie.

Notes

1. Voir *www.evri.ca/fr/splashify-splash*.
2. C'est-à-dire non pas 7.5 millions d'habitants mais seulement 100 000.
3. Il s'agit de l'approche appliquée par exemple par l'OCDE (2014) et par Roy et Braathen (2017).
4. Cette section est adaptée d'Atkinson et al. (2012).

Références

Atkinson, G., I.J. Bateman et S. Mourato (2012), « Recent Advances in the Valuation of Ecosystem Services and Biodiversity », *Oxford Review of Economic Policy*, vol. 28, n° 1, pp. 22-47, *https://doi.org/10.1093/oxrep/grs007*.

Barbier, E.B. et al. (2008), « Coastal Ecosystem-Based Management with Nonlinear Ecological Functions and Values », *Science*, vol. 319, pp. 321-323, *https://doi.org/10.1126/science.1150349*.

Bateman, I.J. et al. (2011a), « Economic Analysis for Ecosystems Assessments », *Environmental and Resource Economics*, vol. 48, pp. 177-218, *https://doi.org/10.1007/s10640-010-9418-x*.

Bateman, I.J. et al. (2011b), « *Economic Values from Ecosystems* », *in The UK National Ecosystem Assessment Technical Report, UK National Ecosystem Assessment, PNUE-WCMC, Cambridge, voir: http://uknea.unep-wcmc.org/*.

Bateman, I.J. et al. (2011c), « Making Benefit Transfers Work: Deriving and Testing Principles for Value Transfers for Similar and Dissimilar Sites Using a Case Study of the Non-market Benefits of Water Quality Improvements across Europe », *Environmental and Resource Economics*, vol. 50, n° 3, pp. 356-387, *https://doi.org/10.1007/s10640-011-9476-8*.

Bateman, I.J. et al. (2000), *Benefits Transfer in Theory and Practice: A Review and Some New Studies*, Centre for Social and Economic Research on the Global Environment (CSERGE) et School of Environmental Sciences, University of East Anglia, Norwich.

Boyle, K.J. et J.C. Bergstrom (1992), « Benefits transfer studies: Myths, pragmatism and idealism », *Water Resources Research*, vol. 28, n° 3, pp. 657-663.

Brookshire, D.S. (1992), *Issues Regarding Benefits Transfer*, note présentée à l'atelier de l'Association of Environmental and Resource Economists, Utah, juin 1992.

Brouwer, R. et al. (2015), « Improving Value Transfer Through Socio-economic Adjustments in a Multi-country Choice Experiment of Water Conservation Alternatives », *Australian Journal of Agricultural and Resource Economics*, vol. 59, pp. 458-478, *https://doi.org/10.1111/1467-8489.12099*.

Defra (Department for Environment, Food and Rural Affairs) (2011), *The Natural Choice: Securing the Value of Nature*, Cm 8082, The Stationery Office, Londres, *www.gov.uk/government/uploads/system/uploads/attachment_data/file/228842/8082.pdf*.

Desvousges, W., F.R. Johnson et H.S. Banzaf (1998), *Environmental Policy Analysis with Limited Information: Principles and Applications of the Transfer Method*, Edward Elgar, Cheltenham.

Eftec (2009), *Valuing Environmental Impacts: Practical Guidelines for the Use of Value Transfer in Policy and Project Appraisal*, rapport à l'intention de Defra, eftec Ltd., Londres. *www.gov.uk/government/uploads/system/uploads/attachment_data/file/182376/vt-guidelines.pdf*.

Hamilton, K. et al. (2014), *Multiple Benefits from Climate Mitigation: Assessing the Evidence*, rapport à l'intention de New Climate Economy.

HM Treasury (2003), *The Green Book, Appraisal and Evaluation in Central Government*, HM Treasury, Londres, *www.gov.uk/government/uploads/system/uploads/attachment_data/file/220541/green_book_complete.pdf*.

Johnston, R. et R. Rosenberger (2010), « Methods, Trends and Controversies in Contemporary Benefit Transfer », *Journal of Economic Surveys*, vol. 24, n° 3, pp. 479-510, *https://doi.org/10.1111/j.1467-6419.2009.00592.x*.

Johnston, R. et al. (dir. pub.) (2015), *Benefit Transfer of Environmental and Resource Values: A Guide for Researchers and Practitioners*, Springer, Dortrecht.

Kaul, S. et al. (2013) « What Can We Learn from Benefit Transfer Errors? Evidence from 20 Years of Research on Convergent Validity », *Journal of Environmental Economics and Management*, vol. 66, pp. 90-104, *http://dx.doi.org/10.1016/j.jeem.2013.03.001*.

Loomis, J. (2015), « The Use of Benefit Transfer in the US », in Johnston, R. et al. (dir. pub.) *Benefit Transfer of Environmental and Resource Values: A Guide for Researchers and Practitioners*, Springer, Dortrecht.

OCDE (2014), *Le coût de la pollution de l'air : Impacts sanitaires du transport routier*, Éditions OCDE, *http://dx.doi.org/10.1787/9789264220522-fr*.

Ready, R. et al. (2004), « Benefit Transfer in Europe: How Reliable are Transfers Between Countries?», *Environmental and Resource Economics*, vol. 29, pp. 67-82, *https://doi.org/10.1023/B:EARE.0000035441.37039.8a*.

Rolfe, J. et al. (2015), « Introduction: Benefit Transfer of Environmental and Resource Values », in Johnston, R. et al. (dir. pub.), *Benefit Transfer of Environmental and Resource Values: A Guide for Researchers and Practitioners*, Springer, Dortrecht.

Rosenberger, R.S. et J.B. Loomis (2003), « Benefits transfer », in Champ, P.A., K.J. Boyle et T.C. Brown (dir. pub.), *A Primer on Nonmarket Valuation*, Kluwer Academic Publishers, Dortrecht.

Roy, R. et N. Braathen (2017), « The Rising Cost of Ambient Air Pollution thus far in the 21st Century: Results from the BRIICS and the OECD Countries », *OECD Environment Working Papers*, n° 124, Éditions OCDE, Paris, *http://dx.doi.org/10.1787/d1b2b844-en*.

Schwermer, S. et al. (2014), *Economic Valuation Methods: Annex B to « Economic Valuation of Environmental Damage – Methodological Convention 2.0 for Estimates of Environmental Costs »*, Unwelt Bundesamt, Dessau.

Schwermer, S. et al. (2012), *Economic Valuation Methods: Annex A to « Economic Valuation of Environmental Damage – Methodological Convention 2.0 for Estimates of Environmental Costs »*, Unwelt Bundesamt, Dessau.

UK-NEA (UK National Ecosystem Assessment) (2011), *The UK National Ecosystem Assessment: Technical Report*, PNUE-WCMC, Cambridge, Royaume-Uni, *http://uknea.unep-wcmc.org/*.

Analyse coûts-avantages et environnement
Avancées théoriques et utilisation par les pouvoirs publics

PARTIE I

Chapitre 7

Évaluation du bien-être subjectif

L'évaluation du bien-être subjectif (BES) est une méthode récemment mise au point qui diffère des autres méthodes d'estimation de valeurs non marchandes en ce que les valeurs dépendent de l'impact des biens non marchands sur des mesures autodéclarées du bien-être comme le niveau de satisfaction dans l'existence. En d'autres termes, les valeurs reposent sur l'utilité ressentie plutôt que sur l'utilité anticipée. On en sait beaucoup moins sur les limites et les biais de cette approche naissante de l'évaluation que sur ceux associés aux méthodes des préférences révélées et des préférences déclarées, lesquelles font l'objet d'études et d'applications en économie depuis bien plus longtemps déjà. Cependant, globalement, l'approche par le bien-être subjectif offre une nouvelle manière prometteuse d'évaluer les biens non marchands et, au fil des recherches et applications futures, le temps dira si cette approche tient ses promesses.

7.1. Le bien-être subjectif

Au cours de la dernière décennie, le monde a assisté à une croissance exponentielle des travaux de recherche sur le bien-être subjectif (BES), également appelé bonheur (MacKerron, 2012 ; Mackie et Smith, 2015), et dans une moindre mesure, sur l'évaluation du bien-être subjectif (Welsch et Kuhling, 2009 ; Ferreira et Moro, 2010). Dans le même temps, le recours à des mesures du BES pour évaluer des politiques, éclairer la conception des politiques et suivre les progrès réalisés est devenu de plus en plus prisé dans le domaine de l'action publique (Fujiwara et Campbell, 2011 ; Dolan et al., 2011 ; OCDE, 2013 ; Tinkler, 2015 ; Fujiwara et Dolan, 2016).

Le BES fait référence aux mesures du bien-être personnel autodéclarées, généralement obtenues au moyen de sondages. En se fondant sur Diener (2005), l'OCDE (2013) propose une définition générale du bien-être subjectif qui englobe des éléments évaluatifs aussi bien qu'empiriques : « un bon état d'esprit, résumant toutes les diverses évaluations, positives et négatives, que les individus font de leur vie, et les réactions affectives qu'ils ont face à leur vécu ». Pour élargir cette définition, le BES comporte trois dimensions fondamentales :

- *Les éléments évaluatifs du bien-être subjectif (ou satisfaction à l'égard de l'existence)*. Cette dimension est une auto-évaluation que la personne livre de sa propre vie sur la base d'un critère positif (Kahneman et al., 1999). Elle peut prendre la forme d'une mesure agrégée portant sur un seul et unique élément (la vie dans son ensemble, par exemple ; c'est notamment le cas avec l'échelle de Cantril, dont l'échelon le plus élevé représente la meilleure vie possible et le plus bas la pire vie possible [OCDE, 2013]) ou être subdivisée en différents domaines de l'existence sur une échelle comportant plusieurs éléments (par exemple, Cummings, 1996, propose de distinguer sept domaines de satisfaction : bien-être matériel, santé, productivité, intimité, sécurité, place dans la communauté et bien-être émotionnel). C'est ce que mesure par exemple la question : « Tout bien considéré, dans quelle mesure êtes-vous satisfait de votre vie en général ? » avec des réponses s'inscrivant sur une échelle numérique, par exemple de 0 à 10. Cette dimension fait généralement l'objet d'études au long cours – elle peut par exemple être mesurée par sondage une fois par an.
- *Le bien-être subjectif eudémonique*. Cette dimension fait référence à l'épanouissement et à la réalisation du potentiel véritable de l'individu (Waterman, 1993 ; Ryan et Deci, 2001), c'est-à-dire aux aspirations intrinsèques, à la réalisation de soi, au développement personnel et au sentiment d'un devoir et d'un sens de l'existence, en d'autres termes, à ce que les gens perçoivent comme important dans la vie. Elle s'efforce d'exploiter les théories aristotéliciennes du bien-être dans une méthode reposant sur l'autodéclaration. Ainsi, par exemple : « Dans l'ensemble, dans quelle mesure avez-vous le sentiment que ce que vous faites dans votre vie en vaut la peine ? » ou « Votre vie a-t-elle un sens et un but ? » Tout comme le bien-être évaluatif, le bien-être eudémonique est généralement mesuré régulièrement à l'occasion de sondages annuels.

- *Le bien-être subjectif momentané* (ou affect). Cette dimension mesure le ressenti, l'affect ou l'humeur de la personne à un moment donné (MacKerron et Mourato, 2013). Elle est très sensible à l'actualité et aux événements récents et peut évoluer rapidement. Elle englobe aussi bien les émotions positives (par exemple la gaîté, la joie, le contentement) que négatives (par exemple l'anxiété, la colère, l'inquiétude) (Tinkler, 2015). On mesure en général le BES momentané à l'aide de l'échelle PANAS (Watson et al., 1988), une échelle psychométrique des affects positifs et négatifs couramment utilisée pour mesurer les états affectifs. Les observations donnent toutefois à penser que les affects positifs ne sont pas exclusifs des affects négatifs, et vice versa, les deux pouvant être ressentis simultanément. On utilise aussi communément des mesures ponctuelles simples pour connaître le ressenti de la personne durant une journée donnée ou la veille, à l'aide de questions comme « Êtes-vous heureux en ce moment même ? » ou « Étiez-vous anxieux hier ? » Le meilleur moyen de mesurer l'affect de manière précise est peut-être de recueillir plusieurs réponses auprès des sondés sur une même journée et d'étudier leur évolution sur une période donnée (semaine, mois, année, etc.). Ce procédé, baptisé méthode d'échantillonnage des expériences, a été facilité par l'utilisation des technologies mobiles.

Ces dimensions du BES reposent sur des concepts distincts mais sont étroitement liées. Le bien-être momentané est une évaluation en temps réel de ce que ressent la personne à un moment donné, tandis que la satisfaction à l'égard de l'existence est une évaluation similaire, mais sur une période prolongée, qui met en jeu la mémoire d'événements et d'émotions multiples. Le sentiment d'avoir un but (le bien-être eudémonique) peut se mesurer soit par rapport à une situation momentanée, soit par rapport à une appréciation de l'existence, mais c'est surtout cette seconde solution qui est retenue. Par analogie, on pourrait décrire le bien-être évaluatif et le bien-être eudémonique comme des instantanés de la vie à un instant t tandis que le bien-être momentané est comme un film en continu de l'existence. Des corrélations significatives mais faibles ont été observées entre ces trois mesures : par exemple, 0.13 entre la satisfaction à l'égard de l'existence et le bien-être eudémonique, 0.23 entre la satisfaction à l'égard de l'existence et l'affect positif, 0.14 entre l'eudémonie et l'affect positif, et -0.39 entre l'affect positif et l'affect négatif (OCDE, 2013). Il semble donc que les différentes mesures reflètent des phénomènes sous-jacents différents.

Selon l'éminente Commission Stiglitz (Stiglitz et al., 2009), ces trois indicateurs du BES sont utiles pour la politique publique en tant que moyen d'évaluer le progrès de la société, et doivent donc être mesurés régulièrement et séparément grâce à des enquêtes de grande envergure réalisées par les services statistiques officiels. En 2010, conformément à cette recommandation, l'Office for National Statistics (le Bureau de la Statistique Nationale du Royaume-Uni) a commencé à recueillir des données sur ces trois dimensions essentielles du bien-être subjectif individuel (encadré 7.1) dans le cadre du Programme national relatif au bien-être. La même année, le Trésor de Sa Majesté a publié des indications supplémentaires pour le livre vert sur l'utilisation du bien-être subjectif pour évaluer les biens non marchands dans le cadre de l'analyse coûts-avantages (Fujiwara et Campbell, 2011). En 2013, l'OCDE a publié une série de lignes directrices étendues et détaillées sur la manière de mesurer le BES (OCDE, 2013), dans le but d'inciter les bureaux nationaux de statistique à commencer à collecter des données sur ce BES. En 2015, 32 des 34 pays de l'OCDE avaient commencé à recueillir des mesures du BES (Mackie et Smith, 2015). Aux États-Unis, la National Academy of Sciences a publié un rapport sur les utilisations du BES dans ce pays et a fourni des orientations pour les efforts futurs de mesure dans les enquêtes officielles des pouvoirs publics (Stone et Mackie, 2013). À peu près au même moment, des questions relatives au BES ont commencé à être intégrées à l'American Time Use Survey (Stone et Mackie, 2013). Cependant, malgré les progrès accomplis pour élaborer des mesures officielles, les données sur le BES les plus communément utilisées dans les analyses internationales proviennent toujours de sources non officielles. À l'échelle mondiale, la collecte de mesures du BES par les agences nationales de statistique est très récente et la cohérence internationale fait encore défaut. Les ensembles de données les plus importants et les plus largement utilisés dans ce domaine, qui permettent de disposer d'informations sur un certain nombre d'aspects du BES, sont le Gallup World Poll (qui porte sur 160 pays) et l'enquête World Values Survey (qui porte sur près de 100 pays), ainsi que l'Enquête sociale européenne et l'Eurobaromètre, qui couvrent les pays d'Europe. Des données sur le BES ont également été collectées lors de plusieurs éditions de l'enquête annuelle baptisée baromètre de l'Amérique latine (Latinobarómetro), qui porte sur 18 pays de la région.

En parallèle, dans le monde universitaire, l'intérêt des chercheurs pour le bien-être subjectif (plus communément appelé le bonheur) et les publications dans ce domaine ont connu une croissance extraordinaire, surtout depuis l'an 2000 (encadré 7.2). Cette année a aussi coïncidé avec la fondation du *Journal of Happiness Studies*. Cependant, même en excluant les publications dans cette revue, l'accroissement du nombre de publications relatives au BES a été remarquable. Par ailleurs, on a vu apparaître des articles sur ce sujet dans certaines des revues d'économie les plus prestigieuses, comme le *Journal of Economic Literature*, le *Journal of Economic Perspectives*, l'*Economic Journal* et le *Journal of Political Economy* (MacKerron, 2011).

Enfin, il convient de noter que le bien-être *subjectif* ne fait pas référence à la même chose que le concept plus large de bien-être, mais peut être interprété comme un sous-ensemble de celui-ci (Mackie et Smith, 2015 ; Milner-Gulland et al., 2014). Pour la mesure du bien-être global, un certain nombre d'autres variables sont importantes. Le rapport de l'OCDE (2011) *How's life? Measuring well-being* présente un cadre empirique largement accepté pour mesurer ces multiples aspects du bien-être en tenant compte des aspects objectifs et subjectifs et en distinguant les conditions matérielles (revenu, emploi, logement, etc.) et la qualité de vie (par exemple la santé, l'éducation, le capital social, la qualité de l'environnement, la sécurité et le bien-être subjectif). Ce cadre est similaire à un cadre antérieur, relatif au bien-être, élaboré par Gough et McGregor (2007), qui incluait trois conditions : satisfaction des besoins objectifs, liberté de poursuivre des objectifs, et qualité de vie (y compris bien-être subjectif). Agarwala et al. (2015) ont étudié un certain nombre d'autres cadres empiriques pour la mesure du bien-être global.

Dans le même ordre d'idées, le BES a été présenté dans les travaux de recherche comme une des trois façons possibles de rendre compte du bien-être (Parfit, 1984 ; Dolan et al., 2011) :

- Les *listes objectives* font référence à la satisfaction des besoins matériels, psychologiques et sociaux fondamentaux et des droits fondamentaux de l'être humain. Elles sont généralement dressées par un processus « exogène » ; autrement dit elles sont proposées par des spécialistes ou constituent l'extension logique d'une théorie ou d'un corpus d'idées sur le bien-être. L'approche par les capacités de Sen (1999), qui en est un exemple, considère le bien-être comme déterminé en définitive par la capacité de profiter des opportunités qu'a celui qui n'est pas victime d'oppression ni de malnutrition et qui n'est pas analphabète.

- La *satisfaction des préférences* est l'indicateur de bien-être associé à la théorie économique néoclassique. Ce concept repose sur le principe selon lequel nous pouvons déduire le niveau de bien-être (ou une grandeur qui lui est proche, l'utilité) des préférences et des choix des individus (Parfit, 1984). La satisfaction des préférences est un indicateur largement utilisé et sur lequel se fondent des techniques d'évaluation économique comme l'analyse coûts-avantages.
- *L'état d'esprit* est déterminé à partir des déclarations des individus concernant leur propre bien-être, si bien qu'il correspond à ce qui est désigné précédemment par le terme de bien-être subjectif et inclut la satisfaction à l'égard de l'existence, l'affect et le bien-être eudémonique. Cette notion est couramment utilisée non seulement dans des sciences sociales comme la psychologie mais aussi, de plus en plus, en économie.

Les liens entre ces différentes manières de mesurer le bien-être ne sont pas faciles à cerner, car elles font finalement référence à des concepts différents. Peasgood (2008) a mesuré ces trois types de bien-être sur une même population et a observé, dans certains cas, de grandes disparités entre les différents indicateurs. Prenons les deux concepts qui sont ici les plus pertinents, le bien-être subjectif et la satisfaction des préférences ; le premier est souvent décrit comme une mesure de « l'utilité ressentie », une dimension liée à la manière dont les gens perçoivent leur existence et leur situation, par opposition au concept traditionnel de « décision » ou d' « utilité espérée », qui est fondé sur les préférences (Kahneman et al., 1997 ; Kahneman et Sugden, 2005). Cependant, d'après MacKerron (2011), les différences entre les deux approches ne se limitent pas au fait que l'une soit prospective et l'autre rétrospective. Dans de nombreuses situations, les deux conceptualisations peuvent coïncider, lorsque ce que les gens veulent est aussi ce qui les rend heureux, mais ce n'est pas toujours le cas. Pour Kimball et Willis (2006), l'utilité rend compte du choix des individus tandis que le bonheur se rapporte au sentiment qu'ils ont à l'égard de leurs choix. Selon les chercheurs, le BES peut être considéré comme un argument de la fonction d'utilité qui peut être modulé au profit d'autres dimensions de l'utilité. Pour un examen des ressemblances et des différences entre l'approche par le BES et l'approche par la satisfaction des préférences, voir MacKerron (2011).

Encadré 7.1. **Les questions relatives au BES utilisées par l'Office for National Statistics au Royaume-Uni**

En avril 2011, l'Office for National Statistics (ONS) a ajouté quatre nouvelles questions sur le bien-être subjectif (BES) à son enquête annuelle sur la population, la plus grande enquête auprès des ménages au Royaume-Uni. Ces questions couvrent les trois éléments essentiels du BES et utilisent une échelle allant de 0 à 10 :

Satisfaction à l'égard de l'existence – Dans l'ensemble, dans quelle mesure êtes-vous satisfait de votre existence actuellement ?

Bien-être eudémonique – Dans l'ensemble, dans quelle mesure trouvez-vous que ce que vous faites dans la vie en vaut la peine ?

Affect – Dans l'ensemble, dans quelle mesure vous êtes-vous senti heureux hier ? (Affect positif)

Dans l'ensemble, dans quelle mesure vous êtes-vous senti anxieux hier ? (Affect négatif)

Tinkler (2015) présente les résultats de ces mesures du BES par tranches d'âge :

Encadré 7.1. **Les questions relatives au BES utilisées par l'Office for National Statistics au Royaume-Uni** *(suite)*

Graphique 7.1. **Bien-être subjectif moyen au Royaume-Uni, par tranche d'âge (2012/2013)**

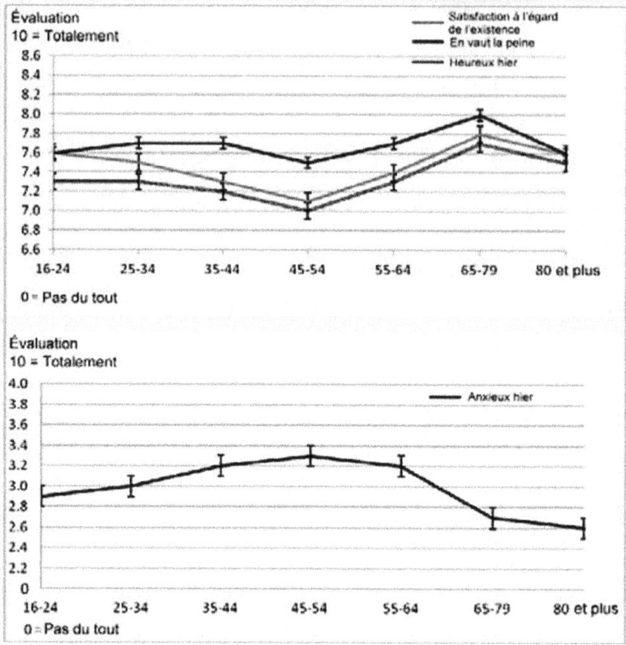

Source : Annual Population Survey (ONS).

Ces résultats illustrent la relation en U bien établie entre le BES et l'âge : on constate que le BES est plus élevé dans les segments les plus jeunes et les plus âgés de la population et qu'il est au plus bas chez les personnes âgées de 45 à 54 ans, chez qui l'on observe aussi les plus hauts niveaux d'anxiété. Il est intéressant de constater que pour toutes les tranches d'âge, le bien-être eudémonique (sentiment d'avoir un but dans l'existence) est plus élevé que les deux autres mesures, avec un creux moins prononcé dans les tranches d'âge intermédiaires. Dans tous les cas, le BES recommence à décliner au-delà de 79 ans, malgré des niveaux d'anxiété en baisse.

Encadré 7.2. **La croissance du nombre d'études sur le bien-être subjectif (le bonheur)**

À partir des publications recensées par le service Web of Science, Kullenberg et Nelhans (2015) ont analysé le nombre d'articles publiés entre 1960 et 2013, dans lesquels apparaissent les termes « bonheur », « bien-être subjectif », « satisfaction à l'égard de l'existence » et « affect positif ». Le graphique 7.2 présente les résultats de leur recherche.

Le graphique montre que le bien-être subjectif (ou le bonheur) est un domaine de recherche en croissance rapide, par comparaison avec la croissance linéaire de l'ensemble des études recensées dans la base de données de Web of Science : environ 36 % des articles ont été publiés très récemment, entre 2010 et 2013. Si les études utilisant des expressions générales comme « bonheur » et « satisfaction à l'égard de l'existence » sont les plus courantes,

Encadré 7.2. **La croissance du nombre d'études sur le bien-être subjectif (le bonheur)** *(suite)*

on observe une augmentation significative, ces dernières années, de l'utilisation dans la recherche des termes « affect positif » et « bien-être subjectif ». Les études réalisées dans ce domaine sont issues d'une panoplie de disciplines scientifiques : biologie, neuroscience, médecine, psychiatrie, psychologie, sociologie et économie.

Graphique 7.2. **Nombre de publications en valeurs absolues**

Articles comportant les termes recherchés (axe de gauche) comparés au total annuel d'articles recensés par Web of Science (axe de droite)

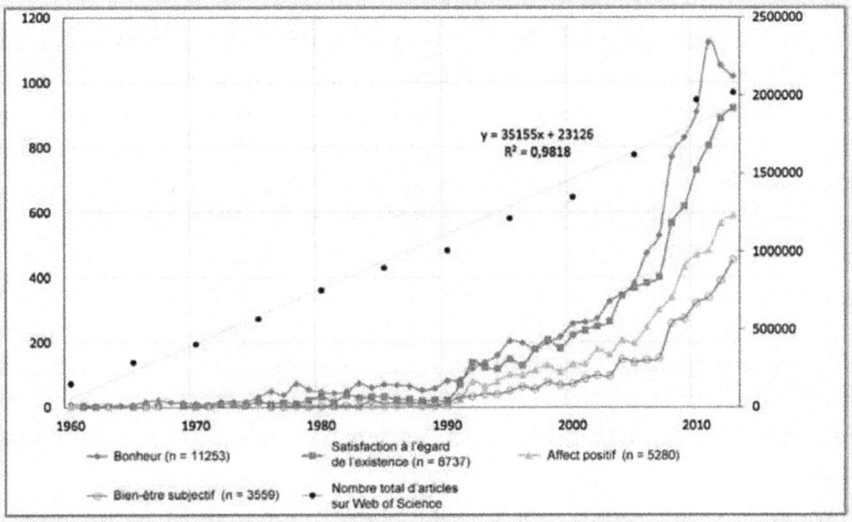

Source : Kullenberg et Nelhans (2015).

Kullenberg et Nelhans (2015) concluent que les études portant sur le BES ou sur le bonheur ont atteint une fréquence de publication suffisante pour être reconnues comme un domaine de recherche indépendant, qui présente des profils d'évolution et des régularités significatifs pour l'analyse.

7.2. Bien-être subjectif et environnement

La plupart des études existantes sur la mesure du BES s'attachent à évaluer la satisfaction à l'égard de l'existence et à en déterminer les facteurs. Dolan et al. (2008) et MacKerron (2011) ont procédé à des examens détaillés de la littérature et ont conclu qu'aussi bien le chômage que les trajets entre le domicile et le travail, les problèmes de santé, les divorces ou les séparations et le veuvage pouvaient avoir un effet négatif sur la satisfaction à l'égard de l'existence, tandis que le revenu, le mariage, la confiance, l'amitié, l'appartenance à un groupe, la démocratie et la croyance en Dieu exerçaient une influence positive. L'existence d'une relation en forme de U entre le bonheur et l'âge est abondamment prouvée, les personnes les plus jeunes et les plus âgées étant les plus heureuses ; quant au fait d'avoir des enfants, il a un impact mitigé.

Un certain nombre d'études se sont intéressées à la relation entre la satisfaction à l'égard de l'existence et les variables environnementales. Il s'agit, par exemple, d'études sur le bruit (van Praag et Baarsma, 2005 ; Weinhold, 2013 ; Lawton et Fujiwara, 2015), le climat

(Rehdanz et Maddison, 2005 ; Frijters et van Praag, 1998), la pollution de l'air (par exemple MacKerron et Mourato, 2009 ; Brereton et al., 2008 ; Ferreira et Moro, 2010 ; Rehdanz et Maddison, 2008 ; Welsch, 2002, 2006, 2007 ; Levinson, 2009 ; Luechinger, 2009), la diversité des espèces (Rehdanz, 2007), la sécheresse (Caroll et al., 2009), le capital naturel (Engelbrecht, 2009 ; Vemuri et Costanza, 2006), les liens avec la nature (Skianis, 2012), les paysages naturels (Kaplan, 2001), et les espaces verts (Mourato et al., 2010). Les signes des relations estimées sont généralement ceux attendus, sachant que la pollution, le bruit et les conditions climatiques extrêmes ont un effet négatif sur la satisfaction à l'égard de l'existence tandis que les espaces verts, les paysages naturels, les liens avec la nature et la diversité des espèces ont un effet positif.

En revanche, on en sait nettement moins sur le bien-être eudémonique (Skianis, 2012 ; OCDE, 2013). Sur les trois conceptualisations, l'eudémonie est de loin la moins étudiée et il conviendrait d'entreprendre davantage de travaux pour en évaluer la validité et la fiabilité. Nonobstant cette insuffisance des recherches, il apparaît important et bénéfique de tenir davantage compte de l'eudémonie dans les travaux de recherche et dans la formulation des politiques. Dans un certain sens, les mesures prises par les pouvoirs publics et les comportements des individus vont souvent dans le sens de l'amélioration des possibilités d'épanouissement et favorisent le contentement et le sentiment d'avoir un sens et un but dans l'existence, plutôt que la poursuite du plaisir en tant que tel. L'eudémonie couvre donc un élément important du BES qui échappe aux autres conceptualisations. Un bon exemple est le fait d'avoir des enfants, qui entretient avec la satisfaction à l'égard de l'existence une corrélation négligeable ou légèrement négative et qui présente un faible niveau d'affect positif, mais qui est associé à un sentiment plus net que la vie a un but et un sens (Mackie et Smith, 2015).

Les travaux de Skianis (2012) constituent une exception notable au manque d'éléments concernant l'eudémonie. À l'aide d'un outil de sondage spécialement conçu, appliqué à près de 4 200 élèves du secondaire en Grèce et au Royaume-Uni, Skianis a effectué une comparaison structurée entre les mesures de la satisfaction à l'égard de l'existence et le bien-être eudémonique, en s'attachant en particulier à estimer la relation avec l'environnement naturel. Il a trouvé des déterminants communs à ces deux dimensions du BES : la santé, l'estime de soi et la lecture sont des facteurs positifs pour la scolarité, tandis que l'utilisation des outils électroniques est préjudiciable aux deux dimensions. Il est intéressant de constater que le contact avec la nature est un facteur significatif de bien-être des élèves, qui non seulement augmente la satisfaction à l'égard de l'existence, mais apporte aussi des possibilités de développement personnel et d'expressivité. En outre, les élèves les plus sensibilisés à des problèmes planétaires comme le changement climatique et l'extinction des espèces et qui respectent le plus la valeur incomparable de la nature présentent des niveaux d'eudémonie plus élevés, et les élèves qui bénéficient d'un environnement verdoyant et qui habitent un quartier situé à proximité d'un paysage naturel remarquable et moins exposé à des problèmes environnementaux locaux manifestent une plus grande satisfaction à l'égard de l'existence. Skianis en conclut que la seule prise en compte de la satisfaction à l'égard de l'existence ne donne qu'une image incomplète des liens entre le BES et le contact avec la nature.

Le bien-être subjectif momentané (l'affect) a été plus couramment évalué dans les études de psychologie. La référence absolue pour la mesure de l'affect est la méthode d'échantillonnage des expériences (*Experience Sampling Method*, ou ESM), une méthode consistant à recueillir des évaluations des activités et des émotions en temps réel à plusieurs moments de la journée. En général, les personnes interrogées dans le cadre de l'ESM doivent porter sur eux un appareil électronique encombrant afin d'enregistrer leurs émotions, d'où une applicabilité et des taux de réponse réduits. Cependant, depuis quelques années, grâce aux progrès des technologies qui facilitent la collecte de données instantanées sur le BES au moyen d'applications et de systèmes intégrés aux téléphones mobiles, il existe un corpus d'études encore embryonnaire mais en expansion sur le bien-être subjectif momentané (pour plus de détails, voir MacKerron, 2011 ; Stone et Mackie, 2013 ; OCDE, 2013). Il est possible également de recueillir des données par la reconstitution des émotions vécues lors d'expériences enregistrées plus tôt dans la journée (Day Reconstruction Method – DRM). Il a été constaté que les réponses obtenues grâce aux méthodes ESM et DRM sont étroitement corrélées. Le BES momentané est généralement corrélé à un ensemble similaire de covariables comme la satisfaction à l'égard de l'existence, l'importance relative de certaines variables étant cependant différente (Boarini et al., 2012). Néanmoins, il existe très peu de données probantes concernant la relation entre l'affect et l'environnement naturel. Une exception notable est l'étude réalisée au moyen de l'ESM par MacKerron et Mourato (2013) à l'aide d'une nouvelle application iPhone et présentée dans l'encadré 7.3.

L'un des avantages notables des mesures d'évaluation du BES est qu'elles n'impliquent pas que les personnes interrogées comprennent la relation de cause à effet entre un changement particulier et leur bien-être, ni même qu'elles aient conscience de cette relation, seuls comptent les résultats (OCDE, 2013). Par ailleurs, comme elles reposent sur l'utilité ressentie, il n'est pas nécessaire que les personnes interrogées s'imaginent dans des situations hypothétiques et prédisent leur comportement ou leur ressenti. Elles peuvent ainsi fournir des informations plus précises sur la manière dont les individus s'adaptent aux situations réelles et les vivent (Fujiwara et Dolan, 2014). On touche ici au phénomène de l'adaptation hédonique, ou habituation, dans lequel les individus s'adaptent plus ou moins aux changements, si bien que les impacts de ces changements sur leur BES ne sont que transitoires (Mackie et Smith, 2015). La plupart des gens sont incapables de prédire avec exactitude leur degré d'adaptation en suivant une méthode fondée sur les préférences. En outre, les données relatives au BES sont aujourd'hui largement disponibles, dans des ensembles de données très fournis, si bien que l'évaluation est peu coûteuse au regard de son utilité (Fujiwara et Campbell, 2011).

L'une des principales limites de cette approche est le fait qu'un grand nombre d'analyses du BES ont utilisé des données d'observation transversales, si bien qu'elles ne reflètent que des corrélations et non des liens de causalité (en raison d'un possible biais découlant de l'omission d'une variable et d'un éventuel biais de sélection de l'échantillon). Une causalité inverse peut aussi exister, lorsqu'il existe une relation de réciprocité entre le BES et la variable à prendre en considération (par exemple une activité en plein air peut augmenter la satisfaction à l'égard de l'existence, mais elle a aussi davantage de chances d'être pratiquée par les gens les plus heureux). Pour obtenir de meilleures mesures, il faudrait utiliser des données de panel ou un cadre expérimental dans lequel les traitements seraient répartis de façon aléatoire, en vue de cerner les relations de cause à effet (Fujiwara et Campbell, 2011). Le phénomène d'adaptation hédonique évoqué ci-dessus peut aussi poser problème dans certaines circonstances. Plus précisément, le potentiel d'adaptation à des circonstances défavorables et l'aléa moral lié au paradoxe de « l'esclave heureux » constituent un obstacle à l'utilisation du BES dans les travaux sur l'économie du développement (MacKerron, 2011). En outre, il peut exister de nombreux biais associés à la technique de mesure et aux échelles utilisées pour évaluer le BES, aux côtés d'autres soucis liés à la reconstitution correcte des

Encadré 7.3. **Mappiness – Analyse du bonheur momentané dans l'espace et dans le temps**

En 2010, MacKerron et Mourato (2013) ont mis au point une nouvelle application mobile, Mappiness, afin d'étudier les liens entre le bien-être subjectif momentané et les facteurs environnementaux, dans l'espace et dans le temps. Cette application recueille des informations géolocalisées sur les activités de la personne et sur les personnes en compagnie de qui elle se trouve, ainsi que des mesures du bien-être subjectif instantané, en temps réel, avec une puissance et une précision sans précédent : en extérieur, elle localise la personne à 100 m près dans plus de 90 % des cas.

Les participants à cette étude ESM de pointe utilisent leurs propres téléphones mobiles (des iPhones). Ils reçoivent une alerte à divers moments aléatoires de la journée et doivent alors préciser leur bien-être subjectif ainsi que le contexte immédiat : avec qui ils sont, ce qu'ils sont en train de faire et où ils se trouvent. L'application recueille des données longitudinales, ce qui permet de contrôler tous les facteurs de confusion fixes dans le temps au niveau individuel. La combinaison de la géolocalisation par GPS (satellite) et des mesures du bien-être subjectif en temps réel est une nouveauté. Si l'étude se limite aux utilisateurs d'iPhones, elle bénéficie néanmoins du plus vaste échantillon jamais réalisé dans le cadre d'une étude ESM : l'article de MacKerron et Mourato (2013) repose sur plus de 500 000 réponses provenant de plus de 18 000 personnes interrogées dans tout le Royaume-Uni. L'étude est toujours en cours et compte à ce jour plus de 66 500 participants dans plusieurs pays.

Les résultats montrent que le niveau de bien-être momentané est significativement plus élevé dans un environnement naturel. En moyenne, les personnes interrogées sont plus heureuses quand elles sont dehors. Les grandes dépenses d'énergie comme le sport, la course à pied, l'exercice physique, sont associées à une augmentation du bonheur de 6 %, tandis que des activités plus contemplatives comme l'observation de la nature sont liées à une augmentation du bonheur de 3 %. En extérieur, les niveaux de bonheur les plus élevés sont associés aux températures les plus élevées : comme on pouvait s'y attendre, la pluie et le vent sont associés à des niveaux de bonheur moins élevés. Des milieux comme le bord de mer, la montagne, les landes et les forêts de conifères se révèlent être liés à des niveaux de bonheur significativement plus élevés que les milieux urbains. À titre d'exemple, le niveau prédictible de bonheur d'une personne qui se trouve en plein air, qui observe les oiseaux avec des amis dans une lande, un après-midi, par un dimanche d'été chaud et ensoleillé, est plus élevé d'à peu près 26 points (sur une échelle de 0 à 100) que celui d'un individu qui utilise un véhicule pour se rendre seul à son travail, dans une grande ville, tôt le matin, dans le froid et la grisaille.

événements et des émotions, aux effets du contexte dans lequel se déroulent les enquêtes et aux effets des échelles de réponses ainsi que de problèmes conceptuels plus larges associés à la validité des évaluations cardinales du bien-être et aux comparaisons interpersonnelles, comme c'est le cas avec cette approche. Pour une analyse détaillée de la validité et de la fiabilité des évaluations du BES, voir OCDE (2013), Mackie et Smith (2015), Stone et Mackie (2013), Fujiwara et Campbell (2011), Fujiwara et Dolan (2016) ou MacKerron (2011).

7.3. Évaluation monétaire du bien-être subjectif

Les données relatives au BES offrent un nouveau moyen d'évaluer les changements non marchands. Plus précisément, il est possible d'estimer des mesures du bien-être monétaire sur la base du bien-être autodéclaré des personnes sondées. C'est ce que l'on a appelé l'évaluation du BES (Frey et al., 2004a ; Frey et al., 2009 ; Welsch, 2009 ; Fujiwara et Dolan, 2016). Compte tenu d'un changement affectant le facteur concerné, par exemple la qualité environnementale, la méthode consiste à calculer la variation de revenu qui produirait un impact équivalent sur le BES.

Cette nouvelle méthode d'évaluation monétaire pourrait constituer un complément utile aux méthodes des préférences révélées et déclarées, sachant qu'elle ne nécessite pas de faire de suppositions sur la rationalité des préférences ou choix des individus, qu'elle n'est pas sujette aux mêmes types de biais que ces techniques (comme par exemple les biais hypothétiques), et qu'elle n'implique pas que les individus soient conscients des niveaux ni des effets des paramètres évalués (Welsch et Kuhling, 2009).

Utiliser les données relatives au BES pour une évaluation non marchande implique de retenir plusieurs hypothèses importantes, dont celle qui consiste à considérer le BES comme une mesure directe du bien-être individuel. Ainsi, à partir du BES, il est possible d'estimer des mesures monétaires directes de la variation de bien-être associée à un changement non marchand en utilisant une fonction d'utilité directe (mesurée par le BES), à condition que le revenu fasse partie des facteurs pris en compte. À quelques rares exceptions près (Powdthavee et Van den Berg, 2011, par exemple), les chercheurs n'utilisent qu'une seule des trois dimensions du BES décrites précédemment dans l'évaluation monétaire, à savoir la satisfaction à l'égard de l'existence.

En se référant à Fujiwara et Campbell (2011), on considère la fonction directe du BES suivante :

$$BES(Q,M,X) \qquad [7.1]$$

où Q est le bien non marchand (par exemple la qualité de l'air), M est le revenu et X représente les autres facteurs du BES. La valeur associée à une variation de la fourniture du bien non marchand de 0 à 1 induisant un accroissement du bien-être est estimée ainsi :

$$BES\left(Q^0,M^0,X\right)=BES\left(Q^1,M^1-SC,X\right) \qquad [7.2]$$

où SC est le surplus compensateur de Hicks qui mesure le bien-être associé à la variation. Empiriquement, la fonction du BES peut être estimée comme suit :

$$BES_i=\alpha+\beta_M M_i+\beta_Q Q_i+\beta_X X_i+\varepsilon_i \qquad [7.3]$$

où α est une constante, β_M, β_Q et β_X sont les coefficients associés aux facteurs du BES, ε est le terme d'erreur et le i représente l'individu. L'équation [7.3] peut aussi être estimée à l'aide de données expérimentales tirées d'essais randomisés ou d'expériences de terrain mais nous nous concentrerons ici sur les données d'observation. Ainsi, la fonction de BES peut être estimée avec des données transversales ou avec des données de panel, en utilisant diverses méthodes statistiques multivariées. Certains auteurs considèrent que les données relatives au BES sont des données cardinales, tandis que d'autres prennent de la distance avec cette supposition et recourent à des modèles statistiques pour analyser les données ordonnées. Il est indispensable de postuler l'existence d'un lien de cause à effet entre les deux variables à prendre en considération (Q_i et M_i) et le BES (Dolan et al., 2008 ; Fujiwara et Dolan, 2016) ; autrement dit β_Q et β_M sont des estimations sans biais.

Les mesures de la variation du bien-être peuvent alors être déduites des taux marginaux de substitution entre le bien non marchand et le revenu, précisément en utilisant le ratio du bien non marchand et les coefficients de revenu du modèle [7.3] :

$$SC = \beta_Q / \beta_M \qquad [7.4]$$

L'équation [7.4] peut être interprétée comme exprimant la somme qui serait nécessaire pour maintenir constant le BES en l'absence du bien non marchand (pour les biens qui procurent un bien-être positif). Le terme de revenu est généralement modélisé sous forme logarithmique, $\ln(M_i)$, afin de tenir compte de l'utilité marginale décroissante du revenu. Dans ce cas, la mesure de la valeur du bien-être se calcule ainsi (M^0 représentant le revenu de l'individu en situation de statu quo, généralement évalué au revenu moyen de l'échantillon) :

$$SC = M^0 - exp^{\left[\ln(M^0) - \frac{\beta_Q}{\beta_M}\right]} \qquad [7.5]$$

La méthode d'évaluation du BES a été proposée pour la première fois par Ferrer-i-Carbonell et Van Praag (2002), qui l'appliquent à une évaluation de la santé. Depuis, elle est utilisée le plus souvent pour évaluer les changements environnementaux liés, par exemple, à la qualité de l'air, au bruit, au changement climatique ou aux sécheresses (van Praag et Baarsma, 2005 ; Carroll et al., 2009 ; MacKerron et Mourato, 2009 ; Rehdanz et Maddison, 2008 ; Welsch, 2002, 2006, 2007). Pour une étude des utilisations faites dans le cadre de l'évaluation environnementale, voir Welsch et Kuhling (2009) et Ferreira et Moro (2010). Cependant, l'utilisation de l'évaluation du BES suscite un intérêt croissant dans d'autres domaines d'étude également : par exemple, l'emploi (Clark et Oswald, 2002) ; les attentats terroristes (Frey et al., 2004a) ; la santé (Ferrer-i-Carbonell et Van Praag, 2002 ; Groot et van den Brink, 2006) ; les phénomènes macroéconomiques (Blanchflower et Oswald, 2004) ; la corruption (Welsch, 2008) ; la criminalité (Cohen, 2008) ; les relations sociales (Powdthavee, 2008) ; la formation pour adultes (Dolan et Fujiwara, 2012) ; la qualité du logement (Fujiwara, 2014) ; et les activités et événements culturels (Fujiwara, 2013a ; Fujiwara et al., 2014) ainsi que les sites classés (Bakhshi et al., 2015). Au Royaume-Uni, de nouveaux outils tels que la Social Value Bank (*http://socialvaluebank.org*), ont également été mis au point pour aider à mesurer l'impact social à l'aide de méthodes d'évaluation du BES qui reposent sur les résultats disponibles de grandes enquêtes nationales sur le BES (Trotter et al., 2014). Créée en 2014, la Social Value Bank recourt à l'évaluation du BES pour estimer la valeur de plus de 70 impacts sociaux de différente nature (emploi, santé, aisance financière, accès à l'internet, soulagement des états dépressifs, entretien de la condition physique, appartenance à un groupe social, jardinage, bons rapports de voisinage, populations sans abri, etc.).

Les premiers travaux d'évaluation utilisant la méthode du BES ont été largement critiqués car ils livraient des valeurs trop élevées pour être conformes à la réalité. MacKerron et Mourato (2009), par exemple, ont déterminé qu'une faible augmentation de 1 % des niveaux de NO_2 était équivalente à une chute du revenu de 5.3 % ; selon Frey et al. (2007), la valeur d'une lutte contre le terrorisme en Irlande du Nord ramenant le degré de risque et de violence au même niveau qu'en Irlande du Sud était équivalente à 41 % du revenu de l'individu ; Clark et Oswald (2002) ont donné une estimation incroyablement élevée de la valeur de l'emploi, soit 276 000 GBP par an pour un individu, sans compter son salaire ; d'après Frey et Stutzer (2005), la valeur pour les Parisiens d'une réduction du risque terroriste aux niveaux observables ailleurs en France serait équivalente à 14 % de leur revenu ; enfin, selon Powdthavee (2008), une augmentation des interactions avec les amis et les proches, de « moins d'une fois par mois » à « la plupart du temps » vaudrait 85 000 GBP par an.

Ce problème de surestimation pourrait s'expliquer par un certain nombre de raisons comme la non représentativité des échantillons et l'influence des valeurs aberrantes extrêmes figurant dans les données. Il semblerait toutefois que ce soit l'estimation de Q_i et M_i qui soit au cœur du problème. Un biais par excès du coefficient Q_i ou un biais par défaut du coefficient M_i entraîneraient un résultat élevé, mais c'est la difficulté à estimer l'utilité marginale du revenu qui retient une grande partie de l'attention. Le coefficient de revenu peut afficher un biais par excès pour de nombreuses raisons comme l'endogénéité et les erreurs de mesure ou parce que l'équation [7.3] tient compte de bon nombre des divers vecteurs par lesquels le revenu influence le bien-être subjectif. Il s'ensuit une surestimation des valeurs du bien-être, sachant que le coefficient de revenu apparaît au dénominateur du ratio de l'équation d'évaluation (voir l'équation [7.4]). Ce problème est étudié plus en détail dans la section suivante.

7.3.1. Avantages et limites de la méthode de l'évaluation du BES

L'évaluation du BES présente un certain nombre de limites, mais aussi plusieurs avantages, comparée aux méthodes d'évaluation non marchande traditionnelles fondées sur les préférences. Ses principaux avantages et inconvénients sont examinés ici.

Limites

Sous-estimation du coefficient de revenu. Comme cela a été mentionné précédemment, le plus gros problème associé à l'utilisation de la méthode d'évaluation du BES est l'incapacité des modèles de BES à estimer avec précision le coefficient de revenu, dont il a été constaté qu'il était substantiellement sous-estimé en raison des erreurs de mesure, de l'endogénéité, de la causalité inverse et des restrictions paramétriques (Fujiwara et Campbell, 2011). La sous-évaluation du coefficient de revenu a elle-même pour conséquence une surestimation des valeurs du bien-être (voir l'équation [7.4]). Dans une première tentative de comparaison entre l'évaluation contingente basée sur les préférences et l'évaluation du BES, Dolan et Metcalfe (2008) ont observé de grandes différences entre les deux méthodes, l'évaluation du BES donnant des valeurs significativement plus élevées (19 000 GBP contre 245 GBP) dans une étude de la valeur d'un projet de réaménagement urbain.

Il est classique de supposer que les modèles statistiques des facteurs du BES mettent en lumière des relations de cause à effet : ainsi, par exemple, le constat que le revenu est une variable explicative importante dans une régression du BES indique clairement que le revenu accroît le bien-être. Cependant, dans un certain nombre d'études, les associations estimées entre les variables de régression explicatives et la variable de bien-être ne peuvent pas être interprétées comme des effets de causalité. En effet, le BES peut lui-même être un facteur de certaines variables explicatives (causalité inverse). Ainsi, par exemple, certaines observations permettent de penser que les individus les plus heureux sont en meilleure santé, gagnent plus d'argent et ont plus de chances de se marier (Fujiwara et Campbell, 2011). Par ailleurs, il peut y avoir des variables omises dans le modèle, ce qui influe à la fois sur les variables dépendantes et indépendantes. Pour pouvoir inférer des liens de causalité à partir des modèles de BES, il faut des méthodes statistiques plus élaborées ou d'autres méthodes de construction des études.

Estimation de la valeur de non-usage. On ne sait pas précisément comment utiliser l'évaluation du BES pour mesurer les *valeurs de non-usage*. Cette approche, en l'état actuel des choses, n'offre pas d'avantages évidents dans ce qui est sans doute le domaine le plus difficile de l'évaluation non marchande. Sur le plan conceptuel, il est naturellement possible d'utiliser le bien-être subjectif pour tenir compte des valeurs de non-usage si, par exemple, la nouvelle d'une marée noire réduit le BES des individus. S'il était possible d'identifier les comportements ou les expériences vécues dans lesquels on retrouve des valeurs de non-usage, on pourrait s'efforcer de mesurer le BES associé à ces comportements et, par la suite, calculer les équivalents en valeur monétaire. Ces comportements peuvent consister, par exemple, à effectuer des dons pour de bonnes causes, sans avoir grande chance d'en tirer un bénéfice direct. Il est clair cependant qu'en présence de comportements monétaires de ce type, une évaluation du BES n'est pas utile car une observation directe suffit (montant des donations, par exemple). Enfin, dans la plupart des cas pertinents pour les politiques, il n'y a pas de comportements observables pour les valeurs de non-usage.

Évaluation des politiques futures et des changements marginaux. Le BES étant basé sur l'utilité ressentie, il présente aussi des limites quand on cherche à estimer l'*impact de modifications induites par les politiques futures*. Pour évaluer l'impact des changements futurs, il faudrait observer des changements similaires s'étant déjà produits à un moment donné dans le passé.

Par ailleurs, le BES convient sans doute mieux pour mesurer de grands changements ayant une incidence manifeste sur le bien-être subjectif que pour mesurer des *changements marginaux*, dont l'incidence risque d'être impossible à détecter en raison du caractère restreint des échelles du BES (par exemple 0-10) (Fujiwara et Campbell, 2011). Des chercheurs ont tenté d'utiliser des échelles plus étendues, par exemple de 0 à 100, mais la question se pose alors de savoir si les personnes interrogées sont capables de situer précisément leur niveau de BES sur des échelles aussi détaillées.

Choix entre les différentes dimensions du BES. Alors que les méthodes des préférences déclarées et révélées utilisent généralement l'argent comme unité de mesure, il existe plus d'une mesure du bien-être subjectif utilisable (la satisfaction à l'égard de l'existence, le bien-être eudémonique et le bien-être momentané) et *on ne sait pas très bien quelle mesure doit être utilisée à quelles fins* (Dolan et al., 2011, Powdthavee et Van Den Berg, 2011). Les différents types de BES auront des facteurs différents. Ainsi, par exemple, la satisfaction à l'égard de l'existence est plus fortement corrélée au revenu que le bonheur momentané, lequel sera sans doute plus étroitement corrélé avec le type d'activité que la personne exerce ou avec son entourage à cet instant. Il est concevable que certaines politiques aient une influence sur un type de bien-être mais pas sur un autre, si bien qu'il faut décider quelle mesure du bien-être retenir pour un type de politique donné.

Par ailleurs, il se peut qu'il soit impossible de séparer entièrement les trois principales dimensions du bien-être relevées précédemment : en moyenne, selon Seligman (2011), l'humeur détermine environ 70 % de la satisfaction à l'égard de l'existence, sur la base des déclarations des personnes interrogées, moins de 30 % s'expliquant par le jugement que ces personnes portent sur leur vie courante.

Problèmes de mesure. Enfin, les indicateurs de BES soulèvent leurs propres *difficultés de mesure*, comme cela a été évoqué précédemment. Ainsi, par exemple, des mesures comme la satisfaction à l'égard de l'existence supposent un jugement rétrospectif de la personne sur sa propre vie, or il est bien connu que l'on ne se remémore qu'imparfaitement son vécu (Kahneman et Krueger, 2006). Les notes attribuées au BES peuvent aussi être influencées par des facteurs contextuels arbitraires comme le temps qu'il fait ou la performance d'une équipe de football le jour de l'enquête (Schwarz et Strack, 1999). Les réponses aux questions sur le BES peuvent aussi être influencées par l'ordre dans lequel ces questions apparaissent dans l'enquête. La mesure d'un seul élément du BES, qui est de pratique courante (par exemple la mesure de la satisfaction globale à l'égard de l'existence), est opaque et ne permet pas au chercheur de voir si les différentes dimensions de l'existence ont été prises en compte et agrégées par les personnes interrogées, et de quelle manière.

Pour corser ces problèmes, des échelles réduites (de 1 à 5, par exemple) ne permettent pas toujours de rendre compte de tout ce qui importe dans l'existence (Loewenstein et Ubel, 2008). En outre, l'expérience montre que les gens s'adaptent relativement vite au changement, qu'il soit positif ou négatif (chômage, handicap, augmentation de salaire, mariage, par exemple), un phénomène appelé « adaptation hédonique ». Par conséquent, les modifications des politiques ne transparaissent pas nécessairement dans le niveau de BES (Loewenstein et Ubel, 2008). Cela étant, cette caractéristique pourrait aussi plaider en faveur de la méthode fondée sur le BES (voir ci-dessous).

Avantages de la méthode

Malgré ces obstacles, le recours à l'évaluation du BES résout bon nombre des problèmes rencontrés à l'utilisation de méthodes d'évaluation fondées sur les préférences et ouvre de nouvelles voies aux travaux de recherche sur l'évaluation.

Valeurs reposant sur le vécu réel. La méthode fondée sur l'évaluation du BES repose sur le vécu réel et non sur un vécu hypothétique, une propriété attrayante pour les responsables politiques. Elle permet en effet de jauger les effets d'une politique sur la vie réellement vécue par les individus. Si les méthodes fondées sur les préférences se rapportent au ressenti anticipé par les individus à l'égard d'un effet non marchand, les valeurs de BES reposent sur un vécu réel qui tient compte de difficultés comme le phénomène d'adaptation dans la vie réelle. C'est un avantage car de nombreuses études ont montré que les gens sont souvent incapables de prédire l'impact qu'aura réellement un effet sur leur vie, notamment dans les domaines d'action complexes comme l'environnement (Loewenstein et Adler, 1995 ; Read et van Leeuwen, 1998 ; Wilson et Gilbert, 2003). Dans le champ de l'action publique, cet avantage a des conséquences intéressantes : par exemple, Fujiwara et Dolan (2014) montrent que les données sur le BES peuvent donner une meilleure image de l'impact des problèmes de santé sur les individus que les méthodes reposant sur les préférences déclarées utilisées pour mesurer l'espérance de vie corrigée en fonction de la qualité de vie (QALY). Dans le même esprit, la méthode du BES peut rendre compte de l'effet de changements dont les gens n'ont pas vraiment conscience ou qu'ils n'attribuent pas à des causes ou à des politiques particulières.

Hypothèses de rationalité. Les méthodes d'évaluation reposant sur les préférences s'appuient sur un ensemble strict d'hypothèses de rationalité (exhaustivité, transitivité, etc.) destinées à s'assurer que les préférences mesurent le bien-être. Avec le BES, ces hypothèses sont inutiles puisque la méthode mesure directement le bien-être. Le seul impératif est que les individus soient capables d'indiquer précisément leur degré de bien-être (Stutzer et Frey, 2010 ; van den Berg et Ferrer-i-Carbonell, 2007).

Effets difficiles à évaluer. La méthode du BES peut être utile pour estimer la valeur de changements non marchands particulièrement difficiles à évaluer directement avec des méthodes fondées sur le consentement à payer, comme les changements touchant à la santé, aux avantages pour la collectivité, aux bénéfices spirituels, aux problèmes d'égalité et de répartition, etc. Dans le même esprit, la méthode du BES est plus à même d'évaluer les changements non marchands ayant une incidence manifeste. Les méthodes fondées sur les préférences ne sont généralement utilisées que pour évaluer des changements de petite envergure comme le risque de survenance d'un effet marquant plutôt que l'ensemble des effets. La principale raison de cet usage limité est à rechercher dans les problèmes rencontrés lorsque l'on interroge les gens sur leur consentement à payer pour un événement hypothétique ayant des effets radicaux sur les conditions de vie. Puisque les sondés n'ont pas à estimer leur consentement à payer dans une enquête menée en appliquant la méthode du BES, il est possible d'évaluer des événements et changements de grande envergure : une sécheresse, par exemple (Carroll et al., 2009), plutôt que le risque de sécheresse.

Biais dans les enquêtes. Certes, comme nous l'avons déjà évoqué, le contexte et l'environnement peuvent introduire des biais dans les réponses aux enquêtes sur le BES ou les altérer, mais c'est également le cas lors du recours aux méthodes fondées sur les préférences déclarées. La méthode du BES permet d'éviter les problèmes liés par exemple aux biais stratégiques et aux biais d'hypothèse et est probablement moins sensible à des influences contextuelles comme les effets d'amorçage, puisque les sondés ne sont pas interrogés sur leur consentement à payer (Fujiwara et Campbell, 2011 ; Stutzer et Frey, 2010). Il importe de noter que l'évaluation du BES élimine aussi les problèmes d' « illusion focale » (Schkade et Kahneman, 1998), sachant qu'on ne questionne *généralement* pas les personnes interrogées sur la valeur d'un changement politique donné dont l' « importance » occupe leur pensée au cours du processus d'enquête, cette valeur étant plutôt déduite *ex post* à partir de l'analyse économétrique.

Rapport coût-efficacité. Lorsqu'il est possible d'évaluer le BES à partir de registres de données nationaux préalablement constitués, cette méthode est un moyen très bon marché et peu coûteux en ressources d'évaluer les changements non marchands. En effet, les données sur lesquelles repose l'analyse existent déjà et n'ont pas à être rassemblées par la collecte de données primaires. À cet égard, la méthode d'évaluation du BES se rapproche de celles reposant sur les préférences révélées, qui ne nécessitent pas non plus de recueillir des données primaires.

7.3.2. Nouvelles avancées

Une meilleure modélisation du revenu

Ces dernières années, la méthodologie d'évaluation du BES a progressé et des solutions prometteuses faisant appel à des variables instrumentales pour la variable de revenu (par exemple Luechinger, 2009 ; Fujiwara, 2013b) ont été élaborées, afin de prendre en compte les problèmes de biais de sélection, de causalité inverse et d'erreurs de mesure qui engendraient des estimations biaisées de l'effet du revenu sur la satisfaction à l'égard de l'existence.

Si l'effet du revenu sur le BES était mieux évalué grâce à des variables instrumentales, les coefficients de revenu seraient peut-être plus élevés, ce qui mènerait à des valeurs du bien-être plus réalistes après application de la méthode d'évaluation du BES. Sur le front des nouveautés, la procédure d'évaluation du BES en trois étapes proposée par Fujiwara (2013b) présente des perspectives intéressantes : en s'appuyant sur des gains de loterie (un revenu exceptionnel exogène) comme variable instrumentale du revenu, i) la première étape consiste à estimer un modèle de BES ; ii) la deuxième étape consiste à estimer un modèle distinct de régression du revenu en utilisant des données relatives à des gains de loterie (une variation de revenu exogène, voir Gardner et Oswald, 2007) en tant que variable instrumentale dans un modèle de moindres carrés à deux niveaux pour en tirer une estimation robuste de l'impact du revenu sur le BES ; iii) et l'étape finale consiste à utiliser les résultats des deux modèles pour obtenir des valeurs monétaires non biaisées. Pour améliorer l'estimation des effets du revenu, il a été suggéré aussi d'inclure le revenu relatif dans l'équation du BES et d'isoler d'autres facteurs liés au revenu comme le nombre d'heures de travail et le temps de trajet (Fujiwara et Campbell, 2011).

Dans une étude comparative plus récente, Fujiwara et Dolan (2012) ont constaté que les estimations de la valeur d'une formation pour adultes qui accroissait la satisfaction à l'égard de l'existence obtenues par la méthode de l'évaluation contingente et par la méthode de l'évaluation du BES étaient similaires (respectivement 947 GBP et 754 GBP), et aussi, qu'elles étaient très proches du prix réel sur le marché des formations similaires. Pour prendre en compte le problème de l'endogénéité de la variable de revenu, les auteurs ont utilisé un modèle de variable instrumentale, dans lequel le revenu était instrumentalisé par le fait que l'individu ait souscrit ou non un emprunt et par le fait que son conjoint soit ou non salarié. Cependant, ces tentatives de comparaison entre l'évaluation du BES et l'évaluation des préférences déclarées sont rares, et se trouvent encore principalement dans la littérature grise. Il conviendrait d'effectuer davantage de travaux de recherche afin d'établir le degré de comparabilité entre les deux approches et les conditions dans lesquelles l'évaluation du BES pourrait être la méthode à privilégier.

Naturellement, les valeurs obtenues en utilisant l'approche par le BES ne doivent pas nécessairement coïncider avec celles obtenues en recourant aux méthodes d'évaluation traditionnelles basées sur les préférences. Comme cela est expliqué précédemment, les deux évaluations procèdent d'une mesure théorique différente du bien-être : les méthodes basées sur les préférences se fondent sur l'utilité anticipée, qui intervient dans les décisions d'achat et correspond à ce que les gens seraient disposés à payer pour une amélioration, tandis que l'évaluation du bien-être subjectif est basée sur l'utilité ressentie, c'est-à-dire sur l'expérience réelle de l'individu. Fujiwara (2014), par exemple, montre que si le « manque d'espace » est souvent cité comme un facteur essentiel intervenant dans la décision de déménager, il semble cependant qu'il n'ait pas d'incidence sur la satisfaction à l'égard de l'existence, c'est-à-dire sur l'expérience de vie réelle dans un logement particulier. Les préférences des individus et leur vécu peuvent diverger et, par conséquent, les valeurs fondées sur ces éléments aussi. Ainsi, dans une certaine mesure, ce n'est que de façon empirique que l'on peut savoir s'il est plus pertinent de prendre en compte les préférences ou le vécu pour une politique particulière.

Les vignettes d'ancrage

L'une des pistes prometteuses d'utilisation de l'évaluation du BES pour mesurer les valeurs de non-usage consisterait à recourir à une « vignette d'ancrage » dans l'étude (King et al., 2004 ; MacKerron, 2012). Dans ce type d'étude, on présente à la personne interrogée un événement hypothétique qui la concerne ou qui concerne un tiers et on lui pose des questions sur l'incidence que cet événement aurait sur son BES. Dans le cas des valeurs de non-usage, il peut s'agir d'un court scénario dans lequel un individu imaginaire donne de l'argent pour une mesure de non-usage, par exemple la conservation d'une espèce rare comme le lynx d'Espagne. On demande ensuite à la personne interrogée d'imaginer quelle incidence cette mesure pourrait avoir sur le BES (la satisfaction à l'égard de l'existence, par exemple) de l'individu en question. Cette méthode représente un moyen potentiel d'étudier les valeurs de non-usage, mais elle ramène aussi l'approche par le BES dans le domaine des scénarios hypothétiques, et présente donc le risque de poser le même genre de problèmes que les méthodes des préférences déclarées.

Les vignettes d'ancrage sont de plus en plus utilisées dans la recherche sur le bien-être et la santé, bien qu'elles n'aient pas encore été appliquées à la mesure des valeurs de non-usage. Kapteyn et al. (2011), par exemple, ont comparé la satisfaction autodéclarée avec les revenus aux Pays-Bas et aux États-Unis et ont utilisé des vignettes pour ancrer l'effet des différences culturelles dans les réponses. Plus récemment, Bakhshi et al. (2015) ont adopté la méthode des vignettes pour déterminer l'incidence de la visite d'un grand musée à Londres, le National History Museum, sur la satisfaction à l'égard de l'existence (une valeur d'usage). L'approche adoptée était celle de la *vignette d'auto-évaluation*, à savoir que le scénario hypothétique faisait référence à la personne interrogée (plutôt qu'à une tierce personne). Plus précisément, on a demandé aux personnes interrogées d'imaginer une situation dans laquelle elles auraient la possibilité de visiter ce musée plus souvent et d'indiquer le niveau de satisfaction à l'égard de l'existence qui en résulterait, toutes choses égales par ailleurs dans leur vie. La fréquence des visites a fait l'objet de variations aléatoires dans l'échantillon. L'étude avec vignette a servi à estimer l'impact des visites du musée sur la satisfaction à l'égard de l'existence et, compte tenu de l'estimation de l'incidence du revenu sur cette satisfaction (une estimation calculée séparément, à l'aide d'une régression par les moindres carrés), la valeur de ces visites. En utilisant cette méthode, la valeur d'une visite a été estimée à 40 GBP.

En évaluant le BES à l'aide des vignettes d'ancrage, il est donc aussi possible d'attribuer une valeur aux événements ou aux changements, en se fondant sur leur incidence sur la satisfaction à l'égard de l'existence. Cette méthode suggère sous toutes réserves une façon d'estimer les valeurs de non-usage en utilisant des données relatives au BES. Par ailleurs, la méthode des vignettes pourrait aussi servir à mesurer l'effet d'événements ou de changements futurs : on présenterait aux personnes interrogées un scénario reflétant un changement futur. Comme nous l'avons vu, cela n'est pas vraiment différent du scénario d'évaluation utilisé dans une enquête sur les préférences déclarées qui décrirait un changement de politique pertinent.

La méthode hybride BES/évaluation contingente

Un problème qui persiste dans les études d'évaluation contingente (EC) est que les estimations du CAA (consentement à accepter) sont généralement bien supérieures à celles du CAP (consentement à payer), ce qui contredit la théorie économique sous-jacente de la satisfaction des préférences (Hausman, 2012). Dans une étude récente d'estimation de la valeur des institutions culturelles au Royaume-Uni, Bakhshi et al. (2015) proposent une nouvelle méthode hybride BES-EC. Cette méthode hybride part du cadre hypothétique des méthodes des préférences déclarées et le combine avec la théorie sous-jacente du BES, ce qui permet une autre approche de l'évaluation des biens publics lorsque les mesures compensatoires (le CAA) sont pertinentes. Plus précisément, Bakhshi et ses collègues ont demandé directement aux personnes interrogées quelle compensation monétaire elles exigeraient si elles n'avaient plus la possibilité de visiter une institution culturelle pendant un an en raison d'une fermeture hypothétique, afin que leur satisfaction à l'égard de l'existence reste inchangée. Fondamentalement, une compensation n'a été proposée qu'aux individus qui avaient indiqué au préalable que leur satisfaction à l'égard de l'existence diminuerait si cette institution était temporairement fermée. L'étude montre qu'une évaluation du CAA par la méthode hybride BES-EC, basée sur la satisfaction à l'égard de l'existence et combinant les éléments des deux méthodes, donne des valeurs plausibles, avec des valeurs de CAA similaires à celles du CAP pour l'accès aux institutions culturelles. Pour plus de détails, voir l'encadré 7.4.

Encadré 7.4. **La méthode hybride BES-EC**

Bakhshi et al. (2015), en utilisant une méthode hybride BES-EC, déterminent la valeur, sous la forme d'une compensation monétaire forfaitaire, associée au fait d'échapper à la fermeture d'une institution culturelle pendant un an. L'étude tient compte de la disparité bien connue entre le CAP et le CAA (Horowitz et McConnell, 2002 ; Shogren et al., 1994) en évaluant dans quelle mesure le fait de circonscrire le scénario de CAA autour d'un contexte explicite de variations de la satisfaction à l'égard de l'existence produit des valeurs raisonnables du CAA par rapport à une mesure équivalente du CAP. On suppose pour cela qu'il est explicitement demandé aux personnes interrogées de réfléchir à la question relative au CAA dans le cadre de la théorie économique, à savoir qu'elles reçoivent une compensation directe pour les variations de leur bien-être, en l'occurrence, de leur satisfaction à l'égard de l'existence. Il importe de noter que cette compensation n'est proposée qu'aux personnes qui déclarent que la fermeture de l'institution en question aurait une incidence négative sur leur satisfaction à l'égard de l'existence.

Il arrive que des questions sur le consentement à accepter une compensation soient utilisées dans le cadre de l'évaluation contingente, mais – malgré l'exemple de Bateman et al. (2002) – on ne demande généralement pas aux personnes interrogées de mentionner une compensation pour l'incidence d'un changement touchant leur bien-être ou leur satisfaction à l'égard de l'existence, mais simplement une compensation pour le changement considéré. Par certains aspects, les éléments de la méthode hybride sont aussi similaires aux travaux de Lau et al. (2013), qui ont demandé aux participants à une enquête au Royaume-Uni et à Hong-Kong quel serait leur CAP pour revivre une expérience consistant à éprouver [un certain état mental] pendant une heure. Les états mentaux possibles étaient le bonheur, l'amour, la crainte, la tristesse, etc. (concernant les états mentaux négatifs, on a demandé aux personnes interrogées leur CAP pour éviter l'état mental en question). On a demandé aux personnes interrogées de chiffrer en termes monétaires un sentiment de bien-être spécifique.

Bakhshi ses collègues ont utilisé deux études de cas : une étude relative au Musée d'histoire naturelle de Londres, et une étude relative au Tate Liverpool, chacune portant sur la fermeture hypothétique de l'institution concernée pendant un an. Pour les auteurs, il s'agissait principalement d'une valeur d'usage et d'une valeur d'option, la fermeture empêchant l'accès présent et futur à l'institution mais ne mettant pas fin, par exemple, aux travaux de recherche et de conservation en cours. La question posée dans l'enquête relative au National History Museum était la suivante :

Encadré 7.4. **La méthode hybride BES-EC** *(suite)*

Pour cette question, imaginez que le Musée d'histoire naturelle soit fermé au public pendant un an, en raison de travaux d'entretien indispensables. Personne ne pourrait plus visiter aucune partie du musée pendant cette période. Les autres musées resteraient ouverts normalement. Ne vous inquiétez pas, il n'est pas prévu de fermer ce musée ! Mais nous aimerions que vous réfléchissiez à ce que serait votre vie s'il fermait pendant un an. Quelle serait l'incidence de cette fermeture sur votre niveau de satisfaction à l'égard de l'existence ?

- *Cette fermeture aurait très peu d'incidence sur ma satisfaction à l'égard de l'existence*
- *Cette fermeture réduirait ma satisfaction à l'égard de l'existence*
- *Cette fermeture accroîtrait ma satisfaction à l'égard de l'existence*

Les personnes ayant choisi la deuxième option devaient ensuite répondre à la question suivante :

Imaginez maintenant la situation suivante. Supposons que pour compenser cette impossibilité de visiter le Muséum d'histoire naturelle pendant un an, on vous propose une somme d'argent. Quel montant devriez-vous recevoir, sous forme de versement unique, pour conserver pendant cette période, jusqu'à la réouverture du musée, votre niveau actuel de satisfaction à l'égard de l'existence ? Réfléchissez un moment avant de répondre.

Les valeurs du CAA ont été recueillies en utilisant une fiche de paiement comportant des valeurs comprises entre 0 et 150 GBP.

La méthode hybride évaluation contingente/évaluation du bien-être a permis d'obtenir des valeurs plausibles par visite de 6.89 GBP pour le Muséum d'histoire naturelle et 7.13 GBP pour le Tate Liverpool. Ces chiffres étaient comparables aux valeurs équivalentes du CAP.

Bien que le CAP soit maintenant devenu la méthode de prédilection pour déterminer les compensations monétaires dans les études d'évaluation contingente, il est admis que l'utilisation du CAA est parfois justifiée, par exemple quand les droits de propriété sont tels que les personnes interrogées pensent avoir un droit intrinsèque sur le bien ou le service en question (la culture en est sans doute un bon exemple). Dans une telle situation, la méthode hybride, qui se fonde aussi sur la théorie du BES, peut donner des valeurs de CAA plausibles.

7.3.3. Remarques finales

L'évaluation du bien-être subjectif est une méthode récemment mise au point qui diffère des autres méthodes d'évaluation non marchande dans la mesure où les valeurs reposent sur la manière dont des biens non marchands influent sur des mesures autodéclarées du bien-être comme la satisfaction à l'égard de l'existence. En d'autres termes, les valeurs reposent sur l'utilité ressentie plutôt que sur l'utilité anticipée. On en sait beaucoup moins sur les limites et les biais de cette méthode d'évaluation du BES, toute récente, que sur les méthodes des préférences révélées et déclarées, qui font l'objet d'études et d'applications en économie depuis bien plus longtemps déjà. Cependant, globalement, l'approche par le BES représente une nouvelle manière prometteuse d'évaluer les biens non marchands. Les recherches et les applications futures diront si cette approche tient ses promesses.

Référence

Adler, M. (2012), *Well-Being and Fair Distribution: Beyond Cost-Benefit Analysis*, Oxford University Press, Oxford.

Agarwala, M. et al. (2015), « Assessing the Relationship between Human Wellbeing and Ecosystem Services: A Review of Frameworks », *Conservation and Society*, vol. 12, n° 4, pp. 437-449, *http://dx.doi.org/10.4103/0972-4923.155592*.

Araña, J.E., C.J. Leon et M.W. Hanemann (2008), « Emotions and decision rules in discrete choice experiments for valuing health care programmes for the elderly », *Journal of Health Economics*, vol. 27, pp. 753-769, *http://dx.doi.org/10.1016/j.jhealeco.2007.10.003*.

Bakhshi, H. et al. (2015), *Measuring Economic Value in Cultural Institutions*, Arts and Humanities Research Council, *www.ahrc.ac.uk/documents/project-reports-and-reviews/measuringeconomicvalue/*.

Bateman, I.J. et al. (2011), *Chapter 22: Economic Values From Ecosystems, National Ecosystem Assessment*, Rapport final à l'intention du Programme des Nations Unies pour l'environnement (PNUE)/Centre mondial de surveillance continue de la conservation de la nature (WCMC), *www.lse.ac.uk/GranthamInstitute/wp-content/uploads/2014/04/economic-values-ecosystems.pdf*.

Bateman, I.J. et al. (2011), « Economic Analysis for Ecosystem Service Assessments », *Environmental and Resource Economics*, vol. 48, n° 2, pp. 177-218, *http://dx.doi.org/10.1007/s10640-010-9418-x*.

Bateman, I.J. et al. (2008), « Learning design contingent valuation (LDCV): NOAA guidelines, preference learning and coherent arbitrariness », *Journal of Environmental Economics and Management*, vol. 55, n° 2, pp. 127-141, *http://dx.doi.org/10.1016/j.jeem.2007.08.003*.

Bateman, I.J. et al. (2002), *Economic Valuation with Stated Preference Techniques: A Manual*, Edward Elgar, Cheltenham, *www.e-elgar.com/shop/economic-valuation-with-stated-preference-techniques?___website=uk_warehouse*.

Blanchflower, D.G. et A.J. Oswald (2004), « Well-being over time in Britain and the USA », *Journal of Public Economics*, vol. 88, n° 7-8, pp. 1359-1386, *http://dx.doi.org/10.1016/S0047-2727(02)00168-8*.

Boarini, R. et al. (2012), « What Makes for a Better Life? The Determinants of Subjective Well-Being in OECD Countries – Evidence from the Gallup World Poll », *OECD Statistics Working Papers*, n° 2012/03, Éditions OCDE, Paris, *http://dx.doi.org/10.1787/5k9b9ltjm937-en*.

Brereton, F., J.P. Clinch, et S. Ferreira (2008), « Happiness, geography and the environment », *Ecological Economics*, vol. 65(2), pp. 386-396, *https://doi.org/10.1016/j.ecolecon.2007.07.008*.

Carroll, N., P. Frijters et M. Shields (2009), « Quantifying the costs of drought: New evidence from life satisfaction data », *Journal of Population Economics*, vol. 22, n° 2, pp. 445-461, *http://dx.doi.org/10.1007/s00148-007-0174-3*.

Clark, A.E. et A.J. Oswald (2002), « A simple statistical method for measuring how life events affect happiness », *International Journal of Epidemiology*, vol. 31, n° 6, pp. 1139-1144, *https://doi.org/10.1093/ije/31.6.1139*.

Clark, A.E. et A.J. Oswald (1996), « Satisfaction and comparison income », *Journal of Public Economics*, vol. 61, n° 3, pp. 359-381, *https://doi.org/10.1016/0047-2727(95)01564-7*.

Cohen, M.A. (2008), « The Effect of Crime on Life Satisfaction », *Journal of Legal Studies*, vol. 37, n° S2, pp. S325-S353, *https://doi.org/10.1086/588220*.

Diener, E. (2005), « Guidelines for national indicators of subjective well-being and ill-being », *Journal of Happiness Studies*, vol. 7, n° 4, pp. 397-404, *http://dx.doi.org/10.1007/s10902-006-9000-y*.

Dolan, P. et R. Metcalfe (2008), « Comparing Willingness-To-Pay and Subjective Wellbeing in the Context of Non-Market Goods », *Discussion paper* n° 890, Centre for Economic Performance, London School of Economics, Londres, *http://cep.lse.ac.uk/pubs/download/dp0890.pdf*.

Dolan, P., R. Layard et R. Metcalfe (2011), « Measuring Subjective Wellbeing for Public Policy: Recommendations on Measures », *Special Paper* n° 23, Centre for Economic Performance, London School of Economics and Political Science, Londres, *http://cep.lse.ac.uk/pubs/download/special/cepsp23.pdf*.

Dolan, P., T. Peasgood et M. White (2008), « Do we really know what makes us happy? A review of the economic literature on the factors associated with subjective well-being », *Journal of Economic Psychology*, vol. 29, pp. 94-122, *http://dx.doi.org/10.1016/j.joep.2007.09.001*.

Engelbrecht, E.-J. (2009), « Natural capital, subjective well-being, and the new welfare economics of sustainability: Some evidence from cross-country regressions », *Ecological Economics*, vol. 69, n° 2, pp. 380-388, *http://dx.doi.org/10.1016/j.ecolecon.2009.08.011*.

Ferreira, S., A. Akay, F. Brereton, J. Cunado, P. Martinsson, M. Moro et T.F. Ningal (2013), « Life Satisfaction and Air Quality in Europe », *Ecological Economics*, vol. 88, pp. 1-10, *http://dx.doi.org/10.1016/j.ecolecon.2012.12.027*.

Ferreira, S. et M. Moro (2010), « On the Use of Subjective Well-Being Data for Environmental Valuation », *Environmental and Resource Economics*, vol. 46, n° 3, pp. 249-273, *http://dx.doi.org/10.1007/s10640-009-9339-8*.

Ferrer-i-Carbonell, A. et B. van Praag (2002), « The subjective costs of health losses due to chronic diseases. An alternative model for monetary appraisal », *Health Economics*, vol. 11, pp. 709-722, *http://dx.doi.org/10.1002/hec.696*.

Fleurbaey, M. et D. Blanchet (2013), *Beyond GDP: Measuring Welfare and Assessing Sustainability*, Oxford University Press, Oxford.

Fleurbaey, M. et al. (2013), « Equivalent Income and Fair Evaluation of Health Care », *Health Economics*, vol. 22, n° 6, pp. 711-729, *http://dx.doi.org/10.1002/hec.2859*.

Frey, B.S., S. Luechinger et A. Stutzer (2004a), « Valuing Public Goods: The Life Satisfaction Approach », *Working Paper Series* 184, Institute for Empirical Research in Economics, University of Zurich, *www.econ.uzh.ch/static/wp_iew/iewwp184.pdf*.

Frey, B.S., S. Luechinger et A. Stutzar (2004b), « Calculating tragedy: Assessing the costs of terrorism », *CESIFO Working Paper*, n° 1341, *www.cesifo.de/pls/guestci/download/CESifo%20Working%20Papers%202004/CESifo%20Working%20Papers%20novembre%202004/cesifo1_wp1341.pdf*.

Frey, B.S., S. Luechinger et A. Stutzar (2009), « The Life Satisfaction Approach to Environmental Valuation », *Discussion Paper*, n° 4478, Institute for the Study of Labor, Bonn, *http://ftp.iza.org/dp4478.pdf*.

Frijters, P. et B.M.S. van Praag (1998), « The Effects of Climate on Welfare and Well-Being in Russia », *Climatic Change*, vol. 39, n° 1, pp. 61-81, *https://doi.org/10.1023/A:1005347721963*.

Fujiwara, D. (2014), *The social impact of housing providers*, HACT, Legal & General, Plus Dane Group, Londres.

Fujiwara, D. (2013a), « Museums and Happiness », *Happy Museum Research Paper*, *http://happymuseumproject.org/happy-museums-are-good-for-you-report-publication/museums-and-happiness/*.

Fujiwara, D. (2013b), « A General Method for Valuing Non-Market Goods Using Wellbeing Data: Three-Stage Wellbeing Valuation », *CEP Discussion Paper*, n° 1233, Centre for Economic Performance, Londres, *http://eprints.lse.ac.uk/51577/1/dp1233.pdf*.

Fujiwara, D. et D. Campbell (2011), *Valuation Techniques for Cost Benefit Analysis: Stated Preference, Revealed Preference and Subjective Well-Being Approaches*, HM Treasury, Londres, *www.gov.uk/government/uploads/system/uploads/attachment_data/file/209107/greenbook_valuationtechniques.pdf*.

Fujiwara, D. et P. Dolan (2012), « Valuing Adult Learning: Comparing Wellbeing Valuation to Contingent Valuation », *BIS Research Paper* 85, UK Department for Business, Innovation and Skills, Londres, *www.gov.uk/government/uploads/system/uploads/attachment_data/file/34598/12-1127-valuing-adult-learning-comparing-wellbeing-to-contingent.pdf*.

Fujiwara, D. et P. Dolan (2014), « Valuing mental health. How a subjective wellbeing approach can show just how much it matters », UK Council for Psychotherapy, *https://docs.wixstatic.com/ugd/9ccf1d_b3cfc47c5b2043ec92b32f558d15d97f.pdf*.

Fujiwara, D. et P. Dolan, (2016), « Happiness-Based Policy Analysis », chapitre 10 in Adler, M.D et M. Fleurbaey, (dir. Pub.) (2016) *The Oxford Handbook of Well-Being and Public Policy*, Oxford University Press.

Fujiwara, D., L. Kudrna et P. Dolan (2014), « Quantifying and Valuing the Well-Being Impacts of Culture and Sport », *Department for Culture Media and Sport Research Paper*, Department for Culture Media and Sport, Londres, *www.gov.uk/government/uploads/system/uploads/attachment_data/file/304899/Quantifying_and_valuing_the_wellbeing_impacts_of_sport_and_culture.pdf*.

Fujiwara, D., R. Lawton et S. Mourato (2015), *The health and wellbeing benefits of public libraries*, Report for the Arts Council England, Arts Council England, Londres, *www.artscouncil.org.uk/sites/default/files/download-file/The%20health%20and%20wellbeing%20benefits%20of%20public%20libraries.pdf*.

Gardner, J. et A.J. Oswald (2007), « Money and mental wellbeing: A longitudinal study of medium-sized lottery wins », *Journal of Health Economics*, vol. 26, n° 1, pp. 49-60, *http://dx.doi.org/10.1016/j.jhealeco.2006.08.004*.

Gough, I. et J.A. McGregor, (dir. pub.) (2007), *Wellbeing in Developing Countries: From Theory to Research*, Cambridge University Press, Cambridge.

Groot, W. et H.M. van den Brink (2006), « The compensating income variation of cardiovascular disease », *Health Economics Letters*, vol. 15, pp. 1143-1148, *http://dx.doi.org/10.1002/hec.1116*.

HM Treasury (2003), *The Green Book, Appraisal and Evaluation in Central Government*, HM Treasury, Londres, *www.gov.uk/government/uploads/system/uploads/attachment_data/file/220541/green_book_complete.pdf*.

Lawton, R. et D. Fujiwara (2015), « Living with aircraft noise: Airport proximity, aviation noise and subjective wellbeing in England », *Transportation Research Part D: Transport and Environment* 42: pp. 104-118, *http://dx.doi.org/10.1016/j.trd.2015.11.002*.

Levinson, A. (2009), « Valuing public goods using happiness data: The case of air quality », *NBER Working Paper n° 15156*, National Bureau of Economic Research, Cambridge, MA, *www.nber.org/papers/w15156*.

Loewenstein, G. et D. Adler (1995), « A bias in the prediction of tastes », *The Economic Journal*, 105(431), pp. 929-937, *http://dx.doi.org/10.2307/2235159*.

Luechinger, S. (2009), « Valuing air quality using the life satisfaction approach, » *Economic Journal*, vol. 119, n° 536, pp. 482-515. *www.jstor.org/stable/20485329*.

Kahneman, D. (1986), « Comments », in Cummings, R., D. Brookshire et W. Schulze (dir. pub.) (1986), *Valuing Environmental Goods: An Assessment of the Contingent Valuation Method*, Rowman and Allenheld, Totowa.

Kahneman, D. et A.B. Krueger (2006), « Developments in the Measurement of Subjective Well-Being », *Journal of Economic Perspectives*, vol. 20, n° 1, pp. 3-24, *http://dx.doi.org/10.1257/089533006776526030*.

Kahneman, D. et R. Sugden (2005), « Experienced Utility as a Standard of Policy Evaluation », *Environmental and Resource Economics*, vol. 32, n° 1, pp. 161-181, *http://dx.doi.org/10.1007/s10640-005-6032-4*.

Kahneman, D., E. Dienerand et N. Schwarz (1999), *Well-Being: The Foundation of Hedonic Psychology*, Russell Sage Foundation, New York.

Kahneman, D., P.P. Wakker et R. Sarin (1997), « Back to Bentham? Explorations of Experienced Utility », *Quarterly Journal of Economics*, vol. 112, n° 2, pp. 375-405. *https://doi.org/10.1162/003355397555235*.

Kaplan, R. (2001), « The Nature of the View from Home: Psychological Benefits », *Environment and Behavior*, vol. 33, n° 4, pp. 507-542. *https://doi.org/10.1177/00139160121973115*.

Kapteyn, A. et al. (2011), « Anchoring Vignettes and Response Consistency », *SSRN Scholarly Paper* n° ID 1799563, Social Science Research Network, Rochester, *www.rand.org/content/dam/rand/pubs/working_papers/2011/RAND_WR840.pdf*.

Kimball, M. et R. Willis (2006), « Happiness and Utility », rapport présenté lors de la conférence Macroeconomics and Individual Decision Making (Behavioural Macroeconomics), 4 novembre 2016, Yale University, *www.econ.yale.edu/ shiller/behmacro/2006-11/kimball-willis.pdf*.

King, G. et al. (2004), « Enhancing the Validity and Cross-Cultural Comparability of Measurement in Survey Research », *The American Political Science Review*, vol. 98, n° 1, pp. 191-207, *https://doi.org/10.1017/S000305540400108X*.

Kullenberg, C. et G. Nelhans (2015), « The happiness turn? Mapping the emergence of 'happiness studies' using cited references », *Scientometrics*, vol. 103, n° 2, pp. 615-630, *http://dx.doi.org/10.1007/s11192-015-1536-3*.

Lau, H.P.B., M.P. White et S. Schnall (2013), « Quantifying the Value of Emotions Using a Willingness to Pay Approach », *Journal of Happiness Studies*, vol. 14, n° 5, pp. 1543-1561, *http://dx.doi.org/10.1007/s10902-012-9394-7*.

Loewenstein, G. et P.A. Ubel (2008), « Hedonic adaptation and the role of decision and experience utility in public policy », *Journal of Public Economics*, Special Issue: Happiness and Public Economics, vol. 92, n° 8-9, pp. 1795-1810, *http://dx.doi.org/10.1016/j.jpubeco.2007.12.011*.

Loewenstein, G. et J.S. Lerner (2003), « The role of affect in decision making », in Davidson, R.J., K.R. Scherer et H. H. Goldsmith (dir. pub.) (2003), *Handbook of Affective Sciences*, Oxford University Press, Oxford.

MacKerron, G. (2012), « Happiness economics from 35 000 feet », *Journal of Economic Surveys*, vol. 26, n° 4, pp. 705-735, *http://dx.doi.org/10.1111/j.1467-6419.2010.00672.x*.

MacKerron, G. et S. Mourato (2013), « Happiness is greater in natural environments », *Global Environmental Change*, vol. 23, n° 5, pp. 992-1000, *http://dx.doi.org/10.1016/j.gloenvcha.2013.03.010*.

MacKerron, G. et S. Mourato (2009), « Life satisfaction and air quality in London », *Ecological Economics*, vol. 68, n° 5, pp. 1441-1453, *http://dx.doi.org/10.1016/j.ecolecon.2008.10.004*.

Mackie, C. et C. Smith (2015), « Conceptualizing subjective well-being and its many dimensions – implications for data collection in official statistics and for policy relevance », *Statistics in Transition*, vol. 16, n° 3, pp. 335-372.

Milner-Gulland, E.J. et al. (2014), « Accounting for the impact of conservation on human wellbeing », *Conservation Biology*, vol. 28, n° 5, pp. 1160-1166, *http://dx.doi.org/10.1111/cobi.12277*.

Mitchell, R.C. et R.T. Carson (1989), *Using Surveys to Value Public Goods: The Contingent Valuation Method*, Resources for the Future, Washington, DC.

Mourato, S. et al. (2010), *Economic Analysis of Cultural Services*, Background Report to the UK NEA Economic Analysis Report, PNUE-WCMC, Cambridge, *http://uknea.unep-wcmc.org/LinkClick.aspx?fileticket=xAcO6D5eOUI%3D&tabid=82*.

NEA (UK National Ecosystem Assessment) (2011), *National Ecosystem Assessment Technical Report*, UK National Ecosystem Assessment, PNUE-WCMC, Cambridge, *http://uknea.unep-wcmc.org/Resources/tabid/82/Default.aspx*.

OCDE (2013), *OECD Guidelines on Measuring Subjective Well-being*, Éditions OCDE, Paris, *http://dx.doi.org/10.1787/9789264191655-en*.

OCDE (2011), *Comment va la vie ? : Mesurer le bien-être, Éditions OCDE*, Paris. *http://dx.doi.org/10.1787/9789264121195-fr*.

Peasgood, T. (2008), Measuring Well-Being for Public Policy, *PhD thesis*, Imperial College London, Londres.

Plott, C.R. (1996), « Rational individual behavior in markets and social choice processes: The discovered preference hypothesis », in Arrow, K. et al. (dir. pub.) (1996), *Rational Foundations of Economic Behavior*, Macmillan, Londres.

Powdthavee, N. (2008), « Putting a price tag on friends, relatives, and neighbours: Using surveys of life satisfaction to value social relationships », *Journal of Socio-Economics*, vol. 37, n° 4, pp. 1459-1480, *https://doi.org/10.1016/j.socec.2007.04.004*.

Powdthavee, N. et B. van den Berg (2011), « Putting different price tags on the same health condition: Re-evaluating the well-being valuation approach », *Journal of Health Economics*, vol. 30, n° 5, pp. 1032-1043.

Pretty, J. et al. (2011), *Chapter 23: Health Values from Ecosystems*, National Ecosystem Assessment, Rapport final à l'inttention du Programme des Nations Unies pour l'environnement (PNUE)/Centre mondial de surveillance continue de la conservation de la nature (WCMC), *www.cbd.int/financial/values/unitedkingdom-health.pdf*.

Read, D. et B. van Leeuwen (1998), « Predicting hunger: The effects of appetite and delay on choice », *Organizational Behavior and Human Decision Processes*, *76*(2), pp. 189-205.

Rehdanz, K. (2007), « Species diversity and human well-being: A spatial econometric approach », *Working paper FNU-151*, Hamburg University and Centre for Marine and Atmospheric Science, Hambourg, *www.fnu.zmaw.de/fileadmin/fnu-files/publication/working-papers/FNU151.pdf*.

Rehdanz, K. et D. Maddison (2005), « Climate and happiness », *Ecological Economics*, vol. 52, pp. 111-125, *http://dx.doi.org/10.1016/j.ecolecon.2004.06.015*.

Rehdanz, K. et D. Maddison (2008), « Local environmental quality and life-satisfaction in Germany », *Ecological Economics*, vol. 64, pp. 787-797.

Ryan, R.M. et L.E. Deci (2001), « On Happiness and Human Potentials: A Review of Research on Hedonic and Eudaimonic Well-Being », in Fiske, S. (dir. pub.), *Annual Review of Psychology*, vol. 52, pp. 141-166, Annual Reviews Inc., Palo Alto, *https://doi.org/10.1146/annurev.psych.52.1.141*.

Schkade, D.A. et D. Kahneman (1998), « Does Living in California Make People Happy? A Focusing Illusion in Judgments of Life Satisfaction », *Psychological Science*, vol. 9, n° 5, pp. 340-346.

Seligman, M. (2011), *Flourish: A New Understanding of Happiness and Wellbeing and How to Achieve Them*, Nicholas Brealey Publishing, Londres.

Skianis, V. (2012), *The influence of nature on secondary school students' subjective well-being in England and Greece*, thèse de doctorat, London School of Economics and Political Science, Londres, *http://etheses.lse.ac.uk/753/1/Scalvini_Muslims_embrace_value.pdf*.

Stone, A. et C. Mackie, (dir. pub.) (2013), *Measuring Happiness, Suffering, and Other Dimensions of Experience*, National Academy of Sciences, Washington, DC, *www.nap.edu/read/18548/chapter/1*.

Stutzer, A. et B.S. Frey (2010), « Recent Advances in the Economics of Individual Subjective Well-Being », *IZA Discussion Paper* 4850.

Tinkler, L. (2015), « The Office for National Statistics experience of collecting and measuring subjective well-being », *Statistics in Transition*, vol. 16, n° 3, pp. 373-396.

Trotter, L., J. Vine, M. Leach et D. Fujiwara (2014), « Measuring the Social Impact of Community Investment: A Guide to using the Wellbeing Valuation Approach », HACT.

van den Berg, B. et A. Ferrer-i-Carbonell (2007), « Monetary Valuation of Informal Care: The Well-Being Valuation Method », *Health Economics*, vol. 16, pp. 1227-44, *http://dx.doi.org/10.1002/hec.1224*.

van Praag, B.M.S. et B.E. Baarsma (2005), « Using Happiness Surveys to Value Intangibles: The Case of Airport Noise », *Economic Journal*, vol. 115, pp. 224-246, *http://dx.doi.org/10.1111/j.1468-0297.2004.00967.x*.

Vemuri, W.A. et R. Constanza (2006), « The role of human, social, built, and natural capital in explaining life satisfaction at the country level: Toward a National Well-being Index (NWI) », *Ecological Economics*, vol. 58, n° 1, pp. 119-133, *http://dx.doi.org/10.1016/j.ecolecon.2005.02.008*.

Waterman, A.S. (1993), « Two conceptions of happiness: Contrasts of personal expressiveness (eudaimonia), and hedonic enjoyment », *Journal of Personality and Social Psychology*, vol. 64, n° 4, pp. 678-691.

Watson, D., L.A. Clark et A. Tellegen (1988), « Development and validation of brief measures of positive and negative affect: The PANAS scales », *Journal of Psychology*, vol. 54, n° 6, pp. 1063-1070.

Weinhold, D. (2013), « The Happiness Reducing Costs of Noise Pollution », *Journal of Regional Science*, vol. 53, n° 2, pp. 292-303, *http://dx.doi.org/10.1111/jors.12001*.

Welsch, H. (2009), « Implications of happiness research for environmental economics », *Ecological Economics*, vol. 68, n° 11, pp. 2735-2742, *http://dx.doi.org/10.1016/j.ecolecon.2009.06.003*.

Welsch, H. (2008), « The welfare costs of corruption », *Applied Economics*, vol. 40, n° 14, pp. 1839-1849, *http://dx.doi.org/10.1080/00036840600905225*.

Welsch, H. (2007), « Environmental welfare analysis: a life satisfaction approach », *Ecological Economics*, vol. 62, n° 3-4, pp. 544-551, *http://dx.doi.org/10.1016/j.ecolecon.2006.07.017*.

Welsch, H. (2006), « Environment and happiness: Valuation of air pollution using life satisfaction data », *Ecological Economics*, vol. 58, n° 4, pp. 801-813, *http://dx.doi.org/10.1016/j.ecolecon.2005.09.006*.

Welsch, H. (2002), « Preferences over Prosperity and Pollution: Environmental Valuation Based on Happiness Surveys », *Kyklos*, vol. 55, n° 4, pp. 473-494, *http://dx.doi.org/10.1111/1467-6435.00198*.

Welsch, H. et J. Kuhling (2009), « Using happiness data for environmental valuation: Issues and applications », *Journal of Economic Surveys*, vol. 23, n° 2, pp. 385-406, *http://dx.doi.org/10.1111/j.1467-6419.2008.00566.x*.

Wilson, T.D. et D.T. Gilbert (2003), « Affective forecasting », *Advances in Experimental Social Psychology*, vol. 35, pp. 345-411.

PARTIE II

Élements essentiels de l'analyse coûts-avantages

Analyse coûts-avantages et environnement
Avancées théoriques et utilisation par les pouvoirs publics

PARTIE II

Chapitre 8

Actualisation

L'actualisation est un problème à la fois fondamental et très répandu dans l'ACA, qui se pose de façon plus marquée dans l'évaluation de projets touchant à l'environnement que dans tout autre domaine. Il s'agit notamment d'un problème d'ordre technique qui découle de l'hypothèse habituelle dans l'ACA selon laquelle le prix social ou fictif d'une unité de consommation dans le futur est inférieur au prix d'une unité de consommation aujourd'hui. Le taux d'actualisation correspond simplement au taux de variation de ce prix fictif. Cette simplicité est bien sûr une question de degré. Si la théorie de l'actualisation sociale indique clairement comment il convient de définir le taux d'actualisation social, dans la pratique ce calcul soulève de nombreuses questions, surtout lorsqu'on examine des mesures ayant des conséquences sur les générations situées dans un futur éloigné, comme des politiques et des projets intergénérationnels. Non seulement les hypothèses sur lesquelles repose l'actualisation conventionnelle deviennent problématiques, mais les fondements éthiques de l'actualisation deviennent extrêmement importants et influents. C'est pourquoi ce chapitre étudie la manière dont les paramètres du taux d'actualisation utilisés dans l'analyse des coûts et des avantages sociaux (ACAS) sont déterminés ainsi que leurs aspects éthiques et pratiques. Pour ce faire, il examine notamment les difficultés que les projets intergénérationnels comme la lutte contre le changement climatique posent à l'approche conventionnelle de l'actualisation ainsi que le renforcement des justifications théoriques et empiriques en faveur d'une grille de taux d'actualisation qui diminuent avec le temps.

8.1. Introduction

Pour Martin Weitzman, l'actualisation est « un des plus importants problèmes de toute la science économique » (Weitzman, 2001, p. 261). Il s'agit d'un problème très répandu dans de nombreuses analyses économiques, en particulier dans l'analyse coûts-avantages (ACA) et dans l'analyse coût-efficacité (ACE). La sensibilité de l'ACA et de l'ACE au taux d'actualisation social est particulièrement importante lorsque l'on s'intéresse à des politiques ou à des investissements publics présentant des coûts et des avantages à long terme, comme les investissements dans l'énergie (énergie nucléaire notamment), dans la santé (éradication d'une maladie par exemple), dans l'atténuation du changement climatique ou d'autres avantages environnementaux à long terme ou encore dans des infrastructures. Ce chapitre expose les différents arguments relatifs à l'actualisation sociale de façon théorique et empirique ainsi que l'interprétation de ces arguments dans les pratiques de différents pays du monde.

Afin d'exprimer l'ensemble des biens et des services dans une même unité de mesure ou de compte, l'ACA utilise des prix de marché ou des prix *fictifs*. De cette façon, il est possible de comparer la valeur sociale des pommes, des oranges, de l'air pur, etc., en euros ou en dollars de consommation. Lorsque les coûts et les avantages s'inscrivent dans la durée, l'ACA doit également exprimer ces coûts et ces avantages dans une même unité *temporelle* afin de comptabiliser les effets des variations de la valeur sociale (corrigée de l'inflation réelle) de l'unité de compte dans le futur. La méthode habituelle consiste à convertir la valeur de l'ensemble des coûts et des avantages en la valeur qu'ils ont aujourd'hui, c'est-à-dire à calculer la *valeur actuelle* des coûts et des avantages. Le calcul de la valeur actuelle traduit l'idée selon laquelle il existe un prix associé à la date à laquelle un avantage ou un coût se matérialise. Dans une ACA, on suppose généralement que le prix *fictif* d'une unité de consommation dans le futur est inférieur au prix d'une unité de consommation aujourd'hui. Par conséquent, lorsqu'on additionne les avantages nets d'un projet particulier au cours du temps, on affecte aux coûts et aux avantages futurs un poids moindre (un prix moins élevé) qu'aux coûts et aux avantages présents. Le *taux d'actualisation social* (TAS) mesure le taux (négatif) de variation du prix fictif de l'unité de compte au fil du temps. Un taux d'actualisation positif signifie que le prix fictif diminue avec l'horizon temporel.

Ce chapitre présente les arguments en faveur de l'utilisation d'un taux d'actualisation positif. Certains arguments reposent exclusivement sur le bien-être, ils sont liés à la valeur que la société accorde au bien-être à différents moments dans le temps. D'autres portent sur le coût d'opportunité, reflétant le fait qu'il existe d'autres projets dans lesquels les pouvoirs publics pourraient investir. Étant donné que le TAS renvoie à un prix, la théorie de l'évaluation des actifs peut également donner une indication du prix adéquat d'une créance sur un coût ou un avantage à un certain moment dans le futur. Des désaccords entre universitaires et praticiens persistent quant à savoir quelle approche devrait être adoptée en matière d'actualisation sociale dans des situations données et dans la pratique, une variété d'approches a été utilisée par les États dans le monde entier. Parmi les deux principales causes de désaccords figure le choix entre une approche normative/prescriptive ou positive/descriptive à adopter pour évaluer les projets d'investissements publics ou de réglementations.

L'approche normative met l'accent sur la trajectoire du bien-être social mesurée par le bien-être social actualisé (utilité) et en grande partie elle ne tient pas compte de la trajectoire du taux de rendement du capital côté coût d'opportunité. L'approche normative accorde une place importante à la question du prix qui *devrait* être donné aux coûts et avantages futurs. Quant à l'approche positive, elle s'intéresse à la trajectoire des taux de rendement observables comme source d'information pour étayer le TAS. Cette approche est positive ou descriptive, car elle met l'accent sur les arbitrages intertemporels qui ont aujourd'hui lieu dans l'économie et choisit un TAS à appliquer dans l'analyse des politiques publiques à partir des taux de rendement observables dans l'économie. Ce faisant, l'approche positive ne tient pas compte de la trajectoire du bien-être social.

À moyen terme, horizon de nombreux investissements publics (10-30 ans), le recours à l'une ou à l'autre des méthodes de détermination TAS dans une ACA aboutit à de faibles différences dans la pratique. C'est lorsque l'ACA porte sur des horizons plus longs que l'approche choisie pour déterminer le TAS a des conséquences importantes sur le type de projets qui passe le test de la VAN. Des projets marginaux dans le domaine de l'énergie, de l'atténuation du changement climatique, de la préservation de la biodiversité, de la santé publique ont un horizon de plusieurs centaines d'années et auront des conséquences sur des générations qui ne sont pas encore nées. Nombreux sont ceux qui estiment que dans de telles situations la pertinence de l'approche positive est limitée par l'horizon des actifs observables, qui n'excède pas la maturité de 40 à 50 ans des obligations d'État. Dans ce type de cas, le recours à l'approche normative pour déterminer le TAS est de plus en plus fréquent. En définitive, les approches utilisées par les pouvoirs publics varient même pour des projets à moyen terme. Ainsi, le Royaume-Uni et dans ses lignes directrices sur l'ACA, l'Union européenne privilégient l'approche normative reposant sur le bien-être tandis que les États-Unis, la Norvège et les Pays-Bas, par exemple, ont adopté une approche explicitement positive et ancrent leur TAS sur les taux de rendement de marché observables. Toutefois, lorsqu'il s'agit d'évaluer des projets à long terme, des projets *intergénérationnels*, de nombreux pouvoirs publics conviennent qu'il faut peut-être étoffer les méthodes habituelles en matière d'actualisation ou envisager d'autres approches en matière d'évaluation.

Un autre enjeu important en matière d'actualisation sociale est la prise en compte du risque. Ce chapitre commence par présenter la théorie de l'actualisation sociale en l'absence de risque où les taux d'intérêt et le taux de croissance de la consommation sont certains et où les coûts et les avantages des projets sont assurés. On a alors un taux d'actualisation social sans risque : le taux applicable aux projets sans risque dans un environnement sans risque. Le chapitre étend ensuite l'analyse aux situations où il existe un risque. Premièrement, il présente l'effet lié au caractère incertain de la consommation dans le futur sur le taux sans risque avant de s'intéresser aux conséquences pour le TAS des risques liés à un projet et met l'accent sur la nécessité de prévoir une prime de risque pour les projets risqués. Encore une fois, dans la pratique, le traitement du risque dans l'ACA varie selon les pays, certains utilisent un taux sans risque tandis que d'autres ajoutent une prime de risque.

Lorsque l'on s'intéresse à des politiques, des projets et des investissements ayant des conséquences sur des générations situées dans un futur éloigné, c'est-à-dire des projets intergénérationnels, l'actualisation conventionnelle conduit à une situation où des coûts et des avantages importants qui se matérialiseront dans un futur éloigné deviennent négligeables en termes de valeur actuelle, car le prix qui leur est associé est effectivement très faible. Comme le souligne ce chapitre, plusieurs arguments théoriques solides expliquent l'apparente myopie d'un tel résultat. Cependant, quand on raisonne à si long terme, non seulement les hypothèses sur lesquelles repose la théorie conventionnelle de l'actualisation deviennent problématiques, mais les fondements éthiques de l'actualisation ont une influence bien plus déterminante. C'est exactement le type de débat éthique qui a eu lieu ces dernières années à propos de la lutte contre le changement climatique et les mêmes questions se posent dans le cas de la mise en œuvre de politiques à long terme comme la préservation de la biodiversité ou l'énergie nucléaire. Le présent chapitre expose les arguments théoriques en faveur d'une modulation des taux d'actualisation selon l'horizon temporal, en particulier ceux qui sous-tendent le recours à des taux d'actualisation sans risque décroissants. De nombreux pays utilisent désormais des taux d'actualisation décroissants dans leurs recommandations sur la base de ces arguments, et les sections suivantes de ce chapitre analysent la mise en pratique ces théories.

Une fois le taux d'actualisation déterminé, il est possible d'effectuer une ACA ou une ACE de différents investissements ou politiques en calculant leur valeur actuelle (VA) et en la comparant au *statu quo* (absence de projet) ou à d'autres possibilités d'investissement. Un exemple numérique simple sera présenté pour expliquer ce calcul (voir encadré 8.1).

Encadré 8.1. **L'actualisation et le critère de la valeur actuelle nette**

Imaginons qu'un consommateur soit en mesure d'obtenir systématiquement à chaque période un taux de rendement *r* des fonds qu'il a investis à la banque. Cela signifie qu'un investissement de 1 EUR à la période 0 lui rapportera 1*(1 + *r*) EUR à la période suivante. Toute autre possibilité d'investissement peut dès lors être comparée à cette valeur de référence en calculant sa valeur actuelle. Le taux de rendement de référence, *r*, devient le coût d'opportunité de l'investissement dans un autre projet. On peut donc calculer le « prix » relatif associé au fait d'obtenir un rendement à la période 1 plutôt qu'à la période 0, ou *coefficient d'actualisation* (CA), en utilisant *r* comme *taux d'actualisation* :

$$CA = \frac{1}{(1+r)}$$

Plus généralement, le coefficient d'actualisation pour un avantage (ou un coût) survenant à un moment quelconque au bout de t périodes dans le futur est :

$$CA_t = \frac{1}{(1+r)^t}$$

Le coefficient d'actualisation permet d'évaluer l'opportunité d'autres investissements en exprimant leurs rendements en termes d'aujourd'hui et en tenant compte de ce qu'aurait rapporté un placement à la banque. Supposons qu'une autre possibilité d'investissement fournisse un rendement **B** à la période 1 pour un investissement de 1 EUR à la date 0. On peut comparer B au rendement du placement à la banque en comparant les avantages au temps 1. Étant donné que le placement et le projet ont un coût de 1, la décision sera de réaliser le projet si :

$$\underbrace{B}_{\text{gain généré par le projet}} > \underbrace{(1+r)}_{\text{gain généré par le placement bancaire}}$$

Ce qui est équivalent au critère suivant :

$$\frac{B}{(1+r)} > 1$$

Encadré 8.1. L'actualisation et le critère de la valeur actuelle nette *(suite)*

où le membre de gauche de l'inéquation est la valeur actuelle de B et le membre de droite la valeur actuelle du rendement offert par la banque. Par conséquent le critère d'évaluation devient :

$$VA_{projet} = \frac{B}{(1+r)} > 1 = VA_{banque}$$

La valeur actuelle du rendement de l'investissement à la banque est 1 EUR (= 1 EUR*(1+r)/(1 + r)). Par conséquent, la comparaison des valeurs actuelles signifie que l'autre investissement engendre des gains plus élevés que le placement à la banque si le critère suivant est satisfait :

$$VA_{projet} > 1$$

Plus généralement, la valeur actuelle nette (VAN) est égale à la valeur actuelle des avantages moins la valeur actuelle des coûts. Étant donné que le projet coûte 1 EUR, la VAN du projet est donnée par :

$$VAN_B = VA_B - 1$$

La VAN est donc un autre critère permettant d'évaluer des investissements. Si VAN > 0 alors le projet est rentable étant donné que la valeur actuelle du profit généré par le projet est supérieure à ce que rapporte le placement. Dans le cas contraire, le rendement obtenu par le placement est supérieur à celui du projet. De façon plus générale, si l'on note respectivement les avantages et les coûts au temps t B_t et C_t, la VAN d'un projet peut s'écrire ainsi :

$$VAN = \sum_{t=0}^{T} \frac{B_t - C_t}{(1+r)^t}$$

Du point de vue de l'ACA, la question est quel est le taux d'actualisation social adéquat pour calculer la VAN des projets publics ?

Ce chapitre aborde l'ensemble de ces questions. Afin de préciser les arguments en faveur d'une détermination du taux d'actualisation social en fonction du bien-être/de la consommation et ceux qui sous-tendent une détermination en fonction du coût d'opportunité ainsi que les liens qui unissent ces argumentaires, ce chapitre s'ouvre sur une introduction à la théorie néoclassique de l'actualisation et à la règle de Ramsey. L'analyse illustre la portée en termes de bien-être des différentes options pouvant constituer le TAS : le coût d'opportunité social du capital (COSC) et le taux social de préférence temporelle (TSPT), mais aussi d'options issues de méthodes hybrides. Ce chapitre étudie quels taux de rendement peuvent être utilisés pour éclairer chaque approche. Il donne également la signification des paramètres du TSPT, la façon dont ils sont déterminés et leur sens sur le plan éthique. Il traite ensuite les enjeux en termes d'équité intergénérationnelle associés à l'actualisation d'un futur éloigné. Certains des problèmes soulevés sont d'ordre technique, mais il existe aussi des difficultés de nature éthique.

Le présent chapitre se termine par des exemples d'applications dans différents pays du monde et des recommandations sur les questions à prendre en compte pour décider quelle politique d'actualisation adopter, notamment lorsqu'il s'agit de répondre à des interrogations comme : dans quels cas vaut-il mieux utiliser la méthode du COSC que la méthode du TSPT ? Comment traiter les problèmes à long terme ? Ou encore la croissance et les risques liés à un projet ? Ce chapitre présente une synthèse de la littérature sur l'actualisation sociale en plein essor à la suite de la publication du rapport Stern sur l'économie du changement climatique (Stern, 2007).

8.2. La théorie de l'actualisation

Afin d'illustrer les arguments en faveur d'une approche par le bien-être en pour déterminer le taux d'actualisation social à appliquer dans l'ACA et les liens entre les arguments de l'approche par le coût d'opportunité et le bien-être social, cette section explique la règle de Ramsey. Celle-ci établit clairement la relation entre une VAN positive (voir encadré 8.1) et une augmentation du bien-être social : si la VAN calculée à l'aide du taux d'actualisation social est positive alors le bien-être social augmente. La relation entre la règle de Ramsey et la théorie de l'évaluation des actifs basée sur la consommation sont également présentées.

8.2.1. *La règle de Ramsey*

Une analyse conventionnelle du taux d'actualisation social commence par inscrire l'évaluation de projets dans le contexte d'une mesure bien définie du bien-être social intertemporel. La méthode habituelle utilise la fonction de bien-être social utilitariste actualisé. Cette approche consiste en un modèle d'agent représentatif dans lequel le bien-être d'une société est mesuré par l'utilité d'une personne fictive représentative calculée à l'aide de sa fonction d'utilité : $U(c)$. C'est l'approche qu'avait retenue Ramsey (1928) dans son analyse fondatrice du taux d'épargne optimal. Dans le modèle de Ramsey, l'objectif est de choisir des niveaux d'épargne et de consommation qui maximisent la somme des utilités actualisées sur un horizon infini :

$$\max_{c_t} \sum_{t=0}^{\infty} \frac{U(c_t)}{(1+\delta)^t} \qquad [8.1]$$

étant donné que le rendement de l'épargne/de l'investissement est égal au produit marginal du capital : $f_k(k) = r$ et que δ est le *taux d'actualisation de l'utilité*[1]. Dans l'ACA, le taux d'actualisation social correspond au taux qui compenserait dans le futur le renoncement de la société à une unité de consommation aujourd'hui de façon à préserver le bien-être global. Ce taux est donné par la condition d'optimalité connue sous le nom de règle de Ramsey :

$$r = \delta + \eta g \qquad [8.2]$$

Le terme de droite est le taux de rendement de la consommation qui préserve le bien-être et qui est appelé *taux social de préférence temporelle* (TSPT). Il est constitué du taux d'actualisation de l'utilité δ, de l'élasticité de l'utilité marginale η et du taux de croissance de la consommation par habitant g. Le terme de gauche est le taux social de rendement du capital, r, disponible dans l'économie. Il renvoie à l'approche de détermination du taux d'actualisation en fonction du coût d'opportunité.

En quoi [8.2] apporte-t-elle des informations sur le taux d'actualisation social ? Si un projet financé par une unité de consommation aujourd'hui présente un taux de rendement futur supérieur au TSPT, alors il augmentera le bien-être intertemporel, exprimé par [8.1], puisque le TSPT est le taux qui compense exactement l'unité de consommation à laquelle la société a renoncé. Si un projet financé par l'évincement d'un investissement présente un taux de rendement supérieur aux investissements ayant un taux de rendement r auxquels la société a renoncé, alors [8.1] augmentera aussi. Le long de la trajectoire optimale, ou si les marchés sont parfaits, ces deux taux sont égaux. En conséquence, r et le TSPT peuvent l'un et l'autre servir de *taux d'actualisation social*, TAS. Si l'on réalise une ACA dans cette économie, les projets dont les coûts et les avantages exprimés en unités de consommation présentent une valeur actuelle nette positive (négative) lorsque ces derniers sont actualisés à l'aide du

TSPT ou de r augmenteront (réduiront) le bien-être social. Cette affirmation est démontrée en annexe.

Il n'y a pas d'incertitude dans le modèle pour le moment. Le taux de croissance de la consommation et le taux de rendement du capital sont connus. En outre, la démonstration en annexe suppose que les avantages et les coûts du projet sont certains : il n'y a pas de risque associé au projet. Par conséquent, la règle de Ramsey présentée dans l'équation [8.2] n'est généralement pertinente que pour des projets sans risque : le TSPT et r sont des taux sans risque.

La règle de Ramsey peut être comprise du point de vue de la théorie de l'évaluation des actifs. Le terme de droite se rapporte au prix de l'actif d'une créance sur un avantage exprimé en consommation sans risque avec une échéance t dans le futur. L'annexe présente l'équation fondamentale des prix des actifs et la façon d'obtenir le terme de droite de la règle de Ramsey dans cette situation.

La règle de Ramsey est une condition d'optimalité, qui reste valable dans une économie en situation de concurrence parfaite, à prévision parfaite et décentralisée. Le terme de droite renvoie à l'approche par le bien-être et le terme de gauche, à celle par le coût d'opportunité. Lorsque l'économie ne se situe pas sur la trajectoire optimale, ou n'est pas en situation de concurrence parfaite, c'est-à-dire lorsqu'il existe des distorsions en raison de la fiscalité se pose la question de savoir quel côté de la règle de Ramsey devrait servir à choisir le TAS. La réponse à cette question est une source de désaccord entre ceux qui soutiennent l'approche normative/prescriptive et ceux qui défendent l'approche positive/descriptive pour déterminer le TAS. La première consiste à calibrer la fonction de bien-être social et les paramètres du membre de droite de [8.2]. La seconde suppose de chercher un taux de rendement adéquat, un taux sans risque dans ce cas sur le marché.

Deux problèmes d'évaluation des actifs sont liés à ce débat : l'énigme du taux sans risque et celle de la prime de risque. L'énigme du taux sans risque est l'observation du fait que si un modèle d'évaluation des actifs basé sur la consommation, comme le membre de droite de la règle de Ramsey dans [8.2] est calibré en utilisant des paramètres habituels, elle surestime les taux sans risques observés. L'énigme de la prime de risque[2] renvoie à un problème semblable dans le cas d'actifs risqués : le modèle classique sous-estime la prime de risque et donc les taux de rendement des actifs risqués. Ces énigmes sont examinées plus en détail plus loin dans ce chapitre, mais elles illustrent les différences qui peuvent apparaître entre des modèles normatifs simples comme le modèle de bien-être utilitariste actualisé et les taux de rendement observés sur lesquels repose l'approche positive.

Les approches normative et positive en l'absence de risque sont étudiées en détail ci-après et les problèmes généraux évoqués ici sont examinés ensuite.

8.2.2. Une approche normative du TAS : calibrer le taux social de préférence temporelle (TSPT)

L'approche normative du TAS est directement axée sur le côté bien-être et consommation de l'équation de Ramsey [8.2] plutôt que sur le côté production. L'approche normative répond à la question : comment *devrions-nous* actualiser les coûts et les avantages futurs ? Le terme de droite de [8.2], $\delta + \eta g$, correspond au taux social de préférence temporelle (TSPT) et reflète les raisons d'actualiser côté consommation. Il s'agit du taux auquel la consommation devrait croître demain pour que le bien-être social reste constant sachant que la consommation a été réduite d'une unité aujourd'hui et que le taux de croissance de l'économie est égal à g. Deux approches permettent d'estimer le TSPT. L'approche *normative* calibre les paramètres du membre de droite de [8.2]. L'approche *positive* utilise le rendement de l'épargne après taxes et impôts pour tenir compte des arbitrages des individus entre consommation et épargne dans le temps.

Les paramètres de la règle de Ramsey définissent pour l'essentiel la forme de la fonction de bien-être dans [8.1]. Les sections qui suivent expliquent plus en détail la signification conceptuelle des paramètres du TSPT puis donnent des éléments de réflexion quant à leur évaluation numérique.

8.2.3. Le taux d'actualisation de l'utilité δ

Ce paramètre représente généralement deux concepts distincts :

- *La préférence pure pour le présent.* Elle correspond au fait de préférer des unités de bien-être social aujourd'hui plutôt que demain. Dans le cadre de l'analyse des coûts et avantages sociaux (ACAS), cet élément doit traduire la préférence pure de la société pour le présent, plutôt que celle des individus. Néanmoins, dans l'étude de projets à long terme, ce paramètre fait l'objet d'une interprétation éthique importante et il reflète un jugement sur l'équité intergénérationnelle (Beckerman et Hepburn, 2007).
- *La probabilité de survie.* Il est souvent avancé qu'une autre raison d'actualiser un bien-être futur ou une utilité future est liée à l'incertitude. Au niveau individuel, cela correspondrait au risque de décès. Cependant, pour la société, le risque à prendre en compte est le risque d'une catastrophe qui lui serait fatale. Selon Dasgupta et Heal (1979), un taux d'actualisation positif pour l'utilité peut se justifier compte tenu d'une probabilité non nulle que la société cesse d'exister dans le futur. Des interprétations différentes ont engendré des façons différentes de mesurer cet élément.

8.2.4. L'élasticité de l'utilité marginale η

Ce terme aussi fait l'objet de nombreuses interprétations selon le contexte. En général, il décrit la nature de la relation entre la consommation c_t et le bien-être ou l'utilité dans la fonction $U(c_t)$. En fait, il s'agit d'une mesure de la courbure de la fonction d'utilité. On suppose généralement que l'utilité marginale est décroissante, ce qui signifie que $\eta > 0$. Dans la pratique, η est traité comme un paramètre fixe, bien qu'en principe l'élasticité puisse varier avec le niveau de consommation[3]. Les différentes possibilités d'interprétation de l'élasticité de l'utilité marginale sont les suivantes :

- *Lissage de la consommation.* Le paramètre η correspond à la mesure dans laquelle un individu souhaite lisser sa consommation dans le temps, c'est-à-dire éviter d'importantes fluctuations de sa consommation. De grandes valeurs de η indiquent une forte préférence pour une consommation stable.
- *Aversion pour l'inégalité intergénérationnelle et intragénérationnelle.* Le paramètre η est souvent considéré comme une mesure de l'aversion à l'inégalité *inter*générationnelle et *intra*générationnelle, c'est-à-dire comme l'intensité des préférences pour une distribution plus uniforme du revenu. Ainsi, si $\eta = 1$, cela signifie que l'utilité marginale d'une unité supplémentaire de consommation est deux fois plus importante pour un individu dont le revenu est deux fois moins élevé. Avec $\eta = 2$, l'utilité marginale est 4 fois plus élevée, et pour $\eta = X$, 2^X fois plus élevée, toujours pour un individu dont le revenu est deux fois moins élevé. Des valeurs plus grandes de η signifient donc une plus grande aversion à

l'inégalité de revenu et une importance plus grande accordée au revenu perçu par les pauvres.

- *L'aversion au risque relative*. Lorsqu'il existe des risques liés à la consommation ou à un projet, η mesure aussi l'aversion au risque. Une valeur élevée de η indique une forte aversion au risque.

Globalement, le TSPT intègre deux raisons pour lesquelles on peut souhaiter actualiser des projets sans risque, à savoir :

l'actualisation de l'utilité δ : si les utilités futures ont moins de valeur à cause de l'impatience ou d'un aléa : $\delta > 0$;

l'effet de richesse ηg : l'importance accordée au futur dépend de l'état dans lequel un individu (ou les générations futures) se trouvera dans le futur. Si la société est plus riche dans le futur, $g > 0$, et si elle a une préférence pour le lissage de la consommation ou une aversion pour l'inégalité de revenu induite par la croissance, $\eta > 0$, alors l'augmentation de la consommation dans le futur est considérée comme moins importante, d'où l'actualisation des coûts et des bénéfices futurs. La société accorde moins de valeur aux projets qui présentent des gains futurs lorsqu'elle est plus riche dans le futur et lorsque l'utilité marginale diminue.

8.2.5. *Le coût social d'opportunité du capital r*

Le terme de gauche de l'équation de Ramsey exprime de façon générale les possibilités de production au sein de l'économie, plutôt que les possibilités de consommation que traduit le TSPT. Le terme r dans [8.2] est la productivité marginale sociale du capital à l'équilibre dans l'économie. Il peut aussi servir de TAS dans la mesure où il reflète le coût social d'opportunité du capital (CSOC), c'est-à-dire le taux de rendement que les pouvoirs publics pourraient obtenir en investissant des fonds publics ailleurs dans l'économie, ou le coût du financement d'un projet public sur les marchés de capitaux. Le CSOC est un point de référence évident auquel l'utilisation des fonds publics doit être comparée. De nombreux pays utilisent le CSOC pour l'actualisation sociale (voir tableau 8.4). L'une des difficultés tient au fait que le CSOC dépend de la source même du financement du projet.

Dans le cadre déterministe qui a été présenté ici, le terme de gauche de la règle de Ramsey dans l'équation [8.2] fait référence au taux *sans risque* de rendement du capital, ci-après r_f. En théorie, dans une économie concurrentielle, le taux de rendement sans risque du capital est égal au taux d'intérêt sans risque pratiqué sur le marché. Pour cette raison, on considère que les taux observés de rendement des actifs sans risque (en termes relatifs) sont une source adéquate d'information pour déterminer le taux d'actualisation social. Comme expliqué dans les sections suivantes, les obligations d'État sont habituellement utilisées comme actif pour éclairer le choix du TAS. Elles sont considérées comme un actif relativement sans risque présentant une maturité suffisante pour servir à actualiser les projets publics. Les obligations d'État reflètent aussi le coût de l'emprunt public[4]. La France, la Norvège et les Pays-Bas, par exemple, utilisent le rendement des actifs relativement sans risque comme les obligations pour définir leur TAS, mais ils ajoutent une prime de risque pour tenir compte des risques liés au projet (voir tableau 8.4).

Le CSOC est parfois estimé à partir de certains taux de rendement de l'investissement des entreprises avant taxes et impôts, ou du taux de rendement après taxes et impôts de l'épargne des consommateurs ou d'un financement extérieur, ou bien d'une moyenne pondérée de ces taux, selon la source présumée des fonds (Spackman 2017, p. 12).

L'argument en faveur du premier est que le financement de projets publics évince le secteur privé, et par conséquent le coût d'opportunité pour l'économie devrait être un rendement agrégé dans le secteur privé. Cette option soulève plusieurs problèmes concernant le niveau de risque de ces rendements, examinés plus loin. Enfin, le CSOC est parfois estimé à partir des taux de rendement des capitaux publics (Harberger et Jenkins 2015).

8.2.6. L'actualisation dans un monde (sans risque) de second rang

Ce n'est que lorsque les marchés sont parfaitement concurrentiels et fonctionnent parfaitement tout au long de chaque période et entre chaque période, pour tous les moyens de production et tous les produits, qu'une économie décentralisée dans laquelle les agents maximisent leur utilité et les entreprises maximisent leurs profits vérifie l'égalité entre le taux de rendement du capital r et le TSPT, comme dans la règle de Ramsey (2). Dans de telles circonstances, tous les taux coïncident, la source du financement est sans conséquence et en théorie, r et le TSPT constituent l'un et l'autre un TAS valable. Quand cette hypothèse n'est pas valide, ce qui est le cas la plupart du temps, par exemple en raison d'externalités ou de taxes génératrices de distorsions, alors il faut décider lequel de ces taux d'actualisation doit être utilisé pour l'ACA et l'ACE des projets publics. L'encadré 8.2 présente un exemple tiré de Lind (1982b). Dans ces conditions, plusieurs solutions ont été proposées.

Une solution consiste à utiliser une *moyenne pondérée du TSPT et du CSOC (r)*, dont les coefficients reflètent les proportions relatives de l'origine des fonds à investir à savoir consommation et capital privé (voir l'encadré 8.2 pour un exemple). Des arguments de ce type ont été utilisés dans les lignes directrices américaines (OMB 1992) et sont examinés dans Harberger et Jenkins (2015). D'après ce type de recommandation, le TSPT peut correspondre au rendement après taxes et impôts de l'épargne des consommateurs et le CSOC par le rendement avant taxes et impôts dans le secteur privé.

Une approche comparable consiste à utiliser le *prix fictif du capital (PFC)* en se fondant par exemple sur Bradford (1975) ou sur Cline (1992). L'approche par le PFC tient compte des coûts d'opportunité associés à l'investissement public en calculant le *prix* (facteur de conversion) de l'investissement ou du capital publics en termes de consommation puis en convertissant tous les coûts d'investissement (par exemple en euros) en unités (euros) de consommation à l'aide de ce prix. La VAN du projet est ensuite calculée en utilisant le TSPT pour actualiser les coûts et les avantages du projet corrigés (pour un exemple, voir l'encadré 8.2). Le PFC est la valeur actuelle de la consommation évincée par d'une unité (par exemple 1 euro) d'investissement public. Une estimation grossière du PFC est obtenue en calculant r/TSPT. Le principe (comme le montre l'encadré 8.2) est que chaque unité d'investissement public suppose de renoncer à r euros de consommation chaque année pendant la durée de vie du projet. La valeur actuelle de ce flux de consommation est à peu près égale à r/TSPT pour sur le long terme[5]. Cela signifie qu'en règle générale, le PFC augmentera le coût de l'investissement public exprimé en unités de consommation quand $r >$ TSPT et le réduira dans le cas inverse.

En utilisant la méthodologie présentée dans l'encadré 8.2, les estimations du PFC sont comprises entre 1.2 (Bradford, 1979) et 2 (Cline, 1992), ce qui signifie qu'une unité de capital vaut entre 1.2 et 2 unités de consommation. Comme l'observe Harrison (2010, pp. 99-100), la méthode de la moyenne pondérée et la méthode du PFC sont identiques pour un horizon temporel de deux périodes, mais elles divergent généralement pour des horizons plus longs. Les conditions précises auxquelles les deux approches coïncident sont étudiées en détail par Sjaastad et Wisecarver (1977, p. 523).

En gardant à l'esprit un principe similaire, c'est-à-dire évaluer correctement le coût de l'investissement public, une autre approche consiste à s'intéresser au *coût marginal de l'imposition* et à calculer les pertes sèches de bien-être liées au surplus du consommateur et du producteur. Avec cette approche, on obtient généralement des estimations situées dans la fourchette 1.3-1.1. Là encore, ces facteurs seraient utilisés pour multiplier les coûts de l'investissement public, lesquels seraient alors actualisés en utilisant le TSPT. Cette correction est également possible quand on utilise le CSOC lorsque les projets sont financés par l'impôt plutôt que par les marchés de capitaux (voir par exemple Spackman, 2017, pp. 5-6). L'intégration du PFC dans l'évaluation des politiques publiques et des investissements publics fera augmenter le rendement nécessaire pour que la VAN soit positive lorsque le CSOC est supérieur au TSPT, et inversement. L'ajout du coût marginal de l'imposition aurait des conséquences similaires.

Enfin, la méthode du CSOC n'est pas pertinente dans certains cas de figure. Le premier porte sur l'ACE. Dans une ACE ou un « choix de la technique employée », il est nécessaire de comparer les conséquences sur la consommation de différentes solutions à un problème donné. Le coût d'opportunité des fonds ne détermine généralement pas la technique choisie (Feldstein, 1970 ; Spackman, 2017).

Spackman (2017) fait la synthèse de nombre de ces arguments. Dans la pratique, actualiser les coûts et les avantages en utilisant le CSOC ou bien commencer par convertir les coûts en unités de consommation à l'aide du PFC puis actualiser avec le TSPT, aboutit généralement à un avis similaire en matière d'investissement public. Cependant, la plupart des pays n'utilisent pas la méthode du PFC et ne pratiquent aucun autre ajustement des coûts des investissements publics pour rendre compte de problèmes d'investissement comme le coût d'un accroissement de la fiscalité. Cette absence tient essentiellement à deux raisons, i) la complexité ou l'arbitraire : le calcul du PFC introduit une série d'hypothèses discutables et implique que le PFC variera d'un projet à un autre (horizon temporel des capitaux privés évincés, proportion des bénéfices du projet qui seront consommés par rapport à ceux qui seront réinvestis, par exemple) et ii) impact : dans la plupart des situations, l'incidence de ces ajustements est mineure. Il demeure important, cependant, de comprendre les implications financières de l'ACA et ses implications pour l'actualisation et l'évaluation des coûts et des avantages sociaux.

8.2.7. Résumé

Comme le montre la dernière section, certains pays utilisent comme TAS un taux de rendement du capital observé et d'autres recourent à la méthode du TSPT soit selon une approche normative en calibrant la règle de Ramsey soit selon une approche positive en utilisant comme taux de rendement sans risque le taux de rendement de l'épargne après taxes et impôts en tant que substitut au TSPT (voir tableau 8.4). Il existe des arguments théoriques en faveur de l'utilisation du PFC, mais les recommandations des pays en matière d'ACAS n'en tiennent généralement pas compte. L'application de cette préconisation théorique se heurte à son besoin en informations et aux difficultés pratiques de la mise en œuvre des politiques. Souvent des différences institutionnelles concernant les finances publiques déterminent l'approche adoptée (voir notamment Groom et Hepburn 2017 ; Spackman 2017). Cependant, l'utilisation de taux de rendement dans le secteur privé soulève le problème du risque et de son intégration dans le taux d'actualisation.

8.3. Actualisation et risque

L'actualisation sociale a jusqu'ici été examinée en l'absence de risque, en supposant que les bénéfices des projets étaient assurés et qu'il n'y avait aucun risque contextuel lié à la croissance ou au taux d'intérêt et aucune corrélation entre un risque macroéconomique systématique et les avantages tirés du projet. Or, chacun de ces aspects est important pour l'évaluation d'un projet.

8.3.1. *Le risque lié à la croissance et le taux sans risque : arguments théoriques*

Le TSPT dans [8.2] comprend un effet de richesse, et c'est une des raisons pour lesquelles la société peut vouloir actualiser le futur. Cela reflète l'idée selon laquelle le taux d'actualisation dépend de la prédiction du bien-être futur de la société. Mais qu'en est-il si le taux de croissance de la consommation est incertain ? Quel est l'effet de richesse dans ce cas et quelle modification devrait-on apporter au taux d'actualisation pour en tenir compte ?

Quand les avantages du projet sont sans risque/assurés et quand la seule source d'incertitude est la croissance de la consommation, l'approche habituelle consiste à utiliser l'utilité attendue comme mesure du bien-être W. Dans ce cas, [8.1] devient :

$$W = \sum_{t=0}^{T} \frac{E\left[U(\tilde{c}_t)\right]}{(1+\delta)^t} \qquad [8.3]$$

Gollier (2012) montre que l'effet sur le TSPT dépend du processus de diffusion de la croissance dans le temps. Ce résultat de base a été initialement présenté par Mankiw (1980) dans le cas où la croissance suit un mouvement brownien : la croissance de la consommation est alors indépendante et identiquement distribuée (i.i.d.) selon une loi normale de moyenne μ et de variance σ_c^2, et l'utilité est isoélastique[6]. En d'autres termes, cela signifie que la croissance demain est totalement indépendante de la croissance aujourd'hui. Dans ce cas le TSPT devient :

$$TSPT = \delta + \eta\bar{g} - 0.5\eta(\eta+1)\sigma_c^2 \qquad [8.4]$$

Dans le cas d'une croissance risquée, la règle de Ramsey est étendue et le terme $0.5\eta(\eta+1)\sigma_c^2$ disparaît. Cela traduit le fait que même si la croissance en situation d'incertitude pourrait être supérieure ou inférieure dans le futur, ce sont les scénarios de faible croissance qui ont la plus forte incidence. En présence d'une croissance incertaine, un spécialiste de la planification prudent économisera davantage en prévision du futur afin de se protéger contre les possibles scénarios de faible croissance. Cette décision a pour effet d'augmenter la valeur de la consommation sans risque supplémentaire dans le futur et donc de diminuer le taux d'actualisation sans risque. L'extension de la règle de Ramsey exprime la *prudence* face à l'incertitude. Plus la croissance, σ_c^2 et η sont volatils, plus le TAS se réduit[8].

L'impact théorique de cet effet de précaution est très faible lorsqu'il est calibré à l'aide de données sur des pays développés, car la volatilité de la croissance est très faible. Dans les pays en développement, où la volatilité de la croissance est beaucoup plus élevée, le terme de précaution pourrait bien s'avérer important. Gollier (2012, chapitre 4) examine cette question. On peut toutefois se demander si des chocs de croissance indépendants et momentanés sont réalistes et ce qui se passe si les chocs de croissance ont une composante persistante. Quand les chocs de croissance sont persistants, le TSPT varie avec l'horizon temporel. Les taux d'actualisation qui varient dans le temps sont présentés de façon détaillée plus loin.

Encadré 8.2. **Taux de rendement privé (*r*) et TSPT en tenant compte de la fiscalité**

Lind (1982) propose l'exemple suivant de l'effet de la fiscalité des entreprises et du revenu sur la relation entre *r* et le taux de rendement du capital après impôt, lequel est utilisé comme approximation du TSPT dans la règle de Ramsey. Supposons un impôt sur les sociétés (ou sur les bénéfices) de 50 % et un impôt sur les dividendes de 25 %. Supposons aussi que le TSPT après impôts soit de 6 % : il s'agit du taux de rentabilité après impôts que demandent les actionnaires pour investir. Compte tenu de ce régime fiscal, quel est le taux de rendement privé du capital nécessaire pour assurer aux actionnaires ce taux de rentabilité minimum ?

Pour recevoir 6 % après un impôt sur le revenu de 25 %, il faut un taux initial de 8 %. Pour obtenir un rendement de 8 % après impôt sur les sociétés de 50 %, il faut un taux de rendement privé brut de 16 %. Par conséquent, ce régime fiscal entraîne une divergence entre le taux de rendement de l'investissement privé et le TSPT : 16 % contre 6 %. Quel est le TAS dans ce cas de figure ?

Méthode de la moyenne pondérée : lorsqu'un projet public évince à la fois la consommation et l'investissement privés, certains économistes préconisent d'utiliser une moyenne pondérée de *r* et du TSPT. Par exemple, si *r* = 16 % et TSPT = 6 %, et si 80 % des fonds proviennent de la consommation et 20 % de l'investissement privé, alors le TAS approprié devrait être :

8 % = 0.8*6 % +0.2*16 %

Il s'agit d'une approche assez particulière qui suppose que tous les profits sont consommés et non investis. Il est possible d'utiliser d'autres formules qui assouplissent cette hypothèse. Harberger et Jenkins (2015) offrent une analyse détaillée de cette méthode.

Prix fictif du capital : Cline (1992) propose de calculer le PFC en suivant le raisonnement suivant. Supposons qu'un investissement de 1 euro sur les marchés de capitaux procure une rente B mesurée chaque année en unités de consommation pendant N années et que cette rente est seulement consommée[7]. Le PFC se calcule comme suit :

$$PFC = \Sigma_{t=0}^{N} B(1+TSPT)^{-t} \qquad [a]$$

Le PFC est égal à la valeur actuelle du flux de consommation généré par une unité d'investissement chaque année. Supposons que le taux de rendement interne de cet investissement est égal à r, le taux de rendement privé du capital, c'est-à-dire :

$$-1 + \Sigma_{t=0}^{N} B(1+r)^{-t} = 0 \qquad [b]$$

En modifiant (b) de manière à isoler B et en intégrant B à (a) on obtient la formule suivante :

$$PFC = \frac{r}{TSPT} \cdot \frac{1-(1+TSPT)^{-N}}{1-(1+r)^{-N}} \qquad [c]$$

En utilisant les valeurs qui précèdent, r = 16 %, TSPT = 6 % et en retenant un horizon temporel à 15 ans, on obtient : PFC = 1.742. Le PFC dépend de l'horizon temporel du projet et de l'écart entre r et le TSPT. Quand l'horizon temporel considéré augmente, l'estimation du PFC se rapproche de r/TSPT, qui dans cet exemple est égal à 2.67. Cline trouve des valeurs du PFC comprises entre 1.5 et 2, contre une fourchette allant de 0.98 à 1.12 chez Bradford (1975). Dans ses estimations, Cline suppose qu'une unité de capital vaut 2 unités de consommation.

L'approche de Cline présente des avantages par rapport à celle de Lind (1982b, p. 40), dans laquelle on ne contraindre le PFC à avoir une valeur non négative ou finie pour des valeurs de paramètres raisonnables. Cline (1992, annexe 6) estime que Lind et Bradford font l'erreur de compter deux fois les retours sur réinvestissement.

Source : Cline (1992, annexe 6A), Pearce et Ulph (1999).

L'énigme du taux sans risque. Il existe une énigme sur le plan empirique, appelée énigme du taux sans risque, liée à l'effet de précaution et à la règle de Ramsey en général. Cette énigme trouve son origine dans le fait que les calibrations habituelles de la règle de Ramsey théorique dans [8.4] prédisent un taux sans risque beaucoup plus élevé que celui observé dans la réalité pour des actifs relativement sans risque. Cette énigme met en évidence deux problèmes. Premièrement, il est possible que l'approche normative diffère de l'approche positive. Ensuite, si l'approche classique par la consommation doit être considérée comme un modèle positif qui prédit les résultats du marché, le taux auquel elle aboutit doit être augmenté.

L'une des façons de résoudre en partie cette énigme est de tenir compte des risques de catastrophe ou de « risques de saut », comme la perspective de récession majeure, dans l'incertitude relative à la croissance. Barro (2006) montre que ces risques font augmenter significativement le terme de précaution et qu'ils pourraient expliquer de façon cohérente des taux sans risque faibles. Mais un aspect plus immédiat du risque dans l'ACA est peut-être la présence de risques spécifiques liés au projet. Gollier (2012, p. 75-76) en donne un exemple simple. Supposons que le pourcentage de baisse du PIB est donné par le paramètre λ et que ce choc (une récession causée par un krach financier par exemple) se produit avec une probabilité p. En respectant toutes les autres hypothèses faites dans cette section, le TAS sans risque devient alors :

$$TSPT_{\lambda} = \delta - \ln\left[p(1-\lambda)^{-\eta} + (1-p)\exp\left(-\eta\bar{g} + 0.5\eta^2\sigma_c^2\right)\right] \quad [8.5]$$

qui est plus petit que [8.4]. La possibilité d'une récession, bien que peu probable, accroît l'épargne de précaution et réduit le TAS sans risque. Il s'agit de l'une des solutions les plus intuitives de l'énigme du taux sans risque. Cette solution a des conséquences en matière d'actualisation sociale[9].

8.3.2. Risques liés au projet

Dans un certain nombre de pays, comme la France, la Norvège et les Pays-Bas, le taux d'actualisation est corrigé pour tenir compte des risques liés au projet. Il existe deux grands types de risques liés à un projet, l'un est important pour déterminer le TAS, l'autre non.

Le concept de risque spécifique désigne tout risque associé à la sous-estimation ou à la surestimation des coûts et des avantages du projet envisagé. Dans tout projet, certains éléments s'avèrent plus ou moins coûteux que prévu, pour des raisons fortuites d'ordre technique entre autres. Ces risques sont diversifiables sur l'ensemble du portefeuille de projets publics et la théorie de l'évaluation des actifs montre que ce type de risque ne devrait pas avoir d'incidence sur le prix d'un actif, pas plus donc que sur le taux d'actualisation adéquat[10]. Le second type de risque est le *risque systématique*, qui renvoie au cas où des coûts et des bénéfices risqués sont corrélés aux rendements disponibles dans l'économie. Les risques systématiques ne peuvent pas être diversifiés entre différents projets en raison de la nature macroéconomique de ces risques. Lorsque les avantages nets du projet sont corrélés à l'incertitude à l'échelle macroéconomique, la théorie de l'évaluation des actifs montre qu'il conviendrait d'ajouter au taux d'actualisation une prime de risque correspondant au profil de risque spécifique au projet du risque systématique, mais pas le risque diversifiable (voir annexe 8.A2).

Les conséquences du risque systématique associé aux projets sur l'actualisation sociale sont exposées ici. La formule d'évaluation des actifs présentée à l'annexe 8.A2 montre que le membre de droite du taux sans risque de l'équation Ramsey peut être étendu pour prendre en compte les risques systématiques. De fait, il s'agit d'un exemple d'application de l'approche par le *modèle d'évaluation des actifs financiers basé sur la consommation* (MEDAF basé sur la consommation) à l'évaluation des actifs. Le MEDAF basé sur la consommation examine le degré de risque des projets et la corrélation de ceux-ci avec le rendement de la richesse de la société, mesuré par la consommation. Dans ce cas, si un projet est procyclique, c'est-à-dire si ses avantages sont positivement corrélés avec la consommation globale, alors ce projet dégage des profits élevés quand la conjoncture macroéconomique est favorable (forte consommation). Dans cette conjoncture, ces profits ont moins de valeur en termes de bien-être, car l'utilité marginale est plus faible. De même, des profits faibles se matérialisent quand la conjoncture est défavorable (faible consommation) lorsque l'utilité marginale est élevée. La société voudra obtenir de ces projets un taux de rendement plus important afin de supporter les risques supplémentaires associés à ces projets.

À l'inverse, certains projets peuvent être anticycliques, c'est-à-dire dégager des profits élevés quand la conjoncture est défavorable et faibles quand la conjoncture est favorable. Ce type de projets jouent le rôle d'une police d'assurance et font baisser le risque dans l'ensemble de l'économie. Du point de vue du bien-être, la société pourrait être disposée à payer une assurance en acceptant un rendement plus faible de ces projets. Dans un cas comme dans l'autre, une *prime de risque systématique* $\pi(\beta)$ est associée au projet.

Comme le montre l'annexe 8.A2, en respectant les hypothèses sur l'utilité et la croissance faites dans cette section en supposant que les avantages nets du projet et la croissance de la consommation suivent une distribution normale bivariée, intégrer les risques liés aux projets à l'évaluation des projets conduit simplement à ajouter un terme au membre de droite de la règle de Ramsey pour un projet risqué *i* :

$$\begin{aligned} TSPT_i &= \delta + \eta\mu_c - 0.5\eta^2\sigma_c^2 + \pi(\beta_i) \\ &= \delta + \eta\mu_c - 0.5\eta^2\sigma_c^2 + \eta\beta_i\sigma_c^2 \end{aligned} \quad [8.6]$$

où les trois premiers termes représentent le taux sans risque dans l'équation [8.4], et le quatrième terme est la prime de risque systématique $\pi(\beta_i) = \eta\beta_i\sigma_c^2$[211]. Le paramètre β_i est le « bêta » de la consommation qui mesure la corrélation entre les avantages nets du projet *i* et le risque systématique associé à la croissance de la consommation. Ainsi, si $\beta = 1$, alors une augmentation de la croissance de la consommation de 1 % devrait se traduire par une croissance des avantages nets du projet de 1 %. Si $\beta > 1$ alors les avantages du projet devraient croître de plus de 1 % quand la consommation augmente de 1 %, ce qui crée proportionnellement plus de risque systématique qu'il n'en existe dans l'économie. Si $\beta < 0$, le projet réduit le risque et représente une forme d'assurance comme mentionné précédemment.

L'approche de l'actualisation sociale par le MEDAF basé sur la consommation peut être considérée comme une approche normative puisqu'elle s'intéresse principalement aux conséquences des risques liés à un projet du point de vue du bien-être d'un agent représentatif pleinement intégré dans la macroéconomie. Le MEDAF basé sur la consommation suppose l'estimation de paramètres normatifs à cet effet.

Toutefois, de nombreux modèles utilisés en finance utilisent des variables de substitution fondées sur le marché pour l'utilité marginale et dans le contexte de l'actualisation sociale, ces modèles peuvent être interprétés comme des approches *positives* du TAS. Un exemple classique qui a un rôle important dans l'actualisation sociale est le *modèle d'évaluation des actifs financiers* (MEDAF). La formule d'évaluation du MEDAF attribue un prix au risque associé à un actif en ajoutant une prime de risque au taux de rendement sans risque d'une manière semblable à celle du MEDAF basé sur la consommation. La formule pour calculer le rendement d'un actif par le MEDAF est :

$$r_i = r_f + \beta_{i,W}\left(r_m - r_f\right) \qquad [8.7]$$

où r_f est le taux de rendement sans risque, r_m le taux de rendement sur le marché/du portefeuille et $\beta_{i,W}$ le bêta du projet qui reflète la corrélation entre l'actif *i* et le portefeuille de marché. La prime de risque de ce projet est donnée par la prime de marché $\left(r_m - r_f\right)$ multipliée par le bêta du projet $\beta_{i,W}$. La prime de risque sera positive si $\beta_{i,W}$ est positif. La logique de cette formule d'évaluation est semblable au MEDAF basé sur la consommation à ceci près que la covariance se fait avec un portefeuille d'actifs du marché plutôt qu'avec la consommation. Cette formule de détermination du TAS est propre à chaque projet, mais elle peut être calculée à partir des rendements du marché adéquats et en calculant les bêtas des projets correspondants.

L'énigme de la prime de risque. De même que l'énigme du taux sans risque, le MEDAF basé sur la consommation calibré à partir des valeurs de paramètres habituelles, reposant sur des perspectives normatives ou sur un comportement, aboutit à une prime de risque beaucoup plus faible (prime de risque systématique) que celle observée dans la réalité sur les actifs risqués. Avec $\beta = 1$, $\sigma_c = 3.6\%$ (volatilité du PIB par habitant aux États-Unis) et $\eta = 2$, la prime de risque systématique qui pourrait être ajoutée au taux sans risque est égale à 0.26 %. La prime de risque observée calculée comme la différence entre le rendement des actions et des obligations a en moyenne été bien plus importante aux États-Unis entre 1970 et 2006, atteignant environ 5 % (Gollier 2012, p. 188). De nouveau, l'approche normative conduit à des recommandations très différentes pour des projets risqués et sans risque par rapport à l'approche positive.

Les recommandations françaises en matière d'ACA préconisent d'utiliser un TAS propre à chaque projet déterminé à partir de l'approche par le MEDAF basé sur la consommation. Quant aux Pays-Bas, ils conseillent d'appliquer une prime de risque fixe de 3 % à tout projet en s'appuyant davantage sur l'approche par le MEDAF. La Norvège suit une approche par le MEDAF avec une prime de risque fixe. Le Royaume-Uni ne tient compte des risques liés au projet dans le taux d'actualisation qu'ajoutant 1 % à la préférence pure pour le présent représentant en quelque sorte un risque de catastrophe généralisé, plutôt qu'un risque spécifique au projet. La principale difficulté posée par l'intégration du risque dans le taux d'actualisation est de calculer le bêta propre à chaque projet. Cela s'explique en partie pourquoi tous les pays n'intègrent pas le risque et pourquoi ceux qui l'intègrent le font sous la forme d'un ajustement classique des risques, comme les Pays-Bas. Le tableau 8.5 donne plus d'exemples.

Toutefois, en France, une série de bêtas spécifiques aux projets différents ont été calculés. Le rapport Gollier (Gollier 2011) qui a conduit à la préconisation d'un TAS risqué dans les recommandations françaises en matière d'ACA (Quinet 2013), comprend un tableau des estimations des valeurs de bêta sectorielles disponibles. Le tableau 8.1 montre que la plupart des projets publics sont procycliques et requièrent un bêta du projet positif.

Tableau 8.1. **Valeurs de bêta sectorielles**

Secteur	« Bêta » de la consommation estimé
Agriculture, sylviculture, pêche	0.85
Industrie	2.09
Industrie automobile	4.98
Fabrication d'équipements mécaniques	3.00
Industries intermédiaires	2.76
Énergie	0.85
Construction	1.45
Transports	1.60
Services administratifs	-0.09
Éducation	0.11
Santé	-0.24
Services financiers	0.15
Intermédiation financière	0.49
Assurance	-0.36

Source : Adapté de Gollier (2011, p. 226-227)

8.4. Taux d'actualisation décroissants

Lorsque l'on s'intéresse à des horizons longs, la théorie de l'actualisation sociale doit être plus précise, car l'ACA à long terme devient davantage sensible au choix du TAS. Deux questions s'avèrent alors importantes. Premièrement, l'incertitude persistante quant aux variables sur lesquelles repose le taux d'actualisation, comme la croissance ou le taux d'intérêt, doit être modélisée avec plus de soin. Deuxièmement, l'évaluation de projets intergénérationnels soulève des enjeux éthiques.

Cette section examine les taux d'actualisation décroissants comme un exemple de cas où un examen plus attentif de l'incertitude peut avoir une incidence sur le niveau du TAS adéquat. Ce concept de la littérature sur le sujet trouve son origine dans un examen plus approfondi de la structure par échéances des taux d'actualisation. Durant la dernière décennie, le nombre d'études sur la structure par échéance des taux d'actualisation social et sur la transposabilité des taux d'actualisation décroissants a explosé. Certains arguments reposent sur la consommation et sur des extensions de la règle de Ramsey. D'autres mettent l'accent sur l'incertitude quant à la rentabilité du capital et au taux d'intérêt.

8.4.1. Risques de croissance persistants et taux d'actualisation décroissants

L'équation [8.4] présente le résultat de Mankiw (1980) selon lequel lorsque la croissance est i.i.d.selon une loi normale (comme défini plus haut), le TSPT est réduit par un terme reflétant le principe de précaution : le caractère incertain de la croissance réduit le taux d'actualisation sans risque, sans risque signifiant ici que l'on envisage des projets dont les rendements sont sûrs. Cependant, que se passe-t-il dans le cas plus réaliste où les chocs de croissance durent et où la croissance d'aujourd'hui est fortement corrélée à celle de demain ? Il s'avère que ce type de persistance des phénomènes fait que le terme reflétant la prudence augmente avec l'horizon temporel considéré. S'agissant de la croissance, cette persistance peut prendre différentes formes, un exemple est étudié ici.

On suppose que la croissance est toujours i.i.d. selon une loi normale de moyenne μ et de variance, σ_c^2 mais qu'il y a une incertitude sur la moyenne et la variance de la croissance. Dans la pratique, cela signifie que l'on n'a aucune garantie de la conjoncture future. On peut envisager aussi bien un scénario de forte croissance que de faible croissance, et la volatilité de la variable autour de cette moyenne peut également être incertaine. Gollier (2008) expose ce cas en détail. Considérons le cas où le seul paramètre incertain est la moyenne, laquelle dépend d'un paramètre θ qui représente une incertitude liée à la technologie ou à un autre état du monde dont dépend le régime de croissance. L'extension de la règle de Ramsey devient alors :

$$\text{TSPT} = \delta - \frac{1}{t}\ln E_{\theta}\left[\exp\left[-\eta t\left(\mu(\theta) - 0.5\sigma_c^2\right)\right]\right] \qquad [8.8]$$

Il est facile de montrer que le second terme du membre de droite augmente avec l'horizon temporel t[12]. Fondamentalement, l'incertitude sur les paramètres de la distribution de la croissance entraîne une incertitude qui s'accroît avec l'horizon temporel. Là encore, le responsable de la planification sociale, s'il est prudent, est incité à constituer une épargne de précaution, ce qui se traduit par un taux d'actualisation décroissant. Il est intéressant de constater que cette explication des taux d'actualisation décroissants a été un des arguments utilisés pour motiver la recommandation des pouvoirs publics français en faveur de l'utilisation des taux d'actualisation décroissants (Lebègue, 2005).

Plusieurs autres caractérisations de l'incertitude sur la croissance aboutissent au même résultat. En résumé, tant que les chocs de croissance sont persistants dans le temps, si bien qu'une croissance forte a plus de chances d'être suivie d'une croissance forte et inversement, et tant que l'agent représentatif est *prudent*, les taux d'actualisation sont décroissants. Les travaux de Gollier, synthétisés dans Gollier (2012a), constituent un ensemble d'arguments solides.

8.4.2. *Des taux d'intérêt incertains*

Un argument prisé en faveur des taux d'actualisation décroissants est tiré de deux contributions de Martin Weitzman axées sur l'incertitude relative aux taux d'intérêt. Par rapport aux fondements théoriques des arguments qui précèdent et qui concernent la consommation, les travaux de Weitzman (1998, 2001) sont beaucoup plus schématisés et pertinents. Leur force réside dans la simplicité des raisonnements algébriques qui les rend faciles à démontrer de façon numérique, voire intutive. Weitzman (1998) peut être interprété de la façon suivante. Supposons un projet dont le coût serait de 1 EUR aujourd'hui et qui rapporterait B_t EUR au temps t dans le futur. Supposons que le taux d'intérêt r utilisé pour calculer la valeur actuelle du projet soit incertain. Weitzman propose le critère de l'espérance de valeur actuelle nette (EVAN) pour évaluer la désirabilité du projet :

$$\text{EVAN} = -1 + E\exp(-\tilde{r}t)B_t \qquad [8.9]$$

Le projet est censé être approuvé si *EVAN* est supérieur à zéro. Le critère de décision peut être reformulé en termes de *taux d'actualisation en équivalent-certain*, cette expression faisant référence au taux d'actualisation certain qui, appliqué sur un horizon temporel t, donnerait la même *EVAN*. Le taux d'actualisation en équivalent-certain, $r_{CE}(t)$, peut être défini comme suit :

$$\begin{aligned}&\exp\left(-r_{CE}(t)t\right) = E\exp(-\tilde{r}t)\\&\Rightarrow\\&r_{CE}(t) = -\frac{1}{t}\ln\left(E\exp(-\tilde{r}t)\right)\end{aligned} \qquad [8.10]$$

La fonction exponentielle étant convexe, et davantage quand t prend une valeur élevée, on peut montrer que l'équivalent-certain décroît dans le temps. En effet, Weitzman (1998) montre que $r_{CE}(0) = E[\tilde{r}]$ et $\lim_{t\to\infty} r_{CE}(t) = r_{min}$, autrement dit, le taux d'actualisation en équivalent-certain est censé diminuer et passer de son espérance au plus faible rendement du capital possible. Ici, l'idée essentielle est qu'avec l'approche par l'*EVAN*, on calcule le *coefficient* d'actualisation attendu plutôt que le *taux* d'actualisation attendu. Le taux d'actualisation en équivalent-certain est un taux d'actualisation décroissant. Le tableau 8.2 présente un exemple numérique simple pour dix possibilités de taux d'intérêt ayant des probabilités égales.

Tableau 8.2. **Taux d'actualisation en équivalent-certain décroissant de Weitzman : exemple numérique**

Scénarios de taux d'intérêt	Coefficients d'actualisation sur la période *t*				
	10	50	100	200	500
1%	0.91	0.61	0.37	0.14	0.01
2 %	0.82	0.37	0.14	0.02	0.00
3 %	0.74	0.23	0.05	0.00	0,00
4 %	0.68	0.14	0.02	0.00	0.00
5%	0.61	0.09	0.01	0.00	0.00
6%	0.56	0.05	0.00	0.00	0.00
7%	0.51	0.03	0.00	0.00	0.00
8 %	0.46	0.02	0.00	0.00	0.00
9 %	0.42	0.01	0.00	0.00	0.00
10 %	0.39	0.01	0.00	0.00	0.00
Coefficient d'actualisation en équivalent-certain	0.61	0.16	0.06	0.02	0.00
Taux d'actualisation en équivalent-certain	4.73 %	2.54 %	1.61 %	1.16 %	1.01 %

Source : Adapté de Pearce et al. (2003).

La question est de savoir quelle interprétation faire du critère de l'EVAN sur le plan du bien-être. Si ce critère semble intuitif, il n'est pas évident qu'un projet respectant ce critère contribue à une forme quelconque de bien-être social bien définie. Il s'avère qu'il existe des situations dans lesquelles le critère de l'EVAN, où r est le taux de rendement sans risque, repose sur ce type de fondement théorique. Cependant, les hypothèses et les exigences en termes d'informations sont assez strictes.

Des travaux récents de Freeman et Groom (2015, 2016) traitent en détail du critère de l'EVAN. Gollier (2016) décrit de façon détaillée les limites de la méthode de l'EVAN et montre que ceux qui l'utilisent ont probablement une orientation « court-termiste » dans le sens où les taux ne diminuent pas assez vite par rapport à un équivalent théoriquement acceptable. Compte tenu de toutes ses insuffisances, il est surprenant que cette méthode ait pris autant d'importance dans les politiques publiques. Les objections n'ont pas eu beaucoup d'écho, sans doute parce que les spécialistes se sont dit que sur la question des taux d'actualisation décroissants, mieux vaut avoir à peu près raison plutôt qu'absolument tort (Groom et Hepburn, 2017).

8.4.3. *Enjeux éthiques*

Le débat opposant les approches positive et normative de l'actualisation social devient particulièrement important lorsque l'on étudie des projets intergénérationnels. Dans ce type de situation, la décision de politique publique a des conséquences sur des générations qui ne sont pas encore nées et la génération actuelle est en position de gardien du bien-être futur. L'approche positive peut poser un problème : il n'existe pas d'actifs évidents ayant une maturité suffisante qui puisse servir à déterminer le prix des coûts et des avantages qui se matérialisent dans un futur éloigné, par exemple 200-300 ans (Gollier 2012, chapitre 3). En outre, tout taux de marché observé aujourd'hui est l'expression des préférences et des comportements des individus aujourd'hui, individus qui très probablement ne pensent pas aux générations futures lorsqu'ils prennent leurs décisions (voir par exemple Beckerman et Hepburn 2007). S'il existe des travaux empiriques sur les prix des actifs à très long terme (voir Giglio et al. 2015), il n'est pas certain que ces actifs (logement) soient pertinents pour évaluer des projets dans les domaines de la santé, du transport et de l'atténuation du changement climatique en raison de leur profil de risque.

Les discussions opposant ces dernières années Stern (2007) et Nordhaus (2007) au sujet de la lutte contre le changement climatique et de l'utilitarisme actualisé ont illustré ce débat. Stern estimait que la fonction de bien-être utilitariste actualisée ne devrait pas comporter un taux d'actualisation de l'utilité positif ($\delta = 0$) et que l'équité intergénérationnelle devrait guider l'évaluation du bien-être futur. Le taux d'actualisation de l'utilité ne devrait être positif qu'en raison du risque de catastrophe estimé à 0.1 %. Nordhaus a préféré calibrer les paramètres de la fonction de bien-être social utilitariste actualisé à l'aide de la règle de Ralsey à partir d'un taux de rendement des actions observable sur le marché. Le taux d'actualisation central du rapport Stern était de 1.4 % ($\delta = 0.1\%, \eta = 1, g = 1.3\%$), tandis que la calibration du bien-être social de Nordhaus arrimait le taux d'actualisation sur une valeur de 4-5 % récemment observée dans les marchés d'actions aux États-Unis. Sans surprise, le rapport Stern préconisait des mesures de lutte contre le changement climatique beaucoup plus strictes que celles recommandées par l'approche progressive de Nordhaus.

Nordhaus s'est appuyé sur l'approche classique de détermination du taux d'actualisation par le coût d'opportunité : utiliser un taux d'actualisation faible pour analyser l'investissement dans l'atténuation du changement climatique signifie que l'on désavantage les générations futures en investissant dans des projets ayant un faible rendement aujourd'hui. Il vaut mieux faire en sorte que l'investissement accroisse la richesse et améliore la situation dans le futur que réduire le taux d'actualisation test et accepter des projets ayant un faible rendement (Nordhaus, 2007)[13]. D'autres estiment qu'adopter une telle stratégie et reporter l'investissement dans l'atténuation du changement climatique peut exposer les générations futures à des risques de catastrophe, ce qui conduirait à des baisses considérables de leur bien-être. Il est peu probable de pouvoir prendre en compte ce type de risque à l'aide des taux de rendement actuels et des procédures d'actualisation positive classiques (Weitzman, 2009). Le chapitre 13 présente de manière plus approfondie les enjeux spécifiques liés au changement climatique et au risque de catastrophe. Le débat opposant les tenants de l'approche normative à ceux de l'approche positive pour analyser le bien-être intertemporel et l'actualisation sociale reste ouvert (Drupp et al., 2017).

8.5. L'actualisation duale

Ces dernières années, la question de l'actualisation duale, consistant à appliquer des taux d'actualisation différents à des classes de produits différentes, a refait surface. L'analyse la plus claire concernant ce type d'actualisation est celle de Weikard et Zhu (2005), qui porte sur deux classes de biens : les biens de consommation et les biens « environnementaux ».

On suppose que l'utilité instantanée dépend de la consommation C et d'un stock de biens environnementaux E. Le bien-être social intertemporel W est alors :

$$W = \Sigma_{t=0}^{T} \frac{U(C_t, E_t)}{(1+\delta)^t} \qquad [8.11]$$

où δ est le taux d'actualisation de l'utilité (qui est ici le même pour les biens environnementaux et les biens de consommation). Il existe maintenant un TSPT pour chacun de ces arguments de la fonction d'utilité à savoir[14] :

$$\rho_C(t) = \delta + \eta_{CC} g_C + \eta_{EC} g_E \qquad [8.12]$$

$$\rho_E(t) = \delta + \eta_{EE} g_E + \eta_{CE} g_C \qquad [8.13]$$

où $\eta_{ij} = -x_i \frac{U_{ij}}{U_i}$ pour tout *i* et pour tout *j* et représente l'élasticité de l'utilité marginale dans chaque cas. Il convient de comparer ce qui précède au cadre standard de Ramsey dans lequel le taux d'actualisation social pour les biens de consommation est simplement $\rho = \delta + \eta g$. Il s'agit du cadre type pour l'analyse de l'actualisation duale (c'est-à-dire distincte) des avantages et coûts des biens environnementaux d'une part, des biens de consommation de l'autre. Ici, la pratique diffère nettement de la méthode standard. Cependant, comment convient-il de mettre cela en application ?

Baumgartner et al. (2014) s'inspirent des études théoriques existantes (Hoel et Sterner, 2007 par exemple) et supposent que l'élasticité de substitution de la fonction d'utilité est constante :

$$U(C,E) = \frac{1}{(1-\eta)}\left[(1-\gamma)C^{1-\frac{1}{\sigma}} + \gamma E^{1-\frac{1}{\sigma}}\right]^{\frac{(1-\eta)\sigma}{\sigma-1}} \qquad [8.14]$$

où σ est l'élasticité de substitution entre E et C. Avec cette structure supplémentaire, la différence entre l'actualisation de la consommation et l'actualisation des ressources environnementales se réduit à :

$$\rho_C - \rho_E = \frac{1}{\sigma}(g_C - g_E) \qquad [8.15]$$

où il s'agit d'estimer trois paramètres : le taux de croissance de la consommation g_C, le taux de croissance des ressources environnementales g_E, et l'élasticité de substitution σ. Ainsi, en principe, une actualisation duale est possible, et Baumgartner et al. (2014) illustrent de quelle manière elle peut être appliquée.

Néanmoins, même dans les circonstances les plus favorables, l'ajustement du taux d'actualisation peut être un exercice délicat. Heureusement, Weikard et Zhu (2005) ont montré que la différence entre les taux d'actualisation de la consommation et du stock de biens environnementaux pouvait avoir une autre interprétation pratiquement identique : la différence entre ces deux taux d'actualisation reflète la variation des prix fictifs relatifs des biens environnementaux[15]. En pratique, cette méthode d'actualisation duale pourrait être utilisée en veillant à ce que les prix fictifs des biens environnementaux varient selon (8.15) par rapport aux biens de consommation. Prendre en compte les différences de prix relatifs est une recommandation habituelle dans l'analyse coûts-avantages, et en matière de choix de méthode, ce scénario semble donc le plus vraisemblable (voir par exemple HMT, 2003). Les Pays-Bas étudient d'ailleurs actuellement cette possibilité.

S'agissant de l'environnement, ce que l'actualisation duale met en évidence c'est l'importance de prendre en compte la rareté des biens environnementaux dans une ACA. Cette rareté dépend de la croissance de ces biens, mais avant tout, de l'élasticité de substitution avec les biens de consommation. Si les biens environnementaux sont parfaitement substituables aux biens de consommation, alors $\sigma = \infty$, et les prix relatifs sont sans importance. Si les ressources environnementales sont déterminantes pour l'utilité et qu'elles ne sont pas du tout substituables avec les biens de consommation, alors $\sigma = 0$ et la rareté relative des ressources environnementales est un élément déterminant pour l'ACA. Il s'agit de situations réalistes, encore que les cas intermédiaires soient aussi vraisemblables. Tout dépend de la ressource. Sterner et Persson (2008) mettent en évidence ces éléments à propos du changement climatique.

8.6. Détermination empirique du TAS

Cette section étudie l'estimation empirique du TAS et de ses composantes. La section suivante analyse les aspects empiriques du calibrage d'une grille de taux d'actualisation décroissants.

8.6.1. Estimer le taux social de préférence temporelle

Pour pouvoir estimer le TAS standard dans (1), il est nécessaire d'estimer trois paramètres : δ,η et g. Les méthodes utilisées pour cela dépendent naturellement de l'interprétation du paramètre.

Concernant le *taux d'actualisation de l'utilité* δ, plusieurs interprétations ont été proposées précédemment et chacune est susceptible de fournir une méthode d'estimation. Une façon d'aborder cette question consiste à distinguer deux composantes de δ : le taux de préférence pure pour le présent, appelé aussi pure impatience, à savoir ϕ, et un élément L reflétant le risque, comme la probabilité de survie ou le risque de catastrophe.

1. *Pure impatience* ϕ . La préférence pure pour l'obtention d'une utilité plus tôt dans le temps, parfois qualifiée de « myopie », peut être évaluée en examinant le comportement d'épargne global ou individuel et en estimant une équation fondée sur [8.2]. Par le passé (certaines de ces applications sont assez anciennes), cela a conduit à des estimations comprises entre 0.3 % et 0.5 % environ. Pour ce paramètre, les valeurs les plus élevées sont celles calculées par Nordhaus (1993). Chose intéressante, les données expérimentales suggèrent souvent des niveaux d'impatience très importants. Certaines études font état d'estimations comprises entre 10 % et 30 % (Warner et Pleeter, 2001 ; Harrison et al., 2002). De façon générale, ces observations ne sont pas considérées comme utiles pour la détermination des taux d'actualisation sociaux.
2. *Probabilité de survie* L. L'estimation du risque de ne plus être là pour profiter des avantages générés par l'investissement public se fonde généralement sur une probabilité de survie. Ulph et Pearce (1999), par exemple, ont estimé, dans le cas du Royaume-Uni, la probabilité de survie comme la probabilité moyenne de décès de l'individu moyen à l'aide de la formule suivante :

   $$\text{Probabilité de décès} = \frac{\text{Nombre total de décès au RU}}{\text{Population totale au RU}} = \frac{0.6466mm}{57.56m}$$

   où « mm » désigne la mortalité par million. Il convient d'interpréter ce chiffre comme le risque de décès auquel un individu moyen est confronté chaque année. On obtient alors une estimation égale à 1.3 %, mais en général ce type de méthode donne des estimations comprises entre 1 % et 1.3 % (Kula 1987, Scott 1989).
3. *Risque d'extinction ou de catastrophe*, L. Il a souvent été affirmé que dans la recherche du taux d'actualisation approprié pour l'évaluation des projets sociaux, le TAS, il n'était pas pertinent d'utiliser la probabilité de survie d'un individu. Il est plus approprié, surtout pour les projets intergénérationnels, de se référer au risque d'extinction de la *société* dans son ensemble. Il existe plusieurs estimations de ce concept anxiogène, qui varient

entre 0.1 % et 1.5 % selon la méthode utilisée (voir encadré 8.3). Newbery (1992), par exemple, estime à 1 % le « risque subjectif de disparition du genre humain dans 100 ans ». C'est ce chiffre qu'utilise le Trésor britannique pour *L*.

Les méthodes 1) – 3) ci-dessus sont toutes des méthodes *positives* dans la mesure où elles utilisent généralement les préférences révélées ou des valeurs observées comme base empirique. Souvent, un point de vue plus *normatif* ou *prescriptif* est adopté pour le taux de préférence pure pour le présent, surtout quand les projets ont des conséquences intergénérationnelles. Les approches normatives cherchent à savoir ce que l'on devrait faire, tandis que les approches positives s'intéressent au comportement observé. Dans le cas des conséquences intergénérationnelles, certains font valoir qu'en matière d'actualisation sociale l'aspect normatif et éthique est plus important que le comportement observé sur le marché. Ces dernières années, des divergences sont apparues entre Stern et Nordhaus à la suite du rapport Stern. Pour des raisons éthiques, Stern a considéré que $\delta = 0$ et que le bien-être de toutes les générations devait compter de la même manière dans l'évaluation du bien-être social. Selon Nordhaus, δ devrait être déterminé en fonction du comportement observé sur le marché afin que le taux d'actualisation reflète les rendements disponibles sur le marché, qui donnent une mesure approximative des arbitrages intertemporels réellement effectués par les individus. Selon cette dernière approche, $\delta = 3\%$, ce qui revient à accorder beaucoup moins de poids aux utilités futures. L'approche de Nordhaus donne lieu des recommandations en matière de lutte contre le changement climatique bien moins strictes pour le rapport Stern (Stern, 2007).

Ainsi, les avis diffèrent au sujet du taux de préférence pure pour le présent et des raisons générales d'actualiser les utilités des générations futures. Une enquête menée récemment auprès d'experts (considérés comme tels du fait de leurs publications sur ce sujet), réalisée par Drupp et al. (2017), apporte un nouvel éclairage sur la question. Le tableau 8.3 montre que pour le taux de préférence pure pour le présent δ, la moyenne, la médiane, le mode d'après cette enquête étaient respectivement de 1 %, 0.5 % et 0 %. Ces résultats reflètent une variété de méthodes d'estimation de δ pour les projets à long terme (> 100 ans).

Encadré 8.3. **Estimations du taux d'actualisation de l'utilité η**

Source	Estimation	Fondement théorique
Scott (1977)	1.5 %	Myopie : 0.5 %, disparition de la société : 1 %
Kula (1987)	1.2 %	Probabilité moyenne annuelle de survie au Royaume-Uni 1900-1975
Scott (1989)	1.3 %	Myopie : 0.3 %, risque de disparition totale de la société : 1 %
Newbery (1992)	1 %	Risque d'extinction du genre humain dans les 100 ans à venir
Nordhaus (1993)	2-3 %	Calibrage du modèle DICE sur les données réelles d'épargne, etc.
Evans (2004)	1-1.5%	Risques de catastrophe : 1 % pour l'UE, 1.5 % pour les autres pays
Rapport Stern (2006)	0.1 %	Probabilité annuelle d'extinction du genre humain, calculée à partir de la probabilité de catastrophe dans les 100 ans à venir

Source : D'après ADB (2007).

L'élasticité de l'utilité marginale de la consommation η peut aussi s'interpréter de différentes manières. Comme cela a été exposé précédemment, ce paramètre peut refléter plusieurs aspects des préférences de la société : i) un lissage de la consommation, ii) une aversion pour l'inégalité intertemporelle ou intratemporelle, iii) une aversion de la société pour le risque. Dans la mesure où ce paramètre reflète plusieurs aspects du comportement, différentes méthodes empiriques peuvent être utilisées pour l'estimer. L'encadré 8.4 donne un aperçu des estimations tirées de la littérature. La justification sous-jacente est importante, mais la source de données pour l'estimation l'est également. Les exemples suivants comprennent des estimations effectuées à l'aide des méthodes des préférences *révélées* et des préférences *déclarées*.

1. *Lissage de la consommation*. Les estimations de ce paramètre font souvent appel à des techniques économétriques appliquées à des données individuelles ou globales (révélées) sur le comportement en matière d'épargne et de consommation au cours du temps. Les estimations fluctuent entre 1 et 10 et dépendent des hypothèses de comportement qui sous-tendent les modèles économétriques, mais aussi du pays en question. Stern (1977) et Pearce et Ulph (1999) ont examiné ces estimations. Pour le Royaume-Uni, Groom et Maddison (2017) estiment l'élasticité de substitution intertemporelle, qui est l'inverse de η, et trouvent $\eta = 1.5$.
2. *Aversion pour l'inégalité intergénérationnelle et intragénérationnelle*. L'aversion pour l'inégalité a été estimée en utilisant des méthodes reposant sur les préférences révélées et déclarées. Chez les étudiants, les estimations de l'aversion pour les inégalités varient entre 0.2 et 0.8. Les *valeurs sociales révélées* peuvent être estimées, sous certaines hypothèses, en fonction de l'importance de la redistribution dans les systèmes de taxation progressive. Evans (2005) fait état de valeurs comprises entre 1 et 2 pour les pays de l'UE, tandis qu'Atkinson et Brandolini (2007) indiquent des valeurs plus faibles. Selon Groom et Maddison (2017), que l'analyse soit effectuée au fil du temps ou de façon transversale, $\eta = 1.5$. Tol (2008) étudie les valeurs de l'aversion pour l'inégalité au niveau international découlant des transferts entre pays développés et pays en développement et observe des niveaux d'aversion pour l'inégalité très faibles.
3. *Aversion pour le risque*. Les estimations de η qui reflète l'aversion au risque sont généralement plus dispersées. Elles sont obtenues sur la base du comportement révélé sur les marchés de l'assurance, ou sont tirées d'études de préférences déclarées dans lesquelles on demande aux individus d'exprimer leurs préférences par rapport à une série de paris. Gollier (2006) examine certaines données existantes et indique que les valeurs sont comprises entre 2 et 4. Ces valeurs reflètent les risques individuels, et l'on peut se demander si elles sont directement exploitables pour prendre des décisions sur le plan social.

8.6.2. Coût social d'opportunité du capital : quels taux utiliser ?

Il existe également un débat quant au taux de rendement à utiliser si l'on considère que *le coût social d'opportunité du capital (r)* est le TAS approprié ? La source de données classique pour déterminer le taux sans risque serait les obligations d'État. En réalité, ces actifs ne sont pas complètement sans risque, car, comparés aux bons du Trésor à court terme sans risque, les obligations présentent un risque d'inflation. Il n'est toutefois pas recommandé de s'appuyer sur les bons du Trésor en raison de leur courte échéance. La plupart des pays utilisent le rendement des obligations d'État comme TAS (relativement) sans risque.

Dimson et al. (2017) ont collecté des données sur les taux d'intérêt observés par le passé et ils ont montré que sur la période 1900-2016, le taux d'intérêt réel moyen au niveau mondial pour des actifs relativement sans risque était d'environ 0.8 % et -0.5 % pour les effets et les bons depuis 2000. Pour les obligations, les taux étaient respectivement de 1.8 % et 4.8 % Chaque pays a son propre taux de rendement adéquat.

Il est depuis longtemps avancé que les pouvoirs publics peuvent regrouper les risques de nombreux projets différents et que, par conséquent, le TAS approprié est un taux sans risque (Lind, 1982). La justification théorique habituelle de cette idée est le théorème d'Arrow-Lind (Arrow et Lind, 1972), qui pour certains signifie que l'investissement public serait par nature moins risqué que l'investissement privé. Or, comme le montrent Baumstark et Gollier (2015), ce n'est pas nécessairement le sens du théorème d'Arrow-Lind, et ignorer les risques associés à l'investissement public peut amener les pouvoirs publics à entreprendre trop de projets risqués. Selon Baumstark et Gollier (2015), quand les risques liés au projet constituent un facteur significatif, le taux d'actualisation approprié doit refléter le rendement d'un projet présentant un profil de risque similaire, comme cela est analysé dans le contexte du MEDAF basé sur la consommation ci-dessus.

Les États-Unis, par exemple, proposent un TAS de 7 % basé sur les taux de rendement observés des actions pour des projets qui devraient mobiliser le capital d'entreprises privées qui aurait pu être destiné à un autre projet ou évincer ce capital. La justification de ce taux d'actualisation découle de la source de financement plutôt que de la question du risque. Toutefois, ces taux reflètent une prime pour la prise de risque. Ceci amène à se poser la question de savoir si des TAS basés sur des rendements risqués sont appropriés pour l'évaluation des projets publics, illustration de l'interrogation plus générale quant à la façon de gérer les risques propres à un projet dans l'actualisation sociale examinée plus haut.

Encadré 8.4. **Estimations de η**

Source	Estimation	Fondement théorique
	Préférences déclarées	
Barsky et al. (1995)	4.0	Aversion au risque des personnes d'âge mûr aux États-Unis
Amiel et al. (1999)	0.2-0.8	Aversion à l'inégalité des étudiants américains
Gollier (2006)	2 – 4	Aversion au risque dans les jeux de hasard
	Préférences individuelles révélées	
Kula (1989)	1.89	Données sur les États-Unis, élasticité de la demande constante
Blundell (1993)	1.06-1.37	Données sur le Royaume-Uni, modèles (QUAIDS) global et micro
Gollier (2006)	2 – 4	Préférences révélées pour le risque sur les marchés de l'assurance
	Préférences sociales révélées	
Atkinson et Brandolini (2007)	< 1	Prise de décision publique sur la redistribution et la fiscalité
Evans (2005)	1.25-1.45	Régimes fiscaux de 20 pays de l'OCDE
Tol (2008)	-0.1 – 0.9	Redistribution des pays de l'OCDE vers les pays en développement

Source : ADB (2007), Dietz et al. (2008), Pearce et Ulph (1999).

Tableau 8.3. **Estimations de l'élasticité de l'utilité marginale**

Méthodologie	η	Erreur type
Aversion à l'inégalité (sacrifice égal, pondéré)	1.515	0.047
Aversion à l'inégalité (sacrifice égal, historique)	1.573	0.481
Substitution intertemporelle (équation d'Euler)	1.584	0.205
Élasticité de l'utilité marginale (préférences additives, modèle de Rotterdam)	3.566	2.188
Élasticité de l'utilité marginale (préférences additives, modèle à élasticité constante)	2.011	1.337
Aversion au risque (demande d'assurance)	2.187	0.242
Bien-être subjectif (données sur le bonheur)	1.320	0.168
Estimations groupées (effets fixes)	1.528	
Estimations groupées (effets aléatoires)	1.591	
Homogénéité des paramètres	Khi-deux (6) = 10.10 (p = 0.121)	

Source : Groom et Maddison (2017).

Tableau 8.4. **Résultats d'enquêtes sur l'actualisation intergénérationnelle**

Variable	Moyenne	Écart type	Médiane	Mode	Min.	Max.	N
Taux de croissance réelle par habitant (g)	1.70	0.91	1.60	2.00	-2.00	5.00	181
Taux social de préférence pure pour le présent (δ)	1.10	1.47	0.50	0.00	0.00	8.00	180
Élasticité de l'utilité marginale de la consommation (η)	1.35	0.85	1.00	1.00	0.00	5,00	173
Taux d'intérêt réel sans risque (r)	2.38	1.32	2.00	2.00	0.00	6.00	176
Taux d'actualisation social (TAS)	2.27	1.62	2.00	2.00	0.00	10.00	181
TAS, limite inférieure	1.12	1.37	1.00	0.00	-3.00	8.00	182
TAS, limite supérieure	4.14	2.80	3.50	3.00	0.00	20.00	183
Taux social de préférence temporelle (TSPT)	3.48	3.52	3.00	4.00	-2.00	26.00	172

Note : Le TSPT est estimé à partir de facteurs déterminants distincts : le taux social de préférence pure pour le présent, et un terme d'interaction du taux de croissance réel de la consommation par habitant et de l'élasticité de l'utilité marginale de la consommation. Pour plus de détails, voir Drupp et al. (2017). Ceci équivaut au terme de droite de l'équation [8.2].

8.7. Détermination empirique des taux d'actualisation décroissants

8.7.1. Approche par la consommation

En principe, quand on recourt à l'approche des taux d'actualisation décroissants par la consommation, comme chez Gollier (2012a), deux étapes empiriques s'imposent :

1. l'estimation empirique du processus de croissance à long terme
2. l'estimation des paramètres de la structure théorique par échéances

En pratique, une seule de ces étapes est entreprise. La méthode consiste généralement à opter pour un modèle de diffusion particulier (par exemple le modèle de croissance i.i.d. selon une loi normale évoqué précédemment ou le modèle avec incertitude relative aux paramètres de la section 8.3.) puis à obtenir des estimations de ces paramètres sous-jacents : par exemple, la croissance moyenne et la volatilité μ. Dans certains cas, des modèles empiriques de diffusion sont estimés et le TAS est calibré de cette manière. Groom et Maddison (2017) estiment un modèle de diffusion avec persistance pour l'économie britannique et élaborent ainsi une structure par échéances pour le Royaume-Uni. Cependant, à ce jour, aucune comparaison sérieuse des modèles de croissance à l'aide de mesures de la qualité de l'ajustement n'a été menée dans ce domaine, si bien que l'application de la théorie n'est pas aussi rigoureuse que la théorie elle-même.

8.7.2. *Approche par la production*

S'agissant de l'incertitude relative aux taux d'intérêt, un bien plus grand nombre d'études empiriques ont été menées en vue de calibrer la grille de taux d'actualisation décroissants découlant de la structure théorique de Weitzman (1998). Deux sources de données ont notamment été utilisées à cet effet, les avis des experts (Weitzman, 2001) et les taux d'intérêt observés par le passé (Newell et Pizer, 2003 ; Groom et al., 2007 ; Hepburn et al., 2008 ; Freeman et al., 2015).

Pour déterminer quelle est la meilleure approche empirique (celle par la production ou celle par la consommation), il convient de comparer la rigueur empirique des méthodes s'appuyant sur les taux d'intérêt observés par le passé et la rigueur théorique des approches par la consommation, qui jusqu'à présent restent décevantes du point de vue empirique.

8.8. L'actualisation sociale dans la pratique

Comme l'ont clairement montré les réflexions théoriques et empiriques qui précèdent, il y a beaucoup de décisions à prendre lorsqu'il s'agit de choisir le TAS. Une possibilité est de raisonner en termes de coût d'opportunité, approche qui soulève des discussions sur les taux de rendement appropriés à utiliser pour étayer le choix du TAS. L'autre est de recourir à une approche par la consommation. Cette dernière donne lieu à des débats quant à la nature de la fonction du bien-être social, l'estimation de ses paramètres et la détermination empirique de la croissance de la consommation. Dans le monde, les États ont pris des décisions différentes dans ce domaine et cette section fait la synthèse des diverses méthodes employées.

Le tableau 8.5 présente de façon synthétique certaines des méthodes d'actualisation sociale récemment utilisées dans les pays de l'OCDE. Depuis 2003, de nombreuses modifications et adaptations ont eu lieu au Royaume-Uni, aux États-Unis, en France, en Norvège et aux Pays-Bas. D'autres pays ont parfois fait de même, notamment le Danemark et l'Allemagne. Ces changements se sont produits parallèlement à la publication d'études de plus en plus nombreuses sur l'actualisation sociale et dans le même temps, la politique publique s'est concentrée sur des projets à très long terme dans des domaines comme l'énergie nucléaire, la préservation de la biodiversité, la santé publique, les transports, et en particulier la lutte contre le changement climatique et le coût social du carbone (voir le chapitre 13). Par ailleurs, au moment de la rédaction du présent document, la Banque mondiale révise ses lignes directrices sur l'actualisation sociale dans le cadre de ses programmes d'aide.

Tableau 8.5. **Recommandations en matière d'actualisation dans plusieurs pays de l'OCDE**

Pays	Taux d'actualisation sans risque (%)	Justification économique	Prime de risque (%)	Taux global d'actualisation (%) (à court et moyen terme)	Taux d'actualisation à long terme
Royaume Uni	3.5 %	Règle de Ramsey simple, TSPT. Risques liés à la croissance non intégrés, risques liés au projet faibles	0 %, mais le « risque de catastrophe » représente 1 point de pourcentage du taux d'actualisation sans risque (3.5 %)	Pour tous les projets et tous les changements réglementaires : 3.5 %	Le taux futur (%) pour des horizons temporels H (années) est respectivement : H = (0-30, 31-75, 76-125, 126-200, 200-300, 300+), TAS = (3.5 %, 3 %, 2.5 %, 2 %, 1.5 %, 1 %)
États-Unis	Pour l'ACA : 3 %, avec une sensibilité pouvant atteindre 7 %	3 % = taux d'intérêt de la consommation, sans risque (CSOC/TSPT) 7 % = rendement moyen des entreprises (CSOC)	7 % est un taux de rendement avec risque, mais sans primes de risque spécifiques au projet	Selon la source de financement, le projet et tous les changements réglementaires : 3 % 7 %	OMB (2003) préconise un taux moins élevé pour les projets « intergénérationnels », USEPA (2010) recommande un taux de 2.5 %.

Tableau 8.5. **Recommandations en matière d'actualisation dans plusieurs pays de l'OCDE** *(suite)*

Pays	Taux d'actualisation sans risque (%)	Justification économique	Prime de risque (%)	Taux global d'actualisation (%) (à court et moyen terme)	Taux d'actualisation à long terme
États-Unis	Pour l'ACE : 2 %	TSPT	Aucune	2 %	Pas de recommandations relatives pour l'ACE à long terme
France	2.5 %	Quinet (2013), taux de rendement sans risque (note, Lebègue (2005), règle de Ramsey)	β*2 % 2 % provient de l'estimation du risque de « profonde récession », voir Barro (2006).	Pour les projets risqués : 2.5 %+ β*2 %	Taux sans risque : baisse à 1.5 % pour un horizon de 75 ans. Prime de risque : 2 % pour β = 1 atteignant 3.5 % au bout de 75 ans.
Norvège	2 %	Méthode du MEDAF, rendement sans risque des emprunts d'État.	1 % : prime de risque systématique de 1 %, agrégat β=1, fixe pour tous les projets	Projets risqués et tous les changements réglementaires : 3 %	Taux sans risque baissant à 1 % au bout de 100 ans.
Pays-Bas	0 %	MEDAF, méthode du coût d'opportunité.	Prime de risque systématique de 3 %, fixe quel que soit le projet.	Pour tous les projets et tous les changements réglementaires : 3 %	taux d'actualisation décroissants admis, mais avec des taux d'intérêt réels < 0 % adoptés pour un taux sans risque fixe de 0 % et une prime de risque systématique fixe.

8.9. Conclusions

Le taux d'actualisation sociale est un élément essentiel de l'évaluation des politiques publiques et des investissements publics à l'aide de l'ACA et de l'ACE. Au cours des années 1960 et 1970, quand l'ACA et l'ACE ont été introduites pour la première fois dans les évaluations des pouvoirs publics, il a beaucoup été discuté du bien-fondé de l'utilisation du coût social d'opportunité du capital (CSOC) et du taux social de préférence temporelle (TSPT) comme références pour déterminer le taux d'actualisation social (TAS). La variété des méthodes d'actualisation pratiquées aujourd'hui reflète en partie celle des conclusions tirées par différents pays quant à la méthode la plus appropriée (voir tableau 8.5). Chaque méthode présente des difficultés.

S'agissant du CSOC, trouver le taux approprié reflétant le coût des finances publiques n'est pas toujours tâche facile. Compte tenu des externalités et du fonctionnement imparfait des marchés de capitaux, il n'est pas certain qu'un taux observable sur le marché soit l'expression des arbitrages en termes de bien-être que fait la société lorsqu'elle prend des décisions intertemporelles. Le taux avant taxes et impôts des entreprises, tel qu'il est utilisé dans certains cas aux États-Unis, ne correspond pas nécessairement au coût d'opportunité adéquat pour l'ACAS, surtout dans la mesure où il intègre des risques auxquels est confronté le secteur privé et qui ne sont parfois pas pertinents pour le secteur public. Selon d'autres auteurs, le coût de l'emprunt, et plus précisément le taux de rendement des obligations d'État, serait le taux de rendement à utiliser pour éclairer le choix du TAS. Or, quand tous ces taux diffèrent et quand les sources de financement d'un investissement dans un changement réglementaire sont variées, il convient de déterminer avec soin le TAS approprié.

En ce qui concerne le TSPT, l'approche normative intègre le TAS directement dans la fonction de bien-être social et reflète les aspects relatifs au bien-être des arbitrages intertemporels. L'avantage de cette approche est que la VAN permet de savoir tout de suite si une politique publique ou un investissement public augmente le bien-être social, ce qui est l'objectif d'une évaluation publique. L'inconvénient du TSPT est qu'il faut choisir une façon de le calibrer (on utilise généralement pour cela la règle de Ramsey) et que ce paramétrage est considéré comme quelque peu arbitraire dans certains milieux. Par ailleurs, l'utilisation du TSPT ne tient pas compte du coût d'opportunité des fonds publics ni du coût de la levée de ces fonds.

L'approche par le TSPT est centrée sur le volet consommation et ignore le volet production, tandis que l'approche par le CSOC fait l'inverse. Il est judicieux de recourir à la méthode du prix fictif du capital (PFC) quand on utilise le TSPT, afin que le coût d'opportunité des capitaux publics puisse être pris en compte dans le calcul de la VAN. Ce n'est généralement pas le cas dans la pratique, sachant que les besoins en informations sont onéreux et qu'il n'y a pas d'approximation généralement admise, bien que Cline (1992, annexe 6A) montre la voie à suivre.

Les récentes avancées dans le domaine de l'actualisation ont mis l'accent sur l'évaluation de projets dont l'horizon est extrêmement long, notamment dans les domaines de la lutte contre le changement climatique et de l'énergie nucléaire. Ce regain d'intérêt s'explique par le besoin d'analyser des projets intergénérationnels et par la sensibilité de ces analyses au choix du taux d'actualisation. Le fait est que les coûts importants supportés par les générations futures peuvent sembler insignifiants dans une ACA. De même, l'ACA risque de dissuader de prendre aujourd'hui des initiatives susceptibles de bénéficier aux générations futures pendant longtemps. Il y a certes de bonnes raisons d'actualiser le futur, mais les résultats de l'actualisation sont souvent perçus comme injustes pour les générations futures.

Le coût social du carbone, par exemple, un des paramètres les plus importants de l'évaluation publique des projets de réduction des émissions de carbone, est très sensible au taux d'actualisation avec lequel il est évalué. Les estimations du coût social du carbone apparaissent dans les évaluations des réglementations relatives à l'efficacité énergétique aux États-Unis et sont intégrées dans l'ACA des projets de transports dans un certain nombre de pays de l'OCDE (OCDE, 2015).

L'utilisation de taux d'actualisation décroissants pour évaluer les projets publics est devenue courante dans un certain nombre de pays de l'OCDE comme le Royaume-Uni, la France, la Norvège et le Danemark, et elle s'appuie sur de solides arguments théoriques et empiriques en matière de taux d'actualisation sans risque.

Pour les projets dotés d'une importante composante environnementale, l'utilisation de taux d'actualisation décroissants constitue dans certains cas une avancée pour la préservation de l'environnement et dans d'autres non. Elle signifie à l'évidence que le long terme revêt une plus grande valeur dans l'ACA et l'ACE classiques. De ce point de vue, plus important encore est le concept d'actualisation duale qui met davantage l'accent sur les coûts et les avantages environnementaux quand la qualité de l'environnement s'affaiblit. Cette théorie n'est pas nouvelle, mais ses applications sont de plus en plus fréquentes. En France et aux Pays-Bas il existe des recommandations spécifiques en matière d'actualisation de la modification de la qualité de l'environnement. Cependant, ces orientations visent généralement surtout à faire en sorte que l'évolution des prix relatifs soit correctement prise en compte plutôt qu'à ajuster le taux d'actualisation en matière de qualité de l'environnement. De telles orientations figurent également de façon plus générale dans le Livre vert du Trésor britannique.

Enfin, restent la question des risques associés au projet et celle de leur prise en compte dans le TAS. Ce vieux débat n'est globalement pas encore résolu. En France, les recommandations en la matière préconisent d'intégrer dans le taux d'actualisation une prime de risque systématique spécifique au projet. Le Green Book du Trésor britannique considère les risques liés au projet comme un problème relativement peu important. Ce sont des questions que les États doivent eux-mêmes trancher, en gardant en tête qu'ils sont susceptibles de prendre des risques trop importants s'ils ne parviennent pas à évaluer le risque à une des étapes de l'évaluation d'un projet.

Ces dernières années ont été marquées par de nombreuses évolutions dans le domaine de l'actualisation sociale. Groom et Hepburn (2017) retracent ces évolutions dans quatre pays de l'OCDE au cours des 20 dernières années et mettent en évidence le rôle non seulement des avancées techniques en matière d'économie, mais aussi de l'économie politique à cette période.

En résumé, ce chapitre montre que les éléments suivants sont pertinents pour déterminer le TAS.

Pour les projets non intergénérationnels sur des horizons à moyen terme inférieurs à 50 ans environ, il s'agit des points suivants :

a) De quel type d'évaluation s'agit-il ? i) ACA de l'investissement public, ii) ACA des changements réglementaires, ou iii) ACE du choix de la technique employée ?

b) La façon dont le projet est financé est importante : i) marchés de capitaux, ii) recettes fiscales générales, iii) emprunts extérieurs, iv) redevances d'utilisation, ou v) une combinaison de ces sources de financement.

c) Le TAS peut être établi sur la base du coût social d'opportunité du capital (CSOC), d'un taux de rendement sans risque ou du taux social de préférence temporelle (TSPT). Il existe de bonnes raisons d'utiliser le TSPT pour l'ACE, le CSOC lorsque des capitaux privés sont évincés et les taux sans risque quand le projet est financé par des emprunts publics.

d) En théorie, devrait-on prendre en compte le coût des financements publics à l'aide d'une estimation : i) de la moyenne pondérée CSOC/TSPT sans risque, ii) du prix fictif du capital (PFC), ou iii) de la perte sèche de la levée de fonds par le biais de la fiscalité.

e) Le TAS peut refléter les risques liés au projet et l'incertitude relative à la croissance. Avec une approche par le MEDAF basé sur la consommation, une prime de risque serait ajoutée au TAS pour refléter les risques associés au projet ou bien les avantages nets en équivalent-certain pourraient être estimés et actualisés en utilisant un TAS sans risque (taux d'intérêt sans risque ou TSPT).

f) Actualisation duale/effets des prix relatifs concernant la rareté des ressources environnementales : les Pays-Bas étudient actuellement cette possibilité.

Pour l'actualisation de projets intergénérationnels à long terme, il convient de s'intéresser aux points suivants :

a) Le TAS pour les projets sans risque devrait diminuer avec l'horizon temporel, en raison d'incertitudes sur le taux d'actualisation lui-même ou sur la croissance séculaire de la consommation.

b) Le TAS pour les projets risqués : quelle est la structure par échéances probable de la prime de risque systématique pour les projets à long terme ? Des travaux théoriques existent (Gollier, 2012; 2016). Ils montrent que les mêmes facteurs qui soutiennent l'idée d'un taux d'actualisation décroissant comme taux sans risque plaident en faveur de primes de risque s'accroissant avec l'horizon temporel pour les projets procycliques. Ce type d'arguments apparaît dans les recommandations françaises relatives à l'ACA.

c) Dans quelle mesure le TAS devrait-il être basé sur des considérations éthiques et le TAS est-il un instrument suffisant pour évaluer des projets à très long terme ? Le Green Book du Trésor britannique le plus récent proposera de restreindre le calcul de la VAN à 120 ans et appliquera un processus de décision distinct pour évaluer les projets à long terme, comprenant par exemple un examen de la répartition des coûts et des avantages sur le long terme.

Ce sont là les principales questions à examiner quand on envisage une actualisation sociale pour l'évaluation de politiques publiques.

Notes

1. $f(k)$ est une fonction de production néoclassique qui suppose que le rapport production/revenus par habitant, y, est une fonction d'une stock de capital par habitant : $y = f(k)$, avec $f_k(k) = \frac{\partial f(k)}{\partial k} > 0$ et où le rendement du capital est décroissant : $f_{kk}(k) = \frac{\partial^2 f(k)}{(\partial k)^2} < 0$
2. Le TSPT est parfois appelé taux d'actualisation de la consommation.
3. Il convient de noter que l'élasticité de l'utilité marginale est définie ainsi : $\eta(c_t) = -c_t u''(c_t)/u'(c_t)$, constant lorsque $u(c_t) = (1-\eta)^{-1} c_t^{1-\eta}$ (appelé utilité isoélastique).
4. Selon certains, ce taux serait un bon indicateur du TSPT car il reflète le taux de rémunération de l'épargne dont peuvent disposer les individus. Pour d'autres, le taux sans risque peut être utilisé comme TAS car il reflète le coût des emprunts publics (Spackman, 2017 ; CEA, 2017).
5. On suppose ici que : i) le taux de rendement interne du flux de consommation du projet est nul : $\Sigma_t^N B(1+r)^{-t} - 1 = 0$, ce qui signifie, pour des horizons éloignés que $B/r \approx 1$; et donc, ii) $B \approx r$ on peut donc utiliser *r* euros plutôt que *B* euros pour l'approximation du PFC.
6. Intuitivement, le fait que les variables soient indépendantes et identiquement distribuées selon une loi normale signifie que le taux de croissance au cours d'une année donnée est un nombre aléatoire, et qu'il se produit chaque année un niveau de croissance aléatoire. Si ces nombres aléatoires sont indépendants et identiquement distribués selon une loi normale, alors chaque taux de croissance annuel est issu de la même distribution de probabilité (normale) et il n'est pas corrélé avec la croissance aléatoire de l'année précédente. En termes mathématique, si : $c_t = c_0 \exp\left(\Sigma_{\tau=0}^t x_\tau\right)$, avec x_τ la croissance annuelle et : $x_\tau \sim N(\mu, \sigma_c^2)$. Si en outre : $U(c_t) = (1-\eta)^{-1} c_t^{1-\eta}$ et $\bar{g} = t^{-1}E\left[(c_t - c_0)/c_0\right]$, qui correspond à la croissance attendue actualisée, alors on obtient [8.4].
7. La méthode de la moyenne pondérée et la méthode du PFC peuvent fonctionner dans des situations dans lesquelles les bénéfices sont consommés ou réinvestis. Voir Cline (1992, annexe 6A).
8. Ce résultat n'est possible que si les préférences de la société reflètent la *prudence* au sens strict. C'est ce que permet l'utilité isoélastique (une utilité telle que l'élasticité de l'utilité marginale par rapport à la consommation est constante :$U(c_t) = (1-\eta)^{-1} c_t^{1-\eta}$), mais tout ensemble de préférences vérifiant $U'''(C_t) > 0$ possède cette propriété.
9. Pour en savoir plus sur les énigmes d'évaluation d'actifs, voir Mehra et Prescott (1985) et Weil (1989).
10. Le chapitre 9 consacré à l'incertitude donne davantage de détails.
11. Ici, l'hypothèse simplificatrice est que le rendement du projet et la consommation suivent une loi normale bivariée avec un coefficient de corrélation ρ_i. Dans cette situation $\beta_i = \rho_i \sigma_B / \sigma_c$, qui définit la covariance du rendement du projet et de la consommation, divisée par la volatilité de la consommation.
12. En définissant l'équivalent-certain M_t de $\mu(\tilde{\theta}) - 0.5\eta\sigma_c^2$ tel que $\exp(-t\eta M_t) = E_\theta\left[\exp\left(-\eta t\left(\mu(\tilde{\theta}) - 0.5\eta\sigma_c^2\right)\right)\right]$ on peut constater que M_t diminue en t sachant que la fonction exponentielle devient plus concave en t. Par conséquent, le TAS diminue avec l'horizon temporel car il peut être exprimé ainsi : $TSPT_t = \delta + \eta M_t$. Voir Gollier (2008).

13. Pour des arguments similaires, voir également Harrison (2010).

14. Dans chacune des équations, le coefficient d'actualisation sociale au moyen duquel est attribué un prix à la variation des quantités de chacun de ces arguments, la consommation et le stock de biens environnementaux, à la date d'aujourd'hui (t = 0) est donné par la formule :

$$P_i(t,0) = \frac{U_i(C_t, E_t)}{U_i(C_0, E_0)} \exp(-\delta t) \quad \text{for} \quad i = C, E$$

Dans chaque cas, le taux d'actualisation social est simplement le taux de variation de ce prix fictif qui donne (9) et (10). Voir Traeger (2010).

15. Le prix fictif des biens environnementaux est le taux marginal de substitution : $p = \frac{U_E}{U_C}$. Il est facile de montrer que le taux de variation de p dans le temps entraîne (12) lorsque l'élasticité de substitution est constante, et plus généralement à la différence entre (10) et (11) (Weikard et Zhu, 2005).

Références

Arrow, K.J. (2013), « Determining Benefits and Costs for Future Generations », *Science*, vol. 341, n° 6144, pp. 349-350, *http://dx.doi.org/10.1126/science.1235665.*

Arrow, K.J. et al. (2014), « Should Governments Use a Declining Discount Rate in Project Analysis? », *Review of Environmental Economics and Policy*, vol. 8, pp. 145-163, *https://doi.org/10.1093/reep/reu008.*

Arrow, K.J. et R.C. Lind (1970), « Uncertainty and the Evaluation of Public Investment Decisions », *American Economic Review*, vol. 60, n° 3, pp. 364-378.

Atkinson, G. et al. (2009), « Siblings, Not Triplets: Social Preferences for Risk, Inequality and Time in Discounting Climate Change », *Economics Discussion Papers*, n° 2009-14, Kiel Institute for the World Economy, *www.economics-ejournal.org/economics/discussionpapers/2009-14.*

Barro, R.J. (2009), « Rare Disasters, Asset Prices, and Welfare Costs », *American Economic Review*, vol. 99, n° 1, pp. 243-264, *http://dx.doi.org/10.1257/aer.99.1.243.*

Barro, R.J. (2006), « Rare Disasters and Asset Markets in the Twentieth century », *The Quarterly Journal of Economics*, vol. 121, n° 3, pp. 823-866, *https://doi.org/10.1162/qjec.121.3.823.*

Baumstark, L. et C. Gollier (2013), *The relevance and the limits of the Arrow-Lind Theorem*, document non publié, Toulouse University, *http://idei.fr/sites/default/files/medias/doc/by/gollier/Arrow-Gollier.pdf.*

Beckerman, W. et C. Hepburn (2007), « Ethics of the Discount Rate and the Stern Review », *World Economics*, vol. 8, n° 1, pp. 187-210, *http://qed.econ.queensu.ca/pub/faculty/garvie/econ443/debate/beckerman%20and%20hepburn.pdf.*

Blundell, R. (1988), « Consumer Behaviour: Theory and Empirical Evidence – A Survey », *The Economic Journal*, vol. 98, pp. 16-65.

Bradford, D.A. (1975), « Constraints on Government Investment Opportunities and the Choice of Discount Rate », *American Economic Review*, vol. 65, n° 5, pp. 887-889.

Cline, W.R. (1992), *The Economics of Global Warming*, Institute for International Economics, Washington, DC.

Council of Economic Advisers (CEA) (2017), *Discounting for Public Policy: Theory and Recent Evidence on the Merits of Updating the Discount Rate*, Council of Economic Advisers, Washington, DC, *https://obamawhitehouse.archives.gov/sites/default/files/page/files/201701_cea_discounting_issue_brief.pdf.*

Cropper, M.L. et al. (2014), « Declining Discount Rates », *American Economic Review: Papers and Proceedings*, vol. 104, n° 5, pp. 538-543, *http://dx.doi.org/10.1257/aer.104.5.538.*

Dasgupta, P. (2008), « Discounting climate change », *Journal of Risk and Uncertainty*, vol. 37, n° 2-3, pp. 141-169, *http://dx.doi.org/10.1007/s11166-008-9049-6.*

Dasgupta, P. (2005), « Three Conceptions of Intergenerational Justice », in Lillehammer, H. et D.H. Mellor (dir. pub.), *Ramsey's Legacy*, Clarendon Press, Oxford.

Dimson, E., P. Marsh et M. Staunton (2011), « Equity Premia Around the World », *SSRN Working Paper*, voir : *http://ssrn.com/abstract=1940165.*

Drupp, M. et al. (2017), « Discounting Disentangled: An Expert Survey on the Components of the Long Term Social Discount Rate », à paraître dans *American Economic Journal: Economic Policy* ; version document de travail : Drupp, M. et al. (2015), Grantham Research Institute on Climate Change and the Environment *Working Paper,* n° 172, *www.lse.ac.uk/GranthamInstitute/wp-content/uploads/2015/06/ Working-Paper-172-Drupp-et-al.pdf.*

Emmerling, J., B. Groom et T. Wettingfeld (2016), *Discounting and Intra-generational equity: Who should we be discounting?*, document non publié, London School of Economics.

Evans, D.J. et H. Sezer (2002), « A Time Preference Measure of the Social Discount Rate for the UK », *Applied Economics*, vol. 34, n° 15, pp. 1925-1934, *http://dx.doi.org/10.1080/00036840210128753.*

Feldstein, M.S. (1973), « The Inadequacy of Weighted Discount Rates », pour un volume d'essais à paraître en l'honneur de Richard A. Musgrave, reproduit in Layard, R. (1972) (dir. pub.), *Cost-benefit analysis*, Penguin Modern Economics Readings.

Feldstein, M.S. (1970), « Choice of Technique in the Public Sector: A Simplification », *The Economic Journal*, vol. 80, n° 320, pp. 985-990.

Freeman, M.C. (2016), Long-term corporate and social discount rates for infrastructure and environmental project valuation, *Document non publié,* Loughborough University, avril.

Freeman, M.C. et B. Groom (2016), « How certain are we about the certainty equivalent long-run social discount rate? », *Journal of Environmental Economics and Management*, vol. 79, pp. 152-168, *http://dx.doi.org/ 10.1016/j.jeem.2016.06.004.*

Freeman, M.C. et B. Groom (2015), « Positively Gamma Discounting: Combining the Opinions of Experts on the Social Discount Rate », *The Economic Journal*, vol. 125, n° 585, pp. 1015-1024, *http://dx.doi.org/10.1111/ ecoj.12129.*

Freeman, M.C. et al. (2015), « Declining Discount Rates and the Fisher Effect: Inflated Past, Discounted Future », *Journal of Environmental Economics and Management*, vol. 73, pp. 32-49, *http://dx.doi.org/ 10.1016/j.jeem.2015.06.003.*

Giglio, S., M. Maggiori, J. Stroebel et A. Weber (2015), « Very Long-Run Discount Rates », *Quarterly Journal of Economics*, vol. 130, n° 1, pp. 1-53.

Gollier, C. (2012a), *Pricing the Planet's Future: The economics of discounting in an uncertain world*, Princeton Press, *http://press.princeton.edu/titles/9894.html.*

Gollier, C. (2012b), « Term Structures of Discount Rates for Risky Projects », *IDEI working paper,* University of Toulouse, *http://idei.fr/sites/default/files/medias/doc/by/gollier/term_structure_v4.pdf.*

Gollier, C. (2011), *Le calcul du risque dans les investissements publics*, Centre d'analyse stratégique, Rapports & Documents, n° 36, La documentation française, *http://archives.strategie.gouv.fr/cas/ system/files/rapport_36_diffusion.pdf.*

Gollier, C. (2008), « Discounting with fat-tailed economic growth », *Journal of Risk and Uncertainty,* vol. 37, pp. 171-186, *http://dx.doi.org/10.1007/s11166-008-9050-0.*

Gollier, C. (2002a), « Discounting an uncertain future », *Journal of Public Economics,* vol. 85, pp. 149-166, *https://doi.org/10.1016/S0047-2727(01)00079-2.*

Gollier, C. (2002b), « Time horizon and the discount rate », *Journal of Economic Theory,* vol. 107, pp. 463-473, *http://dx.doi.org/10.1006/jeth.2001.2952.*

Gollier, C. et J. Hammitt (2014), « The long-run discounting controversy », *Annual Review of Resource Econonmics*, vol. 6, pp. 273-295, *www.annualreviews.org/doi/pdf/10.1146/annurev-resource-100913-012516.*

Groom, B. et al. (2007), « Declining Discount Rates: How much does model selection affect the certainty equivalent discount rate? », *Journal of Applied Econometrics*, vol. 22, n° 3, pp. 641-656, *http://dx.doi.org/ 10.1002/jae.937.*

Groom, B. et C. Hepburn (2017), « Looking back at social discount rates: The influence of papers, presentations and personalities on policy », *Review of Environmental Economics and Policy,* vol. 11, n° 2, 1 juillet 2017, pp. 336-356, *https://doi.org/10.1093/reep/rex015*

Groom, B. et D.J. Maddison (2013), « Four New Estimates of the Elasticity of Marginal Utility for the UK », à paraître dans *Environment and Resource Economics* ; version document de travail : « Non-identical Quadruplets: Four New Estimates of the Elasticity of Marginal Utility for the UK », *Centre for Climate Change Economics and Policy Working Paper,* n° 121, Grantham Research Institute on Climate Change and the Environment, Londres, *www.lse.ac.uk/GranthamInstitute/publication/non-identical-quadruplets-four-new-estimates-of-the-elasticity-of-marginal-utility-for-the-uk-working-paper-121/.*

Harberger, A.C. et G.P. Jenkins (2015), « Musings on the Social Discount Rate », *Journal of Benefit Cost Analysis*, vol. 6, n° 1, pp. 6-32, *https://doi.org/10.1017/bca.2015.2.*

Harrison, M. (2010), « Valuing the Future: The social discount rate in cost-benefit analysis », *Visiting Researcher Paper*, Australian Productivity Commission, Canberra, *www.pc.gov.au/research/supporting/cost-benefit-discount/cost-benefit-discount.pdf.*

Heal, G. et A. Millner (2014), « Agreeing to disagree on climate policy », *Proceedings of the National Academies of Science*, vol. 111, n° 10, pp. 3695-3698, *http://dx.doi.org/10.1073/pnas.1315987111.*

Hepburn, C. et al. (2009), « Social discounting under uncertainty: A cross-country comparison », *Journal of Environmental Economics and Management*, vol. 57, n° 2, pp. 140-150, *http://dx.doi.org/10.1016/j.jeem.2008.04.004.*

Hepburn, C. et B. Groom (2007), « Gamma Discounting and Expected Net Future Value », *Journal of Environmental Economics and Management*, vol. 53, n° 1, pp. 99-109, *http://dx.doi.org/10.1016/j.jeem.2006.03.005.*

Lebègue, D. (2005), *Révision du taux d'actualisation des investissements publics*, Rapport du groupe d'experts, Commissariat général du Plan, Paris, *www.documentation.eaufrance.fr/entrepotsOAI/OIEAU/44/223176/223176_doc.pdf.*

Lowe, J. (2008), *Intergenerational wealth transfers and social discounting: Supplementary Green Book guidance*, Office of Public Sector Information, HM Treasury, Londres, *www.gov.uk/government/uploads/system/uploads/attachment_data/file/193938/Green_Book_supplementary_guidance_intergenerational_wealth_transfers_and_social_discounting.pdf.*

Mehra, R.et E.C. Prescott (1985), « The Equity Premium: A puzzle », *Journal of Monetary Economics*, vol. 15 (1985), pp. 145-161, Hollande-du-Nord.

Millner, A. et G. Heal (2014), « Resolving Intertemporal Conflicts: Economics vs Politics », *NBER Working Paper*, n° 20705, National Bureau of Economic Research, Washington, DC, *www.nber.org/papers/w20705.*

Ministère des Finances (2012), « Cost Benefit Analysis », *Official Norwegian Reports*, NOU 2012:16, Ministère des Finances, Norvège, *www.regjeringen.no/contentassets/5fce956d51364811b8547eebdbcde52c/en-gb/pdfs/nou201220120016000en_pdfs.pdf.*

Newbery, D. (1992) *Long-Term Discount Rates for the Forest Enterprise*, document commandé par The Department of Forestry, Forestry Commission, Édimbourg.

Newell, R.G. et W.A. Pizer (2003), « Discounting the distant future: How much do uncertain rates increase valuations?, *Journal of Environmental Economics and Management*, vol. 46, pp. 52-71, *http://dx.doi.org/10.1016/S0095-0696(02)00031-1.*

Nordhaus, W.D. (2007), « A Review of the Stern Review on the Economics of Climate Change », *Journal of Economic Literature*, vol. 45, n° 3, pp. 686-702.

OMB (Office of Management and Budget) (1992, 2015), *Circular A-94: Guidelines and Discount Rates for Benefit-Cost Analysis of Federal Programs: Appendix C*, mise à jour novembre 2015, *www.wbdg.org/FFC/FED/OMB/OMB-Circular-A94.pdf.*

OMB (2016), *Cost-Effectiveness, Lease-Purchase, Internal Government Investment, and Asset Sales Analysis*, non disponible depuis le 20 janvier 2017, auparavant disponible à l'adresse : *www.whitehouse.gov/omb/circulars_a094.*

OCDE/FIT (2015), Adapting Transport Policy to Climate Change: Carbon Valuation, Risk and Uncertainty, Éditions OCDE, Paris, *http://dx.doi.org/10.1787/9789282107928-en.*

ONS (2013), *Middle Income Households, 1977-2011/12*, *http://webarchive.nationalarchives.gov.uk/20160106065317/www.ons.gov.uk/ons/rel/household-income/middle-income-households/1977---2011-12/index.html.*

Pearce, D. et al. (2003), « Valuing the Future: Recent Advances in Social Discounting », *World Economics*, n° 4, n° 2, pp. 121-141, *www.world-economics-journal.com/Pages/Download.aspx?AID=141.*

Pearce, D. et D. Ulph (1999), « A Social Discount Rate for the United Kingdom », in Pearce, D. (dir. pub.), *Environmental Economics: Essays in Ecological Economics and Sustainable Development*, Edward Elgar Publishing, Cheltenham.

Pearce, D. et D. Ulph (1995), « A Social Discount Rate for the United Kingdom », *CSERGE Working Paper* GEC 95-01, Centre for Social and Economic Research on the Global Environment, University of East Anglia, Norwich, Royaume-Uni.

Quinet, E. (2013), *L'évaluation socioéconomique des investissements publics*, Tome 1, Rapport final, Commissariat général à la stratégie et à la prospective, Paris, *www.strategie.gouv.fr/sites/strategie.gouv.fr/files/atoms/files/cgsp_evaluation_socioeconomique_29072014.pdf.*

Scott, M. (1977), « The Test Rate of Discount and Changes in Base Level Income in the United Kingdom », *The Economic Journal*, vol. 87, n° 346, pp. 219-241.

Sjaastad, L. et D. Wisecarver (1977), « The Social Cost of Public Finance », *Journal of Political Economy*, vol. 85, n° 3, pp. 513-547.

Spackman, M. (2017), « Social discounting: The SOC/STP divide », *Working Paper* n°182, Grantham Research Institute on Climate Change and the Environment, Londres, *www.lse.ac.uk/GranthamInstitute/wp-content/uploads/2017/02/Working-paper-182-Spackman-Feb2017.pdf*.

Stern, N. (2008), « The economics of climate change », *American Economic Review*, vol. 98, pp. 1-37.

Stern, N. (2007), *The Economics of Climate Change: The Stern Review*, Cambridge University Press, Cambridge, *www.cambridge.org/catalogue/catalogue.asp?isbn=9780521700801*.

Stern, N. (1977), « Welfare Weights and the Elasticity of the Marginal Valuation of Income », in Artis, M. et A.R. Nobay (dir. pub.), *Studies in Modern Economic Analysis*, Basil Blackwell, Oxford.

Tol, R.J.T. (2010), « International Inequality Aversion and the Social Cost of Carbon », *Climate Change Economics*, vol. 1, n° 1, pp. 21-32, *https://doi.org/10.1142/S2010007810000029*.

Vissing-Jørgensen, A. et P. Attanasio Orazio (2003), « Stock-Market Participation, Intertemporal Substitution, and Risk-Aversion », *American Economic Review*, vol. 93, pp. 383-391, *http://dx.doi.org/10.1257/000282803321947399*.

Weil, P. (1989), « The Equity Premium Puzzle and the Risk-Free Rate Puzzle », *Journal of Monetary Economics*, vol. 24, pp. 401-421, Hollande-du-Nord.

Weitzman, M.L. (2001), « Gamma Discounting », *American Economic Review*, vol. 91, n° 1, pp. 260-271, *http://dx.doi.org/10.1257/aer.91.1.260*.

Weitzman, M.L. (1998), « Why the far-distant future should be discounted at its lowest possible rate », *Journal of Environmental Economics and Management*, vol. 36, n° 3, pp. 201-208.

Werkgroep discontovoet (2015), *Rapport Werkgroep Discontovoet*, voir : *www.rijksoverheid.nl/documenten/rapporten/2015/11/13/rapport-werkgroep-discontovoet-2015-bijlage*, inclut un résumé en anglais de sept pages.

ANNEXE 8.A1

Une VAN positive en utilisant le TAS accroît le bien-etre social

Supposons que le bien-être social est donné par l'équation [8.1] pour deux périodes :

$$W = U(C_0) + \exp(-\delta)U(C_1)$$

Supposons qu'un projet coûte 1 unité de consommation aujourd'hui de façon sûre et apporte des avantages en termes de consommation assurés ε au temps t dans le futur. Autrement dit, il n'y a pas de risque lié à ce projet. Étant donné que les changements sont faibles, la variation globale du bien-être générée par ce projet est :

$$\Delta W = -U'(C_0) + \exp(-\delta t)U'(C_t)\varepsilon$$

Le taux de rendement interne de ce projet est r_p, tel que $\varepsilon = \exp(r_p t)$. Si ce rendement compense exactement le coût en termes de bien-être du projet (1 unité de consommation) alors :

$$-U'(C_0) + \exp(-\delta t)U'(C_t)\exp(r_p t) = 0$$

$$\Rightarrow$$

$$\exp(r_p t) = \frac{U'(C_0)}{U'(C_t)}\exp(\delta t)$$

$$\Rightarrow$$

$$r_p = \delta - \frac{1}{t}\ln\left[\frac{U'(C_t)}{U'(C_0)}\right]$$

Si l'élasticité de l'utilité marginale est constante, à savoir $U'(C) = C^{-\eta}$ alors :

$$r_p = \delta - \frac{1}{t}\ln\left[\left(\frac{C_t}{C_0}\right)^{-\eta}\right] = \delta - \frac{1}{t}\ln\left[(\exp(gt))^{-\eta}\right]$$

$$= \delta + \eta g$$

Par conséquent, un projet doit avoir un taux de rendement $r_p = \delta + \eta g$ pour compenser exactement l'investissement marginal au temps zéro, avec g le taux de croissance (continûment composé) de la consommation. Tout projet présentant un taux de rendement supérieur accroîtra le bien-être social W. Par conséquent, $\delta + \eta g$ est le taux d'actualisation social. Si la condition d'optimalité définie par [8.2] est remplie, ce taux sera égal au rendement du capital r.

ANNEXE 8.A2

Équation fondamentale d'évaluation des actifs et règle de Ramsey[1]

Dans le modèle d'évaluation des prix basé sur la consommation en situation d'incertitude de base, l'utilité du consommateur est définie par son utilité actuelle et future : $U(C_0,C_t)$. En règle générale, l'utilité intertemporelle prend la forme d'une fonction additivement séparable dans le temps : $U(C_0,C_t)=U(C_0)+\beta^t U(C_t)$, avec $\gamma^t=\exp(-\delta t)$ et δ le taux d'actualisation de l'utilité. Lorsque le futur est incertain, le modèle de l'utilité espérée donne :

$$U(C_0,C_t)=U(C_0)+\gamma^t E\left[U(C_t)\right]$$

Un investisseur décide la part qu'il consomme et celle qu'il épargne pour l'avenir d'un actif i ayant une maturité t et un profit incertain x_{it}, dont le prix aujourd'hui (t = 0) est $p_i(0,t)$. La condition de premier ordre relative à ce problème de consommation et d'épargne est :

$$\Delta U=-U'(C_0)p_i(0,t)+\gamma^t E_0\left[U'(C_t)x_{i,t}\right]=0$$

En reformulant les rendements et le prix de l'actif, on obtient :

$$p_i(0,t)=E_0\left[m_{0,t}x_{i,t}\right] \quad [8.A2.1]$$

avec $m_{0,t}$ le coefficient d'actualisation stochastique qui exprime la valeur de l'utilité marginale espérée au temps t par rapport à aujourd'hui (t = 0) :

$$m_{0,t}=\beta^t\frac{U'(C_t)}{U'(C_0)}$$

Sachant que $E[XY]=E[X]E[Y]+\mathrm{cov}(X,Y)$, on peut réécrire [8.A2.1] comme suit :

$$p_i(0,t)=\frac{E_0\left[x_{i,t}\right]}{r_t^f}+\frac{\mathrm{cov}\left(\gamma^t U'(C_t),x_t\right)}{U'(C_0)} \quad [8.A2.2]$$

où r_t^f est le taux de rendement sans risque défini par : $\exp\left(-r_t^f t\right)=\gamma^t\frac{E\left[U'(C_t)\right]}{U(C_0)}$ tel que :

$$r_t^f=\delta-\frac{1}{t}\ln\frac{E\left[U'(C_t)\right]}{U(C_0)} \quad [8.A2.3]$$

L'équation [8.A2.2] comporte deux termes : 1) le prix de l'actif pour un actif sans risque ; 2) un ajustement pour un actif risqué. L'équation [8.A2.3] définit le taux de rendement sans risque. La correspondance entre [8.3] est l'expression de la règle de Ramsey dans l'annexe 8.A1 est claire. Le consommateur est perçu comme un agent représentatif dans ce cas.

L'ajustement des risques dans [8.A2] reflète la covariance des rendements des actifs avec le coefficient d'actualisation stochastique. On peut réécrire [8.A2] en termes de taux de rendement en normalisant le prix de l'actif à 1 et en interprétant l'espérance du profit $E[x_t]$ comme l'espérance du rendement annualisé de l'actif i, r_i. On peut alors obtenir l'expression suivante pour le taux de rendement annualisé :

$$r_i = r^f - \frac{\text{cov}(\gamma U'(C_t), r_i)}{U'(C_{t-1})} \qquad [8.A2.4]$$

Comme le montre Gollier (2012, p. 190-193), si l'utilité est isoélastique : $U(C) = (1-\eta)^{-1} C^{1-\eta}$, la croissance suit un mouvement brownien (comme dans la section 8.3.1) et r_i et $\ln C_t$ ont distribution normale jointe avec un coefficient de corrélation ρ, alors [8.A2.4] devient :

$$r_i = \delta + \eta\mu_c - 0.5\eta^2\sigma_c^2 + \gamma\beta\sigma_c^2 = r^f + \pi(\beta) \qquad [8.A2.5]$$

avec $\pi(\beta) = \rho\beta\sigma_c^2$ la prime de risque lié à la consommation et le « bêta » du projet est donné par :

$$\beta = \frac{\rho\sigma_r}{\sigma_c} = \frac{\text{cov}(\ln x_t / x_{t-1}, \ln C_t / C_{t-1})}{\sigma_c^2} \qquad [8.A2.6]$$

Le numérateur du bêta du projet donne une bonne représentation de la corrélation de la croissance des profits créés par l'actif x_t avec le taux de croissance de la consommation. C'est cette covariance qui détermine la correction du risque. Si la covariance est positive alors l'actif génère des profits lorsque la consommation est forte et l'utilité marginale, faible. Il est nécessaire d'appliquer une prime de risque positive à ce type d'actifs pour tenir compte de cette corrélation. L'inverse est vrai pour les actifs jouant un rôle d'assurance pour lesquels la corrélation est négative et dont les profits se matérialisent lorsque la consommation est faible.

Note

1. Cette annexe suit les analyses de Gollier (2012, p. 190) et Cochrane (2005, pp. 3-17).

Analyse coûts-avantages et environnement
Avancées théoriques et utilisation par les pouvoirs publics

PARTIE II

Chapitre 9

Incertitudes

Dans l'ACA, les méthodes permettant de gérer les incertitudes – et plus particulièrement les risques probabilistes – sont généralement centrées sur la théorie de l'utilité espérée. Celle-ci constitue une base théorique solide pour s'éloigner de la simple utilisation de l'espérance dans un cadre déterministe en faveur d'une estimation des corrections en termes de bien-être à utiliser dans l'ACA. Or, l'estimation des valeurs en équivalent-certain qui en résulte suppose de faire des hypothèses sur la nature de la fonction d'utilité de la société et de réaliser des estimations complexes des distributions de probabilité des variables risquées associées à un projet donné. Même dans ce cas, les spécialistes sont de plus en plus disposés à recourir à de telles hypothèses, au vu d'éléments nouveaux qui montrent que des méthodes plus simples s'accompagnent d'erreurs. Cela dit, des solutions ad hoc comme l'analyse de sensibilité et les simulations de Monte Carlo ont leur place, et ce chapitre montre comment utiliser la méthode de Monte Carlo et en interpréter les résultats dans le cadre de l'évaluation d'un projet de centrale nucléaire. Privilégier l'économie mathématique ne doit pas pour autant conduire à ignorer le fait que l'ACA peut s'appuyer sur nombre d'autres principes afin de prendre une décision en situation d'incertitude, comme la devise « la sécurité d'abord » ou le principe de précaution.

Note de la Turquie :

Les informations figurant dans ce document qui font référence à « Chypre » concernent la partie méridionale de l'Île. Il n'y a pas d'autorité unique représentant à la fois les Chypriotes turcs et grecs sur l'Île. La Turquie reconnaît la République turque de Chypre Nord (RTCN). Jusqu'à ce qu'une solution durable et équitable soit trouvée dans le cadre des Nations Unies, la Turquie maintiendra sa position sur la « question chypriote ».

Note de tous les États de l'Union européenne membres de l'OCDE et de l'Union européenne :

La République de Chypre est reconnue par tous les membres des Nations Unies sauf la Turquie. Les informations figurant dans ce document concernent la zone sous le contrôle effectif du gouvernement de la République de Chypre.

9.1. Introduction

Jusqu'ici, il a été implicitement supposé que les coûts et les avantages des projets étaient connus avec certitude. En réalité, les estimations des coûts et des avantages sont souvent très incertaines et sujettes à des variations aléatoires au cours du temps. L'incertitude peut avoir plusieurs origines. Les problèmes techniques constituent une source importante d'incertitude. Par exemple, les conditions géologiques précises dans lesquelles seront mis en œuvre de grands projets d'infrastructures, comme des installations hydroélectriques ou des centrales nucléaires, ne sont pas connues avec certitude à l'avance. Outre une grande variété d'aspects techniques spécifiques au projet, les prix des biens et des services sont aussi susceptibles de varier dans le temps, si bien qu'ils sont également incertains.

Du point de vue de l'ACA, l'incertitude n'est pas sans conséquence. En effet, l'incidence sur le bien-être de deux projets présentant des courbes de coûts et d'avantages *espérés* (c'est-à-dire de coûts et avantages moyens) identiques sera très différente si les coûts et les avantages d'un projet sont incertains, mais pas ceux de l'autre. De façon générale, le comportement des individus suggère une aversion pour les situations dans lesquelles existe une incertitude. En témoignent la forte demande d'assurance en tout lieu ainsi que des études, expérimentales notamment, toujours plus nombreuses (Holt et Laury, 2002 ; Andreoni et Sprenger, 2012 ; Harrison et al., 2002 ; Groom et Maddison, 2017, par exemple). Il y a donc de bonnes raisons de tenir compte de l'aversion de la société pour l'incertitude dans l'évaluation des projets publics, ce qui toutes choses égales par ailleurs, conduirait à choisir des projets présentant de faibles niveaux d'incertitude. En d'autres termes, les projets dont les résultats sont plus prévisibles et plus certains seraient privilégiés du point de vue du bien-être social.

Au-delà des incertitudes sur les coûts et les avantages, il existe aussi des incertitudes sur l'économie en général, ce que l'on appelle l'incertitude systématique sur le taux de croissance. Comme l'explique plus en détail le chapitre sur l'actualisation, les incertitudes liées à un projet et l'incertitude systématique ont aussi une incidence sur l'effet en termes de bien-être des projets publics lorsqu'il existe une corrélation entre ces risques. Si un projet dégage des avantages importants lorsque la conjoncture est favorable, ces mêmes avantages ont une valeur moindre en termes de bien-être que s'ils se matérialisaient en période de récession où ils joueraient en substance le rôle d'une police d'assurance. L'importance de la pénalité à appliquer à un projet dont les avantages sont corrélés positivement avec la croissance dépend du projet lui-même, des préférences de la société et des possibilités dont disposent les pouvoirs publics pour répartir les risques au sein de la société.

Les économistes ont tendance à envisager les décisions en situation certaine du point de vue de la théorie de l'utilité espérée. Cette dernière donne lieu à de belles expressions théoriques des variations du bien-être en situation d'incertitude. Cependant, certaines informations nécessaires pour rendre ces mesures opérationnelles sont difficiles ou coûteuses à obtenir et les méthodes sont sujettes à discussion. C'est la raison pour laquelle les spécialistes de l'ACA disposent d'un certain nombre d'autres méthodes, comme l'analyse de sensibilité ou les simulations de Monte Carlo. Ces méthodes ne sont pas paticulièrement fondées sur la théorie du bien-être que les économistes ont l'habitude d'utiliser, mais elles constituent un moyen pratique de réfléchir aux conséquences des incertitudes et à la sensibilité du calcul de la VAN à des hypothèses particulières dans le cadre de l'évaluation d'un projet.

Ce chapitre commence par présenter la théorie qui sous-tend l'analyse du bien-être pour les projets risqués et examine brièvement le théorème d'Arrow-Lind (Arrow et Lind, 1970). Il explique également l'utilisation de l'équivalent-certain, des primes de risque et du consentement à payer en vue de réduire ou d'éliminer des risques, comme le risque d'inondation. D'ailleurs à l'aide d'un exemple concernant ce risque, ce chapitre montre comment il convient d'utiliser les méthodes d'évaluation en situation de risque. Il expose ensuite des méthodes plus ciblées pour gérer l'incertitude : l'analyse de sensibilité et les simulations de Monte Carlo et illustre par un exemple portant sur la construction d'une centrale nucléaire la manière dont ces méthodes fonctionnent. Avant d'aller plus loin, une définition plus précise de l'incertitude s'impose.

9.2. Risque et incertitude : quelques définitions

Si les coûts et les avantages sont incertains, cela signifie qu'*ex ante*, avant la mise en œuvre du projet, ils peuvent prendre des valeurs différentes. Avant de lancer une pièce de monnaie, par exemple, on sait que le résultat est soit pile soit face. Avant de creuser les fondations d'une centrale nucléaire, on sait que les caractéristiques géologiques du terrain peuvent être très favorables, ou bien peu favorables. Ici, il convient de tenir compte d'une distinction fondamentale entre risque et incertitude. Dans le cas d'un tirage à pile ou face, on est à peu près sûr que la probabilité d'obtenir pile est proche de 0.5 tout comme celle d'obtenir face. Lorsqu'il est possible d'affecter des probabilités aux événements, et aussi, de connaître l'univers des possibles, on parle généralement d'une situation *risquée*. Quand ces informations ne sont pas disponibles, comme ce peut être le cas lorsque l'on s'interroge sur des caractéristiques géologiques ou lorsqu'il s'agit de définir la probabilité d'une défaillance technique, on parle d'une situation d'*incertitude*. D'un point de vue analytique, il est évidemment plus facile de faire face à une situation risquée qu'à une situation d'incertitude, car on peut calculer des statistiques sommaires à partir de la répartition des possibilités : espérance, variance, etc.

Le reste de ce chapitre porte davantage sur le risque que sur l'incertitude. On suppose que l'on peut associer aux résultats possibles une certaine distribution de probabilités, à l'instar de la probabilité de 0.5 d'obtenir pile, qui est la même que d'obtenir face. Tous les résultats possibles sont connus, et il n'y a pas d'inconnues qui soient réellement inconnues. Les exemples numériques s'appuient sur ces hypothèses pour analyser le bien-être. Dans la suite du chapitre, les termes incertitude et risque seront utilisés indifféremment.

9.3. Le bien-être en situation d'incertitude

Dans un univers déterministe, l'ACA évaluerait la désirabilité sociale d'un projet à l'aide de la fonction de bien-être social utilitariste classique, comme cela a été évoqué au chapitre 2.

$$W_0 = \int_0^{\infty} U(c_t)\exp(-\delta t)dt \qquad [9.1]$$

L'évaluation d'un projet consiste alors à tester dans quelle mesure ce projet et ses conséquences sur le niveau courant de consommation au cours du temps c_t font augmenter cet indicateur de bien-être intertemporel. Quand la consommation est incertaine et quand les avantages nets du projet sont incertains, la société doit décider de quelle façon la mesure du bien-être doit tenir compte de l'incertitude.

En économie, l'approche classique consiste à utiliser une fonction d'utilité espérée :

$$V_0 = \int_0^\infty E\left[U(\tilde{c}_t)\right]\exp(-\delta t)\,dt \quad [9.2]$$

où la consommation est alors une variable aléatoire $\tilde{c}_t$, et où, au temps t, la valeur courante (non actualisée) de l'utilité espérée est :

$$E\left[U(\tilde{c}_t)\right] = \int_{c_{min}}^{c_{max}} U(c_t)\,f(c_t)\,dc_t$$

où $f(c_t)$ est la fonction de densité de probabilité de la consommation et où c_{max} et c_{min} sont les valeurs maximale et minimale de $\tilde{c}_t$. Dans le cas discret, par exemple, en supposant deux niveaux de consommation possibles c_{t1} et c_{t2} avec des probabilités respectives p_1 et p_2, on a $f(c_{t1}) = p_1$ et $f(c_{t2}) = p_2$, la consommation espérée au temps t est alors :

$$E(\tilde{c}_t) = p_1 c_{t1} + p_2 c_{t2}$$

tandis que l'utilité espérée au temps t est :

$$E\left[U(\tilde{c}_t)\right] = p_1 U(c_{t1}) + p_2 U(c_{t2})$$

Étant donné que les valeurs possibles de $\tilde{c}_t$ et que les probabilités qui leurs sont associées sont définies, on se trouve, à proprement parler, dans un contexte de risque, plutôt que d'incertitude d'après les définitions données au début de ce chapitre.

Le fait que le bien-être soit évalué différemment en situation d'incertitude, c'est-à-dire sur la base de l'utilité espérée signifie que l'espérance de la consommation utilisée dans le cadre déterministe de [9.1] ne convient plus pour mesurer la variation du bien-être. Soit la consommation espérée $\bar{c} = E\left[\tilde{c}_t\right]$, il résulte du constat précédent que si $U(.)$ est non linéaire, alors :

$$U(\bar{c}_t) \neq EU(\tilde{c}_t).$$

L'utilisation d'une fonction de bien-être social et d'une espérance (membre de gauche de l'équation ci-dessus) issues d'un cadre déterministe aboutit à une mauvaise mesure du bien-être social par rapport au cadre de l'utilité espérée (membre de droite). En effet, si la fonction d'utilité reflète les préférences d'un agent présentant une aversion au risque, alors :

$$U(\bar{c}_t) > EU(\tilde{c}_t) \quad [9.3]$$

Il en sera ainsi lorsque la fonction d'utilité est concave en c_t. Donc en utilisant l'espérance d'une consommation incertaine, on surestime la valeur d'un niveau risqué de consommation quand les agents présentent une aversion au risque. La raison à cela est évidente : en utilisant l'espérance comme si elle était certaine, on ne tient pas compte du risque qui est associé à la consommation. Si les agents sont prudents, on s'attend à une mesure du bien-être qui représente un risque moins élevé. Comme le montre la section suivante, la méthode consistant à utiliser l'espérance des avantages nets d'un projet, facilité à laquelle certains recourent souvent pour évaluer des projets risqués, se révèle également inadéquate pour évaluer l'apport d'un projet risqué en termes de bien-être. C'est ce que font clairement apparaître les mesures habituelles de la valeur en termes de bien-être associée à des projets incertains, lesquelles mesures permettent a) d'estimer les corrections destinées à intégrer les effets du risque, ou b) de mettre en évidence la valeur en termes de bien-être d'une diminution ou d'une suppression pure et simple des risques.

9.4. Équivalent-certain et primes de risque : définitions

Une manière possible d'utiliser le cadre déterministe de [9.1] pour évaluer le bien-être et prendre en compte l'aversion au risque consiste à calculer la valeur en équivalent-certain de la variable incertaine. D'après [9.3], il est évident qu'un agent prudent qui maximise l'utilité espérée sera disposé à accepter une valeur de consommation certaine inférieure à l'espérance $\bar{c}$. La valeur certaine de la consommation qui égalise les deux membres de l'équation [9.3] est ce que l'on appelle l'*équivalent-certain*, c_E. Elle est définie comme suit :

$$U(c_E) = EU(\tilde{c}_t). \quad [9.4]$$

Pour un agent prudent, la consommation en équivalent-certain est inférieure à la consommation espérée : $c_E < \bar{c}$. Ceci nous amène à un autre concept utile pour l'ACA, la *prime de risque* PR. PR mesure la différence entre la consommation espérée et la consommation en équivalent-certain et elle est définie comme suit :

$$U(\bar{c} - PR) = EU(\tilde{c}_t) \Leftrightarrow \bar{c} - c_E = PR. \quad [9.5]$$

Pour les risques limités, on peut en déduire une expression simplifiée de la prime de risque. L'annexe 9.A1 montre que l'on peut obtenir une approximation de la prime de risque de la façon suivante :

$$PR(\eta) \approx \frac{1}{2}\eta\sigma_c^{\ 2} \quad [9.6]$$

où $\eta = -\frac{U''(c)}{U'(c)}c$ est l'élasticité de l'utilité marginale, aussi appelée le coefficient d'aversion relative pour le risque, qui mesure la courbure de la fonction d'utilité, et σ_c^2 est la variance de la consommation. La prime de risque mesure le consentement à payer pour recevoir l'espérance de c de façon certaine plutôt que d'être confronté à un risque.

Il existe un certain nombre de façons d'estimer les primes de risque. Il est possible d'estimer séparément chaque élément de [9.6]. Cette méthode pragmatique suppose de faire une hypothèse concernant la forme spécifique de la fonction d'utilité et de connaître les paramètres de la variance (pour un exemple de cette approche pragmatique, voir Kind et al., 2016). La prime de risque peut aussi être estimée grâce à une expérimentation conçue de façon adéquate comme le consentement à payer pour obtenir l'espérance du gain à la loterie plutôt que le gain lui-même. Une mesure connexe de l'aversion au risque est le consentement à payer pour réduire le risque, que l'on peut estimer en utilisant les préférences révélées ou déclarées lorsque l'on peut observer les bénéfices et les variations du risque.

Ainsi, en principe, l'une des façons de tenir compte de l'incertitude dans l'ACA consiste à utiliser les valeurs en équivalent-certain dans un univers déterministe standard. Ces valeurs peuvent être estimées de plusieurs façons.

Jusqu'ici, l'analyse a été menée en termes de consommation globale. La section suivante introduit dans l'analyse les avantages nets du projet, avec et sans risques liés au projet. Les concepts d'équivalent-certain et de prime de risque servent à montrer comment intégrer les risques spécifiques à un projet dans l'évaluation de celui-ci.

9.5. Équivalent-certain : application dans l'ACA

L'un des moyens d'intégrer le coût en termes de bien-être des incertitudes associées aux avantages nets d'un projet consiste à calculer leur équivalent-certain. Quand les avantages nets sont comparés au niveau de revenu de référence, l'équivalent-certain reflète deux aspects de l'incertitude : i) l'incertitude sur les avantages nets eux-mêmes (correspondant, par exemple, à l'incertitude quant à la quantité de biens ou de services qui sera fournie) et ii) l'incertitude sur le niveau de revenu ou de consommation de référence au moment où les avantages nets se matérialisent. Une fois calculées, les valeurs en équivalent-certain peuvent être considérées « comme si » elles étaient certaines. Elles peuvent alors être actualisées normalement pour calculer la valeur actuelle nette à l'aide d'un taux d'actualisation sans risque. L'équivalent-certain est maintenant défini et un exemple d'évaluation de projet est présenté ci-après.

Supposons qu'un projet procure un avantage net incertain *AN* exprimé en termes monétaires. Supposons aussi que le niveau de revenu de référence Y soit lui aussi incertain. Cela signifie que l'on ignore quelle sera la richesse de la société quand les avantages nets se matérialiseront. On obtient la valeur courante du supplément de bien-être apporté par le projet à un moment donné par son utilité espérée :

$$E\left[U(Y+NB)\right]$$

et l'utilité espérée en l'absence du projet évalué est :

$$E\left[U(Y)\right]$$

La variation de bien-être ΔW associée à ce projet est la différence entre ces deux utilités :

$$\Delta W = E\left[U(Y+NB)\right] - E\left[U(Y)\right] \qquad [9.7]$$

L'annexe montre qu'en utilisant les approximations d'une série de Taylor, la variation du bien-être pour une petite valeur de *AN*, mesurée en unités de consommation/revenu, est donnée par[1] :

$$\Delta W^{*} = \mu_{AN} - \frac{1}{2\bar{Y}}\eta\sigma_{AN}^{2} - \frac{1}{\bar{Y}}\eta\sigma_{Y,AN} \qquad [9.8]$$

avec $\eta = -\frac{U''(\bar{Y})}{U'(\bar{Y})}\bar{Y}$, et $\bar{Y} = E\left[\bar{Y}\right]$. Dans le cas d'un projet public, Y peut être considéré comme le revenu national (ou parfois comme le portefeuille de projets publics). L'équation [9.8] montre que la variation de bien-être en termes de consommation est au fond équivalente à la somme de trois termes : 1) l'espérance de la variation des avantages nets μ_{AN}, 2) une prime de risque associée à la pure variance de l'avantage net du projet σ_{AN}^2 et 3) une prime de risque reflétant la covariance entre l'avantage net et le revenu national, Y. $\sigma_{Y,AN}$. Comme expliqué plus haut, dans le contexte de l'évaluation de projets publics, les deux dernières composantes peuvent être considérées comme des sources de risques *spécifiques ou diversifiables* et *systématiques ou non diversifiables*. Concrètement, [9.8] est la valeur en équivalent-certain de l'avantage net incertain *AN* mesuré en unités de consommation. C'est la variation *sûre* de l'avantage net qui donnera la même variation du bien-être que l'*AN* incertain du projet. Si sa valeur est supérieure à zéro alors le projet est vaut la peine d'être mené[2].

En principe, l'équation [9.8] donne la possibilité de corriger l'espérance de l'avantage net pour tenir compte du fait que la société présente une aversion pour le risque et que le projet est risqué. Cependant, contrairement aux définitions qui précèdent, dans les équations [9.4]-[9.6], l'équivalent-certain comprend une prime de risque constituée de deux composantes. La première est :

$$PR_{AN} = \frac{1}{2\bar{Y}}\eta\sigma_{AN}^{2} \qquad [9.9]$$

qui mesure le consentement à payer pour éviter la seule variation des avantages nets. Pour un agent prudent, elle sera positive. La seconde composante de la prime de risque est :

$$PR_{Y,AN} = \frac{1}{\bar{Y}}\eta\sigma_{Y,AN}. \quad [9.10]$$

Cette composante reflète la possibilité que les avantages nets soient corrélés avec le revenu national incertain de référence. Ce n'est pas sans conséquence, car si un projet est positivement corrélé avec le revenu national, c'est-à-dire s'il génère des gains élevés quand la société est riche et faibles (voire négatifs) quand la société est pauvre, alors il contribue clairement au risque global auquel la société est confrontée. Les projets qui accroissent le risque global devraient se voir appliquer une pénalité si la société présente une aversion au risque. Inversement, les avantages nets d'un projet peuvent être négativement corrélés avec le revenu. Dans ce cas, le projet dégage des avantages élevés quand le revenu est bas et des avantages faibles quand le revenu est élevé. Un tel projet réduit le risque auquel la société est confrontée. Il devrait donc se voir appliquer un bonus si la société présente une aversion au risque, puisqu'en substance, il joue le rôle d'une police d'assurance.

Ainsi $PR_{Y,AN}$ représente soit le coût des risques supplémentaires qu'engendre un projet dont les avantages nets sont positivement corrélés avec le revenu ($PR_{Y,AN}$>0), soit le gain découlant de la réduction des risques associés à un projet dont les avantages nets sont négativement corrélés avec le revenu ($PR_{Y,AN}$<0).

Ensemble, ces deux primes de risque montrent qu'utiliser l'espérance des avantages nets comme un moyen de gérer les incertitudes peut aboutir à fausser l'évaluation des projets, car cette méthode ne tient pas compte des préférences pour les différents types de réduction des risques. Les avantages nets attendus doivent être corrigés de manière à prendre en compte ces deux sources d'incertitude dans l'ACA. Il suffit d'estimer les paramètres appropriés pour ces deux primes de risque. Sur le plan pratique, plusieurs approches sont possibles selon les données disponibles. La prochaine section étudie la façon dont ces termes peuvent en principe être estimés. Quant à celle qui la suit, elle explique l'importance de ces éléments de risque pour la prise de décisions en matière de politiques publiques.

9.5.1. *Avantages nets en équivalent-certain : estimation et mise en application*

Pour d'estimer [9.8], on peut adopter une approche directe en estimant tout d'abord les risques associés à un avantage net particulier et ceux associés au revenu puis le paramètre de préférence η. Cela suppose en particulier d'estimer la variance des avantages nets, σ^2_{AN}, la variance du revenu de référence, σ^2_Y, et la covariance de AN et Y, notée $\sigma^2_{Y,AN}$. Il faut aussi estimer la distribution de probabilité jointe pour Y et AN, à partir de laquelle on pourra obtenir la distribution marginale de Y et AN pour estimer les paramètres de préférence. Jusqu'ici, l'étude a porté sur l'aversion au risque, c'est-à-dire sur les préférences associées à la variance des résultats. En principe, la société aura notamment pour préférences une aversion pour le risque à la baisse (aversion asymétrique) et une aversion pour l'aplatissement (voir par exemple Groom et al., 2008). Ce chapitre n'aborde que l'aversion pour le risque : l'aversion pour la dispersion.

En règle générale, et principalement pour faciliter l'analyse, il est supposé, dans l'application de la théorie et dans les applications empiriques, que la société manifeste des préférences isoélastiques : $U(Y) = (1-\eta)^{-1} Y^{(1-\eta)}$, soit une fonction d'utilité caractérisée par une aversion relative constante au risque (CRRA d'après l'anglais *constant relative risk aversion*) dans laquelle le coefficient d'aversion relative au risque est donné par la constante :

$\eta = -\frac{U''(Y)}{U'(Y)}Y$. Il existe un certain nombre d'estimations empiriques de ce paramètre, obtenues dans différents contextes. Si dans des situations de décisions privées les individus se comportent comme si leur aversion au risque était élevée et pouvait atteindre $\eta > 10$, des études expérimentales tendent à montrer qu'en moyenne, les agents présentent une aversion au risque avec d'un coefficient $\eta \approx 1$ (par exemple Holt et Laury, 2002 ; Harrison et Rutstrom, 2009). Groom et Maddison (2017) analysent l'aversion globale pour le risque sur les marchés de l'assurance au Royaume-Uni. De telles études, de par leur portée générale, sont probablement plus pertinentes pour l'ACA que des études expérimentales au niveau individuel. D'après leurs estimations, $\eta \approx 1.5$. Une fois qu'un paramètre est estimé et que les caractéristiques des risques d'un projet sont connues, il est possible de calculer les valeurs en équivalent-certain des avantages nets pour l'ACA. Analysons quelques critiques de l'équivalent-certain avant de proposer un exemple numérique.

En pratique, il est possible de calculer la variation du bien-être entraînée par une intervention dans (8) comme suit. Plutôt que de s'intéresser à l'impact d'une intervention sur l'économie dans son ensemble, considérons le cas d'un agriculteur qui désire investir dans un dispositif de protection contre les inondations. Ce dispositif représente un gain net de 350 GBP en cas d'inondation, en raison des dommages évités, et un coût de 100 GBP en l'absence d'inondation. Le revenu de l'agriculteur est de 4 000 GBP en cas d'inondation et de 5 000 GBP en l'absence d'inondation. L'inondation se produit avec une probabilité de 0.2. Le tableau 9.1 présente le gain, l'espérance et la variance associés à chaque situation de cet exemple[3].

Tableau 9.1. **Gain généré par le projet et revenu selon la situation**

	Inondation	Absence d'inondation	Espérance	Variance
Revenu	4 000	5 000	4 800	160 000
Gain généré par le projet	350	-100	-10	32 400
Revenu + Gain	4 350	4 900	4 790	48 400
			Covariance	-72 000

Source : Adapté de Dinwiddy et Teal (1996).

Les résultats de ce projet présentent une covariance négative avec les niveaux de revenu. Ce projet a donc les caractéristiques d'une assurance étant donné qu'il dégage un gain important dans les situations défavorables (faible revenu) et un gain faible dans les situations favorables (revenu élevé). Le revenu final en fonction de la situation présente une variance plus faible si l'agriculteur installe le dispositif que s'il ne le fait pas (48 400 contre 160 000). Les primes de risque dans l'équation [9.8] seront donc de signes opposés. C'est ce que montre le tableau 9.2 et l'effet d'assurance du projet peut l'emporter. La première prime de risque est négative comme prévu, mais la seconde est positive et élevée. La valeur du bien-être généré par ce projet peut être nettement supérieure à l'espérance du gain du projet, qui est négative (-10).

L'importance de la correction du risque augmente avec le niveau d'aversion au risque. Le tableau 9.2 montre que dans ce cas, lorsque l'aversion au risque (η) augmente, la prime de risque qui reflète les caractéristiques du projet en termes d'assurance, équation [9.10], l'emporte sur l'autre. Lorsque le paramètre d'aversion au risque η dépasse $\eta = 0.8$, l'effet sur le bien-être devient alors positif. Ce résultat illustre d'une part l'importance de prendre soigneusement en compte les risques associés à un projet et d'autre part la nécessité de bien comprendre le niveau d'aversion au risque lors de l'évaluation de projets en situation d'incertitude.

Tableau 9.2. **Variation du bien-être et primes de risque associées à l'installation d'un dispositif de protection contre les inondations**

	Variation du bien-être (GBP) Équation [9.8]	Prime de risque 1 (GBP) Équation [9.9]	Prime de risque 2 (GBP) Équation [9.10]	% de l'espérance du projet $(E[Z])$	
				Prime de risque 1	Prime de risque 2
0.5	-4.2	-1.7	7.5	16.9 %	75.0 %
0.6	-3.0	-2.0	9.0	20.3 %	90.0 %
0.7	-1.9	-2.4	10.5	23.6 %	105.0 %
0.8	-0.7	-2.7	12.0	27.0 %	120.0 %
0.9	0.5	-3.0	13.5	30.4 %	135.0 %
1	1.6	-3.4	15.0	33.8 %	150.0 %
1.1	2.8	-3.7	16.5	37.1 %	165.0 %
1.2	4.0	-4.1	18.0	40.5 %	180.0 %
1.3	5.1	-4.4	19.5	43.9 %	195.0 %
1.4	6.3	-4.7	21.0	47.3 %	210.0 %
1.5	7.4	-5.1	22.5	50.6 %	225.0 %

Si en principe, ces effets sur le bien-être sont à prendre en compte lorsqu'il est question du bien-être d'un agriculteur donné comme c'est le cas ici, d'autres considérations s'imposent quand des projets publics sont étudiés au niveau agrégé. C'est alors que les concepts de partage et de mutualisation des risques deviennent importants. Dans certains cas, on peut affirmer que ces éléments de risque ne sont pas pertinents pour l'évaluation des politiques publiques. Indépendamment de cela, l'analyse qui précède montre clairement que lorsque les avantages des projets sont incertains, il convient au moins de calculer et d'utiliser l'espérance dans l'évaluation des projets. Le partage et la mutualisation des risques sont étudiés plus loin.

Avant d'analyser ces questions de façon plus approfondie, intéressons-nous à une dimension différente de l'évaluation d'un projet en situation de risque : la valeur de l'élimination du risque. La section suivante porte sur cette dimension dans le cas de l'élimination du risque d'inondation.

9.5.2. *Consentement à payer total pour éliminer le risque d'inondation*

L'exemple précédent portait sur l'évaluation d'un investissement dont le gain était risqué et corrélé avec le revenu de référence. La corrélation avec le revenu de référence était généralement négative et la variation du bien-être générée par le projet était supérieure à l'espérance du gain (qui était négative). Des méthodes similaires auraient pu être appliquées à l'évaluation d'un projet positivement corrélé avec le revenu de référence, projet qui donc accroît les risques pour l'économie.

Toutefois, de nombreux projets publics visent à éliminer entièrement le risque. Ils ont par conséquent des effets importants, et non marginaux, sur le bien-être espéré. Les dispositifs de protection contre les inondations en sont un bon exemple. Dans de tels cas, il peut être nécessaire de mesurer les avantages en termes de bien-être générés par l'élimination totale des risques, plutôt que de corriger la nature risquée des coûts et des avantages du projet comme expliqué plus haut.

Kind et al. (2016) définissent clairement la marche à suivre pour réaliser une ACA de l'élimination du risque d'inondation tout en tenant compte de l'aversion au risque à l'aide des instruments décrits précédemment. Cet exemple illustre la manière dont tous les concepts présentés jusqu'ici peuvent être utilisés. Il met également en lumière les erreurs susceptibles de survenir lorsque l'on utilise l'espérance de variables incertaines au lieu d'évaluer explicitement les effets du risque sur le bien-être.

Supposons que la société soit confrontée à un risque d'inondation, dont la matérialisation entraînerait une perte de biens et de services. Le tableau 9.3 donne les informations précises associées à cet exemple. En l'absence d'inondation, les ménages ne supportent aucun dommage et leur niveau de consommation est de 100. En cas d'inondation, ils subissent des pertes de 90 et leur niveau de consommation n'est plus que de 10. L'inondation se produit avec une probabilité $p = 0.2$. La consommation espérée est de 82, si bien que les dommages espérés sont de 18 (= 100-82). On suppose que l'utilité est isoélastique avec $\eta = 1.2$.

Tableau 9.3. **Exemple dans le cas d'un risque d'inondation : matrice des gains, espérance et équivalent-certain**

	Gains	Probabilités	Dommages		Utilité	
Inondation	10.0	0.2	90.0		0.84	
Absence d'inondation	100.0	0.8	0.0		2.01	
					Utilité espérée	1.78
Mesures du bien-être	Gain espéré	82	Dommages espérés	18	Équivalent-certain	57.5
					Prime de risque	24.5

Le tableau 9.3 fournit assez d'informations pour évaluer le consentement à payer, et donc les avantages associés à l'élimination du risque d'inondation par la mise en place de dispositifs de protection. Il convient de remarquer tout d'abord que l'équivalent-certain est calculé comme suit[4] :

$$U(Y_E) = EU(\tilde{Y})$$

$$\Rightarrow Y_E = U^{-1}\left[EU(\tilde{Y})\right] = (1-\eta)\left[p(10)^{1-\eta} + (1-p)(100)^{1-\eta} + 4\right]^{\frac{1}{1-\eta}}$$

$$= 57.5$$

La prime de risque est donc :

$$RP = \bar{Y} - Y_E$$

$$\Rightarrow 82 - 57.5 = 24.5$$

L'importante prime de risque positive indique un fort consentement à payer pour l'élimination du risque associé à l'inondation. Cependant, sachant que l'élimination totale du risque supprimerait aussi les dommages espérés, la valeur associée à l'élimination de ces derniers devrait également être ajoutée à la prime de risque pour obtenir le gain total en termes de bien-être. Le consentement à payer total (CAPT) pour éliminer le risque d'inondation est déterminé ainsi :

$$\begin{aligned} \text{CAPT} &= \text{Dommages espérés} + \text{Prime de risque} \\ &= 18 \qquad\qquad\qquad + 24.5 \\ &= 42.5 \end{aligned}$$

En substance, même si l'aversion au risque est plutôt faible ($\eta = 1.2$), si l'analyse ne porte que sur les avantages espérés du dispositif de protection contre les inondations, elle ne fait apparaître qu'une partie des avantages du projet en termes de bien-être. Kind et al. (2016) expliquent que ce qu'ils appellent le « multiplicateur de prime de risque » (MPR) constitue un bon indicateur synthétique de l'erreur résultant du fait de ne prendre en compte que les valeurs espérées. Dans cet exemple numérique, le rapport s'élève à 2.3 (= 42.5/18). Cet indicateur correspond à la grandeur par laquelle il faut multiplier les dommages espérés pour obtenir une mesure adéquate du bien-être dans le cas d'un projet d'élimination du risque. L'indicateur est défini comme suit quand l'utilité est isoélastique (pour la dérivation, voir annexe) :

$$MPR = \frac{1-\left[1+p\left\{(1-z)^{1-\eta}-1\right\}\right]^{\frac{1}{1-\eta}}}{p.z} \qquad [9.11]$$

où p est la probabilité qu'une inondation se produise, et z, la proportion de la consommation perdue à cause de l'inondation : ici, z = 90/100 = 0.9. Le graphique 9.1 montre comment cette erreur varie avec l'aversion au risque et avec les risques auxquels la société est confrontée (la part du revenu perdue à cause de l'inondation). Le graphique 9.1 montre qu'en ignorant l'aversion pour le risque dans l'analyse du bien-être, on sous-estime les gains de bien-être découlant de la réduction du risque, surtout lorsque les risques (dommages potentiels) et l'aversion au risque sont élevés.

Graphique 9.1. **Multiplicateur de prime de risque**

Comme fonction de la proportion : du revenu perdu à cause de l'inondation (à gauche) ; de l'aversion relative au risque (à droite)

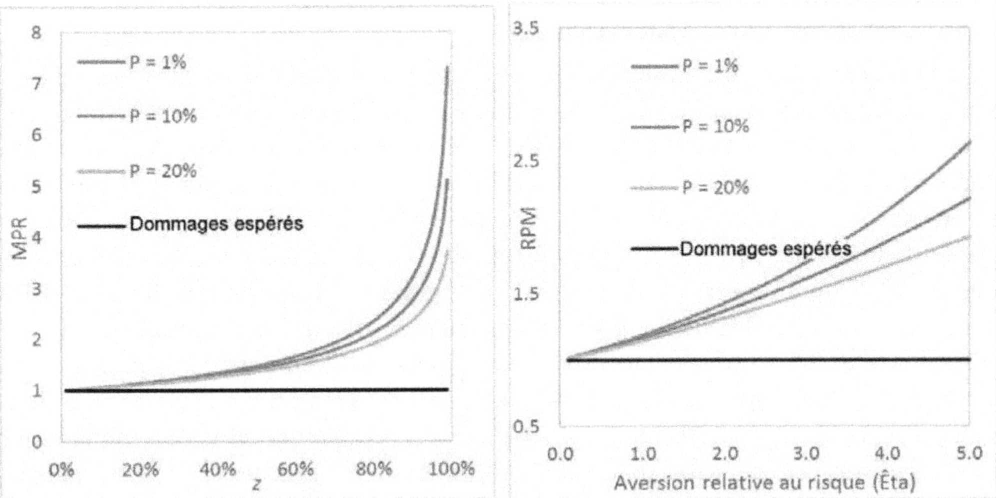

9.6. Risque dans le secteur public : le théorème d'Arrow-Lind

Revenons à l'équation [9.8] ci-dessus, reproduite ici pour plus de commodité :

$$\Delta W^{*} = \mu_{NB} - \frac{1}{2\overline{Y}}\eta\sigma_{NB}^{2} - \frac{1}{\overline{Y}}\eta\sigma_{Y,NB}$$

Cette section étudie l'importance des deux primes de risque dans le cas de l'évaluation de politiques publiques (le deuxième et le troisième terme du membre de droite de [9.8]). La première prime de risque est liée à la variance du projet lui-même et la deuxième traduit la corrélation entre les risques liés au projet et, dans le cas d'une politique publique, le revenu *national* Y. Deux arguments sont généralement utilisés pour défendre l'idée que ces deux primes de risque ne sont pas pertinentes dans le cas de l'évaluation des projets publics.

Tout d'abord, comme laissé entendre plus haut, la première prime de risque représente les risques *spécifiques* ou diversifiables sur l'ensemble du portefeuille de projets dont disposent les pouvoirs publics. Cela signifie que les effets de ces risques se compensent si l'on considère l'ensemble des nombreux projets mis en œuvre, si bien que globalement, ces risques sont négligeables. En second lieu, selon le théorème d'Arrow-Lind (Arrow et Lind, 1971), à partir du moment où le risque agrégé est partagé entre un grand nombre d'individus au sein de la société, les risques deviennent infimes au niveau agrégé.

Cette idée générale peut être appliquée à l'exemple du dispositif de protection contre les inondations présenté dans les tableaux 9.1 et 9.2[5]. Si les risques uniquement associés au projet étaient partagés entre deux parties, de telle sorte que les pertes s'élèveraient à 50 GBP lorsque la conjoncture est mauvaise et les gains, de 175 GBP lorsque la conjoncture est favorable, alors la variance de ce risque serait divisée par quatre. Le rythme de diminution du risque est égal au nombre de personnes qui supportent ce risque au carré et il baisse jusqu'à disparaître à toutes fins pratiques conformément à l'idée générale du théorème.

La deuxième prime de risque concerne la corrélation entre les avantages nets du projet et, dans le cas des politiques publiques, le revenu national ou l'économie en général. Il s'agit de risques qui ne sont pas considérés comme spécifiques, mais comme *systématiques*. Par le passé, il a été allégué que cet élément de risque était généralement faible, compte tenu de la petite taille d'un grand nombre de projets par rapport à l'ensemble de l'économie. C'est pourquoi il est souvent ignoré. Le Green Book du Trésor britannique, par exemple, adopte cette position en matière de risques systématiques. Cependant, un certain nombre de pays tiennent compte des risques systématiques.

Le théorème d'Arrow-Lind, sur lequel s'appuie l'idée selon laquelle le risque systématique est négligeable, exerce une influence considérable dans le domaine de l'ACA. Ce théorème a pourtant toujours été remis en question, en raison de certaines des hypothèses requises dans le cas du partage du risque dans le secteur public. Selon certains, il est irréaliste de supposer que les risques diversifiables de projets particuliers seront partagés de la manière indiquée par Arrow et Lind (1970). Par ailleurs, selon Baumstark et Gollier (2014), l'hypothèse selon laquelle les avantages des investissements privés et publics seraient indépendants les uns des autres est aussi irréaliste. En résumé, ces arguments signifient que les deux primes de risque figurant dans [9.8] devraient également être prises en compte dans l'ACA. Ignorer ces primes de risque entraînerait une mauvaise sélection des projets publics et ferait courir le risque que les pouvoirs publics retiennent un portefeuille de projets accroissant le risque macroéconomique, par exemple dans les transports et l'énergie.

9.7. Analyse de sensibilité

En cas d'incertitude sur la valeur de certains paramètres clés dans l'ACA, une analyse de sensibilité peut permettre de mieux comprendre quelle est la sensibilité de la VAN d'un projet donné, d'un coût ou d'un avantage particulier, aux variations d'un paramètre. Il s'agit d'une méthode quelque peu arbitraire et particulière qui n'a pas la signification en termes de bien-être mise en évidence dans les sections précédentes, mais elle permet aux spécialistes d'avoir une idée de l'importance de certaines hypothèses dans le calcul de la VAN de référence.

L'analyse suivante prend la production d'énergie nucléaire comme exemple de projet caractérisé par des incertitudes sur le flux des coûts et des avantages dans le temps, en particulier sur les *coûts de démantèlement*. Par ailleurs, en raison de la durée des horizons temporels associés à la production d'énergie nucléaire et au démantèlement des installations, de tels projets ont tendance à être sensibles au *taux d'actualisation* choisi.

Dans une analyse de sensibilité par rapport à ces deux paramètres, deux concepts se révèlent importants : la *valeur seuil* et le *ratio seuil*. Une valeur seuil correspond à la valeur d'un paramètre pour laquelle la VAN change de signe ; le ratio seuil indique la variation proportionnelle du paramètre qui est nécessaire, à partir de la valeur de référence, pour que la VAN change de signe. L'exemple suivant présente ce que l'on appelle une *analyse de sensibilité brute*, portant sur la sensibilité de la VAN.

9.7.1. *Énergie nucléaire : sensibilité au taux d'actualisation et aux coûts de démantèlement*

Le graphique 9.2 représente l'estimation des flux de trésorerie associés à une centrale nucléaire. Ces valeurs sont données uniquement à titre indicatif, car les estimations datent du début des années 2000. Elles proviennent du rapport sur l'énergie de l'Unité performance et innovation du Cabinet Office publié en 2002 (PIU, 2002)[6]. Le graphique met en évidence une longue période, d'environ 6 ans, marquée par des coûts d'investissement suivie d'une période de production de 40 ans durant laquelle les avantages nets sont positifs. Après celle-ci vient une longue période de démantèlement, également caractérisée par des coûts. Globalement, l'horizon temporel de cette ACA est d'environ 120 ans.

Graphique 9.2. **Flux de trésorerie associés à une centrale nucléaire**

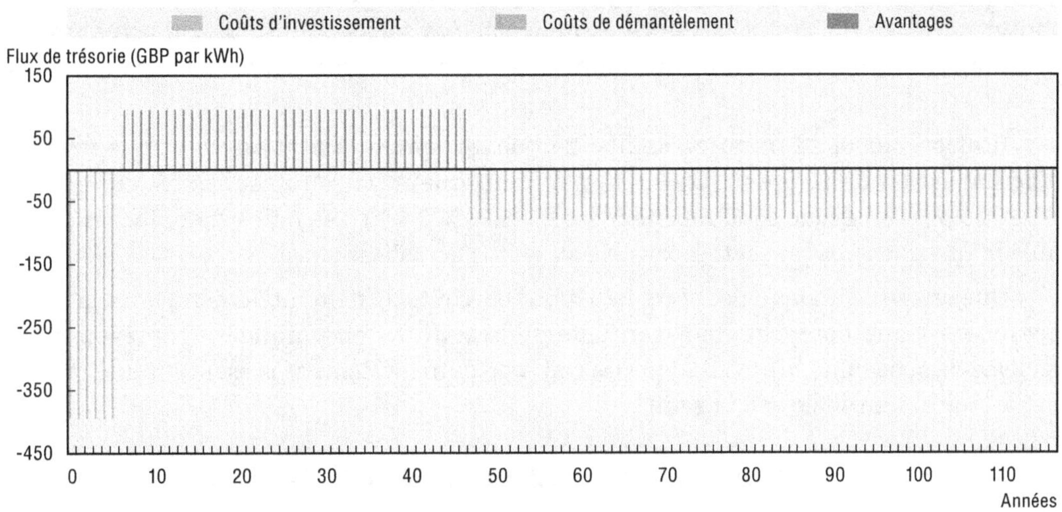

Source : Pearce et al., 2003 ; PIU, 2002.

Le graphique 9.3 représente l'analyse de sensibilité associée à la centrale nucléaire. L'analyse de sensibilité indique que la VAN est très sensible au taux d'actualisation, mais selon une logique imprévue. Lorsque ce taux est égal à 0 %, la VAN est négative, ce qui signifie que la somme brute des flux de trésorerie est négative, principalement en raison de la durée du démantèlement et des coûts qu'il suppose dans le futur. Cependant, quand on applique un taux d'actualisation plus élevé, la VAN augmente, étant donné que la valeur actuelle de ces coûts est actualisée à des taux plus élevés encore. La valeur seuil est de 2.25 %, au-delà de celle-ci la VAN est positive. Cette relation positive entre le taux d'actualisation et la VAN découle du fait que les avantages nets du projet de centrale nucléaire changent de signe à deux reprises. Au-delà d'une certaine valeur, l'augmentation du taux d'actualisation a pour effet de réduire la VAN, comme cela se produirait dans un

Graphique 9.3. **Analyse de sensibilité : taux d'actualisation**

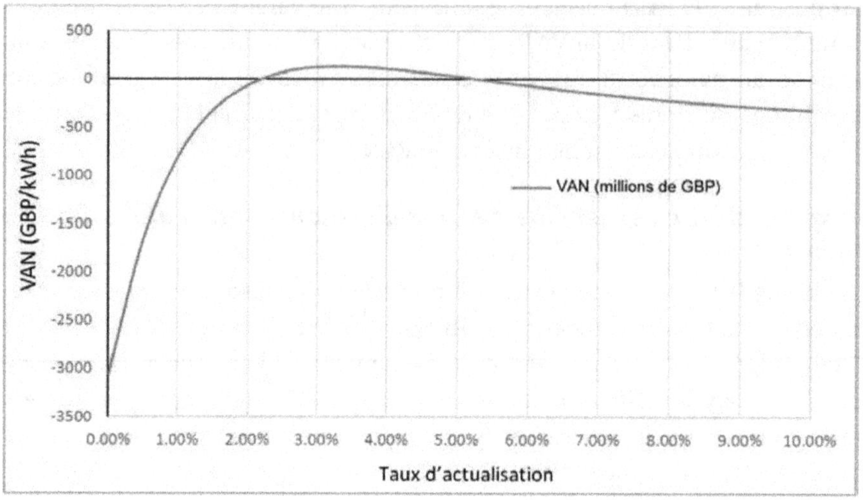

projet d'investissement standard sans coûts en fin de période. Lorsque le taux d'actualisation des avantages futurs atteint 5.25 %, la VAN change de signe une nouvelle fois. L'analyse de sensibilité révèle des aspects du projet dont l'analyste aurait pu ne pas avoir conscience. Tout d'abord, l'existence de deux valeurs seuils pour le taux d'actualisation, et ensuite, le fait qu'il n'existe qu'une fourchette étroite de taux d'actualisation pour lesquels la VAN > 0.

Il existe aussi deux ratios seuils. Le gouvernement britannique utilise un taux d'actualisation de référence de 3.5 %, par conséquent, le ratio seuil inférieur est 0.64 (2.25 %/3.5 %), et le ratio seuil supérieur est 1.5 (5.25 %/3.5 %). Ces ratios sont proches de 1 ce qui indique que le projet est très sensible au taux d'actualisation.

Une analyse similaire peut être faite pour les coûts de démantèlement, dont la valeur actuelle est une composante essentielle de la VAN. Le graphique 9.4 représente une analyse de sensibilité brute relative aux coûts de démantèlement présentant une relation monotone et une seule valeur seuil.

Graphique 9.4. **Analyse de sensibilité : coûts de démantèlement**

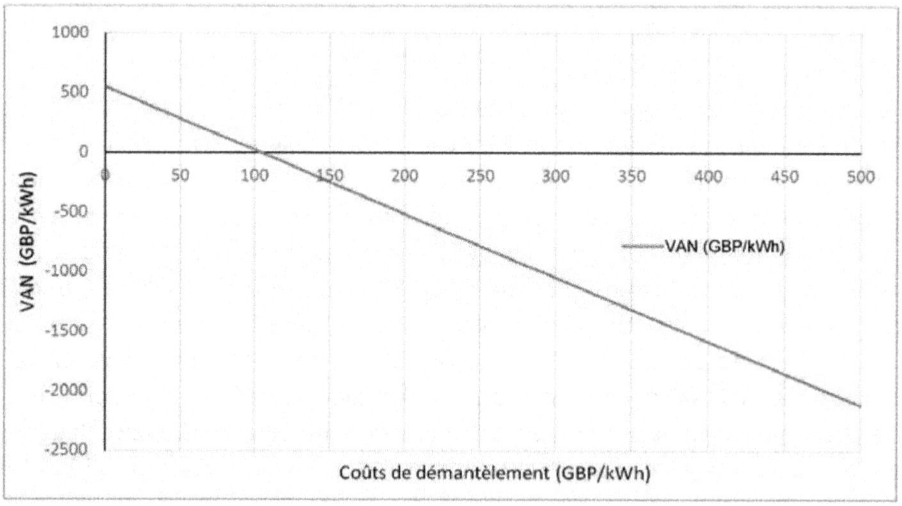

Il est possible réaliser des analyses de sensibilité plus compliquées et de calculer de meilleures mesures de la sensibilité. On pourrait, par exemple, soumettre le projet à un *test de résistance* consistant à tester la VAN au regard des scénarios optimiste et pessimiste pour telle ou telle variable, ou pour l'ensemble des variables.

L'analyse de sensibilité fournit des informations utiles sur la robustesse de la VAN par rapport à diverses hypothèses concernant des variables qui sont considérées comme incertaines (prix, coûts, horizons temporels pour la construction, etc.). Néanmoins, les variations des variables sont plutôt *ad hoc* et elles sont à la discrétion de l'analyste. Ainsi, l'analyse précédente ne permet pas d'avoir une idée de la probabilité que le taux d'actualisation soit compris entre 2.25 % et 5.25 % ni que les coûts de démantèlement soient inférieurs à 100 GBP par kWh. Il pourrait être souhaitable de déterminer la probabilité que ces variables prennent des valeurs particulières et ainsi avoir une idée de la probabilité que ces variables prennent des valeurs proches des valeurs seuils. C'est ce que permet la méthode de Monte Carlo[7].

9.8. La méthode de Monte Carlo

L'analyse de Monte Carlo se sert d'estimations des distributions de probabilité des coûts et des avantages, ainsi que d'autres paramètres utilisés dans l'ACA, pour réaliser une analyse probabiliste de la VAN d'un projet particulier. Les distributions de probabilité des coûts ou du taux d'actualisation, par exemple, fournissent des informations sur la probabilité des différents scénarios envisageables, comme le fait que les coûts de démantèlement soient élevés, et ces informations permettent de déterminer une distribution de probabilité de la VAN. La méthode de Monte Carlo suit les étapes suivantes :

1. estimer les distributions de probabilité des paramètres d'intérêt. Lorsque des paramètres sont susceptibles d'être corrélés, on estime les distributions de probabilité jointe ;
2. tirer au sort un échantillon de valeurs des paramètres concernés de taille n ;
3. estimer la VAN n fois en utilisant les valeurs de paramètres tirées au sort ;
4. calculer la VAN moyenne sur les n estimations et enregistrer cette valeur ;
5. répéter m fois jusqu'à pouvoir établir la distribution de probabilité de la VAN moyenne en fonction des paramètres incertains avec une taille d'échantillon n et m répétitions ;
6. évaluer la probabilité que la VAN soit positive ou négative.

La difficulté de la méthode de Monte Carlo est parvenir à refléter de façon précise les fonctions de densité de probabilité associées aux paramètres concernés. On peut se référer aux données historiques, aux avis d'experts ou aux résultats expérimentaux quand on étudie des paramètres de préférence comme l'aversion au risque. La méthode est généralement appliquée en utilisant une représentation « déterministe » du bien-être plutôt que l'approche par l'utilité espérée. Cependant, ce n'est pas toujours le cas, et il est aussi possible de prendre en compte les paramètres de préférence, comme l'aversion au risque, dans l'analyse de Monte Carlo. C'est l'approche adoptée dans un certain nombre de modèles d'évaluation intégrés (Stern, 2007, par exemple).

Pour illustrer cette technique, nous continuons d'utiliser l'exemple de la centrale nucléaire présenté plus haut, pour nous intéresser aux deux variables auxquelles la VAN de ce projet est manifestement sensible : le taux d'actualisation et les coûts de démantèlement.

9.8.1. Énergie nucléaire : simulations de Monte Carlo pour les taux d'actualisation et les coûts de démantèlement

Dans le cadre de la méthode de Monte Carlo, la distribution de probabilité jointe pour le taux d'actualisation et les coûts de démantèlement est définie selon le tableau 9.4. Si les chiffres concernant les coûts de démantèlement sont centrées sur les valeurs présentées sur le graphique 9.2, les écarts types qui leur sont associés sont seulement indicatifs. On pourrait imaginer obtenir une distribution de ces coûts à partir des avis des experts. Ces avis diffèreraient selon la nature du projet et les attentes en matière d'évolution future des technologies. Le taux d'actualisation, en revanche, est proche de 3.5 %, taux utilisé par le Trésor britannique et la valeur de l'écart type repose sur divers avis d'experts dans le domaine du taux d'actualisation social que l'on trouve dans Drupp et al. (2017). Pour estimer ces paramètres, on pourrait tout aussi facilement utiliser des données historiques sur les taux d'intérêt si la politique était d'utiliser les taux d'intérêt pour déterminer le taux d'actualisation sociale comme aux États-Unis (Groom et Hepburn, 2017). Le code STATA pour la simulation de Monte Carlo figure à l'annexe 3. Les données sont disponibles sur demande.

Tableau 9.4. **Valeurs des paramètres pour la simulation de Monte Carlo**

	Taux d'actualisation (%)	Coûts de démantèlement (GBP/kWh)
Moyenne	3.5	80
Écart type	2.5	50
Coefficient de corrélation	+/0.7	
Taille de l'échantillon	1 000	
Nombre de répétitions	1 000	

Enfin, deux simulations qui diffèrent en termes de corrélation entre les taux d'actualisation et les coûts de démantèlement sont présentées ici. Dans la première simulation, les variables sont supposées être corrélées positivement tandis que dans la seconde elles sont supposées être corrélées négativement. Là encore, on ne dispose pas de source d'information claire sur ce sujet, aussi les simulations illustrent-elles simplement les implications des corrélations positives ou négatives entre les deux paramètres aléatoires. Pour la taille de l'échantillon n et le nombre de répétitions, on a choisi la valeur 1 000. Les graphiques 9.5 et 9.6 représentent les simulations de distribution de la VAN moyenne.

Le graphique 9.5 représente la distribution de la VAN dans la simulation 1, où par hypothèse le taux d'actualisation et les coûts de démantèlement sont corrélés négativement[8]. Ici, les valeurs de la VAN sont centrées au-dessous de zéro. La VAN moyenne est à peu près égale à 200 GBP, et la médiane, approximativement égale à 150 GBP. Ainsi, dans plus de 50 % des simulations, la VAN moyenne est négative. Cela indique une incertitude considérable autour d'une valeur moyenne nulle. Le projet ne semble pas pertinent.

Le graphique 9.6 montre les résultats de la simulation 2 où par hypothèse le taux d'actualisation et les coûts de démantèlement sont positivement corrélés. Avec une corrélation positive, une valeur élevée du taux d'actualisation est associée à une valeur élevée des coûts de démantèlement, et inversement. La queue de la distribution de la VAN a alors tendance à s'allonger, si bien qu'il existe une probabilité positive d'obtenir de très mauvais résultats, c'est-à-dire des VAN négatives importantes. La moyenne et la médiane ne prennent pas des valeurs très différentes de celles obtenues dans la simulation 1, mais cette distribution décalée présentant une queue de distribution étendue vers la gauche constitue un avertissement pour un gestionnaire prudent.

Graphique 9.5. **VAN avec corrélation négative entre taux d'actualisation et coûts de démantèlement (r = -0.7)**

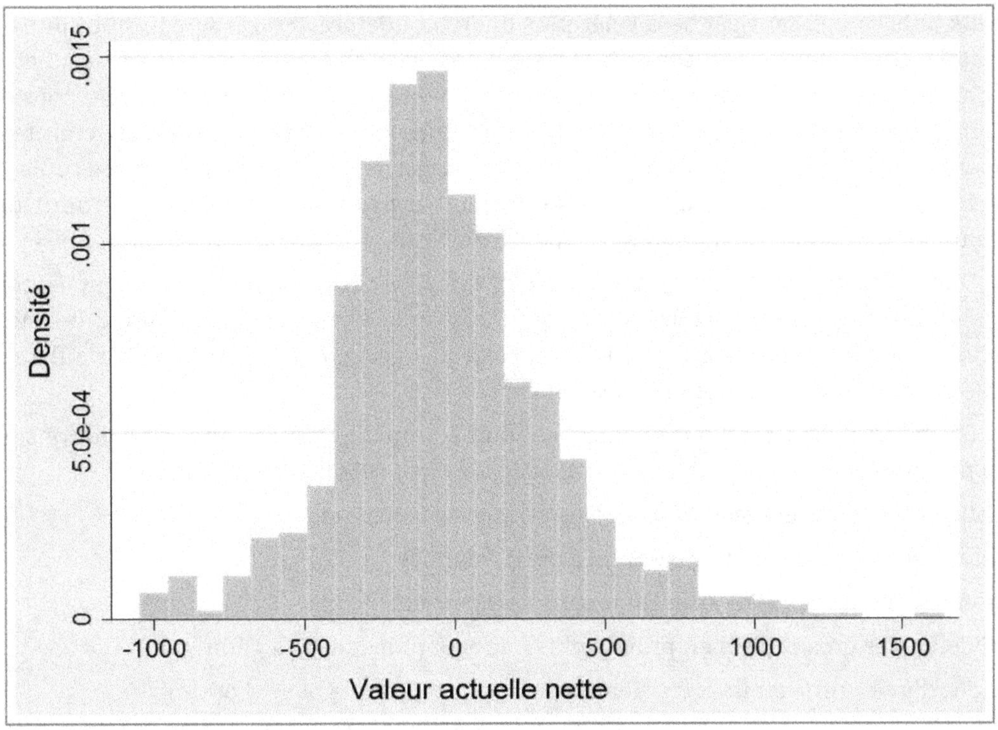

Graphique 9.6. **VAN avec corrélation positive entre taux d'actualisation et coûts de démantèlement (r = 0.7)**

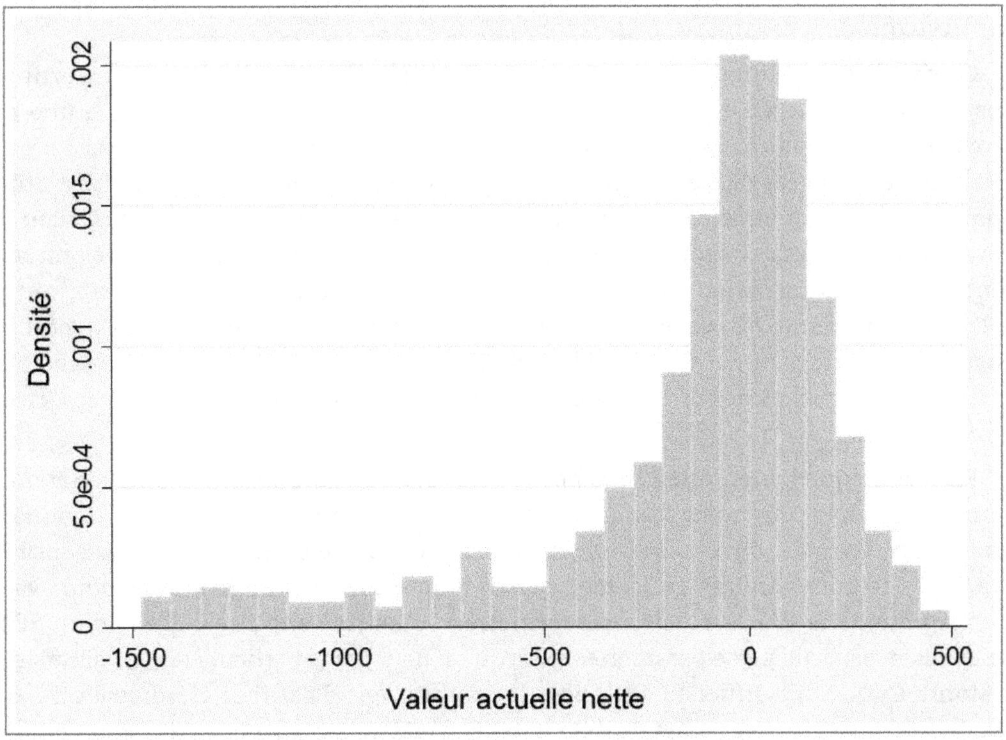

9.9. Le biais d'optimisme

Les travaux de Flyvbjerg (2009) mettent en évidence la constance avec laquelle les projets publics finissent par se révéler plus onéreux que prévu dans le descriptif initial du projet. Le Green Book du Trésor britannique (HMT 2003, ch.7, p.85) consacre à ce sujet une section entière de son chapitre sur l'incertitude. Le biais d'optimisme est souvent considéré comme la principale caractéristique de l'incertitude et comme la principale crainte des responsables politiques qui ont peur que les avantages soient plus faibles, ou les coûts plus élevés, que prévu. Le fait que ce phénomène se produise systématiquement dans l'évaluation des projets justifie que ce type d'incertitude soit qualifié de « biais ».

Dans l'évaluation d'un projet, le biais d'optimisme concerne principalement les coûts, mais il peut aussi porter sur les avantages. Lors de la phase de planification, le coût du capital est souvent mal défini et parfois il n'est pas pris en considération. Par ailleurs, la durée des travaux est souvent sous-estimée.

La crainte d'un biais d'optimisme a conduit à proposer toutes sortes de solutions pour s'en prémunir, certaines plus sommaires que d'autres (HMT, 2003, pp. 85-87) :

- collecte des données les plus fiables sur les avantages nets ;
- adoption de systèmes de gestion des performances ;
- nomination de gestionnaires de projets compétents ;
- division des gros projets en projets plus petits et plus faciles à gérer ;
- ajout d'une prime au taux d'actualisation pour refléter le biais d'optimisme.

Ces méthodes sont analysées dans HMT (2003). En règle générale, il n'est pas recommandé d'utiliser le taux d'actualisation pour tenir compte du biais d'optimisme, méthode qui revient à traiter tous les avantages nets des projets de la même manière et à ignorer le fait que le biais d'optimisme varie d'un projet à un autre.

9.10. Conclusions

Ce chapitre constituait une introduction aux méthodes de gestion des incertitudes dans l'ACA. L'accent a été mis sur la théorie de l'utilité espérée, qui constitue une base théorique solide pour s'éloigner de la simple utilisation de l'espérance dans un cadre déterministe en faveur d'une estimation des corrections en termes de bien-être à utiliser dans l'ACA. Les économistes recommandent habituellement de recourir aux avantages nets en équivalent-certain pour analyser des projets publics. Plusieurs exemples pratiques, montrant comment réaliser ce type de corrections en termes de bien-être, ont été expliqués. Déterminer des valeurs en équivalent-certain suppose de faire des hypothèses audacieuses concernant la nature de la fonction d'utilité de la société et de réaliser des estimations complexes des distributions de probabilité des variables risquées associées à un projet donné.

Plus classiques, bien que plus spécifiques, sont les méthodes visant à examiner comment la VAN d'un projet change sous l'effet de la variation de certains paramètres primordiaux. L'analyse de sensibilité donne une indication de ce que peut être la sensibilité de la VAN à certains paramètres. La méthode de Monte Carlo peut être utilisée pour évaluer la sensibilité de la VAN à plusieurs paramètres en se fondant sur la probabilité d'une combinaison particulière de paramètres. Bien qu'un peu moins particulières, les simulations de Monte Carlo sont difficiles à réaliser lorsqu'il s'agit d'estimer les distributions de probabilité de certains des paramètres dont dépend la VAN. Les exemples tirés d'un projet de centrale nucléaire montrent comment il est possible d'utiliser cette méthode et d'en interpréter les résultats.

Naturellement, privilégier l'économie du bien-être mathématique et sur la théorie de l'utilité espérée ne doit pas pour autant conduire à ignorer le fait que de nombreux autres principes peuvent s'appliquer dans l'ACA pour prendre une décision en situation d'incertitude, comme la devise « la sécurité d'abord » et le principe de précaution. Même dans ce cas, l'analyse économique peut aider à préciser ce que ces principes signifient et les arbitrages qu'ils supposent. Concernant le principe de précaution, le chapitre suivant montre que ce principe peut être compris dans le cadre de la valeur d'option.

Notes

1. Il convient de noter que l'on a utilisé ici un développement limité de Taylor d'ordre 2. Il est possible de recourir à des développements d'ordre supérieur lorsque les préférences pour des moments de la distribution plus élevés sont jugées importantes. Groom et al. (2008) exposent le raisonnement théorique et proposent une application à l'agriculture.
2. Une autre façon d'exprimer ce critère est de remarquer que ΔW^* correspond à la définition de l'équivalent-certain de la variable *AN* :

$$E[U(Y+AN)]-E[U(Y)]=E[U(Y+\Delta W^*)]-E[U(Y)]$$

$$\Rightarrow$$

$$E[U(Y+AN)]=E[U(Y+\Delta W^*)]$$

3. Cet exemple approfondit celui présenté au chapitre 13 de Dinwiddy et Teal (1996).
4. L'utilité est rééchelonnée en ajoutant 4 unités d'utilité dans cet exemple numérique.
5. Cet exemple est tiré de Dinwiddy et Teal, 1996, p. 230.
6. En réalité, à des fins d'illustration, on a ajouté dans chaque cas 1 000 GBP par kWh à la VAN dans cet exemple numérique afin que la VAN soit positive dans une partie de l'analyse de sensibilité. Les données brutes de PIU (2002) ne permettaient pas d'obtenir une VAN positive.
7. Staehr (2006) fournit des précisions sur l'analyse de sensibilité.
8. La distribution des paramètres est présentée à l'annexe 9.A3.

Références

Andreoni, J. et C. Sprenger (2012), « Estimating Time Preferences from Convex Budgets », *American Economic Review*, vol. 102, n° 7, pp. 3333-3356, *http://dx.doi.org/10.1257/aer.102.7.3333.*

Dinwiddy, C. et F. Teal (1996), *Principles of Cost Benefit Analysis for Developing Countries*, Cambridge University Press, Cambridge.

Drupp, M. et al. (2017), « Discounting Disentangled: An Expert Survey on the Components of the Long Term Social Discount Rate », à paraître in *American Economic Journal: Economic Policy* ; version document de travail : Drupp, M. et al. (2015), Grantham Research Institute on Climate Change and the Environment *Working Paper, n° 172, www.lse.ac.uk/GranthamInstitute/wp-content/uploads/2015/06/Working-Paper-172-Drupp-et-al.pdf.*

Stehr, K. (2006), « Risk and Uncertainty in Cost Benefit Analysis », *Toolbox paper*, Environmental Assessment Institute, Copenhague, *www.ttu.ee/public/k/karsten-staehr/2006_Staehr_-_Risk_and_uncertainty_in_cost_benefit_analysis.pdf.*

Flyvbjerg, B. (2009), « Survival of the unfittest: Why the worst infrastructure gets built – and what we can do about it », *Oxford Review of Economic Policy*, vol. 25, n° 3, pp. 344-367, *http://dx.doi.org/10.1093/oxrep/grp024.*

Groom, B. et D.J. Maddison (2017), « Four New Estimates of the Elasticity of Marginal Utility for the UK », à paraître in *Environmental and Resource Economics* ; version document de travail : Groom et Maddison (2013), « Non-identical Quadruplets: Four New Estimates of the Elasticity of Marginal

Utility for the UK », *Centre for Climate Change Economics and Policy Working Paper*, n° 141, Centre for Climate Change Economics and Policy, *www.lse.ac.uk/GranthamInstitute/publication/non-identical-quadruplets-four-new-estimates-of-the-elasticity-of-marginal-utility-for-the-uk-working-paper-121/*.

Groom, B. et al. (2008), « The Story of the Moment: Risk Averse Cypriot Farmers respond to Drought Management », *Applied Economics*, vol. 40, pp. 315-326, *http://dx.doi.org/10.1080/00036840600592916*.

Groom, B. et C. Hepburn (2017), « Looking back at social discount rates: The influence of papers, presentations and personalities on policy », *Review of Environmental Economics and Policy*, vol. 11, n° 2, 1 juillet 2017, pp. 336-356, *https://doi.org/10.1093/reep/rex015*.

Harrison, G.W. et al. (2005), « Eliciting Risk and Time Preferences Using Field Experiments: Some Methodological Issues », in Carpenter, J.P., G.W. Harrison et J.A. List (dir. pub.), *Field Experiments in Economics*, Elsevier, Amsterdam.

Harrison, G.W. et al. (2002), « Estimating Individual Discount Rates in Denmark: A Field Experiment », *American Economic Review*, vol. 92, n° 5, pp. 1606-1617, *http://dx.doi.org/10.1257/000282802762024674*.

HM Treasury (2003), *The Green Book: Appraisal and Evaluation in Central Government*, HM Treasury, Londres, *www.gov.uk/government/uploads/system/uploads/attachment_data/file/220541/green_book_complete.pdf*.

Holt, C.A. et S.K. Laury (2002), « Risk Aversion and Incentive Effects », *American Economic Review*, vol. 92, n° 5, pp. 1644-1655, *http://dx.doi.org/10.1257/000282802762024700*.

Kind, J. et al. (2016), « Accounting for risk aversion, income distribution and social welfare in cost-benefit analysis for flood risk management », *WIREs Climate Change 2017*, 8:e446, *http://onlinelibrary.wiley.com/doi/10.1002/wcc.446/epdf*.

Pearce, D. et al. (2003), « Valuing the Future: Recent Advances in Social Discounting », *World Economics*, vol. 4, n° 2, pp. 121-141, *www.world-economics-journal.com/Pages/Download.aspx?AID=141*.

PIU (2002), *The Energy Review*, Cabinet Office, Performance and Innovation Unit, Londres, *www.gci.org.uk/Documents/TheEnergyReview.pdf*.

Stern, N. (2007), *The Stern Review on the Economics of Climate Change*, Cambridge University Press, Cambridge, *www.cambridge.org/catalogue/catalogue.asp?isbn=9780521700801*.

ANNEXE 9.A1

Primes de risque

La variation du bien-être :

$$\Delta W = E\left[U(Y + AN)\right] - E\left[U(Y)\right]$$

peut être réécrite sous la forme d'une série de Taylor :

$$\Delta W = U'\left(E[Y]\right)E[AN] + \frac{1}{2}U''\left(E[Y]\right)VAR(AN) + U''\left(E[Y]\right)VAR(Y,AN)$$

Il est possible de convertir la variation du bien-être en unités de consommation, dans lesquelles sont exprimées AN et Y, en divisant par l'utilité marginale $U'(Y)$ pour obtenir :

$$\Delta W^{*} = E[AN] + \frac{1}{2}\frac{U''\left(E[Y]\right)}{U'\left(E[Y]\right)}VAR(AN) + \frac{U''\left(E[Y]\right)}{U'\left(E[Y]\right)}VAR(Y,AN) \quad [9.A1.1]$$

ce qui est équivalent à l'équation [9.8] du texte. Pour plus de détails sur cette question, voir Dinwiddy et Teal (1996) (annexe au chapitre 14).

ANNEXE 9.A2

Le multiplicateur de prime de risque

Le multiplicateur de prime de risque (MPR) est obtenu à partir du ratio du consentement à payer total (CAPT) sur les dommages espérés (DE). CAPT correspond à la différence entre le revenu en l'absence d'inondation et l'équivalent-certain CAPT = M – C_E, si bien que le ratio par rapport aux dommages espérés est :

$$\frac{CAPT}{DE} = \frac{M - C_E}{pD} \qquad [9.A2.1]$$

L'équivalent-certain, dans le cas de préférences isoélastiques, est :

$$C_E = \left[p(M-D)^{1-\eta} + (1-p)(M)^{1-\eta}\right]^{\frac{1}{1-\eta}}$$

En divisant par M on obtient :

$$\frac{C_E}{M} = \left[p\left(\frac{M-D}{M}\right)^{1-\eta} + (1-p)\left(\frac{M}{M}\right)^{1-\eta}\right]^{\frac{1}{1-\eta}}$$

$$= \left[1 + p\left((1-z)^{1-\eta} - 1\right)\right]^{\frac{1}{1-\eta}}$$

avec $z = D / M$. Les dommages espérés par unité de revenu correspondent à $E[D] = pD$, et par unité du revenu total on obtient $E[D] / M = p.z$. Ayant divisé par M le numérateur et le dénominateur des membres de l'équation [9.A2.1], on peut réécrire MPR comme dans le texte :

$$MPR = \frac{CAPT}{DE} = \frac{\left[1 + p\left((1-z)^{1-\eta} - 1\right)\right]^{\frac{1}{1-\eta}}}{p.z} \qquad [9.A2.2]$$

ANNEXE 9.A3

Simulation de Monte Carlo : code stata et distribution

```
****************************************************************************************************
*Commencer la simulation avec 1 000 itérations et taille de l'échantillon = 1000*[1]
****************************************************************************************************

forvalues j=1(1)1000 {
    *créer un échantillon aléatoire j de 1 000 pour le taux d'actualisation et les coûts de démantèlement*
    cap drop Discount *coefficient d'actualisation*
    cap drop Decomm *taux d'actualisation*
    *poser par hypothèse que la moyenne du coefficient d'actualisation est -3.5 et son écart-type, 2*
    *la moyenne des coûts de démantèlement est 4.5 et leur écart-type, 0,7*
    *poser par hypothèse une distribution normale jointe avec un coefficient de corrélation -0.7,*
    mkbilogn Discount Decomm, r(-.7) m1(-3.5) s1(2) m2(4.5) s2(.7)
    *générer le TAUX d'actualisation*
    cap drop DRate
    gen DRate=-ln(Discount)/100
    *simuler l'analyse coût-avantages à l'aide des paramètres du taux d'actualisation et des coûts de démantèlement*
    forvalues i =1(1)1000 {
        tempvar DR NB DC DC2 PV
        cap drop DC2
        gen DC2 =0
        local DC= -Decomm in `i'
        *des coûts de démantèlement s'appliquent automatiquement après 46 ans*
        replace DC2=`DC' if _n>46
        cap drop NB
        *utiliser des données sur les flux nets de trésorerie à partir de la série de données sur les coûts et les avantages : horizon temporel 1-118 ans*
```

```
    gen NB=netcash if _n<118
    *remplacer les coûts de démantèlement par les données issues de l'échantillon aléatoire tiré plus haut*
    replace NB=DC2 if _n>46&_n<118
    *utiliser l'échantillon aléatoire des taux d'actualisation pour calculer la valeur actuelle*
    local DR5 = DRate in `i'
    replace DFactor=1/((1+`DR5')^yearnumber)
    *Calculer la VA de l'AN pour chaque cas i pour chaque période*
    cap drop PV1
    gen PV1 = NB*DFactor if _n<118
    sum PV1 if _n<118
    *calculer la valeur actuelle nette dans sur l'horizon temporel et enregistrer*
    replace NPVsim=r(sum)+1000 in `i'
    *répéter 1 000 fois pour chaque échantillon j des paramètres*
    }
*prendre la moyenne de i=1 000 VAN et enregistrer la VA*
sum NPVsim if NPVsim!=0, d
replace PVmean = r(mean) in `j
*répéter l'opération 1 000 fois*
}
```

Graphique 9.A3.1. **Distribution des coûts de démantèlement**

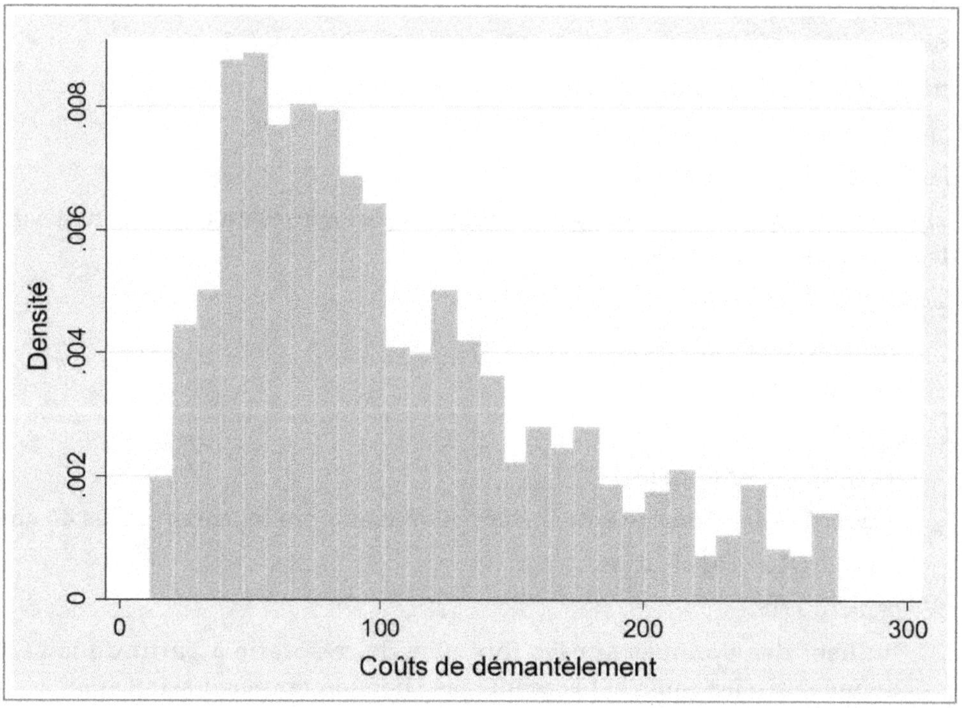

Graphique 9.A3.2. **Distribution du taux d'actualisation**

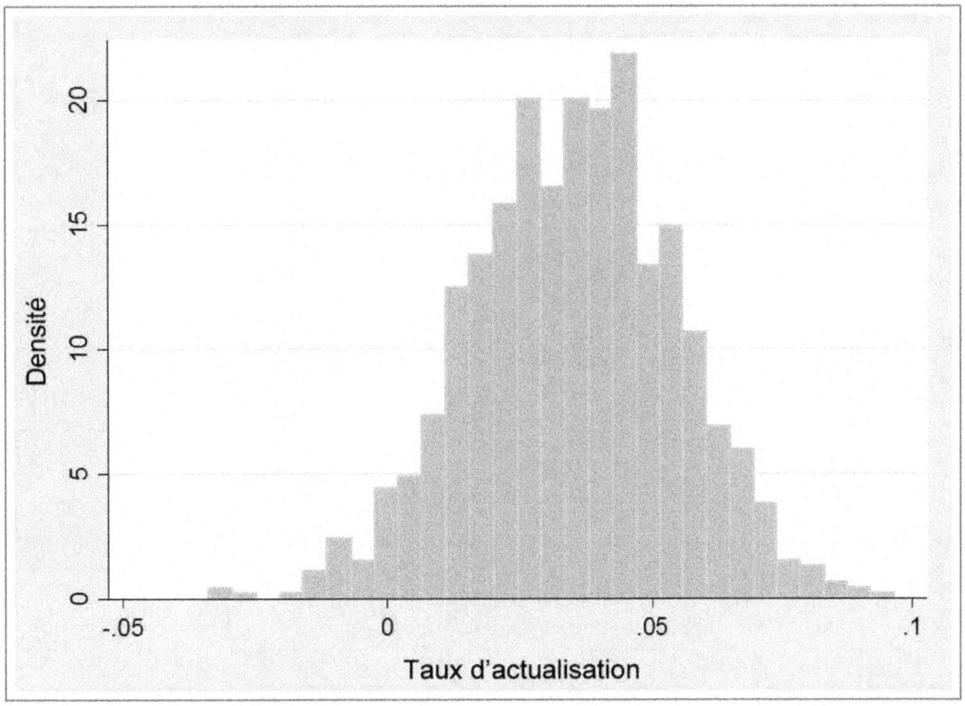

Note

1. Les données sur les coûts et les avantages sont disponibles sur demande.

PARTIE II

Chapitre 10

Valeur de quasi-option

Une autre dimension de l'incertitude est la valeur de quasi-option (VQO), qui consacre de façon plus formelle la notion de précaution. Comme précédemment, le point de départ est le constat que les coûts et les avantages ne sont presque jamais connus avec certitude. Mais la VQO intègre le fait qu'il est possible de réduire l'incertitude dans certaines situations en collectant des informations. Toute décision prise dès à présent et qui aurait pour effet d'engager des ressources ou de générer des coûts ne pouvant être ultérieurement recouvrés ou remis en cause peut être qualifiée d'irréversible. Dans ce contexte caractérisé à la fois par l'incertitude et l'irréversibilité, il peut être sage de remettre à plus tard la décision d'engager des ressources. La valeur des informations réunies grâce à ce report correspond à la VQO. Ce chapitre explique sous quelle forme se présente la VQO et en quoi elle complète les approches décrites dans le chapitre 9, et précise certains points de terminologie soulevés par les publications spécialisées. Le concept de VQO peut avoir une influence significative sur la prise de décisions, car il vient nous rappeler que celle-ci doit tenir compte du plus grand nombre d'informations possible sur les coûts et les avantages qu'elle entraîne, et qu'il nous faut donc « avoir conscience de ce que nous ignorons (à l'heure actuelle) ». Si cette ignorance ne peut être levée, rien ne sert de reporter la prise de décision, En revanche, si des informations peuvent permettre d'y remédier, la qualité de la décision pourrait être accrue en la remettant à plus tard. L'ampleur du gain procuré constitue une question de nature empirique.

10.1. Un peu de terminologie

Intuitivement, la plupart des individus tendent à penser que les décisions qui impliquent la perte irréversible d'un actif devraient être prises en s'entourant d'un plus grand nombre de précautions que lorsque cet actif est certes perdu mais peut néanmoins être reconstitué si l'on juge après-coup avoir commis une erreur. Cette idée paraît particulièrement pertinente en cas d'incertitude quant aux avantages futurs procurés par l'actif en question. Les biens environnementaux offrent un bon exemple d'actifs sur lesquels nous ne possédons que des informations limitées : des millions et des millions d'espèces restent ainsi à découvrir et à étudier avant qu'elles ne nous soient parfaitement connues et nul ne sait avec certitude combien en abritent la canopée des forêts ombrophiles ou les récifs coralliens. Dans ce contexte, les règles de l'ACA ne paraissent guère adaptées : les avantages sont incertains, la perte risque d'être irréversible et elle pourrait bien être d'ampleur non négligeable. Or, l'ACA ignore les situations où incertitude et irréversibilité se trouvent conjuguées. Les coûts peuvent eux aussi être irréversibles. Il est tout à fait envisageable qu'une décision d'investissement puisse exiger que des ressources soient engagées en vue de sa mise en œuvre, si bien qu'en cas de renversement de la conjoncture rien ne peut être fait, ou du moins pas grand-chose, pour recouvrer les coûts encourus. Tel sera par exemple le cas des dépenses d'investissement « dédiées » – c'est-à-dire consacrées à l'acquisition de biens d'équipement ne pouvant servir qu'à un seul usage très précis et qu'il serait difficile d'affecter à d'autres fins. Les études portant sur les ressources naturelles citent souvent l'exemple des investissements dans les flottilles de pêche. Il en résulte que tant les avantages que les coûts d'investissement ou de mise en œuvre des politiques peuvent être irréversibles.

En fait, la règle de décision de l'ACA peut être reformulée pour prendre en considération les cas où incertitude et irréversibilité se trouvent conjuguées, pour autant qu'un troisième élément y soit également associé – à savoir la possibilité d'en apprendre davantage, c'est-à-dire de collecter de nouvelles informations[1]. Ce type de situations renvoie à la notion de *valeur de quasi-option* (VQO) introduite et développée par Arrow et Fisher (1974) ainsi que par Henry (1974). La VQO correspond à la valeur des informations réunies grâce au report d'une décision ayant des conséquences irréversibles. Une source de confusion tient au fait que, dans les travaux consacrés aux finances et à l'investissement, il existe une notion connexe dénommée *valeur d'option* ou *valeur d'option réelle* (Dixit et Pindyck, 1994). Traeger (2014) montre formellement que ces deux concepts – VQO et valeur d'option « réelle » – sont distincts, mais qu'il existe entre eux un lien démontrable[2].

Il importe en outre de distinguer ces deux notions d'un troisième type de valeur d'option (VO) dont font état les études sur l'économie de l'environnement. Cet autre concept est égal à la différence entre le *prix d'option* et la *valeur escomptée de la rente du consommateur*. Le prix d'option (PO) représente le consentement à payer maximal pour l'obtention d'un bien quelconque dans un monde plein de risques et dans lequel on ne sait avec certitude quelle sera l'issue. Il s'agit d'un concept *ex ante*, puisqu'il correspond au consentement à payer au moment présent pour une situation à venir incertaine. Le prix d'option peut ne pas être égal à la valeur escomptée de la rente du consommateur, ou E(RC), la différence constituant la valeur d'option. Il convient de noter que le prix d'option et la valeur d'option apparaissent dans les situations d'aversion pour le risque. Comme nous le verrons plus loin, la VQO peut quant à elle être observée en cas d'aversion ou d'indifférence à l'égard du risque. De façon générale :

$$PO = E(RC) + VO$$

En principe, la valeur d'option ou VO peut tout aussi bien être positive que négative. Autrement dit, avoir recours à la valeur escomptée de la rente du consommateur, comme c'est en fait le cas dans l'ACA, risque d'introduire une erreur dans les estimations obtenues au moyen de celle-ci. La VO ne peut en effet être estimée sans une certaine connaissance de la structure sous-jacente des préférences des individus dont il s'agit (c'est-à-dire de leurs *fonctions d'utilité*). Dans la pratique, on ne sait avec certitude si cette erreur est significative. En d'autres termes, après avoir formulé des hypothèses quant à la structure des préférences individuelles, on observe que la prise en considération de la seule valeur escomptée de la rente du consommateur n'entraîne aucune erreur majeure.

Nous n'examinerons pas plus avant la valeur d'option ainsi définie. Elle peut certes être importante dans certains cas, mais nous mettons ici l'accent sur la VQO, concept équivalent à celui de VO réelle, dans la mesure où elle a plus de chances d'exercer une influence sur la façon dont est menée l'ACA.

Pour résumer :

1. Dans l'économie de l'environnement, la VO recouvre généralement la différence entre le prix d'option et la valeur escomptée de la rente du consommateur.
2. Toujours dans l'économie de l'environnement, la VQO correspond à la valeur des informations obtenues grâce au report d'une décision lorsque l'issue en est incertaine, de même que tout ou partie de ses avantages (ou de ses coûts), et qu'il est en outre possible d'en apprendre davantage en la remettant à plus tard.
3. Dans les travaux consacrés aux finances, la VO ou VO réelle renvoie à la valeur des informations réunies grâce au report d'investissements incertains et irréversibles, mais pas tout à fait de la même façon que la VQO.

10.2. Un modèle de VQO[3]

La plupart des descriptions du concept de VQO sont complexes et difficiles à suivre. Nous tenterons ici d'en comprendre les éléments fondamentaux.

Considérons une zone forestière qui peut être soit sauvegardée soit convertie à un usage agricole. Appelons « développement » le processus de conversion. Soit 0 la période actuelle et 1 la période à venir. Par souci de simplicité, nous limitons à deux le nombre de périodes. Il apparaît immédiatement que si la forêt est convertie dès à présent, c'est-à-dire à la période 0, elle ne peut être sauvegardée ni à la période 0 ni à la période 1 à venir. Si par contre on prend dès à présent la décision de la sauvegarder, il sera toujours possible de la convertir ou de la sauvegarder à la période 1. Supposons que les avantages procurés par le développement agricole soient connus avec certitude mais que ceux liés à la sauvegarde ne le soient pas. C'est là une hypothèse tout à fait plausible : nous pouvons être à peu près sûrs du rendement que pourront avoir les terres occupées par la forêt après leur conversion à un usage agricole, mais nous en savons encore fort peu sur la nature et la valeur des services écologiques procurés par les forêts. Si on convertit la forêt dès à présent, certains avantages de D_0 et D_1 sont garantis (D_0 et D_1 peuvent être considérés comme des valeurs présentes). Si on la sauvegarde dès à présent, on obtient une valeur de sauvegarde de V_0, plus une valeur de sauvegarde incertaine de V_1 à la période 1. Par souci de simplicité, admettons que ces valeurs incertaines à la période 1 puissent être $V_{élevée}$ et V_{faible}. $V_{élevée}$ correspond par exemple à la présence dans la forêt d'informations génétiques de grande valeur, et V_{faible} à une situation où la valeur de ces informations s'avère bien moindre. Supposons que les probabilités de $V_{élevée}$ et de V_{faible} soient respectivement p et $(1 - p)$. La valeur escomptée (c'est-à-dire pondérée en fonction des probabilités) des avantages tirés de la sauvegarde (ES) au cours des deux périodes en cas de décision de conserver dès à présent la forêt est par conséquent la suivante :

$$ES = V_0 + pV_{élevée} + (1-p)V_{faible} \qquad [10.1]$$

Il suffit d'un instant de réflexion pour s'apercevoir qu'en cas de conversion de la forêt à la période 0, la valeur escomptée des avantages du développement (ED) sera égale à leur valeur certaine :

$$ED = D_0 + D_1 \qquad [10.2]$$

Si la décision de sauvegarder ou de développer doit être prise dès à présent, il suffira tout simplement de comparer [10.1] et [10.2]. La forêt sera donc développée si :

$$ED > ES, ou, [D_0 + D_1] > [V_0 + pV_{élevée} + (1-p)V_{faible}] \qquad [10.3]$$

L'analyse coûts-avantages procèderait ainsi dans la plupart des cas : la valeur escomptée du développement (qui est en l'occurrence égale à sa valeur certaine) serait comparée à la valeur escomptée de la sauvegarde. L'intérêt de la VQO tient au fait qu'elle modifie le critère coûts-avantages de telle sorte que la décision puisse être reportée. Des considérations politiques peuvent certes imposer une décision immédiate, mais il est souvent possible de la remettre à plus tard, c'est-à-dire d'attendre avant de faire un choix définitif entre la sauvegarde et le développement. Pour examiner les différents choix envisageables, il peut être utile d'établir un arbre de décision tel que celui présenté au graphique 10.1[4]. Un tel arbre montre chacune des étapes du processus de décision si certains événements se produisent et si certains choix sont effectués. Dans le graphique 10.1, le « tronc » de l'arbre est relié à diverses « branches » par des nœuds de décision (représentés par des carrés) et par des événements probabilistes (représentés par des cercles). L'analyse commence par un nœud de décision permettant de faire un choix immédiatement (c'est-à-dire « s'engager ») ou d'attendre. Opter pour le développement permet à l'évidence d'obtenir des avantages nets correspondant à $ED = D_0 + D_1$. Sauvegarder offre des avantages dont la valeur escomptée est la suivante : $ES = V_0 + pV_{élevée} + (1-p)V_{faible}$. En d'autres termes, s'engager dès à présent revient à comparer les deux valeurs escomptées, ce qui correspond comme nous l'avons déjà dit ci-dessus à la façon dont procède normalement l'analyse coûts-avantages.

Considérons à présent la décision d'attendre. Il nous faut donc examiner la partie droite du graphique 10.1. Attendre signifie que la décision de développer ou de sauvegarder est reportée jusqu'à la période 1. Des avantages égaux à V_0 sont enregistrés à la période 0. La suite varie selon que les avantages procurés par la sauvegarde sont « élevés » ou « faibles ». Dans un cas comme dans l'autre, il s'agit de décider s'il convient de sauvegarder ou de développer au cours de la période 1. Il existe donc 2 x 2 possibilités : si la sauvegarde offre des avantages élevés, la décision de développer à la période 1 aboutit à $V_0 + D_1$ et celle de sauvegarder à $V_0 + V_{élevée}$; si la sauvegarde procure de faibles avantages, ces deux séquences seront respectivement de $V_0 + D_1$ et $V_0 + V_{faible}$. Il convient de noter que nous avons écarté la possibilité de développer à la période 0 et celle de sauvegarder à la période 1. La raison en est que le développement est supposé irréversible : dès l'instant qu'il se produit,

Graphique 10.1. **Un arbre de décision**

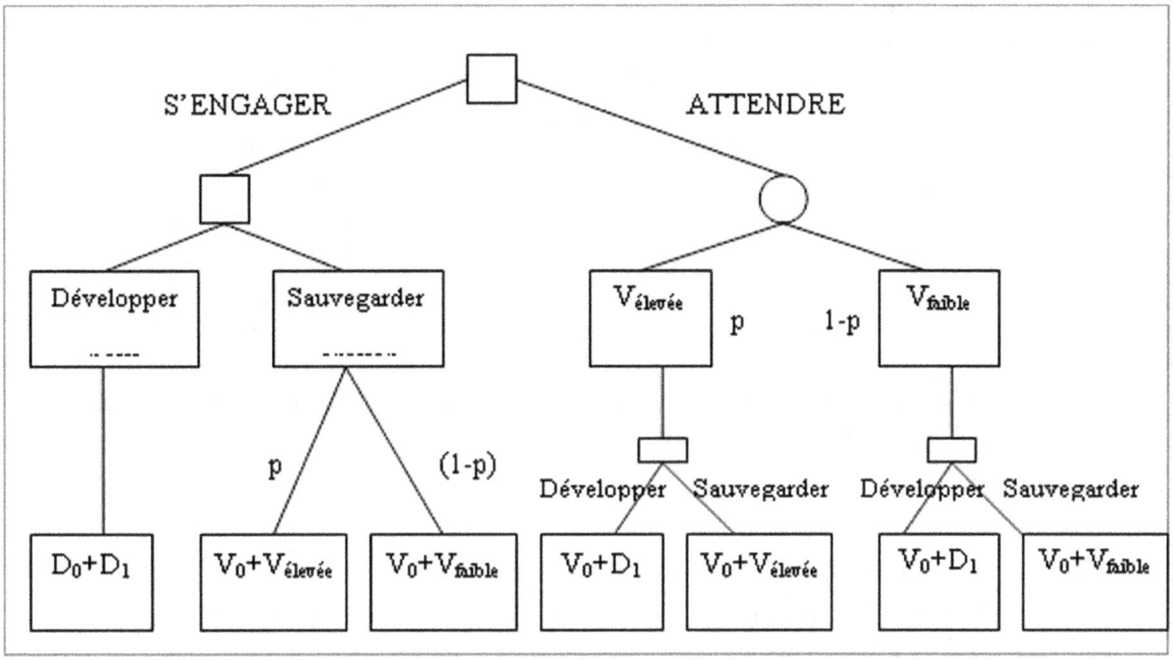

il est impossible de faire marche arrière. Cette façon de voir les choses peut s'avérer utile face à de nombreux problèmes, mais il existe en pratique bien des degrés d'irréversibilité. Ainsi, la destruction d'une forêt primaire du fait de sa conversion à un usage agricole n'exclut pas nécessairement la création d'une forêt secondaire, laquelle pourrait lui être tout à fait semblable malgré des caractéristiques écologiques différentes. Et qui sait s'il ne sera pas possible un jour de faire revivre des espèces éteintes comme dans Jurassic Park.

Pour savoir quelle est la meilleure option – du point de vue des valeurs escomptées – il peut être commode de remplacer par des nombres hypothétiques les probabilités et les résultats indiqués au graphique 10.1. Cela évite de « se perdre » dans les équations complexes qu'il faudrait sinon examiner.

Soit : $V_0 = 20, V_{élevée} = 300, V_{faible} = 40, p = 0.4, (1-p) = 0.6, D_0 = 60, D_1 = 120$.

Comparons la décision d'attendre et celle de s'engager. La décision d'attendre a les conséquences suivantes :

[a] $V_0 + D_1 = 20 + 120 = 140$, ou

[b] $V_0 + V_{élevée} = 20 + 300 = 320$, ou

[c] $V_0 + V_{faible} = 20 + 40 = 60$

La décision de s'engager a quant à elle les effets suivants :

[d] $D_0 + D_1 = 60 + 120 = 180$, ou

[e] $V_0 + V_{élevée} = 20 + 300 = 320$, ou

[f] $V_0 + V_{faible} = 20 + 40 = 60$

Il convient de noter que [e] et [f] sont identiques à [b] et [c].

Quelle est la meilleure décision ? L'analyse permettant de répondre à cette question doit être menée en deux étapes. Il nous faut en dernier ressort comparer les valeurs escomptées correspondant respectivement à la décision de développer immédiatement (ED), à celle de sauvegarder dès à présent et à tout jamais (ES) et à celle d'attendre (EA). Cependant, pour calculer EA, nous devons tout d'abord nous demander quelle est la solution optimale après avoir pris la décision d'attendre. Quelle est donc la meilleure décision après avoir décidé d'attendre ? Tout dépend selon que la valeur de V1 est élevée ou faible. Dans le premier cas, il est préférable d'attendre et sauvegarder puisque 320 > 140, alors que dans le second, il convient d'attendre et développer puisque l'on parvient alors à un résultat de 140 au lieu des 60 correspondant à la décision d'attendre et sauvegarder. Mais comment savoir si la valeur de la sauvegarde sera faible ou élevée ? Ce qui justifie la décision d'attendre, c'est précisément qu'elle nous donne la possibilité de *déterminer* si la valeur de la sauvegarde sera faible ou élevée. Autrement dit, attendre (c'est-à-dire opter pour un report) permet d'obtenir des *informations* qui peuvent grandement accroître l'efficience de la prise de décision : l'incertitude des avantages procurés par la sauvegarde s'en trouve en effet réduite. La VQO tient compte de ces importants aspects qui caractérisent la prise de décision dans de nombreux contextes environnementaux :

a) incertitude

b) irréversibilité

c) attente et obtention d'un plus grand nombre d'informations.

Il convient toutefois de remarquer que la règle de décision n'en continue pas moins de s'appuyer sur des valeurs escomptées.

On affirme souvent que les décisions relatives à la lutte contre le réchauffement planétaire doivent être reportées du fait des rapides progrès de la science en ce domaine. Le report des décisions pourrait éviter d'engager de manière irréversible des ressources pour lutter contre le réchauffement planétaire alors qu'elles pourraient sans doute être affectées à d'autres usages offrant de plus grands avantages pour la société. La décision de lutter contre le réchauffement planétaire peut être prise ultérieurement, lorsque des informations plus précises seront disponibles. Le problème du réchauffement planétaire s'avère toutefois plus complexe : si les décisions sont reportées et que le réchauffement a bien lieu, il en résulte une aggravation du phénomène tout comme des dommages qui lui sont liés. L'arbre de décision doit donc tenir compte de la probabilité que le choix d'attendre accroisse les dommages si le réchauffement se confirme. Deux éléments irréversibles se trouvent en l'occurrence conjugués : les coûts irrécupérables imposés par les mesures de lutte adoptées et le réchauffement, dont les effets ne pourront être inversés. La théorie de la décision paraît pouvoir prendre en considération cet aspect du processus décisionnel. Une autre caractéristique du réchauffement planétaire tient au fait que nous n'avons qu'une idée extrêmement approximative de la probabilité des différentes issues. L'ampleur des catastrophes peut ainsi être incertaine, tout comme la probabilité qu'elles surviennent et le moment où elles pourraient se produire. Les décisions peuvent donc devoir être prises dans un contexte d'« incertitude totale », c'est-à-dire où les probabilités ne sont pas connues. Même dans un tel cas de figure, l'attente peut permettre de disposer d'informations plus précises au sujet de ces probabilités, si bien que l'approche fondée sur la VQO demeure en tout état de cause pertinente[5]. On constatera aisément que l'approche fondée sur la VQO améliore dans l'ensemble le processus décisionnel par rapport à la simple comparaison des valeurs escomptées des coûts et des avantages de la décision de « ne pas attendre » – c'est-à-dire de s'engager. La question de savoir dans quelle mesure cette approche prend en compte l'ensemble des problèmes que recouvrent l'incertitude et l'irréversibilité n'est cependant toujours pas tranchée.

Il est à présent possible d'écrire de la façon suivante l'équation relative à la valeur escomptée de la décision d'attendre (EA) :

$$EA = V_0 + pV_{élevée} + (1-p)D_1 \quad [10.4]$$

Pour comprendre cette équation, examinons de nouveau le graphique 10.1. EA est la valeur de la décision d'attendre à la période 0 et de choisir ensuite la meilleure option à la période 1. Attendre garantit manifestement V_0 à la période 0. L'exemple numérique nous montre que $V_{élevée} > D_1 > V_{faible}$. V_1 est aléatoire – pouvant aussi bien s'avérer « élevée » que « faible » – et correspond à la valeur de la sauvegarde à la période 1. Si cette valeur est élevée nous optons pour la sauvegarde, puisque $D_1 < V_{élevée}$. Si par contre elle est « faible », nous choisissons dans tous les cas le développement puisque $D_1 > V_{faible}$. La valeur escomptée à la période 1 est donc égale à la moyenne pondérée de la valeur élevée procurée par la sauvegarde d'une part et de la valeur du développement d'autre part, soit $pV_{élevée} + (1-p)D_1$, dont l'addition à V_0 à la période 0 nous donne la valeur escomptée de la décision d'attendre indiquée à l'équation [10.4].

Pour reprendre les valeurs numériques utilisées dans l'exemple hypothétique ci-dessus :

$$EA = 20 + 0.4(320) + 0.6(140) = 232$$

La valeur de EA (232) est plus élevée que la valeur de

$$ES = V_0 + pV_{élevée} + (1-p)V_{faible} = 20 + 0.4(320) + 0.6(40) = 172.$$

Par conséquent, dans cet exemple $EA > ES$. En fait, si $D_1 > V_{faible}$, il est toujours préférable d'attendre que de s'engager à sauvegarder à tout jamais. La décision d'attendre préserve en effet la possibilité de bénéficier de la valeur ES étant donné qu'elle implique la sauvegarde à la période 0 et permet d'opter pour la sauvegarde à la période 1. La décision d'attendre présente donc l'avantage de la souplesse puisqu'elle offre la possibilité de sauvegarder à la période 0 puis à la période 1 ou bien de sauvegarder à la période 0 et de développer à la période 1.

Il est dès lors préférable d'attendre plutôt que de s'engager à tout jamais dans la sauvegarde. Faut-il par contre attendre ou développer immédiatement ? Pour répondre à cette question, il nous faut comparer EA et ED. Nous savons que $EA = 232$ et que $ED = D_0 + D_1 = 180$. La valeur escomptée de l'attente est donc supérieure à celle du développement immédiat.

Deux « règles » nous permettent à présent de comparer le développement et la sauvegarde. La première découle de l'analyse précédente, et la seconde de l'ACA classique. Le développement immédiat est justifié si $ED > EA$ ou si $ED > ES$. Tant que $EA > ES$, les tenants du développement auront plus de difficultés à respecter la première règle que la seconde. *La prise en considération de la possibilité d'attendre rend par conséquent plus difficile la décision d'un développement irréversible (il convient de rappeler qu'une ACA « classique » se contenterait de comparer ED et ES).*

Les dernières étapes de l'analyse nous permettent de mieux comprendre ce que recouvre la VQO. Commençons par réécrire de la façon suivante EA:

$$EA = V_0 + EV_1 + E\max(D_1 - V_1, 0) = ES + E\max(D_1 - V_1, 0) \quad [10.5]$$

La démonstration de cette égalité est apportée à l'annexe du présent chapitre. Le terme $E\max(D_1 - V_1, 0)$ correspond à la valeur escomptée de $D_1 - V_1$ ou de 0, selon le plus élevé de ces deux nombres, si l'on se place du point de vue de la période 0. Il en résulte que si $D_1 - V_1$ est supérieur à zéro, la valeur escomptée de cette expression est intégrée dans l'équation [10.5] (rappelons qu'à la période 0 nous ne connaissons pas V_1 qui est donc aléatoire. Elle est par contre connue à la période 1).

Pour que la décision de développer le terrain immédiatement soit prise, il faut que $ED > EA$, or nous avons observé qu'il s'agit là d'une condition plus stricte que la simple comparaison de la valeur escomptée du développement et de celle de la sauvegarde qu'exigerait l'analyse coûts-avantages classique. Nous pouvons réécrire la condition $ED > EA$ en reprenant les termes de l'équation [10.5], si bien que le développement immédiat n'est justifié que si :

$$(D_1 + D_2) > ES + E\max(D_1 - V_1, 0) \qquad [10.6]$$

Sous une forme légèrement différente, il s'agit là de l'équation établie par Arrow et Fisher (1994).

Nous sommes passés par de nombreuses étapes de calcul, aussi paraît-il souhaitable de résumer les principales conclusions :

1. L'analyse coûts-avantages « classique » exigerait, pour que le développement soit justifié, que $ED > ES$.
2. L'approche fondée sur la VQO requiert pour sa part le respect d'une condition plus stricte, à savoir que $ED > EA$.
3. EA et ES diffèrent d'un montant égal à $E\max(D_1 - V_1, 0)$.
4. ES *sous-estime* donc d'un montant égal à $E\max(D_1 - V_1, 0)$ la « véritable » valeur de la sauvegarde.

Comment faut-il interpréter la VQO ? Certaines analyses considèrent qu'elle est égale à la dernière expression indiquée ci-dessus, soit $E\max(D_1 - V_1, 0)$. *Il serait toutefois plus exact de dire que la VQO correspond à l'accroissement de la valeur escomptée des avantages rendu possible par l'attente.* Elle serait donc définie par l'équation suivante :

$$VQO = EA - \max(ED, ES) \qquad [10.7]$$

Autrement dit, la VQO est la différence entre la valeur escomptée de l'attente et la plus élevée des deux variables ED et ES. Il résulte de l'équation [10.5] que si $ED < ES$, la VQO est égale à $E\max(D_1 - V_1, 0)$. Si par contre, comme dans l'exemple ci-dessus $ED > ES$, la VQO est inférieure à $E\max(D_1 - V_1, 0)$.

10.3. Quelle est la « taille » de la VQO ?

Il n'est guère utile à certains égards de s'interroger sur la « taille » de la VQO. Ce qui importe, c'est de savoir si la prise en considération de la possibilité d'attendre et d'en apprendre davantage a pour effet de modifier la décision d'affecter des ressources à une politique ou un projet donnés. Si elle aboutit à un autre choix que celui qui aurait été arrêté si le report n'avait pas figuré parmi les options envisagées, la VQO peut s'avérer élevée par rapport aux ressources engagées pour mettre en œuvre cette décision. C'est en ce sens que les études consacrées aux questions financières font valoir que ce que nous avons appelé VQO et qu'elles dénomment « valeur d'une option »[6] peut être élevée (Dixit et Pindyck, 1995). Dans ces études, la décision d'investir « élimine » définitivement toute possibilité de choix puisque l'on ne peut revenir sur la décision ni attendre de disposer de nouvelles informations. D'où il résulte que :

> La perte de cette valeur d'option constitue un coût d'opportunité qui doit être considéré comme faisant partie intégrante du coût de l'investissement (Dixit et Pindyck, 1994, p. 6).

Il est bien plus difficile de trouver des exemples d'estimation de la VQO dans le domaine de l'économie de l'environnement. L'encadré 10.1 décrit une étude de la conversion des forêts à d'autres usages. Wesseler (2000) a suggéré que la VQO s'avère positive dans le cas du report de l'introduction de cultures végétales génétiquement modifiées en Europe.

Encadré 10.1. **Aspects empiriques de la valeur de quasi-option**

Il est facile d'envisager une série de problèmes en rapport avec l'environnement et les ressources dans lesquels la valeur de quasi-option (VQO) est à la fois pertinente et potentiellement significative. Cela amène naturellement à se demander dans quelle mesure l'importance empirique de la VQO peut être démontrée. Une poignée d'études ont cherché à répondre à cette question pratique. L'une des premières a été celle de Bulte et al. (2002) sur les forêts tropicales du Costa Rica. L'estimation empirique de la VQO qui y est présentée illustre le fait que l'incertitude entourant la valeur des forêts justifie qu'on fasse plus d'efforts pour sauvegarder celles-ci que si cette valeur était connue avec certitude. Néanmoins, les auteurs constatent également que la VQO revêt une importance empirique bien moindre pour la décision de sauvegarder la forêt ou de la convertir en superficies agricoles que des questions d'évaluation plus classiques, comme l'évaluation des externalités mondiales et l'appréciation de la valeur relative croissante attribuée aux terres forestières en voie de raréfaction.

Malheureusement, les éléments disponibles ne semblent pas suffisants pour déterminer plus avant s'il s'agit là d'une constatation de portée générale ou non (même si elle rejoint les résultats antérieurs d'Albers et al., 1996). D'autres auteurs ont cherché à mettre en lumière l'importance empirique de la VQO (ou de notions connexes) en examinant sur le plan théorique et par des essais pratiques l'influence exercée sur le consentement à payer (CAP) des individus pour une amélioration de l'environnement. Ainsi, Zhao et Kling (2009) examinent les implications théoriques de la reconnaissance du fait que, dans la réalité, les paramètres de l'action publique sont souvent dynamiques en ce sens qu'il est possible de reporter une décision (l'adoption d'une politique améliorant l'environnement, par exemple) afin d'en savoir plus sur l'avenir. Cette possibilité d'en apprendre plus fait partie intégrante de la détermination du consentement à payer des individus. En l'occurrence, l'adoption immédiate d'une politique améliorant l'environnement permet de profiter plus rapidement de ses retombées bénéfiques, mais elle implique aussi ce que Zhao et Kling appellent un « coût d'engagement » et qui constitue un concept parallèle à la VQO dans cette application théorique du CAP. Autrement dit, les individus sacrifient la faculté d'apprendre s'ils ont intérêt à ce changement de politique ou non. Cela a des conséquences pour le CAP prévisible. Par exemple, dans une enquête sur les préférences déclarées, si on demande aux répondants leur CAP pour bénéficier des retombées bénéfiques sur l'environnement rapidement et non plus tard, et si la situation se caractérise par l'existence d'incertitudes et de possibilités d'apprentissage, les montants obtenus seront « décotés » en fonction de la valeur attribuée par les répondants au « coût d'engagement ». En d'autres termes, le CAP total pour l'adoption de la politique en question sera plus faible que si la marge d'apprentissage était nulle, car on demande concrètement aux répondants de renoncer à cette opportunité d'en apprendre davantage.

La détermination de cet élément du CAP offre un moyen utile d'évaluer dans quelle mesure la VQO est importante pour les individus dans différents contextes de l'action publique. C'est précisément ce que Corrigan et al. (2008) ont entrepris de faire en recourant à l'évaluation contingente (EC, voir chapitre 4) dans le contexte de l'amélioration de la qualité de l'eau à Clear Lake, dans l'État de l'Iowa (États-Unis). En l'occurrence, les auteurs

Encadré 10.1. Aspects empiriques de la valeur de quasi-option *(suite)*

ont examiné la compensation (implicite) qu'exigent les répondants pour consommer le bien environnemental tout de suite au lieu de reporter la décision d'une année pour en savoir plus sur la valeur des améliorations spécifiées. Il s'agissait donc de déterminer si le consentement à payer des individus est moindre pour des améliorations immédiates de la qualité de l'eau au motif qu'elles conduisent à sacrifier une opportunité d'apprentissage. Même si la taille de l'échantillon était plutôt restreinte (N = 158), il ressort de l'étude que le « coût d'engagement » représente plus de 75 % du CAP (moyen) pour les options d'amélioration de la qualité de l'eau à Clear Lake.

Dans le même ordre d'idées, Strazzera et al. (2010) recourent à la méthode des choix discrets (voir chapitre 5) pour apprécier la valeur que les répondants – des habitants d'une zone urbaine de l'île de Sardaigne en Italie – attachent à l'amélioration d'une zone humide côtière située près de chez eux. Lorsqu'on indique aux répondants qu'il est possible d'en apprendre plus sur la valeur scientifique et culturelle de la zone humide, ils semblent valoriser sensiblement les options correspondantes dans les ensembles de choix qu'on leur présente. En d'autres termes, le CAP est plus élevé pour les options d'amélioration de la zone humide qui prévoient une approche prudente et cherchent à éviter les conséquences irréversibles d'une action engagée tout de suite sans plus d'informations sur ses conséquences.

Cet exposé devrait suffire à mettre en évidence une importante caractéristique de la VQO : *elle ne constitue pas une composante de la valeur économique totale (VET)*. Elle nous rappelle plutôt que les décisions doivent être prises de façon rationnelle. La VQO n'en apparaît pas moins bien souvent dans les travaux publiés comme si elle était une composante de la VET. Tel n'est pourtant pas le cas. Freeman et al. (2013) résument très bien ce qu'il en est :

> *La valeur de quasi-option n'est pas une composante de la valeur attachée par les individus aux variations enregistrées par les ressources. À supposer même que les fonctions d'utilité des individus soient connues, la valeur de quasi-option ne pourrait être estimée séparément ni être ensuite intégrée dans une équation coûts-avantages. La valeur de quasi-option correspond à l'avantage généré par l'adoption de meilleures procédures de décision. Sa taille ne peut être mise en évidence qu'en comparant deux stratégies dont l'une suppose une suite de décisions optimales permettant de tirer parti des informations obtenues grâce au report de tout engagement irréversible concernant les ressources. Un décideur sachant mettre en œuvre une stratégie fondée sur une suite de décisions optimales n'aurait aucune raison de calculer la valeur de quasi-option. Un tel calcul serait en effet superflu puisque la meilleure décision lui serait déjà connue* (pp. 250-251).

10.4. Conclusion

La notion de valeur de quasi-option est apparue il y a une trentaine d'années dans les travaux sur l'économie de l'environnement. Les économistes financiers ont parallèlement développé le concept de « valeur d'option ». Une source de confusion tient au fait que les économistes de l'environnement ont également élaboré un concept de valeur d'option sans rapport avec la VQO ni avec la VO telle qu'elle est définie dans les études financières. Finalement, la VQO a été considérée comme équivalente à cette dernière.

La VQO n'est pas une catégorie particulière de valeur économique. Elle correspond plutôt à la différence entre les avantages nets que procurerait la meilleure décision possible et ceux qu'offrirait un choix qui ne serait pas optimal du fait qu'il ne tiendrait pas compte des gains susceptibles d'être obtenus en remettant la décision à plus tard et en profitant de ce délai pour en apprendre davantage. La VQO apparaît d'ordinaire dans les situations d'irréversibilité. Elle ne peut être observée que s'il existe quelque incertitude qui puisse être levée grâce à un complément d'informations. S'il s'avère impossible d'en apprendre davantage, il ne peut y avoir de VQO.

La VQO peut-elle sensiblement influer sur la prise de décision ? Potentiellement, oui. Il convient en l'occurrence de garder en mémoire que les décisions doivent être prises en tenant compte du plus grand nombre d'informations possible sur les coûts et les avantages qu'elles entraînent et qu'il nous faut donc « avoir conscience de ce que nous ignorons ». Si par contre des informations peuvent permettre d'y remédier, la qualité de la décision pourrait être accrue en la remettant à plus tard. L'ampleur des gains ainsi tirés constitue pour l'essentiel une question de nature empirique étant donné que la VQO est égale à la différence entre les avantages nets que procurerait la meilleure décision possible et ceux qu'offrirait un choix qui ne serait pas vraiment optimal. Les études financières suggèrent que cette différence pourrait être relativement importante par rapport au volume des ressources susceptibles d'être affectées à la mise en œuvre d'une décision. D'autres études doivent être réalisées dans le domaine de l'environnement pour voir si elles parviennent à des résultats similaires. Les exemples en demeurent à ce jour limités.

Notes

1. La question de savoir laquelle de ces caractéristiques est la plus importante n'est toujours pas tranchée. D'aucuns ont avancé que ce sont l'incertitude et la possibilité d'en apprendre davantage qui ont le plus d'importance et que l'irréversibilité n'a que des conséquences limitées. La plupart des travaux publiés n'en tiennent pas moins pour acquis que les ressources engagées ou certains des avantages auxquels il faut renoncer présentent une part incertitude.
2. En l'occurrence, Traeger (2014) note que la VQO représente la valeur de l'apprentissage en cas de report d'un projet, tandis que la valeur d'option « réelle » représente la valeur nette du report d'un projet lorsqu'il y a apprentissage, et que cela a des conséquences légèrement différentes pour la règle type de calcul de la valeur actualisée nette appliquée dans l'ACA.
3. Cette section s'inspire des documents aimablement communiqués par le Dr Joseph Swierzbinski du Département d'économie de l'*University College London*, et reprend pour une large part tout en le simplifiant l'article original de Arrow et Fisher (1974).
4. Les arbres de décision constituent un des outils essentiels de l'analyse décisionnelle (voir par exemple Merkhofer, 1987).
5. Dixit et Pindyck (1994, pp. 395-396) ont préconisé d'utiliser leur méthode d'analyse par les « options réelles » pour évaluer les politiques en matière de réchauffement planétaire. Pour une application voir Ulph et Ulph (1997).
6. Elle présente également des analogies avec les options d'achat telles que définies par les études consacrées aux questions financières – voir Dixit et Pindyck (1994).

Références

Arrow, K. et A. Fisher (1974), « Environmental Preservation, Uncertainty and Irreversibility », *The Quarterly Journal of Economics*, vol. 88, n° 2, pp. 312-319, *https://doi.org/10.2307/1883074*.

Bulte, E., M. Joenje et H. Jansen (2000), « Is there too much or too little forest in the Atlantic Zone of Costa Rica? », *Canadian Journal of Forest Research*, vol. 30, n° 3, pp. 495-506.

Bulte, E. et al. (2002), « Forest conservation in Costa Rica when nonuse benefits are uncertain and rising », *American Journal of Agricultural Economics*, vol. 84, n° 1, pp. 150-160, *https://doi.org/10.1111/1467-8276.00249*.

Corrigan, J.R., C.L. Kling et J. Zhao (2008), Willingness to pay and the cost of commitment: An empirical specification and test, *Environmental and Resource Economics*, n° 40, pp. 285-298, *https://doi.org/10.1007/s10640-007-9153-0*.

Dixit, A. et R. Pindyck (1995), « The options approach to capital investment », *Harvard Business Review*, mai-juin, pp. 105-155, *https://hbr.org/1995/05/the-options-approach-to-capital-investment*.

Dixit, A. et R. Pindyck (1994), *Investment Under Uncertainty*, Princeton University Press, Princeton.

Freeman, A.M. III. et al. (2003), *The Measurement of Environmental and Resource Values*, 3e édition, Resources for the Future, Washington, DC.

Henry, C. (1974), « Investment decision under uncertainty: The irreversibility effect », *American Economic Review*, vol. 64, n° 6, pp. 1006-1012, *www.jstor.org/stable/1815248*.

Merkhofer, M. (1987), *Decision Science and Social Risk Management: A Comparative Evaulation of Cost Benefit Analysis, Decision Analysis and Other Formal Decision-aiding Approaches*, D Reidel, Boston.

Strazzera, E., E. Cherchi et S. Ferrini (2010), « Assessment of regeneration projects in urban areas of environmental interest: A stated choice approach to estimate use and quasi-option values », *Environment and Planning A*, n° 42, pp. 452-468, *https://doi.org/10.1068/a4213*.

Traeger, C.P. (2014), « On option values in environmental and resource economics », *Resource and Energy Economics*, n° 37, pp. 242-252, *http://dx.doi.org/10.1016/j.reseneeco.2014.03.001*.

Ulph, A. et D. Ulph (1997), « Global Warming, Irreversibility and Learning », *Economic Journal*, vol. 197, pp. 646-650, *http://dx.doi.org/10.1111/j.1468-0297.1997.tb00031.x*.

Wesseler, J. (2000), « Temporal Uncertainty and Irreversibility: A Theoretical Framework for the Decision to Approve the Release of Transgenic Crops », *in* W.Lesser (dir. pub.), *Transitions in Agbiotech: Economics of Strategy and Policy*, Food Marketing Policy Centre, Connecticut.

Zhao, J. et C. Kling (2009), « Welfare measures when agents can learn: A unifying theory », *Economic Journal*, Vol. 119, n° 540, pp. 1560-1585, *http://dx.doi.org/10.1111/j.1468-0297.2009.02272.x*.

ANNEXE 10.A1

Calcul de la valeur escomptée de l'attente

L'équation [10.5] se présentait sous la forme suivante dans le corps du texte :

$$EA = V_0 + EV_1 + E\max(D_1 - V_1, 0) = ES + E\max[D_1 - V_1, 0) \quad [10.A1.1]$$

Elle est dérivée de la première formule de calcul de EA (équation [10.4] dans le corps du texte) de la façon suivante :

$$EA = V_0 + pV_{élevée} + (1-p)D_1 \quad [10.A1.2]$$

Ajoutons $(1-p)V_{faible}$ puis soustrayons ce terme de l'équation [10.A1.2], ce qui nous donne

$$EA = V_0 + pV_{élevée} + (1-p)V_{faible} + (1-p)(D_1 - V_{faible}) \quad [10.A1.3]$$

ou

$$EA = ES + (1-p)(D_1 - V_{faible}) \quad [10.A1.4]$$

La probabilité que les avantages de la sauvegarde soient élevés à la période 1 est égale à p et $D_1 - V_1$ est négatif et inférieur à 0 étant donné que la valeur tirée du développement à la période 1 est inférieure à la valeur élevée de la sauvegarde. La probabilité que les avantages de la sauvegarde soient faibles à la période 1 est quant à elle égale à (1-p), et $D_1 - V_1$ est alors positif $D_1 - V_{faible}$ et supérieur à 0 puisque la valeur tirée du développement est supérieure à la valeur faible de la sauvegarde. D'où :

$$E\max(D_1 - V_1, 0) = (1-p)(D_1 - V_{faible}) + p.0 = (1-p)(D_1 - V_{faible}, 0) \quad [10.A1.5]$$

L'équation [A10.4] peut donc s'écrire ainsi :

$$EA = ES + E\max(D_1 - V_1, 0) \quad [10.A1.6]$$

expression qui correspond à l'équation [10.5] du corps du texte.

Analyse coûts-avantages et environnement
Avancées théoriques et utilisation par les pouvoirs publics

PARTIE II

Chapitre 11

Analyse coûts-avantages et questions de répartition

L'ACA classique continue pour l'essentiel à considérer que les questions de répartition ou d'équité (intergénérationnelles) n'ont guère de place, voire aucune, dans la formulation de recommandations sur l'élaboration des politiques ou les projets d'investissement. Identifier cette lacune est une chose, y remédier est plus problématique dès lors que cela implique de pondérer les coûts et avantages en fonction de critères d'équité. Il serait pourtant utile de simplement identifier les coûts et les avantages supportés ou retirés par les différents individus et groupes sociaux compte tenu des écarts observés du point de vue du critère auquel on s'intéresse. Une telle approche semble peut-être manquer d'ambition mais, au vu de l'état des choses actuel (où ce travail est rarement effectué), la collecte plus systématique de telles données ne manquerait pas d'être utile. Cela exigerait en outre non seulement de déterminer comment les coûts et les avantages sont répartis entre individus, mais aussi d'établir comment certains avantages et inconvénients environnementaux spécifiques (par exemple, la qualité de l'air ou les affectations des sols non souhaitées) se répartissent effectivement. La demande des décideurs pourrait certainement jouer un rôle de catalyseur à cet égard. En l'occurrence, le fait que trop d'ACA négligent les aspects redistributifs n'est pas forcément dû uniquement à un problème du côté de l'offre (accent mis par les praticiens de l'ACA sur la seule efficience), mais peut aussi s'expliquer par des problèmes du côté de la demande, par exemple lorsque les décideurs omettent de demander des informations sur ces aspects dans les cahiers des charges établis pour guider les travaux d'évaluation. Aller de l'avant en ce domaine exigerait de pondérer les coûts et les avantages et d'examiner soigneusement les propositions sur la base d'une analyse de leur répartition. Cette option s'offre depuis longtemps à l'analyse mais il n'est pas facile de répondre à la question – elle aussi depuis longtemps présente – de savoir quelle valeur attribuer à ces pondérations. Néanmoins, l'examen de cette question a mis au jour des indications empiriques intéressantes au sujet de l'aversion à l'égard des inégalités en général et en ce qui concerne des avantages et inconvénients spécifiques (par exemple, les risques sanitaires).

11.1. Introduction

L'analyse coûts-avantages (ACA) se préoccupe (principalement) de l'efficience de l'allocation des ressources économiques. Autrement dit, elle recommande les mesures dont les avantages l'emportent sur les coûts, lorsque les avantages pécuniaires nets reflètent le consentement à payer (ou à accepter) des personnes concernées eu égard aux divers impacts d'une proposition. Les décisions effectives, bien entendu, ne sont pas uniquement basées sur l'efficience. Le choix et la conception d'un projet ou d'une politique, par exemple, peuvent faire naître des questions au sujet du « bien-fondé » d'une initiative donnée ou du caractère socialement souhaitable d'un certain mode de répartition des coûts et des avantages.

L'évaluation économique n'ignore pas ces questions. Il existe depuis longtemps des orientations détaillées sur la prise en compte de certains aspects de répartition dans l'ACA. Cependant, il est difficile de savoir dans quelle mesure les conseils en la matière sont suivis. Dans certains États membres de l'OCDE, par exemple, des estimations des effets de répartition doivent obligatoirement figurer dans l'ACA concernant les investissements dans les transports, les investissements énergétiques, les évaluations des nouvelles politiques, ainsi que les évaluations *ex post*, mais la chose est moins fréquente dans d'autres États membres (voir chapitre 16). Cela ne veut pas dire que les effets de répartition sont complètement ignorés lorsque l'ACA est effectuée. Ces effets sont vraisemblablement pris en compte d'autres façons, explicitement ou non.

Prenons comme exemple l'évaluation économique qui a précédé l'introduction du péage urbain de Londres (London Congestion Charge, LCC). Le projet initial prévoyait qu'à partir de février 2003, les automobilistes acquittent une redevance uniforme pour pénétrer dans le périmètre défini dans le centre de Londres aux heures de pointe (les jours de semaine). Certaines catégories de personnes, notamment les résidents et les membres de certaines professions, devaient en être exonérées ou être assujetties à un droit de péage moins élevé. Les revenus tirés du système de péage devaient être réinvestis dans les services de bus de Londres. Chacune de ces dispositions était motivée par des critères de répartition mais exigeait de sacrifier un certain degré d'efficience étant donné que les groupes bénéficiant d'une exonération pourraient continuer à se comporter aux points d'accès comme si l'utilisation des routes était « gratuite ».

Les décideurs de Londres ont sans doute estimé qu'un tel sacrifice valait la peine s'il atténuait ne serait-ce qu'en partie les inquiétudes du public au sujet des effets de répartition du péage urbain introduit à Londres. Toutefois, le point qui nous intéresse ici en ce qui concerne l'ACA est que ces décisions de répartition ont semble-t-il été considérées comme « allant de soi ». En effet, l'évaluation coûts-avantages officielle du système de péage réalisée pour le compte de l'Autorité du grand Londres – l'organe responsable de la gestion de la redevance introduite dans la capitale britannique – reposait sur un scénario intégrant déjà ces options en matière de répartition. Cela paraîtra sans doute tout à fait naturel. Les questions de répartition ayant été réglées à une autre étape du processus d'évaluation de l'impact du projet, il ne restait à l'ACA qu'à remplir sa fonction naturelle. Si l'ACA était mieux à même de prendre en compte concrètement les effets de répartition, elle pourrait évidemment contribuer de façon plus claire en amont aux processus de délibération concernant les différentes options à envisager.

Cette question est précisément l'objet de ce chapitre : comment prendre en compte de manière raisonnable les implications des projets et des politiques en termes de répartition dans les évaluations des coûts et des avantages environnementaux ? Implicite dans cette question est l'exigence, que ne partagent pas nécessairement tous les praticiens de l'ACA, que les évaluations accordent une place plus grande aux considérations de justice distributive ou d'équité (pour un examen de l'équité entre les générations dans le contexte de l'ACA, voir aussi les chapitres 8 et 12). Le point clé est de savoir comment y parvenir en pratique. Une approche pragmatique en la matière doit en outre s'appuyer sur la théorie et sur des principes et, bien qu'il incombe aux praticiens de mettre en avant ce type de considérations, les décideurs devraient, quant à eux, exiger l'information pertinente ; autrement dit, une évolution est requise aussi bien du côté de la demande que du côté de l'offre.

11.2. ACA et équité

Les projets et les politiques qui ont des impacts environnementaux exercent inévitablement des effets sur la répartition. Telle est justement la raison d'être d'un très grand nombre de politiques d'environnement qui tendent en fait à favoriser (par rapport au statu quo) les victimes de la pollution au détriment des pollueurs. On justifie en règle générale ces politiques d'un point de vue économique en invoquant leur efficience (dans la mesure où elles aboutissent à des gains économiques globalement plus élevés pour la société). Cependant, cette application du principe pollueur-payeur (voir, par exemple, OCDE, 1975) est tout autant imputable au caractère souhaitable des effets sur la répartition exercés par l'octroi de « droits de propriété » aux victimes de la pollution ou des atteintes au capital naturel.

La distinction entre pollueurs et victimes n'est évidemment que l'un des critères distinguant les personnes affectées par une proposition de projet ou de politique. Les pollueurs peuvent en effet être des ménages ou des producteurs économiques (des entreprises[1], par exemple), riches ou pauvres, jeunes ou vieux, vulnérables (d'une autre façon) ou autres. La question de ce qui doit être réparti entre ces personnes ou entités est également d'une très grande importance dans la mesure où elle peut aider à identifier des critères de différenciation pertinents. Cela peut inclure le bien-être en général, ainsi que les éléments particuliers qui le composent, mais cela peut aussi renvoyer à d'autres séries de notions telles que les « modalités de fonctionnement » et les « capacités » (Kriström, 2005 ; Decancq et al., 2014).

Dans le contexte de l'évaluation économique, un point dont il faut sans doute partir à cet égard est la manière dont les avantages *nets* sont répartis entre les personnes affectées par l'action proposée. Pour en donner une illustration simple, supposons que seuls deux individus, désignés ici par les lettres R et P, soient affectés par un projet au sein de la société et que l'avantage net d'un projet d'amélioration de l'environnement pour chacun d'eux soit égal à :

- pour l'individu R : + 200 EUR,
- pour l'individu P : - 100 EUR.

Les avantages nets totaux du projet s'élèvent à 100 EUR. Le projet est donc digne d'intérêt puisqu'il accroît l'efficience économique. Ces gains, cependant, sont inégalement répartis. La question est de savoir si cela est important.

En pratique, l'ACA est souvent amenée à considérer que ce résultat est sans importance, c'est-à-dire que le critère de Kaldor-Hicks peut être invoqué. Dès lors que les gagnants ont la *possibilité* d'indemniser les perdants, tout va bien. Autrement dit, il est justifié de retenir les propositions qui maximisent la taille du gâteau économique dont peut jouir la société. Si, pour une raison ou une autre, des problèmes de répartition apparaissent, les décideurs pourront remédier séparément aux modalités de partage du gâteau en se servant des autres mesures de type redistributif à leur disposition. Toutefois, on peut aussi considérer que ceux qui supportent une perte nette à la suite d'un tel projet bénéficieront somme toute d'avantages nets liés à la mise en œuvre de projets efficients dans d'autres domaines. Dans ce cas, il est erroné d'attacher trop d'importance aux effets d'une décision envisagée isolément. Enfin, on peut encore considérer que la répartition est optimale (du point de vue de ses effets sur le bien-être social). Dans ce cas, il n'y a rien à gagner en déplaçant des ressources économiques d'un individu à un autre en vue de parvenir à une meilleure répartition (en termes de bien-être social).

Pour montrer que les écarts de répartition ont de l'importance, on peut commencer par examiner les problèmes que soulèvent les manières d'envisager les choses décrites ci-dessus. En effet, il n'est pas aussi facile de distinguer en pratique l'efficience de l'équité que le suppose l'approche classique. Par exemple, lorsqu'il n'est pas réellement possible de compenser certains effets au moyen d'autres outils d'intervention, on ne peut exclure que la sélection (ou la conception) d'un projet constitue un moyen raisonnable d'atteindre les objectifs distributifs de la société. Savoir si, en définitive, les gains et les pertes s'égalisent effectivement est une autre question (Persky, 2001) – mais l'on peut probablement conclure provisoirement qu'il y a tout lieu de douter d'un tel résultat fortuit, même s'il n'est pas entièrement impossible. Si la répartition n'est pas optimale – par exemple parce que des obstacles politiques ou administratifs s'opposent à la mise en place des mesures requises –, il est d'autant plus justifié de s'inquiéter des effets de répartition.

Pour autant, savoir ce qu'il faudrait faire exactement pour prendre en compte les effets de répartition dans l'analyse économique est loin d'être clair. Bien que l'exemple décrit plus haut soit la simplicité même, les réponses qu'il peut susciter prennent rapidement un tour très complexe. Que se passera-t-il, par exemple, si l'individu P – c'est-à-dire celui qui subit la perte nette – est pauvre par rapport à celui qui bénéficie des avantages nets du projet ? C'est-à-dire si le projet aggrave une répartition déjà inégale du revenu ou du bien-être ? On peut supposer que cela ait pour effet de tempérer l'évaluation autrement positive de la valeur nette du projet. Mais que se passera-t-il aussi si l'individu P est également pollueur et si l'individu R est vulnérable, ses gains étant déterminés par la manière dont il bénéficie de l'amélioration de l'environnement ? De quelle façon cela peut-il conduire à modifier une nouvelle fois l'évaluation du projet et, ce qui est plus important, quel est le rôle des praticiens de l'ACA à cet égard ?

11.3. Analyse des impacts sur la répartition exercés par les projets dans le cadre des évaluations coûts-avantages

Diverses propositions ont été formulées concernant le moyen de faire en sorte que les évaluations coûts-avantages tiennent compte de l'incidence exercée par les projets et les politiques sur la répartition. Une suggestion, que nous suivrons dans ce chapitre, consiste à considérer ces propositions comme une hiérarchie exigeant un jugement chaque fois plus explicite quant au caractère socialement souhaitable des possibles effets sur la répartition. Au cœur de tout jugement de ce type réside une prise de position ou une invitation à s'en tenir aux faits pour ce qui est de la façon dont la société devrait répartir le bien-être, le revenu, le patrimoine ou quelque autre bien plus spécifique tel que la qualité de l'environnement.

Kriström (2005) a montré qu'il est possible de considérer que ces propositions forment une hiérarchie. Il s'agit notamment : (1) d'identifier et de recenser de quelle façon se répartissent les coûts et les avantages liés aux projets, en unités physiques mais peut-être aussi en termes monétaires ; (2) de calculer des coefficients *implicites* de pondération en fonction de la répartition (par exemple, si un projet génère des pertes nettes globales mais qu'un groupe dont la société se soucie particulièrement en retire des gains nets, quel devrait être le coefficient attaché à ceux-ci pour que le projet soit jugé socialement valable ?) ; et enfin (3) de recalculer les avantages nets du projet en appliquant des coefficients *explicites* de pondération en fonction de la répartition aux avantages reçus et aux coûts supportés par les différents groupes sociaux.

L'important à toutes ces étapes est de prendre en compte les effets de répartition parallèlement aux procédures d'évaluation types (ou dans le cadre de celles-ci). Ce faisant, des informations peuvent également être fournies sur l'équilibre (ou l'arbitrage implicite) entre la maximisation des avantages globaux d'une intervention et le fait d'adopter des mesures en direction de certains groupes. Les propositions mises en avant aux échelons inférieurs (initiaux) de la hiérarchie sont moins controversées dans la mesure où elles ne remettent pas en cause la recommandation principale sur laquelle repose l'ACA. Ce qu'elles font plutôt est d'élargir le champ du jugement au moyen de nouvelles informations, fournies en fait en complément de l'ACA. Cependant, vers le sommet de la hiérarchie, la règle même du jugement est altérée.

11.3.1. *Identifier les effets de répartition*

On reproche fréquemment à l'ACA de ne se préoccuper que du « résultat final » d'une politique ou d'un projet, c'est-à-dire de ses avantages nets pour la société. Même si l'on admet (provisoirement) que ce reproche est justifié, il est problématique pour plusieurs raisons, notamment parce qu'il fait abstraction de certaines informations prises en compte par les décideurs, à savoir celles qui concernent les modalités de répartition des effets de leurs politiques. Ces informations désagrégées peuvent être utiles à plusieurs égards. Il peut être nécessaire, pour des raisons pragmatiques, de chercher à savoir quels groupes enregistrent un gain et quels autres subissent une perte à cause du projet, par exemple parce que les perdants seraient à même d'influer sur la réussite ou sur l'échec du projet (c'est-à-dire sur la concrétisation ou non de ses avantages nets). Toutefois, il existe aussi des cadres d'analyse qui sont également pertinents pour prendre une décision sociale et peuvent être appliqués utilement en utilisant ces informations. Ils s'appuient parfois sur certaines considérations théoriques admises dans les fondements de l'ACA et prennent en compte des fonctions relatives au bien-être social permettant de décrire la manière dont la consommation (ou son évolution) se traduit en bien-être social. Ils peuvent aussi appartenir à une tradition distincte faisant appel à d'autres approches disciplinaires ou perspectives en matière de politiques, et s'inspirant peut-être de l'idée de « pluralisme de valeur » examinée au chapitre 2.

Le mouvement en faveur de la justice environnementale aux États-Unis, par exemple, a fait valoir que les affectations des sols non souhaitées ou dangereuses (telles que l'implantation d'installations d'élimination et de transfert des déchets) sont injustement ou inéquitablement réparties, c'est-à-dire essentiellement situées dans des zones à relativement forte densité de personnes à faible revenu ou appartenant à des groupes ethniques particuliers. L'approche en termes de justice environnementale a été élargie de manière à prendre en compte un certain nombre d'autres charges pour l'environnement aussi bien à l'intérieur des pays qu'entre eux (par exemple, la pollution atmosphérique dans les villes, l'absence d'accès à des espaces verts et la vulnérabilité au changement climatique) (voir notamment Walker, 2012). Cela n'est pas sans pertinence pour l'évaluation économique, qui repose comme on le sait sur la stricte affectation des ressources économiques aux projets et politiques pour lesquelles le consentement à payer est le plus élevé. L'apport du mouvement en faveur de la justice environnementale a été de mettre en évidence la manière dont les avantages et les charges sont répartis entre différents groupes socioéconomiques ou ethniques, et dans quelle mesure les processus ayant abouti à cette répartition peuvent être considérées comme équitable.

Il serait donc à tout le moins utile que l'ACA fournisse des informations détaillées sur les effets de répartition. Il ne serait dès lors pas nécessaire que le spécialiste de l'analyse coûts-avantages porte un jugement sur les données empiriques relatives à la pondération des impacts dont bénéficient ou pâtissent les différents groupes. Il suffit que ces impacts soient aussi bien établis que le permettent les données et les autres sources d'information disponibles. On pourra juger souhaitable de laisser aux responsables politiques le soin de décider comment ces effets sur la répartition pourraient influer sur l'évaluation de l'intérêt social du projet. Il serait à l'évidence naïf de penser que tout jugement de valeur peut ainsi être éliminé. Il faut bien, par exemple, décider à un moment ou à un autre quels sont les groupes sociaux dont il convient de tenir compte. Cependant, comme le montrent les sections qui suivent, une telle approche exige moins de jugements hasardeux que les autres options analytiques de la hiérarchie des ACA tenant compte des questions de répartition.

Identifier avec suffisamment de précision les « gagnants » et les « perdants », ainsi que leurs revenus et/ou certains autres aspects de leur position relative au sein de la société, risque de soulever des difficultés pratiques. Bien entendu, faute de cette information essentielle, l'analyse plus ambitieuse des problèmes de répartition (décrits ci-dessous) ne peut non plus être envisagée. C'est sans doute là une question de degré et il est tout aussi probable que de nombreuses évaluations coûts-avantages ne génèrent pas de telles données simplement parce qu'elles n'y sont pas contraintes et non parce que la tâche serait en soi irréalisable. Il est intéressant de noter que les approches modernes de l'évaluation des avantages à l'aide des méthodes des préférences déclarées, telles que l'évaluation contingente (chapitre 3), pourraient déjà dans bon nombre de cas offrir d'abondantes données concernant la répartition des impacts non marchands (Kriström, 2003). Ces approches, autrement dit, fournissent généralement de très nombreuses informations sur les caractéristiques démographiques et socioéconomiques des personnes interrogées, ainsi que des données détaillées au sujet, par exemple, des utilisations d'un bien environnemental particulier et de l'expérience acquise en la matière. Ces données pourraient fournir de précieuses indications sur la façon dont sont répartis certains impacts des projets.

Bien qu'elles ne soient pas nécessairement prises en compte dans les évaluations économiques, des données empiriques existent sur la répartition d'un nombre croissant de résultats environnementaux (tout particulièrement la qualité de l'air) entre différents groupes sociaux. Les études de Pearce et al. (2011) et de Ribeiro et al. (2015) analysent de telles données, respectivement pour la Nouvelle-Zélande et le Portugal. Dans une optique similaire, Defra (2006) a étudié la répartition au Royaume-Uni de toute une série de polluants atmosphériques tels que les PM_{10}, le NO_2, le SO_2 et l'O_3 (au niveau du sol). Il s'est appuyé pour ce faire sur un indice de privations multiples (prenant en compte le revenu, la santé et le logement) pour caractériser le statut socioéconomique des individus affectés par les différences de qualité de l'air.

La cartographie des niveaux de qualité de l'air et cet indice de privations permettent de formuler un certain nombre de conclusions intéressantes et nuancées. L'exposition à un air ambiant de qualité moindre est déterminée par la proximité aux zones urbaines et, en particulier, aux routes. D'une manière générale, l'idée selon laquelle il existe une corrélation entre résultats environnementaux défavorables et niveaux plus élevés de privations semble confirmée, en particulier pour les PM_{10}. Cependant, dans certains cas, la répartition socioéconomique montre que les personnes les plus exposées sont celles qui sont le moins et le plus désavantagées (c'est-à-dire les ménages classés dans le décile inférieur et dans le décile supérieur de l'indice de privations). Autrement dit, la localisation géographique exacte est importante puisque l'on observe dans différentes régions du pays une relation quelque peu différenciée entre l'exposition à la pollution atmosphérique et l'indice des privations. Cela n'est peut-être pas sans conséquences pour la réflexion sur les effets de répartition des actions envisagées par les pouvoirs publics.

Day et Maddison (2015) pensent que les praticiens de l'ACA pourraient répondre utilement à ces préoccupations de justice environnementale. Ils notent, par exemple, qu'il serait possible de prendre en compte dans l'ACA les données de répartition des charges de pollution (atmosphérique) par niveau de revenu (ménages). Ces données pourraient être synthétisées sous forme d'un coefficient de Gini, éventuellement calculé en relation avec une proposition de projet (et comparé au *statu quo*). On trouve des exemples de travaux allant dans ce sens parmi les études spécialisées sur les ressources en eau qui s'appuient sur l'« indice de Gini pour l'eau » (voir notamment Wang et al., 2012 ; Seekel et al., 2011). Il est clair, cependant, que l'inégalité présente de nombreux aspects différents et, pour être significatifs, de tels coefficients synthétiques de répartition devront prendre explicitement en compte ces autres facteurs (âge, vulnérabilité, etc.).

Des problèmes de répartition surgissent également à l'occasion des décisions concernant le caractère abordable de telle ou telle mesure pour les ménages. On peut citer comme exemple concret à ce propos l'utilisation de l'ACA dans la mise en œuvre des directives environnementales parmi les pays (à revenu moins élevé) ayant rejoint assez récemment l'Union européenne (Commission européenne, 2008). Des règles empiriques (apparemment arbitraires) sont souvent appliquées pour déterminer à quel moment la proportion de leurs revenus que versent les ménages pour un bien particulier (comme l'approvisionnement en eau ou la collecte des déchets) atteint un niveau inabordable. De telles préoccupations, cependant, peuvent entrer en conflit avec d'autres considérations comme, par exemple, le principe pollueur-payeur ou (lorsque cela est jugé nécessaire) le recouvrement complet des coûts d'un projet, notamment en matière de gestion des déchets. Bien que la question du caractère abordable soit évidemment cruciale, décider pour y répondre de creuser l'écart entre les recettes et les coûts du projet en fixant les tarifs à un niveau trop bas peut être source de risque.

La possibilité existe aussi, bien entendu, de renforcer la prise en compte des impacts distributifs dans d'autres méthodes types d'évaluation non marchande, comme celles examinées dans les chapitres précédents (voir chapitres 3 à 7). Loomis (2011) s'est appuyé pour illustrer cela sur deux études empiriques des valeurs non marchandes réalisées aux États-Unis. Il examine en particulier les résultats d'une étude d'évaluation contingente du consentement à payer (CAP) pour remédier au faible débit d'un cours d'eau dans l'État du Colorado du point de vue des effets de répartition. Cela le conduit à des aperçus intéressants et nouveaux. Il constate en effet que les avantages ne varient pas nécessairement beaucoup en fonction du niveau de revenu des personnes interrogées. Bien que le choix du projet ne soit pas marqué par un « biais » résultant du CAP disproportionné des personnes à haut revenu, sous l'angle des coûts, des inquiétudes s'expriment évidemment sur la manière dont le projet sera financé. Il est clair que ce type d'information est important à connaître pour l'autorité qui est chargée de la mise en œuvre du projet.

L'autre étude examinée par Loomis est une étude réalisée dans une banlieue de Los Angeles – de nouveau aux États-Unis – et appliquant la méthode des prix hédonistes. Il s'agit dans ce cas de déterminer les effets sur les prix immobiliers de mesures qui permettraient de réduire les risques d'incendie de forêt. La politique envisagée, il apparaît, favorise la valeur des maisons appartenant aux ménages à plus hauts revenus ainsi qu'aux membres de groupes ethniques particuliers (les quartiers concernés sont habités principalement par des Blancs et des Hispaniques). La question ici encore est de savoir comment utiliser cette information sur la répartition des avantages pour guider la discussion de fond sur la manière dont les projets devraient être financés. Le message le plus important peut-être qui ressort de ces deux exemples est qu'il devrait être possible de tirer du volume croissant de données empiriques sur l'évaluation environnementale des indications intéressantes sur les effets de répartition. Il faut voir dans le fait que cette possibilité est largement inexploitée une opportunité manquée.

Dans un contexte très différent, un constat assez bien établi est que des groupes *particuliers* sont vulnérables à la perte de services écosystémiques spécifiques. Diverses études ont notamment mis en lumière la dépendance, dans les pays en développement, des pauvres des régions rurales (ou d'au moins une fraction d'entre eux) à l'égard de certains services fournis par la nature. Ten Brink et al. (2011) utilisent à ce propos l'expression de « PIB des pauvres », mais cette idée remonte en fait à des études empiriques antérieures sur les moyens de subsistance des communautés de certaines régions rurales, notamment celles de Jodha (1986) et de Vedeld et al. (2004). Ces études ont joué un rôle important pour élucider la contribution des écosystèmes au bien-être économique de ces communautés, qui n'apparaît pas ou seulement partiellement dans les statistiques officielles.

11.3.2. *Coefficients implicites de pondération en fonction de la répartition*

L'analyse des problèmes de répartition devrait-elle, dans le cadre des évaluations coûts-avantages, se limiter à identifier et recenser soigneusement comment se répartissent les coûts et les avantages ? Il existe pour l'essentiel deux autres possibilités. Elles s'appuient toutes deux sur une réflexion quant à la façon dont les informations concernant la répartition pourraient être utilisées par les décideurs dans un cadre comparable à celui du critère classique des avantages nets. Il faut pour ce faire modifier la recommandation sur laquelle repose l'ACA en vue de prendre en considération les avantages nets ajustés ou pondérés en fonction de la répartition.

Une manière utilisée de longue date pour expliciter les jugements liés à la répartition dans l'ACA consiste à écrire comme suit le problème simple de répartition des coûts et avantages entre deux individus évoqué précédemment : $NB = a_R NB_R + a_P NB_P$, où un coefficient de pondération (a_i) est assigné aux coûts et avantages de chacune des parties. Cela met en évidence une importante caractéristique de l'ACA classique, à savoir qu'elle suppose que $a_1 = a_2 = 1$. Autrement dit, des coefficients de pondération égaux à un sont assignés aux avantages nets obtenus par chacun des individus, quel que soit celui d'entre eux qui bénéficie d'avantages ou supporte des coûts.

Que représentent ces coefficients de pondération ? a_i peut essentiellement être interprété comme fournissant une description numérique des préférences de la société quant aux résultats sur le plan de la répartition. Il peut être le produit d'une réflexion approfondie sur la manière dont, par exemple, un changement au niveau de la consommation se traduit par des niveaux plus élevés de bien-être pour les individus, compte tenu de leurs ressources avant le changement en question. Il peut aussi exprimer un point de vue connexe ou distinct à propos de l'équité pour la société (pour une présentation à ce propos dans le cadre coûts-avantages, voir l'annexe à ce chapitre).

Le critère des avantages nets pondérés en fonction de la répartition est qu'il doit être donné suite à un projet si la somme des avantages nets pondérés en fonction de la répartition est au moins égale à zéro. Rien d'étonnant, par conséquent, si une bonne partie de la controverse suscitée par l'application de coefficients de pondération en fonction de la répartition tourne autour des mérites relatifs de l'utilisation des projets à de telles fins, ainsi que des problèmes entraînés par les conjectures quant à ce que pourraient être les objectifs de la société en matière de répartition. Il n'est pas difficile, compte tenu de ces difficultés ainsi que des discussions à ce sujet, d'imaginer les appréhensions que peut susciter l'introduction d'une analyse distributive de ce type.

Un moyen commode de tourner la difficulté – au moins provisoirement – consiste à se demander plutôt quel serait l'ensemble de coefficients de pondération à appliquer pour « parvenir à un équilibre » entre les arguments amenant à recommander de donner suite au projet (c'est-à-dire des avantages nets totaux positifs) ou au contraire d'y renoncer (à savoir des avantages nets totaux négatifs) (Gramlich, 1990 ; Kriström et Kanninen, 1993). Soit $0 = NB = NB_R + a_P NB_P \Rightarrow a_P{*} = \frac{NB_R}{NB_P}$. C'est donc là un test de répartition implicite puisqu'il n'exige pas que les coefficients de pondération (a_i) à appliquer soient directement déterminés. Il s'agit plutôt de savoir, pour $a_R = 1$ et si l'on suppose que $NB = 0$, quelle devrait être la valeur du coefficient de pondération implicite $a_P{*}$ pour qu'il influe sur la décision concernant l'intérêt social du projet ? Dans l'exemple simple ci-dessus, la réponse est « 2 », c'est-à-dire $a_P{*} = \frac{NB_R}{NB_P} = \frac{200}{100}$.

Une fois déterminé ce « point d'équilibre », que peut-on faire de cette information ? Peut-être pourrait-on avant tout se demander si l'application de ce ou ces coefficients de pondération est justifiée, c'est-à-dire si elle est ou non conforme aux préférences de la société ou aux éléments d'information dont on dispose quant à son acceptabilité politique. Dans cet exemple simple, la réponse pourrait dépendre de l'écart entre les revenus relatifs des deux individus, ainsi que de la distance à laquelle ils se situent par rapport à des points de référence communément admis tels que le seuil de pauvreté ou le revenu moyen. Toutefois, il n'est sans doute pas possible de répondre à cette question de façon satisfaisante à moins d'avoir recours à des estimations fiables et directes de a_P. Toujours est-il que cette pondération implicite vise à permettre au spécialiste de l'analyse coûts-avantages d'éviter des problèmes potentiellement inextricables. Les coefficients implicites de pondération n'en peuvent pas moins être comparés avec l'éventail d'estimations mentionnées dans les études publiées, comme on le verra dans la section 11.3.3 ci-dessous.

Gramlich (1990) remarque que les données précédemment examinées peuvent également être utilisées d'une autre façon. Le processus de sélection ou de conception des projets ne constitue en effet qu'un mécanisme de redistribution parmi tant d'autres à la disposition des pouvoirs publics. Certains détracteurs de l'ACA tenant compte des problèmes de répartition, tels que Harberger, ont par ailleurs affirmé qu'il faut se demander si ces autres mécanismes ne représentent pas de manière générale un moyen socialement moins coûteux de faire face aux inégalités. Ce serait assurément vrai si, par exemple, quelque mécanisme budgétaire permettait d'assurer sans aucun coût la redistribution des revenus. En pareil cas, il serait toujours souhaitable de mettre en sommeil les projets équitables mais inefficients et de tenter de remédier aux inégalités de répartition à l'aide de cet autre mécanisme de redistribution. Inutile de préciser que tout système de redistribution est à un plus ou moins grand degré inefficient[2]. Il importe cependant d'insister sur le fait qu'il s'agit là d'une question de degré. Le recours au processus de sélection ou de conception des projets pour traiter les problèmes de répartition doit dès lors être comparé aux autres instruments (pratiques) permettant d'assurer un transfert direct de revenus entre les individus (par exemple au travers du système fiscal) ou aux autres programmes publics spécialement destinés à relever les bas revenus.

Les informations éventuellement disponibles sur l'inefficience relative des divers autres mécanismes pratiques de redistribution permettent de fixer une limite supérieure au degré d'inefficience admissible lors de la sélection et de la conception des projets sur la base des critères de répartition. D'un point de vue formel, il s'agit donc de comparer les termes a_P^* et 1/(1-c). Le coefficient c est un indicateur du degré d'inefficience des autres mécanismes de redistribution (c'est-à-dire du taux de diminution des ressources totales entraînée par le « processus » de redistribution) et sa valeur sera comprise entre 0 et 1. Dans l'exemple ci-dessus, il conviendrait de donner suite au projet dès lors que $c \leq 0.5$. Les problèmes de répartition peuvent ainsi influer sur le choix des projets à condition que ce soit là le moyen le plus efficace par rapport aux coûts d'atteindre un certain objectif répartitif.

11.3.3. *Coefficients explicites de pondération en fonction de la répartition*

La dernière grande option analytique ne se contente pas de se demander quelles *devraient être* les valeurs des coefficients de pondération en fonction de la répartition. Une approche plus prescriptive consisterait à assigner des coefficients de pondération explicites, peut-être en s'appuyant sur les conclusions des études antérieures. Une telle approche est, par exemple, basée sur un jugement quant à la valeur que revêtent les revenus pour ceux qui enregistrent des gains ou des pertes du fait du projet. L'hypothèse de l'utilité marginale décroissante du revenu implique qu'une même variation du revenu a une valeur d'utilité plus grande pour un individu pauvre que pour un riche. Toutes choses égales par ailleurs, il en résulte que les avantages reçus par ce dernier seront assortis d'un moindre coefficient de pondération que ceux de même montant dont bénéficierait le premier, et ce pour tenir compte de la différence de leur contribution relative au bien-être social.

Suivant ce raisonnement, le coefficient de pondération pourrait être le suivant : $a_i = (\bar{Y} / Y_i)^\eta$ où : $\bar{Y}$ est le revenu moyen par habitant ; Y_i le revenu du iième individu (ou groupe social), et η l'élasticité de l'utilité marginale du revenu, c'est-à-dire la valeur attachée par la société à une augmentation du revenu de cet individu (le calcul de ce coefficient de pondération est décrit dans l'annexe à ce chapitre). À l'évidence, les données relatives aux deux premiers paramètres sont (en principe) facilement mesurables, mais ce sont les informations dont on dispose au sujet de η qui sont essentielles. Intuitivement, on peut dire que cette élasticité correspond au degré d'aversion de la société à l'égard des inégalités. Il est donc logique, pour déterminer son ordre de grandeur probable, de commencer par se demander jusqu'à quel point la « société » est prête à tolérer les inégalités.

En principe, η pourrait être compris dans une fourchette de 0 à ∞ mais, heureusement pour les analystes, les études examinées ci-dessous suggèrent que cette fourchette est vraisemblablement bien plus étroite. Il convient de noter que l'ACA classique ou « non pondérée » revient à supposer que $\eta = 0$ (puisque cela impliquerait que $a_i = 1$). À l'autre extrême, à mesure que le degré d'aversion à l'égard des inégalités augmente ($\eta \rightarrow \infty$), le critère coûts-avantages amène à toujours « écarter » les projets ayant un effet négatif sur les plus défavorisés (à l'inverse, les projets ayant une incidence positive sur les plus démunis seront toujours retenus). La solution la plus simple du point de vue de la facilité de calcul consisterait certes à supposer que $\eta = 1$ (et donc à comparer le revenu de chaque individu par rapport à la moyenne), mais il faut en dernière analyse se demander si cette hypothèse n'implique pas vraisemblablement de plus fortes préférences sociales en faveur de l'égalité des revenus que ne le donnent à penser les données observées.

Le tableau 11.1 se sert de l'exemple utilisé plus haut dans la section 11.2 pour illustrer comment la recommandation de l'ACA concernant ce résultat de répartition change en fonction de la valeur que prend η. À cet exemple, on ajoute l'hypothèse que le rapport entre le revenu de l'individu plus riche R et celui de l'individu plus pauvre P est égal à 3, soit $Y_R = 3Y_P$ (par exemple, 90 000 EUR pour le premier et 30 000 EUR pour le second). On notera que, d'une manière générale, les valeurs de η supérieures à 0 ont pour effet de réduire les avantages nets positifs pour l'individu R et d'accroître les avantages nets négatifs pour l'individu P. L'ordre de grandeur de η détermine l'ampleur de cet ajustement relatif. Dès lors, si $\eta = 0.5$ les avantages nets du projet sont certes faibles mais demeurent positifs. Si en revanche $\eta = 1$, la somme des avantages nets pondérés en fonction de la répartition s'avère négative. Le tableau fait également apparaître que, lorsque les valeurs de η sont plus élevées, les coefficients de pondération attachés aux pertes encourues par l'individu dont le revenu est inférieur à la moyenne conduisent très vite à accorder un poids relativement extrême à ces pertes.

Tableau 11.1. **Coefficients de pondération en fonction de la répartition et ACA : un exemple à titre d'illustration**

Degré d'aversion à l'égard des inégalités : η	Avantages nets : individu *R*	Avantages nets : individu *P*	Avantages nets totaux
0	200	-100	100
0.5	163	-141	22
1	133	-200	-67
2	89	-400	-311

Répétons-le, les coefficients de pondération en fonction de la répartition reflètent un jugement au sujet de la valeur qui doit être accordée à chaque dollar ou euro reçu par chacun des individus ou des groupes sociaux ou qui leur est retiré. Il peut être fait appel à divers éléments pour justifier un tel jugement. On admet généralement que celui-ci doit s'appuyer sur le comportement révélé des gouvernements (démocratiques et soumis à l'obligation de rendre compte) concernant par exemple les politiques de redistribution. Autrement dit, l'examen des politiques pour lesquelles les problèmes de répartition constituent une préoccupation majeure peut donner des indications sur les coefficients de pondération relatifs qu'il convient d'assigner aux coûts et aux avantages pour les divers groupes sociaux. Le système d'impôt sur le revenu constitue d'ordinaire un point de référence ; les différents taux marginaux d'imposition appliqués aux individus selon le niveau de leurs revenus apportent à l'analyste d'utiles informations quant aux préférences de la société concernant la valeur sociale desdits revenus. Une importante variante de cette approche repose sur la notion d'égalité du sacrifice *absolu*. Le système fiscal est en effet censé imposer la même charge à toutes les tranches de revenu en termes de perte d'utilité par rapport à une certaine fonction d'utilité (voir Young, 1994, quoique Gramlich, 1990, fasse entre autres état des problèmes que pose une telle utilisation des informations concernant les taux marginaux d'imposition).

L'ordre de grandeur de η a en particulier fait l'objet de débats empiriques. On trouvera un vaste tour d'horizon des études consacrées à ce sujet dans Pearce et Ulph (1999) et dans Cowell et Gardiner (1999). Ces derniers parviennent certes à la conclusion qu'« une fourchette de 0.5 ... à 4 paraîtrait raisonnable » (p. 33), mais Pearce et Ulph (1999) se prononcent en faveur d'une fourchette bien plus étroite de part et d'autre d'une valeur de 0.8. Pearce (2003) en déduit que des valeurs de η comprises entre 0.5 et 1.2 pourraient être légitimement utilisées dans le cadre de l'analyse coûts-avantages de la politique de lutte contre les changements climatiques. Le chapitre 8 examine des éléments plus récents desquels il ressort que, sur la base de diverses stratégies d'analyse et données, la valeur de η pourrait être plus élevée. Un éventail de valeurs est possible, et même en prenant l'exemple simple du tableau 11.1, les implications d'une ACA réalisée sur ces bases sont moins claires.

Estimation de l'aversion aux inégalités

Les études consacrées aux préférences en matière d'inégalités de revenus indiquent qu'en moyenne, les personnes interrogées se prononcent en faveur de modalités de répartition plus égales, au point par exemple qu'elles se déclarent prêtes à accepter un revenu global moindre dès lors que celui-ci est plus également réparti. La conséquence en est que les interventions sous forme de projet ou de politique qui se traduisent par des avantages nets négatifs – c'est-à-dire une baisse de la consommation globale – sont parfois préférables si elles aboutissent à une meilleure répartition du volume de consommation restant. C'est tout l'enjeu de l'ACA pondérée en fonction de la répartition, où l'ampleur de l'aversion aux inégalités, par exemple, détermine les paramètres de ce qui constitue un arbitrage acceptable entre équité et efficience. Cela soulève évidemment la question singulière de savoir quelle perte nette exactement les individus sont prêts à tolérer, c'est-à-dire quels coefficients de pondération doivent être utilisés. Une autre question intéressante concerne les coefficients de pondération à appliquer à l'égard des risques concernant d'autres effets des projets ou des politiques que l'impact sur les revenus.

Une étude de Cropper et al. (2016) s'appuyant sur une enquête de préférences déclarées cherche précisément à répondre à cette question au regard des risques pour la santé : spécifiquement les risques de cancer (et d'autres risques potentiellement graves) associés à l'exposition à la pollution atmosphérique. Les personnes interrogées dans cette enquête devaient choisir entre deux scénarios impliquant chacun des risques pour deux régions d'un pays de taille démographique équivalente, confrontées toutes deux à des risques de santé particuliers. Dans le premier scénario, ces risques de santé étaient (extrêmement) inégaux entre les deux régions ; dans le second, en revanche, ces risques étaient également répartis entre elles.

L'alternative entre les deux scénarios est présentée ci-dessous dans le tableau 11.2. Le choix indique le compromis que chaque répondant est prêt à faire entre le risque total et la manière dont le risque est réparti. Dans le scénario B, la charge de mortalité est répartie de manière égale mais le risque pour l'ensemble des populations concernées est de 14/1 000, alors que dans le scénario A le risque global est seulement de 10/1 000. Demander à de nombreux répondants de choisir entre plusieurs scénarios de ce type permet de dégager les préférences des individus et l'étendue des compromis qu'ils sont prêts à faire.

Tableau 11.2. **Exemple de choix de scénario tiré de Cropper et al. (2016)**

	Scénario A	Scénario B
Région Y	Risque de mortalité : 1/1 000	Risque de mortalité : 7/1 000
Région Z	Risque de mortalité : 9/1 000	Risque de mortalité : 7/1 000
Option choisie ?		

Les résultats obtenus par Cropper et al. (2016) montrent que la plupart des personnes interrogées ont une préférence pour une plus grande égalité de répartition des risques de santé. Autrement dit, les répondants semblent prêts à tolérer une décision des pouvoirs publics qui accroît les risques de santé dès lors que ces risques sont répartis de manière égale. Plus précisément, un résultat clé de cette étude est que le répondant moyen est prêt à accepter une augmentation de plus de 20 % du nombre total de cas de cancer auxquels est exposée la population si tout le monde est exposé au même niveau de risque (élevé).

Ce résultat sous-estime en fait l'étendue de cette préférence puisqu'il exclut les répondants qui ne rejettent aucun des scénarios équitables. Aussi élevé soit le taux de risque de cancer parmi l'ensemble de la population, ces personnes optent de préférence pour le scénario aboutissant à une répartition égale des risques et non pour les autres scénarios entraînant des risques moins élevés (mais inégalement répartis). Elles semblent donc avoir des préférences très marquées – ou lexicographiques – pour l'égalité en matière de santé. En tout, ces personnes représentaient environ 30 % de l'échantillon. Par conséquent, si l'on prend en compte les préférences de ce groupe important, l'augmentation tolérée du nombre total de cas de cancer atteint 50 % si les risques sont également répartis.

Ces arbitrages sont-ils comparables à ceux que l'on trouve dans les études (analogues) sur les inégalités de revenus (ou, plus généralement, sur les attitudes à l'égard des risques) ? Cropper et al. ont inclus dans leur étude deux autres tests. L'un est un exercice du type « seau percé » dans lequel on demande aux personnes interrogées de choisir entre plusieurs scénarios (d'amplitude différente) impliquant une réduction de 1 000 USD des revenus du groupe des 40 % aux revenus les plus élevés et une augmentation simultanée des revenus du groupe des 40 % aux revenus les plus faibles. La taille de la « fuite » est indiquée par l'écart entre la première opération et la seconde : $0 < X \leq 0$. Une option consiste par exemple à réduire le revenu du premier groupe de 1 000 USD mais en augmentant le revenu du second groupe de seulement 900 USD (auquel cas X = 100) ; une autre à augmenter le revenu du second groupe de seulement 500 USD ou 250 USD, et ainsi de suite. Les choix des répondants peuvent être utilisés ici encore pour en déduire leurs préférences en matière d'égalité des revenus. Ces résultats semblent indiquer qu'ils sont prêts à sacrifier entre 2 et 5 % de revenu moyen pour maintenir l'égalité. L'étude montre, par conséquent, que les répondants ont des préférences plus marquées pour l'égalité dans le domaine de la santé que dans celui des revenus.

Autrement dit, rien n'indique que les coefficients de pondération à utiliser sont les mêmes s'agissant de l'évolution des risques de santé et de l'évolution des revenus en général, au moins pour ce qui concerne ces répondants des États-Unis. Bien entendu, déterminer le niveau de pondération adéquat implique d'abord un jugement social et pas seulement l'agrégation de réponses individuelles de ce type. Néanmoins, de telles données auront sans doute un rôle à jouer à cet égard. De multiples complications sont aussi à prévoir, nombre de projets impliquant à la fois des effets inégaux en termes de santé et de revenus. Certaines données semblent indiquer, par exemple, que les personnes de statut socioéconomique peu élevé sont particulièrement susceptibles de connaître des problèmes de santé imputables à l'exposition à la pollution atmosphérique.

Dietz et Atkinson (2010) se sont également appuyés sur une enquête de préférences déclarées pour examiner les *différences* de préférences des individus en matière de répartition dans le contexte des politiques visant à réduire la pollution atmosphérique. Dans cette étude, il était demandé à des habitants de plusieurs quartiers de Londres au Royaume-Uni de choisir entre des politiques se distinguant à la fois par les résultats conventionnels escomptés, c'est-à-dire le degré d'amélioration de la qualité de l'air à Londres, et par le coût. Étaient en outre incluses dans certaines politiques des mesures fiscales visant à aider les ménages à bas revenus à supporter le coût des mesures envisagées et certaines options mettaient en jeu la question de savoir si les personnes portant la plus lourde responsabilité dans la pollution atmosphérique à Londres (c'est-à-dire les automobilistes) devaient supporter une part plus grande du coût des mesures de réduction de la pollution.

Les résultats de cette étude semblent indiquer que les répondants jugent nécessaire un compromis entre les effets de répartition et les coûts, c'est-à-dire qu'en moyenne, ils sont prêts à payer plus cher pour des politiques qui permettent d'obtenir un niveau donné d'amélioration de la qualité de l'air de manière plus équitable. Les répondants, par exemple, étaient prêts à payer 153 GBP de plus pour une politique conduisant à une très forte amélioration de la qualité de l'air à Londres (par rapport à une politique qui n'aboutirait qu'à un degré d'amélioration modeste). Cependant, si la politique en question visait spécifiquement les personnes portant la plus lourde responsabilité dans la pollution atmosphérique, les mêmes répondants étaient prêts à payer un montant plus élevé de 64 %. Si cette politique prévoyait en outre des mesures pour aider les personnes les moins capables de payer, les répondants étaient prêts à payer 25 % de plus.

Dans leur étude, Dietz et Atkinson (2010) ont également interrogé un autre échantillon de personnes sur leurs préférences en matière de répartition dans le cadre de différentes options de politique climatique au Royaume-Uni, afin de déterminer dans quelle mesure ces préférences varient selon les contextes environnementaux. Ils constatent que la « prime » accordée à la politique ciblant les pollueurs est presque identique à celle obtenue à propos de la pollution atmosphérique locale (65 % contre 63 %). Cependant, les répondants semblent beaucoup plus prêts à aider les personnes à bas revenus dans le contexte de la politique climatique (la « prime » est ici de 43 % contre 25 %).

11.4. ACA tenant compte des questions de répartition et changement climatique

Les travaux sur les aspects économiques des dommages entraînés par le changement climatique laissent transparaître un regain d'intérêt très marqué pour l'ACA tenant compte des questions de répartition (voir chapitre 14). L'enjeu est de réévaluer comment le fardeau imposé par les dommages résultant du changement climatique sera vraisemblablement réparti entre les divers pays selon qu'ils sont qualifiés de riches ou de pauvres et vulnérables. C'est pourquoi la pondération en fonction de l'équité est maintenant intégrée aux travaux cherchant à déterminer le coût social du carbone (CSC). Il semble en outre que les procédures qui en ont résulté ont influencé les directives qui expriment la position officielle de certains gouvernements nationaux sur le CSC aux fins de l'évaluation des politiques relatives au changement climatique, mais une telle approche ne semble pas universellement acceptée.

À titre d'illustration, on partira ici de $D_W = \sum_{i=1}^{N} a_i D_i$, où D désigne la valeur des dommages mondiaux résultant du changement climatique, D_i les dommages subis par le pays i et a_i le coefficient de pondération assigné à ces dommages dans le pays i. On convient que ce coefficient de pondération sera calculé de la manière suivante : $(Y_W / Y_i)^{\eta}$, où Y_W et Y_i désignent le niveau de revenu (ou de consommation) par habitant respectivement dans le monde et dans le pays i, et η est un paramètre d'aversion à l'inégalité des revenus (ou de la consommation). Intuitivement, si les pays plus pauvres subissent de façon disproportionnée des dommages sous l'effet du changement climatique, un tel coefficient de pondération devrait se traduire par un coût social du carbone plus élevé. La réalité, cependant, est un peu plus compliquée. Dans un article, Anthoff et al. (2009) expliquent pourquoi. L'une des raisons est que les valeurs plus hautes de ε impliquent un taux d'actualisation plus élevé, sous la forme $r = \rho + \eta g$, où r désigne le taux d'actualisation, ρ le taux de préférence pour le présent et g la croissance de la consommation par habitant. Ce point technique a évidemment d'importantes répercussions pratiques.

Anthoff et Tol (2010) soulèvent un autre point important. Les méthodes de pondération classiques ne constituent qu'une option parmi beaucoup d'autres. À un extrême, un pays pourrait décider que les habitants d'autres pays n'ont pas à être pris en compte. Du point de vue des implications pour le CSC, cela voudrait dire que les impacts se produisant dans d'autres pays (c'est-à-dire les dommages provoqués par le changement climatique à l'étranger) n'entrent pas en ligne de compte pour déterminer le CSC à utiliser dans l'évaluation des politiques climatiques. Il s'agit bien entendu d'une position extrême, mais qui permet de définir une limite inférieure pour la poursuite de la réflexion. Dès lors que les impacts se produisant ailleurs sont pris en compte, toute une gamme d'orientations de principe (dont certaines impliquent la pondération des facteurs d'équité) s'offrent éventuellement pour guider l'estimation du CSC.

Le CSC peut être exprimé comme suit pour un pays particulier :

$$CSC = \sum_t D(1 + r_t)^{-t} + \omega \sum_i a_i \sum_t D_i(1 + r_{t,i})^{-t}$$

Le premier terme du côté droit désigne la valeur (actualisée) des dommages pour le pays concerné. Le deuxième terme exprime la prise en compte des dommages causés dans tous les autres pays. Ce dernier terme inclut deux coefficients de pondération. Le premier, représenté par ω, reflète la prise en compte ou non des dommages qui se produisent ailleurs que dans le pays concerné. Il prend la valeur de 0 ou de 1 (ou une valeur intermédiaire si la prise en compte est une question de degré). Le deuxième est un coefficient de pondération des facteurs d'équité, qui prend une valeur située entre 0 et 1.

Le tableau 11.3 énumère un certain nombre d'orientations de principe (proposées par Anthoff et Tol) sur lesquelles le gouvernement d'un pays peut s'appuyer pour estimer le CSC (chacune de ces orientations impliquant des adaptations particulières de la formule présentée plus haut). Il indique l'interprétation de chacune de ces orientations, ses implications pour la prise en compte du bien-être des habitants d'autres pays, la nécessité d'utiliser ou non un coefficient de pondération des facteurs d'équité (et lequel) et le taux d'actualisation à utiliser

Tableau 11.3. **Coût social du carbone et répartition : orientations de principe et pratique**

Principe adopté	Interprétation	Poids accordé au bien-être des habitants d'autres pays	Poids accordé à l'équité	Taux d'actualisation
Coopération	Le pays se comporte comme un décideur mondial, c'est-à-dire adopte le CSC le mieux à même de maximiser le bien-être mondial	Oui : ω = 1	$a = 1$	$r = \rho + \eta g_f$
Pondération en fonction de l'équité	Pondération adoptée par le décideur mondial sur la base des différences de revenu (ou de consommation) par habitant entre les pays	Oui : ω = 1	$a = \left(Y_W / Y_f\right)^{\eta}$	$r = \rho + \eta g_f$
Souveraineté	Le pays ne prend pas en compte les impacts qui se produisent ailleurs : les dommages subis par les habitants de pays étrangers ne sont pas reconnus	Non : ω = 0	–	–
Altruisme	Le pays prend en compte les impacts qui se produisent ailleurs dans la mesure où ses citoyens se soucient des habitants d'autres pays	Oui : selon le niveau d'altruisme, c'est-à-dire $0 \leq \omega \leq 1$	$a = \left(Y_h / Y_f\right)^{\eta}$	$r = \rho + \eta g_f$
Indemnisation	Le pays considère qu'il est tenu ou obligé d'indemniser (nominalement) les dommages causés en dehors de ses frontières. L'indemnisation se base sur l'évaluation de ces dommages dans les pays qui les ont subis	Oui : ω = 1	$a = 1$	$r = \rho + \eta g_h$
Politique de bon voisinage	Le pays prend en compte les impacts qui se produisent ailleurs et se soucie des habitants de pays étrangers comme il le fait de ses propres citoyens à l'intérieur des frontières nationales	Oui : ω = 1	$a = \left(Y_h / Y_f\right)^{\eta}$	$r = \rho + \eta g_f$

Source : D'après Anthoff et Tol (2011).

pour évaluer les dommages futurs dans d'autres pays. Pour une valeur de $a = 1$, cela implique qu'il n'est pas assigné pour les dommages à l'étranger un coefficient de pondération plus élevé (ou plus faible) si un pays étranger (*f*) est plus pauvre (ou plus riche) en termes de revenu (ou de consommation) par habitant (*Y*) que le pays concerné (*h*).

Le tableau 11.3 indique certains des résultats obtenus par Anthoff et Tol (2010) pour les États-Unis en faisant l'hypothèse d'un taux de préférence temporelle de 1 %. Il s'agit des estimations de la valeur en dollars du coût social d'une tonne de carbone qu'un décideur pourrait obtenir par l'analyse puis utiliser dans l'ACA aux États-Unis, selon l'orientation particulière en termes de répartition adoptée au début du travail de détermination du CSC. Les grandeurs obtenues ont d'importantes ramifications : en effet, elles fournissent une indication du degré de vigueur des mesures de réduction des émissions. Des valeurs du CSC plus élevées signalent une politique plus active d'atténuation des effets du changement climatique dans le pays concerné.

Examinons d'abord la première colonne de résultats, qui correspond au cas où un décideur des États-Unis opte simplement pour le CSC qui maximise le bien-être mondial (sans pondération) : la valeur obtenue est de 16 USD/tC. La pondération en fonction de l'équité a pratiquement pour effet de doubler la valeur du CSC dans le cas où $\eta = 1$. L'estimation du CSC dans une optique de souveraineté aboutit à une valeur à peine supérieure à zéro (c'est-à-dire quelques centimes par tonne de carbone). Très clairement, une politique de bon voisinage se traduit de loin par le CSC le plus élevé. Cette option présente des similitudes avec celle de l'altruisme, sauf si l'on fait l'hypothèse que ω = 1 (au lieu de 0.1). Si l'on en vient maintenant à l'analyse de sensibilité des valeurs de η égales à 0.5 et 1.5, on observe, de façon sans doute paradoxale, que l'hypothèse de niveaux plus élevés (ou plus faibles) de préoccupation pour l'inégalité se traduit par une baisse (une augmentation) de la valeur du CSC pondéré en fonction de l'équité dans le cas où $\eta = 1$. La raison principale en est que la valeur de η agit aussi sur le taux d'actualisation (voir tableau 11.4).

Tableau 11.4. **Estimations du coût social du carbone aux États-Unis**
(en USD de 1995 et avec un taux de préférence temporelle de 1 %)

	Valeur hypothétique de η		
	1	*0.5*	*1.5*
Coopération	16	*56*	*5*
Pondération en fonction de l'équité	28	*72*	*13*
Souveraineté	~0	*1*	*~0*
Altruisme	13	*5*	*13*
Indemnisation	34	*34*	*14*
Politique de bon voisinage	125	*41*	*123*

Source : D'après Anthoff et Tol (2010).

11.5. Remarques finales

L'ACA classique continue pour l'essentiel à considérer que les questions de répartition ou d'équité n'ont guère de place, voire aucune, dans la formulation de recommandations en matière de sélection et de conception des projets. Bien que cette approche puisse paraître tout à fait insolite à certains de ses détracteurs, on aurait tort d'en conclure que l'utilité de l'ACA s'en trouve diminuée. L'efficience n'est certes qu'un des éléments parmi tant d'autres dont il faut tenir compte pour juger de l'intérêt social d'un projet, mais elle n'en demeure pas moins extrêmement importante. Les spécialistes de l'analyse coûts-avantages sont par ailleurs poussés par de puissantes raisons à adopter souvent cette approche de l'évaluation des coûts et des avantages des projets et des politiques. Autrement dit, il ne s'agit pas d'une simple omission par négligence (pas toujours tout au moins). Cependant, comme on l'a vu dans ce chapitre, chacune des raisons avancées pour soutenir cette position favorable à l'ACA classique peut-être contestée. Cela donne à penser que les conséquences des projets du point de vue de la répartition pourraient être mieux prises en considération dans le cadre de l'analyse coûts-avantages.

Quelle que soit l'interprétation particulière retenue, la prise en considération des questions de répartition implique tout d'abord d'identifier puis peut-être de pondérer les coûts supportés et les avantages retirés par les différents individus et groupes sociaux compte tenu des écarts observés du point de vue du critère auquel on s'intéresse. La hiérarchie établie par Kriström (2005), par exemple, constitue un bon moyen de comprendre les difficultés que les diverses possibilités envisageables posent au spécialiste de l'analyse coûts-avantages. Il s'agit en premier lieu de réunir et d'organiser des données brutes (c'est-à-dire non corrigées) sur la répartition des coûts et des avantages des projets, tâche qui bien que relativement simple par elle-même n'en risque pas moins de s'avérer fastidieuse. Ces données pourraient dans un second temps être utilisées pour établir de quels coefficients de pondération devraient être assortis les avantages nets retirés ou les coûts nets supportés par les différents groupes sociaux pour qu'un projet particulier envisagé satisfasse (ou non) à un critère coûts-avantages du point de vue de la répartition. Il est enfin possible d'assigner des coefficients explicites de pondération tenant compte des préférences de la société en matière de répartition, puis d'estimer à nouveau les avantages nets en conséquence.

Une question cruciale consiste dès lors à savoir où les spécialistes de l'analyse coûts-avantages se situent eux-mêmes dans cette hiérarchie. Les évaluations coûts-avantages étant parfois critiquées au motif qu'elles ignorent purement et simplement les effets sur la répartition, la solution à l'évidence la plus simple, qui consiste à observer comment les coûts et les avantages sont répartis, pourrait apporter un appréciable surcroît d'informations. Cela donne à penser qu'il conviendrait sans doute que les évaluations coûts-avantages fournissent à tout le moins de telles informations de manière systématique. Quant à savoir s'il serait souhaitable d'adopter des approches plus ambitieuses, la réponse à cette question varie selon que les gains générés par la possibilité d'analyser les avantages nets (pondérés) des projets en prenant en considération les préoccupations de la société en matière d'efficience et d'équité sont ou non supérieurs aux pertes liées à la nécessité de formuler des hypothèses étayées pour interpréter les données empiriques y afférentes.

D'une part, les constatations empiriques relatives à l'ordre de grandeur « approprié » des coefficients de pondération en fonction de la répartition peuvent être utilement employées dans l'ACA. Mais d'autre part, même des modifications apparemment légères des hypothèses concernant l'ordre de grandeur des coefficients de pondération en fonction de la répartition – dont la fourchette de valeurs ressort des études empiriques disponibles – peuvent avoir d'importantes conséquences sur l'évaluation de l'intérêt social d'un projet. Cette constatation n'a rien de surprenant puisqu'elle ne fait que mettre en évidence combien il est difficile de déterminer quelles sont les préférences de la société en matière de répartition. D'un point de vue pratique, le danger serait que les propositions plus ambitieuses d'ACA tenant compte des problèmes de répartition suscitent davantage d'enthousiasme qu'elles n'apportent de lumières.

L'ACA environnementale a un rôle important à jouer ici, notamment en faisant en sorte que les praticiens de l'évaluation prêtent une plus grande attention aux questions de répartition (du CAP ou des impacts environnementaux physiques, par exemple). Qu'est-ce qui pourrait favoriser cette évolution ? La demande des décideurs pourrait certainement servir de catalyseur à cet égard. On peut en effet soupçonner que la situation actuelle n'est pas seulement due à un problème du côté de l'offre – qui refléterait l'attention singulière que les praticiens de l'ACA accordent à l'efficience – mais aussi sans doute à la situation qui prévaut du côté de la demande, à savoir que les décideurs n'exigent pas cette information dans les cahiers des charges établis pour guider le travail d'évaluation. Il pourrait donc être important de chercher à modifier la situation à cet égard.

Notes

1. Ces entreprises peuvent elles-mêmes appartenir à des ménages.
2. Pour expliquer pourquoi il en est ainsi, on a généralement recours à l'analogie d'Arthur Okun avec l'utilisation d'un seau percé pour égaliser les volumes d'eau contenus dans deux réceptacles. Supposons que l'eau soit au départ inégalement répartie entre les deux réceptacles. Son transfert au moyen d'un seau percé pour tenter d'assurer une répartition plus égale entraîne inévitablement une perte globale d'eau. Tel est pour l'essentiel le problème auquel se trouve confrontée la société : jusqu'à quel point peut-on sacrifier l'efficience pour assurer une plus grande équité ? Par exemple, dans le cas de l'impôt sur le revenu, le seau percé renvoie aux incitations ayant une incidence sur l'arbitrage entre travail et temps libre. En d'autres termes, les taux d'imposition marginale toujours plus lourds dissuadent les personnes à revenu élevé de travailler davantage et amenuisent donc dans une certaine mesure le montant total du revenu que la société pourra redistribuer.

Références

Anthoff, D. et R.Tol (2010), « On international equity weights and national decision making on climate change », *Journal of Environmental Economics and Management*, vol. 60, n° 1, pp. 14-20, *http://dx.doi.org/10.1016/j.jeem.2010.04.002*.

Anthoff, D., C. Hepburn et R. Tol (2009), « Equity weighting and the marginal damage costs of climate change », *Ecological Economics*, vol. 68, n° 3, pp. 836-849, *http://dx.doi.org/10.1016/j.ecolecon.2008.06.017*.

Cowell, F. et K. Gardiner (1999), *Welfare Weights. Report to the Office of Fair Trading*, Office of Fair Trading, Londres.

Cropper, M., A. Krupnick et W. Raich (2016), « Preferences for Equality in Environmental Outcomes », *Resources for the Future*, Washington, DC, *www.rff.org/files/document/file/RFF-DP-16-36.pdf*.

Day, B. et D. Maddison (2015), *Improving Cost-Benefit Analysis Guidance, A Report to the Natural Capital Committee (NCC)*, NCC, Londres, *http://nebula.wsimg.com/ad8539d7216f5e6589bbe625c9750fff?AccessKeyId=68F83A8E994328D64D3D&disposition=0&alloworigin=1*.

Decancq, K., M. Fleurbaey et M. Schokkaert (2014), « Income, inequality and wellbeing », *CORE Discussion Paper*, n° 2014/18, University of Antwerp, *https://cdn.uclouvain.be/public/Exports%20reddot/core/documents/coredp2014_18web.pdf*.

Defra (2006), *Air Quality and Social Deprivation in the UK: An environmental inequalities analysis, Final Report to Department of Environment, Food and Rural Affairs*, Defra, Londres, *https://uk-air.defra.gov.uk/assets/documents/reports/cat09/0701110944_AQinequalitiesFNL_AEAT_0506.pdf*.

Dietz, S. et G. Atkinson (2010), « The Equity-Efficiency Trade-off in Environmental Policy: Evidence from Stated Preferences », *Land Economics*, vol. 86, n° 3, pp. 423-443, *http://dx.doi.org/10.3368/le.86.3.423*.

Gramlich, E.M. (1990), *A Guide to Benefit-Cost Analysis*, 2e édition, Prospect Heights, Waveland Press, Illinois.

Jodha, N.S. (1986), « Common Property Resources and the Rural Poor in Dry Regions of India », *Economic and Political Weekly*, vol. 21, n°27, pp. 1169-1181, *www.jstor.org/stable/4375858*.

Kriström, B. (2005), « Framework for assessing the distribution of financial effects of environmental policies », in Serret, Y. et N. Johnstone (dir. pub.), *The Distributional Effects of Environmental Policy*, Edward Elgar, Cheltenham, *www.oecd.org/env/tools-evaluation/thedistributionaleffectsofenvironmentalpolicy.htm*.

Kanninen, B.J. et B. Kriström (1993), « Welfare Benefit Estimation and Income Distribution », *Beijer Discussion Paper Series* n° 20, Beijer Institute of Ecological Economics, Stockholm.

Loomis, J. (2011), « Incorporating distributional issues into benefit-cost analysis: How, why and two empirical examples using non-market valuation », *Journal of Benefit-Cost Analysis*, vol. 2, n° 1, article 5, *https://doi.org/10.2202/2152-2812.1044*.

OCDE (1975), *The Polluter Pays Principle: Definition, Analysis and Implementation*, Éditions OCDE, Paris, *http://dx.doi.org/10.1787/9789264044845-en*.

Pearce, D.W. (2003), « The Social Cost of Carbon and its Policy Implications », *Oxford Review of Economic Policy*, vol. 16, n° 3, pp. 362-384, *https://doi.org/10.1093/oxrep/19.3.362*.

Pearce, D.W. et D. Ulph (1999), « A social discount rate for the United Kingdom », in Pearce, D.W. (dir. pub.), *Economics and Environment: Essays on Ecological Economics and Sustainable Development*, Edward Elgar, Cheltenham.

Pearce, J. et al. (2011), « Environmental Justice and Health: A Study of Multiple Deprivation and Geographical Inequalities in New Zealand », *Social Science and Medicine*, vol. 73, pp. 410-420, *http://dx.doi.org/10.1016/j.socscimed.2011.05.039*.

Persky, J. (2001), « Cost-Benefit Analysis and the Classical Creed », *Journal of Economic Perspectives*, vol. 15, n° 4, pp. 199-210, *http://dx.doi.org/10.1257/jep.15.4.199*.

Riberio, A.I., M. de Pina et R. Mitchell (2015), « Development of a Measure of Multiple Physical Deprivation. After United Kingdom and New Zealand, Portugal », *European Journal of Public Health*, vol. 25, n° 4, pp.610-617, *https://doi.org/10.1093/eurpub/cku242*.

ten Brink, P. (dir. pub.) (2011), *The Economics of Ecosystems and Biodiversity in National and International Policy Making*, Earthscan, Londres.

Vedeld, P. et al. (2004), « Counting on the Environment: Forest Incomes and the Rural Poor », *Environmental Economics Series*, n° 98, Banque mondiale, Washington, DC, *http://documents.worldbank.org/curated/en/825651468778804896/pdf/300260PAPER0Counting0on0ENV0EDP0198.pdf*.

ANNEXE 11.A1

Méthode de pondération de l'utilité marginale du revenu

Admettons que l'utilité soit liée au revenu, soit $U = U(Y)$, de sorte que l'utilité marginale de la fonction de revenu a une élasticité constante. L'utilité marginale de la fonction de revenu pour l'individu i peut s'écrire de la façon suivante :

$$U_i' = \frac{dU}{dY_i} = aY_i^{-e}$$

où $-e$ est à présent l'élasticité de la fonction. Pour le revenu moyen $\bar{Y}$ nous devrions par conséquent avoir :

$$U_{\bar{Y}}' = a\bar{Y}^{-e}$$

et le coefficient de pondération relatif pour le iième individu serait dès lors égal à :

$$\frac{U_{\bar{Y}}'}{U_i'} = \frac{a\bar{Y}^{-e}}{a\bar{Y}^{-e}} = \left(\frac{\bar{Y}}{Y_i}\right)^{-e}$$

PARTIE III

Problématiques soulevées par l'analyse coûts-avantages dans le domaine de l'environnement

PARTIE III

Chapitre 12

Capital naturel et durabilité

La notion de « développement durable » occupe aujourd'hui une large place dans le discours des décideurs sur les problèmes d'environnement. Cela constitue l'expression d'un certain nombre de préoccupations (connexes) concernant notamment la trajectoire de développement de l'ensemble de l'économie et, plus particulièrement, la manière dont les richesses naturelles (et leur évolution) affectent celle-ci. Il est important que l'analyse coûts-avantages (ACA) réponde à ces préoccupations, notamment parce que les politiques publiques et les projets d'investissement sont susceptibles de modifier une trajectoire de développement (par exemple en cas d'interventions non marginales ou sous l'effet cumulé de décisions de portée limitée). L'une des implications majeures (et de grande portée) à envisager à cet égard serait de circonscrire l'ACA en la soumettant à des contraintes de durabilité, définies éventuellement sur la base de critères écologiques. L'accent serait ainsi mis plus fortement sur une évaluation unique dans le cadre d'un portefeuille de politiques publiques ou de projets. La contrainte, autrement dit, serait que ce portefeuille aboutisse in fine au maintien du statu quo écologique, et les applications pratiques de cette approche incluraient une « compensation biodiversité ». Cette perspective soulève d'importantes questions. Éviter que des ressources (potentiellement) critiques subissent des dommages non seulement regrettables mais aussi irréversibles présente certes des avantages, mais l'application de la méthode des projets compensatoires s'accompagne de coûts d'opportunité qui restent à étudier.

12.1. Introduction

Dans quelle mesure les pratiques actuelles d'analyse coûts-avantages (ACA) permettent-elles d'obtenir des informations sur la durabilité des politiques publiques ou des projets soumis à évaluation ? La réponse à cette question dépend évidemment en grande partie de la manière dont est défini le terme « durabilité ». Il peut faire référence par exemple, dans un sens étroit, à la durabilité interne d'un projet au regard des risques de financement et des contraintes budgétaires. Il peut aussi faire référence, dans un sens beaucoup plus large, à toute une palette de facteurs externes – économiques, sociaux ou environnementaux – sur lesquels pourrait influer un projet d'investissement ou une décision des pouvoirs publics. Les objectifs de développement durable (ODD) adoptés par les Nations unies en 2015 illustrent l'ampleur que peut avoir cet éventail de facteurs, puisque ces 17 grands objectifs de développement se déclinent en plus de 160 cibles.

On pourrait considérer que cette ampleur rend nécessaire l'adoption d'une approche multicritères (voir le chapitre 18). Dans certaines applications relatives au secteur des transports, par exemple, la question de la durabilité a été interprétée de cette façon dans une perspective d'évaluation. Dans ce chapitre, cependant, nous retenons une conception plus spécifique de la durabilité, tirée de la science économique, quoique avec des implications interdisciplinaires plus vastes (voir par exemple Arrow et al. 2012 ; CGDD, 2015 ; Hamilton et Atkinson, 2006 ; Helm, 2015). Ses traits distinctifs résident dans l'emploi du terme de durabilité à la fois pour prendre en compte les préoccupations relatives aux générations futures (équité intergénérationnelle) et, en vue de répondre à ces préoccupations, pour mettre l'accent sur l'impact des politiques publiques ou des projets d'investissements proposés sur les richesses (par exemple les perspectives d'évolution du bien-être et des actifs dans une économie, en particulier du capital naturel).

Quelle est donc la spécificité de cette « économie de la durabilité » en termes d'apport à l'évaluation économique ? Au minimum, elle conduit à rapprocher un certain nombre de critiques pertinentes de l'ACA. L'une est le scepticisme à l'égard du principe de Kaldor-Hicks associé à la prescription corrective en vertu de laquelle les interventions qui ont des incidences négatives sur certains groupes (comme les générations futures) devraient s'accompagner de mesures compensatoires *effectives*. Un autre problème concerne le fait qu'en pratique, il est fréquent que l'approche « marginale » ou « marginaliste » de l'ACA ne prenne pas en compte la durabilité du « système » dans sa globalité (Helm, 2015). Cela peut faire référence aux perspectives associées à la trajectoire de développement d'un système économique. Ces considérations sont également caractéristiques de l'économie du climat (chapitre 14). Dans l'« économie de la durabilité », toutefois, l'accent est mis sur l'influence exercée sur une trajectoire de développement par le point culminant du processus de changement (induit par des politiques publiques ou des projets) de toute une palette de systèmes naturels, communément qualifiés de « capital naturel ».

Pour aborder ces préoccupations, plusieurs voies distinctes se présentent toujours. De fait, on peut considérer qu'il n'y pas grand-chose à redire à la manière dont l'ACA est réalisée, et que l'évolution des connaissances disponibles permet de prendre en compte un certain nombre des problèmes soulevés par ceux qui se soucient de la durabilité. Une telle position n'a rien d'indéfendable. Dans bien des cas, l'ACA est assurément pertinente : l'évaluation des actifs environnementaux, le choix d'un taux d'actualisation et la prise de décisions en situation d'incertitude (future) en sont autant d'exemples.

Ainsi, dans la mesure où une grande part des préoccupations relatives au développement durable se fonde sur l'appréciation des effets induits sur la répartition des revenus, il est d'autant plus nécessaire de rendre compte de la répartition des coûts et des avantages dans le temps. L'appel en ce sens n'est pas nouveau (voir, par exemple, GIEC, 1996) et a été réitéré récemment par Day et Maddison (2015) (voir le chapitre 10). Il est nécessaire d'améliorer la portée et l'exactitude des méthodes d'évaluation – y compris des techniques d'évaluation des actifs environnementaux – utilisées pour mesurer le capital naturel (ou ses variations), au lieu de mesurer simplement les flux de services actuels. Réconcilier l'ACA avec les questions de durabilité pourrait aussi contraindre à déterminer explicitement quelle part de la nature doit rester en dehors du champ de la simple analyse coûts-avantages, et ce que cela implique, par conséquent, pour les modalités d'application de l'ACA.

12.2. Qu'est-ce que la durabilité ?

La question : « Qu'est-ce que la durabilité ou le développement durable ? » est souvent présentée comme une interrogation à laquelle il est impossible de répondre – ou, tout au moins, à laquelle on peut apporter des réponses multiples, éventuellement contradictoires. Or, cela n'aide guère à déterminer comment les praticiens pourraient mieux intégrer le concept de durabilité dans l'ACA. Lorsque, par exemple, la durabilité est définie dans un sens extrêmement large (couvrant « tous » les aspects du processus de développement et des résultats multidimensionnels), comme dans nombre de stratégies nationales de développement durable ou dans les ODD des Nations Unies, l'ampleur de la tâche à accomplir peut être gigantesque. Autrement dit, l'ACA ne permet sans doute pas de couvrir le champ correspondant à ces cadres de vaste portée. En pareil cas, la réaction logique pourrait consister à intégrer ces préoccupations dans l'évaluation en utilisant des outils d'analyse complémentaires pour la prise de décisions (voir le chapitre 18).

Lorsque, en revanche, le développement durable est conceptualisé sous une forme moins globale – éventuellement à partir d'une définition économique de la préservation du bien-être humain (par habitant) dans le temps, qui permette elle-même de déterminer comment gérer les richesses ou les actifs de façon à atteindre cet objectif – l'ampleur de la tâche à accomplir devient plus raisonnable, ou, à tout le moins, il devient possible d'en comprendre plus clairement les implications. Cette approche économique de la durabilité ne permet pas de répondre à toutes les questions, mais elle fournit un point de départ utile pour cerner de manière cohérente le cœur du problème soulevé par le débat sur la durabilité. Ainsi, il est possible d'envisager ensuite les prolongements de ce travail d'analyse.

Les perspectives futures (de développement) dépendent à cet égard des richesses dont dispose une économie. Les projets et les politiques publiques constituent des éléments qui influent sur ces perspectives. Leur impact peut être important ou modeste, mais les projets et les politiques publiques évalués au moyen d'une ACA peuvent être interprétés comme modifiant la trajectoire de développement d'une économie dans le temps (voir, par exemple, Arrow et al., 2003). Ces interventions le font souvent de manière explicite, par exemple en se traduisant par des investissements dans les actifs de l'économie considérée. Parmi les exemples marquants les plus courants à cet égard figurent les projets d'infrastructure matérielle dans le secteur des transports ou des communications, les investissements dans le secteur de l'enseignement public, ou les investissements consacrés à l'amélioration des services de traitement de l'eau et d'assainissement dans une optique de santé publique. Néanmoins, une intervention de ce type peut avoir un effet implicite en créant des ressources (potentiellement) disponibles pour l'investissement, parce qu'elle génère des avantages nets et, partant, améliore les perspectives de consommation future ou de bien-être.

La manière dont les projets et les politiques publiques influent sur le milieu naturel ou physique constitue un autre élément, quoique connexe, à prendre en compte. Ces richesses naturelles comptent pour le développement, car elles constituent en elles-mêmes un déterminant du bien-être futur, dans la mesure où elles fournissent des flux de biens et de services qui permettent *in fine* aux individus d'obtenir des avantages qu'ils apprécient. C'est pourquoi elles sont de plus en plus souvent désignées par la notion générale de « capital naturel ». De quoi s'agit-il ? Cette expression, bien qu'utile en un sens générique, demande à être définie de manière plus précise pour pouvoir être d'une quelconque utilité aux praticiens de l'ACA. Au Royaume-Uni, le Comité du capital naturel (*Natural Capital Committee*) définit le capital naturel comme « les composantes de la nature qui (directement et indirectement) sont source de valeur pour la population, comme le stock de forêts, de cours d'eau, de terres, de minerais et les océans, ainsi que les fonctions et processus naturels sur lesquels repose leur existence » (NCC, 2013, p X). Le point commun à ce large éventail de ressources diverses d'origine naturelle réside dans le fait que ce sont des *stocks*. Il est aussi utile de distinguer d'autres propriétés de ces stocks, notamment parce qu'elles peuvent impliquer des critères différents de prise en compte dans l'ACA (ou, plus généralement, dans les processus de décision d'intérêt collectif).

Certains de ces actifs, tout d'abord, sont non renouvelables. Leurs stocks ont des limites physiques déterminées (même si une certaine incertitude peut exister à ce sujet) et constituent des ressources non vivantes, donc épuisables. Les produits du sous-sol comme le pétrole et le gaz conventionnels en sont des exemples typiques. D'autres actifs, en revanche, sont renouvelables. Il s'agit de ressources vivantes ou de ressources qui se régénèrent (éventuellement à la faveur d'un processus de croissance naturelle ou d'autres processus de régénération naturelle sous-jacents). Une forêt ou un lieu de pêche en sont des exemples que connaissent bien les praticiens de l'ACA. Les actifs écologiques ou écosystémiques constituent une autre catégorie qui suscite une attention grandissante dans les débats sur l'action publique (voir ci-après). Le caractère renouvelable d'une ressource soulève des questions supplémentaires concernant sa gestion. Autrement dit, il est possible de conserver un certain niveau de ressources renouvelables même en les utilisant, ce qui n'est pas le cas pour les ressources non renouvelables.

Qu'est-ce que cela implique éventuellement pour les praticiens de l'ACA ? Ce point présente peut-être un intérêt particulier dès lors que le projet d'investissement ou la politique publique faisant l'objet d'une évaluation se traduira par une perte de capital naturel. Ainsi, pour un capital naturel non renouvelable (en cas de projet minier ou de politique se traduisant par l'épuisement de ressources, par exemple), la question se pose de savoir si des mesures supplémentaires doivent être adoptées (et si oui, lesquelles) pour accompagner ces activités, en vue de compenser cette perte de valeur des actifs considérés. Si cette perte d'actifs porte sur des ressources renouvelables – comme dans le cas d'un changement d'utilisation des terres débouchant sur la dégradation ou la destruction d'écosystèmes – il faudra peut-être, dans une optique de durabilité, se demander si cette perte peut être compensée *via* l'accumulation d'autres actifs de manière générale, ou si elle rend nécessaire des investissements compensatoires spécifiques dans cet actif renouvelable.

12.3. ACA et « durabilité faible »

Pour décrire le problème que soulèvent les préoccupations relatives à la durabilité pour l'évaluation économique, on peut commencer par établir un état des lieux de l'ACA classique à l'heure actuelle. Stavins et al. (2003) examinent dans cet esprit ce qu'indique l'application du critère coûts-avantages, ainsi que du critère de compensation, et comment l'interpréter à la lumière des préoccupations d'équité intergénérationnelle. Cet examen porte d'abord sur le critère fondamental de Kaldor-Hicks : choisir les propositions offrant une valeur actuelle nette positive (maximale), afin que les gagnants puissent *éventuellement* offrir une compensation aux perdants tout en restant mieux lotis qu'en l'absence de projet ou de changement de politique. Dès lors que les « gagnants » sont les générations actuelles et les « perdants » les générations futures, on considère que cela indique au moins l'existence potentielle de ressources économiques disponibles pour traiter les problèmes d'équité intergénérationnelle découlant de ces interventions.

En un sens, tout ceci ne fait que réaffirmer la pertinence de la perspective coûts-avantages classique, mais cela établit utilement un lien entre efficience et équité dans le temps et entre générations. Cela soulève, par exemple, la question immédiate de savoir non seulement s'il existe des mécanismes facilitant simplement la compensation entre générations, mais aussi si une compensation potentielle dissipe effectivement le malaise relatif à la question de l'équité intergénérationnelle. On trouve une analyse allant un peu plus loin à cet égard dans une précédente contribution de Farrow (1998), qui soutient que la compensation – dans ce type de situation – devrait être *effective* et non potentielle. Dans cette optique, il faut commencer par se demander si une proposition d'intervention se traduit par des pertes nettes pour un groupe particulier, en l'occurrence les générations futures. Si tel est le cas, la compensation effectivement offerte à ce groupe particulier doit être au moins aussi importante que ces pertes nettes. Sous l'angle des conséquences que pourraient avoir des décisions actuelles sur le capital naturel, cette compensation doit être au minimum d'une ampleur égale à toute perte de valeur des actifs considérés découlant de la proposition d'intervention. On part ici du principe que la perte de valeur d'un actif entraîne une diminution de bien-être en réduisant les possibilités de consommation futures. Une façon de préserver, au minimum, ces possibilités est d'investir dans d'autres actifs pour compenser ces pertes actuelles.

Ces idées ont joué un rôle dans la genèse de la recommandation pratique formulée par Day et Maddison (2015), par exemple. Ces deux auteurs partent de l'idée que l'ACA offre des informations utiles sur les avantages nets positifs des interventions proposées, qui signalent l'existence de ressources économiques potentiellement disponibles pour l'investissement. Lorsqu'une proposition d'intervention se traduit également par des coûts sous forme de perte de valeur des actifs (parce que le capital naturel est épuisé ou dégradé, par exemple), les gains correspondants peuvent être utilisés pour investir de manière à compenser cette perte, et maintenir ainsi le capital naturel à un niveau constant. Quant à la question de savoir si cet investissement sera réellement effectué, cela dépend naturellement des décideurs. Néanmoins, si ceux-ci croient à l'utilité de l'ACA pour éclairer leurs choix stratégiques, tout en étant déterminés, de manière plus générale, à assurer la durabilité du développement, une évaluation économique permet au moins de mettre en évidence les ressources économiques disponibles pour s'acquitter de l'obligation d'assurer un développement durable.

D'un point de vue pratique, cela laisse à penser que deux éléments d'information pertinents pour l'action des pouvoirs publics devraient être pris en compte conjointement. Le premier correspond au critère classique dans une perspective coûts-avantages : recommander la mise en œuvre des projets ou des politiques publiques évalués positivement à l'issue d'une ACA classique. Le deuxième consiste à déterminer si la totalité des actifs de l'économie est au moins maintenue à un niveau constant. Ce second élément pourrait être évalué à l'aide d'un indicateur de l'évolution de ces actifs. Comme indiqué ci-après, la mesure de plus en plus employée à cet égard est l'épargne nette ajustée – également qualifiée d'« épargne véritable ». Elle indique l'ampleur de l'accumulation d'actifs nets dans l'économie, ce qui, point important, inclut les variations du capital naturel. Le fait que cette « épargne véritable » soit positive ou non peut fournir des informations sur la durabilité globale des économies dans lesquelles une ACA est réalisée pour des décisions spécifiques.

Ce lien concret entre l'évolution de la richesse totale et la durabilité a été étudié pour la première fois par Pearce et Atkinson (1993). Des études théoriques ultérieures sur la croissance, comme celles de Hamilton et Clemens (1999), de Dasgupta et Mäler (2000) et d'Asheim et Weitzman (2001), ont précisé les fondements théoriques de ce type de mesure de la durabilité. L'idée fondamentale figure cependant dans Hartwick (1977), qui a montré qu'en cas d'extraction de ressources épuisables, la consommation future pourrait être préservée si d'autres investissements compensaient la valeur de l'épuisement de ces ressources. Un investissement minier permettant d'exploiter un gisement de ressources naturelles précieuses mais dont la quantité est finie finance, par définition, une activité non durable. Autrement dit, l'exploitation minière ne peut se poursuivre que jusqu'à épuisement (physique ou économique) des ressources considérées. Les conséquences plus globales de cette activité en termes de durabilité constituent une autre question. Elles dépendent en grande partie du fait de savoir si le produit de l'exploitation de ce gisement de ressources est ou non investi dans un autre actif (productif). Si ces recettes sont réinvesties dans de nouveaux projets productifs, le développement peut s'inscrire dans la durée.

De manière théorique, Hartwick (1977) a montré que des réflexions antérieures importantes sur ce problème (comme celles de Solow, 1974) reposaient sur une règle d'épargne suivant laquelle une partie des recettes (plus précisément, les rentes tirées de ressources naturelles) provenant de l'épuisement d'une ressource non renouvelable était investie dans d'autres actifs. Ceux-ci sont généralement conçus comme des actifs produits, mais il pourrait aussi s'agir de capital humain. Ainsi, le développement – défini comme une trajectoire de consommation constante – peut être perpétué malgré la dépendance à l'égard d'un actif naturel disponible en quantité finie (donc épuisable). Pour ce faire, il faut maintenir à un niveau supérieur ou égal à zéro l'épargne nette totale pour tous les types de capital – autrement dit l'« épargne véritable », pour reprendre le nom donné à ce concept par Hamilton (1994). Solow (1986), quant à lui, a montré que l'application de ce principe se traduisait par une règle de constance du capital. Cet élément est devenu le socle de la réflexion moderne sur l'économie de la durabilité.

Plus récemment, a été élaborée une forme générale de cette « règle de Hartwick », qui présente une caractéristique importante : elle est conciliable avec l'éventualité d'une trajectoire de consommation ascendante. Elle est donc compatible avec un cadre d'action ayant pour objectif la croissance économique, et non simplement une trajectoire de développement économique constant. Hamilton et Hartwick (2006) mettent en évidence une relation entre (les variations de) la consommation et l'épargne nette. Selon cette règle généralisée de Hartwick, une épargne véritable positive peut déboucher sur une trajectoire de développement s'accompagnant d'une croissance de la consommation. Une condition essentielle à cet égard est que l'épargne véritable n'augmente pas plus vite que le taux d'intérêt (c'est-à-dire le rendement du capital produit). Hamilton et Withagen (2007) en explorent les implications de manière un peu plus poussée, et montrent qu'un taux d'épargne véritable positif constant (l'épargne en proportion du revenu national) implique que la consommation peut augmenter de manière illimitée.

Tous les projets qui, toutes choses égales par ailleurs, sont à l'origine d'une accumulation (nette) de capital produit ou de capital humain contribuent donc à la durabilité. En d'autres termes, les débats sur le développement durable dans le contexte de l'ACA doivent prendre en compte le fait, souhaitable, que bien des projets et politiques publiques concourent à accroître la richesse. Bien entendu, si ces initiatives provoquent des dommages environnementaux ou un épuisement des stocks de ressources, cette perte d'actifs naturels a pour effet de réduire la durabilité, toutes choses égales par ailleurs. Comme nous l'avons vu, toutefois, l'effet net en est mis en évidence par des indicateurs synthétiques tels que l'épargne véritable ou l'évolution de la richesse nette par habitant.

Un exemple pratique de ce type d'analyse est évoqué dans l'encadré 12.1. Il illustre l'utilisation de fonds souverains pour gérer les recettes tirées de l'épuisement de ressources non renouvelables (telles que le pétrole et le gaz). Les travaux publiés sur l'« épargne véritable » ont montré qu'il s'agissait d'un des moyens de concrétiser la prise en compte de l'intérêt des générations futures, mais une attention beaucoup plus limitée a été accordée à la productivité des investissements. Il est tout à fait clair que cette dernière question relève de l'ACA. Les projets retenus à la suite d'une évaluation coûts-avantages peuvent non seulement accroître la richesse nette, mais aussi contribuer à assurer un développement durable en garantissant que l'épargne soit consacrée aux usages les plus productifs.

Encadré 12.1. **Pétrole de la mer du Nord et fonds souverains**

Les ressources épuisables et les revenus qu'elles génèrent présentent deux grands problèmes du point de vue de la gestion macroéconomique : la production brute et les recettes fiscales sont généralement élevées mais extrêmement volatiles ; en outre, le flux des recettes est fini et cesse lorsque l'exploitation du gisement d'une ressource n'est plus rentable. Des flux importants de recettes fiscales provenant de ressources naturelles créent un risque spécifique, à savoir que la politique budgétaire devienne procyclique et constitue ainsi un facteur d'instabilité macroéconomique. De plus, le caractère fini de ces flux de recettes soulève d'importantes questions quant à la durabilité macro économique : le bien être sera t il appelé à baisser une fois la ressource épuisée ?

Divers pays ont décidé de créer un fonds souverain pour faire face à ces risques et tirer parti des opportunités, notamment la Norvège, qui a établi son fonds au cours des années 90. Hamilton et Ley (2011) énumèrent douze pays ou juridictions où des fonds de ressource et/ou des règles budgétaires s'appliquant aux revenus tirés des ressources naturelles ont été mis en place. Le Royaume-Uni fait exception à cet égard, puisqu'il a décidé à la fin des années 70 de ne pas créer de fonds souverain et n'a (semble t il) pas réexaminé cette décision depuis. Étant donné cependant que les revenus de la mer du Nord ont représenté 9.9 % des recettes fiscales et atteint 3.7 % du PIB en 1984, et que ces revenus sont restés supérieurs à 1 % du PIB de 1979 à 1987, on peut raisonnablement s'interroger sur les coûts et les avantages de cette décision.

Encadré 12.1. **Pétrole de la mer du Nord et fonds souverains** *(suite)*

Pour déterminer le sacrifice probable qui aurait résulté de la création (hypothétique) d'un fonds souverain en 1975, Atkinson et Hamilton (2016) ont réalisé une analyse coûts avantages *ex post* d'un fonds souverain en tant qu'investissement public. Si les revenus tirés d'une ressource qui sont versés au fonds souverain deviennent des coûts du point de vue du Trésor public, les sommes versées par le fonds au Trésor public constituent des avantages. Dans un but de simplicité, les auteurs présupposent que la ressource pétrolière est épuisée en 2010. Les coûts d'investissement dans le fonds souverain cessent donc à cette date. Ils présupposent aussi cependant que le fonds continue à payer à perpétuité un montant égal au montant versé en 2010 (rendement réel du portefeuille). Le tableau 12.1 montre la valeur actuelle des coûts et avantages de l'investissement dans le fonds souverain, normalisés par habitant, au regard de différentes échéances temporelles et hypothèses concernant le taux d'actualisation.

Tableau 12.1. **Coûts et avantages de la création d'un fonds souverain**

	Fonds créé en 1975		Fonds créé en 1990	
	Total des revenus provenant de la ressource (coûts)	Rendement du fonds souverain (avantages)	Total des revenus provenant de la ressource (coûts)	Rendement du fonds souverain (avantages)
Taux d'actualisation fixe de 3,5 %				
Valeur actuelle	2 897	3 182	1 251	1 394
Coûts et avantages actualisés	145	159	88	98
Ratio avantages/coûts	1.1		1.11	
Taux d'actualisation décroissant de 3,5 %				
Valeur actuelle	3 000	5 068	1 251	2 510
Coûts et avantages actualisés	143	240	88	176
Ratio avantages/coûts	1.69		2	

Source et notes : Atkinson et Hamilton (2016). Les taux d'actualisation sont tirés du Green Book 2003. Les coûts et avantages actualisés sont calculés, selon le cas, pour la période 1975-2010 ou pour la période 1990-2010.

Pour isoler les effets de la bulle des prix du pétrole et d'autres circonstances économiques du début des années 80, ils calculent les coûts et avantages simulés au regard de deux hypothèses concernant l'année où l'on a commencé à investir dans le fonds : 1975 ou 1990. Avec un commencement en 1975, on obtient une valeur actuelle plus élevée des avantages provenant du fonds, mais aussi une valeur actuelle élevée des coûts, car ces coûts (alimentation du fonds) sont perçus d'emblée. Les montants ainsi perçus sont fortement réduits dans l'hypothèse d'un commencement du fonds en 1990.

Dans la première hypothèse, le taux d'actualisation fixe de 3.5 % est identique au taux d'actualisation social du Green Book 2003 pour les projets dont les coûts et avantages s'étendent sur une période maximale de trente ans. Dans la deuxième hypothèse, le taux d'actualisation utilisé est un taux de 3.5 % mais qui diminue au delà de trente ans. Cela correspond au taux d'actualisation social envisagé par le Green Book 2003 pour évaluer les politiques ayant des incidences à long terme – ce qui est précisément ce que doit absorber un fonds souverain.

Comme le montre le tableau 12.1, la valeur actuelle des avantages tirés du fonds souverain excède celle des coûts de 10 % à 69 % dans l'hypothèse du fonds commençant en 1975. Les chiffres correspondants sont de 11 % et 100 % dans l'hypothèse de la création du fonds en 1990. Les avantages annuels nets (avantages actualisés moins coûts actualisés)

Encadré 12.1. Pétrole de la mer du Nord et fonds souverains *(suite)*

varient entre 14 et 10 GBP par habitant avec le taux d'actualisation fixe, et entre 97 et 88 GBP avec le taux d'actualisation décroissant ; dans tous les cas, le scénario 1990 aboutit aux avantages nets les plus bas. Les résultats du taux d'actualisation fixe sont plus sensibles au choix du taux d'actualisation, un taux d'actualisation de 3.92 % (taux de rendement réel constant présupposé du fonds souverain) aboutissant à 0 avantage net, quelle que soit l'année de commencement. Cet artéfact est produit par le rendement nominal synthétique du fonds souverain dont les auteurs se servent pour simuler le rendement du fonds (qui est, à son tour, basé sur le rendement réel moyen d'un assortiment globalement pondéré d'avoirs détenus sous forme de titres et d'obligations).

La création d'un fonds souverain n'aurait donc pas été sans sacrifice. Cependant, cette analyse *ex post* laisse à penser que, si le fonds souverain avait été créé en suivant les normes indiquées dans le Green Book 2003, les avantages nets par habitant auraient été positifs et modérément élevés dans l'hypothèse d'un taux d'actualisation décroissant. Point important, cela aurait aussi pu se traduire par la création d'une source durable de revenus à partir de l'utilisation de ressources finies.

Une évolution intéressante réside dans l'élargissement de ce cadre au capital naturel renouvelable. Cela débouche sur au moins deux questions fondamentales. Premièrement, cela exige des progrès en matière d'évaluation des actifs environnementaux, tant sur le plan conceptuel qu'empirique. Deuxièmement, ce type d'élargissement ne va pas sans controverse. L'approche économique de la durabilité décrite ci-avant est souvent qualifiée de « durabilité faible ». Il s'agit d'une dénomination descriptive utilisée pour distinguer cette approche de conceptions plus fortes de la durabilité, mettant bien davantage l'accent sur la préservation du capital naturel sous l'angle des préoccupations intergénérationnelles. En tant que telle, cette dénomination est également prescriptive, ce qui la distingue d'approches qui sont peut-être nettement moins permissives en termes d'orientations données aux praticiens de l'ACA pour gérer le problème de la durabilité. Ces deux questions relatives à l'évaluation du capital naturel et à la « durabilité forte » sont examinées ci-après.

12.4. Évaluer le capital naturel

La terminologie actuelle concernant l'évaluation des actifs environnementaux est axée dans une large mesure sur l'évaluation des *flux*, c'est-à-dire du flux d'avantages liés éventuellement à la consommation d'un bien ou d'un service. Naturellement, les interventions des pouvoirs publics comme, par exemple, les investissements visant à protéger (ou à améliorer) des écosystèmes ont généralement pour effet de stimuler le flux de ces services dans le temps, introduisant ainsi un élément dynamique dans toute analyse économique. En outre, lorsque ces mêmes écosystèmes sont perturbés par certains changements (que ce soit une modification de l'utilisation des sols ou une dégradation de leur état), l'effet qui en résulte pour le bien-être présente également une dimension intertemporelle (voir, par exemple, Mäler, 2008 ; Dasgupta, 2009). Par conséquent, l'objet de notre réflexion doit être l'actif écosystémique sous-jacent et, en particulier, les variations de la valeur de cet actif résultant des interventions humaines (qu'elles soient positives ou négatives, intentionnelles ou non).

Ces flux de services peuvent donc être considérés comme des flux de « production » fournis par des actifs sous-jacents ou un « capital naturel » (des zones boisées ou des zones humides, par exemple). À la lumière de la section précédente, ce qu'il convient d'évaluer ici, c'est la modification potentielle des perspectives d'évolution *future* compte tenu de ce qu'il advient du capital naturel maintenant. Cette évaluation peut apporter un éclairage sur la question de savoir si l'utilisation du capital naturel et la trajectoire de développement économique de manière plus générale sont durables ou non.

Ces travaux restent fortement liés aux principes de l'ACA. Cela ressort, par exemple, des études visant à déterminer la durabilité économique en cas de changement d'utilisation des terres, lié par exemple à la déforestation ou à la disparition d'autres habitats naturels comme des mangroves. L'unité de base utilisée ici – selon Hamilton et Atkinson (2006), Barbier (2009) et des contributions antérieures, en particulier celle de Hartwick (1992) – est la terre. En effet, la terre affectée à une utilisation particulière possède une valeur spécifique en tant qu'actif. Lorsque l'utilisation des sols change – comme cela se produit en cas de déforestation – la situation peut être analysée du point de vue de l'ACA : en d'autres termes, le changement se traduit-il par des avantages nets ? En outre, ses conséquences sur l'évolution de la richesse dans l'économie doivent être prises en compte.

En cas de déforestation, la baisse de la valeur des terres boisées s'accompagne aussi d'une augmentation de la valeur des actifs fonciers agricoles. Autrement dit, ce qui se produit est un changement de la composition d'un portefeuille d'actifs fonciers plus large. Si, par exemple, un des services écosystémiques fournis par les terres boisées est la régulation du climat (*via* le piégeage et le stockage du carbone), augmenter la quantité de terres boisées entraîne une fourniture accrue de ces services. Toutefois, ce processus peut aussi s'accompagner d'une diminution des services de régulation du climat fournis par les terres agricoles et, idéalement, ces services perdus devraient aussi être comptabilisés quelque part. Les terres boisées constituent en outre un actif qui est source de nombreux avantages, et il importe que le plus grand nombre possible d'entre eux soient pris en compte. D'autres problèmes de mesure se posent à cet égard. Il est clair, en effet, que les autres services affectés par le changement d'utilisation des sols doivent, eux aussi, être pris en compte. Un bilan plus général, par exemple, devra refléter la perte de production agricole, et ainsi de suite. On peut aussi supposer que le changement d'utilisation des sols s'accompagne de coûts de conversion, et ces coûts d'investissement devraient aussi être comptabilisés.

Un élément essentiel pour l'intégration de meilleures mesures (de la variation) du capital humain dans l'ACA réside dans l'élargissement du champ de l'évaluation à ce domaine. Les progrès réalisés en matière d'évaluation des actifs environnementaux – particulièrement dans le domaine de l'évaluation des écosystèmes (en termes de services écosystémiques) – sont encourageants. Toutefois, ils sont encore largement débattus et, indépendamment du fait de savoir si l'on considère que le verre est à moitié vide ou à moitié plein, le règlement de ce problème d'évaluation n'est pas encore achevé. S'il est clair, par exemple, qu'un grand nombre de projets de développement ont un impact sur la biodiversité, notamment en modifiant l'utilisation des sols et les habitats naturels, il est loin d'être certain qu'un outil d'évaluation, même de pointe, permette de déterminer de façon adéquate la valeur de cette perte. En conséquence, on peut présumer que l'évaluation du capital naturel offre peut-être un tableau suffisamment complet de ce qui se passe lorsque des projets d'investissement ou des politiques publiques affectent des actifs naturels tels que des écosystèmes (et des actifs sous-jacents comme la biodiversité). Compte tenu de l'appréciation de la capacité des praticiens à relever ce défi, une plus grande prudence s'impose sans doute quant au rôle joué par l'ACA à cet égard (voir la section suivante).

Lorsqu'une évaluation des actifs environnementaux est possible, le problème semble plus simple d'un point de vue analytique, du moins à première vue. Autrement dit, la valeur du capital naturel peut être considérée comme égale à la valeur capitalisée des flux de services futurs. Naturellement, pour de nombreuses catégories de capital naturel (renouvelable) tels que les écosystèmes, les prix des flux de services qui en résultent ne sont pas observés, si bien que les prix des actifs écosystémiques ne le sont pas non plus. Néanmoins, comme l'illustrent divers chapitres de cet ouvrage, les progrès considérables accomplis en matière d'évaluation des actifs environnementaux permettent au moins d'apporter une réponse de plus en plus complète à cette question (voir aussi le chapitre 13). Ainsi que l'illustre l'encadré 12.2, certains praticiens se sont efforcés de transformer ce socle de connaissances grandissant en estimations vraiment ambitieuses de la valeur globale d'un capital naturel en évolution.

Encadré 12.2. **Valeur du capital naturel agrégé**

L'attention qui se porte depuis peu sur les évaluations d'écosystèmes à grande échelle – par exemple dans le cadre de l'initiative TEEB (L'économie des écosystèmes et de la biodiversité) ou du programme NEA (National Ecosystem Assessment) au Royaume Uni – signale un intérêt pour la recherche d'indices quant à l'échelle globale – d'un point de vue économique – de ce qui a été perdu (et sera probablement perdu à l'avenir) sous l'effet de la destruction continue du monde naturel. Même si cela ne peut remplacer une analyse de fond plus détaillée, la connaissance de ces tendances pourrait être utile pour encadrer la réflexion sur les politiques. Ce type d'information pourrait aussi aider à comprendre si le recul des écosystèmes et de la biodiversité est un problème de développement, comme l'a montré Stern (2007) par exemple à propos du changement climatique.

Quoi qu'il en soit, on observe des signes manifestes d'un intérêt croissant pour cette question. Les liens établis entre les évaluations (récentes ou en cours) des écosystèmes et les efforts engagés pour comprendre la manière dont l'évolution de la richesse naturelle affecte la durabilité du développement en appliquant les principes de la comptabilité verte dans les comptes nationaux en sont une illustration (voir, par exemple, Banque mondiale, 2010 ; Arrow et al. 2011). Le Partenariat mondial WAVES (Comptabilisation de la richesse naturelle et valorisation des systèmes écosystémiques), dirigé par la Banque mondiale, constitue une application pratique de ce travail dans un certain nombre de pays candidats. On ne saurait douter de la pertinence de tels travaux au regard de la question qui est au cœur de l'approche économique de la durabilité : des ressources suffisantes sont elles conservées pour l'avenir ?

Certaines études ont cherché à traiter ces questions en calculant les pertes d'actifs naturels susceptibles de se produire selon plusieurs scénarios de politiques possibles (et donc en posant en principe une question plus défendable que celle concernant la totalité du flux de services actuel). Hussain et al. (2012) proposent ainsi une estimation des pertes subies dans le passé récent et des pertes que subiront à l'avenir, selon les projections, les écosystèmes aquatiques du monde (spécifiquement les zones humides, les mangroves et les récifs coralliens). La valeur actuelle de ces pertes pendant la période 2000-50 (en utilisant un taux d'actualisation de 4 %) est jugée supérieure à 2 billions USD (en USD de 2007) (les deux tiers de cette somme correspondant aux pertes subies par les zones humides). La valeur annualisée de ce changement total (c'est à dire la valeur estimée des pertes subies par ces actifs écosystémiques chaque année) est légèrement inférieure à 100 milliards USD, ce qui en 2007 représentait 0.2 % du revenu mondial brut. Chiabai et al. (2011) aboutissent à des résultats en partie comparables s'agissant des pertes dues à la déforestation mondiale pendant la même période.

Encadré 12.2. **Valeur du capital naturel agrégé** *(suite)*

Inutile de dire que de telles estimations mondiales des pertes écosystémiques s'appuient sur des hypothèses et des généralisations que l'on pourrait qualifier d'héroïques (ce qui est vrai également des travaux cherchant à évaluer les impacts mondiaux du changement climatique). Certains auteurs considèrent d'ailleurs que chercher à déterminer une valeur mondiale est un projet vicié à la base précisément pour cette raison. Néanmoins, si l'on prend ces résultats au pied de la lettre, il apparaît que le fait de connaître l'ampleur globale des pertes subies par les écosystèmes ne fait guère avancer le débat empirique. Par conséquent, même s'il est tout à fait possible que de telles analyses négligent quelque chose d'important et de décisif, on est tenté de conclure qu'aussi bien l'exigence pragmatique d'indicateurs de tendances agrégés à un niveau supérieur que le souci de validité incitent à éviter de privilégier les tendances mondiales.

L'échelon régional ou national, en revanche, présente un plus grand intérêt pratique. S'agissant des forêts du Brésil, par exemple, les pertes de richesse naturelle estimées par Chiabai et al. (2011) atteignent un niveau substantiel (en pourcentage du revenu national brut ou RNB). Dans le cas des écosystèmes aquatiques d'Asie du Sud et d'Indonésie, Hussain et al. (2012), constatent que les pertes annuelles de richesse naturelle s'élèvent respectivement à 1.7 % et 4.0 % du RNB (en 2007).

Il serait utile d'en savoir plus sur de tels ordres de grandeur. Cela nécessiterait d'examiner de plus près la solidité de ces estimations. Le problème fondamental que pose le calcul de la valeur des écosystèmes est simple. En effet, ce calcul exige d'identifier un prix ou une valeur (unitaire) et un volume de (variation de la) fourniture de services écosystémiques, par exemple (Boyd et Banzhof, 2007). La difficulté immédiate, cependant, est de déterminer dans quelle mesure probable les données empiriques disponibles au sujet des « prix » et des « quantités » écosystémiques peuvent être étirées et appliquées à des aires écosystémiques disparates pour aboutir à de solides généralisations. La variabilité spatiale est ce qui est en jeu ici. Il est nécessaire de prendre en compte de manière adéquate la variation des caractéristiques de l'offre des écosystèmes – type et étendue des fonctions – et des caractéristiques de la demande, à savoir celle de la population humaine qui consomme les services résultant de ces fonctions. Tout cela requiert une cartographie assez sophistiquée et une masse d'informations. Il se peut donc que ces problèmes soient un peu plus gérables à l'échelon national (ou à des échelons infranationaux) (voir, par exemple, Kaveira et al., 2011).

Ce que nous appelons aujourd'hui « services écosystémiques » est évidemment peut-être déjà en grande partie inclus dans les comptes nationaux. C'est un point que souligne la Banque mondiale (2010). On peut citer par exemple à ce propos les services de pollinisation naturelle qui (de fait) sont capitalisés dans la valeur des terres agricoles, ou les services récréatifs qui sont (implicitement et en partie) fournis par certains espaces naturels. Dans cette optique, les écosystèmes soutiennent les activités marchandes de différentes façons importantes (mais indirectes), et la difficulté en termes de comptabilité est de réattribuer correctement la valeur de tel ou tel service à l'actif (écosystème) qui en est à l'origine (Nordhaus, 2006).

Pour autant que les services écosystémiques n'apparaissent nulle part dans les comptes, ils seront évidemment ignorés si la méthode comptable utilisée repose uniquement sur la réattribution de valeurs[1]. De nombreux types de services culturels, par exemple, peuvent ainsi échapper à toute prise en compte. Néanmoins, commencer par identifier ce qui est déjà couvert (sous une forme ou une autre) dans les comptes nationaux n'est pas sans intérêt. Vu, en particulier, l'opposition traditionnelle des spécialistes de la comptabilité nationale à l'emploi de techniques d'évaluation non marchande (Hecht, 2008 ; de Haan et van de Ven, 2007), il est avantageux d'un point de vue stratégique de commencer par là.

1. Vanoli (2015) proposes an approach that integrates a measurement of the deterioration of ecosystems in the national accounts.

La difficulté de l'évaluation du capital naturel ne se limite pas aux progrès des techniques de mesure des valeurs environnementales. Les recommandations relatives aux taux d'actualisation sont également importantes pour la capitalisation des services actuels dans le cadre de l'estimation d'effets qui – compte tenu de la longévité potentielle du capital naturel renouvelable – se matérialisent dans un avenir lointain. Par conséquent, les débats relatifs au niveau du taux d'actualisation – et à la structure par terme des coefficients d'actualisation qui en résulte – ont également de l'importance en l'occurrence, si la « tyrannie de l'actualisation » ne conduit pas à évacuer d'emblée les conséquences futures des interventions actuelles (voir le chapitre 8).

L'évaluation du capital naturel ne se limite cependant probablement pas à une simple capitalisation des flux de services actuels. Comme le montrent Fenichel et Abbott (2014), déterminer la valeur d'un actif écosystémique (ou, plus généralement, du capital naturel renouvelable) exige l'estimation de toute une gamme de paramètres, dont la valeur du flux de services écosystémiques ne constitue qu'un élément. Premièrement, s'agissant d'un actif renouvelable (ou qui se régénère), la productivité de cette ressource persistante doit être prise en compte dans l'actualisation de la valeur (future) de cet actif. Deuxièmement, il existe un gain en capital ou un gain de détention, qualifié par Irwin et al. (2016) d'« effet de rareté », lié au fait de détenir la dernière unité (ou unité marginale) de l'actif considéré.

Autrement dit, le prix de l'actif peut être exprimé sous la forme de l'équation $p = \frac{V + \dot{p}}{r - \dot{s}}$, où V désigne la valeur du flux de services (actuel) de l'actif par unité marginale et r le taux d'actualisation. Au dénominateur, le terme $\dot{s}$, qui désigne la productivité (nette) de la ressource considérée, est utilisé pour calculer le taux d'actualisation effectif. Au numérateur, le terme $\dot{p}$ se rapporte à l'« effet de rareté » lié à la détention de la dernière unité de l'actif considéré. Cela laisse donc à penser (suivant l'importance des termes $\dot{s}$ et $\dot{p}$) que l'approche simple – c'est-à-dire la capitalisation des services actuels – laisse de côté un élément important. Cela peut être lourd de conséquences pour la prise en compte de la valeur des actifs constitutifs du capital naturel, ainsi que de la dégradation ou de l'amélioration de ces actifs.

Fenichel et al. (2016) appliquent ce cadre conceptuel pour évaluer en tant qu'actif les eaux souterraines dans les zones rurales du Kansas, aux États-Unis, au cours de période 1996-2005. Le stock d'eau souterraine – la quantité d'eau se trouvant dans une nappe aquifère d'une taille donnée – est défini ici comme le produit de l'épaisseur de la zone saturée (essentiellement composée de roches) et d'une estimation de son rendement. Au cours de la période étudiée, les auteurs parviennent à la conclusion que les eaux souterraines ont été épuisées, en termes physiques, à un rythme de 0.4 % par an. Cela revient cependant à surestimer la variation annuelle correspondante de la valeur économique de ce stock. Cela tient au fait que tandis que le stock diminue, sa valeur marginale augmente en raison d'un « effet de rareté ». Pour l'illustrer, les auteurs montrent que lorsque les eaux souterraines sont rares, la valeur monétaire d'une unité marginale – définie par sa valeur pour l'agriculture – est environ deux fois plus élevée que lorsque les eaux souterraines sont abondantes (autrement dit, lorsque leur quantité physique est environ dix fois supérieure). Pour prendre en compte de manière correcte l'amortissement économique des eaux souterraines au Kansas, il faut mettre en relation ce barème de prix avec différents niveaux d'abondance. Fenichel et al. montrent empiriquement l'importance de cet élément : la valeur économique de la perte subie au niveau du stock d'eau souterraine est de 6.5 % par an au cours de la période considérée.

Un autre type de problème réside dans le fait de savoir comment procéder lorsque l'évaluation d'un stock d'actifs environnementaux doit intégrer des valeurs détenues par des individus dans un avenir lointain. Il est clair que l'on ne peut savoir quelle sera la nature exacte des préférences futures – autrement dit, à quel avenir les individus accorderont de l'importance – au-delà des éléments dont on peut avoir la conviction qu'ils resteront nécessaires en termes de survie ou de fonctionnement élémentaire. Face à cette incertitude, la solution adoptée généralement en pratique consiste à poser l'hypothèse que les individus auront dans l'avenir les mêmes préférences qu'aujourd'hui, tout en revoyant à la hausse ces valeurs de manière à prendre en compte les effets probables de la variation (c'est-à-dire de l'augmentation) du revenu par habitant. Il est moins fréquent de prendre en compte la trajectoire d'évolution probable des actifs naturels : si l'on pense qu'un actif naturel sera plus rare dans l'avenir, il est plausible que la valeur (marginale) attribuée à la diminution future des services découlant de cet actif sera plus élevée (qu'aujourd'hui).

Une autre question (connexe) est de savoir ce qu'il advient de ces valeurs lorsque l'actif sous-jacent est difficile à remplacer. Dans l'exemple précédent tiré de Fenichel et al. (2015), l'estimation de l'effet de rareté relatif aux eaux souterraines peut s'expliquer par les caractéristiques des ressources, qui tendent à être localisées et peu substituables. Gerlagh et van der Zwann (2002) examinent le cas de figure général où ces possibilités de substitution sont fonction du stock d'actif lui-même. Autrement dit, lorsqu'une ressource comme un écosystème est relativement abondante, les pertes de cet actif « ne comptent pas », au sens où cette source de bien-être pourrait être aisément remplacée par quelque chose d'autre sans que la situation des individus s'en trouve fondamentalement dégradée. Néanmoins, au-delà d'un certain seuil, les possibilités de substitution diminuent rapidement. En d'autres termes, la diminution persistante du stock d'actif naturel considéré – au-delà de ce point critique – peut être de moins en moins compensée et, au contraire, renforce la perspective que les effets négatifs sur le bien-être futur ne cessent de croître tandis que l'épuisement de la ressource considérée se poursuit[1]. Les conséquences de cette substituabilité limitée peuvent être complexes. Traeger (2011) montre que cela influe sur le niveau et la structure par terme des taux d'actualisation sociaux (voir le chapitre 8). Le point essentiel demeure qu'un manque de possibilités de substitution devrait se traduire par une augmentation correspondante de la valeur (marginale) devant être attribuée au capital naturel en cas de destruction ou de dégradation de ce capital.

Ces questions essentielles concernant la substituabilité sont également explorées dans les travaux de Hoel et Sterner (2007) ainsi que de Sterner et Persson (2008). Ces deux études montrent que la valeur (ou le prix fictif) d'une aménité environnementale rare peut augmenter dans le temps. Un paramètre clé utilisé à cet égard correspond à la facilité (ou la difficulté) avec laquelle des actifs naturels particuliers peuvent être remplacés, autrement dit leur « élasticité de substitution ». Plus la valeur de cette élasticité est élevée (indiquant qu'il est plus difficile de remplacer un actif naturel par un autre type de richesse), plus rapide est l'augmentation du prix de l'aménité environnementale considérée au fur et à mesure que l'actif naturel (qui est à l'origine de cette aménité) se raréfie.

L'utilisation de ces connaissances aux fins d'analyses pratiques exige de poser un certain nombre d'hypothèses, tout particulièrement à propos de l'élasticité de substitution. Néanmoins, de sérieux problèmes peuvent apparaître, par exemple, pour l'évaluation des perspectives futures sur la base de « prix durables », c'est-à-dire de prix compatibles avec une trajectoire de développement durable (ce qui n'est pas la même chose que le fait de corriger les prix afin de tenir compte des défaillances actuelles du marché ou d'autres facteurs). Le point important ici est qu'il peut exister un problème de durabilité que l'évaluation au niveau du projet considéré, ou même au niveau global, ne permettra pas de cerner. En principe, une ACA classique pourrait remédier à ces problèmes. Néanmoins, en pratique, cela peut s'avérer extrêmement difficile, et il peut être nécessaire de traiter ces mêmes problèmes de manière assez différente dans le cadre d'une évaluation économique.

12.5. ACA et durabilité (forte)

Cette question de substituabilité limitée (ou inexistante) entre le capital naturel et d'autres actifs est lourde de conséquences pour les règles relatives à la durabilité du développement, ainsi que pour la façon dont une ACA peut être réalisée ou interprétée. La difficulté réside en partie dans l'analyse de ce qui se passe lorsque des actifs complexes, tels qu'un capital naturel renouvelable, changent en raison d'interventions des pouvoirs publics. On peut citer à titre d'exemple le concept de « résilience écologique », qui peut caractériser le capital écologique (Mäler et al., 2009 ; Mäler, 2008) et désigne la capacité d'un écosystème à résister à des tensions et des chocs (tout en continuant à fournir des services)[2]. Walker et al. (2010) ont étudié la valeur de ce type de résilience pour l'agriculture dans le sud-est de l'Australie en relation avec la préservation d'une nappe phréatique non salée (principalement dans un contexte de déboisement effectué par des agriculteurs pour étendre leurs exploitations). Dans ce cas, l'expansion de l'agriculture contribue à épuiser le stock de sols non salins (mesuré à partir de la profondeur des sols épargnés par l'invasion saline). Au fur et à mesure que ce facteur d'épuisement s'aggrave, le stock de résilience écologique diminue. Le processus d'épuisement pouvant lui-même générer des avantages (ici en termes de production agricole), il est nécessaire d'évaluer les avantages tirés de l'épuisement de la ressource considérée en les mettant en balance avec le fait que les pertes de résilience devront être compensées si le stock descend au-dessous d'un certain seuil. Le franchissement de ce seuil débouchera toutefois sur des pertes probablement irréversibles de productivité agricole (en raison des sols salins), si bien que cette résilience a une valeur spécifique qui devrait être intégrée dans toute évaluation économique des interventions rapprochant ou éloignant ce système du seuil considéré.

Un autre problème tient à la non-linéarité de certains processus. Au terme d'une analyse coûts-avantages ne tenant pas compte des seuils, par exemple, il pourrait être recommandé de convertir en partie un écosystème, ou d'autres éléments, pour qu'il puisse être utilisé de manière plus directe par l'homme. Cela pourrait cependant reposer sur l'hypothèse que la conversion de cette partie de l'écosystème serait sans incidence sur les autres services fournis par ce même écosystème. Or, compte tenu de la non-linéarité de certains processus, cette hypothèse pourrait être sujette à caution. En l'occurrence, la véritable difficulté réside dans les liens d'interdépendance existant entre les divers services fournis par l'écosystème en question. En termes d'évaluation des actifs, cela signifie que la valeur économique d'un service donné peut dépendre de ses relations avec les autres services. L'évaluation des actifs concerne les *évolutions* de l'écosystème, qui sont elles-mêmes dépendantes de la façon dont tout évolue, et non uniquement le service sur lequel souhaiterait se focaliser le praticien.

Il s'agit d'ailleurs d'une autre raison pour laquelle il n'est pas possible d'estimer la valeur « totale » – si, disons, l'on réduit considérablement l'écosystème, tout changera. Toutefois, le point crucial réside ici dans le fait que la zone écologique considérée est un « système ». Les écosystèmes se caractérisent en effet par des processus interactifs et une capacité variable d'adaptation aux changements exogènes, sachant que les changements en question sont souvent non linéaires (Arrow et al., 2000). Si tel est le cas, il faudrait les gérer en conséquence sous l'angle de l'action publique, ce qui pourrait influer sur la façon dont l'ACA contribue à étayer les choix effectués en termes de gestion. Point important, il n'est pas évident que les approches « ascendantes » (marginales), suivant lesquelles on estime séparément la valeur de chaque type de service puis on ajoute ces valeurs pour avoir une idée de la valeur totale d'un écosystème, permettent d'appréhender la valeur « globale » de l'écosystème étudié. Autrement dit, il est possible que la valeur d'un écosystème considéré dans son ensemble soit supérieure à celle de la somme de ses composantes. La méthode d'évaluation ascendante des actifs risque donc d'induire en erreur. La faible valeur économique d'un service donné pourrait laisser supposer qu'il est possible de s'en passer. Or, sa suppression pourrait avoir des répercussions sur les autres services du fait de transformations complexes au sein de l'écosystème considéré.

Un autre problème tient au fait qu'il n'existe pas seulement une incertitude quant à la nature des services eux-mêmes, mais aussi et surtout en ce qui concerne leurs interactions. Nombre d'observateurs s'accordent à considérer que le capital naturel, notamment les actifs écosystémiques, se caractérise par des seuils, mais une plus grande incertitude prévaut quant au niveau de ces seuils, en particulier dans l'optique pratique de les intégrer dans des mécanismes d'élaboration des politiques publiques comme l'ACA. L'exemple susmentionné des terres agricoles non salines dans le sud-est de l'Australie constitue donc une exception à la règle, au regard des connaissances empiriques dont on dispose. De même, la non-linéarité de certains processus peut signifier que même la perte de fractions modestes d'un écosystème peut être lourde de conséquences (dès lors qu'on se rapproche d'un seuil ou qu'on le franchit, ou qu'il existe des interactions avec d'autres composantes du système considéré).

La conversion d'un système naturel peut donc avoir des effets imprévus et préjudiciables, qui risquent d'être irréversibles. Les efforts d'évaluation de ces changements dans le cadre d'une ACA restent importants, mais il convient de reconnaître qu'il est peu probable qu'ils nous éclairent beaucoup sur l'ampleur des changements « tolérables ». Qui plus est, si des décisions sont prises et qu'elles s'avèrent extrêmement coûteuses, il n'est guère possible de revenir en arrière. Les pertes d'actifs constitutifs du capital naturel peuvent correspondre à la conjonction de plusieurs éléments : effet « d'échelle » potentiellement important, irréversibilité et incertitude. Certains considèrent que la combinaison de ces éléments de « durabilité forte » justifie de partir du principe qu'il faut préserver le capital naturel (et ses composantes). Suivant cette logique, il est également nécessaire d'adopter une approche assez différente en termes d'utilisation de l'ACA pour prendre des décisions en matière d'investissement et d'action publique.

12.6. Analyse coûts-avantages et principe de précaution

Les économistes savent de longue date que cette conjonction de facteurs milite fortement en faveur de l'application du « principe de précaution » pour la prise de décisions (voir, par exemple, Dasgupta, 1982). On a vu aux chapitres 9 et 10 qu'il existe deux approches pour réaliser une ACA. La première – la plus courante – s'applique aux cas de faible incertitude ou lorsque celle-ci est telle que la décision appropriée pourrait être prise sur la base des valeurs escomptées. La seconde tient davantage compte de l'incertitude et prend expressément en considération l'irréversibilité de certains facteurs, soit parce que les fonds engagés ne peuvent être « désengagés », soit parce que d'autres effets de la politique considérée ne peuvent être inversés (ou pour ces deux raisons). Elle correspond à l'approche de l'ACA dite des « options réelles ».

Dans le cadre de cette approche des options réelles, une attention considérable est accordée à la possibilité d'en apprendre davantage, et donc de réduire l'incertitude, en reportant les décisions irréversibles. Il paraît clair que les nombreuses dimensions de la question du capital naturel (en particulier celle de l'évolution des écosystèmes) peuvent être appréhendées au moyen de cette approche : le sujet se caractérise par une incertitude, une irréversibilité et une forte probabilité d'en apprendre davantage grâce aux progrès scientifiques qui permettent une meilleure compréhension du mode de fonctionnement des actifs naturels et de leur comportement. C'est en ce sens que l'approche des options réelles donne un contenu rigoureux à une notion comme le « principe de précaution ». Il convient de noter que cette interprétation du principe de précaution imposerait de se montrer nettement plus prudent face au risque de perte d'écosystèmes, mais les coûts et les avantages n'en seraient pas moins mis en balance.

Une autre approche, celle des « normes minimales de sécurité », est également envisageable pour donner corps au principe de précaution (Ciriacy-Wantrup, 1968 ; Bishop, 1978 et Randall, 2014). Suivant cette approche, la conversion ou à la perte d'un capital naturel ne serait pas admise à moins que les coûts d'opportunité – c'est-à-dire la valeur du « développement » auquel il faudrait renoncer – ne soient d'une ampleur intolérable. Cette approche renverse de fait la « charge de la preuve », puisqu'on ne part plus du principe que le développement est justifié sauf si les coûts pour l'environnement s'avèrent très élevés, et que l'on présume au contraire que la conservation du capital naturel constitue l'option appropriée à moins que ses coûts d'opportunité ne soient très importants. Il n'est toutefois pas aisé de déterminer ce que l'on entend par « coûts intolérables ». Ceux-ci pourraient de fait être définis dans le cadre d'un processus politique, par rapport à un niveau de référence théorique – tel qu'un certain pourcentage du produit national brut (PNB) – ou sur la base d'un critère plus extrême – consistant, par exemple, à se demander si renoncer au développement déboucherait sur de graves difficultés ou une situation d'extrême pauvreté.

Le principe de précaution – pour les raisons exposées dans la précédente section et peut-être en se fondant sur un raisonnement éthique et/ou un cadre de prise de décisions tel que celui des normes minimales de sécurité – milite à son tour en faveur de l'application d'un principe de durabilité forte, suivant lequel aucune nouvelle dégradation ou perte de capital naturel ne devrait être tolérée. Prendre en compte les informations scientifiques sur les seuils constitue alors une des façons d'aborder ces contraintes de durabilité. L'incertitude qui prévaut quant au niveau de ces seuils peut cependant poser problème. La question de savoir si cela vaut pour le capital naturel dans son ensemble (à supposer qu'il existe une base d'agrégation), ou uniquement pour certaines catégories d'actifs naturels jugés critiques à partir de critères de durabilité forte, reste cependant sujette à débat. On observe toutefois une tendance à privilégier la seconde option, en particulier pour des écosystèmes tels que des grandes catégories d'habitat. Sur le plan pratique, cela a plusieurs conséquences pour l'ACA. Poussée à l'extrême, cette logique pourrait conduire à la conclusion qu'aucun écosystème existant ne devrait être dégradé. Sous une forme moins radicale, elle pourrait se traduire par l'idée que toute perte doit être compensée par la création d'un actif similaire.

12.6.1. *Circonscrire l'ACA : l'exemple de la « compensation biodiversité »*

Diverses études, à commencer par celle de Barbier et al. (1990), ont cherché à modéliser l'idée de durabilité forte en tant que contrainte aux fins de l'ACA, pour les raisons exposées précédemment dans ce chapitre. Bien que ces travaux soient en grande partie de nature théorique, on observe un intérêt croissant d'ordre pratique pour l'application du principe de compensation des pertes de ressources, par exemple, lors de l'évaluation d'exemples concrets de dommages occasionnés, notamment à des écosystèmes (même si l'applicabilité de ce principe ne leur est pas nécessairement limitée). L'approche fondamentale adoptée, en théorie comme en pratique, consiste à reconnaître que le concept de durabilité forte est particulièrement pertinent pour la gestion d'un portefeuille de projets. Autrement dit, il serait probablement excessif d'exiger qu'aucun des projets retenus lors d'une procédure de sélection ne porte préjudice à un écosystème (dans la mesure où l'on peut supposer que très peu de projets procureraient des avantages nets en ne causant absolument aucun dommage à l'écosystème considéré).

Il existe des formules plus souples de sélection des projets et des options envisageables en matière d'interventions publiques sous une contrainte de durabilité (forte). Elles reposent généralement sur le principe que l'« effet net » sur les écosystèmes d'un portefeuille de projets ou d'interventions publiques doit être au moins nul. Laissons momentanément de côté la question de savoir ce que les projets devraient au juste viser à préserver (globalement) pour examiner les grands principes sur lesquels reposent les approches appliquées, par exemple par Barbier et al. (1990) puis ultérieurement par Pires (1998), en vue d'assortir d'une contrainte de durabilité (forte) les analyses coûts-avantages.

Un exemple pratique de cette contrainte d'investissement remonte quasiment à la naissance de ces idées théoriques. Il part du présupposé que les limites auxquelles se heurtent l'évaluation des actifs signifient que certaines composantes du capital naturel (notamment la « biodiversité », mais pas uniquement) doivent être intégrées à l'ACA en tant que contraintes (de durabilité) (pour une analyse des problèmes pratiques d'évaluation de la biodiversité dans la méthode officielle d'ACA en France, voir par exemple Quinet et al., 2013). L'attention s'est focalisée plus récemment sur la forme que devraient prendre ces contraintes, l'accent étant notamment mis sur les seuils et les limites (de sécurité). Cela exige de connaître ou d'apprécier ces seuils pour différents actifs naturels. Un autre exemple réside dans le changement climatique mondial. L'analyse économique (et, dans ce contexte, l'ACA) a été utilisée pour circonscrire les débats sur ce que devrait être le niveau d'ambition adéquat des politiques climatiques mondiales (voir, par exemple, Stern, 2007 ; Weitzman, 2007). Cependant, ces débats politiques concernant les objectifs climatiques mondiaux ont surtout reposé sur des appréciations du degré de réchauffement qui pourrait être « toléré » sans franchir certains seuils physiques (voir par exemple Rockström et al., 2009 ; Steffen et al., 2015).

Sur le plan pratique, la mise en application de cette approche dans des situations réelles suivant le modèle de la « compensation biodiversité » a constitué une évolution notable. Comme dans les précédents travaux, dont les auteurs considéraient que le principe de durabilité devait s'appliquer à un portefeuille de projets et se traduire par des propositions de compensation, la « compensation biodiversité » repose sur l'idée qu'il faut – globalement – préserver (ou renforcer) la biodiversité en exigeant que toute dégradation ou destruction d'un écosystème ou atteinte à la biodiversité due à un projet soit « contrebalancée » ailleurs par l'amélioration d'écosystèmes existants ou par des apports de biodiversité, sous forme de projets compensatoires. Généralement, toutefois, les effets négatifs induits dans ce contexte sont censés être évités ou, à tout le moins, réduits au minimum sur le site initial. Ce sont les dommages résiduels qui font l'objet d'investissements compensatoires ailleurs (voir, par exemple, Chevassus-au-Louis et al., 2009).

L'approche de la compensation des pertes de ressources rend toujours possibles certains arbitrages entre coûts et avantages, mais il est clair qu'elle circonscrit fortement l'analyse coûts-avantages. Roach et Wade (2006) ont étudié empiriquement, dans le contexte des habitats, les systèmes de compensation des pertes de ressources ou d'« équivalence ». En pratique, comme indiqué précédemment, ils prennent la forme d'outils d'intervention aux noms divers : « banques de compensation », « création d'habitats de réserve », « équivalence ressource-ressource » (REMEDE, 2008) ou « compensation biodiversité ». L'engagement d'intensifier le recours à de tels outils figure d'ailleurs dans les Objectifs d'Aichi (qui s'inscrivent dans le cadre de la Convention des Nations Unies sur la diversité biologique), la stratégie de l'Union européenne en faveur de la biodiversité à l'horizon 2020 et le livre blanc sur le milieu naturel du Royaume-Uni (Defra, 2011). Le Programme de compensation pour les entreprises et la biodiversité (BBOP, *Business and Biodiversity Offsets Programme*) définit la compensation biodiversité comme les « résultats mesurables obtenus en termes de préservation de la biodiversité après la mise en œuvre de mesures destinées à compenser les effets négatifs résiduels importants d'un projet donné sur la biodiversité qui subsistent après l'adoption de mesures appropriées de prévention et d'atténuation » (BBOP, 2012, p. 12).

Toujours selon le BBOP, le but de ces interventions est d'« éviter toute perte nette, en obtenant de préférence un gain net [...] du point de vue de la composition des espèces, de la structure des habitats, des fonctions des écosystèmes et de leur utilisation par la population, et des valeurs culturelles associées à la biodiversité » (BBOP, 2012, p. 13). L'éventail des attributs à prendre en compte aux fins des mesures de compensation est donc très large. Comme on pouvait s'y attendre, en pratique, les dispositifs de compensation biodiversité n'ont pas été à la hauteur de ces ambitions, et se sont souvent appuyés au contraire sur des mesures assez simples de l'étendue et de la qualité des habitats. Cela a suscité des débats sur la question de savoir si la compensation assure une véritable « équivalence » (et sur les moyens de mieux la garantir), ainsi que sur d'autres questions comme la gouvernance, l'additionnalité et les fuites (voir, par exemple, Bull et al., 2013 ; Gardner et al., 2013 ; POST, 2011).

L'intérêt de la compensation biodiversité est qu'elle soumet l'ACA à une contrainte stratégique. En d'autres termes, une fois connue la contrainte, les règles d'évaluation des coûts et des avantages deviennent assez simples, au moins en principe : l'ACA doit s'inscrire dans de ce cadre, la règle de décision étant de maximiser les avantages nets en respectant la contrainte. Inutile de dire que cela peut soulever un certain nombre de questions. Par exemple, ce type de contrainte constitue-t-il un cas à part ou relève-t-il de considérations stratégiques plus générales ? Et comment déterminer cette contrainte ?

En ce qui concerne cette dernière question, compte tenu des caractéristiques de la durabilité forte, l'apport des sciences naturelles sur la part de la nature à conserver est évidemment crucial. Certaines considérations sociales ont sans doute également un rôle à jouer, ne serait-ce que pour l'élaboration d'un avis technique sur ce qui est jugé politiquement possible. Il importe aussi de se demander dans quelle mesure cette analyse économique, en particulier l'évaluation des coûts et des avantages, doit servir à déterminer la contrainte stratégique. Les considérations de coûts et d'avantages ne peuvent avoir la primauté, sachant que la contrainte de durabilité forte démontre précisément leurs limites. Reste que ces considérations ne sont pas non plus sans pertinence. Des principes directeurs comme les normes minimales de sécurité peuvent aider à trouver un juste équilibre à cet égard.

Une autre façon d'appréhender ces débats consiste cependant à reconnaître qu'ils correspondent à des « systèmes de croyances » différents, jugés cruciaux pour les questions d'action publique. Dans cette optique, l'ACA constitue elle-même un système de croyances reposant sur l'idée qu'il importe d'expliciter les conséquences des choix effectués par les pouvoirs publics quant à l'utilisation des ressources économiques et, en particulier, les arbitrages qui en découlent. D'autres systèmes de croyances pourraient tout à fait rejeter de tels arbitrages, peut-être en donnant la priorité à la protection de la nature pour des raisons éthiques particulières. Plutôt que de rejeter purement et simplement l'ACA, adopter l'approche des « contraintes de durabilité » permet d'examiner utilement les implications de ces différentes croyances. Surtout, elle permet d'expliciter les coûts (ainsi que les avantages) résultant du respect de ces contraintes.

La compensation biodiversité est une contrainte spécifique, mais qui, appliquée à bon escient et de manière systématique, peut avoir une portée considérable. Cela vaut également pour la compensation des émissions de carbone. Cependant, la durabilité forte englobe manifestement un ensemble plus large de préoccupations relatives à la nature et au capital naturel en général. On peut donc raisonnablement se demander si de telles contraintes constituent des cas particuliers, ou quelque chose de plus répandu, et quel devrait être le caractère de ces contraintes. Dans son esprit, l'approche de durabilité forte laisse assurément entrevoir un rôle plus systématique pour la fixation de contraintes stratégiques. À cet égard, Chevassus-au-Louis et al. (2009), par exemple, suggèrent d'établir une distinction entre le capital naturel qui a une valeur « intrinsèque » et celui qui n'en a pas. Cela passe par des délibérations pratiques sur les caractéristiques qui permettraient de classer les différents types de ressources dans l'une ou l'autre de ces deux catégories.

Lorsque l'imposition de contraintes est préconisée, déterminer la forme qu'elles devront prendre est une autre affaire. On pourrait envisager une série de contraintes (disparates) correspondant à des actifs naturels spécifiques (biodiversité, carbone, qualité de l'air urbain, etc.). À l'inverse, le capital naturel pourrait être défini de manière globale (voir, par exemple, Helm, 2015). Cela permettrait une flexibilité beaucoup plus grande, mais soulèverait inévitablement la question de savoir si certaines composantes du portefeuille d'actifs naturels sont substituables ou non. Cela exigerait aussi de disposer d'un indice du capital naturel apte en principe à refléter ces arbitrages.

Enfin, étant donné que de fortes contraintes de durabilité – telles que celles inhérentes à la compensation biodiversité – nécessitent une compensation *effective*, veiller à ce que les investissements correspondants soient vraiment réalisés constitue un autre enjeu. La réponse à cette question ne peut être véritablement apportée que par une évaluation *ex post*, mais la prise en compte d'un certain nombre de facteurs *ex ante* pourrait contribuer à atténuer le risque d'échec des projets compensatoires. Ainsi, le Commissariat général au développement durable (CGDD, 2015) identifie divers facteurs de ce type liés aux aspects techniques de la planification et de l'exécution des projets, ainsi qu'aux dispositions institutionnelles qui régissent ces mesures compensatoires. Pour ce faire, il classe par catégorie les risques inhérents aux projets compensatoires, liés par exemple au fait de savoir s'ils permettent ou non la restauration de quantités biophysiques suffisantes (définies à partir d'indicateurs spécifiques, choisis de manière adéquate). En outre, la question de l'endroit où s'effectue la restauration – dans le cadre du projet compensatoire – par rapport aux pertes découlant du projet initial (source d'épuisement du capital naturel) peut aussi avoir son importance : on peut se demander, par exemple, s'il existe des liens entre la première et d'autres écosystèmes (connexes).

Compte tenu de ce qui précède, on peut penser qu'une sorte de planification structurée s'impose pour satisfaire ce besoin d'appliquer des contraintes de durabilité aux décisions relatives aux projets et aux interventions publiques. Autrement dit, les dispositions institutionnelles revêtent une importance cruciale. Le Commissariat général au développement durable (CGDD, 2015) souligne que prêter attention à la gouvernance peut aussi permettre d'anticiper les risques d'échec des projets compensatoires en traitant également la question d'autres risques. Cela implique de gérer l'incertitude inhérente aux projets de manière générale, ainsi que de vérifier que les plans de gestion et les ressources économiques nécessaires à la gestion à long terme des écosystèmes sont eux-mêmes durables. En conséquence, il convient de s'assurer d'abord que les budgets et les fonds de réserve sont suffisants puis que leur gestion est confiée aux bons organismes.

12.7. Remarques finales

La notion de « développement durable » occupe désormais une large place dans le débat public et dans le discours des décideurs sur les problèmes d'environnement. Bien que les caractéristiques que doit avoir le développement pour pouvoir être qualifié de durable demeurent un sujet de controverse, nous disposons à présent d'un ensemble cohérent de travaux théoriques, dont les auteurs se sont efforcés de déterminer à quoi pourrait ressembler une trajectoire de développement durable, comment elle pourrait être concrétisée, et comment pourraient être mesurés les progrès accomplis dans ce sens. Ces efforts n'ont pas abouti à un consensus, ce qui n'est guère surprenant, mais ils ont permis de réaliser des progrès considérables dans la compréhension des points d'accord et de désaccord, ainsi que des raisons de leur existence. Les objectifs de développement durable (ODD) adoptés par les Nations unies constituent peut-être l'exemple le plus marquant de l'accession de la durabilité au rang de priorité des pouvoirs publics.

Dans la plupart de ces travaux, l'obtention d'un développement durable est considérée comme un objectif d'ordre général ou de nature macroéconomique. Dans l'ensemble, les spécialistes de l'analyse coûts-avantages n'ont pas activement cherché à s'impliquer dans ce débat plus vaste, sauf lorsqu'il porte sur des facteurs ayant une incidence sur les avantages nets ou le taux de rendement escomptés d'un projet. Il convient néanmoins de noter que les récentes évolutions examinées ailleurs dans le présent ouvrage – et plus particulièrement celles qui concernent l'évaluation des impacts sur l'environnement ou encore l'actualisation des coûts et des avantages – ne sont pas sans rapport avec cette question. Dans ce chapitre, nous avons examiné un certain nombre d'hypothèses supplémentaires concernant la possibilité d'élargir le champ de l'analyse coûts-avantages pour tenir compte des récentes préoccupations relatives au développement durable.

Selon une première approche, l'évaluation des projets à la lumière de ces préoccupations aurait à l'évidence un rôle à jouer. Le concept de durabilité forte repose en effet sur l'idée que certains actifs naturels sont si importants ou critiques (pour les générations futures, et peut-être actuelles) qu'il est justifié de les protéger en vue de maintenir leur stock au niveau actuel ou au-dessus de quelque autre niveau retenu comme objectif. Si l'on ne peut escompter que les préférences individuelles en reflètent pleinement l'importance, les décideurs doivent assumer un rôle paternel pour garantir la protection de ces actifs. Certains se sont efforcés de définir cette perspective en se fondant sur des critères écologiques, alors que d'autres se sont appuyés sur des précédents politiques ou considèrent qu'elle exige de privilégier très nettement le principe de précaution dans le cadre de la prise de décisions. Cela soulève d'importantes questions. En effet, éviter que des ressources (potentiellement) critiques subissent des dommages non seulement regrettables mais aussi irréversibles présente certes des avantages, mais l'application de la méthode des projets compensatoires s'accompagne de coûts d'opportunité qui restent à étudier.

S'agissant de l'intérêt de cette approche pour l'analyse coûts-avantages, quelques études ont préconisé l'application du concept de durabilité à la gestion d'un *portefeuille* de projets. Cela a débouché sur l'idée de projets compensatoires. Suivant cette logique, les projets portant préjudice à l'environnement pourraient, par exemple, être « contrebalancés » par des projets à l'origine d'améliorations de l'environnement. En conséquence, les projets faisant partie d'un même portefeuille assureraient, globalement, un maintien du *statu quo* sous l'angle de l'environnement. Les applications pratiques de cette approche pourraient inclure des mesures de compensation biodiversité.

Le problème du développement durable peut également être envisagé sous d'autres angles. La question de savoir si ces autres approches – qui sont généralement regroupées sous l'appellation de « durabilité faible » – sont complémentaires ou antagoniques est sujette à débat. Celui-ci s'éteindrait dans une large mesure de lui-même s'il était possible de déterminer quels sont les actifs critiques. Cette dernière question constituant elle-même toutefois une source d'incertitude considérable, comme on l'a vu plus haut, ce débat se poursuit. La version dite « faible » du développement durable n'en reste pas moins utile pour plusieurs raisons. Bien qu'elle ait été principalement considérée comme un guide pour l'élaboration de comptes nationaux verts (c'est-à-dire de meilleures mesures des revenus, de l'épargne et du patrimoine), la focalisation sur les actifs et sur leur gestion a son pendant dans la réflexion sur l'évaluation des projets. Ainsi, il faudrait peut-être mettre l'accent sur la nécessité de déterminer l'état des stocks de ressources avant la mise en œuvre d'un projet d'intervention et leur état probable à la suite de celle-ci.

Notes

1. Gerlagh et van der Zwann (2002) examinent le cas où les individus ont une très forte préférence pour les actifs naturels, plutôt qu'une situation de non-substituabilité en tant que telle. De fortes similitudes apparaissent avec la notion de préférence lexicographique, à laquelle est consacré un pan spécifique des études sur les préférences déclarées. Cette hypothèse implique cependant que la liquidation d'un actif naturel au-delà d'un certain seuil abaisse vraisemblablement le niveau maximum que pourra atteindre le bien-être futur.
2. Cette approche permet aussi de prendre en compte un aspect crucial qui est propre aux actifs écosystémiques, à savoir le fait que ces ressources sont soumises à des effets de seuil, de sorte les services qui en découlent sont exposés à un risque (éventuellement) accru de changements abrupts et extrêmes une fois franchi un niveau critique pour l'actif considéré.

Références

Arrow, K.J. et al. (2010), « Sustainability and the Measurement of Wealth », *NBER Working Paper*, n° 16599, *www.nber.org/papers/w16599*.

Asheim, G.B. et M.L. Weitzman (2001), « Does NNP Growth Indicate Welfare Improvement », *Economics Letters*, vol. 73, pp. 233-239.

Banque mondiale (2010), *The Changing Wealth of Nations*, Banque mondiale, Washington, DC, *https://openknowledge.worldbank.org/handle/10986/2252*.

Barbier, E., A. Markandya et D.W. Pearce (1990), « Environmental Sustainability and Cost-Benefit Analysis », *Environment and Planning A*, vol. 22, pp. 1259-1266, *https://doi.org/10.1068/a221259*.

Barbier, E.B. (2011), *Capitalizing on Nature*, Cambridge University Press, Cambridge, *www.cambridge.org/catalogue/catalogue.asp?isbn=0521189276*.

Barbier, E.B. (2009), « Ecosystems as Natural Assets », *Foundations and Trends in Microeconomics*, vol. 4, n° 8, pp. 611-681, *http://dx.doi.org/10.1561/0700000031*.

Boyd, J. et S. Banzhaf (2007), « What are ecosystem services? The need for standardized environmental accounting units », *Ecological Economics*, vol. 63, n° 2-3, pp. 616-626, *http://dx.doi.org/10.1016/j.ecolecon.2007.01.002*.

Chevassus-au-Louis, B. et al. (2009), *Approche économique de la biodiversité et des services liés aux écosystèmes – Contribution à la décision publique*, Centre d'analyse stratégique, Collection Rapports et documents, Paris.

CGDD (Commissariat général au développement durable) (2015), *Nature et richesse des nations*, Service de l'économie, de l'évaluation et de l'intégration du développement durable, Paris.

Chiabai, A. et al. (2011), « Economic Assessment of Forest Ecosystem Services Losses: Costs of Policy Inaction », *Environmental and Resource Economics*, vol. 50, n° 3, pp. 405-445, *http://dx.doi.org/10.1007/s10640-011-9478-6*.

CMED (Commission mondiale sur l'environnement et le développement) (1987), *Notre avenir à tous*, Rapport de la Commission mondiale sur l'environnement et le développement, *www.diplomatie.gouv.fr/sites/odyssee-developpement-durable/files/5/rapport_brundtland.pdf*.

Dasgupta, P. et K.-G. Mäler (2000), « Net national product, wealth and social well-being », *Environment and Development Economics*, vol. 5, pp. 69-93, *www.cambridge.org/core/product/8819C6F796223EF600E7F5C339491944*.

Dasgupta, P.M. (2009), « The Welfare Economic Theory of Green National Accounts », *Environment and Resource Economics*, vol. 42, pp. 3-38, *http://dx.doi.org/10.1007/s10640-008-9223-y*.

Day, B. et D. Maddison (2015), *Improving Cost-Benefit Analysis Guidance*, Report to the Natural Capital Committee (NCC), NCC, Londres, *http://nebula.wsimg.com/ad8539d7216f5e6589bbe625c9750fff?AccessKeyId=68F83A8E994328D64D3D&disposition=0&alloworigin=1*.

Dietz, S. et N. Stern (2008), « Why Economic Analysis Supports Strong Action on Climate Change: A Response to the Stern Review's Critics », *Review of Environmental Economics and Policy*, vol. 2, n° 1, pp. 94-113, *https://doi.org/10.1093/reep/ren001*.

Fenichel, E.P. et al. (2016), « Measuring the Value of Groundwater and Other Forms of Natural Capital », *PNAS*, vol. 113(9), pp. 2382-2387, *http://dx.doi.org/10.1073/pnas.1513779113*.

Fenichel, E.P. et J.K. Abbott (2014), « Natural capital: From Metaphor to Measurement », *Journal of the Association of Environmental and Resource Economists*, vol. 1(1), pp. 1-27, *http://dx.doi.org/10.1086/676034*.

Gerlagh, R. et B.C.C. van der Zwaan (2002), « Long-Term Substitutability between Environmental and Man-made Goods », *Journal of Environmental Economics and Management*, vol. 44, pp. 329-345, *http://dx.doi.org/10.1006/jeem.2001.1205*.

Gowdy, J. et al. (2010), « Discounting, Ethics and Options for Maintaining Biodiversity and Ecosystem Integrity », in Kumar, P. (dir. pub.), *The Economics of Ecosystems and Biodiversity: Ecological and Economic Foundations*, Earthscan, Londres.

Haines-Young, R. et al. (2009), *Towards a Common International Classification of Ecosystems (CICES) for Integrated Environmental and Economic Accounting*, Report to the European Environment Agency, Copenhague.

Hamilton, K. et E. Ley (2013), « Sustainable Fiscal Policy for Mineral Based Economies », in Amadou, S., A. Rabah et B. Gylfason (dir. pub.), *Beyond the Curse: Policies to Harness the Power of Natural Resources*, Fonds monétaire international, Washington, DC.

Hamilton, K. et G. Atkinson (2006), *Wealth, Wellbeing and Sustainability*, Edward Elgar, Cheltenham.

Hamilton, K. et J.M. Hartwick (2014), « Wealth and Sustainability », *Oxford Review of Economic Policy*, vol. 30, n° 1, pp. 170-187, *https://doi.org/10.1093/oxrep/gru006*.

Hamilton, K. et M. Clemens (1999), « Genuine Savings Rates in Developing Countries », *World Bank Economic Review*, vol. 13, n° 2, pp. 333-356, *https://doi.org/10.1093/wber/13.2.333*.

Hartwick, J.M. (1992), « Deforestation and national accounting », *Environmental and Resource Economics*, vol. 2, n° 5, pp. 513-521, *http://dx.doi.org/10.1007/BF00376832*.

Hartwick, J.M. (1977), « Intergenerational equity and the investing of rents from exhaustible resources », *American Economic Review*, vol. 67, pp. 972-974.

Hoel, M. et T. Sterner (2007), « Discounting and Relative Prices », *Climatic Change*, vol. 84, n° 3-4, pp. 265-280, *http://dx.doi.org/10.1007/s10584-007-9255-2*.

Kaveira, P. et al. (dir. pub.) (2011), *Natural Capital: Theory and Practice of Mapping Ecosystem Services*, Oxford University Press, Oxford.

Krutilla J. et A.C. Fisher (1974), *The Economics of Natural Environments*, Johns Hopkins University Press, Baltimore.

Mace, G.M., K. Norris et A.H. Fitter (2012), « Biodiversity and Ecosystem Services: A Multilayered Relationship », *Trends in Ecology & Evolution*, vol. 27, n° 1, pp. 19-26, *http://dx.doi.org/10.1016/j.tree.2011.08.006*.

Mäler, K.-G. (2008), « Sustainable Development and Resilience in Ecosystems », *Environmental and Resource Economics*, vol. 39, n° 1, pp. 17-24, *http://dx.doi.org/10.1007/s10640-007-9175-7*.

Mäler, K.-G. (1991), « National Accounts and Environmental Resources », *Environmental and Resource Economics*, vol. 1, pp. 1-16.

Mäler, K.-G., S. Aniyar et Å. Jansson (2009), « Accounting for Ecosystems », *Environmental and Resource Economics*, vol. 42, n° 1, pp. 39-51, *http://dx.doi.org/10.1007/s10640-008-9234-8*.

Pascual, U. et al. (2010), « Valuation of Ecosystems Services: Methodology and Challenges », in Kumar, P. (dir. pub.) *The Economics of Ecosystems and Biodiversity: Ecological and Economic Foundations*, Earthscan, Londres.

Pearce, D. W. et G. Atkinson (1993), « Capital Theory and the Measurement of Sustainable Development: An Indicator of 'Weak' Sustainability », *Ecological Economics*, vol. 8, n° 2, pp. 103-108, *https://doi.org/10.1016/0921-8009(93)90039-9*.

Pezzey, J. (1989), « Economic Analysis of Sustainable Growth and Sustainable Development », *Environment Department Working Paper* n° 15, Banque mondiale, Washington, DC.

Solow, R.M. (1986), « On the intergenerational allocation of natural resources », *Scandinavian Journal of Economics*, vol. 88, vol. 1, pp. 141-149, *www.jstor.org/stable/3440280*.

Solow, R.M. (1974), « Intergenerational Equity and Exhaustible Resources », *Review of Economic Studies*, vol. 41, pp. 29-45, *www.jstor.org/stable/2296370*.

Sterner, T. et U.M. Persson (2008), « An Even Sterner Review: Introducing Relative Prices into the Discounting Debate », *Review of Environmental Economics and Policy*, vol. 2, n° 1, pp. 61-76, *https://doi.org/10.1093/reep/rem024*.

van der Ploeg, R. (2014), « Guidelines for exploiting natural resource wealth », *Oxford Review of Economic Policy*, vol. 30, n° 1, pp. 145-169, *https://doi.org/10.1093/oxrep/gru008*.

Walker, B. et al. (2010), « Incorporating Resilience in the Assessment of Inclusive Wealth: An Example from South East Australia », *Environmental and Resource Economics*, vol. 45, n° 2, pp. 183-202, *http://dx.doi.org/10.1007/s10640-009-9311-7*.

Weitzman, M.L. (1976), « On the Welfare Significance of National Product in a Dynamic Economy », *Quarterly Journal of Economics*, vol. 90, n° 1, pp. 156-162, *www.jstor.org/stable/1886092*.

Analyse coûts-avantages et environnement
Avancées théoriques et utilisation par les pouvoirs publics

PARTIE III

Chapitre 13

Services écosystémiques et biodiversité

L'évaluation des services écosystémiques est devenue essentielle (peut-être même décisive) pour mesurer la contribution des écosystèmes et de la biodiversité au bien-être humain. Bien que l'on dispose de données amples et – au moins pour certains services écosystémiques – détaillées, l'analyse des progrès déjà obtenus à cet égard révèle la nécessité de mieux comprendre la production écologique, surtout en ce qui concerne la variabilité spatiale et la complexité des facteurs en jeu dans la production des services écosystémiques. Cela exige une approche réellement interdisciplinaire, étant donné le rôle important des sciences naturelles pour éclairer les étapes du processus d'analyse. De nombreuses discussions se poursuivent aussi sur les moyens d'analyser les décisions dans les situations où l'évaluation et la compréhension du monde naturel resteront sans doute marquées d'incertitude. De telles difficultés doivent être envisagées dans leur contexte propre. Un nombre croissant d'évaluations écosystémiques à grande échelle ont montré comment exploiter les données empiriques de façon instructive et utile pour l'action des pouvoirs publics. Ces développements seront déterminants pour que les évaluations rendent possible une analyse pertinente des politiques.

13.1. Introduction

L'évaluation de la biodiversité et des services écosystémiques est de plus en plus perçue comme un élément crucial d'un processus de décision rigoureux. Les « évaluations écosystémiques » à grande échelle ont contribué à cette évolution en aidant à éclaircir la manière dont les écosystèmes participent au bien-être humain. On peut y voir un antidote aux pratiques antérieures qui, trop souvent, prenaient en compte de façon seulement superficielle – ou même ignoraient complètement – le lien entre nature et bien-être dans l'analyse des politiques.

L'application des techniques d'évaluation économique à un milieu naturel complexe soulève un certain nombre d'enjeux importants. Le plus essentiel peut-être est la nécessité d'assurer que cette application s'appuie solidement sur les sciences naturelles[1]. Cette exigence d'interdisciplinarité reçoit un cadre conceptuel dans l'approche de la prise de décision fondée sur les « services écosystémiques ». Bien que généralement décrite comme issue des sciences naturelles, cette approche est hautement compatible avec l'analyse économique, car elle met l'accent sur le rôle des écosystèmes dans la fourniture de services qui, à leur tour, soutiennent la production ou contribuent directement au bien-être. Les services écosystémiques sont par conséquent définis comme des « contributeurs » aux valeurs anthropocentriques et, alors que les sciences naturelles permettent de comprendre les premiers, l'économie est bien placée pour analyser les secondes. L'évaluation économique, en particulier, devient un élément essentiel de l'approche axée sur les services écosystémiques dans l'analyse des décisions.

Bien que l'expression « services écosystémiques » soit assez nouvelle, au moins dans ce contexte, puisqu'elle n'a commencé à se répandre qu'à la suite de l'Évaluation des écosystèmes pour le millénaire (EM, 2005), les économistes de l'environnement appliquent depuis de nombreuses années des techniques d'évaluation non marchande à ce type de services (voir, par exemple, Adamowicz et al., 1994 ; Ruitenbeek, 1989). Connaître la valeur économique des écosystèmes est important pour plusieurs raisons. L'une est évidemment le pouvoir de persuasion attribué au langage économique. Bateman et al. (2011b), par exemple, estiment qu'au Royaume-Uni, les services écosystémiques contribuent à trois milliards de sorties récréatives de plein air par an et que la valeur sociale de ces visites est sans doute supérieure à 10 milliards GBP. Selon les calculs de Gallai et al. (2009), la valeur globale des services fournis par les insectes pollinisateurs du seul point de vue des avantages résultant de la pollinisation des cultures qui servent (directement) à la consommation humaine atteint environ 190 milliards USD (en 2005). Réussir à décrire ce que nous fournit le monde naturel en termes monétaires est ainsi un puissant moyen de faire comprendre l'importance de sa conservation à un public plus large (peut-être non réceptif auparavant).

Outre leur impact rhétorique, de tels calculs présentent un réel intérêt, car les données ainsi obtenues peuvent être prises en compte pour guider la réflexion sur les politiques et la prise de décision. S'agissant par exemple de la valeur récréative des écosystèmes du Royaume-Uni, Bateman et al. (2011b) montrent aussi que la localisation (des sites) n'est pas sans importance. Un site récréatif spécifique pas trop étendu, par exemple, peut générer des valeurs qui varient entre 1 000 et 65 000 GBP par an, uniquement en fonction de sa localisation. Le facteur déterminant à cet égard est, comme on pouvait s'y attendre, la proximité d'une grande agglomération. Les forêts, par conséquent, se trouvent au « mauvais » endroit (assez loin des populations de visiteurs potentiels) et ont moins de chances (toutes choses égales par ailleurs) d'atteindre des valeurs sociales aussi élevées, constat qui n'est pas sans importance dans l'hypothèse où des décideurs envisagent de nouveaux investissements dans ces sites naturels.

D'une façon plus générale, l'intérêt essentiel qu'il y a à attribuer une valeur à la nature est que cela permet de remédier à un déséquilibre fondamental, cette valeur étant bien trop souvent grossièrement sous-estimée ou même entièrement ignorée dans les décisions privées et une grande partie des processus de décision d'intérêt collectif. Montrer l'étendue de la valeur de la nature pour la subsistance des populations humaines et, plus généralement, pour le bien-être humain représente un premier pas concret décisif vers la mise au point d'interventions publiques aptes à répondre au rythme actuel et futur de destruction des écosystèmes et d'érosion de la biodiversité. L'étude de Barbier (2007) est fréquemment citée dans ce contexte. Cette étude cherchait à estimer la valeur écologique des mangroves en Thaïlande – comme source de bois de chauffage, d'habitats utiles pour la pêche et d'atténuation des effets des tempêtes (en réduisant les risques d'inondation côtière) – afin de comparer ces résultats avec le rendement d'une forme d'utilisation des sols concurrente : l'élevage de crevettes. Elle constate que les profits privés associés à ces deux types d'utilisation sont respectivement de 584 USD et de 1 220 USD par hectare, ce qui, d'un point de vue financier, semble clairement justifier la conversion des mangroves. Cependant, l'analyse des coûts et avantages sociaux donne des résultats tout à fait différents et montre qu'un hectare typique de mangroves génère une valeur sociale de 12 392 USD.

L'approche économique, évidemment, ne conclut pas toujours à la nécessité de protéger les écosystèmes (ce qui montre le danger qu'il y a à manier des arguments économiques uniquement dans un but rhétorique). Par ailleurs, un motif de préoccupation tient à la difficulté qu'il y a à démontrer l'importance des fondamentaux écologiques – à commencer par la « biodiversité » – dans ces évaluations de la valeur instrumentale de la nature. Sans compter que les débats sur la valeur intrinsèque de la nature demeurent parfaitement pertinents. Néanmoins, de quelque façon que l'on pose la question, déterminer quelle part de la nature « devrait » être conservée nécessitera sans doute des efforts importants pour comprendre quelle est sa valeur au point de vue économique, ainsi que les coûts (d'opportunité) de sa conservation. Les difficultés à résoudre à cet égard sont énormes. Nombre d'entre elles ne sont pas impossibles à surmonter (comme semble l'indiquer l'enrichissement du socle de connaissances) mais, comme nous le verrons dans les pages qui suivent, l'évaluation de la nature se heurte inévitablement à certaines limites. Il est donc important aussi de déterminer comment poursuivre l'analyse économique une fois ces limites atteintes, comme l'illustre le chapitre 12.

13.2. Services écosystémiques

Toute forme de vie s'intègre dans un type ou un autre d'*écosystème*, celui-ci étant composé d'un ensemble d'êtres vivants (ou « biote ») et de leur milieu non biologique. Une forêt ou une zone humide constituent donc un écosystème, tout comme les récifs coralliens, les déserts, les estuaires et les cours d'eau. Tous les écosystèmes génèrent d'abondants *services* d'ordre général. Ces services ont essentiellement pour effet de rendre possible la vie sur Terre. Il en résulte que tous les services fournis par les écosystèmes sont d'une certaine façon de nature économique : ils possèdent une valeur économique puisqu'ils offrent des avantages aux êtres humains. Un écologiste jugerait probablement que les services procurés par les écosystèmes revêtent une importance considérable, mais ne les définirait sans doute pas nécessairement comme le ferait un économiste en fonction des seuls avantages manifestes qu'ils offrent aux êtres humains. Voici quelques exemples de services fournis par les écosystèmes qui offrent d'évidents avantages aux êtres humains :

- des services d'épuration : par exemple, les zones humides filtrent l'eau et les forêts, la pollution atmosphérique ;
- un recyclage écologique : par exemple, durant leur croissance, les végétaux absorbent (c'est-à-dire qu'ils « fixent » ou « piègent ») le dioxyde de carbone et le stockent dans la biomasse jusqu'à ce qu'ils meurent, le carbone passant ensuite dans le sol. Le dioxyde de carbone étant un gaz à effet de serre, l'accroissement de la biomasse a pour effet d'en réduire la concentration dans l'atmosphère ;
- une fonction de régulation : les écosystèmes naturels abritent des espèces interdépendantes de sorte que la lutte contre les ravageurs est assurée par des processus naturels, ce qui réduit la nécessité de recourir aux produits chimiques. Les écosystèmes peuvent réguler les bassins versants tout comme les conditions météorologiques, réduisant ainsi les risques d'inondation ;
- la fourniture d'habitats : outre qu'ils représentent des sources de nourriture, d'informations scientifiques et de valeur récréative et esthétique, les habitats constituent des réservoirs de diversité biologique, laquelle peut à son tour être à l'origine de processus qui réduisent les risques de disparition des écosystèmes (« résilience ») ;
- des fonctions de régénération et de production : les écosystèmes « produisent » de la biomasse grâce à la transformation de la lumière, de l'énergie et des substances nutritives. Cette biomasse fournit de la nourriture, des matières premières et de l'énergie. Les écosystèmes assurent la pollinisation et la dissémination des semences, ce qui garantit leur propre renouvellement. On estime qu'environ 30 % des cultures vivrières mondiales sont tributaires de la pollinisation naturelle ;
- une source d'informations et une fonction de maintien de la vie : les écosystèmes sont les produits de l'évolution et recèlent donc des informations accumulées pendant des millions d'années. Ces informations ont une valeur scientifique, mais constituent également une source d'émerveillement et favorisent le maintien de la vie.

Pour adapter la notion de services écosystémiques tirée des sciences naturelles aux exigences de l'économie, une option consiste à partir des systèmes de classification. Ces systèmes n'utilisent pas tous les mêmes catégories, mais ils établissent tous une distinction entre les services d'approvisionnement, les services culturels et les services de régulation. Par certains aspects, les deux premiers types de services recoupent tout à fait la distinction proposée antérieurement entre usage et non-usage (voir chapitre 4). Les services d'approvisionnement, par exemple, sont généralement des produits matériels tels que des aliments ou des matériaux naturels fournis par la nature. Les services culturels, en revanche, désignent les diverses formes d'expérience dont jouissent les individus dans leur interaction avec la nature (par exemple, dans le cadre de leurs loisirs), ainsi que le plaisir intangible procuré par l'existence de la nature ou sa valeur spirituelle. Bien que ces services soient décrits comme distincts dans un but de classification, les écosystèmes peuvent bien entendu fournir des « biens » qui répondent à la fois aux critères des services d'approvisionnement et à ceux des services culturels (pour un examen détaillé, voir Chan et al., 2011), ainsi que différents types d'avantages culturels résultant de leur usage ou non-usage. Une forêt, par exemple, peut être appréciée à la fois à cause des possibilités de loisirs qu'elle offre et du fait de savoir que cette aire naturelle sera préservée et demeurera accessible, même si la personne qui exprime un tel jugement de valeur n'observe pas directement ce résultat. Le tableau 13.1 présente un exemple de classification tiré de Markandya (2016) et basé sur un projet de classification des services écosystémiques en cours aux fins de la comptabilité écosystémique.

Il existe d'autres classifications des services écosystémiques. Kumar (2010), par exemple, inclut dans la sienne les services d'habitat afin de tenir compte du rôle des écosystèmes dans la protection de « pools génétiques » et de l'importance des habitats interconnectés pour les espèces migratrices. L'Évaluation des écosystèmes pour le millénaire (EM, 2005) a aussi mis l'accent sur les fonctions de soutien des écosystèmes, à savoir les processus naturels qui sous-tendent les services d'approvisionnement, les services culturels et les services de régulation. Ces fonctions, comme le cycle des nutriments, constituent un niveau intermédiaire supplémentaire de la production écologique et sont maintenant fréquemment englobées dans la catégorie des « services de régulation » (Kumar, 2010). D'autres classifications comme celles de Heal et al. (2005) et de Groot et al. (2002) privilégient spécifiquement les services d'habitat et les services de régulation.

En dépit de leur partialité, ces approches révèlent un élément distinctif essentiel des tentatives de compréhension économique des écosystèmes. La jouissance des services écosystémiques (ultimes) est attribuée à un processus de production (naturel) dans lequel les services de régulation jouent notamment un rôle décisif. Ces services – par exemple, la régulation des flux hydriques (et de la qualité de l'eau) ou l'activité des insectes pollinisateurs – contribuent en définitive à la production de services agricoles d'approvisionnement (Goulder et Kennedy, 2011). L'évaluation des services écosystémiques met souvent l'accent sur le résultat final, en s'interrogeant sur le service ultime qui bénéficie aux individus. Il est évidemment important de connaître les biens et services consommés que fournit en fin de compte un écosystème, mais il est aussi essentiel de comprendre comment les niveaux de production intermédiaires contribuent au résultat final.

Nombre de classifications n'accordent pas une place explicite à la valeur de la *biodiversité*. Un aspect assez inquiétant des évaluations écosystémiques récentes tient d'ailleurs au fait que la volonté de privilégier les services écosystémiques pourrait conduire paradoxalement à omettre le rôle vital de la biodiversité à la fois dans la fourniture de ces services et comme source de valeur en tant que telle. D'un côté, en effet, la biodiversité peut être envisagée comme un service. La biodiversité des pollinisateurs, par exemple, contribue directement à l'amélioration de la production agricole et certains aspects de la biodiversité, comme le maintien d'espèces emblématiques telles que l'ours polaire, constituent en tant que tels un bien (c'est-à-dire une source directe de bien-être). D'un autre côté, comme le déclarent Mace et al. (2012), privilégier exclusivement ce rôle de la biodiversité risque d'amener à négliger quelque chose de fondamental. Elmqvist et al. (2010) montrent de manière détaillée que la biodiversité fonctionne comme un service de soutien qui rend possible la fourniture de ce que Fisher et al. (2009) appellent les services écosystémiques ultimes. La biodiversité des sols, par exemple, améliore la fertilité des terres agricoles, qui détermine à son tour la production d'un bien (dans ce cas des aliments). Ces services rendus par la biodiversité ont même été comparés – par exemple par Pascual et al. (2010) (sur la base de contributions antérieures comme celles de Gren et al., 1994) – à une forme d'assurance.

Tableau 13.1. **Classification des services écosystémiques**

Type de services	Division	Groupe	Classe
Services d'approvisionnement	Alimentation	Biomasse	Cultures
			Animaux d'élevage et leurs produits
			Plantes sauvages, algues et leurs produits
			Animaux sauvages et leurs produits
			Plantes et algues provenant de l'aquaculture in situ
			Animaux provenant de l'aquaculture in situ
		Eau	Eau superficielle destinée à l'alimentation
			Eau souterraine destinée à l'alimentation
	Matériaux	Biomasse	Fibres et autres matériaux d'origine végétale
			Matériaux végétaux, algaux et animaux pour l'agriculture
			Matériaux génétiques provenant de tous les biotes
		Eau	Eau superficielle non destinée à l'alimentation
			Eau souterraine non destinée à l'alimentation
	Énergie	Énergie provenant de la biomasse	Ressources d'origine végétale
			Ressources d'origine animale
		Énergie mécanique	Énergie animale
Services de régulation et d'entretien	Traitement des déchets, des substances toxiques et d'autres nuisances	Traitement par les biotes	Biodépollution à l'aide de micro-organismes, etc.
			Filtrage/piégeage/stockage/accumulation au moyen de micro-organismes, etc.
		Traitement par les écosystèmes	Filtrage/piégeage/stockage/accumulation
			Dilution dans l'atmosphère, l'eau douce, les écosystèmes marins
			Traitement de l'odeur, du bruit, des impacts visuels
	Traitement des flux	Mouvements de masses	Stabilisation et maîtrise des taux d'érosion
			Amortissement et atténuation des mouvements de masses
		Flux liquides	Maintien du cycle hydrologique et des flux d'eau
			Protection contre les inondations
		Courants atmosphériques	Protection contre les tempêtes, ventilation et transpiration
	Maintien de conditions physiques, chimiques ou biologiques	Protection d'habitats et de pools génétiques	Pollinisation et dispersion des semences
			Maintien des populations juvéniles et des habitats nourriciers
		Lutte contre les ravageurs et les maladies	Lutte contre les ravageurs
			Lutte contre les maladies
		Formation et composition des sols	Processus d'altération
			Processus de décomposition et de fixation
		Paramètres de l'eau	Régulation des paramètres chimiques de l'eau douce et de l'eau salée
		Régulation atmosphérique et climatique	Régulation du climat mondial par réduction des GES
			Régulation de microclimats et de climats régionaux
Services culturels	Interactions physiques et mentales avec les biotes/écosystèmes	Interactions physiques et empiriques	Utilisation expérimentale de paysages, végétaux ou animaux
			Différentes formes d'utilisation physique des paysages terrestres ou marins
		Interactions mentales ou sous forme de représentations	Interactions scientifiques, éducatives, culturelles, esthétiques et axées sur la conservation ou le divertissement
	Interactions spirituelles et symboliques avec les biotes/écosystèmes	Interactions spirituelles et/ou de type emblématique	Interactions symboliques
			Interactions à caractère sacré et/ou religieux
		Autres services culturels	Existence
			Legs

Source : Markandya (2016).

Il est clair que les écosystèmes sont « multifonctionnels » ou « multiproduits » : ils génèrent tout un éventail de services écologico-économiques. Il a toutefois déjà été noté que les « produits » des écosystèmes ne sont généralement pas connus avec le même degré de certitude que ceux d'une entreprise qui proposerait toute une gamme de biens marchands. Il peut tout autant s'agir de biens purement individuels (bois de chauffage, eau pure, etc.) que de biens publics d'envergure locale (protection d'un bassin versant) ou planétaire (piégeage du carbone et valeur de non-usage de l'écosystème).

Pour isoler les premiers indices de valeur pratique des écosystèmes, il convient de réfléchir à la manière dont les services écosystémiques fournissent en définitive des avantages aux individus et aux entreprises. C'est ce qu'on a vu au chapitre 2 et que Freeman et al. (2013) appellent « les voies économiques par l'intermédiaire desquelles le bien-être est affecté » (p. 13). Ces voies sont multiples (Brown et al., 2007 ; Freeman et al., 2013) mais on peut les regrouper de trois façons :

- Premièrement, certains services écosystémiques sont utilisés comme intrants dans la production économique, par exemple la fertilité des sols dans la production agricole, ou les services de régulation et purification hydrique dans le cas des unités économiques (de production) qui ont besoin d'un approvisionnement en eau propre, éventuellement à côté d'autres facteurs de production.
- Deuxièmement, certains services écosystémiques ont une fonction d'apport conjoint dans la consommation des ménages. Autrement dit, l'utilisation de services écosystémiques en combinaison avec les dépenses consacrées à des biens ou des services marchands joue un rôle dans la fourniture d'un « produit » de consommation. En pareils cas, les services écosystémiques et les biens/services marchands fonctionnent comme des intrants complémentaires. On citera comme exemple à ce sujet les services fournis par la nature qui, associés à des frais de déplacement, entrent dans la production d'une expérience récréative en milieu naturel. Un service écosystémique peut aussi se substituer à un bien marchand : des services de purification de l'air, par exemple, peuvent se substituer à l'achat d'un appareil produit commercialement pour filtrer l'air.
- Troisièmement, certains services écosystémiques contribuent aussi directement en tant qu'intrants au bien-être des ménages. Ils ne jouent un rôle dans aucune activité économique de production ou de consommation des ménages. Ils sont consommés directement et génèrent des avantages (qui sont au bout du compte une source de bien-être). Bien que difficiles à saisir, ils incluent, par exemple, les services valorisés pour des raisons en rapport avec le « non-usage » ou l'« usage passif » comme la « nature à l'état sauvage ».

13.3. Évaluation des services écosystémiques

Déterminer la valeur véritable des biens et se servir de ces données pour faire en sorte que les décisions contribuent à l'amélioration du bien-être humain est la raison d'être de l'analyse économique. Un certain nombre d'études récentes détaillées révèlent la multitude des méthodes – et des applications de ces méthodes – employées pour déterminer la valeur des services écosystémiques et de la biodiversité (voir, par exemple, Pascual et al., 2011 ; US EPA, 2009 ; Bateman et al., 2011b ; Kaveira et al., 2011 ; ainsi que les chapitres 3 à 7 de cet ouvrage). Ces travaux sont importants pour, d'une part, mettre en lumière ce que l'on connaît de l'évaluation des écosystèmes et de la biodiversité et, d'autre part, cerner ce qui reste à connaître. Le tableau 13.2 présente un bref aperçu des principales méthodes. Il importe de noter ici que *toutes ces méthodes* ont été appliquées à des écosystèmes. Leur grande variété n'est pas due à une recherche de la diversité pour elle-même, mais reflète pour l'essentiel la diversité des services que les praticiens ont cherché à évaluer.

Toute réflexion sur l'évaluation des services écosystémiques doit partir de l'idée que de telles analyses se fondent sur la théorie économique standard, mais s'appuient également sur les sciences naturelles (Daily, 1997 ; EM, 2005 ; Pagiola et al., 2004 ; Heal et al., 2005 ; Barbier, 2007 ; Sukhdev, 2008). La question de savoir si ce type d'évaluation peut se baser sur des prix de marché ou si l'analyste doit aussi chercher à obtenir des données de comportement non marchand (réel ou intentionnel) dépend des caractéristiques du bien ou service écosystémique en cause. Dans certains cas, l'évaluation doit partir des prix de marché. Les services d'approvisionnement en aliments ou en fibres, par exemple, constituent fréquemment des biens marchands ou quasi marchands pour lesquels existent des produits de substitution (commerciaux) proches. C'est la raison pour laquelle l'évaluation marchande prédomine dans ce type de situations, même s'il est nécessaire d'ajuster les prix observés pour tenir compte des distorsions du marché (tableau 13.2). Les services d'approvisionnement, cependant, dépendent en général eux-mêmes d'un service sous-jacent fourni par un processus écosystémique. Ainsi, bien que l'évaluation du produit final soit assez simple, le plus dur du travail d'analyse passe souvent par la spécification et l'estimation d'une fonction de production écologique. En d'autres termes, les services écosystémiques sont fréquemment évalués en tant qu'intrants productifs (voir Barbier, 2007 ; Freeman, 2003 ; et Hanley et Barbier, 2009). Dans cette optique, il est nécessaire de chercher à isoler et préciser leur valeur du point de vue de leur effet sur un niveau de production observé (tableau 13.2). Cette approche peut être appliquée à toute une gamme de biens marchands (de consommation), mais elle a également été utilisée pour évaluer des services de régulation et de « protection » (par exemple contre les inondations et les phénomènes météorologiques extrêmes).

Tableau 13.2. **Méthodes d'évaluation économique utilisées pour évaluer les services écosystémiques**

Méthode d'évaluation	Description	Types de services écosystémiques visés
Valeur marchande ajustée	Utilisation des prix de marché ajustés pour tenir compte des distorsions éventuelles (dues, par exemple, à des taxes, des subventions ou des pratiques non concurrentielles)	Cultures, bétail et forêts
Estimation de la fonction de production	Estimation d'une fonction de production écologique dans laquelle le service écosystémique est pris en compte comme intrant du processus de production et évalué du point de vue de son effet sur un certain niveau de production	Maintien d'espèces bénéfiques, maintien de la productivité agricole, protection contre les inondations
Préférences révélées	Examen des dépenses effectives encourues en relation avec des biens marchands associés à des services écosystémiques. S'il s'agit de biens marchands de substitution, une approche fondée sur les dépenses de comportement préventif ou d'atténuation (par ex. les dépenses visant à éviter des dommages comme l'achat d'eau en bouteille ou l'installation de double vitrage) peut être appliquée. La méthode des coûts de déplacement peut aussi être utilisée dans le cas de biens marchands complémentaires (par ex. les frais de voyage dans un but de loisirs). Enfin, lorsqu'un service écosystémique est une caractéristique du bien marchand, on pourra recourir à la méthode des prix hédonistes (par ex. en examinant l'impact du bruit ou de la quantité d'espaces verts sur les prix immobiliers)	Qualité de l'eau, tranquillité, loisirs et avantages d'agrément
Préférences déclarées	Réalisation d'enquêtes pour connaître le consentement à payer en relation avec une modification de l'environnement (évaluation contingente) ou en demandant aux individus de choisir entre différents niveaux de services environnementaux à des prix différents pour déterminer leur consentement à payer (modélisation des choix)	Qualité de l'eau, conservation des espèces, qualité de l'air, valeurs de non-usage
Bien-être subjectif	Utilisation de réponses à des enquêtes mesurant le bien-être subjectif, et étude du degré auquel les indicateurs liés aux écosystèmes sont des déterminants du bien-être. L'évaluation peut nécessiter de se pencher sur l'arbitrage revenu/écosystèmes pour atteindre un niveau donné de bien-être subjectif	Qualité de l'eau, conservation des espèces, qualité de l'air selon la disponibilité d'indicateurs adaptés

Dans d'autres cas, cependant, les prix de marché ne reflètent pas – ou pas de manière adéquate – la valeur attribuée par les individus aux services écosystémiques. Il est nécessaire alors de recourir à des techniques d'estimation des valeurs non marchandes en les appliquant à un effet écologique qui peut lui-même avoir été déterminé au préalable au moyen d'une fonction de production. La méthode des préférences révélées évalue les biens environnementaux non marchands à partir de la consommation des biens privés marchands qui leur sont associés. Il existe plusieurs variantes de cette méthode selon que le bien environnemental et le bien marchand associé sont complémentaires, peuvent se substituer l'un l'autre ou sont liés entre eux, l'un étant un attribut de l'autre (tableau 13.2).

Dans le premier cas, les économistes se servent de la notion de « complémentarité faible » introduite par Mäler (1974) pour connaître ce que les individus sont prêts à dépenser pour un bien privé afin de jouir du bien environnemental, en révélant ainsi la valeur de ce dernier bien. La méthode des coûts de déplacement, par exemple, examine les dépenses et le temps que les individus sont prêts à consacrer à la visite d'aires naturelles dans un but de loisirs. Dans le deuxième cas, où les biens peuvent se substituer l'un à l'autre, il est possible de recourir à des approches s'appuyant sur les comportements de prévention ou dépenses de protection, par exemple l'achat d'eau en bouteille pour éviter de boire de l'eau contaminée. Enfin, la méthode des prix hédonistes des biens immobiliers repose sur l'idée qu'il est possible de déduire du marché immobilier la valeur implicite des caractéristiques sous-jacentes des habitations, qu'il s'agisse des caractéristiques structurelles, de la localisation et de l'accessibilité, du quartier ou de l'environnement (Rosen, 1974). Elle peut être utilisée par exemple pour déterminer le supplément que les individus sont prêts à payer pour acheter un logement plus proche d'espaces verts ou de certains types d'habitat (Gibbons et al., 2011).

Alors que les méthodes des préférences révélées déterminent les valeurs initiales en examinant le comportement *réel*, les méthodes des préférences déclarées (MPD) estiment les valeurs en partant du comportement *envisagé*. Ces dernières englobent toute une gamme de méthodes d'enquête qui se servent de marchés fictifs ou hypothétiques pour recueillir les préférences au regard de changements spécifiques dans la fourniture des services environnementaux (tableau 13.2). La technique MPD de loin la plus appliquée est la méthode d'évaluation contingente (voir, par exemple, Alberini et Kahn, 2006)[2]. Toutefois, depuis plusieurs années, la méthode de modélisation des choix gagne du terrain. Dans cette variante, il est demandé aux personnes interrogées de sélectionner leur option préférée parmi une série (parfois assez étendue) de politiques ou de modalités de fourniture de services à des prix différents, leur consentement à payer étant révélé indirectement par leur choix (voir, par exemple, Hanley et al., 2001 ; Kanninen, 2007)[3].

Les méthodes des préférences déclarées devraient théoriquement être applicables à une large gamme de services écosystémiques et utilisées pour mesurer l'évolution future/prévisible de ces biens. Il importe de noter en outre que ces méthodes sont considérées comme la seule option qui existe pour estimer les services qui sont évalués à des fins de « non-usage ». En pratique, les MPD sont surtout justifiées lorsque les répondants ont exprimé auparavant une préférence claire pour les biens concernés ou lorsqu'ils manifestent des préférences économiquement cohérentes au cours de l'enquête. Si tel n'est pas le cas, les valeurs ainsi recueillies ne fournissent guère une base solide pour l'analyse d'une décision. Ce problème a plus de chances de se produire dans le cas de biens avec lesquels les individus sont peu familiarisés ou qu'ils comprennent mal (Bateman et al., 2008a ; 2008b ; 2010). Par conséquent, si les MPD permettent d'obtenir de solides évaluations pour les biens à forte valeur d'usage bien connus des personnes interrogées, plus on s'éloigne de ce type de biens en vue de déterminer des valeurs d'usage indirect ou de pur non-usage, plus le risque est grand de rencontrer des difficultés. Le paradoxe est que les MPD sont les plus utiles précisément dans les situations où leur efficacité est potentiellement moins grande.

Un certain nombre d'idées ont été mises en avant pour résoudre le problème que posent les biens encore mal connus des répondants. Christie et al. (2006) ont proposé de recourir à des ateliers d'évaluation intensifs pour leur permettre de se familiariser avec les services environnementaux sur lesquels porte l'évaluation. Cependant, les techniques en jeu s'appuient presque inévitablement sur de petits échantillons non représentatifs qui, après un exercice intensif de ce type, ne peuvent être considérés comme reflétant les préférences générales. Par conséquent, même si elles offrent des éclairages utiles sur les moyens de surmonter le manque de familiarité des participants à l'enquête avec un service écosystémique, on est en droit de se demander si le remède n'est pas ici pire que le mal. D'autres auteurs ont proposé concrètement d'étendre les applications conventionnelles, centrées sur l'individu, des MPD. Bateman et al. (2009), par exemple, utilisent des logiciels de réalité virtuelle pour communiquer des images de biens paysagers. Cela leur évite d'avoir à expliquer les attributs de ces biens en se servant d'unités de mesure peu familières comme l'hectare. Les résultats de l'application de cette méthode font apparaître une réduction importante du taux d'incohérences parmi les préférences que déclarent les participants.

Bien que des progrès importants soient possibles en étoffant la matrice d'évaluation des écosystèmes sans recourir à des méthodes jugées plus « problématiques », de graves lacunes subsistent sur le plan empirique. Le problème est particulièrement aigu en ce qui concerne de nombreux types de services culturels fournis par les écosystèmes. Comme l'indiquent Chan et al. (2010, p. 206), « peu de catégories de valeur sont plus difficiles à identifier et à mesurer que celles qui se rapportent aux aspects culturels et de non-usage des écosystèmes ». Les services écosystémiques culturels englobent les valeurs liées à l'usage, notamment les loisirs et les activités récréatives, les avantages en termes esthétiques ou d'inspiration, les avantages spirituels et religieux, les avantages communautaires, l'éducation et les connaissances écologiques, et la santé physique et mentale. Certains de ces services correspondent à des valeurs de non-usage, comme les valeurs d'existence, d'altruisme et de legs, et cela est source de difficultés particulières (Krutilla, 1967) [4]. En outre, quelques-uns des avantages susmentionnés sont difficiles à distinguer. La situation actuelle semble se caractériser par un manque généralisé de connaissances et une pénurie spécifique de données monétaires sur la contribution des services écosystémiques culturels au bien-être. Les sections qui suivent examinent certains des défis qui se posent en particulier au sujet des valeurs de « santé » et de « non-usage » des écosystèmes.

Encadré 13.1. **Valeurs pratiques des services écosystémiques**

L'éventail possible des divers services écosystémiques est présenté dans le tableau 13.3, tiré de Markandya (2016), mais s'appuyant sur un travail antérieur de synthèse des données empiriques réalisé par Groot et al. (2012). Ce tableau recense en tout 22 services écosystémiques classés par biome (variétés très larges d'habitats terrestres et aquatiques). Les données présentées portent sur la valeur monétaire par hectare (ha) d'un service écosystémique (exprimée en USD aux prix de 2007).

Plusieurs remarques s'imposent à propos de ces données. Premièrement, le tableau est incomplet, très certainement à cause de divers facteurs. Dans certains cas, il se peut que tel ou tel service écosystémique ne joue qu'un rôle insignifiant dans un biome particulier. Il se peut aussi que les données soient tout simplement

Encadré 13.1. **Valeurs pratiques des services écosystémiques** *(suite)*

inexistantes ou bien insuffisantes pour être synthétisées dans l'une des cases du tableau. Deuxièmement, le tableau est à d'autres égards remarquablement complet, en particulier pour certains biomes (notamment les zones humides intérieures et côtières et les forêts tropicales). Cela est frappant étant donné la nouveauté de ce type d'études et montre que des progrès importants ont été réalisés en un temps assez court. Troisièmement, les données incluses dans le tableau montrent l'importance relative de certains services écosystémiques par rapport à d'autres dans le cadre d'un type de biome particulier. En outre, les valeurs par hectare semblent en principe assez simples à utiliser pour analyser de nouvelles politiques : par exemple, à quelle modification des services écosystémiques peut-on s'attendre pour tant d'hectares de plantation d'arbres sur un site particulier ? Bien qu'il ne permette pas de répondre exactement à cette question (pour des raisons développées ci-dessous), le tableau permet d'envisager différentes manières d'y répondre, tout en donnant un aperçu synthétique du socle de données existant.

Au-delà de ces remarques, il importe de réfléchir de près aux problèmes qui subsistent en dépit de l'aspect apparemment convaincant du tableau 13.3 et aux « alertes » qu'il conviendra de mettre en place quant à l'interprétation de ce type de données. Markandya (2016) note par exemple que ces données ne sont pas toujours nécessairement additives. Certains services écosystémiques de régulation entrent en fait dans la production d'autres services écosystémiques d'approvisionnement. Le tableau, par conséquent, bien qu'utile à bien des égards, ne libère pas l'analyste de l'obligation d'examiner plus en détail les diverses étapes des processus de production naturels et économiques dans lesquels entrent ces services écosystémiques. Les données détaillées qui sous-tendent cette synthèse sont également importantes pour d'autres raisons. Les valeurs standardisées par hectare dissimulent la forte variation spatiale des services écosystémiques, en particulier lorsque la localisation constitue un facteur réellement important, comme cela est le cas dans un contexte d'évaluation. Il n'y a aucune raison de penser que ces données sont valables partout (il peut donc être nécessaire de les ajuster) ou sont aussi manifestement linéaires que le suggère (implicitement) le tableau. Plus généralement, le tableau ne dit rien de la qualité des études d'évaluation utilisées pour parvenir à cette synthèse. Nombre de ces questions sont examinées plus en détail dans d'autres chapitres de ce document. Dans l'immédiat, il importe de noter que ces considérations ne signifient pas que le tableau 13.3 soit sans utilité pratique. Elles visent simplement à souligner le fait que les valeurs qu'il présente, bien qu'utiles, doivent être traitées et utilisées avec précaution par les analystes.

Revenons une nouvelle fois sur ce qui manque dans ce tableau. Le problème que pose le manque de données d'évaluation de certains services écosystémiques a été signalé plus haut. Cependant, l'attention privilégiée accordée aux services écosystémiques ne renseigne guère de façon explicite sur la valeur de la biodiversité, que la Convention sur la diversité biologique définit comme la « variabilité des organismes vivants de toute origine y compris, entre autres, les écosystèmes terrestres, marins et autres écosystèmes aquatiques et les complexes écologiques dont ils font partie ; cela comprend la diversité au sein des espèces et entre espèces ainsi que celle des écosystèmes ». Par conséquent, dans le tableau 12.3, les services écosystémiques typiques ne reflètent au mieux qu'implicitement la contribution de cette diversité biologique (sous la forme de la richesse, de la complexité et de la résilience des espèces et des écosystèmes où elles vivent). Mace et al. (2012) mettent en garde contre le fait de traiter les services écosystémiques et la biodiversité comme des termes synonymes. La biodiversité n'est pas non plus simplement un type particulier de service écosystémique (ultime) (par ex. la fourniture des espèces sauvages). Comme le soulignent Mace et al., la biodiversité agit aussi comme un régulateur des processus écosystémiques et constitue par conséquent un élément essentiel des diverses valeurs associées aux services écosystémiques recensés dans le tableau.

Tableau 13.3. **Présentation synthétique des valeurs monétaires de chaque service par biome**

en dollars internationaux par hectare par an, aux prix de 2007

		Milieu marin	Récifs coralliens	Systèmes côtiers	Zones humides côtières	Zones humides intérieures	Lacs et cours d'eau	Forêts tropicales	Forêts tempérées	Zones boisées	Prairies
Total des services d'approvisionnement		**102**	**55 724**	**2 396**	**2 998**	**1 659**	**1 914**	**1 828**	**671**	**253**	**1 305**
1	Aliments	93	667	2 384	1 111	614	106	200	299	52	1 192
2	Eau				1 217	408	1 808	27	191		60
3	Matières premières	8	21 528	12	358	425		84	181	170	53
4	Ressources génétiques		33 048		10			13			
5	Ressources médicinales				301	99	1 504				1
6	Ressources ornementales		472			114				32	
Total des services de régulation		**65**	**171 478**	**25 847**	**171 515**	**17 364**	**187**	**2 529**	**491**	**51**	**159**
7	Régulation de la qualité de l'air							12			
8	Régulation du climat	65	1 188	479	65	488		2 044	152	7	40
9	Atténuation des perturbations		16 991		5 351	2 986		66			
10	Régulation des flux hydriques					5 606		342			
11	Traitement des déchets		85		162 125	3 015	187	6	7		75
12	Prévention de l'érosion		153 214	25 368	3 929	2 607		15	5	13	44
13	Recyclage des nutriments				45	1 713		3	93		
14	Pollinisation							30		31	
15	Contrôle biologique					948		11	235		
Total des services d'habitat		**5**	**16 210**	**375**	**17 138**	**2 455**		**39**	**862**	**1 277**	**1 214**
16	Services nourriciers			194	10 648	1 287		16		1 273	
17	Diversité génétique	5	16 210	180	6 490	1 168		23	862	3	1 214
Total des services culturels		**319**	**108 837**	**300**	**2 193**	**4 203**	**2 166**	**867**	**989**	**7**	**26**
18	Information esthétique		11 390			1 292					167
19	Services récréatifs	319	96 302	256	2 193	2 211	2 166	867	989	7	26
20	Inspiration					700					
21	Expérience spirituelle			21							
22	Développement cognitif		1 145	22					1		
Valeur économique totale		**491**	**352 249**	**28 918**	**193 844**	**25 681**	**4 267**	**5 263**	**3 014**	**1 588**	**2 871**

Note : Les systèmes côtiers incluent les estuaires, les plateformes continentales et les prairies marines, mais excluent les zones humides telles que les marais littoraux, les mangroves et les milieux humides saumâtres.

Source : Markandya (2016) – adapté de De Groot et al. (2012).

13.3.1. *Valeurs liées à la santé humaine*

Bien que l'impact substantiel que les services écosystémiques peuvent avoir, directement ou indirectement, sur la santé humaine soit de plus en plus reconnu (Myers et Patz, 2009 ; Bird, 2007 ; de Vries et al., 2003 ; Hartig et al., 2003 ; Mitchell et Popham, 2008 ; Osman, 2005 ; Takano et al., 2002 ; Ulrich, 1984), la compréhension des liens complexes qui existent entre les attributs biophysiques des écosystèmes et nombre d'aspects de la santé humaine demeure limitée (Daily et al., 2011).

On admet de plus en plus que la qualité de l'environnement et la proximité des agréments naturels ont des effets importants, tant directs qu'indirects, sur la santé physique et mentale. Ces effets résultent généralement de divers processus. Les écosystèmes fournissent de nombreux services qui soutiennent la santé humaine (par exemple via l'alimentation, la régulation des maladies vectorielles ou la purification de l'eau). L'environnement naturel peut aussi favoriser le développement de comportements sains, par exemple un plus grand exercice physique, qui ont des incidences sur la santé physique et mentale (Pretty et al., 2007 ; Barton et Pretty, 2010). Enfin, le seul fait de l'exposition au milieu naturel, comme la vue d'un arbre ou d'herbe depuis une fenêtre, contribue à la santé mentale (Pretty et al., 2005) et physique (Ulrich, 1984). Les effets sanitaires sont à cet égard de deux types : la baisse de la mortalité et la diminution de la morbidité (physique et mentale).

Bien qu'il existe de nombreux travaux spécialisés sur les valeurs de santé, une grave lacune subsiste au sujet de la contribution des écosystèmes en ce domaine. En outre, on ne dispose pas encore de données statistiques établissant sans ambiguïté le lien entre les écosystèmes et la santé. En ce qui concerne, par exemple, le lien entre l'exercice physique et l'accès aux espaces verts, on soupçonne généralement que, même si l'on parvient à établir une corrélation plus solide avec l'amélioration de la santé physique, la valeur correspondante sera probablement peu élevée compte tenu de l'existence d'autres formes d'exercice physique. Il est donc probable que les avantages en termes de santé mentale atteignent un niveau plus élevé parmi ces deux types de résultats (agrégés) de santé. Toutefois, on sait encore peu de choses sur leur évaluation. Les approches axées sur le bien-être subjectif associées à une évaluation monétaire pourraient se révéler prometteuses et devront donc être examinées plus avant (voir chapitre 7). Une dernière difficulté – non moins importante – sera de parvenir à déterminer les valeurs qui se rapportent au *changement* du service fourni par un écosystème, la plupart des travaux réalisés à ce jour portant sur les avantages de santé éventuels liés à la fourniture *actuelle* de ce service.

13.3.2. *Valeurs de non-usage*

On considère généralement que les valeurs de non-usage liées à l'environnement atteignent un niveau non négligeable (voir, par exemple, Hanley et al., 1998). Cependant, la question cruciale de savoir où et quand de telles valeurs apparaissent reste débattue. L'évaluation des avantages relevant du non-usage est difficile à cause de leur caractère intangible et déconnecté des usages effectifs. C'est la raison pour laquelle il ne semble guère exister de corpus systématique de données sur les valeurs de non-usage, ni – et cela est important – de consensus sur la manière d'utiliser les données empiriques (aussi limitées soient-elles) à des fins d'analyse concrète dans le cadre d'évaluations de projets ou de politiques ou dans celui d'évaluations de portée plus étendue des écosystèmes, par exemple à l'échelon national. Dans le premier cas, on se préoccupera surtout de déterminer le lien entre une valeur de non-usage (ou la modification de cette valeur) et une proposition spécifique et distincte (ou, plus généralement, la fourniture d'un service). Dans le second, on se souciera par exemple d'éviter le double comptage ou de supposer à tort que l'estimation d'une valeur de non-usage (par ménage ou par individu) s'applique à tous les éléments plutôt qu'à ce qui pourrait être assimilé à un tout. Autrement dit, l'« unité » physique à laquelle rapporter les valeurs de non-usage est, à la réflexion, loin d'être évidente. Toutefois, étant donné l'importance possible des valeurs de non-usage dans certains contextes écosystémiques, la question mérite évidemment d'être étudiée plus en détail.

Un obstacle non négligeable à surmonter à cet égard tient au fait que, comme indiqué plus haut, les méthodes des préférences déclarées sont fréquemment considérées comme les seules techniques d'évaluation économique capables de mesurer les valeurs de non-usage, et les doutes concernant l'application de ces méthodes ou la précision de ce type d'évaluation seront évidemment particulièrement préoccupants dans ce contexte. Les problèmes que pose l'application des MPD aux valeurs de non-usage sont faciles à identifier. Le manque notable d'expérience et de familiarité des personnes interrogées sur leurs préférences à propos de la sauvegarde d'espèces qui se trouvent dans des pays lointains sera sans doute l'un des plus importants. À cela, il faut ajouter l'absence de contrôle adéquat de la cohérence des préférences dans nombre d'études de ce type (l'étude de Morse-Jones et al., 2012, qui sera discutée en détail plus loin, fait cependant exception à cet égard).

D'autres modes d'évaluation du non-usage méritent sans doute d'être explorés (même si aucun d'entre eux ne semble permettre de résoudre l'ensemble des difficultés qui se présentent dans ce contexte). On peut considérer la transmission, par exemple, comme une pure valeur de non-usage. Il est clair, en effet, que les individus qui lèguent par testament des fonds à une organisation de défense de l'environnement afin de soutenir des activités de conservation ne bénéficient pas eux-mêmes des avantages qui résultent de ces activités. Atkinson et al. (2009) déclarent qu'en dépit du fait que 6 % seulement des décès (en 2007) donnent lieu à un legs à une œuvre de bienfaisance au Royaume-Uni, la valeur de ces legs atteint un niveau important. Et même si les legs reçus par des organisations de défense de l'environnement ne représentent qu'une faible partie du total, Mourato et al. (2010), par exemple, estiment qu'ils ont dépassé 200 millions GBP pendant l'exercice 2008/09.

L'intérêt actuel pour ce qu'on appelle les « valeurs partagées » (voir, par exemple, Fish et al., 2011) n'est pas sans relation avec l'idée de « non-usage ». Il s'inscrit pour certains auteurs dans le prolongement des réflexions antérieures sur la manière dont les gens évaluent plus généralement les modifications des politiques environnementales en tant qu'individus ou que citoyens (Sagoff, 1988). Cependant, la notion de « valeurs partagées » est aussi un moyen de signaler que la valeur d'un écosystème ne se limite pas à l'addition des différents éléments qui entrent dans sa valeur économique totale et qu'il existe peut-être quelque chose en plus[5]. L'élément manquant est ici associé à la signification collective des écosystèmes et à l'importance que leur attribuent des groupes d'individus, sur la base éventuellement du « non-usage » ou de critères esthétiques.

Il n'existe guère de données manifestes permettant d'ancrer empiriquement ces idées. Néanmoins, les quelques études qui ont cherché à utiliser une approche délibérative de l'évaluation monétaire permettent dans une certaine mesure de saisir concrètement la valeur individuelle ou collective de certains changements environnementaux proposés dans un contexte de groupe (voir, par exemple, Macmillan et al., 2002 ; Alvarez-Farizo et al., 2007). Tester à plus grande échelle qu'il n'a été possible de le faire jusqu'ici la notion de valeurs partagées au regard des écosystèmes pourrait être riche d'enseignements pour la poursuite du développement de cette notion. Dans de telles situations, le « caractère délibératif » du processus d'évaluation (qui s'appuie sur la fourniture d'informations aux participants pour alimenter leur réflexion) pourrait aussi aider à atténuer les problèmes associés au manque d'information des consommateurs appelés à se prononcer sur des changements parfois complexes. Cependant, il demeure urgent de préciser le socle conceptuel sur lequel reposent les « valeurs partagées » et surtout de déterminer comment intégrer cette notion à l'analyse économique. Par exemple, il convient le cas échéant de reconnaître non seulement que i) la valeur d'un bien pour un individu peut différer radicalement de la valeur du même bien d'un point de vue sociétal, mais aussi que ii) même la valeur individuelle est sans doute en partie le produit du contexte social (et autre)[6].

Une disposition à ne pas interpréter la « valeur » sous le seul angle économique est visible dans les travaux de la Plateforme intergouvernementale sur la biodiversité et les services écosystémiques (IPBES), qui a été créée en 2012 pour faire le lien entre la science et l'action publique dans le domaine de la biodiversité et des services écosystémiques, et qui est administrée par le PNUE. Si le programme de travail de l'IPBES est multiforme, ses travaux sur la valeur, résumés dans Pascual et al. (2017), sont fermement ancrés dans le « pluralisme de valeur » examiné au chapitre 2. Autrement dit, la *valeur instrumentale* – familière dans la plupart des applications économiques et objet principal de ce chapitre – ne représente qu'un des principes directeurs dont tient compte l'IPBES dans l'étude de la valeur de la contribution apportée par la nature aux populations.

Est prise en compte dans ce contexte, la notion de valeur partagée, que Pascual et al. (2017) classent dans la catégorie des *valeurs relationnelles*, définies comme « des valeurs qui n'émanent pas directement de la nature mais découlent de notre relation avec elle et de nos responsabilités à son égard » (p. 11), et qui englobent selon eux l'identité culturelle, la cohésion sociale et les responsabilités morales communes associées aux écosystèmes et à la biodiversité. Ce cadre dessine aussi explicitement la notion de *valeurs intrinsèques*, c'est-à-dire de valeurs inhérentes à la nature et indépendantes de l'expérience et de l'évaluation humaines. Quant aux implications pratiques, pour que cet ensemble de préférences et de croyances entrent en ligne de compte dans l'analyse, il faut au minimum conjuguer les techniques d'évaluation « traditionnelles » avec une forte dose d'approches participatives et délibératives.

13.4. Évaluation et analyse des politiques

L'intérêt accordé depuis peu à l'économie des écosystèmes remonte en grande partie à l'Évaluation des écosystèmes pour le millénaire (EM, 2005), qui a montré clairement l'étendue des enjeux en identifiant les menaces persistantes et croissantes auxquelles sont exposés les écosystèmes partout dans le monde. L'un des effets importants de l'Évaluation des écosystèmes pour le millénaire a aussi été d'étendre le champ des préoccupations concernant la perte de biodiversité, afin d'y inclure la perte des services écosystémiques, en mettant fortement l'accent sur « les avantages que les individus tirent des écosystèmes » (EM, 2005, p. 53). Il semble en outre que le message clé du Rapport Stern sur le changement climatique en matière d'évaluation n'a pas échappé aux décideurs chargés des politiques de conservation. On peut considérer, en effet, que des projets comme l'initiative TEEB (L'économie des écosystèmes et de la biodiversité, 2010), lancée par le G8/UE, et le programme NEA (National Ecosystem Assessment) au Royaume-Uni (UK-NEA, 2011)[7], qui cherchent à promouvoir une plus grande sensibilisation à la biodiversité et aux services écosystémiques en favorisant le développement de politiques vigoureuses à cet égard, représentent des efforts concertés pour mettre à profit l'élan et les éclairages issus de l'Évaluation des écosystèmes pour le millénaire.

L'un des exercices d'évaluation des services écosystémiques les plus étendus réalisés à ce jour est au cœur de l'analyse économique qui sous-tend le programme NEA (UK-NEA, 2011). Reposant sur de grandes bases de données d'observation fortement désagrégées et sensibles aux variations spatiales, ce programme fournit aux décideurs un tableau global détaillé de l'ensemble des conséquences du choix d'une politique. Les décideurs du Royaume-Uni ont été prompts à saisir l'intérêt de cette démarche et les enseignements du programme NEA sont explicitement mentionnés dans le livre blanc sur le milieu naturel du Royaume-Uni (Defra, 2011), qui a été publié immédiatement après le rapport du programme NEA. Ces développements tant universitaires que politiques laissent à penser que la prise en compte des techniques de transfert de valeurs comme outils aux fins de la formulation des politiques officielles n'est pas sans promesse. Toutefois, en dépit de cette conclusion provisoire, le besoin subsiste d'outils permettant de traduire les données d'évaluation en action publique.

Dans le programme NEA ont été estimées les fonctions de valeur de nombreux services écosystémiques, y compris la valeur d'approvisionnement de la production agroalimentaire, les services de régulation de l'environnement sous forme de stockage de gaz à effet de serre et les services dits culturels de loisirs ruraux et urbains (y compris les avantages liés aux espaces verts urbains). En suivant Bateman et al. (2011a), ces fonctions ont été simplifiées afin de privilégier les facteurs principaux – théoriquement prévisibles – qui contribuent à ces valeurs, en évitant ainsi le transfert de facteurs non généraux, qui s'appliquent uniquement dans un contexte particulier. Les fonctions ont également été établies sous une forme intégrée permettant les liaisons entre niveaux de l'une à l'autre. Par exemple, dans le cas d'une augmentation des valeurs d'approvisionnement sous l'effet de l'intensification des activités agricoles, cette intensification provoque également une augmentation des émissions de gaz à effet de serre et une détérioration des ressources récréatives rurales, entraînant ainsi une baisse de ces deux dernières valeurs.

Pour illustrer les résultats de tels travaux, le graphique 6.5 au chapitre 6 montre les conclusions de l'analyse réalisée dans le cadre du programme NEA des avantages récréatifs ruraux induits par un changement d'utilisation des sols aboutissant à la transformation de terres agricoles conventionnelles en terres boisées ouvertes et multifonctionnelles[8]. La distribution obtenue en appliquant une fonction de valeur récréative sur l'ensemble du pays de Galles est l'expression de plusieurs facteurs, notamment la répartition de la population (celle-ci étant plus fortement concentrée dans le sud-ouest du pays de Galles et dans les régions d'Angleterre voisinant le nord-est) ainsi que l'accessibilité et la qualité du réseau routier. De telles données désagrégées d'un point de vue spatial permettent aux décideurs de cibler les ressources de la manière la plus efficiente, ce qui est évidemment très appréciable en période d'austérité.

Les études d'évaluation qui cherchent à déterminer la valeur d'une unité représentative (généralement 1 km^2) de l'aire d'extension d'un écosystème montrent également les difficultés associées à la variabilité spatiale. En effet, on pourrait penser naïvement que, pour estimer la valeur totale, il suffit de multiplier la valeur de cette unité par la superficie totale de l'écosystème. Barbier et al. (2008) mettent en garde contre les dangers d'une telle approche lorsque la relation entre l'étendue d'un écosystème et les services qu'il fournit n'est pas linéaire. Par exemple, dans le cas des mangroves de Thaïlande qui atténuent les dommages causés par les vagues lors des tempêtes les plus fréquentes, l'hétérogénéité spatiale ne peut être ignorée parce que la proximité (des mangroves) à l'égard du rivage détermine de façon cruciale le degré de fourniture de ce service, qui diminue d'autant plus que l'écosystème est plus distant du littoral. Il est nécessaire de prendre en compte explicitement cette hétérogénéité pour parvenir à des données agrégées défendables. Cela est aussi nécessaire pour améliorer la précision de l'analyse des politiques. Autrement dit, ce que montrent Barbier et al. est que la valeur marginale (estimée) de l'aire de mangroves figurant dans la zone étudiée en Thaïlande diminue. Les avantages nets totaux résultant de la protection de cet écosystème atteignent un niveau maximal autour de 8 km^2. L'aire de mangrove actuelle couvrant une superficie de 10 km^2, il s'ensuit que, même si la protection des mangroves est fréquemment justifiée, un certain degré de conversion peut être économiquement souhaitable.

L'économie peut contribuer grandement à guider l'évaluation des services écosystémiques, mais elle peut aussi orienter la réflexion sur la mise en œuvre de politiques visant à assurer la fourniture des services soumis à évaluation. Aujourd'hui, malheureusement, nombre de politiques mises en œuvre à cette fin négligent de prendre en compte les données montrant que la valeur des services écosystémiques varie selon les parties d'un écosystème, ou bien les enseignements de la théorie économique de base au sujet des facteurs d'incitation susceptibles d'amener les acteurs à révéler honnêtement comment ils évaluent les services dont ils bénéficient. Le programme britannique ELS (Entry Level Stewardship), qui prévoit le versement d'une somme forfaitaire à tous les agriculteurs où qu'ils se trouvent (Natural England, 2010), est instructif à cet égard. Ce type de programme ne cible pas les prestations sur les zones au rendement le plus élevé et n'incite aucunement les agriculteurs à fournir plus que le niveau élémentaire de gestion des sols compatible avec le programme. Les prestations de plus en plus élevées versées dans le cadre du deuxième pilier de la politique agricole commune de l'UE reposent le plus souvent sur une approche similaire.

L'évaluation économique ne suffit donc pas en elle-même à améliorer l'efficience de la fourniture des services écosystémiques. Un exemple suffira à illustrer le problème en montrant le rôle de l'intuition économique. Supposons que des décideurs cherchent à réduire la pollution diffuse de l'eau due aux activités agricoles au moyen d'un système de paiements pour services écosystémiques. La première condition est de réaliser un exercice d'évaluation pour identifier les bassins hydrographiques (et les aires à l'intérieur de ces bassins) où la réduction de la pollution entraînera probablement les avantages nets les plus importants. Cela permettra de recenser, par exemple, les exploitations agricoles situées au-dessus des points d'approvisionnement des réserves eu eau, qui devront être ciblées en priorité. L'attention devra ensuite se tourner vers la mise en œuvre efficiente d'une telle politique.

Une approche assez naïve se réduira, par exemple, à demander aux agriculteurs d'indiquer le niveau d'indemnisation qu'ils jugent nécessaire pour adopter un mode de production n'entraînant aucune pollution diffuse. Bien entendu, les agriculteurs ont intérêt d'un point de vue stratégique à exagérer leurs besoins d'indemnisation. La théorie économique des enchères suggère cependant qu'une méthode assez simple permet d'améliorer de manière significative l'efficience de la mise en œuvre (Vickrey, 1961 ; Clarke, 1971 ; Groves, 1973 ; Groves et Ledyard, 1977). L'adoption d'un système de soumission sous pli fermé, par exemple, réduit l'éventualité de réponses motivées par des considérations stratégiques et améliore le degré de compatibilité avec les mesures d'encouragement. Tel sera le cas s'il est annoncé aux agriculteurs que les contrats seront attribués sur la base à la fois de critères de réduction de la pollution et de coût.

Il est possible dans certains cas d'obtenir des gains d'efficience encore plus élevés. Lorsque la fourniture de services écosystémiques est facile à mesurer (par exemple dans le cadre de politiques de protection de certains habitats), les propriétaires fonciers sont les mieux placés pour déterminer si leurs terres sont particulièrement aptes à fournir de tels biens (ou donnent lieu aux coûts d'opportunité les plus faibles). Ces acteurs peuvent l'emporter sur leurs concurrents en offrant de meilleurs résultats (ou des coûts moins élevés)[9]. Toutefois, à ce jour, ce type de contrats n'a pas encore dépassé le stade expérimental.

En outre, l'évaluation des écosystèmes, tout comme l'évaluation de la biodiversité, est une entreprise complexe qui, fréquemment, se situe à la lisière des connaissances existantes. Cela oblige dans certains cas à faire preuve de circonspection quant au rôle de l'évaluation pour éclairer les décisions de conservation. La question de la prise de décision dans les situations où des valeurs ne sont pas connues – ou bien ne peuvent être établies avec quelque degré de certitude – a suscité de nombreux débats. En pareils cas, un mot d'ordre devrait s'imposer : celui de « précaution » (étant donné ce qui pourrait être perdu). L'adoption de normes écologiques, parfois appelées « normes minimales de sûreté », pour assurer la durabilité des ressources qui ne se prêtent pas à évaluation (Farmer et Randall, 1998) ou compensation, ou de projets compensatoires dont la viabilité écologique a été vérifiée, pourra être envisagée dans ce contexte (Federal Register, 1995). Dans de telles situations, l'évaluation des avantages peut être minimisée au profit d'une plus grande attention au rapport coût-efficacité dans la réalisation d'objectifs physiques spécifiques (voir chapitre 12).

Un exemple d'évaluation de la biodiversité servira à illustrer la difficulté à déterminer précisément de quelle façon l'évaluation pourrait guider la prise de décision sociale. Weitzman (1993) – en examinant la situation des espèces de grues qui subsistent aujourd'hui dans le monde – définit l'importance biologique de chaque espèce sur la base de sa caractérisation taxonomique (par exemple celle de la grue blanche par rapport à d'autres espèces de grues)[10] et de son risque d'extinction. Si l'on suppose que l'objectif de la conservation des espèces est de maximiser la diversité (escomptée), le problème est de réussir à assigner de manière efficace en termes de coûts l'unité monétaire marginale (disponible) des fonds affectés à la conservation là où elle peut avoir le plus grand impact. Il s'agira généralement des lieux où existent à la fois une forte diversité et de faibles probabilités de survie.

Idéalement, il serait souhaitable de pouvoir appliquer ces idées aux préférences des individus à l'égard de la diversité. Morse-Jones et al. (2012) indiquent de manière peut-être rassurante avoir observé des substitutions prévisibles entre espèces écologiquement similaires – par exemple différentes espèces de petits amphibiens – dans les préférences déclarées des personnes interrogées. Toutefois, ces préférences ne se conforment pas toujours nécessairement à ce qui est faisable ou durable d'un point de vue écologique. Les personnes interrogées dans l'étude de Morse-Jones et al. ont ainsi exprimé des préférences extrêmement fortes pour des animaux emblématiques ou « charismatiques », qui l'ont emporté sur les inquiétudes que pouvaient susciter certains problèmes écologiques cruciaux comme les menaces d'extinction. Le consentement à payer pour assurer la conservation des lions, y compris là où ces animaux ne sont pas menacés d'extinction, dépassait de très loin les préférences déclarées au sujet d'une espèce de grenouille, par exemple, alors que cette espèce était au bord de l'extinction.

Un autre exemple est fourni par Bateman et al. (2009). Dans cette étude, les personnes interrogées expriment de fortes préférences positives pour l'extension d'une aire de marais d'eau douce adaptée au séjour et à l'observation de populations d'oiseaux, mais jugent négativement une aire voisine de vasières littorales, bien que celle-ci soit une source très importante d'aliments attirant les oiseaux dans la région. Ces résultats n'ont à bien des égards rien de surprenant. Cependant, ils posent plus profondément la question de savoir si les valeurs économiques peuvent guider la prise de décision et si les contraintes écologiques doivent être prises en compte. Il est évidemment simpliste d'affirmer que les préférences humaines sont (presque toujours) « justes » ou « fausses », mais savoir où placer la ligne de démarcation est loin d'être évident et, de toute façon, compte tenu de l'évolution des connaissances, il est probable que celle-ci changera dans le temps. Il convient par conséquent, tout en reconnaissant l'importance des valeurs économiques pour réfléchir à l'importance des écosystèmes et guider l'élaboration des politiques, de garder présentes à l'esprit la complexité et les incertitudes en jeu.

13.5. Remarques finales

L'évaluation des services écosystémiques est devenue essentielle (peut-être même *décisive*) pour mesurer la contribution des écosystèmes et de la biodiversité au bien-être humain. Un important corpus de recherches commence à apparaître et plusieurs évaluations des écosystèmes réalisées depuis peu au niveau national et international ont donné un nouvel élan à la poursuite des travaux en ce domaine. Bien entendu, d'importantes difficultés restent à résoudre. Ainsi, malgré l'étendue du socle de données et – au moins pour certains services écosystémiques – son caractère détaillé, l'analyse des progrès déjà obtenus fait ressortir le besoin d'une meilleure compréhension de la production écologique, surtout en ce qui concerne la variabilité spatiale et la complexité des facteurs en jeu dans la production des services écosystémiques. La taille et l'importance des lacunes empiriques qui, inévitablement, subsistent, ainsi que la possibilité de combler ces lacunes en reportant judicieusement certaines valeurs, la portée et les limites de l'utilisation des données existantes pour informer les processus décisionnels concrets, à la fois en général et en relation avec certaines préoccupations, obligent à se demander si les évaluations que l'on trouve dans la littérature spécialisée rendent suffisamment justice à l'importance des actifs écosystémiques et de la biodiversité.

Le présent chapitre a examiné les méthodes d'évaluation et, en particulier, les difficultés intrinsèques que pose l'évaluation des coûts et avantages non marchands. Certaines de ces difficultés tiennent à des considérations d'ordre général, tandis que d'autres sont propres à l'évaluation des écosystèmes ou, tout au moins, prennent semble-t-il un tour particulièrement aigu dans ce contexte. Dans certains cas, par exemple, la valeur du service ultime particulier fourni par un écosystème est bien connue ; par conséquent, il est possible d'évaluer les avantages en termes de santé physique et mentale (liés à la proximité des espaces verts), mais la grande difficulté est alors d'établir le lien causal entre l'expérience de la nature et ces résultats sanitaires. Pour d'autres types de valeurs culturelles, en particulier les valeurs dites de « non-usage », l'on soupçonne que les difficultés seront loin d'être négligeables dans certains contextes, même si les connaissances qui permettraient d'étayer ce soupçon de manière systématique font encore défaut. L'habitude dans le passé était de se tourner vers la méthode des préférences déclarées pour obtenir les données requises. Toutefois, il apparaît de plus en plus que cette méthode n'est peut-être pas la mieux adaptée pour obtenir les valeurs recherchées lorsque les personnes interrogées n'ont pas l'expérience ou manquent de familiarité avec le bien (écosystémique) considéré. Les méthodes envisagées pour surmonter ce problème n'en sont encore qu'à leurs tout débuts.

De telles difficultés doivent être abordées dans leur contexte propre. Un nombre croissant d'évaluations écosystémiques à grande échelle ont montré comment exploiter les données empiriques de façon instructive et utile à l'action des pouvoirs publics. Ces développements pourraient être déterminants pour que les évaluations rendent possible une analyse constructive des politiques. Ils offrent aussi l'espoir de mettre en lumière la valeur de ce qui est perdu en cas de dégradation ou de destruction des écosystèmes ou de la biodiversité, grâce à des évaluations agrégées à un niveau supérieur. De telles questions sont devenues courantes ailleurs mais, dans le contexte des écosystèmes, elles commencent seulement à être posées, bien que certains problèmes connexes touchant à l'évaluation de la complexité des écosystèmes soient étudiés depuis plus longtemps (voir aussi l'annexe au présent chapitre). L'obtention de progrès théoriques et pratiques à cet égard n'est certainement qu'une question de temps. Toutefois, il semble inévitable que des incertitudes subsistent. Autrement dit, même si l'on peut se prononcer de manière positive sur l'aptitude – aujourd'hui en plein essor – de l'évaluation des écosystèmes et de la biodiversité à permettre une compréhension approfondie des interventions publiques les mieux adaptées, la question de savoir si l'évaluation sera en elle-même suffisante pour assurer l'efficacité des politiques est encore à débattre. Le débat reste ouvert également au sujet des modalités à suivre pour analyser une décision dans les situations où l'évaluation et la connaissance de la nature resteront sans doute entourées d'une certaine incertitude.

Notes

1. À l'évidence, cette remarque ne vaut pas seulement dans le contexte des écosystèmes qui nous occupe. De très nombreuses applications exigent une collaboration interdisciplinaire entre, au minimum, les sciences naturelles et l'économie (et même probablement l'amalgame d'une série bien plus étendue de disciplines).
2. Pour un aperçu général, voir la bibliographie établie par Carson (2011) des études d'évaluation contingente publiées ou non dans le monde entier.
3. Un certain nombre d'études combinent les deux types de méthodes – préférences révélées et préférences déclarées – afin de mettre à profit leurs points forts respectifs et de réduire au minimum leurs limitations (voir, par exemple, Adamowicz et al., 1994).
4. La « valeur d'existence » découle de la seule connaissance de l'existence d'un bien ou d'un service. Dans le contexte de l'environnement, les individus accordent une valeur à la simple existence des espèces, des milieux naturels et d'autres écosystèmes. Lorsqu'un individu tire un certain bien-être du fait de savoir que d'autres personnes bénéficient d'un bien ou service environnemental particulier, on parle de « valeur d'altruisme ». Ce type de valeurs existe pendant la durée de vie d'un individu, mais une valorisation indirecte peut aussi avoir lieu entre les générations. L'effet de bien-être associé au fait de savoir que ses enfants – ou les générations futures – pourront jouir à l'avenir d'un bien ou service environnemental, grâce par exemple à la conservation d'une forêt riche en biodiversité, est appelé « valeur de legs ».
5. Arrow et al. (2000) ont défendu un point de vue similaire à propos des processus physiques, en soutenant que la valeur de l'ensemble d'un système peut excéder la valeur de la somme de ses parties, notamment à cause de certaines interactions écologiques complexes.
6. Tout comme la valeur d'une ressource donnée change selon sa localisation et l'environnement qui lui est associé : dans le désert, par exemple, la valeur marginale de l'eau est bien plus élevée que dans les zones de forte pluviosité.
7. Le programme NEA a fait appel à une équipe de plus de 160 spécialistes des sciences naturelles réunis pour mesurer l'état des processus écosystémiques et les services écosystémiques qu'ils génèrent dans l'ensemble du Royaume-Uni, en partant de la classification individuelle des habitats (par ex. zones humides et forêts) et des services écosystémiques correspondant aux différentes catégories d'habitats. Une équipe d'économistes, qui complétait l'organigramme du programme, a examiné plus particulièrement la valeur des habitats et des services écosystémiques pris en compte.
8. Ces résultats s'appuyaient sur Bateman et al., 2003.

9. Les marchés concernés peuvent aussi être définis de manière à bénéficier aux acheteurs de services écosystémiques du secteur privé. Dans les pays où un tel régime institutionnel existe, par exemple, les compagnies des eaux privées peuvent réduire leurs coûts d'approvisionnement en eau potable en évitant des mesures de traitement coûteuses au moyen d'accords de réduction de la pollution des cours d'eau avec les propriétaires fonciers. En effet, la théorie économique envisage la possibilité que plusieurs entités du secteur privé achètent conjointement les services, à condition que les marchés soient conçus de manière à éviter le parasitisme en exigeant comme préalable à l'émission des contrats de services écosystémiques que toutes les parties participent à l'achat des services (Guth et al., 2007 ; Potters et al., 2007 ; Ekel et Grossman, 2007 ; Bracht et al., 2008).
10. Weitzman (1993) définit la « caractérisation génétique » comme la distance évolutive de chaque espèce par rapport à un ancêtre commun.

Références

Adamowicz, W.J., J. Louviere et M. Williams (1994), « Combining Revealed and Stated Preference Methods for Valuing Environmental Amenities », *Journal of Environmental Economics and Management*, vol. 26, n° 3, pp. 271-292, *https://doi.org/10.1006/jeem.1994.1017*.

Alvarez-Farizo, B. et al. (2007), « Choice Modeling at the 'Market Stall': Individual Versus Collective Interest in Environmental Valuation », *Ecological Economics*, vol. 60, n° 4, pp. 743-751, *http://dx.doi.org/10.1016/j.ecolecon.2006.01.009*.

Arrow, K. et al. (2000), « Managing Ecosystem Resources », *Environmental Science and Technology*, vol. 34, n° 8, pp. 1401-1406, *http://dx.doi.org/10.1021/es990672t*.

Barbier, E.B. (2012), « Progress and challenges in valuing coastal and marine ecosystem services », *Review of Environmental Economics and Policy*, vol. 6, n° 1, pp. 1-19, *https://doi.org/10.1093/reep/rer017*.

Barbier, E.B. (2009), « Ecosystems as Natural Assets », *Foundations and Trends in Microeconomics*, vol. 4, n° 8, pp. 611-681, *http://dx.doi.org/10.1561/0700000031*.

Barbier, E.B. (2007) « Valuing Ecosystem Services as Productive Inputs », *Economic Policy*, vol. 22, n° 49, pp. 177-229, *https://doi.org/10.1111/j.1468-0327.2007.00174.x*.

Barbier, E.B. et al. (2008) « Coastal Ecosystem-Based Management with Nonlinear Ecological Functions and Values », *Science*, vol. 319, n° 5861, pp. 321-323, *http://dx.doi.org/10.1126/science.1150349*.

Barton, J. et J. Pretty (2010), « What is the Best Dose of Nature and Green Exercise for Mental Health? A Meta-study Analysis », *Environmental Science & Technology*, vol. 44, n° 10, pp. 3947-3955, *http://dx.doi.org/10.1021/es903183r*.

Bateman, I.J. et al. (2011a), « Economic Analysis for Ecosystems Assessments », *Environmental and Resource Economics*, vol. 48, pp. 177-218, *https://doi.org/10.1007/s10640-010-9418-x*.

Bateman, I.J. et al. *(2011b), « Economic Values from Ecosystems », in The UK National Ecosystem Assessment Technical Report, UK National Ecosystem Assessment, PNUE-WCMC, Cambridge, voir : http://uknea.unep-wcmc.org/*.

Bateman, I.J. et al. (2010), « Tigers, Markets and Palm Oil: Market Potential for Conservation », Oryx, vol. 44, n° 2, pp. 230-234, *https://doi.org/10.1017/S0030605309990901*.

Bateman, I.J. et al. (2009), « Reducing Gains/Loss Asymmetry: A Virtual Reality Choice Experiment (VRCE) Valuing Land Use Change », *Journal of Environmental Economics and Management*, vol. 58, pp. 106-118, *http://dx.doi.org/10.1016/j.jeem.2008.05.003*.

Bateman, I.J. et al. (2008a), « Contrasting NOAA Guidelines with Learning Design Contingent Valuation (LDCV): Preference Learning Versus Coherent Arbitrariness », *Journal of Environmental Economics and Management*, vol. 55, n° 2, pp. 127-141, *http://dx.doi.org/10.1016/j.jeem.2007.08.003*.

Bateman, I.J., A. Munro et G.L. Poe (2008b), « Decoy Effects in Choice Experiments and Contingent Valuation: Asymmetric Dominance », *Land Economics*, vol. 84, n° 1, pp. 115-127, *http://dx.doi.org/10.3368/le.84.1.115*.

Bishop, R. (1978), « Endangered species and uncertainty: The economics of a safe minimum standard », *American Journal of Agricultural Economics*, vol. 60, pp. 10-18.

Bockstael, N.E. et al. (2000), « On Measuring Economic Values for Nature », *Environmental Science & Technology*, vol. 34, n° 8, pp. 1384-1389, *http://dx.doi.org/10.1021/es990673l*.

Bracht, J., C. Figuières et M. Ratto (2008), « Relative performance of two simple incentive mechanisms in a public goods experiment », *Journal of Public Economics*, vol. 92, n° 1-2, pp. 54-90, *http://dx.doi.org/10.1016/j.jpubeco.2007.04.005*.

Brouwer, R. (2000), « Environmental Value Transfer: State of the Art and Future Prospects », *Ecological Economics*, vol. 32, pp. 137-152, *https://doi.org/10.1016/S0921-8009(99)00070-1*.

Carson, R.T. (2011), *Contingent Valuation: A Comprehensive Bibliography and History*, Edward Elgar, Cheltenham.

Chan, K.M.A. (2011), « Cultural Services and Non-Use Values », in Kaveira, P. et al. (dir. pub.), *Natural Capital: Theory and Practice of Mapping Ecosystem Services*, Oxford University Press, Oxford, *http://dx.doi.org/10.1093/acprof:oso/9780199588992.003.0012*.

Chiabai, A. et al. (2011) « Economic Assessment of Forest Ecosystem Services Losses: Costs of Policy Inaction », *Environmental and Resource Economics*, vol. 50, n° 3, pp. 405-445, *http://dx.doi.org/10.1007/s10640-011-9478-6*.

Christie, M. et al. (2006), « Valuing the Diversity of Biodiversity », *Ecological Economics*, vol. 58, pp. 304-317, *http://dx.doi.org/10.1016/j.ecolecon.2005.07.034*.

Ciriacy-Wantrup, C.V. (1968), *Resource Conservation: Economics and Policies*, 3e édition, University of California, Berkeley.

Clarke, E. (1971),« Multipart pricing of public goods », *Public Choice*, vol. 11, pp. 17-33, *http://dx.doi.org/10.1007/BF01726210*.

Costanza, R. et al. (2017), « Twenty Years of Ecosystem Services: How Far Have We Come and How Far Do We Still Need to Go? », *Ecosystem Services*, n° 28, pp. 1-16.

Costanza, R. et al. (2014), « Changes in the Global Value of Ecosystem Services », *Global Environmental Change*, n° 26, pp. 152-158.

Costanza, R. et al. (1997), « The value of the world's ecosystem services and natural capital », *Nature*, vol. 387, pp. 253-260.

Daily, G.C. (1997), *Nature's Services: Societal Dependence on Natural Ecosystems*, Island Press, Washington, DC.

Daily, G.C. et al. (2000), « The Value of Nature and the Nature of Value », *Science*, vol. 289, n° 5478, pp. 395-396, *http://dx.doi.org/10.1126/science.289.5478.395*.

de Groot, R.S., M.A. Wilson et R.M.J. Boumans (2002), « A Typology for the Classification, Description and Valuation of Ecosystem Functions, Goods and Services », *Ecological Economics*, vol. 41, n° 3, pp. 393-408, *https://doi.org/10.1016/S0921-8009(02)00089-7*.

de Vries, S. et al. (2003), « Natural Environments – Healthy Environments? An Exploratory Analysis of the Relationship between Greenspace and Health », *Environment and Planning A*, vol. 35, n° 10, pp. 1717-1731, *http://dx.doi.org/10.1068/a35111*.

Eckel, C.C. et P.J. Grossman (2006), « Subsidizing Charitable Giving with Rebates or Matching: Further Laboratory Evidence », *Southern Economic Journal*, vol. 72, n° 4, pp. 794-807, *www.jstor.org/stable/20111853*.

Elmqvist, T. et al. (2010), « Biodiversity, Ecosystems and Ecosystem Services », in Kumar, P. (dir. pub.), *The Economics of Ecosystems and Biodiversity: Ecological and Economic Foundations*, Earthscan, Londres.

Farmer, M.C. et A. Randall (1998), « The Rationality of a Safe Minimum Standard », *Land Economics*, vol. 74, pp. 287-302.

Federal Register (1995), « Federal Guidance for the Establishment, Use and Operation of Mitigation Banks », *Federal Register*, vol. 60, n° 228, pp. 58605-58614.

Ferraro, P.J. et al. (2012), « Forest Figures: Ecosystem Services Valuation and Policy Evaluation in Developing Countries », *Review of Environmental Economics and Policy*, vol. 6, n° 1, pp. 20-44, *https://doi.org/10.1093/reep/rer019*.

Fish, R. et al. (2011), « Shared Values for the Contributions Ecosystem Services Make to Human Well-Being », UK National Ecosystems Assessment, *http://uknea.unep-wcmc.org/LinkClick.aspx?fileticket=OrzPtSfQ5ng%3D&tabid=82*.

Fisher, B., R.K. Turner et P. Morling (2009), « Defining and Classifying Ecosystem Services for Decision Making », *Ecological Economics*, vol. 68, n° 3, pp. 643-653, *http://dx.doi.org/10.1016/j.ecolecon.2008.09.014*.

Freeman, A.M. III (2003), *The Measurement of Environmental and Resource Values: Theory and Methods*, 2e édition, Resources for the Future, Washington, DC.

Gibbons, S., S. Mourato et G. Resende (2011), « The Amenity Value of English Nature: A Hedonic Price Approach », Spatial Economics Research Centre, DP0074, London School of Economics.

Goulder, L. et D. Kennedy (2011), « Interpreting and Estimating the Value of Ecosystem Services », in Kaveira, P. et al. (dir. pub.), *Natural Capital: Theory and Practice of Mapping Ecosystem Services*, Oxford University Press, Oxford.

Groves, T. (1973), « Incentives in Teams », *Econometrica*, vol. 41, pp. 617-631.

Groves, T. et J. Ledyard (1977), « Some limitations on demand revealing processes », *Public Choice*, vol. 29, n° 2, pp. 107-124, *http://dx.doi.org/10.1007/BF01718522*.

Güth, W.M. et al. (2007), « Leading by example with and without exclusion power in voluntary contribution experiments », *Journal of Public Economics*, vol. 91, n° 5-6, pp. 1023-1042, *http://dx.doi.org/10.1016/j.jpubeco.2006.10.007*.

Hanley, N.D. et E.B. Barbier (2009), *Pricing Nature: Cost-Benefit Analysis and Environmental Policy*, Edward Elgar Publishing, Cheltenham.

Hartig, T. et al. (2003) « Tracking Restoration in Natural and Urban Field Settings », *Journal of Environmental Psychology*, vol. 23, pp. 109-123.

Heal, G.M. et al. (2005), *Valuing Ecosystem Services: Toward Better Environmental Decision making*, The National Academies Press, Washington, DC.

Kanninen, B.J. (dir. pub.) (2007), *Valuing Environmental Amenities Using Stated Choice Studies*, Springer, Dordrecht.

Kaveira, P. et al. (dir. pub.) (2011), *Natural Capital: Theory and Practice of Mapping Ecosystem Services*, Oxford University Press, Oxford.

Kumar, P. (dir. pub.), *The Economics of Ecosystems and Biodiversity: Ecological and Economic Foundations*, Earthscan, Londres.

Mace, G.M., K. Norris et A.H. Fitter (2012), « Biodiversity and ecosystem services: A multilayered relationship », *Trends in Ecology & Evolution*, vol. 27, n° 1, pp. 19-26, *http://dx.doi.org/10.1016/j.tree.2011.08.006*.

Macmillan, D. et al. (2002), « Valuing the Non-market Benefits of Wild Goose Conservation: A Comparison of Interview and Group-Based Approaches », *Ecological Economics*, vol. 43, pp. 49-59.

Mäler, K.-G. (1974), *Environmental Economics: A Theoretical Inquiry*, Resources for the Future, Baltimore.

Markandya, A. (2016), « Cost benefit analysis and the environment: How to best cover impacts on biodiversity and ecosystem services », *Documents de travail de l'OCDE sur l'environnement*, n° 101, Éditions OCDE, Paris, *http://dx.doi.org/10.1787/5jm2f6w8b25l-en*.

EM (Évaluation des écosystèmes pour le millénaire) (2005), *Ecosystems and Human Well-being: A Framework for Assessment*, Island Press, Washington, DC.

Mitchell, R. et F. Popham (2008), « Effect of Exposure to Natural Environment on Health Inequalities: An Observational Population Study », *Lancet*, vol. 372, n° 9650, pp. 1655-1660.

Moeltner, K., K.J. Boyle et R.W. Paterson (2007), « Meta-analysis and benefit transfer for resource valuation - Addressing classical challenges with Bayesian modelling », *Journal of Environmental Economics and Management*, vol. 53, n° 2, pp. 250-269, *http://dx.doi.org/10.1016/j.jeem.2006.08.004*.

Morse-Jones, S. et al. (2012), « Stated preferences for tropical wildlife conservation amongst distant beneficiaries: Charisma, endemism, scope and substitution effects », *Ecological Economics*, vol. 78, pp. 9-18, *http://dx.doi.org/10.1016/j.ecolecon.2011.11.002*.

Muthke, T. et K. Holm-Mueller (2004), « National and international benefit transfer testing with a rigorous test procedure », *Environmental and Resource Economics*, vol. 29, n° 3, pp. 323-336, *http://dx.doi.org/10.1007/s10640-004-5268-8*.

Natural England (2010), *Entry Level Stewardship: Environmental Stewardship Handbook*, 3ème édition, Natural England.

Osman, L. (2005), « Chapter 2: Greenspace and its Benefits for Health » in CJC Consulting (dir. pub.) *Economic Benefits of Accessible Green Spaces for Physical and Mental Health: Scoping Study*, Final Report for the Forestry Commission.

Pagiola, S., K. Ritter et J.T. Bishop (2004), *How Much is an Ecosystem Worth? Assessing the Economic Value of Conservation*, Banque mondiale, Washington, DC. *http://documents.worldbank.org/curated/en/376691468780627185/pdf/308930PAPER0Ecosytem0worth01public1.pdf*.

Pascual, U. et al. (2017), « Valuing Nature's Contribution to People: The IPBES Approach », *Current Opinion in Environmental Sustainability*, n° 26, pp. 7-16.

Pascual, U. et al. (2010), « Valuation of Ecosystems Services: Methodology and Challenges », in Kumar, P. (dir. pub.), *The Economics of Ecosystems and Biodiversity: Ecological and Economic Foundations*, Earthscan, Londres.

Pearce, D.W. (1998), « Auditing the Earth », *Environment*, vol. 40, n° 2, pp. 22-28, *http://dx.doi.org/10.1080/00139159809605092*.

Potters, J., M. Sefton et L. Vesterlund, (2007), « Leading-by-example and signalling in voluntary contribution games: an experimental study », *Economic Theory*, vol. 33, n° 1, pp. 169-182, *http://dx.doi.org/10.1007/s00199-006-0186-3*.

Pretty, J. et al. (2007), « Green Exercise in the UK Countryside: Effects on Health and Psychological Well-being », *Journal of Environmental Planning and Management*, vol. 50, n° 2, pp. 211-231, *http://dx.doi.org/10.1080/09640560601156466*.

Ruitenbeek, J. (1989), *Social Cost-Benefit Analysis of the Korup Project, Cameroon*, Rapport au Fonds mondial pour la nature et à la République du Cameroun.

Sagoff, M. (1988), *The Economy of the Earth*, Cambridge University Press, Cambridge.

Sukhdev, P. (2008), *L'économie des écosystèmes et de la biodiversité : Rapport d'étape*, Communautés européennes, Bruxelles.

Sutton, P. et R. Costanza (2002), « Global estimates of market and non-market values derived from nighttime satellite imagery, land cover, and ecosystem service valuation », *Ecological Economics*, vol. 41, n° 3, pp. 509-527, *https://doi.org/10.1016/S0921-8009(02)00097-6*.

Toman, M. (1998), « Why Not to Calculate the Global Value of the World's Ecosystems and Natural Capital », *Ecological Economics*, vol. 25, pp. 57-60.

Turner, R.K. et al. (2003), « Valuing nature: lessons learned and future research directions », *Ecological Economics*, vol. 46, n° 3, pp. 493-510, *http://dx.doi.org/10.1016/S0921-8009(03)00189-7*.

UK-NEA (UK National Ecosystem Assessment) (2011), *The UK National Ecosystem Assessment: Technical Report*, PNUE-WCMC, Cambridge, Royaume-Uni, *http://uknea.unep-wcmc.org/*.

Ulrich, R.S. (1984), « View Through a Window may Influence Recovery from Surgery », *Science*, vol. 224, n° 4647, pp. 420-421, *http://dx.doi.org/10.1126/science.6143402*.

US EPA (2009), *Valuing the Protection of Ecological Systems and Services*, US EPA, Science Advisory Board, Washington, DC, *https://yosemite.epa.gov/sab%5Csabproduct.nsf/F3DB1F5C6EF90EE1852575C500589157/$File/EPA-SAB-09-012-unsigned.pdf*.

Vickrey, W. (1961), « Counterspeculation, auctions, and competitive sealed tenders », *Journal of Finance*, vol. 16, n° 1, pp. 8-37, *http://dx.doi.org/10.1111/j.1540-6261.1961.tb02789.x*.

Weitzman, M.L. (1993), « What to Preserve? An Application of Diversity Theory to Crane Conservation », *Quarterly Journal of Economics*, vol. 108, n° 1, pp. 157-183, *https://doi.org/10.2307/2118499*.

ANNEXE 13.A1

Évaluation « marginale » ou « totale » ?

La question de savoir s'il est réaliste ou non de parler de la valeur « totale » d'un certain type d'écosystème ou, plus ambitieux encore, de celle de l'ensemble des écosystèmes a été largement débattue à la suite de la publication d'une poignée d'études dont les auteurs affirmaient précisément se livrer à ce type d'évaluation (par exemple, Costanza et al., 1997 ; Sutton et Costanza, 2002). D'un côté, comme l'ont souligné Costanza et al. (2017), ces études ont été extrêmement efficaces en ce qu'elles ont permis de faire mieux connaître l'approche fondée sur les services écosystémiques (comme le montre le nombre de citations non seulement dans les études universitaires, mais aussi dans les débats publics) et de faire largement admettre que les écosystèmes possèdent une valeur économique considérable. De l'autre, il apparaît que des études aussi agrégées se heurtent à des difficultés. Pour examiner certains de ces problèmes, considérons le graphique 13.A1. L'axe des ordonnées indique la valeur économique en dollars et l'axe des abscisses le flux de services écosystémiques (SE) procurés par l'écosystème considéré que nous supposons pour les besoins de l'exposé pouvoir être exprimés sous une forme synthétique par une mesure unique.

La première courbe, $D_{SE,M}$, correspond à la demande des services procurés par l'écosystème considéré. Elle ne porte que sur les services *commerciaux* ou *marchands* fournis par ce dernier, c'est-à-dire sur les services faisant l'objet d'échanges officiels sous forme monétaire sur des marchés déjà existants. Par conséquent, pour un écosystème produisant du bois d'œuvre ou du bois de chauffage, ou encore du gibier sauvage, ainsi que du tourisme, par exemple, et à supposer qu'il existe un marché pour ces différents produits, la demande de ceux-ci serait représentée par $D_{SE,M}$. Une courbe de demande peut également être appelée « courbe de consentement à payer marginal » (CAPm) puisqu'elle indique le montant que les individus consentent à payer pour obtenir de plus grandes quantités du bien en question (SE). Bien qu'il soit tentant de considérer DSE comme une courbe de demande de *tous* les services de *tous* les écosystèmes, cette interprétation n'est pas sans danger (voir plus bas). Il est préférable de considérer pour le moment que, dans le graphique 13.A1, les services écosystémiques (SE) se limitent à ceux procurés par un seul écosystème, par exemple les forêts tropicales.

La seconde courbe décrit quant à elle la demande de l'ensemble des services procurés par l'écosystème considéré, qu'ils soient ou non commercialisés sur des marchés déjà existants. Il s'agit de $D_{SE,MNM}$, qui est la courbe de demande des services marchands (M) et non marchands (NM) fournis par l'écosystème. Comme cela a déjà été observé, il existe une multiplicité de services non marchands : protection des bassins versants, piégeage et stockage du carbone, connaissances scientifiques, agréments esthétiques des écosystèmes

Graphique 13.A1. **Représentation schématique des coûts et des avantages de la fourniture de services écosystémiques**

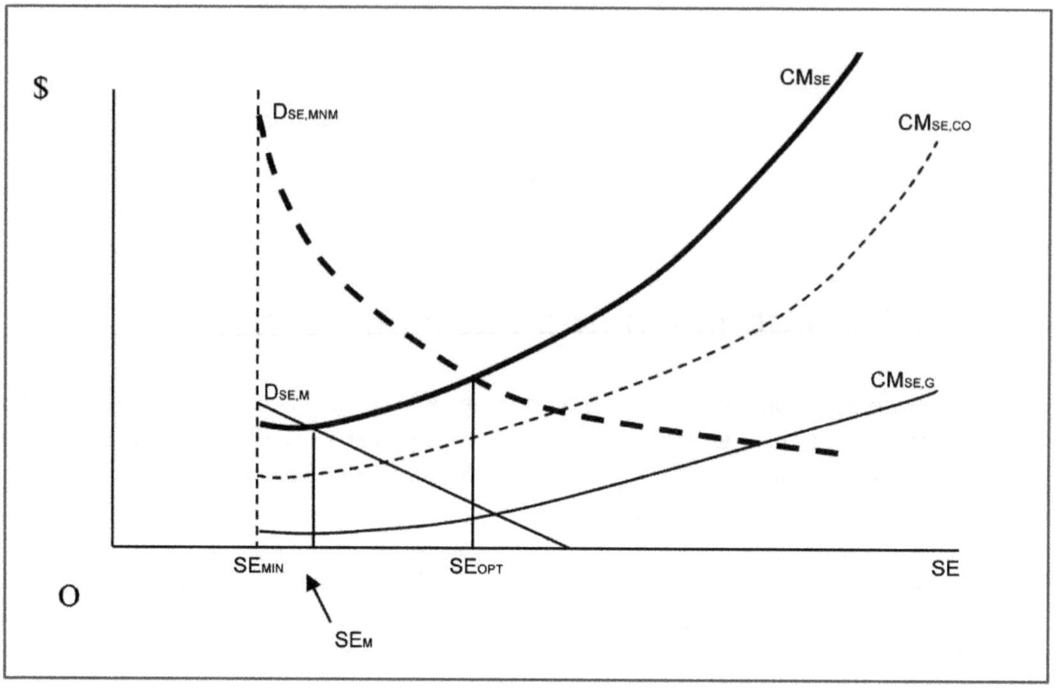

naturels, etc. Comme on le sait, la courbe $D_{SE,MNM}$ se situe partout au-dessus de la courbe $D_{SE,M}$. La raison en est que, par le passé, les êtres humains n'ont été que faiblement incités à instaurer des droits de propriété sur les services écosystémiques du fait de leur abondance. Toutefois, au fur et à mesure qu'ils ont étendu systématiquement leur « mainmise » sur les écosystèmes, ils ont ressenti la nécessité d'établir de tels droits à la suite de la raréfaction des services écosystémiques par rapport à leurs besoins (Vitousek et al., 1987).

Les deux courbes de demande du graphique 13.A1 présentent comme il fallait s'y attendre une pente descendante. Les êtres humains sont d'autant moins à même d'évaluer une *unité additionnelle* de services écosystémiques que ceux-ci sont nombreux. Rien ne permet de supposer que ces services se distinguent en quoi que ce soit des autres biens et services à cet égard, puisqu'ils sont eux-mêmes soumis à la « loi de la demande ». Observons toutefois ce qui se produit en cas de très faible niveau des services écosystémiques. Imaginons un monde où les forêts seraient très rares, les océans non pollués très peu nombreux, les quantités de récifs coralliens très réduites et où les concentrations de dioxyde de carbone et d'autres gaz à effet de serre dans l'atmosphère seraient bien plus élevées. À la limite, s'il n'existait plus aucun océan non pollué ni aucune forêt et que les concentrations de gaz à effet de serre étaient extrêmement fortes, le consentement à payer pour une unité supplémentaire de services écosystémiques serait lui-même très élevé, peut-être au point de tendre vers l'infini. La courbe $D_{SE,MNM}$ est donc fortement ascendante à mesure que nous nous rapprochons de l'origine sur l'axe des abscisses. Elle est pratiquement illimitée : il existe une quantité minimale irréductible de services écosystémiques en dessous de laquelle le CAP marginal enregistrerait une spectaculaire augmentation, de sorte que la notion de valeur économique n'a plus aucun sens dans cette surface non bornée.

Laissés à eux-mêmes, les écosystèmes pourraient continuer à fournir les mêmes services écosystémiques année après année. Mais pour qu'ils continuent à fournir des services écosystémiques utiles aux êtres humains, certains coûts devront être encourus. Dans le graphique 13.A1, la courbe CM_{SE}, G représente une première catégorie de coûts qui recouvre les coûts marginaux de la gestion des services écosystémiques. Faute d'informations fiables sur la forme de cette courbe, elle est représentée comme légèrement ascendante. Une seconde catégorie de coûts présente une importance considérable, à savoir celle des coûts d'opportunité de la fourniture des services écosystémiques. On part de l'hypothèse que la conservation des écosystèmes qui les génèrent garantit une meilleure fourniture de services écosystémiques. Elle est incompatible avec une affectation de ces écosystèmes à d'autres usages tels que l'agriculture. Pour s'assurer le bénéfice de ces services écosystémiques, il faut donc supporter un coût potentiellement important correspondant aux avantages (ou plus précisément à la valeur sociale) qu'aurait pu générer l'affectation de l'écosystème considéré à un autre usage et auxquels il a été renoncé. C'est ce que représente dans le graphique la courbe $CM_{SE,CO}$ – c'est-à-dire le « coût d'opportunité marginal de la conservation de l'écosystème ». D'un point de vue formel, il équivaut aux avantages nets de la conversion de l'écosystème auxquels il a été renoncé, c'est-à-dire de son « développement ». La somme de $CM_{SE,G}$ et de $CM_{SE,CO}$, qui est égale à CM_{SE}, donne le coût marginal total de la conservation.

Le graphique 13.A1 offre une représentation très simplifiée de la réalité, mais fait apparaître divers points dignes d'intérêt. Tout d'abord, étant donné que les véritables coûts *agrégés* du maintien d'un niveau donné de services écosystémiques correspondent à la surface située sous la courbe générale CM_{SE} et que ses véritables avantages globaux sont représentés par la surface située sous la courbe $D_{SE,MNM}$, le point SE_{OPT} indique quel en serait le niveau de fourniture économiquement optimal. Ensuite, tous les points situés à gauche de SE_{OPT} renvoient à une situation où les services écosystémiques offrent des avantages (surface située sous $D_{SE,MNM}$) supérieurs aux coûts totaux de leur fourniture. Tous ces points, cependant, présentent une caractéristique intéressante. En effet, sauf si l'on restreint arbitrairement l'attention aux points situés entre SE_{MIN} et SE_{OPT}, tous les points situés à gauche de SE_{OPT} font apparaître des avantages totaux *infinis* du fait que la courbe de demande de services écosystémiques est illimitée. Comme nous l'avons déjà observé, d'autres pourraient préférer formuler autrement ce problème en déclarant que la comparaison des coûts et des avantages perd tout son sens au-delà du point SE_{MIN}. Enfin, la courbe de demande $D_{SE,MNM}$ n'est aucunement « opérationnelle » bien qu'elle reflète les véritables avantages globaux de la fourniture de services écosystémiques. Il en résulte que, à moins que quelque marché ne révèle le montant du CAP ou que les informations relatives à celui-ci ne puissent être utilisées pour imposer certaines limites quantitatives à la conversion des écosystèmes (interdictions, restrictions concernant le type de conversion, etc.), la courbe de demande $D_{SE,M}$ est celle dont il doit être tenu compte. Le graphique 13.A1 montre qu'il est tout à fait possible que l'incapacité à faire apparaître le véritable CAP sur les marchés réels aboutisse à une fourniture de services écosystémiques bien inférieure aux besoins.

Le graphique 13.A1 permet d'expliquer pourquoi la valeur économique *totale* de l'ensemble des écosystèmes ne peut être mesurée. Cette valeur correspondrait à la surface située sous la courbe $D_{ES,MNM}$, mais comme nous l'avons déjà remarqué, les limites de cette surface ne peuvent être déterminées. Si l'on retient l'idée que la courbe $D_{ES,MNM}$ devient infiniment élastique au point ES_{MIN}, la surface mesurant la valeur totale serait illimitée. Ceci explique sans doute pourquoi un économiste a pu affirmer que l'estimation de la valeur totale proposée par Costanza et al. (1997) « sous-estimait de beaucoup l'infini » (Toman, 1998). Pearce (1998) et Bockstael et al. (2000) procèdent à une critique similaire des efforts visant à estimer la valeur totale de l'ensemble des écosystèmes, voire celle d'un seul écosystème d'envergure planétaire. La prise en compte de la valeur des modifications (effectives) des écosystèmes, comme dans Costanza et al. (2014), peut constituer une meilleure approche. Cependant, comme on l'a vu au chapitre 12, la mesure de ces modifications, en particulier au niveau agrégé, représente toujours un formidable défi empirique.

Analyse coûts-avantages et environnement
Avancées théoriques et utilisation par les pouvoirs publics

PARTIE III

Chapitre 14

Coût social du carbone

Le coût social du carbone (CSC) est le concept le plus important à prendre en compte pour pouvoir intégrer les dommages dus au changement climatique dans l'analyse coûts-avantages des politiques publiques et des investissements publics. Le CSC mesure la valeur actualisée en termes monétaires des dommages provoqués par la libération dans l'atmosphère d'une tonne supplémentaire de carbone (ou de tout autre gaz à effet de serre). Le CSC peut être intégré aux analyses en tant qu'élément de coût dans le cas des projets qui entraînent des émissions de carbone, et en tant qu'avantage pour les projets qui permettent une réduction nette de ces émissions. La plupart des projets publics ont un impact sur les émissions de carbone, mais ceux qui relèvent des secteurs de l'énergie, du transport et de l'agriculture suscitent des préoccupations particulières qui imposent de tenir compte du CSC. En matière de politique environnementale, le CSC sert de base de calcul du prix optimal du carbone et du niveau optimal de réduction des émissions. La mise en œuvre du prix du carbone (par l'intermédiaire de la fiscalité ou d'un système de permis par exemple) créera des incitations à la diminution des émissions dans tous les secteurs de l'économie. Ayant pris conscience de l'importance du CSC, de nombreux pays ont conçu leurs propres méthodes pour estimer ce paramètre. Le présent chapitre explique et examine les fondements théoriques du CSC et présente les différentes méthodes qui peuvent être utilisées pour l'estimer. Les émissions de carbone produisent des effets de portée planétaire, qui varient dans le temps et dans l'espace et touchent de nombreux secteurs. Par conséquent, le calcul du CSC est un exercice complexe, qui nécessite d'utiliser des données relevant d'une multitude de disciplines allant de la science du climat à l'agronomie en passant par les sciences sociales, notamment l'économie. Chaque étape de la chaîne de causalité entre le carbone et les dommages qu'il occasionne est également marquée par une incertitude considérable. Trois questions importantes rendent le calcul du CSC particulièrement difficile : quelle trajectoire les émissions suivront-elles ? De quelle manière les émissions affecteront-elles les températures ? Et quels dommages les températures occasionneront-elles ? Des incertitudes considérables pèsent sur chaque étape de ce calcul, à quoi il faut ajouter les effets « de seuil » potentiels et les risques d'événements catastrophiques. Cependant, l'importance du changement climatique en tant qu'enjeu planétaire et la nécessité de mettre en œuvre des politiques conformes aux engagements pris au titre des accords internationaux font que de nombreux pays appliquent d'ores et déjà des taxes sur le carbone ou utilisent régulièrement le CSC dans leurs analyses réglementaires. Ce chapitre examine les méthodes actuellement employées pour analyser et calculer le CSC. Il évoque certains désaccords et difficultés qui encourent cette question et fournit des explications sur certaines pratiques internationales qui ont actuellement cours pour intégrer le CSC dans l'analyse coûts-avantages des politiques publiques.

14.1. Introduction

Le changement climatique anthropique a été décrit comme un « cocktail explosif » de plusieurs problèmes environnementaux auquel l'humanité est aujourd'hui confrontée. Cette conjonction particulière tient en partie au fait que le changement climatique a des incidences environnementales et économiques multiples, qui se propagent à la fois dans l'espace et dans le temps. En outre, bien que la communauté scientifique s'accorde à reconnaître que les températures augmentent à cause des émissions de CO_2, les spécialistes du climat et les économistes admettent qu'une grande incertitude règne autour de plusieurs aspects du changement climatique. Pour les politiques publiques et l'analyse coûts-avantages (ACA), la question est de savoir comment les dommages attendus peuvent être pris en compte dans l'analyse des projets publics et des réglementations, et quelle valeur attribuer à ces dommages.

Le coût social du carbone (CSC) ou coût social du CO_2 (CS-CO_2) est l'un des concepts les plus importants qui peuvent éclairer la réponse des pouvoirs publics au changement climatique[1]. Il correspond aux dommages supplémentaires (ou dommages marginaux) induits par une unité de carbone ou de CO_2. La valeur du CSC fournit des informations utiles pour l'évaluation des dommages dus au carbone associée aux projets et politiques publics d'atténuation du changement climatique, et devrait être utilisée pour déterminer la taxe « pigouvienne » sur la pollution ou le prix du carbone émis. Les émissions de carbone contribuent à l'accumulation d'un stock (ou une concentration) de CO_2 dans l'atmosphère, et le CSC reflète les dommages résultant de l'augmentation de ce stock pendant le cycle de vie des émissions dans l'atmosphère. Le CSC représente la valeur actualisée de ce flux de dommages. Compte tenu de l'évolution des concentrations de CO_2 au fil du temps, le CSC dépend du moment dans le temps où il est mesuré. Pour cette raison, la taxe carbone optimale est elle aussi variable.

L'estimation des dommages associés à une unité supplémentaire d'émissions de carbone est un exercice complexe. Cette opération comprend quatre étapes clés : 1) calcul des émissions futures ; 2) calcul de l'impact des émissions sur des paramètres géophysiques tels que les températures et les précipitations ; 3) calcul de l'impact des paramètres géophysiques sur les dommages économiques ; et 4) calcul de la valeur actualisée des dommages en termes de bien-être, selon la technique de l'actualisation sociale. À chaque étape, l'analyste est confronté à des incertitudes considérables concernant les relations structurelles et paramétriques entre les variables en présence. Il existe une *incertitude scientifique* quant aux principaux paramètres de réponse, tels que la sensibilité du climat à l'équilibre (l'impact à long terme sur les températures mondiales d'un doublement des émissions de CO_2) ou la sensibilité transitoire (la réponse à moyen terme des températures face à l'évolution des émissions de CO_2). Certaines composantes de cette incertitude sont considérées comme étant irréductibles, même s'il y a tout lieu de penser que l'on en apprendra davantage à leur sujet dans le futur. Au-delà de l'incertitude scientifique, la corrélation entre le changement des températures et les dommages économiques constitue une autre source d'incertitude majeure. La nature des dommages climatiques fait l'objet d'une littérature foisonnante mais l'exactitude de la fonction de dommages sur le long terme reste sujette à caution, notamment parce qu'il n'existe aucun précédent historique auquel se référer.

L'incertitude scientifique et l'incertitude entourant les dommages climatiques représentent des problèmes d'incertitude au sens « knightien » le plus strict (voir chapitre 8)[2]. Les outils d'évaluation doivent être utilisés en gardant à l'esprit que les effets du changement climatique sont au mieux *ambigus* et qu'ils sont très vraisemblablement empreints d'incertitude knightienne. Pour estimer le CSC, il y a lieu de garder à l'esprit ces risques et incertitudes inhérents et de tenir compte des préférences de la société concernant les risques, l'incertitude et l'ambiguïté et l'éventualité de risques de catastrophe. Les comportements individuels dénotent une préférence pour la réduction des risques, de l'ambiguïté et de la probabilité de chocs négatifs. Pour bon nombre de commentateurs, le calcul du CSC devrait refléter ces facteurs.

Le changement climatique étant un processus relativement lent, les dommages ne se manifestent pas avant longtemps et s'accompagnent d'une grande inertie. Par conséquent, le changement climatique est un problème intergénérationnel dont les effets se répercuteront sur les générations futures pendant des centaines, voire des milliers d'années. Pour cette raison, la fonction de bien-être social intertemporel utilisée pour évaluer le bien-être de la société aura une profonde influence sur l'évaluation des coûts et avantages du changement climatique et les stratégies d'atténuation associées. Le présent chapitre montre, à la suite du chapitre 8, que la fonction de bien-être social définit le taux d'actualisation social et donc l'importance attribuée au bien-être des générations futures. Comme l'illustrent les suites données au Rapport Stern, l'absence de consensus quant au taux d'actualisation social peut décider de l'issue de l'évaluation des politiques visant à atténuer le changement climatique.

Deuxièmement, le changement climatique fait planer le spectre de retombées catastrophiques pour les générations futures. Comme nous le verrons, l'analyse économique du changement climatique s'est le plus souvent référée aux dommages moyens. Les conséquences du changement climatique s'inscrivant dans le long terme, un grand nombre de stratégies d'atténuation ne peuvent satisfaire au critère du rapport coûts-avantages qu'en utilisant un taux d'actualisation bas lorsque l'accent est placé sur les effets moyens. Cependant, si la distribution de probabilité des dommages a des « queues de distribution épaisses » – autrement dit si la probabilité de dommages extrêmement graves n'est pas infime –, ce seront alors ces effets qui prédomineront dans l'ACA, plus ou moins indépendamment de la valeur retenue pour le taux d'actualisation. La réduction de la probabilité de catastrophes deviendra alors la motivation principale des actions liées au changement climatique.

Ce chapitre montre que, malgré les obstacles apparents, le CSC a pu être estimé à des fins d'application à l'ACA au moyen d'une combinaison d'outils : connaissances issues de la science du climat, modèles climatiques et modèles économiques, évalués selon les approches économiques du bien-être qui sous-tendent l'ACA. En se focalisant plus particulièrement sur les procédures détaillées recommandées aux États-Unis, il explique les différentes étapes de la procédure d'estimation du CSC et indique les valeurs du CSC utilisées pour l'élaboration des politiques. Les estimations destinées à guider l'élaboration des politiques proviennent pour l'essentiel de modèles d'évaluation intégrée (MEI). Le recours aux avis d'experts et l'utilisation de modèles sommaires encore plus simples du climat et de l'économie sont également évoqués.

Graphique 14.1. **Émissions mondiales de carbone imputables aux combustibles fossiles et croissance des émissions de carbone**

Millions de tonnes de carbone par an et pourcentage

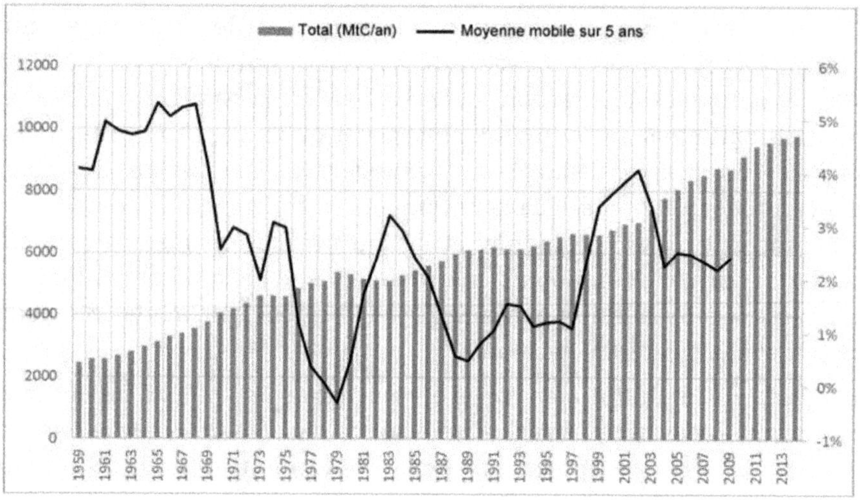

Source : www.carbonbrief.org.

14.2. Le coût social du carbone et le prix optimal du carbone : quelques éléments théoriques

Cette section se propose de donner une définition claire du coût social du carbone (CSC) et d'illustrer les relations entre le CSC et le prix optimal du carbone. Le CSC est normalement défini comme la valeur actualisée des dommages engendrés par une unité supplémentaire d'émissions de carbone (ou d'autres gaz à effet de serre) dans l'atmosphère. Ces émissions sont parfois exprimées en unités de dioxyde de carbone (CO_2), auquel cas l'on parle de coût social du dioxyde de carbone ($CS\text{-}CO_2$) (voir par exemple NAS, 2017)[3]. Dans le monde idéal de la théorie économique, la taxe carbone optimale devrait être égale au CSC. Le CSC représente la taxe pigouvienne optimale qu'il faudrait appliquer aux émissions de carbone pour que les agents internalisent le coût externe de leurs décisions et que les facteurs soient répartis de façon optimale dans l'économie. Cette section montrera comment, en théorie, la taxe carbone optimale et le CSC sont liés dans ce contexte d'action optimal. Les sections suivantes seront consacrées à l'application de ces principes et aux différentes approches utilisées pour estimer le CSC. Une fois qu'il a été défini et estimé, le CSC peut être utilisé pour calculer le prix du carbone ou servir de prix fictif du carbone dans les évaluations des politiques publiques fondées sur l'ACA (évaluations de projets d'investissement ou de modifications de la réglementation par exemple).

L'une des caractéristiques importantes des émissions de carbone ou de CO_2 réside dans leur nature de polluant-stock : elles contribuent à la formation d'un stock de CO_2 dans l'atmosphère, qui va en augmentant et ne se dissipe que lentement au fil du temps. En conséquence, l'atténuation du changement climatique est un problème dynamique, et les dommages causés par les émissions de CO_2 aujourd'hui risquent d'évoluer et de persister dans le temps. Le CSC revêt donc deux caractéristiques fondamentales. Premièrement, il reflète l'évolution future des dommages consécutifs à un changement marginal des émissions de carbone ou gaz à effet de serre se produisant aujourd'hui ou à un moment particulier dans le temps. Deuxièmement, le CSC est appelé à varier au fil du temps, en fonction de l'évolution du stock de gaz à effet de serre polluants et des dommages marginaux qui en résultent. Le prix optimal du carbone doit donc également refléter la nature dynamique du polluant et évoluer dans la durée. Une présentation formelle de ces aspects devrait permettre de s'en faire une idée plus concrète.

14.2.1. *Analyse théorique formelle du CSC et prix optimal du carbone. Présentation simplifiée de la contribution de Hoel et Kverndokk (1996)*

Un abondant corpus théorique s'est attaché à analyser les propriétés du coût social du carbone, le prix optimal du carbone et leur dynamique dans le temps. Ces études donnent des indications sur la taxe carbone optimale et son évolution dans le temps pour des économies optimales présentant différentes caractéristiques. L'idée maîtresse découle du fait que le carbone est un polluant-stock et non un polluant-flux comme les oxydes d'azote au niveau de la route ou les effluents dans les cours d'eau. Le fait que le CO_2 soit un polluant-stock signifie que le coût social du carbone doit refléter les dommages induits par une augmentation marginale du stock se produisant aujourd'hui sur l'ensemble de l'horizon de planification.

Dans le cadre de l'optimisation dynamique, ce coût est représenté par le prix fictif négatif du stock de CO_2. L'encadré 14.1 montre que ce *coût* fictif, le coût social du CO_2 en l'espèce, reflète la valeur actualisée des dommages futurs dus à l'émission d'une unité supplémentaire de CO_2 aujourd'hui. Dans le régime d'équilibre, cette valeur actualisée est donnée simplement par l'équation suivante :

$$\text{SCCO2} = \frac{D'\left(S^*\right)}{r+\phi} \qquad [14.1]$$

où S^* est le stock de CO_2 dans l'atmosphère, $D'\left(S^*\right)$ le flux de dommages marginaux à chaque moment dans le temps, r un taux d'actualisation et ϕ le taux de déclin du stock de CO_2 dans l'atmosphère. L'équation [14.1] montre que le CS-CO_2 est équivalent à la valeur actualisée d'une annuité d'un montant de $D'\left(S^*\right)$. Le CS-CO_2 augmente avec la valeur des dommages marginaux, et diminue avec la valeur du taux d'actualisation (r) et du taux de déclin (ϕ).

Dans un cadre d'optimisation, les avantages marginaux liés aux émissions (du secteur manufacturier, des transports, etc.) devaient être égaux aux dommages marginaux associés au CO_2. Cela signifie que la taxe carbone optimale devrait être égale au CS-CO_2 ou au CSC selon l'unité utilisée. L'équation [14.1] donne une expression de la taxe carbone optimale (en régime d'équilibre). En dehors du régime d'équilibre, qui veut que le stock de CO_2 reste constant dans le temps, la taxe carbone optimale devrait refléter l'évolution du stock de carbone dans l'atmosphère – une tendance indubitablement à la hausse depuis quelques années (voir graphique 14.1). L'équation [14.3] dans l'encadré 14.1 représente le CS-CO_2 dans ce cas.

Bien qu'il soit possible de définir le CSC et la taxe carbone en termes optimaux, le CSC est souvent estimé ou approximé à l'aide d'une valeur de référence non optimale à politiques inchangées (voir, par exemple, Nordhaus, 2017 ; Stern, 2007). Le CSC reste défini par la valeur actualisée des dommages dans ces cas.

14.2.2. *La trajectoire optimale de la taxe carbone*

La trajectoire optimale de la taxe carbone a fait l'objet de nombreuses recherches théoriques. Les trajectoires recommandées diffèrent selon le modèle particulier utilisé. La modélisation dynamique des émissions de CO_2 en tant que polluant-stock livre des informations importantes sur les arbitrages dynamiques à opérer pour déterminer la trajectoire optimale de la taxe carbone. Les résultats détaillés dépendent des caractéristiques particulières du scénario de modélisation utilisé. Cependant, il est possible de tirer de ces exercices quelques conclusions générales utiles pour l'élaboration des politiques.

Par exemple, le modèle de Hoel et Kverndokk (Hoel et Kverndokk, 1996), examiné dans l'encadré 14.1, montre qu'en présence d'une ressource non renouvelable qui produit un polluant-stock et qui est susceptible d'être remplacée par une autre technologie (*backstop technology*), un planificateur soucieux de maximiser l'utilité va mettre en œuvre une taxe carbone qui suivra une trajectoire ascendante à court terme puis diminuera à long terme. Le stock associé d'émissions suivra la même trajectoire mais avec un temps de retard, de sorte que la taxe carbone atteindra son pic avant que les émissions n'atteignent le leur. Cette dynamique résulte de l'hypothèse de modélisation retenue par les auteurs, mais la « bosse » formée par la courbe de la taxe traduit les arbitrages qui sous-tendent le choix de la politique mise en œuvre. D'une part, la taxe produit un effet statique, qui est une diminution de l'extraction de la ressource. D'autre part, elle produit un effet dynamique dans le temps, qui est une diminution de la valorisation actuelle de l'extraction future, c'est-à-dire la valeur actuelle de la rente tirée de la ressource. L'extraction optimale va s'adapter à ces effets, s'orientant à la hausse à court terme avant de décliner à plus long terme, conformément à la dynamique de la rente de ressource donnée par la règle de Hotelling. Le déclin de la taxe optimale dans le temps contrebalance cet effet dynamique lié à l'extraction, entraînant une diminution du niveau d'émissions à chaque moment dans le temps (voir graphique 14.3). Le profil temporel du CSC indique ces considérations dynamiques et montre qu'une politique climatique se doit de prendre en considération la réponse dynamique des extracteurs de combustibles fossiles qui cherchent à maximiser leur bénéfice.

Encadré 14.1. **Le coût social du carbone et la taxe carbone optimale**

Présentation simplifiée de la contribution de Hoel et Kverndokk (1996)

Le modèle théorique présenté par Hoel et Kverndokk (1996) est l'un de ceux qui permettent d'illustrer le plus simplement la signification théorique du coût social du carbone et sa relation avec la taxe carbone optimale. Le coût social du carbone est analysé dans le contexte d'une économie tributaire d'une ressource non renouvelable (combustible fossile par exemple) produisant un polluant-stock (tel que le CO_2). L'analyse peut s'interpréter comme un problème d'épuisement optimal d'une ressource non renouvelable face à l'augmentation du polluant-stock induit par l'utilisation de cette ressource. Il s'agit là d'une représentation simplifiée du problème du changement climatique en tant que résultante de l'exploitation des combustibles fossiles dans l'économie générale. L'explication présentée ci-après donne quelques indications utiles sur le CSC et la taxe carbone optimale.

L'objectif de Hoel et Kverndokk (1996) est de maximiser la valeur actualisée de la somme des utilités $u(x_t)$ dans le temps (actualisée au taux r) via le choix du flux de ressources (polluantes) x_t, en tenant compte du fait qu'il existe un stock fini de la ressource non renouvelable A_0 et que l'extraction cumulée de cette dernière induit un stock de pollution atmosphérique S_t entraînant des dommages instantanés $D(S_t)$. L'évolution du polluant-stock dans le temps peut être décrite par l'équation dynamique suivante :

$$\dot{S} = x_t - \phi S_t \qquad [14.2]$$

où x_t désigne les émissions du polluant et ϕ le taux du déclin du stock de pollution lié aux processus atmosphériques et océaniques naturels. La fonction de Hamilton suivante rend

Encadré 14.1. **Le coût social du carbone et la taxe carbone optimale** *(suite)*

compte de l'arbitrage fondamental qui s'opère entre les avantages liés à la consommation de la ressource x_t (pétrole par exemple), qui produit l'utilité instantanée $u(x_t)$, et l'accumulation du polluant St, qui entraîne les dommages $D(S_t)$, ainsi que des effets dynamiques de la variation du stock de pollution, $\dot{S} = x_t - \phi S_t$. La fonction de Hamilton est maximisée à travers le choix de la variable de contrôle x_t :

$$H^C(x_t, S_t, \mu) = u(x_t) - D(S_t) + \mu_t(x_t - \phi S_t)$$

Pour résoudre ce problème, il faut mettre en regard le flux instantané d'avantages que l'économie retire de l'utilisation de la ressource non renouvelable, $u(x_t)$, et les coûts futurs dus à l'augmentation du stock de pollution $D(S_t)$, qui s'accumule au fil du temps dans les conditions décrites par l'équation [14.1][4].

Le prix fictif d'un stock de CO_2, µ, reflète l'effet marginal d'un accroissement marginal du stock de pollution S_t sur le bien-être intertemporel. Cet effet est négatif dans la mesure où la pollution réduit le bien-être (autrement dit, c'est un coût). Cela signifie que le coût social du carbone CS-CO_2 est égal à $\theta = -\mu$. Il peut être instructif de développer l'expression du CS-CO_2. Selon l'approche hamiltonienne, le prix fictif μ évolue dans le temps comme suit :

$$\dot{\mu} - r\mu = -\frac{\partial H}{\partial S} = D'(S) + \phi\mu \qquad [14.3]$$

Le CS-CO_2 étant défini comme $\theta = -\mu$, l'équation différentielle pour θ découlant de l'équation [14.2] permet d'obtenir l'expression suivante pour le CS-CO_2 (θ) au temps t (Hoel and Kverndokk, 1996, p. 119):

$$\theta = \int_t^{\infty} D'(S_\tau)\exp(-(r+\varphi)(\tau - t))d\tau \quad (= -\mu) \qquad [14.4]$$

[14.3] est une identité comptable qui permet de définir le CS-CO_2 explicitement selon la formule [14.4]. Cette relation est également valable pour les trajectoires non optimales. L'équation [14.4] montre explicitement que le CS-CO_2 (θ) correspond à la valeur actualisée de l'ensemble des dommages marginaux D (S_t) induits par une unité supplémentaire d'émissions de CO_2, actualisés au taux composite (r + ϕ), sur l'horizon de planification restant, $\tau \in (t, \infty)$[5].

Dans une solution optimale, l'avantage marginal tiré de l'extraction aujourd'hui devrait être égal au coût marginal induit dans le futur, θ. Par conséquent, le CS-CO_2 est égal à la *taxe carbone optimale*. Le CS-CO_2 évoluant au fil du temps selon la formule [14.3], tel devrait également être le cas pour la taxe carbone optimale.

À l'état d'équilibre, cas de figure plus simple dans lequel $S_\tau = S^*$ à tout moment dans le temps, la taxe carbone devient égale à la valeur actualisée de l'annuité $D'(S^*)$:

$$SCC02 = \theta = \frac{D'(S^*)}{r + \phi} \qquad [14.5]$$

Les expressions [14.4] et [14.5] illustrent le point général suivant : le CS-CO_2 reflète la valeur actualisée de l'ensemble des dommages marginaux futurs, actualisés au taux composite (ϕ + r). Le CS-CO_2 diminue d'autant plus que le taux d'actualisation (r) est plus élevé et que le déclin du polluant (ϕ) est plus rapide. Le taux d'actualisation réduit la *valeur* des dommages futurs, tandis que le déclin du polluant réduit leur *quantité*.

D'autres études parviennent à des résultats analogues. Ulph et Ulph (1996) préconisent également un profil « en bosse » pour la taxe carbone. Dans leur cas, les émissions ressortent à des niveaux plus élevés à court terme et à long terme, mais la politique optimale élimine les pics d'émissions à moyen terme. Dans le modèle de Hoel et Kverndokk (1996), l'extraction

Graphique 14.2. **La trajectoire optimale de la taxe carbone**

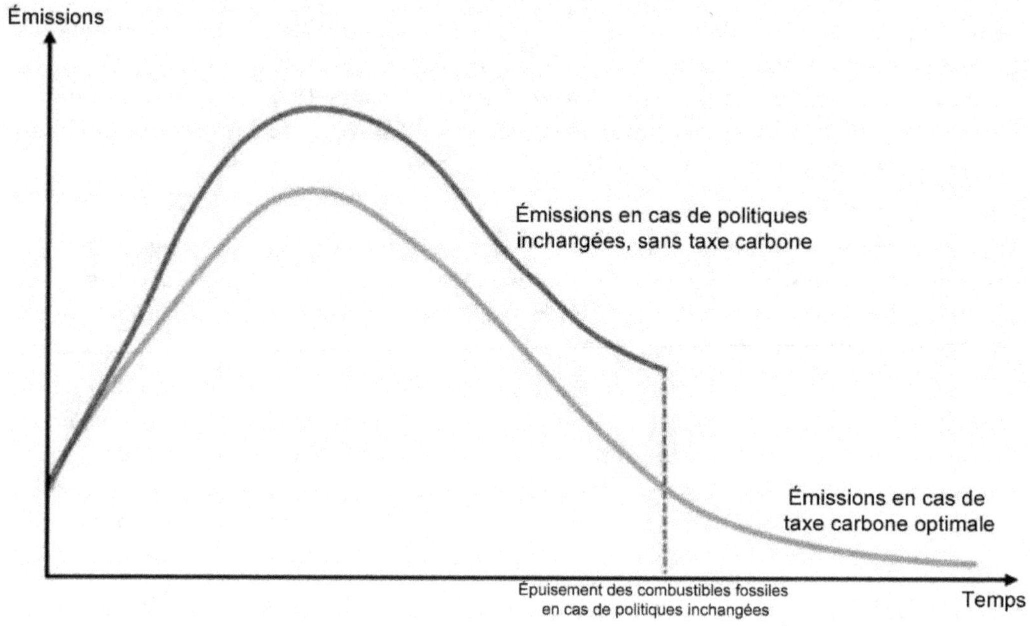

Source : Hoel et Kverndokk, 1996.

se poursuit plus longtemps que ce n'est le cas en l'absence de taxe optimale. Dans le scénario tendanciel (c'est-à-dire sans taxe carbone) représenté sur le graphique 14.2, le pic d'émissions est plus élevé mais l'ère des combustibles fossiles s'achève à un certain moment du temps fini, lorsque la technologie de substitution devient plus économique. A contrario, dans le scénario de la taxe carbone optimale, les émissions s'amenuisent sur le moyen terme mais l'ère des combustibles fossiles dure plus longtemps, s'étendant au-delà de l'adoption de la technologie de substitution. Dans chaque cas, toutes les ressources économiquement viables sont extraites. Bon nombre de modèles de taxe carbone optimale aboutissent à ce résultat fondamental : la gestion optimale du polluant-stock implique un lissage du profil temporel des émissions, éventuellement au prix d'un allongement de la période d'exploitation des combustibles fossiles.

14.2.3. *Politique en matière de carbone et paradoxe vert*

L'analyse de la trajectoire optimale de la taxe carbone illustre les forces antagonistes avec lesquelles les décideurs doivent composer et le fait que, confrontés à une taxe carbone, les extracteurs de combustibles fossiles sont incités à adapter leur comportement. À en juger par les analyses, des politiques climatiques mises en œuvre de façon irréfléchie peuvent avoir des conséquences imprévues. Une partie des travaux consacrés à la modélisation du coût social du carbone et aux mesures de taxation les plus appropriées aborde ce qu'on a coutume d'appeler le paradoxe vert. Le paradoxe vert est la thèse selon laquelle certaines politiques qui visent à réduire les émissions de carbone et à atténuer le changement climatique pourraient au contraire entraîner une augmentation des émissions à court terme et ainsi diminuer le bien-être. Le mécanisme par lequel cela peut se produire est le suivant : une hausse abrupte de la taxe carbone ou une diminution rapide du coût des énergies renouvelables (la technologie de remplacement) produit un effet semblable à celui du risque d'expropriation, en ce sens qu'elle annihile la valeur future des combustibles fossiles et incite donc les entreprises à accélérer l'extraction des ressources au moment présent (Sinn, 2008 ; van der Ploeg et Withagen, 2015). Le paradoxe vert s'applique aux politiques liées aux ressources renouvelables et à l'efficacité énergétique (Hoel, 2008), et même à l'adoption d'accords environnementaux internationaux efficaces (Strand, 2007). Dans chaque cas, le message est le suivant : des politiques apparemment pertinentes, telles que l'instauration d'une taxe sur le carbone ou de subventions aux énergies renouvelables, peuvent entraîner des effets pervers sur le climat et le bien-être lorsqu'elles sont appliquées par l'entremise des marchés et institutions existants.

L'une des principales références en la matière est Sinn (2008), qui analyse l'impact d'une taxe carbone dans une économie de marché décentralisée. Sinn (2008) montre que, dans ce contexte, une taxe carbone non optimale qui augmente à un rythme constant au fil du temps peut entraîner une augmentation du taux d'extraction des ressources non renouvelables. Le taux de croissance constant de la taxe revient en quelque sorte à une majoration du taux d'actualisation, qui a pour effet d'accélérer l'extraction. Ce résultat est sous-tendu par l'idée que les droits de propriété sur les actifs souterrains ne sont pas parfaits et que, dans ces conditions, la taxe vient en substance s'ajouter au risque d'appropriation inhérent au secteur. La réponse à la taxe a pour conséquence d'éloigner l'économie de la trajectoire d'extraction optimale. Sinn (2008) décrit les effets pervers potentiels de la politique environnementale, l'importance des institutions existantes et les enseignements tirés de l'utilisation de cadres dynamiques. Le rythme de variation de la taxe est un aspect de la politique fiscale qui revêt une importance particulière dans le cas du carbone, tout comme la façon dont la taxe est internalisée.

Partant du principe que tous les combustibles fossiles ne pourront pas être utilisés si l'on veut que les objectifs de réchauffement définis par l'Accord de Paris adopté à l'issue de la COP21 soient respectés, Gerlagh (2011) montre qu'il sera capital d'investir dans des technologies de substitution pour mettre un terme à l'ère des combustibles fossiles, contrairement à d'autres modèles qui tablent sur un lissage plus progressif sur un horizon plus éloigné. La sortie de l'ère des combustibles fossiles pourrait impliquer une augmentation des émissions à court terme mais conduire à une baisse des émissions cumulées. Dans ce contexte, le rythme de diminution du coût de la technologie de substitution détermine la vitesse à laquelle les ressources non renouvelables seront évincées du marché sous l'effet conjugué de la hausse de leur coût de production et du déclin rapide du prix de la technologie de substitution. On parviendrait à un résultat similaire lorsque les gisements de ressources non renouvelables sont de qualités différentes, et affichent donc des prix différents. Dans pareil cas, il est probable qu'il sera inefficient d'exploiter toutes les réserves de combustibles fossiles et le paradoxe vert n'est plus automatique (Gerlagh, 2011). On trouvera une autre analyse du paradoxe vert dans van der Ploeg et Withagen (2015)[6]. La conclusion générale est que la tarification du carbone est le meilleur moyen de réguler les émissions de carbone, et que la mise en place de subventions aux technologies fondées sur les énergies renouvelables (ou aux combustibles fossiles) en lieu et place d'une tarification du carbone risque de déclencher une situation de « paradoxe vert », avec une hausse des émissions et une accélération du réchauffement climatique.

14.3. Estimations du CSC ou du CS-CO_2 produites par les modèles d'évaluation intégrée (MEI)

Pour que les dommages climatiques puissent être intégrés dans les analyses des politiques et investissements publics ou servir au calcul d'un prix adéquat du carbone, il est nécessaire d'estimer le CSC ou le CS-CO_2 (ci-après désigné « CSC »). L'Académie nationale des sciences (National Academy of Sciences) a établi un cadre pour l'estimation du CS-CO_2, qui s'appuie sur des modèles d'évaluation intégrée (MEI) du climat et de l'économie (NAS, 2017, chapitre 2).

Les MEI diffèrent entre eux par leur finalité spécifique et le niveau de détail de la modélisation. La NAS (NAS, 2017) se réfère à deux types de MEI : 1) les MEI détaillés ; et 2) les MEI à forme réduite. Les MEI détaillés décomposent finement certains aspects spécifiques du climat et de l'économie, en fonction des questions de recherche fondamentales auxquelles ils tentent d'apporter des réponses. Le changement technologique dans le secteur de l'énergie (voir, par exemple, le modèle WITCH de Bosetti et al., 2006), l'adaptation dans les secteurs agricole et manufacturier, les boucles de rétroaction entre les terres et les océans (voir par exemple Reilly et al., 2012) et les risques liés au changement climatique ne sont que quelques-uns des aspects spécifiques qui ont été traités par ces MEI détaillés (NAS, 2017, p. 40). Ces modèles se caractérisent par ailleurs par une granularité spatiale plus fine, les analyses étant effectuées à l'échelon régional (voir par exemple le modèle intégré pour l'Asie (AIM) de Matsuika et al., 1995).

Jusqu'à présent, les MEI détaillés n'ont guère été utilisés pour estimer la valeur mondiale des dommages climatiques et du CSC, dans la mesure où, en général, ils ne sont pas assez aboutis pour permettre d'attribuer une valeur économique aux dommages puis d'agréger les dommages au niveau mondial. C'est pourquoi, pour cet exercice, il est de coutume d'utiliser des MEI à forme plus réduite. Les MEI à forme réduite donnent des représentations très agrégées de l'économie, du climat et du cycle du carbone. Ainsi, la complexité de la production mondiale est généralement représentée au moyen d'une seule fonction de production agrégée. Cette fonction transforme les indicateurs agrégés de capital et de travail en production par l'intermédiaire du changement technologique exogène, en faisant abstraction des spécificités de tel ou tel secteur ou industrie. De la même manière, pour le climat, les relations entre les émissions de carbone, la température et l'économie sont représentées au moyen d'expressions simplifiées. L'avantage de ces modèles est qu'ils utilisent des mesures agrégées mondiales du changement climatique et du bien-être économique, qui permettent d'estimer le CSC.

Un petit nombre de MEI à forme réduite (ci-après désignés simplement « MEI ») ont été utilisés pour calculer le CSC. Dans chaque cas, le calcul du CSC repose sur quatre étapes essentielles (voir, par exemple, NAS, 2017, p. 39) :

a) *Émissions* : projection de la trajectoire future de la production et des émissions de CO_2 ;

b) *Impact climatique* : projection de l'impact des émissions sur le monde physique – changement de la température atmosphérique et océanique, et changements de la productivité des écosystèmes et de la biomasse ;

c) *Dommages* : calcul des dommages économiques associés à la trajectoire future des émissions et aux changements qui en découleront pour le monde physique ;

d) *Actualisation* : calcul de la valeur actualisée du flux de dommages économiques (voir chapitre 8).

La section suivante examine comment l'on peut mener à bien ces quatre étapes avec un MEI à forme réduite particulier, le modèle DICE (Nordhaus, 2017). Elle indique également les estimations obtenues avec d'autres MEI, ainsi que des estimations qui ont été proposées à des fins d'application pratique.

14.3.1. MEI : les quatre étapes de l'estimation du CSC avec le modèle DICE

Le coût social du carbone : comme on l'a vu dans la section précédente, le coût social du carbone est la valeur actualisée des dommages associés à l'émission d'une tonne supplémentaire de carbone ou de CO_2 dans l'atmosphère[7]. Le modèle DICE et la plupart des MEI à forme réduite utilisent une fonction de bien-être intertemporel utilitariste actualisée de la forme : $W_\tau = \sum_{t=\tau}^{\infty} \exp(-\delta t) U(C_t)$ pour évaluer les dommages dus au changement climatique, où δ est le taux d'actualisation de l'utilité et $U(C_t)$ l'utilité instantanée d'un agent représentatif au temps t. Le CSC peut s'exprimer par la formule suivante, où E_t désigne les émissions, C_t la consommation et W le bien-être intertemporel :

$$SCC_t = -\frac{\partial W / \partial E_t}{\delta W / \partial C_t} \quad [14.6]$$

Le numérateur de l'équation [14.6] est l'impact des émissions sur le bien-être (la valeur actuelle de l'utilité) et le dénominateur l'utilité marginale de la consommation, ce qui signifie que le CSC est mesuré en termes de consommation plutôt que d'utilité. En règle générale, pour calculer le CSC, on perturbe le modèle en introduisant un apport ponctuel non marginal d'émissions de carbone dans un scénario de référence solidement établi (ou en supprimant cet apport), puis en divisant le résultat par le niveau de l'apport pour obtenir la valeur unitaire du CSC en termes monétaires (Newell et Pizer, 2003 ; Nordhaus, 2014 ; 2017). La façon dont les émissions évoluent dans la durée et affectent le climat et l'économie en général varie d'une technique de modélisation à une autre.

14.3.2. Étape 1 – Émissions : projection de la production et des émissions mondiales

Le module socio-économique du modèle DICE se compose de la fonction de bien-être susdécrite et du secteur productif, qui est à l'origine de la production et des émissions de carbone globales. Pour la mesure du bien-être mondial, l'utilité est multipliée par la population mondiale, $L(t)$, et le taux d'actualisation R(t), à chaque moment dans le temps :

$$W = \sum_{t=1}^{T_{max}} U(C(t)) L(t) R(t) \quad [14.7]$$

Les émissions de CO_2 viennent de la production globale, Y(t), et des émissions exogènes liées à l'utilisation des sols, $E_{sols}(t)$:

$$E(t) = \sigma(t)(1 - \mu(t)) Y(tE_{sols}(t)) \quad [14.8]$$

où $\sigma(t)$ désigne l'*intensité carbone* de la production et $\mu(t)$ le *taux de réduction des émissions*, qui reflète les interventions technologiques et celles relevant de la politique publique. La production, Y(t), est modélisée sous la forme d'une fonction de production globale de la technologie, A(t), et du produit marginal décroissant du capital, K(t), et du travail, $L(t)$:

$$Y(t) = A(t) f(K(t), L(t)) \quad [14.9]$$

La production globale est soit consommée, C(t), soit investie. Les projections de la production et des émissions sont déterminées par ces relations ; les paramètres et fonctions essentiels ($\sigma(t)$, $\mu(t)$, $f(.)$) sont estimés à partir des meilleures connaissances existantes, tandis que les projections de la croissance démographique, de la production et du changement technologique reposent sur des données historiques ou des avis d'experts (voir Nordhaus, 2016). Le modèle DICE (DICE 2016R) suppose un taux de croissance de la production par habitant de 2.1 % par an jusqu'en 2050, puis de 1.9 % par an jusqu'en 2100. La croissance démographique est conforme aux projections démographiques des Nations Unies.

14.3.3. *Étape 2 – Impact climatique : l'impact des émissions sur le monde physique*

Chaque MEI définit une relation explicite entre les émissions et le monde physique à partir d'informations issues de la science du climat. L'un des aspects fondamentaux à prendre en compte est la modification des températures qu'induiront les émissions. Dans le modèle DICE 2016R, cette relation est caractérisée par plusieurs expressions simples à forme réduite décrivant les relations géophysiques. Ces expressions (qui ne sont pas reproduites ici par souci de simplicité, voir Nordhaus, 2017, p. 1519-1520) caractérisent : 1) les flux de CO_2 entre l'atmosphère, la surface de l'océan et la biosphère, et l'océan profond (puits de carbone) ; 2) le forçage radiatif (effet thermique) produit par les émissions de CO_2 dans l'atmosphère ; et 3) l'effet du forçage radiatif sur la température atmosphérique et la température de la couche inférieure de l'océan.

Les procédures d'estimation des paramètres, de calibrage des modèles et de calcul des projections sont rendues difficiles par la grande incertitude qui entoure les estimations. L'un des paramètres particulièrement importants qui est utilisé pour caractériser la relation entre les émissions de CO_2 et la modification de la température atmosphérique est la sensibilité du climat à l'équilibre (SCE). La SCE décrit une relation d'*équilibre* à long terme qui indique la modification (positive ou négative) des températures résultant d'un doublement de la concentration de CO_2 dans l'atmosphère. Ce paramètre est par essence incertain (Roe et Baker, 2007), et un grand nombre de tentatives ont été faites pour estimer sa distribution de probabilité, selon différentes méthodes : certaines reposent sur des modèles climatiques, d'autres sont des estimations empiriques fondées sur des données anciennes concernant les relations entre température et CO_2, et d'autres encore reposent sur des avis d'experts. Le graphique 14.2 illustre le large éventail des estimations existantes. Le modèle DICE 2016R utilise une valeur moyenne de 3.1 °C, à l'instar d'Olsen et al. (2012). Un autre paramètre lié à la SCE est la sensibilité climatique transitoire (SCT). La SCT décrit les relations à plus court terme (50-100 ans) entre les émissions de CO_2 et la modification des températures. Le modèle DICE utilise une valeur de 1.7 °C pour la SCT.

Graphique 14.3. **Fonction de densité de probabilité pour la sensibilité du climat à l'équilibre**

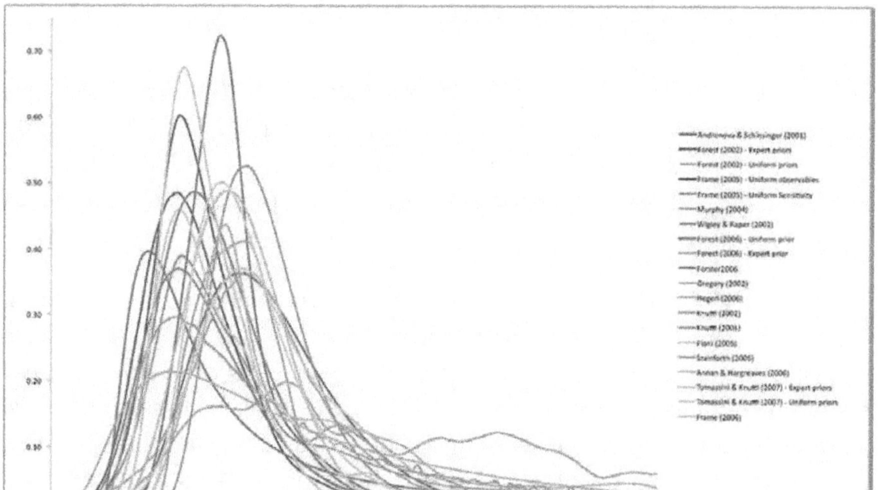

Source : Heal et Millner (2014).

La SCE de 3.1 °C utilisée dans le modèle DICE 2016R se situe dans la plage de 1.5 °C-4.5 °C que le Cinquième Rapport d'évaluation du GIEC (GIEC-RE5) considère comme *probable* avec un *degré de confiance moyen* (GIEC, 2013, p. 16)[8]. Tenant compte des incertitudes qui entourent ce paramètre et s'appuyant sur de nombreuses études, le GIEC-RE5 poursuit en faisant valoir que la SCE a « ... une très faible probabilité d'être inférieure à 1 °C (degré de confiance élevé), et une très faible probabilité d'être supérieure à 6 °C (degré de confiance moyen) » (GIEC, 2013 p. 16). Le GIEC-RE5 indique par ailleurs que la SCT est *probablement* comprise entre 1 °C et 2.5 °C (degré de confiance élevé). Ces affirmations s'appuient sur une distribution de probabilité qui synthétique un grand nombre d'études, dont certaines sont représentées sur le graphique 14.2 à l'aide de statistiques bayésiennes.

Les MEI à forme réduite modélisent les relations géophysiques complexes entre les émissions et le monde physique d'une manière très simplifiée et avec un niveau d'agrégation élevé, quoique les paramètres et les relations soient estimés sur la base d'études plus détaillées. Pour un aperçu plus complet des questions entourant la relation entre les émissions de carbone, le monde physique et les températures, on pourra se référer à la contribution du Groupe de travail I au GIEC-RE5 (GIEC, 2013).

14.3.4. *Étape 3 – Dommages : prédire et évaluer les dommages climatiques*

Toute analyse économique du changement climatique se doit également de définir le mécanisme par lequel la modification attendue des températures se traduira en dommages économiques et comment ces dommages se traduiront en termes monétaires. Les dommages associés au changement climatique peuvent prendre plusieurs formes (NAS, 2017) :

1. Dommages pour la consommation : le changement climatique a une incidence sur les biens et services qui sont consommés ;
2. Dommages pour les stocks de capital : les dommages pour les stocks de capital peuvent avoir des répercussions indirectes sur la consommation, par exemple en affaiblissant la productivité. S'applique aux stocks de capital physique, naturel et humain.
3. Dommages pour les stocks de capital non commercialisés : avantages non marchands des stocks de capital humain et naturel qui ont une incidence directe sur le bien-être, et non par l'intermédiaire de la consommation. Ces avantages comprennent certaines valeurs d'agrément, la valeur esthétique des paysages et le patrimoine culturel. Les actes de violence et les maladies sont également de bons exemples (NAS, 2017, p. 152).

Les dommages climatiques peuvent se manifester par une variation des niveaux de consommation et de PIB. Cependant, les dommages climatiques infligés aux stocks de capital (définis au sens large) sont fortement susceptibles de se répercuter sur la croissance. Par conséquent, pour obtenir un tableau complet, il faut également estimer ces conséquences à long terme. Les coûts d'investissement induits (par exemple, investissements dans la protection contre les crues) sont une autre composante du coût du changement climatique, tandis que la capacité d'adaptation au changement climatique est un facteur modérateur important. Les fonctions de dommages qui sont utilisées dans les MEI pour estimer le CSC devraient prendre l'ensemble de ces facteurs en considération. Bien entendu, comme la NAS (2017, p. 139) l'indique clairement, les MEI sont « limités par le corpus d'études disponible et doivent en général procéder à des extrapolations au-delà des relations mises en évidence par les éléments probants existants ». Néanmoins, les fonctions de dommages des MEI tentent d'inclure de nombreux aspects des dommages climatiques. Pour ce faire, elles tiennent compte des études menées aux échelons microéconomique, des branches et des secteurs, qui sont ensuite agrégées au niveau de l'économie, puis aux niveau régional et mondial (Metcalf et Stock, 2017 ; Dell et al., 2014).

Au niveau macroéconomique, plusieurs études ont essayé d'estimer les coûts du changement climatique pour l'ensemble de l'économie, en examinant la relation empirique entre le PIB, utilisé comme catégorie « fourre-tout » représentative des dommages climatiques, et des variables climatiques telles que les températures (Metcalf et Stock, 2017). En se référant à des mesures agrégées des performances économiques, telles que le PIB national ou régional, ces études évitent certaines des difficultés posées par l'agrégation au niveau des secteurs ou des branches dans les études microéconomiques, cette procédure nécessitant de formuler des hypothèses précises concernant les interactions entre les secteurs. On trouvera un exemple récent de cette démarche dans Greenstone et al. (2014), qui ont estimé la relation entre le PIB national et les fluctuations des températures et des précipitations. Ces auteurs observent que l'élévation des températures entraîne une forte réduction du niveau *et* du taux de croissance du PIB, mais seulement dans les pays pauvres. L'impact observé sur la croissance laisse supposer que le changement climatique peut endommager le capital productif.

Diverses études ont par ailleurs mené des analyses à un niveau plus fin, pour examiner l'impact du changement climatique (par exemple des températures et des précipitations) sur des secteurs particuliers de l'économie. Cette focalisation se justifie par le fait que certains secteurs sont sans doute plus sensibles au changement climatique que d'autres (l'agriculture et la sylviculture par exemple). L'étude de Dell et al. (Dell et al., 2014) constate qu'une hausse de 1 °C des températures est associée à une diminution à court terme de 2.7 points de pourcentage du taux de croissance, mais aussi à une baisse de 2.0 points de pourcentage de la croissance de la productivité industrielle. Cette réduction de la croissance dans l'industrie ne concerne pas des secteurs agricoles situés « en aval » et rejoint les résultats obtenus dans d'autres régions (voir par exemple Hsiang, 2010). Par conséquent, les retombées négatives du changement climatique sur la productivité ne se cantonnent pas aux secteurs dont on pense habituellement qu'ils sont particulièrement exposés au changement climatique, comme l'agriculture.

Une autre façon d'estimer les coûts macroéconomiques du changement climatique consiste à utiliser un modèle économique structurel, par exemple un modèle d'équilibre général calculable (EGC). Ces modèles, qui sont des MEI à part entière, intègrent des relations structurelles détaillées entre l'environnement et l'économie. En considérant les effets d'équilibre général entre les secteurs, l'approche EGC évite en partie les problèmes d'agrégation auxquels se heurtent les approches empiriques sectorielles. Par exemple, Bosello et al. (Bosello et al., 2012) utilisent un modèle EGC multisectoriel et multi-pays pour estimer les impacts sur les régions côtières (migrations et perte de terres), le tourisme, l'agriculture (baisse des rendements), l'énergie (modification de la demande de pétrole et de gaz), les crues (baisse de la productivité du capital, des terres et du travail) et la santé humaine (baisse de la productivité due à la chaleur et à l'humidité). À l'aide d'une méthode de modélisation EGC similaire, la Banque mondiale a estimé que les coûts d'adaptation pour les pays en développement à eux seuls s'élèveraient à au moins 81 milliards USD (Banque mondiale, 2010)[9].

En général, les relations structurelles rencontrées dans ces modèles EGC sont étayées par des études empiriques multiples, menées à différents niveaux d'agrégation. Elles comprennent des études de portée macroéconomique, comme celle de Dell et al. (Dell et al.,

2014), qui examinent la croissance, parfois à l'échelon de sous-secteurs de l'économie. D'autres études utilisent des données agrégées pour des secteurs particuliers, par exemple l'agriculture (Cline, 2007). Mendelsohn (Mendelsohn, 2012) a effectué des analyses transversales dans différentes régions du monde en développement pour estimer l'impact du climat sur le secteur agricole, en étudiant les relations entre les variables climatiques à long terme et les niveaux de productivité (mesurés par les loyers fonciers par exemple) dans différents pays. Il existe ensuite des études microéconomiques de portée nationale, qui s'intéressent notamment à l'impact du changement climatique sur l'adaptation dans l'agriculture (Kurukulasuriya et Mendelsohn, 2008 ; Gorst et al., 2016 ; Di Falco et Veronesi, 2011 ; Deschenes et Greenstone, 2007 ; Schlenker et Roberts, 2009), à la productivité du travail (voir, par exemple, Zivin et Neidell, 2010) ou à d'autres facteurs socio-économiques comme la criminalité (Ranson, 2013 et Hsiang et al., 2011) et la mortalité (Deschenes et Greenstone, 2011)[10]. Ces études révèlent que l'adaptation dans l'agriculture contribue à améliorer les rendements dans certains cas (Di Falco et Veronesi, 2011 ; Gorst et al. 2016), et tout au moins à réduire l'impact du changement climatique dans d'autres (Mendelsohn et al., 1994 ; Mendelsohn, 2012). Certains auteurs estiment que dans certaines régions, le changement climatique devrait améliorer la productivité agricole, même sans adaptation, et procurer des avantages nets (voir, par exemple, Cline, 2007). Dans l'industrie également, il est possible d'éviter les pertes de productivité en procédant à des adaptations analogues, par exemple en utilisant la climatisation.

L'une des principales distinctions opérées dans les travaux empiriques concerne les stratégies empiriques qui sont utilisées pour estimer les relations. Bon nombre d'études utilisent des méthodes fondées sur des données de panel, qui identifient les effets à partir des fluctuations à court terme des températures et des précipitations. Dans le meilleur des cas, elles appréhendent les effets à plus long terme du changement *climatique* en opérant une distinction entre effets à court terme et effets à long terme dans leurs analyses dynamiques de ces fluctuations. Certains spécialistes considèrent que les fluctuations météorologiques à court terme (même si elles reflètent des valeurs moyennes sur 5-10 ans) traduisent les variations météorologiques et non climatiques. Par conséquent, l'un des principaux reproches qui pourrait être fait aux études sur données de panel est de ne pas prendre correctement en compte les réponses adaptatives mises en œuvre sur des durées plus longues (Burke et Emerick, 2016). Ces arguments ont motivé la poursuite de l'étude des relations entre les températures moyennes à long terme et les agrégats économiques à l'échelon de plusieurs pays ou régions (voir, par exemple, Mendelsohn et al., 1994 ; Schlenker et al., 2005 ; Mendelsohn, 2012). Il ressort de ces constatations que les études sur données de panel pourraient surestimer le coût du changement climatique dans la mesure où elles sous-estiment l'ampleur des mesures d'adaptation. Cependant, les études transversales pâtissent d'insuffisances au niveau de l'identification, car l'on peut supposer que la relation entre le climat et, par exemple, la productivité est intermédiée par une troisième variable telle que la qualité des institutions.

Les fonctions de dommages utilisées dans les MEI puisent des éléments dans de nombreux autres domaines de recherche. L'élévation du niveau des océans devrait entraîner une perte de terres productives, une aggravation des inondations, voire une augmentation des maladies et des migrations (voir, par exemple, Stern, 2007). La nature de ces dommages et la nature des mesures d'adaptation à mettre en œuvre sont souvent difficiles à prévoir. De nombreuses études menées aux échelons micro ou macroéconomique tentent de mieux cerner les dommages économiques susceptibles d'arriver dans chaque cas. La NAS

(NAS, 2017, chapitre 5) et la contribution du Groupe de travail II au GIEC-RE5 (GIEC, 2013b) contiennent d'excellentes synthèses des connaissances acquises à ce jour sur les dommages et l'adaptation dans différents secteurs de l'économie.

Les *dommages abrupts, non graduels*, voire *catastrophiques*, constituent un autre aspect important des dommages climatiques. Ces dommages se produiront si les écosystèmes franchissent un seuil ou atteignent un « point de basculement » au-delà duquel ils évolueront vers un autre équilibre. Parmi ces points de basculement potentiels figurent notamment : i) le changement de direction du Gulf Stream dans l'Atlantique ; ii) le changement des mécanismes de circulation de la mousson ; iii) la fonte de la calotte glacière des pôles ; iv) la fonte du pergélisol arctique et les émissions associées de carbone et de méthane ; et v) la disparition de la forêt amazonienne (voir, par exemple, Weitzman, 2009). Une autre question soulevée par les dommages climatiques est celle des *effets de rétroaction*. Par exemple, la fonte du pergélisol arctique provoquera la libération de quantités importantes de carbone actuellement emprisonnées dans les sols gelés, entraînant un effet de rétroaction positif qui exacerbera le changement climatique[11]. Outre ces points de basculement géophysiques, certains analystes considèrent qu'un changement climatique même graduel pourrait conduire les pays et régions vers des points de basculement socio-économiques, qui les feraient tomber dans des « pièges à conflits » préjudiciables au développement (Hsiang et al., 2013).

Chacun de ces événements causerait des dommages abrupts, et il importe que le coût social du carbone et les MEI conçus pour estimer ce coût tiennent compte de ces événements catastrophiques, ainsi que des autres sources de dommages climatiques. Le problème pour les MEI est que même si l'on dispose d'études de plus en plus nombreuses et d'estimations robustes pour quelques secteurs, un grand nombre d'aspects de la nature des dommages climatiques, par exemple les conflits et les migrations, ne sont pas connus avec un degré de certitude élevé. C'est particulièrement le cas pour les points de basculement, les événements catastrophiques et les probabilités qui leur sont associées (NAS, 2017)[12].

Dommages dans le modèle DICE : la nature des dommages climatiques est un domaine de recherche en plein essor. Malgré cela, une grande incertitude continue de peser sur certains aspects importants, tels que les points de basculement et les prévisions à long terme. Le modèle DICE représente néanmoins les dommages climatiques sous la forme d'une agrégation au niveau mondial de fonctions de dommages régionales (NAS, 2017, chapitre 2), en s'efforçant d'intégrer les principales connaissances acquises sur l'impact économique du changement climatique dans une relation structurelle spécifique.

Le modèle DICE (Nordhaus, 2017) utilise une fonction de dommages fortement agrégée qui traduit la modification de la température atmosphérique (T_{AT}) au moment t en dommages économiques, exprimés en termes de fraction de la production globale $D(T(t))$, selon la formule suivante :

$$D(T(t)) = \varphi_1 T_{AT}(t) + \varphi_2 [T_{AT}(t)]^2 \qquad [14.10]$$

Les dommages sont supposés être une fonction quadratique de la température. La fraction de la production mondiale qui est perdue à cause des dommages climatiques est définie comme suit :

$$1 - \Omega(T(t)) = D(T(t)) / [1 + D(T(t))] \qquad [14.11]$$

La production mondiale, nette de dommages (et de coûts d'atténuation) est donc égale à la production totale, Y(t), multipliée par $\Omega(T(t))$ et $(1 - \Lambda(t))$:

$$Q(T(t)) = \Omega(T(t))(1 - \Lambda(t)) A(t) f(K(t) L(t)) \qquad [14.12]$$

où $(1-\Lambda(t))$ reflète les coûts d'atténuation. Nordhaus (2017) estime les paramètres de la fonction de dommages en s'appuyant sur les résultats des études de Tol sur les dommages (Tol, 2009, 2012), qu'il actualise de manière à prendre en compte les facteurs non commercialisés, les secteurs omis et une estimation des dommages catastrophiques établie par Nordhaus et Sztorc (2014)[13]. Cette fonction donne des dommages équivalant à 2.1 % de la production mondiale pour un réchauffement de 3 °C, et à 8.5 % pour un réchauffement de 6 °C.

Compte tenu de la complexité de la procédure d'estimation des dommages économiques, la forme quadratique utilisée dans le modèle DICE donne matière à débat, notamment en ce qui concerne l'estimation des risques de catastrophe. L'équation [14.9] implique que, même si les dommages marginaux dus à la modification des températures augmentent, cette augmentation est relativement modeste au regard de la plage de réchauffement attendue.

Commentant ce point, Weitzman (2010) propose d'attacher davantage d'importance aux dommages catastrophiques et aux « points de basculement » au-delà desquels les dommages climatiques augmentent rapidement au risque de devenir irréversibles. Weitzman (2010) estime qu'une fonction de forme polynomiale de degré plus élevé permettrait de mieux appréhender ces dommages. Botzen et van den Bergh (2012) ont simulé la sensibilité de la fonction de dommages aux changements de la forme fonctionnelle découlant de Weitzman (2010). Leur analyse utilise le modèle DICE de Nordhaus et compare les dommages constatés par Nordhaus (2008, 2017)[14] :

$$\Omega(T(t)) = 1/\left[1 + 0.0028 T_{AT}(t)^2\right] \quad [14.13]$$

à la forme polynomiale de degré supérieur proposée par Weitzman (2010) :

$$\Omega(T(t)) = 1/\left[1 + \left(\frac{T_{AT}(t)}{20.46}\right)^2 + \left(\frac{T_{AT}(t)}{6.08}\right)^{6.754}\right] \quad [14.14]$$

Ces formulations ne sont que deux des caractérisations possibles de la fonction de dommages. Les implications de chaque fonction sont représentées au graphique 14.4. Pour des changements de la température de l'ordre de 3 °C, les deux fonctions de dommages amènent aux mêmes prédictions : une baisse d'environ 2 à 2.5 % du revenu mondial. Pour une modification de la température de l'ordre de 6 °C, la fonction de dommages de Nordhaus (2008) implique une perte de production de 10 % et le calibrage de Weitzman une perte de 50 %. Le calibrage de Weitzman repose sur des avis d'experts concernant le degré de réchauffement qui déclenchera certains points de basculement climatique comme le relargage du méthane du pergélisol arctique (toundra) et le changement de la circulation thermohaline (du Gulf Stream notamment) (Botzen et van den Bergh, 2012, p. 373 ; Weitzman, 2010).

Pourtant, comme le fait observer Pindyck (2013), l'étendue des dommages consécutifs à un réchauffement supérieur à 6 °C est pour ainsi dire inconnue, et le calibrage de la fonction de dommages comporte son lot de conjectures et d'approximations. Les différences entre les modèles résultent des hypothèses de modélisation qui sont utilisées pour résoudre ce problème et générer les projections. Le modèle FUND, par exemple, comprend des fonctions de dommages sectorielles détaillées qui dans l'ensemble, sur la base des paramètres de référence, font apparaître pour chaque hausse de la température des niveaux de dommages inférieurs aux niveaux obtenus par le modèle DICE ; dans la plage de réchauffement de 0 à 3 °C, FUND relève même des avantages (Greenstone et al., 2013, p. 27).

À l'inverse, la méta-analyse des estimations des dommages climatiques effectuée par Howard et Sterner (Howard et Sterner, 2017) aboutit à la conclusion que les dommages seront probablement plus élevés que ceux obtenus par le modèle DICE-2016R.

Graphique 14.4. **Implications du réchauffement en termes de dommages climatiques**

Selon différentes hypothèses concernant la fonction de dommages

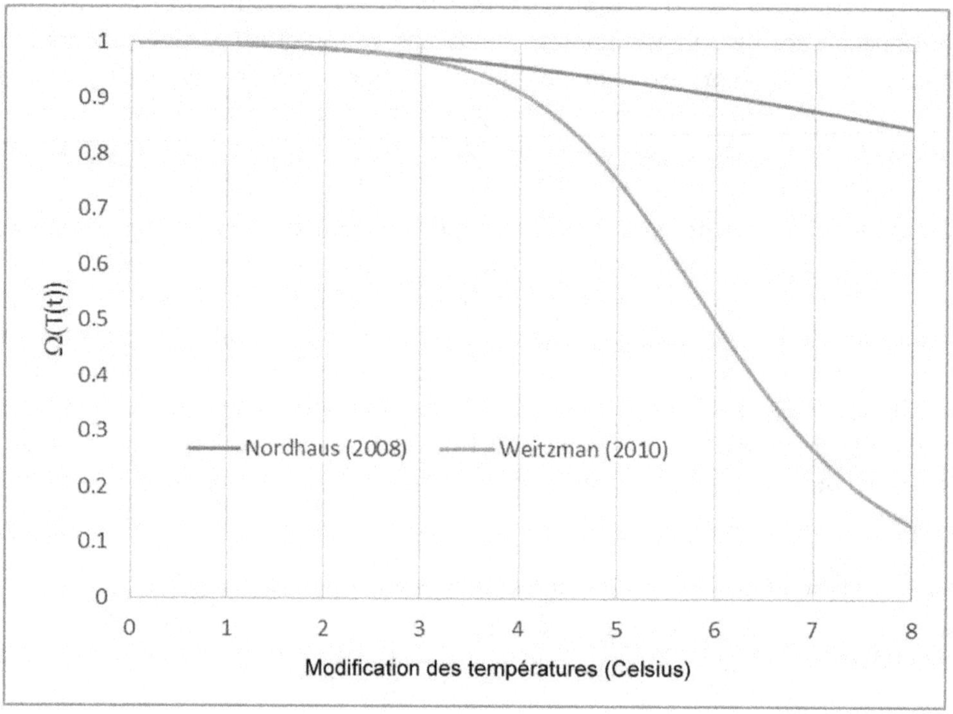

Source : Botzen et van den Bergh, 2012.

14.3.5. *Étape 4 – Actualisation*

Le chapitre 8 donne une description détaillée des problèmes liés à l'actualisation. Dans le contexte des MEI à forme réduite, le problème de l'actualisation se résume à la question de savoir comment calibrer la fonction de bien-être social dans (14.7). L'hypothèse de modélisation classique repose sur un taux d'actualisation de l'utilité constant, δ, et sur une fonction d'utilité à élasticité constante de l'utilité marginale : $U\left(C(t)\right) = (1-\eta)^{-1} C_t^{1-\eta}$, où les paramètres δ et η sont des composantes de la règle de Ramsey pour le taux d'actualisation social : TAS = $\delta + \eta g_c$, où g_c désigne la croissance de la consommation (voir chapitre 8). Le changement climatique est un changement non marginal que subit l'économie. Par conséquent, dans le modèle DICE, la croissance de la consommation est une composante endogène qui est le résultat de la procédure d'optimisation avec et sans politiques climatiques. La seule question qui reste à présent est de savoir comment choisir les deux paramètres de bien-être, δ et η. Les divergences entre les politiques climatiques proposées peuvent parfois s'expliquer par de simples différences d'opinion sur ce point (voir, par exemple, Stern, 2007 ; Nordhaus, 2008). Dans le modèle DICE, Nordhaus propose une méthode de calibrage positiviste, qui part du principe que le taux d'actualisation social devrait refléter les taux de rendement observés sur le marché. Cela permettrait de rendre compte du coût d'opportunité associé aux investissements dans l'atténuation du changement climatique, et que les paramètres de la fonction de bien-être social devraient être calibrés de telle sorte que la règle de Ramsey s'applique comme suit : $r = \delta + \eta g_c$. Il faut dès lors disposer d'une estimation empirique de η et g. δ est estimé comme résidu (Nordhaus, 2017, p. 1520). Le CSC du modèle DICE repose sur l'hypothèse d'un taux de rendement réel mondial des investissements de 4.25 % jusqu'en 2100, ce chiffre étant une moyenne des taux passés observés aux États-Unis et dans le reste du monde.

Dans d'autres MEI, le CSC est estimé avec d'autres méthodes d'actualisation. Dans le Rapport Stern, qui repose sur le modèle d'évaluation intégrée PAGE, la fonction de bien-être social a été calibrée selon une méthode prescriptive/normative, qui a fait le choix de ne pas utiliser les taux d'intérêt du marché pour définir le taux d'actualisation sociale (voir chapitre 8 pour de plus amples précisions à ce sujet).

14.3.6. *Résumé*

À chaque étape de la procédure de calcul du CSC, il faut composer avec l'incertitude qui entoure les relations modélisées – qu'il s'agisse des relations entre l'économie et les émissions, entre les émissions et le climat ou entre le climat et les dommages. Des incertitudes pèsent sur les paramètres climatiques, tels que la SCE et la SCT, ainsi que sur la nature spatiale, temporelle et probabiliste des dommages climatiques. En outre, les projections à un horizon de plusieurs centaines d'années sont calculées à partir d'hypothèses formulées au moment présent. Les estimations du CSC doivent être accompagnées d'une stratégie clairement définie en matière de traitement de l'incertitude, et présentées d'une manière montrant clairement qu'elles sont empreintes d'incertitude. La plupart des estimations se concentrent sur les valeurs centrales mais s'accompagnent d'indicateurs synthétiques sur la distribution des estimations qui tiennent compte de différents aspects de l'incertitude des paramètres, par exemple de la SCE. Avant d'examiner comment l'incertitude est traitée dans la pratique, nous présentons ci-après les estimations du CSC obtenues par quelques-uns des principaux MEI à forme réduite. Avant toute chose, ces estimations confirment l'avis, partagé par la plupart des chercheurs, que le CSC n'est assurément pas nul.

14.4. Incertitude, risque de catastrophe et théorème lugubre de Weitzman

14.4.1. *L'incertitude du CSC et les MEI*

Des incertitudes considérables pèsent sur chaque étape du calcul du CSC. Les émissions futures probables calculées à la première étape dépendent notamment des politiques climatiques et technologiques futures, qui sont inconnues et incertaines. En ce qui concerne la deuxième étape, les paramètres utilisés pour convertir les émissions en changements climatiques ne sont pas connus avec certitude, comme on l'a vu ci-avant en évoquant la sensibilité du climat à l'équilibre et la sensibilité climatique transitoire (voir graphique 14.3). À la troisième étape, la transposition des changements climatiques en dommages physiques et économiques est peut-être l'une des procédures sujettes à la plus grande incertitude. Lors de la quatrième étape, enfin, les composantes du taux d'actualisation (taux d'intérêt, rendement du capital, etc.) sont difficiles à prévoir ou donnent lieu à d'importants désaccords (Drupp et al., 2017).

Lorsque l'on évoque la question de l'incertitude dans le calcul du CSC, il importe d'opérer une distinction entre l'*incertitude structurelle* et l'*incertitude paramétrique*. L'incertitude structurelle est l'incertitude qui entoure la question de savoir quel modèle (si tant est qu'il en existe au moins un) est le mieux à même de saisir les relations dont dépend le calcul du CSC. L'une des principales sources d'incertitude en la matière concerne les dommages abrupts, les seuils et les points de basculement au-delà desquels peuvent survenir des événements potentiellement catastrophiques. L'incertitude paramétrique touche à la mécanique interne des modèles. Par exemple, le graphique 14.2 illustre l'incertitude qui entoure la SCE utilisée pour calibrer le rapport entre les émissions et la variation de température dans tous les MEI. L'incertitude paramétrique touche cependant tous les paramètres utilisés, des variables intervenant dans les relations économiques, comme par exemple le changement technologique et la croissance, aux composantes de la fonction de dommages, telles que l'élasticité des dommages par rapport à la production et à la température, particulièrement à des températures élevées, comme le montrent les fonctions de dommages représentées au graphique 14.4 (NAS, 2017).

Du point de vue des politiques, il est important de comprendre ces facteurs d'incertitude et de les intégrer dans les estimations du CSC. La solution actuellement retenue pour traiter l'incertitude structurelle consiste à estimer le CSC à l'aide de plusieurs modèles simultanément. Comme on le verra par la suite, aux États-Unis, les estimations sont calculées avec les modèles DICE, FUND et PAGE, les variations entre les résultats des différents modèles reflétant les divergences des hypothèses de modélisation. S'agissant de l'incertitude paramétrique, l'approche classique consiste à assigner aux paramètres des distributions de probabilité (comme dans le graphique 14.2) et à effectuer une analyse de Monte-Carlo. Aux États-Unis, l'Interagency Working Group for the Social Cost of Carbon (IWG) a estimé le CSC au moyen de trois MEI alimentés par 10 000 tirages, en s'appuyant sur la distribution de la SCE proposée par Roe et Baker (2007) pour produire une distribution des estimations du CSC (IWG, 2016). Le rapport de la NAS (2017) recommande de procéder à ce type d'analyse pour chacune des quatre étapes précédemment décrites. Nordhaus (2017) effectue une analyse de Monte-Carlo pour tous les paramètres du modèle.

Ces approches partent du principe que les distributions de probabilité peuvent être définies pour tous les paramètres. Or, dans bien des cas, les probabilités sont au mieux ambiguës et sont souvent non connues. C'est le cas par exemple de la probabilité d'événements catastrophiques et des points de basculement. Ces risques peuvent occuper une place prédominante dans les analyses du changement climatique en termes de bien-être, dans la mesure où leur prévention peut présenter un avantage considérable du point de vue de l'assurance.

14.4.2. *Le risque de catastrophe et le théorème lugubre de Weitzman*

Le théorème lugubre de Weitzman (Weitzman, 2009) affirme que le cadre standard de l'ACA n'est pas adapté à l'évaluation des coûts et avantages du changement climatique. Ce postulat tient à l'incertitude qui entoure les dommages associés au changement climatique. Weitzman fait valoir que la distribution de probabilité associée à des facteurs incertains tels que la sensibilité du climat est une distribution « à une queue épaisse ». Dans une distribution normale, les queues de distribution ne sont pas épaisses étant donné que la probabilité d'événements extrêmes converge rapidement vers zéro à mesure que l'on s'éloigne du centre de la distribution. Or, d'après les meilleures estimations disponibles, les probabilités associées à des valeurs de sensibilité du climat extrêmes, par exemple supérieures à 6 °C, ne sont pas infimes. Ainsi, le Quatrième Rapport d'évaluation du GIEC (GIEC, AR4) estime à environ 10 % la probabilité que la sensibilité du climat excède 6 °C et constatent une distribution de probabilité à queue épaisse. Une sensibilité élevée du climat implique des dommages économiques potentiels également élevés, et des conséquences pour l'humanité qui pourraient se révéler désastreuses. Selon Weitzman, ces événements extrêmes dessinent les limites des possibilités d'application de l'ACA classique.

L'argumentation de Weitzman (2009) est relativement complexe, mais dans sa critique du théorème lugubre, Nordhaus (2011) donne une explication simple de son principe de base. Supposons que le bien-être social soit évalué à chaque moment dans le temps à l'aide du cadre standard de l'utilité espérée :

$$E\left[U\left(\tilde{C}\right)\right] = \int U(C)f(C)dC \qquad [14.15]$$

Dans ce cadre, les événements catastrophiques sont représentés par des situations où la consommation, C, est proche de zéro. Le théorème lugubre de Weitzman postule que dans de telles situations, l'utilité espérée ne peut pas converger car l'utilité espérée marginale tend vers l'infini négatif. Du point de vue du bien-être, ce résultat signifie que la société serait disposée à réaffecter toute les richesses à des mesures de prévention de ces événements catastrophiques. Dans le contexte du changement climatique, si l'on part du principe que les générations futures seront exposées à des risques d'événements catastrophiques à queue épaisse, alors le compromis harmonieux entre générations actuelles et générations futures disparaît car l'ACA recommandera de consacrer des investissements infinis au bien-être futur.

Ce raisonnement a suscité beaucoup d'intérêt dans le secteur de l'économie du climat. Weitzman (2007) avançait que ce type d'argument pouvait être utilisé pour justifier les conclusions du Rapport Stern – à savoir qu'il faut réduire drastiquement les émissions maintenant pour éviter le changement climatique – et indiquait que les conclusions du Rapport Stern étaient peut-être justes, mais pour les mauvaises raisons. Elles correspondent à un cas extrême et ne valent que pour des fonctions d'utilité et des fonctions de distribution de probabilité particulières. Nordhaus (2009) propose une explication simple de ce qui précède.

Supposons que l'utilité soit iso-élastique en consommation, C, une hypothèse classique dans les travaux d'économie et de finance appliquées : $U(C) = -C^{1-\eta}$. L'utilité marginale est alors donnée par $U(C) = -(1-\eta)C^{-\eta}$. Si la distribution de probabilité pour C est une loi de puissance, lorsque C avoisine zéro – ce qui est le cas en situation de catastrophe –, la densité de probabilité est donnée par l'approximation suivante : $f(C) = C^k$. Dans ce cas, de faibles valeurs de k impliquent des queues de distribution épaisses et des valeurs de k élevées (considérablement supérieures à 1 par exemple) des queues de distribution fines. Le graphique 14.5 donne une illustration de cette distribution au voisinage de C = 0.

Le graphique du haut représente la fonction de densité de probabilité entière (pdf) pour la consommation. Le graphique du bas examine de plus près l'extrémité inférieure de cette fonction au voisinage de C = 0, pour différentes valeurs de k. Ce que Nordhaus (2009) appelle l'utilité marginale *conditionnelle* au voisinage de zéro est donné par la formule suivante :

$$U(C)f(C) = -C^{1-\eta}C^k = -C^{k+1-\eta} \qquad [14.16]$$

L'utilité espérée au voisinage de zéro, entre C = 0 et un niveau positif (arbitraire) de consommation, $C = \bar{C}$ est donnée par :

$$E\left[U\left(\tilde{C}\right)\right] = \int_0^{\bar{C}} -C^{k+(1-\eta)}dC = \left[\frac{1}{\eta-2-k}C^{k+(2-\eta)}\right]_0^{\bar{C}} \qquad [14.17]$$

Graphique 14.5. **Distribution de probabilité de la consommation**

Distributions à queue épaisse (k < 1) et à queue fine (k >> 1) au voisinage de C = 0

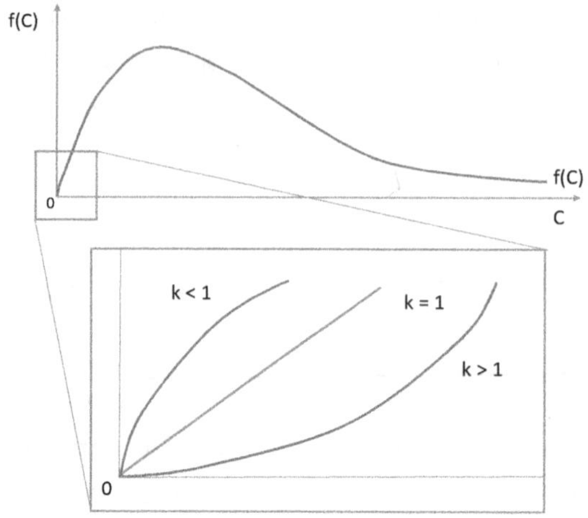

Cette intégrale ne peut avoir de solution définie que si $k + 2 - \eta > 0$. Si $k + 2 - \eta < 0$, l'utilité espérée converge vers l'infini négatif, dans la mesure où C à la puissance d'un exposant négatif est égal à l'infini lorsque C = 0. Ces deux cas sont possibles avec des valeurs plausibles pour k et η, mais le second ($k + 2 - \eta < 0$) est une illustration simple du théorème lugubre de Weitzman.

Si l'on suit le raisonnement de Weitzman, lorsque les queues de distribution sont épaisses (dans l'exemple considéré ici, lorsque k a une valeur faible), le critère de bien-être ne peut pas donner d'informations exploitables étant donné qu'il attribue aux événements catastrophiques dans le monde une valeur infiniment négative. Pris littéralement, une ACA dans ce sens impliquerait que toutes les ressources possibles devraient être réaffectées pour éviter le risque catastrophique. Nordhaus (2011) indique que le théorème lugubre n'est pas inévitable, même avec des queues de distribution épaisses, car il dépend des préférences de l'agent représentatif. Néanmoins, lorsque $k + 2 - \eta < 0$, un cas de figure possible si la société a une grande aversion pour le risque, (que la valeur de η est très élevée) et que les queues de distribution sont épaisses (k faible), alors le critère de l'utilité espérée ne fournit pas de mesure utile du bien-être car l'utilité marginale espérée tend vers l'infini. Cette situation est problématique pour l'évaluation des variations marginales de la consommation induites par les investissements publics, et donc pour l'analyse coûts-avantages. L'utilité marginale espérée est infinie quand $k + 1 < \eta$.

L'intuition initiale qui sous-tend les résultats de Weitzman (2009) présentés par Nordhaus (2011) a été examinée en détail par Millner (2013). De nombreux auteurs ont fait observer que la non-convergence du critère du bien-être espéré n'est pas systématique, ce problème se posant surtout avec les fonctions d'utilité iso-élastiques. Il offre néanmoins une illustration théorique des faiblesses que peuvent présenter des cadres particuliers poussés à l'extrême. La prise en compte des distributions à queue épaisse et l'évaluation des risques de catastrophe en termes de bien-être sont largement perçues comme l'enjeu majeur de l'économie du changement climatique, même si le théorème lugubre de Weitzman constitue un cas extrême (voir par exemple Wagner et Weitzman, 2013 ; Pindyck, 2013). Deux conclusions s'imposent : il est nécessaire, d'une part, d'intégrer les risques de catastrophe dans les fonctions de dommages des MEI, et d'autre part, de faire preuve de prudence pour évaluer les effets de ces incertitudes et risques extrêmes en termes de bien-être. Pour de nombreux auteurs, la suppression de ces risques pourrait être assimilée à une importante couverture d'assurance des biens procurée par la politique d'atténuation du changement climatique (Weitzman, 2009 ; Weitzman et Wagner 2013).

14.5. Estimations du CSC produites par les modèles d'évaluation intégrée

Les quatre étapes du calcul du CSC ont été détaillées et l'exemple spécifique du modèle DICE a été utilisé pour illustrer les hypothèses de modélisation retenues à chaque étape, ainsi que les études de référence qui ont servi à calibrer le modèle. La communauté scientifique et les cercles de décision emploient de nombreux modèles d'évaluation intégrée différents, qui se distinguent par les hypothèses mises en œuvre à chacune des quatre étapes susdécrites. En outre, bien qu'un grand nombre de MEI soient adaptés à l'analyse des politiques liées au changement climatique, Nordhaus (2014) observe que la plupart des estimations du CSC citées dans les travaux existants proviennent de trois modèles : le modèle DICE (Dynamic Integrated Climate and Economy) conçu par William Nordhaus et ses collègues de Yale, le modèle FUND (Framework for Uncertainty, Negotiation and Distribution) de Richard Tol de l'Université du Sussex, et le modèle PAGE (Policy Analysis of Greenhouse gas Emissions) de Chris Hope de l'Université de Cambridge (Hope, 2007), qui a inspiré les résultats présentés dans le Rapport Stern (Stern, 2007). La comparaison des CSC obtenus avec différents modèles permet de mettre en lumière certaines de ces différences fondamentales.

Tol (2011) résume les estimations du CSC générées par ces modèles et d'autres MEI, et le tableau 14.1 présente les résultats de cette synthèse. On trouvera un autre résumé récent des estimations du CSC dans la publication de Greenstone et al. (2013), qui compare des modèles similaires dans différents scénarios.

Tableau 14.1. **Estimation du coût social du carbone par différents MEI**

USD par tonne de carbone (USD 1995)

Statistique	Modèle d'évaluation intégrée (nombre d'estimations, N)				
	Ensemble (211)	PAGE (42)	DICE (12)	FUND (112)	Autres (73)
Mode	49	20	9	25	67
Moyenne	177	77	35	59	266
Écart type	293	119	51	75	403
Médiane	116	53	7	46	177
90e percentile	487	219	105	139	734
95e percentile	669	302	148	178	1 002
99e percentile	1 602	504	200	286	1 824
Probabilité que CSC < 0	25 %	26 %	23 %	14 %	25 %

Source : Tol (2011, p. 431).

Les statistiques sommaires figurant dans le tableau 14.1 sont des données brutes et non pondérées issues des modèles sélectionnés. Il ressort clairement de ces distributions que les estimations du CSC relevées dans les études sont très variables. Ces variations résultent du choix des hypothèses économiques et climatiques retenues dans chacun des modèles. Le fait qu'un même modèle puisse produire un grand nombre d'estimations différentes illustre la diversité des simulations de politiques effectuées et des hypothèses paramétriques et autres retenues dans chaque modèle, certaines étant utilisées pour des analyses de sensibilité. Pour tenter une synthèse, la moyenne pondérée des estimations du CSC ressortant des trois modèles principaux s'établissait en 2011 à 62 USD par tonne de carbone en dollars de 1995, ou 92 USD par tonne de carbone en dollars de 2015[15]. Les estimations sont extrêmement variables et la distribution présente une longue queue allant jusqu'à plusieurs milliers de dollars. Les estimations du CSC présentées dans le tableau 14.1 utilisent deux mesures de l'incertitude : l'écart type et la probabilité que les modèles aboutissent à un CSC inférieur à zéro. Comme l'indique Tol (2011), l'incertitude des estimations transparaît dans la valeur élevée des écarts types et le fait qu'il existe une probabilité de 25 % que les modèles produisent une estimation négative du CSC (sur la base d'une synthèse des résultats donnés par les modèles à partir de l'ensemble des hypothèses déployées dans leurs nombreuses applications).

Pour illustrer les déterminants des variations, référons-nous aux estimations du CSC figurant dans Nordhaus (2014), qui compare une série de scénarios caractérisés par différents objectifs de politique et différents taux d'actualisation, entre autres paramètres (voir tableau 14.2).

Tableau 14.2. **Coût social du carbone selon certaines hypothèses**

USD par tonne de CO_2, 2005

Scénario	2015	2020	2025	2030	2050
Scénario de référence	18.6	22.1	26.2	30.6	53.1
Scénario optimal	17.7	21.2	25.0	29.3	51.5
2 °C	47.6	60.1	75.5	94.4	216.4
Actualisation conforme au Rapport Stern	89.8	103.7	117.4	131.3	190.0
Forte actualisation	6.4	7.7	9.2	10.9	19.6

Source : Adapté de Nordhaus (2014), p. 284.

Les estimations du tableau 14.2 sont calculées avec la version 2013 du modèle DICE : DICE-2013R. Les hypothèses économiques et climatiques de base restent constantes dans les différents scénarios. Les différences entre les scénarios sont les suivantes : le modèle de référence suppose qu'il n'y aura pas de nouvelles politiques climatiques à l'avenir. Le modèle optimal optimise la réponse au changement climatique, en considérant que des réductions d'émissions et des accords internationaux sont possibles. Le scénario « d'actualisation conforme au Rapport Stern » reprend les paramètres d'actualisation du Rapport Stern (Stern, 2007) tandis que le scénario « de forte actualisation » utilise un taux de préférence temporelle pur (δ) de 3.5 %. La valeur du CSC varie de manière assez logique en réponse à ces différentes hypothèses.

Premièrement, dans le modèle DICE, la réduction optimale des émissions ne permet pas d'atteindre l'objectif de 2 °C compte tenu de la façon dont les dommages sont modélisés. Le scénario des 2 °C ajuste les dommages de telle sorte que *la réponse optimale soit* de réduire les émissions et d'atteindre cet objectif. Inévitablement, l'aggravation des dommages se traduit par une augmentation du CSC. Ce résultat illustre l'importance de la fonction de dommages pour la détermination du CSC. Il montre aussi que la limite de 2 °C (et a fortiori celle de 1.5 °C fixée par l'Accord de Paris) n'est pas nécessairement un objectif sur lequel Nordhaus (2014) recommanderait d'axer la politique climatique : les coûts seraient trop élevés par rapport aux dommages évités.

Le Rapport Stern a utilisé le modèle PAGE pour évaluer les avantages et les coûts de l'atténuation du changement climatique (Stern, 2007). L'une des hypothèses retenue par ce rapport est que le taux pur de préférence temporelle (taux d'actualisation de l'utilité) devrait être égal à zéro pour des raisons d'équité intergénérationnelle. Cette hypothèse accorde la même importance aux utilités futures et aux utilités actuelles aux fins du calcul du bien-être intertemporel global. Le calibrage normatif du taux d'actualisation, qui implique un traitement uniforme des utilités, a donné matière à des débats guidés par des considérations normatives et positivistes (voir par exemple Nordhaus, 2007 ; Weitzman, 2007 ; Dasgupta, 2008). D'un point de vue pratique, le coût social du carbone est très sensible à la valeur du taux d'actualisation, comme le montre clairement le tableau 14.2 : à 90 USD par tonne de CO_2 en 2015, le CSC fondé sur le taux d'actualisation du Rapport Stern est presque cinq fois supérieur au CSC du scénario optimal du modèle DICE-2013R. Le scénario « de forte actualisation » offre une illustration supplémentaire de la sensibilité du CSC au taux d'actualisation : avec un taux pur de préférence temporelle de 3.5 %, le CSC en 2015 s'élève à 6.4 USD par tonne de CO_2. Enfin, la trajectoire optimale du CSC s'élève avec l'horizon temporel dans le modèle DICE.

Ces simulations mettent en évidence la sensibilité des estimations du CSC à certaines hypothèses cruciales utilisées par les MEI. Les deux sources de sensibilité identifiées ici sont la fonction de dommages (qui est renforcée, de manière à rendre le scénario des 2 °C optimal) et le taux pur de préférence temporelle. La première est entourée d'une grande incertitude (voir par exemple Millner et al., 2013 ; Pindyck, 2013), et la seconde fait l'objet de désaccords (Drupp et al., 2017).

Dans une étude plus récente sur le CSC, Nordhaus (Nordhaus, 2017) cite un certain nombre d'autres facteurs de sensibilité qui affectent les estimations du CSC générées par les MEI et explique comment, en intégrant les progrès de la science à ces modèles, il est possible d'obtenir des estimations qui reflètent les avancées scientifiques les plus récentes. Le tableau 14.3 indique les nouvelles estimations du CSC obtenues suite à la mise à jour de cinq paramètres figurant dans le modèle DICE-2016R, qui ont une incidence sur les étapes 1-4 susdécrites : 1) dommages ; 2) croissance démographique ; 3) sensibilité à la température ; 4) hypothèses concernant la décarbonation ; et, 5) cycle du carbone.

Tableau 14.3. **Coût social du carbone selon certaines hypothèses**

USD par tonne de CO_2, dollars internationaux de 2010

Scénario	2015	2020	2025	2030	2050
Scénario de référence	31.2	37.3	44.0	51.6	102.5
Scénario optimal	30.7	36.7	43.5	51.2	103.6
2.5 °C	184.4	229.1	284.1	351.0	1 006.2
Actualisation conforme au Rapport Stern	197.4	266.5	324.6	376.2	629.2
Autres taux d'actualisation					
2.5 %	128.5	140.0	152.0	164.6	235.7
3 %	79.1	87.3	95.9	104.9	156.6
4 %	36.3	40.9	45.8	51.1	81.7
5 %	19.7	22.6	25.7	29.1	49.2

Source : Adapté de Nordhaus (2017, p. 1520).

Le tableau 14.3 indique les estimations du CSC les plus récentes et la trajectoire temporelle du CSC selon les mêmes scénarios que ceux considérés dans le tableau 14.2. Nordhaus (2017) utilise à nouveau le scénario de référence et le scénario optimal, mais remplace le scénario des 2 °C par un scénario plus réaliste tablant sur un réchauffement de 2.5 °C. Nordhaus considère qu'un réchauffement maximal de 2 °C n'est pas réalisable compte tenu du niveau technologique actuel, d'où le choix d'un scénario de 2.5 °C dans la mise à jour de 2017 (Nordhaus, 2017, p. 1522). Encore une fois, le scénario des 2.5 °C ajuste les dommages de telle sorte que *la réponse optimale* soit de réduire les émissions et d'atteindre cet objectif. Comme précédemment, ce scénario se traduit par une hausse du CSC, qui passe de 31 USD à 184 USD par tonne de CO_2. Ce CSC est par ailleurs sensible au taux d'actualisation : sa valeur en 2015 est plus de six fois plus élevée si l'on adopte un taux d'actualisation de 2.5 % au lieu de 5 %.

Les valeurs des tableaux 14.2 et 14.3 ne sont pas mesurées dans les mêmes unités de la même année de référence. Nordhaus (2017) montre néanmoins que la mise à jour du modèle DICE-2016R a affecté le calcul du CSC de la manière suivante (% de variation entre parenthèses) :

1. Dommages (-14 %) ;
2. Croissance démographique (+6 %) ;
3. Sensibilité à la température (+8 %) ;
4. Hypothèses économiques concernant la décarbonation (+31) ;
5. Cycle du carbone (+25 %).

Au bout du compte, la valeur du CSC privilégiée par Nordhaus sur la base du modèle DICE est de 31 USD par tonne de CO_2 en 2015, puis s'élève à 102.5 USD en 2100. Malgré tout, ces estimations sont entourées d'une grande incertitude. Par exemple, Howard et Sterner (2017) obtiennent un CSC presque quatre fois plus élevé au terme de leur méta-analyse de la fonction de dommages, arguant qu'il est préférable d'utiliser une fonction de dommages plus élevée, prenant mieux en compte les risques de catastrophe et les dommages aux actifs non commercialisés.

14.6. Coût social du carbone : l'expérience internationale

Plusieurs pays dont les États-Unis, le Royaume-Uni et le Canada ont adopté des mesures législatives ou des politiques visant à assurer la prise en compte des émissions de carbone dans l'analyse des projets publics et des réglementations. Dans certains cas, les émissions de carbone sont soumises à une taxe carbone (Finlande, Suède) ou à un système de plafonnement et d'échange (systèmes d'échange de droits d'émission dans l'Union européenne, en Californie (États-Unis) et en Alberta (Canada))[16]. Les États-Unis emploient le CSC dans l'ACA des projets publics et des règlements, tandis que la France préconise la méthode du coût de réduction des émissions. En 2009, le Royaume-Uni a abandonné le CSC pour utiliser les coûts associés à un niveau cible de réduction des émissions, conformément à la loi sur le changement climatique (Climate Change Act) de 2008. Les sections qui suivent examinent l'expérience de certains de ces pays, à commencer par les États-Unis.

14.6.1. *Calcul du CSC aux États-Unis : l'Interagency Working Group on Social Cost of Carbon*

Aux États-Unis, à la suite d'une série de décisions de justice, l'Agence de protection de l'environnement (EPA) a été habilitée à réguler les émissions de gaz à effet de serre sur la base du Clean Air Act (CAA) ainsi qu'à prendre des mesures concernant d'autres polluants atmosphériques (Metcalf et Stock, 2017). En 2007, dans l'affaire Massachusetts vs EPA (549 U.S. 497), la Cour suprême a statué que le CAA conférait à l'EPA le pouvoir de réguler les émissions de gaz à effet de serre à l'échappement. En 2008, la Cour d'appel des États-Unis pour le neuvième circuit a considéré que l'Administration nationale de la sécurité routière (National Highway

Traffic Safety Administration) avait agi « de façon arbitraire » en refusant d'évaluer les émissions de carbone au motif que la valeur du CSC était incertaine. Qui plus est, le décret présidentiel n° 12866 impose aux agences « d'évaluer les coûts et les avantages de l'évaluation envisagée et, compte tenu du fait que certains coûts et avantages sont difficiles à quantifier, de ne proposer ou adopter une nouvelle réglementation que s'il est raisonnablement établi que les avantages de cette réglementation justifient son coût » (Section 1, partie 6)[17]. D'après le document d'appui technique de l'IWG, le CSC a pour fonction de « permettre aux agences d'intégrer les avantages sociaux de la réduction des émissions de dioxyde de carbone (CO_2) dans les analyses coûts-avantages des mesures réglementaires » (IWG, 2016, p. 3).

C'est aux États-Unis que la procédure de calcul du CSC est la plus aboutie. En 2010, le Conseil économique consultatif (Council of Economic Advisors, CEA) a établi un groupe de travail interinstitutionnel (Interagency Working Group on Social Cost of Carbon, IWG) qu'il a chargé de calculer des estimations du CSC pouvant être appliquées conformément aux exigences établies par le décret présidentiel n° 12866. Ces travaux ont débouché sur un document d'appui technique (IWG, 2010). Ces estimations ont été actualisées en 2013, comme le résument Greenstone et al. (2013), puis de nouveau en 2016. Cette dernière révision a conduit à la publication d'une nouvelle version du document d'appui technique (IWG, 2016). Ces mises à jour répondent aux stipulations du décret présidentiel n° 13563, qui impose aux organismes publics d'utiliser les meilleures données scientifiques disponibles à l'appui de toute décision réglementaire (IWG, 2016, p. 6). Enfin, la NAS a récemment publié un rapport en réponse à une demande de conseils de l'IWG sur la façon dont le CSC devrait être mis à jour à l'avenir pour s'assurer que les estimations reposent sur les meilleures données scientifiques disponibles (NAS, 2017). Ce rapport formule plusieurs recommandations importantes, qui sont examinées ci-après.

L'IWG s'est servi de trois modèles MEI pour estimer le CSC : FUND, DICE et PAGE. L'IWG a utilisé les versions les plus récentes de ces modèles qui étaient disponibles à l'époque et suivi la procédure exposée dans Greenstone et al. (2013)[18] :

1. Les scénarios d'émissions ont été définis à l'aide de la trajectoire d'émissions EMF-22 établie par l'Energy Modelling Forum de l'université Stanford ;
2. Cinq scénarios ont été définis : quatre scénarios tendanciels tablant sur de fortes concentrations de CO_2, comprises entre 600 et 900 ppm, et un cinquième scénario supposant l'atténuation et la stabilisation des émissions aux alentours de 450 ppm ;
3. La sensibilité du climat à l'équilibre (SCE) a été utilisée comme variable aléatoire de la distribution recommandée par Roe et Baker (2007), calibrée selon la déclaration de consensus du GIEC-RE4. Cette distribution se caractérise par « une médiane de 3 °C, une probabilité de 2/3 d'une sensibilité comprise entre 2 °C et 4.5 °C et une probabilité nulle qu'elle soit inférieure à zéro ou supérieure à 10 °C » (Greenstone et al. 2013).
4. L'équipe a imaginé trois scénarios de taux d'actualisation, en appliquant des taux de rendement réels de 2.5 %, 3 % et 5 % aux différents scénarios d'émissions[19].
5. Les effets de bien-être ont été évalués au moyen d'une fonction de bien-être général (équation [14.7]).

En procédant à cette série d'étapes, l'IWG (IWG, 2016) a obtenu un barème de valeurs pour le CS-CO_2, reproduit dans le tableau 14.4. Ces travaux ont amené l'IWG à proposer d'utiliser une valeur de 40 USD par tonne de CO_2 dans l'analyse coûts-avantages des travaux publics et des réglementations, en se référant à un taux d'actualisation de 3 % et à l'année 2020. Encore une fois, les variations des estimations entre les trois modèles s'expliquent par les différences des hypothèses de modélisation, mais il est incontestable que les estimations sont sensibles au taux d'actualisation. De plus, comme dans la synthèse effectuée par Tol (2011), les valeurs figurant dans le tableau 14.4 sont des moyennes non pondérées des différents modèles et scénarios.

Tableau 14.4. **Coût social du dioxyde de carbone selon différents scénarios et taux d'actualisation (%)**

($CS\text{-}CO_2$, USD de 2007 par tonne de CO_2)

Année	Impact moyen 5 %	Impact moyen 3 %	Impact moyen 2.5 %	Impact élevé (95e percentile)
2010	10	31	50	86
2015	11	36	56	105
2020	12	42	62	123
2025	14	46	68	138
2030	16	50	73	152
2035	18	55	78	168
2040	21	60	84	183
2045	23	64	89	197
2050	26	69	95	212

Source : IWG (2016, p. 4).

En suivant ces procédures et en réitérant l'exercice 10 000 fois, l'équipe a obtenu un éventail d'estimations du CSC reflétant les échantillonnages répétés du paramètre de sensibilité du climat (IWG, 2016 ; Greenstone et al., 2013). Comme on l'a vu au chapitre 9, ce type d'analyse de Monte-Carlo, consistant à déduire les paramètres d'une distribution et à agréger les estimations, est fréquemment appliqué dans les ACA. Il est aussi fréquent mis en œuvre dans les modèles MEI à forme réduite pour gérer l'incertitude des paramètres. Alors que les estimations correspondant au 5e-95e percentile pour 2020 s'établissaient entre – 11 USD (FUND) et + 370 USD (PAGE) par tonne de CO2, dans l'hypothèse d'un taux d'actualisation de 3 %, la moyenne pour l'ensemble des modèles ressortait à 42 USD par tonne de CO2 en dollars de 2007. Ces estimations du CSC sont supposées augmenter au fil du temps à mesure que les émissions produisent davantage de dommages. À des fins d'analyse des réglementations, les valeurs recommandées pour la sensibilité du CSC sont de 12 USD et 62 USD (en 2020, pour des taux d'actualisation de 5 % et 2.5 % respectivement). La valeur de 123 USD au 95e percentile en 2020 reflète une fonction de dommages plus proche de la fonction de dommages de Weitzman représentée au graphique 14.6. Ces estimations correspondent aux recommandations qui étaient les plus récentes à l'époque concernant la valeur du CSC à utiliser pour l'analyse des réglementations (IWG, 2016).

Calcul du CSC aux États-Unis : le rapport de la NAS (2017) répond aux demandes formulées par l'IWG sur les moyens d'améliorer et actualiser le calcul du CSC dans les analyses de réglementations futures. Il comporte plusieurs recommandations au sujet des mises à jour futures du CSC.

14.6.2. Le CSC aux États-Unis : impact sur les politiques et perspectives futures

Hahn et Ritz (Hahn et Ritz, 2017) se sont demandés si l'utilisation du CSC aux États-Unis avait eu un quelconque effet sur la politique nationale et ont procédé à une analyse systématique de l'ensemble des réglementations fédérales adoptées depuis 2008. Nordhaus (2017) relève que des réglementations fédérales ayant généré jusqu'à 1 000 milliards USD d'avantages, selon les estimations, ont tenu compte du CSC. Pour leur part, Greenstone et al.

(2013, p. 43) constatent que trois grands domaines d'action aux États-Unis ont été influencés par les estimations du CSC : 1) détermination des normes d'émissions de GES et d'efficacité énergétique du ministère des Transports et de l'EPA ; 2) audience de la Commission des services publics (Public Utilities Commission) du Colorado concernant l'abandon de centrales électriques au charbon d'une puissance totale de 900 MW ; et 3) déclaration relative à la régulation des GES par l'EPA, prononcée devant la Cour d'appel des États-Unis pour le circuit du district de Colombia.

Pourtant, l'étude de Hahn et Ritz constate que le classement des projets aux États-Unis n'a pas été modifié par la prise en compte du CSC, même si elle représente environ 15 % en moyenne des avantages constatés parmi les 53 mesures réglementaires analysées. Pour les auteurs, ce résultat peut s'expliquer par de nombreuses causes internes, allant du comportement de non-maximisation des organismes de réglementation à l'anticipation d'une hausse future du CSC. Cette absence d'influence du CSC pourrait d'ailleurs être délibérée : il se peut que l'administration ait décidé d'utiliser le CSC simplement pour montrer qu'elle ne restait pas les bras croisés, même si cet instrument était impropre à réduire les émissions de carbone. Seulement un projet sur huit analysés a été fortement influencé par la prise en compte du CSC (Hahn et Ritz, 2017, p. 245).

La signature en mars 2017 du décret présidentiel n° 13783 par l'actuel président a rendu très incertain l'avenir du CSC en tant qu'outil d'aide à la décision aux États-Unis. Ce décret a entre autres supprimé l'IWG et annulé l'ensemble de ses documents d'appui technique (E.O. 13783, Section 5). En outre, l'administration américaine est en train d'envisager l'adoption d'un CSC ne tenant compte que des dommages nationaux et d'utiliser un taux d'actualisation haut de 7 % à des fins d'analyse de sensibilité (US EPA, 2017, p. 1). Lorsque seuls les avantages nationaux sont pris en considération, le CSC diminue à 7 USD (1 USD) par tonne de CO_2 avec un taux d'actualisation de 3 % (7 %), et la valeur au 95e percentile tombe à 28 USD (5 USD) par tonne de CO_2, ces chiffres étant à mettre en regard de ceux du tableau 14.4. Ces valeurs correspondent à des réductions de 80-95 %.

14.6.3. *Royaume-Uni*

Pour établir la valeur du carbone, le Royaume-Uni et la France utilisent la méthode du coût de réduction des émissions, non le CSC. En 2002, le Royaume-Uni avait recommandé que les analyses des réglementations se réfèrent au CSC, les valeurs proposées, applicables dans l'ensemble des administrations, variant entre 35 et 140 GBP par tonne de carbone, avec une valeur centrale de 70 GBP par tonne de carbone (environ 250 USD par tonne de CO_2). En 2009, le gouvernement a modifié la façon dont la valeur du carbone devait être estimée dans les ACA : le CSC a été abandonné au profit de valeurs fondées sur le système d'échange de quotas d'émission de l'Union européenne (SEQE-UE) si la source était située dans un secteur couvert par le SEQE, ou de l'approche du coût de réduction des émissions dans les autres cas. Il est recommandé que l'ensemble des projets publics et modifications des réglementations qui ont une incidence en termes d'émissions de carbone, catégorie qui recouvre les projets liés au transport, à l'énergie et à l'efficacité énergétique, se réfèrent aux valeurs à court terme du carbone fixées par le gouvernement. Ces valeurs sont régulièrement actualisées, la mise à jour la plus récente ayant eu lieu en 2016[20]. Le tableau 14.5 indique les estimations actuelles de la valeur du carbone émis dans les secteurs couverts et non couverts par le SEQE-UE, et les valeurs prévues au cours de la période 2010-2030.

L'abandon de l'approche fondée sur le CSC au profit de la méthode du coût de réduction des émissions fait suite à l'adoption en 2008 de la loi sur le changement

Tableau 14.5. **Valeurs du carbone dans les secteurs couverts et non couverts par le SEQE-UE**

Royaume-Uni, GBP par tonne d'équivalent CO_2, prix de 2016

Année	Secteur couvert par le SEQE-UE			Secteur non couvert par le SEQE-UE		
	Basse	Centrale	Élevée	Basse	Centrale	Élevée
2010	13	13	13	29	57	86
2011	12	12	12	29	58	87
2012	6	6	6	29	59	88
2013	4	4	4	30	60	90
2014	4	4	4	30	61	91
2015	5	5	5	31	62	92
2016	0	4	4	31	63	94
2017	0	4	4	32	64	95
2018	0	4	5	32	64	97
2019	0	4	7	33	65	98
2020	0	5	9	33	66	100
2021	4	12	20	34	68	101
2022	8	19	31	34	69	103
2023	12	26	41	35	70	105
2024	15	34	52	35	71	106
2025	19	41	63	36	72	108
2026	23	48	73	37	73	110
2027	27	56	84	37	74	111
2028	31	63	95	38	75	113
2029	35	70	105	38	76	115
2030	39	77	116	39	77	116

Source : Tableaux de données utilisés pour guider l'évaluation du prix du carbone : *www.gov.uk/government/publications/valuation-of-energy-use-and-greenhouse-gas-emissions-for-appraisal.* La convergence des valeurs entre secteurs couverts et non couverts par le SEQE-UE traduit l'hypothèse selon laquelle le prix fixé dans le cadre du SEQE-UE devrait augmenter à mesure que le marché gagnera en maturité, commencera à fixer des plafonds plus stricts et s'étendra à tous les secteurs de l'économie.

climatique (chapitre 27), qui enjoint le secrétaire d'État de prendre les mesures nécessaires pour que les émissions nettes de carbone du Royaume-Uni en 2050 soient de 80 % inférieures à leur niveau de 1990, conformément aux engagements pris au titre du Protocole de Kyoto et d'accords ultérieurs. Composé d'experts de différentes disciplines et de fonctionnaires, le Comité du changement climatique (Climate Change Committee) vérifie la mise en œuvre des engagements pris en vertu de la loi et formule des recommandations lorsque les objectifs ne sont pas atteints.

14.6.4. *France*

En France, la « valeur du carbone » fait maintenant partie des « valeurs unitaires » citées dans les lignes directrices en matière d'analyse coûts-avantages, au même titre que la valeur de la vie statistique et le taux d'actualisation. Les valeurs utilisées démarrent à environ 27 USD (32 EUR) par tonne de CO_2 et augmentent au rythme de 5.8 % par an jusqu'en 2030, puis au taux d'actualisation de 4.5 % ensuite. Ces hausses successives reflètent la règle de Hotelling pour les énergies non renouvelables, qui tente de définir la trajectoire temporelle optimale des valeurs du carbone, comme l'a expliqué la section 14.2, et reflètent l'accroissement des dommages associés aux émissions de carbone (Quinet, 2013). Cette valeur du carbone appliquée par la France est en cours de révision. La valeur du carbone est utilisée pour définir la taxe carbone devant s'appliquer dans les secteurs couverts et non couverts par le SEQE-UE.

14.7. Autres modes de calcul du CSC

14.7.1. Estimation du CSC fondée sur les avis d'experts

Dans une série d'articles critiques, Pindyck (Pindyck, 2012, 2013, 2016) s'est penché sur les faiblesses des modèles d'évaluation intégrée. Le principal reproche qu'il fait aux MEI *n'est pas* de ne pas permettre d'améliorer la compréhension globale des effets probables du changement climatique et l'efficacité des politiques, notamment les politiques technologiques et d'atténuation du changement climatique. Ce que Pindyck réprouve, c'est que ces modèles soient utilisés directement comme instruments d'élaboration de politiques, par exemple pour produire des estimations du CSC comme l'a fait l'IWG (IWG, 2016) aux États-Unis.

Le fondement de cette critique est que, dans certains domaines essentiels, les modèles et leur paramétrage se fondent sur ce que Pindynck (2013) décrit comme de « pures suppositions » concernant des aspects qui sont entourés d'une grande incertitude scientifique. L'exemple le plus frappant est selon lui celui de la fonction de dommages associée aux émissions responsables du changement climatique. Comme si la sensibilité du climat à l'équilibre (SCE : impact à long terme sur le climat d'un doublement des émissions de CO_2) et la réponse transitoire du climat n'étaient pas suffisamment incertaines (voir, par exemple, graphique 14.2), il est extrêmement difficile de définir avec certitude les mécanismes par lesquels les modifications de la température entraînent des dommages bien que l'on dispose d'un corpus d'études empiriques de plus en plus abondant sur l'estimation des dommages climatiques. Le problème tient à ce que les dommages futurs sont très difficiles à prévoir, dans la mesure où ils résulteront de modifications des températures qui n'ont encore jamais été observées. Les risques d'événements catastrophiques sont particulièrement incertains.

Pindyck (2013, 2016) fait par ailleurs valoir qu'à ces incertitudes et facteurs non connus, il faut ajouter la complexité générale des modèles, qui contribue à les rendre opaques. Aussi la raison précise pour laquelle une simulation climatique ou de politique donne le résultat observé est-elle souvent difficile à identifier : il est impossible de savoir quelle cause entraîne quel effet et de déterminer si les résultats sont en un sens « réels » ou si ce sont les artefacts d'une hypothèse dissimulée. En résumé, la plupart des MEI sont pour ainsi dire des « boîtes noires ». Enfin, les MEI analysent le plus souvent des températures moyennes, et donc des dommages moyens. La valeur actualisée des dommages imputables à une variation des tendances centrales du climat s'élève rarement à beaucoup plus de 5-10 % du PIB, soit l'effet d'une récession d'ampleur modérée. Cela tient au fait que les dommages climatiques ne se matérialisent que lentement lorsqu'ils sont mesurés de cette manière, d'où la sensibilité des estimations des dommages au taux d'actualisation social. Pour toutes ces raisons – i) l'incertitude des paramètres et des modèles ; ii) l'opacité ou le manque de transparence ; et iii) la focalisation sur les tendances centrales du changement climatique – Pindyck se montre sceptique quant à l'utilité des MEI.

En remplacement de ces modèles, Pindyck propose tout simplement d'interroger les experts sur le CSC, non pas directement mais en leur posant une série de questions simples sur les dommages climatiques, afin de pouvoir calibrer un modèle simplifié du climat et calculer le CSC sur la base non pas des modifications moyennes des températures mais de la suppression des risques de catastrophe. L'annexe donne des précisions sur cette méthode et les questions qui ont été posées aux experts. Les principales informations qui leur étaient demandées étaient : i) les trajectoires des émissions ; ii) le pourcentage de réduction du PIB dû au changement climatique dans 50 ans ; iii) la probabilité que le PIB ait diminué de X % dans 50 et dans 150 ans ; iv) la réduction des émissions requise pour ramener le risque d'une perte de 20 % à zéro ; v) le taux d'actualisation. Combinées à une modélisation simple et transparente des relations entre les dommages et les émissions (voir annexe 14.A1), les réponses à ces questions permettent d'obtenir un CSC fondé sur l'avis des experts.

Par exemple, à partir des réponses aux questions sur les probabilités de diminution (point iii ci-dessus), le chercheur peut construire une fonction de distribution de probabilité rudimentaire pour les dommages. Le tableau 14.5 et le graphique 14.6 présentent l'exemple d'une distribution de probabilité qui peut être calculée à partir des réponses des experts au questionnaire de Pindyck[21].

À partir des réponses des experts, il est maintenant possible d'approximer le CSC. La méthode d'estimation du coût social du carbone proposée par Pindyck (2016) s'articule en deux parties. Dans un premier temps, on calcule les avantages attendus associés à la réduction des coûts permise par l'élimination des dommages supérieurs à 20 % du PIB. Dans un deuxième temps, les avantages sont divisés par la réduction des émissions requise pour éliminer le risque de dommages extrêmes. Il doit être évident que l'estimation obtenue correspond au CSC *moyen* et non au CSC type, qui mesure la valeur des dommages consécutifs à un changement marginal des émissions.

Tableau 14.6. **Exemples de réponses d'expert au questionnaire de Pindyck (2016)**

Support de la baisse du PIB	Fonction de distribution cumulative	Fonction de survie
	P(perte de PIB ≤ x)	P(perte de PIB > x)
-7 **(min)**	0	1
2	0.2	0.8
5	0.4	0.6
10	0.7	0.3
20	0.8	0.2
50	0.95	0.05
100 (max)	1	0

Cette estimation des dommages unitaires dues aux émissions de carbone a l'avantage d'être transparente, au sens où elle repose sur une approche parcimonieuse tout en saisissant certaines des principales caractéristiques du changement climatique et de l'évolution des dommages. En outre, elle met clairement l'accent sur les événements extrêmes les plus désastreux que pourrait entraîner le changement climatique, et non sur les dommages graduels et modérés associés à la variation des tendances centrales des températures (par exemple les températures moyennes). En ajoutant quelques hypothèses relatives à la distribution des avis des experts, il est facile de calculer les avantages procurés par une diminution des événements désastreux.

Pindyck (2016) a calibré le CSC moyen à partir des réponses fournies par environ un millier d'experts issus de différentes disciplines, dont l'économie et la science du climat. Les estimations du CSC obtenues sont très hétérogènes mais le CSC moyen est généralement nettement supérieur à 200 USD par tonne de carbone (54.6 USD par tonne de CO_2) sur l'ensemble des groupes. La moyenne sur l'ensemble des groupes s'élève à 290 USD par tonne de carbone (79.1 USD par tonne de CO_2). Lorsque l'on élimine les

Graphique 14.6. **Fonctions de probabilité cumulative, de survie et de densité de probabilité**

Pour une réponse d'expert type au questionnaire de Pindyck

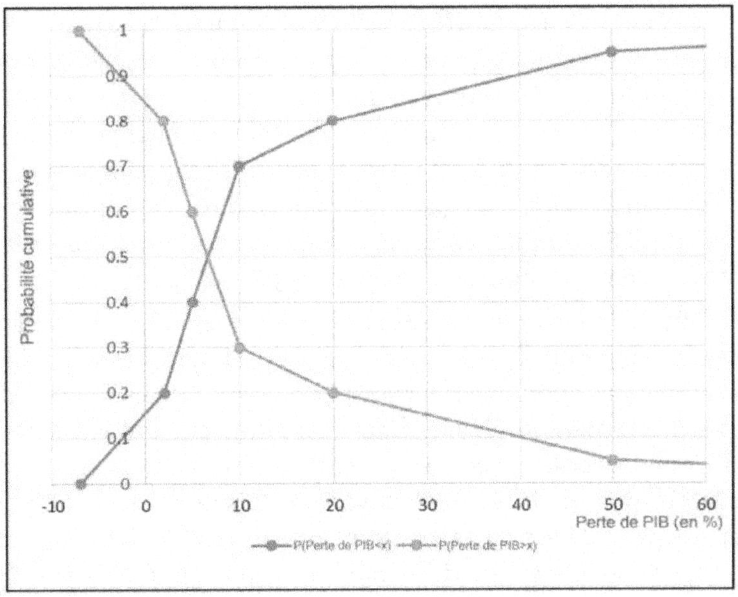

Note : Chaque point sur la ligne bleue correspond à un point du questionnaire où il était demandé aux experts d'évaluer la probabilité que la perte de PIB dépasse x %, sauf le premier point tout à gauche. La ligne orange correspond à l'unité diminuée de cette probabilité, c'est-à-dire à la fonction de survie, qui indique la probabilité que la perte de PIB soit *supérieure* à x %.

valeurs aberrantes et les avis des experts se considérant insuffisamment compétents, le CSC tombe à environ 200 USD par tonne de carbone.

Le modèle simplifié du changement climatique et des dommages climatiques proposé par Pindyck (2016) consacre à de nombreux égards le triomphe du rasoir d'Ockam[22]. L'expression du CSC moyen et les hypothèses qui la sous-tendent sont transparentes. Néanmoins, l'argument selon lequel il y aurait une boîte noire derrière chaque estimation ne peut pas être totalement balayé, si ce n'est que dans le cas présent, la boîte noire se trouve dans la tête de l'expert qui répond à la question. Il est possible que des erreurs de compensation soient introduites à l'étape de l'agrégation, conférant un degré de précision accru à cette approche fondée sur les avis d'experts, mais des biais ne sont pas à exclure pour autant. Au bout du compte, il n'est pas certain que cette approche permette d'obtenir des valeurs plus rationnelles, malgré son élégance et sa simplicité évidentes.

Le message le plus important des travaux de Pindyck est peut-être que le coût social du carbone estimé selon cette méthode dépasse largement la valeur de 42 USD par tonne de CO_2 – qui était le point de mire des orientations réglementaires aux États-Unis sous la présidence Obama – sans même parler des 1 USD par tonne de CO_2 actuellement proposés.

14.7.2. *Expressions simplifiées du CSC*

Une autre façon d'estimer le CSC consiste à élaborer une expression de forme fermée relativement simple pour le CSC, reposant sur un nombre relativement restreint de composantes et facile à estimer pour les besoins des politiques. À certains égards, Pindyck (2016) propose une représentation simple et compréhensible du CSC (voir équation [14.A1.1] à l'annexe 14.A1), mais cette expression ne repose pas sur des hypothèses économiques claires et précises et ne prétend pas être en lien étroit avec la science du climat et la théorie économique. Les travaux de recherche examinés dans cette section visent à obtenir des représentations du CSC plus parcimonieuses que celles issues des MEI, qui restent profondément en prise avec la théorie économique et la science du climat.

Un certain nombre d'études ont adopté cette approche en utilisant des modèles extrêmement simplifiés ou schématiques du climat et de l'économie, qui saisissent les principales caractéristiques du problème que représente le changement climatique sans chercher à obtenir une solution de forme fermée pour le CSC (Golosov et al., 2014 ; Gerlagh et Liski, 2012). van den Bijgaart et al. (2016) vont plus loin : ils proposent une solution de forme fermée pour le CSC dans un cadre déterministe, et montrent qu'elle constitue une bonne approximation des résultats obtenus par des MEI (déterministes) plus complexes.

La motivation première de ces expressions – le besoin de transparence et de parcimonie – rejoint en partie la critique formulée par Pindyck vis-à-vis des MEI. L'un des avantages des estimations simplifiées et transparentes du CSC est que les décideurs et les praticiens peuvent comprendre plus aisément les principes qui les sous-tendent et, de façon générale, s'approprier le concept sans avoir besoin de connaissances techniques ou de haut niveau sur le modèle lui-même. Pour van den Bijgaart et al. (2016, p. 75-76), l'un des problèmes majeurs des MEI est qu'ils « ne sont pas accessibles » pour les décideurs et le grand public. L'inaccessibilité est un déterminant majeur qui fait que le CSC est souvent « accepté ou rejeté en fonction de la confiance ou de la défiance » inspirée par les estimations et procédures qui s'y rapportent.

La formule simple proposée par van den Bijgaart et al. (2016) est la suivante :

$$\mathrm{SCC} = \frac{1.3\omega c^{\psi}}{m} \frac{1}{\varphi+\sigma} \frac{\varepsilon}{\varepsilon+\sigma} \left(\frac{Y}{L\bar{y}}\right)^{\xi-1} Y \qquad [14.18]$$

où Y désigne le revenu ou la production, L la population et $\bar{y}$ un niveau de consommation de référence. Tous les autres termes sont des variables liées aux quatre étapes de la procédure d'estimation du CSC précédemment décrites : 1) lien entre la production et les émissions ; 2) lien entre les émissions et les températures ; 3) lien entre les températures et les dommages ; 4) actualisation. Le tableau 14.6 donne des précisions sur ces paramètres.

Cette représentation du CSC est extrêmement transparente et cadre étroitement avec le CSC qui émerge d'un grand nombre de MEI à forme réduite (voir van den Bijgaart et al., 2016, p. 81-88). Elle ne repose pas sur des avis d'experts mais sur des relations fonctionnelles parcimonieuses relevant des domaines économique et géophysique, ainsi que sur des hypothèses économiques bien définies. En comparaison des représentations produites par les MEI, cette expression du CSC est relativement facile à comprendre pour les décideurs. Par ailleurs, un tableau Excel en accès libre permet aux praticiens de se faire une idée de la sensibilité relative du CSC à différents choix de paramètre[23].

Sur la base des hypothèses de distribution types appliquées aux paramètres du modèle DICE, le CSC ressortant de l'équation [14.18] présente une asymétrie prononcée vers la droite, avec une valeur moyenne d'environ 40 USD par tonne de CO_2, une valeur médiane de 17 USD par tonne de CO_2 et une valeur au 90e percentile de 84 USD par tonne de CO_2. Ces valeurs sont en adéquation étroite avec les estimations des tableaux 14.3 et 14.4.

Tableau 14.7. **Paramètres de l'équation [14.18] donnant une expression simple du CSC**

Paramètre	Signification
ω	Au niveau de consommation de référence , une hausse de la température de 1 °C entraîne les dommages relatifs ω.
m	Niveaux d'émissions préindustriels
ϕ	Paramètre de déclin du stock de CO_2 (comme dans l'encadré 14.1)
ε	Les températures s'ajustent au taux ε vers leur niveau d'équilibre à long terme.
σ	Taux d'actualisation climatique : $\sigma = \rho + \eta g - \xi g - l$ où l désigne la croissance démographique et ξ le paramètre ci-dessous.
ψ	Élasticité des dommages par rapport à la température, T.
ξ	Élasticité des dommages par rapport à la production, Y.

Source : van den Bijgaart et al. (2016).

14.8. CSC : faut-il utiliser des valeurs mondiales ou nationales ?

Une autre question pertinente du point de vue des politiques, à laquelle il convient de répondre pour calculer le CSC, est de savoir si un pays doit utiliser la valeur *mondiale* du CSC ou se concentrer uniquement sur la valeur actuelle des dommages *nationaux* du changement climatique (Fraas et al. 2016 ; Dudley et Mannix, 2014 ; Gayer et Viscusi, 2016). Jusqu'à présent, il était d'usage d'estimer la valeur mondiale du CSC lorsque ce paramètre est destiné à être utilisé dans les politiques publiques à l'échelon national (IWG, 2016 ; NAS, 2017, chapitre 2). Le choix de la valeur mondiale est motivé par le fait que le CO_2 est un polluant mondial, et donc que pour internaliser l'externalité mondiale, tous les pays doivent internaliser cette externalité. Selon un autre argument, la coopération internationale requise pour limiter le réchauffement mondial aura plus de chances de porter ses fruits si les parties prenantes s'inscrivent dans une logique mondiale (Revesz et al., 2017). Dans ses analyses du CSC, l'IWG (IWG, 2010) a estimé que le CSC national était compris entre 7 % et 23 % du CSC mondial dans le cas des États-Unis. De nombreuses mises en garde ont été émises au sujet de cette mesure, notamment le fait qu'un grand nombre des modèles utilisés pour estimer le CSC ne sont pas suffisamment détaillés géographiquement pour que l'on puisse attribuer les dommages à tel ou tel pays. Il est par ailleurs admis que de telles estimations sont sujettes à négliger les dommages indirects que peuvent subir les États-Unis par l'intermédiaire des pays qui sont ses partenaires commerciaux par exemple. La question du choix de la valeur nationale ou mondiale des dommages fait l'objet de recherches actives (voir, par exemple, Kotchen, 2016).

Néanmoins, l'idée d'utiliser un CSC national gagne en popularité dans les cercles de décision. En octobre 2017, l'EPA a recalculé la valeur du CSC devant être appliquée dans les analyses des réglementations, en se référant uniquement aux dommages nationaux et en utilisant le taux d'actualisation le plus élevé de la plage recommandée par l'OMB dans ses lignes directrices pour les analyses de sensibilité (OMB, 2003) : 7 %. Lorsqu'il est calculé selon ces deux conditions – taux d'actualisation de 7 % et prise en compte des dommages nationaux uniquement –, le CS-CO_2 pour les États-Unis tombe de 40 USD à 1 USD par tonne de CO_2 (US EPA, 2017)[24].

14.9. Conclusions

Il est essentiel que le coût des émissions de carbone soit pris en compte dans l'analyse des réglementations et l'évaluation des projets publics. Et pour que ces dommages climatiques puissent être intégrés dans les ACA ou servir au calcul d'une taxe carbone optimale, il est nécessaire d'estimer le CSC. La procédure d'estimation est rendue difficile par la complexité du problème et par les incertitudes qui entourent les paramètres en lien avec le changement climatique, à savoir la sensibilité du climat, la croissance économique et les trajectoires d'émissions futures ainsi que les dommages qui en découleront. La théorie montre que des précautions sont indispensables pour réguler les émissions de carbone et déterminer la trajectoire de la taxe carbone la plus appropriée et que des politiques sous-optimales peuvent entraîner des effets pervers illustrés par le paradoxe vert, même si ces conséquences ne sont pas certaines.

Sur le plan de l'estimation, les États-Unis ont établi des lignes directrices claires sur la façon dont le CSC devait être estimé et, jusqu'à la réorientation récente de la politique publique, le CSC était régulièrement utilisé dans l'analyse des réglementations et des politiques, la valeur retenue s'élevant à environ 40 USD par tonne de CO_2 et devant augmenter dans le temps pour atteindre plus de 100 USD par tonne de CO_2 à l'horizon 2050. De nombreux pays de l'OCDE se réfèrent à une estimation du CSC pour évaluer les projets publics et calculer les taxes carbone.

Le CSC est fréquemment estimé à l'aide de modèles d'évaluation intégrée (MEI), dont il apparaît qu'ils sont sensibles aux hypothèses concernant la sensibilité du climat, les dommages climatiques et le traitement de l'incertitude et de l'ambiguïté au regard du bien-être. Plus particulièrement, la façon dont les MEI traitent les risques de catastrophe, à la fois dans les fonctions de dommages et dans la mesure du bien-être, est un puissant déterminant de la rigueur des politiques qui seront adoptées en réponse au changement climatique. Une incertitude et une ambiguïté plus grandes, conjuguées à des probabilités de risque de catastrophe à queue épaisse, conduisent à la préconisation d'une politique climatique plus sévère et à une valeur estimée du CSC plus élevée.

Les années récentes ont vu l'apparition de procédures faisant appel aux avis d'experts sur le CSC et de formules de calcul du CSC alliant simplicité et transparence. Selon certains commentateurs, ces méthodes sont préférables au sens où elles sont plus transparentes et démocratiques, avantages qui n'ont pas obligatoirement un coût en termes de fourchette de valeurs obtenues pour le CSC. Le calibrage des MEI à des fins d'aide à l'élaboration des politiques publiques suscite de nombreux débats et nécessite des recherches plus approfondies en raison des incertitudes associées aux dimensions scientifiques et économiques du changement climatique et des désaccords entourant certains paramètres cruciaux qui déterminent le CSC (tels que le taux d'actualisation ou la SCE). La principale bonne nouvelle, du point de vue de l'ACA, est que les estimations du CSC sont désormais prises en compte dans l'analyse des politiques publiques et qu'elles influencent les décisions d'une manière qui devrait améliorer le bien-être social à long terme.

Le prix du carbone n'est très certainement pas nul. Ce consensus général quant à la probabilité que le CSC soit non nul transparaît dans le fait que, très souvent, les analyses des politiques menées dans les pays de l'OCDE attribuent une valeur monétaire au carbone (Smith et Braathen, 2015 ; FIT, 2015).

Notes

1. Malgré l'appellation restrictive de « CSC », ce concept mesure généralement les dommages associés à l'ensemble des gaz à effet de serre. C'est le point de vue adopté dans l'ensemble de ce chapitre.
2. L'incertitude knightienne décrit une situation dans laquelle le risque associé à certains événements ne peut pas être représenté par des distributions de probabilité bien définies. Les événements qui

sont rares ou qui ne se sont encore jamais produits dans le passé constituent des exemples d'incertitude knightienne, dans la mesure où la probabilité de survenue de tels événements n'est pas connue. Les probabilités sont au mieux ambiguës et ne peuvent être définies qu'à l'aide d'intervalles.

3. Une tonne de CO_2 contenant 0.273 tonne de carbone, le CS-CO_2 équivaut à 0.273*CSC.

4. Hoel et Kverndokk (1996, p. 118) prennent également en considération les coûts d'extraction, qui dépendent de l'extraction cumulée de la ressource. Par souci de simplification, l'exposé présenté ici fait abstraction de cette variable.

5. Si l'on utilise un taux d'actualisation composite, c'est parce qu'il existe deux raisons de minorer la valeur des dommages futurs par rapport aux dommages actuels : le coût d'opportunité r et le taux de déclin ϕ. Ces deux facteurs justifient d'attribuer une moindre importance au stock de pollution futur.

6. La contribution de van der Ploeg et Withagen (van der Ploeg et Withagen, 2015) a été publiée par la revue Review of Environmental Economics and Policy, dans le cadre du symposium « The Green Paradox and Climate Policy ».

7. Une tonne de CO_2 contient 0.273 tonne de carbone.

8. Le GIEC (GIEC, 2013) établit une distinction entre confiance et probabilité dans le traitement de l'incertitude. Un *degré de confiance moyen* signifie 5 chances sur 10, et un degré de confiance élevé 8 chances sur 10. Par ailleurs, *probable* correspond à une probabilité > 66 %, *improbable* à une probabilité < 33 %, et *très improbable* à une probabilité < 10 %. Pour une description complète, on pourra se référer à : *www.ipcc.ch/publications_and_data/ar4/wg1/en/ch1s1-6.html*.

9. On trouvera une synthèse des méthodes de modélisation structurelle dans Perry et Ciscar (2014).

10. La NAS (NAS, 2017, chapitre 5) et Dell *et al.* (Dell *et al.*, 2014) présentent une bonne synthèse des études sur les dommages. Un recueil d'études a été publié par la revue Review of Environmental Economics and Policy dans le cadre du symposium consacré à l'adaptation dans l'agriculture (volume 11, deuxième édition, juillet 2017).

11. Pour une analyse de la formation des nuages, voir GIEC (2013), chapitre 7. Pour une analyse des effets de rétroaction et des effets irréversibles du changement climatique, voir GIEC (2013), chapitre 12, et pour une analyse du changement du niveau des océans, voir GIEC (2013), chapitre 13.

12. La NAS (NAS, 2017, p. 138) cite le rapport de l'IWG (IWG, 2010), qui soulignait que les dommages catastrophiques et non catastrophiques n'étaient pas traités de façon exhaustive dans les formules de dommages utilisées alors. Ces fonctions ont été actualisées depuis 2010 (voir, par exemple, Nordhaus, 2017), mais selon la NAS (2017, p 144), le traitement des risques de catastrophe et des points de basculement demeure problématique dans les MEI à forme réduite.

13. Certaines erreurs arithmétiques qui figuraient dans les études de Tol (2009, 2012) ont été corrigées dans les mises à jour récentes de DICE. Voir Tol (2014) ainsi que Nordhaus et Moffatt (2017).

14. À proprement parler, pour des raisons de qualité d'ajustement, l'estimation utilise une fonction à un paramètre en supposant que $\varphi_1 = 0$, d'où la formulation donnée dans (14.13).

15. Pour une inflation de 2 % sur 20 ans.

16. Outre ces mesures, plusieurs pays ont instauré des taxes carbone qui s'appliquent à différents secteurs de l'économie. Par exemple, la Suède et la Finlande ont mis en place des taxes carbone de 150 USD par tonne de CO_2 et 89 USD par tonne de C respectivement.

17. Voir *www.epa.gov/laws-regulations/summary-executive-order-12866-regulatory-planning-and-review*.

18. Ces mises à jour apportaient des changements aux modules de dommages, qui concernaient notamment l'élévation du niveau des océans, les facteurs d'échelle régionaux, l'adaptation et les paramètres du cycle du carbone.

19. Le scénario bas de 2.5 % s'inspire des études sur les taux d'actualisation décroissants de Newell et Pizer (2003), Groom et al. (2007) et, plus récemment, Freeman et al. (2015). Voir IWG (2010) et le chapitre 8 de ce livre.

20. La liste des valeurs à court terme du carbone dans les secteurs couverts et non couverts par le SEQE-UE peut être consultée à l'adresse suivante : *www.gov.uk/government/collections/carbon-valuation--2*.

21. Pour calculer les distributions de probabilité, le seul élément d'information requis en plus des réponses au questionnaire de Pindyck (2016) est la valeur de la borne inférieure.

22. Voir *https://fr.wikipedia.org/wiki/Rasoir_d%27Ockham*.

23. Voir : *http://dx.doi.org/10.1016/j.jeem.2016. 01.005.*

24. *www.federalregister.gov/documents/2017/03/31/2017-06576/promoting-energy-independence-and-economic-growth.*

Références

van den Bijgaart, I., R. Gerlagh et M. Liski (2016), « A simple formula for the Social Cost of Carbon », *Journal of Environmental Economics and Management*, vol. 77, pp. 75-94, *http://dx.doi.org/10.1016/j.jeem.2016.01.005.*

Bosello, F., F. Eboli et R. Pierfederici (2012), « Assessing the Economic Impacts of Climate Change: An Updated CGE Point of View », *FEEM Working Paper*, n° 2.

Bosello, F., R. Roson et R.S.J. Tol (2007), « Economy-wide Estimates of the Implications of Climate Change: Sea Level Rise », *Environmental and Resource Economics*, vol. 37, pp. 549-571.

Bosello, F., R. Roson et R.S.J. Tol (2006), « Economy wide estimates of the implications of climate change: Human health », *Ecological Economics*, vol. 58, pp. 579-591.

Botzen, W.J.W. et J.C.J.M. van den Bergh (2012), « How sensitive is Nordhaus to Weitzman? Climate policy in DICE with an alternative damage function », *Economics Letters*, vol. 117, n° 1, pp. 372-374, *http://dx.doi.org/10.1016/j.econlet.2012.05.032.*

Burke, M. et K. Emerick (2016), « Adaptation to Climate Change: Evidence from US Agriculture », *American Economic Journal: Economic Policy*, vol. 8, n° 3, pp. 106-140.

Dell, M., B.F. Jones et B.A. Olken (2014), « What Do We Learn from the Weather? The New Climate-Economy Literature », *Journal of Economic Literature*, vol. 52(3), pp. 740-98, *www.aeaweb.org/articles?id=10.1257/jel.52.3.740.*

Deschenes, O. et M. Greenstone (2011), « Climate Change, Mortality, and Adaptation: Evidence from Annual Fluctuations in Weather in the US », *American Economic Journal: Applied Economics*, vol. 3, n° 4, pp. 152-185.

Deschenes, O. et M. Greenstone (2007), « The economic impacts of climate change: Evidence from agricultural output and random fluctuations in weather », *American Economic Review*, vol. 97, n° 1, pp. 354-385.

Di Falco, S., M. Veronesi et M. Yesuf (2011), « Does Adaptation to Climate Change Provides Food Security? A Micro-Perspective from Ethiopia », *American Journal of Agricultural Economics*, vol. 93, n° 3, pp. 829-846.

Drupp, M. et al. (2017), « Discounting Disentangled: An Expert Survey on the Components of the Long Term Social Discount Rate », à paraître dans *American Economic Journal: Economic Policy* ; version document de travail : Drupp, M. et al. (2015), Grantham Research Institute on Climate Change and the Environment *Working Paper*, n° 172, *www.lse.ac.uk/GranthamInstitute/wp-content/uploads/2015/06/Working-Paper-172-Drupp-et-al.pdf.*

Dudley, S.E. Mannix et F. Brian (2014), « The social cost of carbon », *Engage: The Journal of the Federalist Society*, vol. 15, pp. 14-18.

Forum international des transports (2015), « Adapting Transport Policy to Climate Change: Carbon Valuation, Risk and Uncertainty », *rapport de recherche du FIT.*

Fraas, A., R. Lutter, S. Dudley, T. Gayer, J. Graham, J.F. Shogren et W.K. Viscusi (2016), « Social cost of carbon: Domestic duty », *Science*, vol. 351, p. 569.

Freeman, M.C. et al. (2015), « Declining Discount Rates and the Fisher Effect: Inflated Past, Discounted Future », *Journal of Environmental Economics and Management*, vol. 73, pp. 32-49, *http://dx.doi.org/10.1016/j.jeem.2015.06.003.*

Freeman, M.C., B. Groom et R.J. Zeckhauser (2015), « Better predictions, better allocations: Scientific advances and adaptation to climate change », *Philosophical Transactions of the Royal Society A: Mathematical, Physical and Engineering Sciences*, vol. 373, n° 2055, *http://dx.doi.org/10.1098/rsta.2015.0122.*

Gayer, T. et W.K. Viscusi (2016), « Determining the Proper Scope of Climate Change Policy Benefits in U.S. Regulatory Analyses: Domestic Versus Global Approaches », *Review of Environmental Economics and Policy*, vol. 10, n° 2, pp. 245-263.

Gerlagh, R. (2011), « Too much oil », *CESifo Economic Studies*, vol. 57, n° 1, pp. 79-102, *https://doi.org/10.1093/cesifo/ifq004.*

Gerlagh, R. et M. Liski (2012), « Carbon Prices for the Next Thousand Years », *CESifo Working Paper Series* 3855, CESifo Group Munich, *wwz.unibas.ch/fileadmin/wwz/redaktion/forschung/Matti_Liski_et_al_CarbonPrices_mars25.pdf.*

GIEC (2013), *Climate Change 2013: The Physical Science Basis – Contribution of Working Group I to the Fifth Assessment Report of the Intergovernmental Panel on Climate Change* [Stocker, T.F., D. Qin, G.-K. Plattner, M. Tignor, S.K. Allen, J. Boschung, A. Nauels, Y. Xia, V. Bex et P.M. Midgley (dir. pub.)], Cambridge University Press, Cambridge, Royaume-Uni et New York, NY, USA.

Gorst, A., B. Groom et A. Dehlavi (2015), « Crop productivity and adaptation to climate change in Pakistan », *Centre for Climate Change Economics and Policy Working Paper*, n° 214.

Greenstone, M., E. Kopits et A. Wolverton (2013), « Developing a Social Cost of Carbon for US Regulatory Analysis: A methodology and Interpretation », *Review of Environmental Economics and Policy*, vol. 7, n° 1, pp. 23-46, *https://doi.org/10.1093/reep/res015.*

Groom, B. et al. (2007), « Discounting the Distant Future: How much does model selection affect the certainty equivalent rate? », *Journal of Applied Econometrics*, vol. 22, n° 3, pp. 641-656, *http://dx.doi.org/10.1002/jae.937.*

Heal, G. et A. Millner (2014), « Uncertainty and decision-making in climate change », *Review of Environmental Economics and Policy*, vol. 8, n° 1, pp. 120-137, *https://doi.org/10.1093/reep/ret023.*

Hoel, M. (2008), « Bush Meets Hotelling: Effects of Improved Renewable Energy Technology on Greenhouse Gas Emissions », *Working Paper*, n° 2492, CESifo, Münich, *www.cesifo-group.de/ifoHome/publications/working-papers/CESifoWP/CESifoWPdetails?wp_id=14556692.*

Hoel, M. et S. Kverndokk (1996), « Depletion of fossil fuels and the impacts of global warming », *Resource and Energy Economics*, vol. 18, n° 2, pp. 115-136, *https://doi.org/10.1016/0928-7655(96)00005-X.*

Howard, P.H. et T. Sterner (2017), « Few and Not So Far Between: A Meta-analysis of Climate Damage Estimates », *Environmental and Resource Economics*, vol. 68, n° 1, pp. 197-225, *https://doi.org/10.1007/s10640-017-0166-z.*

Hsiang, S.M. (2010), « Temperatures and Cyclones Strongly Associated with Economic Production in the Caribbean and Central America », *Proceedings of the National Academy of Sciences*, vol. 107, n° 35, pp. 15367-72.

Hsiang, S., K. Meng et M. Cane (2011), « Civil conflicts are associated with the global climate », *Nature*, vol. 476, pp. 438-441.

Interagency Working Group on Social Cost of Carbon (2016), *Technical Support Document: Social Cost of Carbon for Regulatory Impact Analysis under Executive Order* 12866, août, gouvernement des États-Unis, *www.epa.gov/sites/production/files/2016-12/documents/sc_co2_tsd_august_2016.pdf.*

Interagency Working Group on Social Cost of Carbon (2010), *Technical Support Document: Social Cost of Carbon for Regulatory Impact Analysis under Executive Order* 12866, février, gouvernement des États-Unis, *www.epa.gov/sites/production/files/2016-12/documents/scc_tsd_2010.pdf.*

Kotchen, M.J. (2016), « Which Social Cost of Carbon? A Theoretical Perspective », *NBER Working Paper*, n° 22246.

Kurukulasuriya, P. et R. Mendelsohn (2008), « Crop switching as a strategy for adapting to climate change » *African Journal of Agricultural and Resource Economics*, vol. 2, n° 1, pp. 105-126.

Mendlesohn, R. (2012), « The Economics of Adaptation to Climate Change in Developing Countries », *Climate Change Economics*, vol. 3, n° 2.

Mendelsohn, R., W. Nordhaus et D. Shaw (1994), « The Impact of Global Warming on Agriculture: A Ricardian Analysis », *American Economic Review*, vol. 84, n° 4, pp. 753-771.

Millner, A. (2013), « On welfare frameworks and catastrophic climate risks », *Journal of Environmental Economics and Management*, vol. 65, n° 2, pp. 310-325, *http://dx.doi.org/10.1016/j.jeem.2012.09.006.*

Millner, A., S. Dietz et G. Heal (2013), « Scientific ambiguity and climate policy », *Environmental and Resource Economics*, vol. 55, n° 1, pp. 21-46, *http://dx.doi.org/10.1007/s10640-012-9612-0.*

NAS (2017), *Valuing Climate Changes: Updating Estimation of the Social Cost of Carbon Dioxide*, National Academy of Sciences, *www.nap.edu/24651.*

Newell, R.G. et W.A. Pizer (2003), « Discounting the distant future: How much do uncertain rates increase valuations?, *Journal of Environmental Economics and Management*, vol. 46, n° 1, pp. 52-71, *http://dx.doi.org/10.1016/S0095-0696(02)00031-1.*

Nordhaus, W.D. (2017), « Revisiting the Social Cost of Carbon », *Proceedings of the National Academy of Sciences*, vol. 114, n° 7, pp. 1518-1523.

Nordhaus, W. (2016), « Projections and uncertainties about climate change in an era of minimal climate policies », *Cowles Foundation discussion paper*, n° 2057, *https://cowles.yale.edu/sites/default/files/files/pub/d20/d2057.pdf*.

Nordhaus, W.D. (2014), « Estimates of the Social Cost of Carbon: Concepts and Results from the DICE-2013R Model and Alternative Approaches », *Journal of the Association of Environmental and Resource Economists*, vol. 1, n° 1-2, pp. 273-312, *http://dx.doi.org/10.1086/676035*.

Nordhaus, W.D. (2011), « The Economics of Tail Events with an Application to Climate Change », *Review of Environmental Economics and Policy*, vol. 5, n° 2, pp. 240-257, *https://doi.org/10.1093/reep/rer004*.

Nordhaus, W.D. (2008), *A Question of Balance: Weighing the Options on Global Warming Policies*, Yale University Press, New Haven.

Nordhaus, W.D. (2007), « A Review of the Stern Review on the Economics of Climate Change », *Journal of Economic Literature*, vol. 45, n° 3, pp. 686-702, *http://dx.doi.org/10.1257/jel.45.3.686*.

Nordhaus, W.D. et A. Moffat (2017), « A survey of the global impacts of climate change: Replicability, survey methods and a statistical analysis », *Cowles Foundation Discussion Paper* No. 2096, Cowles Foundation for Research in Economics, Yale University, New Haven. *https://cowles.yale.edu/sites/default/files/files/pub/d20/d2096.pdf*.

Nordhaus, W. et P. Sztorc (2013), *DICE 2013R: Introduction and User's Manual*, octobre 2013, voir : *www.econ.yale.edu/ nordhaus/homepage/documents/DICE_Manual_100413r1.pdf*.

Olsen et al. (2012), « A climate sensitivity estimate using Bayesian fusion of instrumental observations and an Earth system model », *Geophysical Resource Letters*, 117(D4):D04103.

Perry, M. et J.-C. Ciscar (2014), « Multi-sectoral Perspective in Modelling of Climate Impacts and Adaptation », chapitre 15 in *Handbook of the Economics of Climate Change Adaptation*, Markandya, A., I. Galarraga et E. Sainz de Murieta (dir. pub.), Routledge Handooks.

Pindyck, R.S. (2016), « The Social Cost of Carbon Revisited », *NBER Working Paper* 22807, National Bureau of Economic Research, Washington, DC, *www.nber.org/papers/w22807*.

Pindyck, R.S. (2013), « Climate Change Policy: What Do the Models Tell Us? », *Journal of Economic Literature*, vol. 51, n° 3, pp. 860-872, *http://dx.doi.org/10.1257/jel.51.3.860*.

Quinet, E. (2013), *L'évaluation socio-économique en période de transition*, Rapport du groupe de travail presidé par Émile Quinet, Commissariat général à la stratégie et à la prospective, Tome I, Rapport final, juin.

Ranson, M. (2013), « Crime, Weather and Climate Change », *Journal of Environmental Economics and Management*, vol. 67, n° 3, pp. 274-302.

Revesz, R.L., J.A. Schwartz, P.H. Howard, K. Arrow, M.A. Livermore, M. Oppenheimer et T. Sterner (2017), « Letter – The Social Cost of Carbon: A Global Imperative », *Review of Environmental Economics and Policy*, vol. 11, n° 1, 1 janvier 2017, pp. 172-173, *https://doi.org/10.1093/reep/rew022*.

Roe, G.H. et M.B. Baker (2007), « Why is climate sensitivity so unpredictable? », *Science*, vol. 318, n° 5850, pp. 629-633, *http://dx.doi.org/10.1126/science.1144735*.

Schlenker, W. et M.J. Roberts (2009), « Nonlinear temperature effects indicate severe damages to US crop yields under climate change », *Proceedings of the National Academy of Sciences*, vol. 106, n° 37, pp. 15594-98.

Schlenker, W., W.M. Hanemann et A.C. Fisher (2005), « Will U.S. Agriculture Really Benefit from Global Warming? Accounting for Irrigation in the Hedonic Approach », *American Economic Review*, vol. 95, n° 1, pp. 395-406.

Sinn, H.W. (2012), *The Green Paradox*, MIT Press, Cambridge, Mass.

Smith, S. et N. Braathen (2015), « Monetary Carbon Values in Policy Appraisal: An Overview of Current Practice and Key Issues », *Documents de travail de l'OCDE sur l'environnement*, n° 92, Éditions OCDE, Paris, *http://dx.doi.org/10.1787/5jrs8st3ngvh-en*.

Stern, N. (2007), *The Economics of Climate Change: The Stern Review*, Cambridge University Press, Cambridge, *www.cambridge.org/catalogue/catalogue.asp?isbn=9780521700801*.

Strand, J. (2007), « Technology Treaties and Fossil-Fuels Extraction », *Energy Journal*, vol. 28, n° 4, pp. 129-142, *http://dx.doi.org/10.5547/ISSN0195-6574-EJ-Vol28-No4-6*.

Tol, R.S.J. (2014), « Correction and Update: The Economic Effects of Climate Change », *Journal of Economic Perspectives*, vol. 28(2), pp. 221-26, *http://dx.doi.org/10.1257/jep.28.2.221*.

Tol, R.S.J. (2012), « On the Uncertainty about the Total Economic Impact of Climate Change », *Environmental and Resource Economics*, vol. 53, n° 1, septembre 2012, pp. 97-116.

Tol, R.S.J. (2011), « The Social Cost of Carbon », *Annual Review of Resource Economics*, vol. 3, pp. 419-443, *https://doi.org/10.1146/annurev-resource-083110-120028.*

Tol, R.S.J. (2008), « The Social Cost of Carbon: Trends, Outliers and Catastrophes », *Economics: The Open-Access, Open-Assessment E-Journal*, vol. 2, n° 2008-25, *http://dx.doi.org/10.5018/economics-ejournal.ja.2008-25.*

Ulph, A. et D. Ulph (1997), « Global warming, irreversibility and learning », *Economic Journal*, vol. 107, n° 442, pp. 636-650, *http://dx.doi.org/10.1111/j.1468-0297.1997.tb00031.x.*

USEPA (2017), *Regulatory Impact Analysis for the Review of the Clean Power Plan: Proposal*, octobre 2017, *www.epa.gov/sites/production/files/2017-10/documents/ria_proposed-cpp-repeal_2017-10.pdf.*

Weitzman, M.L. (2010), « What is the 'Damages Function' for Global Warming and What Difference Might it Make? », *Climate Change Economics*, vol. 1, n° 1, pp. 57-69, *http://dx.doi.org/10.1142/S2010007810000042.*

Weitzman, M.L. (2009), « On Modeling and Interpreting the Economics of Catastrophic Climate Change », *The Review of Economics and Statistics*, vol. 91, n° 1, pp. 1-19, *www.mitpressjournals.org/doi/abs/10.1162/rest.91.1.1.*

Weitzman, M.L. (2007), « A Review of 'The Stern Review on the Economics of Climate Change' », *Journal of Economic Literature*, vol. XLV, n° 3, pp. 703-724, *http://dx.doi.org/10.1257/jel.45.3.703.*

ANNEXE 14.A1

Questionnaire et modèle de Pindyck (2016)

Pindyck a conçu son questionnaire de manière à pouvoir définir un scénario d'émissions de référence puis, à partir de là, déterminer la probabilité de survenue de dommages particuliers, exprimés en termes de pertes proportionnelles de PIB. Les questions posées étaient les suivantes :

1. Quel sera le taux de croissance moyen des émissions de GES au cours des 50 prochaines années en cas de maintien du statu quo (absence de mesures supplémentaires visant à réduire les émissions) ?
2. En l'absence de politique d'atténuation du changement climatique, quel sera le niveau le plus probable (en %) de diminution du PIB mondial imputable au changement climatique au cours des 50 prochaines années ?

Les experts ont ensuite été interrogés sur la distribution de probabilité associée aux dommages climatiques, et en particulier sur la probabilité d'événements extrêmes en queue de distribution. Les questions suivantes leur ont été posées :

3. En l'absence d'atténuation du changement climatique, quelle est la probabilité pour que, d'ici 50 ans, le changement climatique ait provoqué une diminution du PIB mondial d'au moins 2, 5, 10, 20 et 50 % ?

Les mêmes questions ont ensuite été posées en se référant à un horizon beaucoup plus éloigné (150 ans). Enfin, il a été demandé aux experts de répondre à la question suivante :

4. Dans quelle proportion faudrait-il réduire la croissance des émissions pour supprimer la queue de distribution et ramener la probabilité de dommages climatiques supérieurs à 20 % du PIB à zéro d'ici 50 et 150 ans ?

Les réponses à la question 3 définissent implicitement une fonction de distribution de probabilité cumulative et une fonction de survie pour les dommages en termes de perte de PIB en pourcentage. Ces fonctions sont représentées dans le tableau 14.3 et le graphique 14.6. Les experts ont répondu à chacune des questions pour les deux horizons temporels considérés : 50 et 150 ans. Ces données sont du même type que celles produites par les modèles d'évaluation intégrée, à la différence qu'elles reposent sur des avis d'expert.

Les avantages liés à la réduction des dommages extrêmes sont calculés comme suit (Pindyck, 2016) :

$$B_0 = \frac{\beta Y_0 \left[E_1(z_1) - E_0(z_1)\right]}{(r-g)(r+\beta-g)\left(1-\exp(-\beta T)\right)} \qquad [14.A1.1]$$

où le numérateur est composé de deux termes :

1. $[E_1(z_1)-E_0(z_1)]$: le changement de la perte de PIB attendue, consécutif à l'élimination du risque extrême. L'espérance $E_0(z_1)$ porte sur une plage réduite de valeurs des dommages (support probabiliste), alors que $E_1(z_1)$ est l'espérance sur l'ensemble du support de la fonction de dommages ;

et

2. βY_0 : la proportion obtenue en 1) est multipliée par le niveau initial du PIB, Y_0, et le taux de croissance présumé des dommages, β.

En divisant le numérateur par le terme $(1 - \exp(-\beta T))$, on obtient le flux instantané d'avantages découlant de la réduction des dommages climatiques pour l'horizon T. Pour calculer la valeur actualisée de ce flux, on divise le résultat obtenu par le taux d'actualisation effectif, calculé à partir du taux d'actualisation applicable à la consommation, r, net de la croissance du PIB, g, et de la croissance des dommages, β : $(r - g)(r + \beta - g)$ (Pindyck, 2016, p. 11).

La réduction des émissions requise pour obtenir ce niveau attendu de réduction des dommages est calculée à partir des réponses à la question 4 ci-dessus. Les avis formulés par les experts concernant la réduction des émissions impliquent une variation particulière du taux de croissance des émissions, à savoir une réduction de m_0 à m_1. Les différences entre ces trajectoires en valeur actualisée sur un horizon infini sont données par l'expression suivante (Pindyck, 2016, p. 11) :

$$\Delta E = \frac{(m_0 - m_1)}{(r - m_0)(r - m_1)} E_0$$

où r désigne le taux d'actualisation et E_0 le niveau d'émissions initial. En divisant les avantages bruts de la réduction des dommages, tels qu'estimés par les experts, par le niveau requis de réduction des émissions, également estimé par les experts, on obtient une estimation du coût social moyen du carbone. La combinaison des deux équations donne le coût social moyen du carbone :

$$\frac{B_0}{\Delta E} = \frac{\beta Y_0 \left[E_1(z_1) - E_0(z_1)\right]}{(r-g)(r+\beta-g)(1-\exp(-\beta T))} \frac{(r-m_0)(r-m_1)}{(m_0-m_1)E_0} \quad [14.A1.2]$$

PARTIE III

Chapitre 15

Évaluation des risques pour la santé

L'évaluation des risques pour la santé est de longue date un domaine important de la recherche et de l'application des politiques. Malgré tout, l'accumulation des preuves concernant la charge mondiale de morbidité, et plus particulièrement la contribution de la pollution de l'environnement à cette charge, confère un degré d'urgence accru à ces travaux. De considérables progrès ont été accomplis ces dernières années pour mieux établir le sens et la taille de la valeur d'une vie statistique (VVS). Une des principales questions était de savoir comment « transférer » les VVS d'un pays à un autre par exemple, ou dans des situations où les personnes visées par des propositions de politique ou de projet d'investissement ont des espérances de vie variables. Il va sans dire que la prudence et le discernement restent de mise dans toute application. Sur ces questions, les travaux publiés offrent des pistes plus prometteuses dans certains domaines que dans d'autres. Notamment, l'âge peut ou non avoir une incidence lors de l'évaluation des risques immédiats – les conclusions des travaux au sujet des relations empiriques sont incontestablement ambiguës. Ceci étant dit, en termes de recommandations pratiques, le corpus empirique a été d'une grande utilité en permettant de transposer les résultats observés en niveaux de base ou de référence concernant les valeurs liées à la santé à utiliser dans l'évaluation des politiques ou des projets.

15.1. Introduction : importance accordée aux effets sur la santé dans l'ACA[1]

La politique de l'environnement exerce de diverses façons une incidence sur la santé humaine. Elle peut tout d'abord « sauver des vies », c'est-à-dire réduire la *mortalité* prématurée, en diminuant les risques environnementaux pour la vie. Elle peut par ailleurs améliorer l'état de santé de ceux qui souffrent d'une maladie telle qu'une affection respiratoire. Il s'agit d'un avantage du point de vue de la *morbidité*, lié à la santé physique. Elle peut enfin réduire les facteurs de stress et de tension liés aux modes de vie et donc améliorer la *santé mentale*. L'économie de l'environnement s'est dans l'ensemble concentrée sur les deux premiers types d'avantages, en cherchant à déterminer comment les politiques environnementales contribuent à procurer ces avantages (par le biais de mesures visant à améliorer la qualité de l'air dans les zones urbaines par exemple) ou comment des projets peuvent réduire ces avantages (investissements dans le secteur énergétique ou les transports routiers par exemple). Le troisième effet a été moins étudié. Cela étant, on pourrait faire valoir que ces effets sont pris en compte dans le consentement des individus à payer pour réduire le stress – dû par exemple au bruit excessif. L'importance attachée depuis peu au bien-être subjectif (et à ses liens avec la qualité de l'environnement en tant que déterminant) a contribué à mettre davantage en lumière les effets sur la santé mentale (voir chapitre 7).

Un exemple particulièrement frappant des enjeux dans ce domaine nous est donné par l'étude sur la charge mondiale de morbidité (voir par exemple Murray et al., 2016). D'après les estimations les plus récentes de cette étude, environ 6.5 millions de décès dans le monde en 2015 étaient imputables à l'exposition à la pollution de l'air[2]. Au total, les risques liés à l'environnement (qui comprennent également une eau insalubre et un assainissement déficient, ainsi que l'exposition domestique et professionnelle à des substances dangereuses) seraient à l'origine de 29 % de la mortalité totale enregistrée au cours de cette année. Ce chapitre commence par expliquer comment ces grandeurs physiques peuvent être estimées, considérant qu'elles constituent la pierre angulaire de toute analyse économique qui pourrait être menée ensuite. La procédure consiste en l'espèce à prendre une mesure « objective » des risques générés par la modification d'une variable environnementale – dans le cas présent, une mesure de la qualité de l'air telle que la concentration de particules dans l'environnement ambiant – pour en tirer une *fonction dose-réponse* ou *exposition-réponse*, qui sera utilisée pour estimer le nombre de décès prématurés.

Sur le plan économique, ce qui importe surtout, c'est la valeur attribuée à ces charges par les individus. La section 15.3 expose les concepts pertinents pour l'évaluation et décrit les méthodes empiriques employées par les professionnels pour estimer ces paramètres. La procédure d'évaluation des risques pour la vie, c'est-à-dire des *risques de mortalité*, s'est généralement attachée à estimer le consentement à payer (CAP) pour obtenir une diminution de ces risques grâce à la mise en œuvre d'une politique ou d'un projet, ou à estimer le consentement à accepter (CAA) une compensation pour tolérer des risques « supérieurs à la normale ». La procédure consiste à diviser la variation des risques en question par le CAP (ou le CAA) pour en obtenir une diminution, en vue de déterminer la « valeur d'une vie statistique » (VVS)[3]. Quelle que soit la façon dont la VVS est estimée, on peut multiplier les mortalités estimées à l'aide des fonctions dose-réponse par cette VVS, et obtenir une mesure globale de la charge.

Bien entendu, toute proposition de politique ou de projet doit être sous-tendue par l'*évaluation de la variation* de ces charges. Néanmoins, de plus en plus de données montrent que lorsqu'une politique ou un projet entraîne, entre autres effets, un avantage sur le plan de la santé, les analyses coûts-avantages tendent à lui accorder une importance prédominante. Lorsque c'est le cas, il est essentiel que la théorie sous-jacente et les procédures empiriques appliquées soient pertinentes. Le reste de ce chapitre est en grande partie consacré aux différents débats qui entourent la *validité* de la VVS. Il importe notamment de savoir si les estimations du CAP pour obtenir une diminution du risque satisfont des conditions essentielles telles que la sensibilité aux variations du risque, qui implique qu'une variation plus importante du risque devrait être associée à un CAP plus élevé. Le fait que telle ou telle étude satisfasse ou non ces conditions peut être utilisé comme critère pour mieux cerner la qualité du corpus empirique, OCDE (2012) offrant à cet égard un exemple de premier choix. Ces contrôles sont souvent effectués dans le but de déterminer une VVS standard pouvant être appliquée aux risques de mortalité dans l'ensemble des pays, éventuellement après correction des différences de revenu. Il est sans doute possible d'aller plus loin en arguant que la VVS est hétérogène non pas seulement en termes de revenu mais aussi selon d'autres caractéristiques socio-démographiques pertinentes pour les politiques, notamment l'âge. Le souci, dans le cas présent, est qu'une VVS standard « pour tous » pourrait « surestimer » les effets néfastes sur la santé en raison de l'âge moyen (plus élevé) des personnes les plus touchées par les problèmes environnementaux tels que la pollution de l'air. Indépendamment des questions importantes qui se posent sur le plan de l'équité, des débats ont cours pour savoir si cette préoccupation repose véritablement sur des bases empiriques solides. Bien que ce chapitre mette l'accent sur le risque de mortalité, il est également utile d'évaluer les risques pour la santé qui n'entraînent pas de décès – c'est-à-dire la charge de morbidité –, lesquels sont abordés dans l'avant-dernière section.

15.2. La charge mondiale imputable à la pollution de l'air

Les sources physiques des risques pour la santé dans les environnements urbains et ruraux sont à la fois nombreuses et diverses. Elles comprennent les sources de maladie transmises par l'eau, ainsi que les effets sur la santé de la modification des températures due au changement climatique. Par ailleurs, les conséquences du manque d'accès aux espaces verts pour la santé humaine (à la fois physique et mentale) suscitent un intérêt croissant. Force est de constater cependant que les chercheurs se sont surtout penchés sur les liens entre la pollution atmosphérique et la santé, notamment la pollution due aux particules, et plus particulièrement aux particules fines comme les $PM_{2.5}$ (particules dont le diamètre est inférieur ou égal à 2.5 microns)[4]. Ces substances présentes dans l'air ambiant des grandes villes, des zones urbaines mais aussi des zones rurales sont désormais perçues comme ayant une part de responsabilité dans un grand nombre de décès dans le monde. Les causes exactes de la mortalité à laquelle les $PM_{2.5}$ contribuent sont variées, mais elles comprennent notamment les maladies cardiaques et les accidents vasculaires cérébraux, ainsi que le cancer du poumon, les infections respiratoires et les troubles respiratoires chroniques.

Ces données ont de profondes implications pour la politique environnementale et les investissements réalisés dans des secteurs comme les transports et l'énergie. Par exemple,

Hamilton et al. (2014) examinent cette question dans le contexte des avantages de la politique climatique en évaluant la taille potentielle des *avantages connexes pour la santé* découlant d'une atténuation des émissions de gaz à effet de serre dans les projets énergétiques. L'étude estime la valeur de la mortalité due à la pollution de l'air par tonne de CO_2 à plus de 100 USD dans les pays à revenu élevé et à 50 USD dans les pays à revenu intermédiaire. Ces chiffres peuvent être mis en regard des prix du carbone évoqués dans le chapitre 14 par exemple.

Bon nombre de ces analyses économiques trouvent leur point de départ dans l'étude sur la charge mondiale de morbidité (voir Murray et al., 2016 ; Vos et al., 2016 ; et GBD, 2013). Cette étude évalue les concentrations ambiantes de $PM_{2.5}$ en combinant l'observation des concentrations troposphériques avec d'autres méthodes, comme les observations par satellite. Cette approche complémentaire permet de dresser un tableau plus complet de l'exposition humaine aux particules – par exemple dans les zones urbaines – que cela n'a été possible par le passé. Il apparaît par ailleurs que les charges se déplacent : dans certaines régions (une large partie de l'Europe et des États-Unis et certaines régions d'Asie du Sud-Est), l'exposition aux $PM_{2.5}$ a diminué entre 1990 et 2013, tandis que dans d'autres (notamment l'Asie du Sud et d'Extrême-Orient, certaines régions d'Afrique australe et l'Amérique du Sud), elle a augmenté, parfois dans des proportions considérables.

Si les concentrations de $PM_{2.5}$ mesurées en microgrammes par mètre cube d'air (µg/m^3) varient d'un endroit à l'autre (en raison de facteurs naturels et humains), leur impact physique sur la mortalité prématurée ou excédentaire est calculé suivant un certain nombre d'étapes, dont la première est généralement le calcul du risque relatif, *RR*, de décès. Cette variable mesure la variation du risque de décès associée à une variation unitaire donnée de la concentration de $PM_{2.5}$. Par exemple, si le *RR* est de 1.048 pour 10 µg/m^3, cela signifie que le risque de décéder suite à l'exposition à une concentration de $PM_{2.5}$ qui a varié de 10 µg/m^3 est 1.048 fois plus élevé que précédemment.

Par conséquent, *RR* définit la relation entre la concentration de polluants (la dose) et la réponse (l'effet sur la santé). À partir des résultats des études statistiques sur la relation entre l'exposition à la pollution de l'air et les effets sur la santé humaine (risques de mortalité notamment) dans les régions habitées, il est possible d'estimer *RR* comme suit :

$$RR = e^{\beta(C_1 - C_0)}$$

où C_1 désigne le niveau de pollution actuel et C_0 un niveau de référence donné. Le paramètre β est un facteur de risque qui reflète la gravité du risque pour la santé.

Ce risque relatif est important pour le calcul du « facteur d'imputation » ou FI, c'est-à-dire la proportion de décès (au cours d'une année donnée) qui peut être attribuée à des niveaux de pollution supérieurs au niveau de référence. Ce facteur *FI* est obtenu comme suit :

$$F1 = (RR - 1) / RR$$

Prenons un exemple : si C_1 = 20 µg/m^3, C_0 = 10 µg/m^3 et β = 0.0047, alors *RR* = 1.048. En ce cas, *FI* = 0.046. Cela signifie que 4.6 % du total des décès sont imputables au fait que le niveau d'exposition aux $PM_{2.5}$ est de 20 unités au lieu du niveau de référence de 10 unités.

À des fins d'illustration, prenons l'exemple d'une ville de 5 millions d'habitants, qui sont tous exposés à des risques de mortalité dus à la pollution de l'air. Le taux de mortalité (toutes causes confondues) est de 9 pour 1 000. En conséquence, le nombre total attendu de décès dans cette ville au cours d'une année donnée est de $B \times POP$ = 0.009 × 1 m, soit 45 000 décès.

$\Delta H = FI \times B \times POP$

Le *FI* estimé indique combien de ces décès sont imputables à la pollution de l'air (à plus proprement parler, combien de ces décès sont dus au fait que la concentration de polluants est supérieure de 10 unités au niveau de référence dans cet exemple). En multipliant *FI* par 45 000, on peut déduire que 2 070 décès sont dus à la pollution de l'air.

Ces calculs reposent sur l'hypothèse que les effets sur la santé augmentent de façon linéaire avec la concentration de polluants (ligne en pointillé sur le graphique 15.1). Des données indiquent cependant que le nombre de cas *supplémentaires* diminue à mesure que la concentration de polluants augmente, au moins pour certains types de causes de décès comme les maladies cardiaques (ligne pleine sur le même graphique). Les calculs qui précèdent ne prenaient pas en compte cette donnée, contrairement à l'expression suivante :

$RR = (C_1 / C_0)^{\gamma}$

Le graphique 15.1 illustre ce cas de figure pour $\gamma = 0.0073$. L'étude sur la charge mondiale de morbidité et des travaux ultérieurs de la Banque mondiale (Banque mondiale, 2016) et Hamilton et al. (Hamilton et al., 2014) s'appuient également sur cette découverte récente au sujet de la relation examinée. Cette approche donne une estimation plus réaliste du nombre de décès que risquent d'entraîner des niveaux de concentration des $PM_{2.5}$ plus élevés, de l'ordre des niveaux relevés dans un grand nombre de mégalopoles de pays en développement.

Graphique 15.1. **Relation entre l'exposition aux particules et le risque de mortalité**

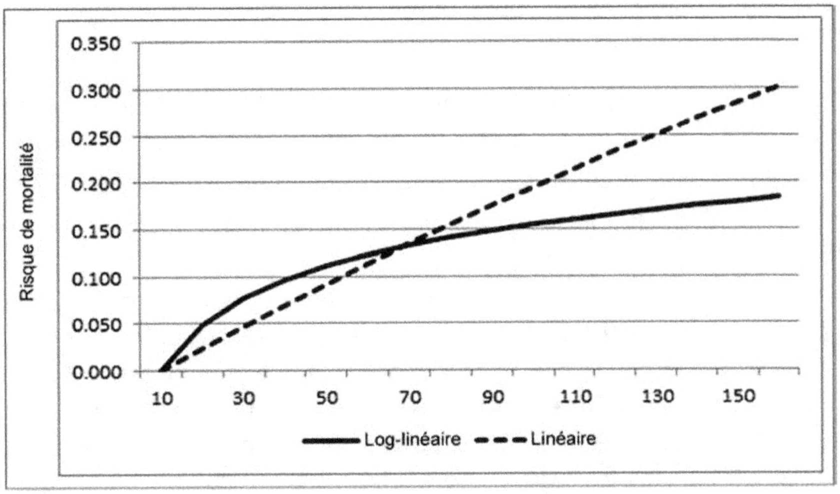

Source : Calculs effectués par les auteurs à partir des valeurs et des formes fonctionnelles supposées.

Le tableau 15.1 reproduit une partie des résultats de l'étude de la Banque mondiale (Banque mondiale, 2016) pour huit pays. Il indique les concentrations ambiantes de $PM_{2.5}$ et le nombre total de décès associés, estimé à l'aide d'une fonction dose-réponse selon la méthode indiquée ci-avant. Pour chacun de ces pays, la première ligne indique les valeurs en 2013. La seconde ligne (en italiques) donne la variation entre 1990 et 2013. Le tableau montre que les concentrations ambiantes de $PM_{2.5}$ ont décliné dans cinq pays sur huit au cours de cette période. Néanmoins, en Chine et en Inde en particulier, les concentrations de $PM_{2.5}$ ont augmenté, à tel point qu'en Inde, la mortalité annuelle s'est accrue de plus de 25 % entre 1990 et 2013.

Tableau 15.1. **Coût économique associé aux effets des $PM_{2.5}$ ambiantes sur la santé pour quelques pays**

1990-2013

		Concentrations ambiantes de $PM_{2.5}$ (g/m^3)	Nombre total de décès imputés aux $PM_{2.5}$	Coût économique en termes de perte de bien-être (% du PIB)
Brésil	2013	16.5	62 246	3.0 %
	Variation 1990-2013	*+6.8*	*+2 640*	*+0.00*
Chine	2013	54.4	1 625 164	10.0 %
	Variation 1990-2013	*+15.1*	*+106 222*	*+3.00*
Inde	2013	46.7	1 403 136	8.0 %
	Variation 1990-2013	*+16.4*	*+359 954*	*+1.00*
Fédération de Russie	2013	14.2	104 379	8.0 %
	Variation 1990-2013	*-5.4*	*-9 365*	*-1.00*
France	2013	14.0	21 138	3 %
	Variation 1990-2013	*-8.7*	*-6 326*	*-2.00*
Allemagne	2013	15.4	41 485	5 %
	Variation 1990-2013	*-14.4*	*-29 651*	*-5.00*
Royaume-Uni	2013	10.8	19 803	3.2 %
	Variation 1990-2013	*-8.9*	*-25 650*	*-5.70*
États-Unis	2013	10.8	91 045	2.8 %
	Variation 1990-2013	*-5.7*	*-36 195*	*-2.50*

Notes : Les chiffres en italiques désignent les variations. Dans la colonne 3 ($PM_{2.5}$), il s'agit du nombre de points d'augmentation (ou de diminution) des concentrations de $PM_{2.5}$ entre 1990 et 2013, et dans la colonne 4, de la variation du nombre de décès. La colonne 5 rapporte les dommages économiques au PIB. Par exemple, en 2013, le coût économique en termes de perte de bien-être s'élevait à 10 % du PIB, tandis qu'en 1990, il était de 7 %. La variation s'écrit donc +3.00 (augmentation de 3 points de pourcentage).
Source : Adapté de Banque mondiale (2016).

Des études telles que celle de la Banque mondiale (2016) ont cherché à estimer le coût économique associé à ces effets des $PM_{2.5}$. Pour cela, il faut déterminer le lien entre les effets sur la santé et le bien-être humain, en estimant la valeur monétaire de ces dommages pour la santé (*D*) :

$$D = P \times \Delta H$$

Pour les risques de mortalité, *P* est généralement représenté par une mesure de la valeur d'une vie statistique (VVS), sur laquelle la section 15.3 reviendra plus en détail. Dans l'étude de la Banque mondiale (2016), la valeur de référence retenue est de 3.8 millions USD (en prix de 2011). Cette valeur elle-même provient d'une étude de l'OCDE (OCDE, 2012) qui s'est attachée à estimer, sur la base du corpus empirique disponible, une valeur de référence pour la VVS dans les pays à revenu élevé. Dans l'étude de la Banque mondiale, cette valeur est ajustée de manière à refléter les différences de revenu entre les pays. La section 15.4 ci-après donne davantage de précisions à ce sujet.

Dans le tableau 15.1, ces valeurs monétaires sont indiquées dans les deux dernières colonnes. Il est intéressant de noter que même dans les pays où la concentration de $PM_{2.5}$ a diminué durant la période examinée, le coût économique en termes de perte de bien-être exprimé en pourcentage du PIB national restait significatif en 2013. Dans le cas de l'Allemagne, il s'élevait à 5 % du PIB en 2013 (contre 10 % du PIB en 1990). Au Brésil, en Inde et en Chine, les concentrations ambiantes de $PM_{2.5}$ ont augmenté au cours de cette période, d'où un accroissement considérable de la charge de mortalité. En Inde, par exemple, la mortalité due aux $PM_{2.5}$ a augmenté de plus d'un tiers entre 1990 et 2013. Par conséquent, la perte de bien-être économique – définie par le prix que les personnes exposées seraient disposées à payer pour éliminer ces risques pour la santé – augmente également, atteignant 8 % et 10 % du PIB en Inde et en Chine respectivement.

Le tableau 15.2 récapitule les résultats de cette étude pour les différentes régions du monde, en prenant en considération les expositions à toutes formes de pollution de l'air, ce qui recouvre l'exposition aux $PM_{2.5}$ ambiantes, à l'ozone ambiante et à la pollution de l'air intérieur. Il décrit également le coût économique associé uniquement aux $PM_{2.5}$ ambiantes. Dans chaque cas, les valeurs sont exprimées en pourcentage du PIB régional. Comme on peut le constater, les coûts sont élevés même s'ils ne sont pas toujours presque exclusivement imputables aux $PM_{2.5}$ ambiantes, ainsi que le montrent les statistiques des régions Asie de l'Est et Pacifique, Amérique latine et Caraïbes, Asie du Sud et Afrique subsaharienne.

Tableau 15.2. **Coût économique de la pollution de l'air par région**

En pourcentage du PIB, 2013

	Sur la base de la VVS		Sur la base du revenu du travail	
	Toutes formes de pollution de l'air	$PM_{2.5}$	Toutes formes de pollution de l'air	$PM_{2.5}$
Asie de l'Est et Pacifique	7.5	4.5	0.25	0.15
Europe et Asie centrale	5.1	4.8	0.13	0.12
Amérique latine et Caraïbes	2.4	1.5	0.13	0.09
Moyen-Orient et Afrique du Nord	2.2	2.0	0.14	0.13
Amérique du Nord	2.8	2.4	0.11	0.10
Asie du Sud	7.4	3.1	0.83	0.39
Afrique subsaharienne	3.8	1.4	0.61	0.23

Source : Adapté de Banque mondiale (2016).

L'utilisation de la VVS comme critère d'évaluation donne une indication de l'ampleur de la *perte de bien-être* résultant de ces effets sur la santé. Ces valeurs sont rapportées au PIB à des fins comparatives : le but n'est pas d'affirmer purement et simplement que le PIB pourrait être plus élevé si l'air n'était pas pollué mais de donner une échelle pour mettre en perspective les pertes de bien-être. Cela étant, il est hautement probable que ces pertes aient un impact négatif sur l'économie. Pour illustrer ce point, la Banque mondiale (2016) restreint la portée de l'évaluation du coût économique de la pollution à l'impact produit sur les revenus et la productivité. Cet impact est mesuré par la perte des revenus d'activité (en valeur actualisée) non perçus à cause de la mortalité prématurée. Le tableau 15.2 montre que cet impact est beaucoup plus réduit que les pertes de bien-être correspondantes, ce qui n'est guère surprenant. Néanmoins, pour l'Asie du Sud et l'Afrique subsaharienne en particulier, sa valeur n'est pas négligeable ; de plus, elle ne s'explique pas uniquement par les concentrations ambiantes de $PM_{2.5}$, la contribution de la pollution de l'air intérieur aux pertes économiques étant également significative.

Il se peut que cette évaluation « statique » ne saisisse pas la totalité des répercussions de ces effets néfastes pour la santé sur l'économie. Par exemple, cette perte de productivité entraîne une perte de production, ce qui peut jouer sur la productivité future et les rendements des actes ultérieurs. En d'autres termes, les risques de mortalité ont un impact dynamique qui doit également être pris en considération. Par exemple, dans les cas de la Chine et de l'Europe, les contributions (respectives) de Matus et al. (2012) et Nam et al. (2010) montrent que cet aspect a une importance sur le plan empirique. À titre d'illustration, la première de ces études indique que le coût (dynamique) de la pollution atmosphérique a atteint environ 6 à 9 % du PIB en Chine entre 1995 et 2005. Cette estimation est supérieure d'au moins une fois et demie à celles obtenues par des études antérieures qui ont examiné ces coûts d'un point de vue strictement « statique » sur une période comparable[5].

15.3. Évaluation des risques pour la vie : le concept de VVS

La section précédente s'est achevée par des considérations sur la valeur du risque de mortalité, examinée dans le contexte de la charge mondiale imputable à la pollution de l'air. Il est important d'effectuer un bref retour en arrière pour examiner les bases conceptuelles de cette évaluation monétaire et les questions empiriques que pose l'estimation pratique de ces valeurs.

Pour commencer par les éléments conceptuels détaillés, l'annexe du présent chapitre montre la formule classique de calcul de la VVS dans le cas le plus simple. On aboutit à l'équation suivante :

$$\text{VVS} = \frac{dW}{dp} = \frac{u_a(W) - u_d(W)}{(1-p).u'_a(W) + p.u'_d(W)}$$

où W est le patrimoine, p la probabilité de mourir durant la période en cours (le « risque de référence »), (1-p) la probabilité de survivre à la période actuelle, u l'utilité, a la survie et d le décès. La fonction d'utilité u_d tient compte de la possibilité de léguer ses biens à autrui après le décès. Le numérateur correspond donc à la différence d'utilité entre la survie et le décès au cours de la période actuelle. Le dénominateur correspond quant à lui à l'utilité marginale du patrimoine (dont le revenu constitue généralement une mesure empirique) en cas de survie ou de décès. Les relations prévisibles entre la VVS, p, W et l'état de santé escompté en cas de survie sont analysées à l'annexe 15.A1.

Le graphique 15.2 illustre le lien entre le CAP et les niveaux de risque. La VVS est un CAP *marginal* et le graphique 15.2 montre donc le CAP marginal en fonction du niveau de risque. Lorsqu'il correspond à celui observé dans la situation de statu quo, ce dernier est généralement appelé niveau de risque initial ou de référence. Les politiques mises en œuvre visent d'ordinaire à *réduire* les risques si bien que, comme le montre le graphique 15.2, le CAP marginal est d'autant plus faible que le niveau de risque est bas et il s'accroît à mesure que ce dernier augmente.

Supposons que la politique mise en œuvre par les pouvoirs publics ramène le niveau de risque de P_2 à P_1 comme indiqué au graphique 15.2. Le CAP pour cette réduction du risque correspond alors à la surface située sous la courbe du CAP marginal entre P_2 et P_1. Il convient de noter que le CAP marginal peut être relativement constant pour de faibles niveaux de risque (partie droite du schéma). De légères variations du niveau de risque initial (de référence) sont donc généralement supposées n'avoir que peu d'effet dans les études relatives à la VVS[6].

On présume généralement que la qualité de la vie durant la période de survie a une incidence sur le CAP. Autrement dit, le CAP pour réduire les risques devrait être plus élevé si l'individu s'attend à être en bonne santé (abstraction faite des risques en question), et plus faible s'il craint d'être en mauvaise santé. L'équation implique que le CAP augmente en fonction du patrimoine étant donné que (a) on suppose que l'utilité marginale du patrimoine est plus élevée en cas de survie que ne le serait celle d'un legs en cas de décès, et (b) il existe une aversion à l'égard des risques financiers. En raison du premier de ces facteurs, le numérateur croît en fonction du patrimoine.

Graphique 15.2. **Risque et consentement à payer**

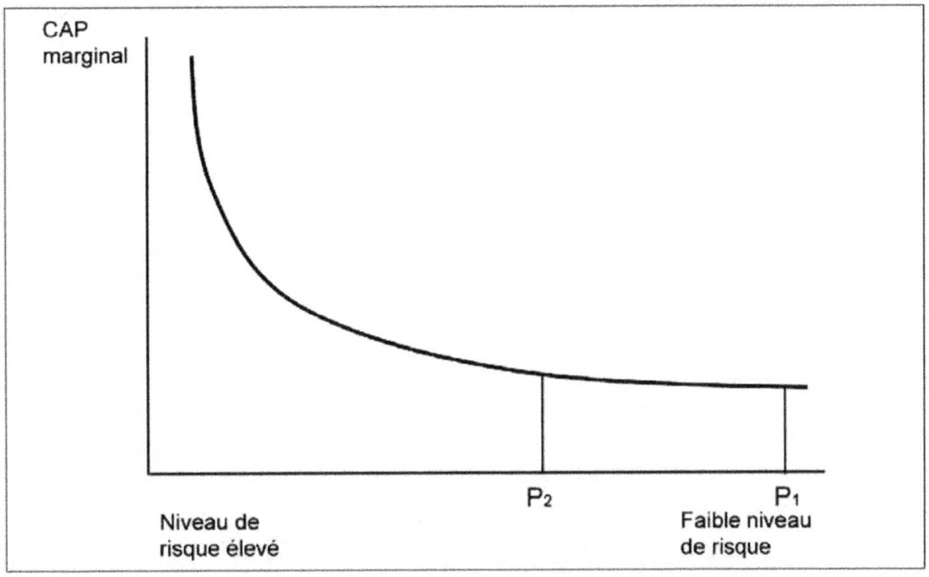

Supposons par exemple qu'une politique offre la perspective de réduire les risques en les faisant passer de 5 pour 10 000 à 3 pour 10 000, soit une variation de 2 pour 10 000 (ΔRISQUE). Supposons que le CAP moyen pour obtenir cette réduction des risques soit égal à 750 USD. La VVS serait dès lors égale à : $\frac{CAP}{\Delta RISQUE} = \frac{750 \times 10\ 000}{2}$, soit environ 3.8 millions USD.

Il existe différentes façons d'estimer la VVS en pratique. Grosso modo, le principal point qui les distingue est le concept qui sous-tend l'évaluation : soit le consentement à payer pour obtenir une diminution du risque grâce à la mise en œuvre d'une politique ou d'un projet, soit le consentement à accepter une compensation pour tolérer des risques supérieurs à « la normale ». Les études consacrées au premier de ces concepts ont fait appel aux techniques des préférences déclarées (voir les chapitres 4 et 5) ou à l'analyse des comportements révélés, par exemple les dépenses de prévention (voir le chapitre 3). Les études sur le CAA se sont fondées sur l'examen des primes de risque comprises dans le salaire au moyen de la méthode des prix hédonistes (voir le chapitre 3).

Il apparaît que les études des risques au moyen de la méthode des prix hédonistes parviennent systématiquement à des valeurs plus élevées que celles fondées sur les préférences déclarées pour ce qui est des accidents de la route mettant en jeu la sécurité publique. Deux raisons au moins pourraient l'expliquer. Tout d'abord, les risques professionnels ont tendance à être plus élevés que les risques publics. Si les évaluations sont, comme le prédit la théorie, à peu près proportionnelles aux niveaux de risque, on devrait s'attendre à ce que les études sur les risques professionnels aboutissent à des valeurs plus élevées. Par ailleurs, les études des risques au moyen de la méthode des prix hédonistes mesurent le CAA et non le CAP. Bien que la relation entre le CAP et le CAA demeure sujette à controverse (voir le chapitre 4), un certain nombre de raisons ont été avancées pour supposer que le CAA soit supérieur au CAP, peut-être dans des proportions importantes. On peut dès lors émettre l'idée que, malgré leur intérêt, les études fondées sur la méthode des salaires hédonistes ne sont pas aisément « transférables » aux cas d'accidents de la route mettant en jeu la sécurité publique.

Tableau 15.3. **Quelques études consacrées à la VVS en Suède entre 2005 et 2010**

Publication	Année de l'étude	Méthode	Type de bien (et de risque)	VVS, en millions d'euros (prix de 2010)
Andersson	2005	PR	Route (risque privé)	0.9
			Route (risque privé)	1.6
Hultkrantz et al.	2006	PD	Route (risque privé)	6.2
			Route (risque public)	2.4
Svensson	2009	PR	Ceinture de sécurité (risque privé)	2.3
			Casque de vélo (risque privé)	4.0
		PD	Route (risque public)	2.3
			Route (risque public)	3.4

Source : Adapté de Hultkrantz et Svensson (2012).

Pour donner quelques exemples d'études appliquées au contexte des accidents de la route, le tableau 15.3 recense une série de travaux consacrés à la VVS en Suède, tirés d'un tour d'horizon de Hultkrantz et Svensson (2012). Les estimations obtenues s'échelonnent entre 0.9 million EUR et 6.2 millions EUR (prix de 2010). En principe, les estimations devraient pouvoir servir à formuler des recommandations concernant la valeur officielle de la VVS à utiliser dans les ACA. Dans ce contexte, Hultkrantz et Svensson indiquent que la valeur officielle de la VVS dans un contexte d'accidents de la route en Suède est tout juste supérieure à 2 millions EUR, un montant qui se situe dans le bas de la fourchette des valeurs indiquées dans le tableau. Il faut néanmoins savoir que certaines de ces études estiment des paramètres différents selon des méthodes différentes. Par exemple, certaines études estiment la VVS pour des risques qui sont assimilables à des biens privés, d'autres pour des risques qui ont le caractère de biens publics. Certaines s'appuient sur les préférences révélées, d'autres sur les préférences déclarées. Tenter de déterminer ce que pourrait être une valeur « consensuelle » défendable de la VVS implique de procéder à un examen analytique exploratoire du corpus empirique.

C'est principalement ce à quoi s'est attelée l'OCDE, en procédant en 2012 à une méta-analyse d'un grand nombre d'études menées partout dans le monde et consacrées à l'évaluation du risque de mortalité (OCDE, 2012). Toutes ces études ont en commun d'estimer la VVS à partir d'études des préférences déclarées (qui cherchent spécifiquement à connaître le consentement des déclarants à payer pour obtenir une réduction du risque de mortalité). L'étude de l'OCDE poursuit grosso modo deux objectifs (qui sont liés entre eux). Le premier, de nature analytique, est de mieux comprendre les causes de la variation de la VVS entre les études originales menées dans différents pays. Le second est de calculer des valeurs de référence pour la VVS, que les pays pourront utiliser en interne mais qui pourront également servir à transférer les valeurs d'un pays à un autre. Il est possible d'ajuster ces valeurs de référence de différentes manières, afin de les adapter au mieux au contexte et au pays auxquels s'appliquent les estimations de la VVS. Mais le point essentiel à retenir est que l'exploration méta-analytique préalable du corpus empirique offre une base cohérente pour procéder à ces ajustements.

Passons aux résultats de l'étude de l'OCDE : le tableau 15.4 montre que la VVS moyenne calculée à partir des 856 estimations de la VVS que comptait l'échantillon complet s'élevait à 7.4 millions USD (en prix de 2005)[7]. Le tableau indique également que la valeur médiane était beaucoup plus faible, environ 2.4 millions USD. Comme l'explique cette publication, il est important de ne pas s'en tenir à ces chiffres bruts, l'une des raisons étant que la plage des valeurs de la VVS moyenne relevées dans les différentes études est très large, l'une des raisons étant que la plage des valeurs de la VVS moyenne relevées dans les différentes études est très large. Pour neutraliser l'influence indésirable des valeurs extrêmes de cette plage, on a débarrassé l'échantillon des valeurs aberrantes les plus élevées et les plus basses et obtenu ainsi un échantillon tronqué, également représenté dans le tableau 15.4. Une autre raison tient à ce que certaines études sont probablement de meilleure qualité que d'autres, y compris dans cet échantillon tronqué. Dans le cas présent, une « bonne qualité » s'applique aux études qui satisfont les critères définissant ce que l'on s'accorde généralement à considérer comme de bonnes pratiques. La méta-analyse de l'OCDE utilise quatre de ces critères pour évaluer la qualité des études. Premièrement, dispose-t-on d'informations adéquates sur la valeur d'une variation du risque ? Deuxièmement, la taille de l'échantillon est-elle adéquate (plus précisément, les échantillons principaux comptent-ils plus de 200 observations et les sous-échantillons en comptent-ils au moins 100) ? Troisièmement, l'échantillon est-il représentatif de la population générale ? Quatrièmement, les auteurs de ces études considèrent-ils que leur estimation remplissait les conditions voulues pour être prise en compte ? Bien qu'ils soient relativement larges, ces critères, une fois appliqués, permettent de réduire encore le nombre d'études pour n'en retenir que 405.

Tableau 15.4. **VVS moyenne dans différentes études**

En millions USD, prix de 2005, erreur type entre parenthèses

	Échantillon complet	Échantillon tronqué	Échantillon respectant les critères de qualité		
			Ensemble des pays	Pays de l'OCDE	Échantillon UE27
VVS moyenne	7.42 *(0.88)*	6.31 *(0.30)*	3.12 *(0.25)*	3.98 *(0.29)*	4.89 *(0.44)*
VVS médiane	2.38	2.38	1.68	3.01	3.61
Échantillon	856	814	405	261	163

Notes : Ces valeurs sont des moyennes pondérées, chaque estimation moyenne de la VVS dans chaque étude individuelle étant pondérée par l'inverse du nombre d'observations dans chaque étude fondée sur les préférences déclarées ; dans l'échantillon tronqué, les 2.5 % des valeurs les plus élevées et des valeurs les plus basses ont été supprimés.
Source : Adapté de OCDE (2012).

Le tableau 15.4 indique que la VVS moyenne dans l'échantillon respectant les critères de qualité est d'environ 3.1 millions USD (en prix de 2005). Pour le sous-groupe d'études portant sur les pays de l'OCDE, la valeur moyenne obtenue est tout juste inférieure à 4 millions USD ; et pour l'UE27, elle ressort à environ 4.9 millions USD. Comme on l'a précisé ci-avant, ces valeurs sont données dans un but pratique. Dans sa méta-analyse de 2012, l'OCDE propose que ses pays membres utilisent une valeur de base de 3 millions USD (en prix de 2005). Ce chiffre est basé sur la VVS médiane figurant dans le tableau 15.4, ce qui signifie qu'il est débarrassé de l'effet des valeurs extrêmes de l'échantillon. Le rapport suggère par ailleurs de placer les bornes inférieure et supérieure de la plage de valeurs à -50 % et +50 %, ces chiffres traduisant la taille probable des erreurs de transfert. Pour les pays de l'OCDE, on obtient donc une plage de 1.5 à 4.5 millions USD (en USD de 2005). Pour l'UE-27, la valeur de base recommandée (c'est-à-dire la VVS médiane indiquée dans le tableau 15.4 pour ce groupe) est légèrement supérieure : 3.6 millions USD.

15.4. Problèmes et débats autour de la VVS

La section précédente a planté le décor en expliquant brièvement le concept de VVS avant de passer rapidement aux méthodes qui ont été employées pour construire les valeurs de base ou de référence de la VVS à partir du corpus empirique. L'une des questions clés qui se pose est de savoir ce qui explique ces valeurs. La réponse à cette question est importante pour des raisons pratiques : elle permet par exemple de déterminer la VVS qui devrait être utilisée dans les ACA d'un pays particulier pour un contexte de risque particulier. Mais cette question présente aussi l'intérêt d'éclairer un certain nombre de difficultés conceptuelles et empiriques qui caractérisent également les débats autour de la VVS. Les sections qui suivent abordent successivement un certain nombre de ces difficultés.

15.4.1. *La sensibilité de la VVS aux niveaux de risque*

La théorie de la VVS exige que le CAP varie directement en fonction de l'ampleur du risque visé par la politique, c'est-à-dire de la variation du risque amenée par la politique ou le projet envisagés, et qui donne d'ordinaire lieu au calcul de la VVS[8]. Il est ainsi largement admis que la sensibilité au risque absolu constitue un bon test pour vérifier la validité d'une technique de mesure de la VVS fondée sur les préférences. Les recherches empiriques visant à déterminer si les résultats attendus par la théorie se vérifient en pratique se sont concentrés sur un certain nombre de paramètres de cette relation.

Hammitt et Graham (1999) ont procédé à un premier tour d'horizon des études d'évaluation contingente concernant le CAP pour une réduction du risque. Ils ont notamment vérifié la validité de deux relations que l'on s'attendrait à constater, à savoir (a) si le CAP varie directement en fonction de l'ampleur de la réduction du risque et (b) si, pour de faibles probabilités (la probabilité étant la mesure du risque retenue par ces auteurs), le CAP est pratiquement proportionnel à la variation du risque. Par conséquent, si le CAP pour une variation du risque ΔX (où X est faible) est égal à W, le CAP pour $\alpha\Delta X$, devrait être égal à αW. Les auteurs examinent également le « risque de référence », c'est-à-dire le niveau de risque dont ΔX s'écarte (c'est-à-dire le risque de base précédemment défini).

Sur les 25 études qu'ils passent en revue (jusqu'en 1998), seules dix contiennent suffisamment d'informations pour tester la sensibilité aux variations au sein de l'échantillon (validité interne). Et sur les dix études, la plupart confirment la première hypothèse, à savoir que le CAP varie en fonction de la réduction du risque, mais pas la seconde. Le critère de proportionnalité n'est pas respecté. Même dans le premier cas, une forte minorité de personnes interrogées indique le même CAP quelle que soit l'ampleur de la variation du risque ΔX. Les évaluations de la validité externe (en comparant des tests de la sensibilité aux variations de différents échantillons) aboutissaient dans l'ensemble aux mêmes conclusions, à ceci près que même la première hypothèse n'était guère confirmée.

La méta-analyse de l'OCDE (OCDE, 2012) met à jour ces résultats et, fait notable, parvient à des conclusions à peu près semblables. L'ampleur de la variation du risque est corrélée négativement avec la VVS dans l'échantillon complet, ce qui contredit le résultat attendu par la théorie, selon lequel la VVS devrait être insensible au fait que les personnes interrogées se voient proposer une réduction du risque faible ou importante. Même lorsque l'on isole les études pour lesquelles l'*in*sensibilité aux variations est clairement attestée et qu'on les exclut de l'analyse, le constat reste le même. Cela signifie encore une fois que le critère de proportionnalité n'est pas respecté et, par conséquent, que la VVS varie en fonction de l'ampleur de la variation du risque « offerte » aux personnes interrogées.

Le fait que ce problème persiste est en soi important et amène à s'interroger sur les raisons de l'insensibilité aux variations. Dans le cas des études fondées sur les préférences déclarées, ces raisons comprennent les considérables difficultés auxquelles on se heurte pour faire percevoir aux personnes interrogées de faibles risques, alors que ce sont généralement ceux-ci qui caractérisent les contextes environnementaux[9]. Le recours à des supports visuels ou, plus généralement, à des descriptions plus parlantes de la variation des risques dans les enquêtes pourrait être utile, mais compte tenu de la persistance du résultat observé, on peut douter que cela suffise pour régler le problème. D'un côté, il est démontré que la présence d'études de mauvaise qualité amplifie le problème. D'un autre côté, il apparaît que même dans les études de qualité élevée, le problème persiste à des degrés divers. Cela pourrait s'expliquer par la « mauvaise qualité » des sujets humains (par exemple les personnes interrogées dans les études fondées sur les préférences déclarées). Autrement dit, il n'est pas exclu que les variations du risque suscitées par la politique de l'environnement soient tout simplement trop faibles pour que les individus puissent leur donner un sens conforme à ce à quoi l'on pourrait raisonnablement s'attendre. Cette difficulté fait écho aux débats sur les aspects comportementaux qui entourent les études fondées sur les préférences déclarées plus généralement (voir le chapitre 4).

Les implications des analyses de la sensibilité aux variations du risque pour les ACA environnementales ne sont pas faciles à déterminer au vu de ces différents arguments, mais sans doute le minimum est-il de se montrer prudent et de garder cette difficulté à l'esprit lorsque l'on effectue une analyse de sensibilité.

15.4.2. VVS et élasticité du consentement à payer par rapport au revenu

Le CAP devrait varier directement en fonction du revenu. Il est à vrai dire largement admis que la sensibilité au revenu constitue l'autre principal critère de validité des techniques de mesure de la VVS fondées sur les préférences. La plupart des études parviennent à la conclusion que le CAP varie en fonction du revenu. Outre que l'exigence que le CAP varie en fonction du revenu constitue un test de validité théorique, le lien entre le revenu et le CAP présente également de l'intérêt pour d'autres raisons plus pratiques. Il est souvent nécessaire de tenir compte dans les travaux d'évaluation du fait que les avantages et les coûts possèdent une valeur relative croissante dans le temps. Il faut donc vérifier s'il est ou non probable que le CAP réel unitaire pour un avantage ou un coût donnés soit plus (ou moins) élevé dans le futur. Supposons par exemple que le consentement à payer pour sauver une vie statistique augmente plus vite que le taux d'inflation (dont les effets sont toujours corrigés dans une ACA). Il serait donc judicieux de prendre en considération cette valeur réelle croissante dans la formule coûts-avantages appliquée dans le temps.

Une autre raison milite dans ce sens : des études telles que celles de l'OCDE (2014) et de la Banque mondiale (2016) utilisent ces résultats pour transposer les procédures d'évaluation dans l'espace (par exemple d'un pays à un autre) ; l'objectif de cette démarche est de pallier le manque d'estimations de la VVS en opérant un transfert depuis les pays où ces données sont disponibles vers ceux où elles ne le sont pas. Pour cela, il faut appliquer la formule suivante, fréquemment citée (voir également le chapitre 6) :

$$VVS_i = VVS_{OCDE} \times \left(\frac{Y_i}{Y_{OCDE}} \right)$$

Dans cette formule, *VVS* est une moyenne tirée des études portant sur les pays à revenu élevé de l'OCDE (et répondant aux critères de qualité). Cette VVS_{OCDE} est simplement ajustée à la baisse pour pouvoir être appliquée dans les pays où le revenu par habitant est moins élevé (que le revenu par habitant moyen des pays de l'OCDE considérés). Pour les pays où le revenu par habitant est plus élevé, on applique la procédure inverse. L'étude de la Banque mondiale, spécifiquement, utilise une formule plus générale[10] :

$$VVS_i = VVS_{OCDE} \times \left(\frac{Y_i}{Y_{OCDE}} \right)^b,$$

où *b* est l'élasticité de la VVS par rapport au revenu. Cette formule indique comment la VVS (fondée sur le CAP pour réduire les risques pour la santé) varie en fonction du niveau de revenu par habitant.

Quelle devrait être la valeur de *b* dans le cas du transfert rudimentaire envisagé ici ?

Pour les transferts entre pays à revenu élevé, l'étude de la Banque mondiale fixe la valeur de *b* à 0.8 (voir également OCDE, 2014). Cela signifie que lorsque le revenu par habitant augmente de 5 %, la VVS augmente de 4 % (5 % × 0.8). Cette hypothèse est corroborée par un résultat de l'étude de l'OCDE (2012), qui situe la valeur de *b* dans une fourchette de 0.7 à 0.9, tout au moins lorsque seules les études dont la qualité est jugée satisfaisante sont prises en compte.

Pour les transferts de pays à revenu élevé à pays à faible revenu, la Banque mondiale (2016) fixe la valeur de *b* à 1.2. Cela signifie que lorsque le revenu par habitant augmente de 5 %, la VVS augmente de 6 % (5 % × 1.2). Ce résultat s'écarte quelque peu de la valeur recommandée par Hammitt et Robinson (2011) pour ce paramètre. Ce tour d'horizon conclut que la valeur la plus défendable de *b*, dans le contexte d'un transfert des estimations de la VVS de pays à revenu élevé à pays à faible revenu, est de 1 (voir par exemple, Roy et Braathen, 2017).

Dans ces circonstances, il paraît judicieux de procéder à une analyse de sensibilité, et la Banque mondiale (2016), par exemple, estime *b* à une valeur comprise entre 1.0 à 1.4 pour les transferts de pays à revenu élevé à pays à faible revenu, et entre 0.6 et 1.0 pour les transferts entre pays à revenu élevé.

15.4.3. *Le contexte de la VVS*

À supposer que les estimations de la VVS soient jugées suffisamment valables pour répondre aux besoins de l'action des pouvoirs publics, il peut être intéressant de se demander quelle est la taille de la VVS et si une estimation de la VVS établie dans un contexte donné, par exemple celui des accidents de la route, peut être transposée dans un autre contexte, par exemple celui de la pollution environnementale. Divers pays adoptent une valeur unique pour la VVS et s'en servent dans le cadre de l'évaluation des politiques. Les estimations ne varient généralement pas selon le contexte, mais on est clairement fondé à se demander dans quelle mesure la transférabilité de telles valeurs uniques est valable.

Les études de Chilton et al. (2002, 2004) ont cherché à vérifier quelle est l'incidence du contexte de risque sur l'estimation de la valeur. Elles se sont efforcées d'évaluer directement les risques dans des contextes d'accident de chemin de fer ou d'incendie et dans des contextes de pollution atmosphérique par rapport aux risques dans des contextes d'accident de la route. Elles sont parvenues à la conclusion d'ensemble que le contexte n'a guère d'influence. Tout au plus est-il possible que la valeur attachée aux incendies domestiques soit d'environ 10 % inférieure à celle d'un accident de la route, ce qui reflète probablement la maîtrise que les individus pensent avoir sur les incendies domestiques. S'agissant de la valeur attachée à la pollution atmosphérique, les travaux concluent qu'elle est supérieure de 10 % à la valeur attachée aux accidents de la route, de sorte qu'une fois encore le contexte ne paraît pas avoir d'effet significatif sur l'estimation de la valeur. La méta-analyse de l'OCDE (2012) confirme ces résultats antérieurs pour un plus grand nombre d'études. Peu d'éléments dans le corpus empirique permettent de penser que le contexte a une importance notable.

Un autre aspect de ces interrogations liées au contexte est de savoir si les individus attachent une valeur différente aux risques qui provoquent un « effet d'effroi ». D'aucuns croient par exemple que le CAP pourrait être plus élevé pour éviter les cancers que d'autres maladies. Cela est dû à « l'effroi » que suscite cette grave maladie. Si tel est effectivement le cas, il faut alors tenir compte de la « prime attachée aux cancers » pour pouvoir estimer une VVS adaptée au contexte de risque. Ce facteur revêt une importance spécifique dans le cas de la pollution atmosphérique, notamment la pollution par les $PM_{2.5}$, qui sont mises en cause dans cette atteinte particulière à la santé.

Hammitt et Liu (2004) observent que le cancer bénéficie d'une « prime » qu'ils estiment égale à environ un tiers ; en d'autres termes, la VVS pour éviter un risque de cancer est 1.3 fois plus élevée que pour une autre maladie. Cependant, l'éventail plus large d'études passées en revue par l'OCDE (2012) contient peu d'éléments allant dans ce sens (même si la taille de l'échantillon se prêtant à ce test est réduite). Les travaux consacrés au CAP pour éviter les cancers non mortels pourraient néanmoins nous en apprendre davantage à ce sujet. Il en ressort que ces valeurs ne représentent qu'une fraction de la VVS, mais qu'elles sont proportionnelles à un certain « effet d'effroi ». En ce cas, il n'est pas inconcevable de penser que la VVS pourrait varier en fonction du type de maladie à l'origine du décès.

15.5. Hétérogénéité et VVS : quid d'une VVS liée à l'âge ?

Dans les études consacrées à la VVS, une grande partie du débat s'est centrée sur son hétérogénéité apparente. Plus précisément, les données empiriques indiquent que la VVS varie d'un individu à un autre en fonction de leurs caractéristiques socio-économiques et démographiques. Or, lorsque ce concept est appliqué aux politiques publiques, on lui attribue généralement une « valeur standard » : autrement dit, on utilise la même estimation de la VVS pour les différents groupes dont le risque de mortalité devrait être influencé par la politique mise en œuvre. L'un des enjeux majeurs de ce débat est de savoir si l'âge des individus a ou non une incidence sur la façon dont la VVS évolue au cours de la vie. S'il est d'usage d'assigner à la VVS une valeur standard, indépendante de l'âge des individus (ou d'autres caractéristiques individuelles), dès lors que le débat sur la VVS s'inscrit dans le cadre de la politique environnementale, par exemple en matière de gestion de la qualité de l'air, il est tout à fait possible que l'âge puisse jouer un rôle non négligeable. La politique de lutte contre la pollution tend en effet à « sauver » la vie des personnes âgées, ou pour le formuler autrement, la pollution a pour effet de « faucher » ces dernières.

Dans l'ACA des effets de la politique environnementale sur la santé, il y a lieu de distinguer deux contextes de risque : les risques immédiats et les risques futurs. Dans le cas des risques *immédiats*, il s'agit de déterminer le CAP pour éviter les risques qui pourraient se produire « demain » ou du moins dans les prochains mois ou les prochaines années, c'est-à-dire les risques *aigus*. Mais il y a aussi les *risques latents*, c'est-à-dire les situations dans lesquelles une exposition au risque aujourd'hui n'entraînera de décès que beaucoup plus tard. Il est fort probable, en réalité, que les deux types de risque – immédiats et futurs – coexistent dans le contexte de l'action publique. Pour reprendre l'exemple de la pollution atmosphérique, le risque pourrait bien être immédiat pour les personnes âgées puisque nous savons que ce sont elles qui sont généralement les plus touchées par la pollution atmosphérique, ce qui signifie en d'autres termes qu'elles demeurent exposées à des risques aigus. Mais pour les personnes plus jeunes, l'avantage immédiat sera considérablement moindre, et l'avantage procuré par la réduction de la pollution bénéficiera à ces personnes plus jeunes lorsqu'elles atteindront un âge bien plus avancé.

Bien entendu, cela n'est pas toujours le cas et il est important à cet égard de signaler un autre point : l'incidence du risque de mortalité peut être significative parmi les enfants – ce qui pose le problème de l'estimation de la valeur de leur vie (statistique). Il peut être important que l'ACA tienne compte des effets sur les enfants, la solution par défaut consistant à utiliser l'évaluation par les adultes des risques pour leur « propre » vie pour estimer la valeur de ceux auxquels sont exposés les enfants.

Il s'agit naturellement de savoir si un individu âgé de 70 ans, par exemple, a le même CAP pour éviter un risque de décès qu'un individu de 35 ans. Plus fondamentalement, les politiques environnementales peuvent sauver la vie d'un nombre disproportionné de « personnes très âgées », c'est-à-dire réduire les risques de décès en prolongeant la vie (statistique) de quelques mois, quelques semaines, voire à peine quelques jours par rapport à une situation sans les politiques considérées. La question est dès lors de savoir quelle importance attribuer à une telle réduction du risque dans l'ACA.

L'âge est d'ordinaire supposé avoir deux effets qui se compensent potentiellement vis-à-vis de la VVS : (a) plus on vieillit, moins il reste d'années à vivre, si bien que l'avantage procuré par une réduction du risque de décès diminue – autrement dit, nous devrions nous attendre à ce que la VVS décroisse avec l'âge – et (b) le coût d'opportunité des dépenses consenties pour réduire les risques diminue du fait de l'épargne accumulée, si bien que le CAP pour réduire les risques peut de fait augmenter avec l'âge. Comme le font observer Aldy et Viscusi, à mesure qu'une personne vieillit, son espérance de vie diminue (par définition), mais ses ressources économiques peuvent également varier. Compte tenu de ces influences potentiellement antagonistes, la question est de savoir ce à quoi l'on raisonnablement s'attendre concernant les préceptes théorétiques, les données empiriques ou l'association des deux.

Théoriquement, les études sur ce point suggèrent que le CAP devrait varier de façon non linéaire avec l'âge et former une courbe en U inversé dont le sommet se situe probablement aux alentours de l'âge moyen (Shepard et Zeckhauser, 1982 ; Arthur, 1981). Il va sans dire que l'on s'est beaucoup interrogé sur le degré de robustesse de cette relation. Une partie des débats a consisté à tester les fondements théoriques de cette forme de non-linéarité (Johansson, 2002). S'il est important de bien comprendre les nuances de la théorie sous-jacente, les débats de nature plus pratique se sont attachés à déterminer s'il y avait adéquation entre ce que prédit la théorie et les données empiriques.

Sans surprise, cela a nécessité d'examiner en détail les techniques d'estimation de la VVS les plus influentes, à savoir les méthodes fondées sur les préférences révélées (et plus spécifiquement sur les salaires hédonistes) et celles fondées sur les préférences déclarées. S'agissant de la première catégorie, Aldy et Viscusi (2007) constatent, à partir de données relatives au marché du travail, qu'il existe une relation en U inversé entre l'âge et la VVS. Néanmoins, le déclin (de la VVS) observé aux âges avancés est moins marqué (courbe plus plate) que la hausse correspondante de la VVS aux âges plus précoces. Examinant certaines données tirées d'études sur les préférences déclarées, Krupnick (2007) conclut que « ... les données concernant l'existence éventuelle d'une « décote » liée à l'âge dans les préférences déclarées aux États-Unis et à l'étranger forment un tableau ambivalent et quelque peu confus » (p. 274). Les raisons de cette ambiguïté sont elles-mêmes peu claires et pourraient refléter, non pas les préférences mais des différences dans la façon dont ces aspects analytiques sont traités dans le corpus empirique. Dans son méta-échantillon, l'OCDE (2012) relève – dans le meilleur des cas – des éléments ténus suggérant une relation en U inversé entre la VVS et l'âge moyen.

Aldy et Smyth (2014) proposent une approche quelque peu différente. Ils procèdent à une expérience « simulée » consistant à examiner les choix économiques opérés par des individus « fictifs » identiques (suivis à partir de l'âge de 20 ans) au cours de leur vie, en parallèle avec leur CAP implicite pour une réduction du risque de décès. Chaque année (jusqu'à un âge très avancé), ces individus fictifs font des choix en matière de travail et de loisirs et décident de consommer ou d'épargner en fonction de leur situation économique et des risques de décès. Dans cette simulation, il est par ailleurs « demandé » aux individus qui survivent jusqu'à la période suivante combien ils seraient prêts à dépenser pour réduire faiblement le risque de décès au cours de l'année suivante. Les résultats montrent que la VVS de ces personnes fictives varie bel et bien tout au long de leur vie, selon la courbe en U inversé pressentie par beaucoup. Compte tenu des déficiences des travaux sur les préférences déclarées, mentionnées un peu plus haut, il reste à savoir si cette relation vaut également pour les personnes « réelles » (en dehors des choix effectués sur le marché du travail). Malgré tout, cette simulation livre quelques indices potentiellement importants. Il n'en demeure pas moins que les possibilités de construire un barème robuste et consensuel d'estimations de la VVS liées à l'âge demeurent hautement incertaines. L'encadré 5.1 décrit néanmoins une procédure simple et directe qui poursuit précisément cet objectif.

Encadré 15.1. **Valeur d'une année de vie (statistique)**

Convaincus que l'âge doit être pris en compte dans le calcul de la VVS, certains auteurs ont choisi de se concentrer sur des méthodes plus simples, notamment en recourant au concept de « valeur d'une année de vie statistique » (ou VAVS). Dans le cas présent, la procédure consiste généralement à diviser la VVS d'un individu d'un âge donné, par exemple 40 ans, par les années qui lui restent à vivre compte tenu de son espérance de vie, par exemple 40 ans. La valeur de chaque « année de vie » serait alors la suivante : $VAVS = \frac{VVS_A}{T-A}$, où T correspond à l'âge au terme d'une vie de durée normale et A à l'âge actuel. Toutefois, si l'on s'en tient au modèle de la consommation tout au long de la vie, il est d'ordinaire fait valoir que les années qui restent à vivre devraient elles-mêmes faire l'objet d'une actualisation (au taux d'actualisation r), la formule de calcul étant alors la suivante :

$$VAVS = \frac{VVS_A}{\sum_t \frac{1}{(1+r)^{T-A}}}$$

À titre d'exemple, pour un individu de 40 ans ayant une espérance de vie de 78 ans et dont la VVS serait égale à 5 millions USD, la VAVS s'élèverait à 131 579 USD selon la méthode simple et à 296 419 USD si l'on procède à une actualisation[a]. Bien que séduisant au premier abord (du fait de sa simplicité), un tel calcul de la VAVS à partir de la VVS repose sur des hypothèses assez hardies. Tout d'abord, comme cela a déjà été observé, il se pourrait bien que le modèle de la consommation tout au long de la vie ne tienne lui-même pas compte des facteurs pertinents pour l'estimation de la valeur des années restant à vivre. La VAVS qui en résulte est par ailleurs extrêmement sensible aux hypothèses formulées quant au taux d'actualisation. Il convient de noter que dans cette approche, les taux d'actualisation ne sont pas directement observés mais surajoutés par l'analyste.

La méthode d'estimation fondée sur la VAVS consiste en substance à remplacer l'hypothèse selon laquelle l'âge n'a pas d'importance (implicite dans la façon dont la VVS est habituellement appliquée) par une autre hypothèse selon laquelle non seulement l'âge compte, mais il compte d'une façon particulière, déterminée par la formule de conversion

Encadré 15.1. Valeur d'une année de vie (statistique) *(suite)*

utilisée pour obtenir la VAVS – actualisation d'une valeur constante par exemple[b]. Les défenseurs de cette approche invoqueront sans doute son caractère intuitif. Ainsi, un individu ayant encore 40 années à vivre et exposé à un risque immédiat aurait tendance à attacher au « temps qu'il lui reste à vivre » une plus grande valeur qu'un individu ayant par exemple encore cinq années à vivre. Il existe bien entendu d'autres arguments qui ne militent pas en faveur de cette approche. Par exemple, peut-être faut-il prendre en considération la valeur de rareté du temps lui-même, c'est-à-dire le fait que le CAP pour les années restant à vivre pourrait être d'autant plus élevé que leur nombre diminue. Et bien entendu, il faut naturellement se demander si la VAVS est justifiée par les données empiriques relatives à l'évolution du CAP selon l'âge.

D'autres passages de ce chapitre ont fait valoir que si certains éléments semblent donner crédit à l'existence d'une relation entre l'âge et la VVS, cette relation est loin de faire consensus, en particulier au regard des résultats ambigus des études sur les préférences déclarées. Il est en revanche un point sur lequel les avis convergent davantage : le barème d'estimations de la valeur des années de vie fondé sur l'approche VAVS classique ne semble être corroboré par pratiquement aucune des données recueillies à ce jour. Ce constat ne doit pas être interprété comme signifiant qu'il n'existe aucune relation avec l'âge. Il signifie simplement qu'il y a lieu d'affiner les recherches et que, selon toute probabilité, la relation est plus nuancée que ne le supposent les approches « mécanistes » linéaires. Un bon point de départ pourrait être, par exemple, l'étude de Desaigues et al. (2011), qui estime la VAVS plus directement selon la méthode des préférences déclarées dans neuf pays européens[c].

a) Si la méthode utilisée est celle des préférences déclarées, tout le problème est de savoir si les individus ont déjà procédé à une actualisation du futur lorsqu'ils répondent à la question relative à leur CAP. Si tel est le cas, il convient d'appliquer la méthode simple. Sinon il est préférable de recourir à l'actualisation.
b) L'approche de la VAVS part également du principe que la valeur attachée à une année de vie supplémentaire est la même à tous les âges. Elle ne permet donc pas de considérer une situation dans laquelle une personne âgée de 40 ans se souciera peu du fait que l'espérance de vie soit de 83 ans au lieu de 82, alors que pour une personne âgée de 75 ans, cette différence *pourrait* revêtir une importance beaucoup plus grande.
c) Alberini (2017) indique cependant que « l'étude de Desaigues et al. a été menée dans neuf pays, mais auprès de seulement 1 463 répondants au total. L'enquête présentait aux participants un graphique donnant une représentation indubitablement fallacieuse du changement de l'espérance de vie et l'analyse économétrique des réponses était de qualité nettement inférieure aux normes acceptables ».

15.6. Évaluation de la morbidité

Les précédentes sections portaient sur l'évaluation de la mortalité prématurée. La raison en est simple. Les données montrent de manière écrasante que la mortalité est de loin le coût économique le plus important des problèmes de santé liés à l'environnement (voir, par exemple, OCDE, 2014 ; Banque mondiale, 2016 ; et Cropper et al., 2010). Néanmoins, les coûts associés à la morbidité, c'est-à-dire aux maladies non mortelles, revêtent également de l'importance dans les contextes environnementaux, et leur prise en compte dans l'ACA devrait apporter des éléments solides à l'appui d'une intervention des pouvoirs publics. Cet aspect a été mis en évidence dans des travaux déjà anciens sur le coût de la pollution atmosphérique pour la santé, notamment l'étude ExternE de la Commission européenne.

Les effets de morbidité sont très divers, même dans le cas de la pollution atmosphérique, et la question de savoir si l'on doit procéder à ces évaluations pour chaque relation entre, par exemple, la pollution de l'air et la maladie dépend d'un certain nombre de paramètres. Hunt et al. (2016), par exemple, identifient cinq relations essentielles qu'ils jugent particulièrement prometteuses. Ces auteurs entendent par « prometteuse » une relation robuste et (en grande partie) non biaisée, qui d'un point de vue pratique peut être appliquée dans les pays de l'OCDE ainsi qu'en Chine et en Inde. Les effets qu'ils recensent sont les suivants :

- Hospitalisations pour des problèmes respiratoires et cardiovasculaires liés à l'ozone ou aux particules ambiantes ;
- Journées d'activité restreinte ou journées de travail perdues dues aux concentrations d'ozone ou de particules dans l'air ambiant ;
- Bronchites chroniques chez l'adulte liées aux particules ;
- Bronchites aiguës[12] chez l'enfant (6-18 ans) liées aux particules ;
- Infections aiguës des voies respiratoires inférieures chez le très jeune enfant (moins de 5 ans) liées aux particules.

Le point à retenir ici est que ces relations sont étayées par des données quantitatives (issues par exemple d'études médicales et épidémiologiques portant sur l'estimation de fonctions dose-réponse) concernant le lien entre l'exposition à un polluant, présent par exemple dans l'air urbain, et l'impact sur la santé physique. Par ailleurs, s'appuyant sur un vaste tour d'horizon des travaux publiés, Hunt et al. formulent des recommandations quant aux valeurs unitaires à attribuer à ces cas physiques. Ces résultats, présentés dans le tableau 15.5, doivent être interprétés comme des valeurs de base qu'il est possible d'ajuster en fonction des différences de revenu, suivant les indications de la section 15.4.2.

Tableau 15.5. **Valeurs unitaires proposées pour divers effets de morbidité**

USD, prix de 2010

Effet de morbidité	Valeur centrale	Plage
Bronchites chroniques (par cas)	334 750	41 700 à 889 000
Hospitalisations (par cas)	2 000	600 à 3 300
Journées de travail perdues (par jour)	Propres à chaque pays	
Journées d'activité restreinte (par jour)	170	41 à 268
Journées d'activité légèrement restreinte (par jour)	62	53 à 70
Bronchites aiguës chez l'enfant (par cas)	464	301 à 511
Infections aiguës des voies respiratoires inférieures chez le très jeune enfant (par cas)	464	301 à 511

Source : Hunt et al. (2016).

Cropper et al. (2010) montrent comment l'on peut estimer la plage des coûts de morbidité (et de mortalité), en prenant l'exemple des PM_{10} dans les villes chinoises. Les auteurs examinent un ensemble de données concernant le lien physique entre l'exposition à la pollution de l'air et plusieurs effets relatifs à l'état de santé, pour conclure ce qui suit :

- Dans le cas de la bronchite chronique, les données pour la Chine indiquent que les incidents augmentent de 4.8 % pour une variation de 10 µg/m^3 des PM_{10}. Si l'on exprime ce résultat à l'aide des fonctions de dose-réponse évoquées au début de ce chapitre (section 15.2), on obtient un coefficient β de 0.0048.
- Pour les hospitalisations, une variation de 10 µg/m^3 des PM_{10} entraîne une variation de 0.7 % et 1.2 % du nombre de cas d'incidents respiratoires et cardiovasculaires respectivement. Le nombre de journées de travail perdues dans chaque cas est défini par la durée du séjour à l'hôpital.

Le tableau 15.6 indique les cas physiques (partie a) et les coûts monétaires (partie b) associés à l'exposition aux PM_{10} en Chine en 2003, tels que les ont estimés Cropper et al. Il montre clairement que la catégorie d'impact la plus importante, en termes de coût économique, est celle de la mortalité. Néanmoins, le coût de la morbidité due aux bronchites chroniques représente presque un quart des coûts totaux pour la santé. Ce résultat n'a rien de surprenant compte tenu de la gravité de cette maladie et du nombre élevé des cas estimés au cours de l'année considérée.

Tableau 15.6. **Impacts sur la santé et pollution de l'air ambiant en Chine en 2003**

a) Cas et incidents touchant la santé (en milliers)

	Mortalité prématurée	Morbidité			
		Bronchites chroniques	Hospitalisations pour incidents respiratoires	Hospitalisations pour incidents cardiovasculaires	Journées de travail perdues (journées d'hospitalisation)
Moyenne	394.0	305.3	223.6	216.3	9 210
Plage	134.6 à 628.3	265.6 à 341.9	156.5 à 286.0	99.2 à 324.3	6 108 à 12 970

b) Coûts sanitaires en milliards de yuans

	Coûts de la mortalité prématurée	Coûts de la morbidité			Coûts totaux
		Bronchites chroniques	Coûts hospitaliers directs	Coûts hospitaliers indirects	
Moyenne	394.0	122.1	3.4	0.47	519.9
Plage	135.6 à 641.1	106.2 à 137.7	1.9 à 4.8	0.26 à 0.67	243.9 à 783.3

Source : Cropper et al. (2010).

15.7. Conclusions

Bien que ce chapitre se soit exclusivement concentré sur les questions analytiques, il est important de rappeler que les estimations de la « valeur d'une vie (statistique) » calculées par les économistes suscitent des critiques souvent virulentes et convaincantes. Ces débats sont importants. On peut se demander si le but de ces critiques est de placer les impacts sur la santé « hors de portée » de l'analyse coûts-avantages, mais globalement, les implications pour l'ACA sont à peu près les mêmes que celles analysées dans le chapitre 12 concernant les contraintes qui circonscrivent les recommandations en matière d'ACA.

Mais il convient de garder à l'esprit que toutes les décisions qui supposent que l'on tolère, que l'on accepte ou que l'on rejette les variations du risque impliquent de telles évaluations. La raison en est très simple : toute réduction du risque suppose d'ordinaire une dépense de ressources, si bien que le fait de s'abstenir de dépenser ces ressources implique que la somme des VVS soit inférieure au coût des ressources. Inversement, le fait de dépenser ces ressources implique que la somme des VVS soit supérieure au coût des ressources. Morrall (2003) offre une bonne illustration de cet arbitrage. Partant de l'examen de 76 réglementations, il calcule les valeurs implicites de la VVS, qui vont de 100 000 USD pour une réglementation sur les allume-gaz sans danger pour les enfants à 500 millions USD pour celles relatives à l'élimination des boues résiduaires, et atteignent même 100 milliards USD pour celles applicables aux installations d'élimination des déchets solides[13].

La détermination de ces valeurs implicites de la VVS vise plusieurs objectifs. Premièrement, comme indiqué précédemment, elles nous rappellent que l'on ne peut « échapper » à l'évaluation des risques pour la vie. Deuxièmement, elles permettent de mesurer la cohérence qui existe entre les organismes publics : la VVS implicite pour les risques liés au transport ne devrait par exemple pas être bien différente de ce qu'elle est pour une réduction de la pollution, à moins que l'on ait une raison de supposer que les risques devraient être évalués autrement. Troisièmement, même s'il n'existe aucun consensus sur « la » VVS, ces travaux montrent que certaines des mesures adoptées par les pouvoirs publics ne sont pas crédibles du point de vue de leurs objectifs déclarés de sauver des vies (statistiques) d'une manière efficace par rapport aux coûts.

S'il est utile de connaître la valeur implicite de la VVS, les progrès accomplis en termes d'estimation de la VVS *explicite* permettent de penser que nous pouvons faire mieux en matière d'ACA. De considérables progrès ont été accomplis ces dernières années pour mieux établir le sens et la taille de la valeur d'une vie statistique (VVS). Une des principales questions était de savoir comment « transférer » les VVS tirées, par exemple, de contextes non environnementaux pour les appliquer à des contextes environnementaux et comment transférer des VVS de pays à pays. Cette dernière considération a suscité des interrogations concernant la nature des risques en jeu.

Il va sans dire que la prudence et le discernement restent de mise dans toute application. Sur ces questions, les travaux publiés offrent des pistes plus prometteuses dans certains domaines que dans d'autres. Notamment, l'âge peut ou non avoir une incidence lors de l'évaluation des risques immédiats – les travaux en ce domaine sont incontestablement ambigus, et un choix reste à faire entre la VVS et l'approche de la valeur d'une année de vie, à moins que l'on opte pour une combinaison des deux méthodes (quoique les approches simples fondées sur le deuxième concept ne bénéficient pas d'un appui empirique solide). Ceci étant dit, en termes de recommandations pratiques, le corpus empirique a été d'une grande utilité en permettant de transposer les résultats observés en niveaux de base ou de référence. Des études comme la méta-analyse de l'OCDE (2012) ont joué un rôle majeur en transformant les données de ce corpus empirique en outils facilement utilisables, comme l'illustrent les estimations récentes de la charge économique mondiale de la pollution atmosphérique établies par la Banque mondiale (2016).

Notes

1. Le champ couvert par ce chapitre est nécessairement limité dans la mesure où les travaux consacrés à l'évaluation des impacts sur la santé humaine sont désormais extrêmement nombreux. Par conséquent, nous nous bornons ici à examiner un nombre limité de questions sur lesquelles se sont penchées les études les plus récentes.
2. Qui recouvre la pollution de l'air extérieur (exposition aux particules et à l'ozone troposphérique) et de l'air intérieur.
3. La terminologie varie : La VVS est également appelée « valeur d'un décès évité » ou encore « valeur de la vie » malgré les mises en garde des économistes au sujet de cette dernière expression. Cameron (2010) avance des arguments convaincants concernant les problèmes posés par la terminologie existante, qui peine à décrire précisément ce concept économique ; dans la foulée, elle appelle à remplacer cette dénomination par l'expression plus littérale, mais aussi plus longue, suivante : le consentement à échanger d'autres biens et services contre une micro-diminution (*micro-risk reduction*) du risque de décès soudain.
4. Ces particules peuvent être définies d'autres manières, en fonction de leur taille : TSP (particules totales en suspension) ; PM_{10} (particules dont le diamètre est inférieur ou égal à 10 microns). Des règles empiriques grossières permettent de convertir ces unités entre elles : $PM_{10}/0.55$ = TSP ; et $PM_{10}/2 = PM_{2.5}$. Pour prendre un exemple, une réduction des TSP de 90 $\mu g/m^3$ équivaut à une réduction des PM_{10} de 50 $\mu g/m^3$, et donc à une réduction des $PM_{2.5}$ de 25 $\mu g/m^3$.

5. Plus généralement, il est possible d'analyser ces impacts substantiels selon l'approche de l'équilibre général, étant donné que les changements sont non marginaux et concernent l'économie entière. Voir par exemple Marten et Newbold (2017) pour un exposé récent sur cette question.

6. La terminologie peut prêter à confusion. Le niveau de risque initial ou de référence doit être distingué de la variation du niveau de risque entraînée par la mise en œuvre de la politique en question.

7. Il s'agit d'une moyenne pondérée, dans laquelle chaque estimation moyenne de la VVS dans chaque étude individuelle est pondérée par l'inverse du nombre d'observations dans chaque étude fondée sur les préférences déclarées.

8. Il y a aussi la question distincte du risque de base. On pourrait s'attendre à ce qu'un risque pour la vie « concurrent » de celui visé par la politique envisagée ait pour conséquence de diminuer le CAP associé au risque ciblé par cette politique, l'individu ne souhaitant plus « lutter ». Plus précisément, le risque concurrent diminue la probabilité que l'individu bénéficie de la réduction du risque visé par la politique considérée. Mais cet effet sera en général très faible. Eeckhoudt et Hammitt (2001) prennent ainsi pour exemple un travailleur de sexe masculin âgé d'une quarantaine d'années demeurant aux États-Unis. Le risque de décès pour cette tranche d'âge est de 0.003, ce qui se traduit directement par une diminution de la VVS tout juste égale à 0.3 point de pourcentage. Les risques de mourir du fait de la pollution atmosphérique sont cependant plus grands pour les personnes âgées dont les risques de base sont déjà très importants, c'est-à-dire pour les individus exposés à un risque élevé de décès pour d'autres causes. Le phénomène d'abandon de la « lutte » a dès lors des effets non négligeables. Si cet effet est de grande ampleur, nous nous attendrions à ce qu'il soit mis en évidence par le CAP des individus exposés à des risques concurrents élevés, et notamment a) ceux qui sont déjà en mauvaise santé, et b) les personnes âgées. Les sections ci-dessous qui traitent des états de santé et de l'âge examinent dans quelle mesure les travaux empiriques déjà publiés font apparaître cet effet.

9. Dans les études qui examinent le rapport entre le niveau de risque et le taux de salaire, l'absence de corrélation entre le CAP et le risque peut être due à une « autosélection », les travailleurs dotés d'une plus forte tolérance au risque optant peut-être pour les emplois les plus dangereux. Des méta-analyses de ces études ont par ailleurs abouti à des résultats légèrement plus nuancés. On s'attendrait à ce que le CAA (puisqu'il s'agit de mesurer la prime comprise dans le salaire pour accepter des risques plus élevés) varie directement en fonction des niveaux de risque et s'accroisse à mesure que ceux-ci augmentent. D'une part, l'effet d'autosélection peut avoir pour conséquence que les travailleurs caractérisés par une moins grande aversion pour le risque sont attirés par des emplois présentant des risques plus élevés. Mrozek et Taylor (2002) observent ces deux effets, c'est-à-dire une augmentation du CAA dans un premier temps, suivie d'une réduction de celui-ci par la suite. Cet effet « d'amour du risque » a également été observé dans d'autres études des activités professionnelles (pour un résumé, voir Hammitt, 2002). D'autre part, Viscusi (2004) note que les primes de risque comprises dans le salaire varient directement en fonction des risques de décès ou de blessure au travail, et dans leur méta-analyse des études ayant examiné le rapport entre le niveau de risque et le taux de salaire aux États-Unis, Viscusi et Aldy (2003) constatent que la VVS varie certes directement en fonction du risque mais que les niveaux de risque élevés n'ont qu'un effet minime sur elle (la VVS correspondante est ainsi de 12 à 22 millions USD pour de faibles niveaux de risque, et de 10 à 18 millions USD lorsqu'ils sont dix fois supérieurs).

10. Roy et Braathen (2017) utilisent une formule légèrement différente :

11. $VVS\ C_{2015} = VVS\ OCDE_{2010} \times (Y\ C_{2010}/Y\ OCDE_{2010})^{\beta} \times (1 + \%\Delta P + \%\Delta Y)^{\beta}$, qui tient compte de la variation des niveaux de prix et de revenu depuis l'année de référence choisie. Une modification supplémentaire pourrait s'envisager : $VVS\ C_{2015} = VVS\ OCDE_{2010} \times (Y\ C_{2010}/Y\ OCDE_{2010})^{\beta} \times (1 + \%\Delta P) \times (1 + \%\Delta Y)^{\beta}$, formule dans laquelle le changement des niveaux de prix n'est pas corrigé en fonction de l'élasticité-revenu.

12. Définies par la survenue d'un incident au cours des 12 derniers mois.

13. Sur la base d'une « valeur limite » de 7 millions USD, Morrall constate que presque toutes les réglementations visant à assurer la sécurité satisfont le critère coûts-avantages, mais que moins de 20 % des réglementations qui ont pour objectif de réduire le nombre de cancers s'y conforment. Enfin, en faisant appel à une analyse « risque-risque » ou « santé-santé » (voir chapitre 17), Morrall montre que des dépenses publiques de 21 millions USD entraînent un décès statistique. Toutes les politiques ont un coût monétaire qui est en dernier ressort financé par l'impôt, ce qui a pour effet de réduire le revenu disponible des contribuables. Une partie de ce revenu auquel il leur aura fallu renoncer aurait pu être dépensée dans des mesures destinées à sauver des vies. Par conséquent, toutes les dépenses publiques peuvent entraîner des pertes en vies, tout au moins à un certain degré. Toute mesure impliquant une VVS supérieure à 21 millions USD « fait plus de mal que de bien », c'est-à-dire qu'elle entraîne plus de décès qu'elle ne sauve de vies. Vingt-sept des 76 réglementations

examinées ne satisfaisaient pas ce critère. Des études comparables existent pour la Suède, où la valeur limite est comprise entre 6.8 et 9.8 millions USD – voir Gerdtham et Johannesson (2002) – et pour le Royaume-Uni, où elle est d'environ 8 millions USD (Whitehurst, 1999).

Références

Alberini, A. et al. (1997), « Valuing health effects of air pollution in developing countries: The case of Taiwan », *Journal of Environmental Economics and Management*, vol. 34, n° 2, pp. 107-126.

Alberini, A. et al. (2004), « Does the value of statistical life vary with age and health status? Evidence from the US and Canada », *Journal of Environmental Economics and Management*, vol. 48, n° 1, pp. 769-792, *http://dx.doi.org/10.1016/j.jeem.2003.10.005*.

Andersson, H. (2005), « The Value of Safety as Revealed in the Swedish Car Market: An Application of the Hedonic Pricing Approach », *Journal of Risk and Uncertainty*, vol. 30, n° 3, pp. 211-239, *http://dx.doi.org/10.1007/s11166-005-1154-1*.

Banque mondiale et IHME (Institut de métrologie sanitaire et d'évaluation) (2016), *The Cost of Air Pollution: Strengthening the Economic Case for Action*, Banque mondiale, Washington, DC, *http://documents.worldbank.org/curated/en/781521473177013155/pdf/108141-REVISED-Cost-of-PollutionWebCORRECTEDfile.pdf*.

Cameron, T.-A. (2010), « Euthanizing the Value of a Statistical Life », *Review of Environmental Economics and Policy*, vol. 4, n° 2, pp. 161-178, *https://doi.org/10.1093/reep/req010*.

Carlsson, F., D. Daruvala et H. Jaldell (2010), « Value of Statistical Life and Cause of Accident: A Choice Experiment », *Risk Analysis*, vol. 30, n° 6, pp. 975-986, *http://dx.doi.org/10.1111/j.1539-6924.2010.01399.x*.

Chilton, S. et al. (2004), *Valuation of Health Benefits Associated with Reductions in Air Pollution: Final Report*, Department for Environment Food and Rural Affairs, Londres.

Chilton, S. et al. (2002), « Public Perceptions of Risk and Preference-Based Values of Safety », *Journal of Risk and Uncertainty*, vol. 25, n° 3, pp. 211-232, *http://dx.doi.org/10.1023/A:1020962104810*.

Cropper, M. et al. (2010), « What are the Health Effects of Air Pollution in China », in Heal, G. (dir. pub.), *Is Economic Growth Sustainable?*, Palgrave Macmillan.

Desaignes, B. et al. (2011), « Economic valuation of air pollution mortality: A 9-country contingent valuation survey of value of a life year », *Ecological Indicators*, vol. 11, pp. 902-910, *http://dx.doi.org/10.1016/j.ecolind.2010.12.006*.

Eeckhoudt, L. et J. Hammitt (2001), « Background Risks and the Value of Statistical Life », *Journal of Risk and Uncertainty*, vol. 23, n° 3, pp. 261-279, *http://dx.doi.org/10.1023/A:1011825824296*.

Hamilton, K. et al. (2014), *Multiple Benefits from Climate Mitigation: Assessing the Evidence*, Rapport établi à l'intention du New Climate Economy project.

Hammitt, J. et J. Graham (1999), « Willingness to Pay for Health Protection: Inadequate Sensitivity to Probability? », *Journal of Risk and Uncertainty*, vol. 18, pp. 33-62, *http://dx.doi.org/10.1023/A:1007760327375*.

Hammitt, J. et J.-T. Liu (2004), « Effects of Disease Type and Latency on the Value of Mortality Risk », *Journal of Risk and Uncertainty*, vol. 28, n° 1, pp. 73-95, *http://dx.doi.org/10.1023/B:RISK.0000009437.24783.e1*.

Hultkrantz, L., G. Lindberg et C. Andersson (2006), « The Value of Improved Road Safety », *Journal of Risk and Uncertainty*, vol. 32, n° 2, pp. 151-170, *http://dx.doi.org/10.1007/s11166-006-8291-z*.

Hultkrantz, L. et M. Svensson (2012), « The Value of a Statistical Life in Sweden: A Review of the Empirical Evidence », *Health Policy*, vol. 108, n° 2-3, pp. 302-310, *http://dx.doi.org/10.1016/j.healthpol.2012.09.007*.

Hunt, A. et al. (2016), « Social Costs of Morbidity Impacts of Air Pollution », *Documents de travail de l'OCDE sur l'environnement*, n° 99, Éditions OCDE, Paris, *http://dx.doi.org/10.1787/5jm55j7cq0lv-en*.

Johannesson, M. et P.-O. Johansson (1996), « To be or not be, that is the question: An empirical study on the WTP for an increased life expectancy at an advanced age », *Journal of Risk and Uncertainty*, vol. 13, n° 2, pp. 163-174, *http://dx.doi.org/10.1007/BF00057866*.

Markandya, A. et al. (2004), *EC NewExt Research Project: Mortality Risk Valuation – Final Report – UK*, Commission européenne, Bruxelles.

Morrall, J. (2003), « Saving lives: A Review of the Record », *Journal of Risk and Uncertainty*, vol. 27, n° 3, pp. 221-237, *http://dx.doi.org/10.1023/A:1025841209892*.

Mrozek, J.R. et L.O. Taylor (2002), « What determines the value of life? A meta-analysis », *Journal of Policy Analysis and Management*, vol. 21, n° 2, pp. 253-270, *http://dx.doi.org/10.1002/pam.10026*.

Murray et al. (2016), « Global, regional and national comparative risk assessment of 79 behavioural, environmental and occupational and metabolic risks or clusters of risks, 1990-2015: A systematic analysis for the Global Burden of Disease Study 2015 », *The Lancet*, vol. 388, n° 8, pp. 1659-1724.

OCDE (2014), *Le coût de la pollution de l'air : Impacts sanitaires du transport routier*, Éditions OCDE, Paris, *http://dx.doi.org/10.1787/9789264220522-fr*.

OCDE (2012), *Mortality Risk Valuation in Environment, Health and Transport Policies*, Éditions OCDE, Paris, *http://dx.doi.org/10.1787/9789264130807-en*.

Roy, R. et N.A. Braathen (2017), « The Rising Cost of Ambient Air Pollution thus far in the 21st Century: Results for the BRIICs and OECD World », *Document de travail de l'OCDE sur l'environnement* n° 124, Éditions OCDE, Paris, *http://dx.doi.org/10.1787/d1b2b844-en*.

Svensson, M. (2009), « The Value of a Statistical Life in Sweden: Estimates from Two Studies Using the Certainty Approach Calibration », *Accident Analysis and Prevention*, vol. 41, n° 3, pp. 430-437, *http://dx.doi.org/10.1016/j.aap.2009.01.005*.

Viscusi, W.K. (2004), « The value of life: Estimates with risks by occupation and industry », *Economic Inquiry*, vol. 42, n° 1, pp. 29-48, *http://dx.doi.org/10.1093/ei/cbh042*.

Viscusi, W.K. et J. Aldy (2003), « The value of statistical life: A critical review of market estimates throughout the world », *Journal of Risk and Uncertainty*, vol. 27, n° 1, pp. 5-76, *http://dx.doi.org/10.1023/A:1025598106257*.

Vos, T. et al. (2016), « Global, regional and national incidence, prevalence and years lived with disability for 310 diseases and injuries, 1990-2015: A systematic analysis for the Global Burden of Disease Study 2015 », *The Lancet*, vol. 388, n° 8, pp. 1545-1602.

ANNEXE 15.A1

Calcul de la valeur d'une vie statistique

La méthode habituellement utilisée pour calculer la VVS consiste à supposer que la fonction d'utilité d'un individu pour un patrimoine (W) et un risque de mortalité (p) s'écrit de la façon suivante :

$$U(p, W) = (1 - p) . u_a(W) + p . u_d(W) \quad [15.A1.1]$$

où U est l'utilité (espérée), $u_a(W)$ l'utilité en cas de survie – c'est-à-dire l'utilité d'être en vie et $u_d(W)$ l'utilité en cas de décès. On suppose que $u_a' > 0$ et $u_a'' < 0$. La première hypothèse implique que l'utilité marginale du patrimoine augmente en fonction de ce dernier et la seconde que les individus éprouvent de l'aversion pour les systèmes de loterie dont la valeur attendue est égale à zéro, c'est-à-dire qu'ils ont de l'aversion pour les risques financiers.

Il s'agit d'un modèle à une seule période et l'on peut considérer par souci de simplicité que u_d (W) inclut des legs, etc., de sorte qu'il n'est pas nécessairement égal à zéro. Autrement dit $u_d' \geq 0$. On suppose en outre que :

$$u_a(W) > u_d(W) \quad \text{et}$$

$$u_a'(W) > u_d'(W) \quad [15.A1.2]$$

La seconde condition signifie simplement qu'un accroissement du patrimoine génère une plus grande utilité si l'individu survit que s'il meurt. Autrement dit, le patrimoine additionnel procure davantage d'utilité durant la vie que sous forme de legs.

La courbe d'indifférence correspondante est la suivante :

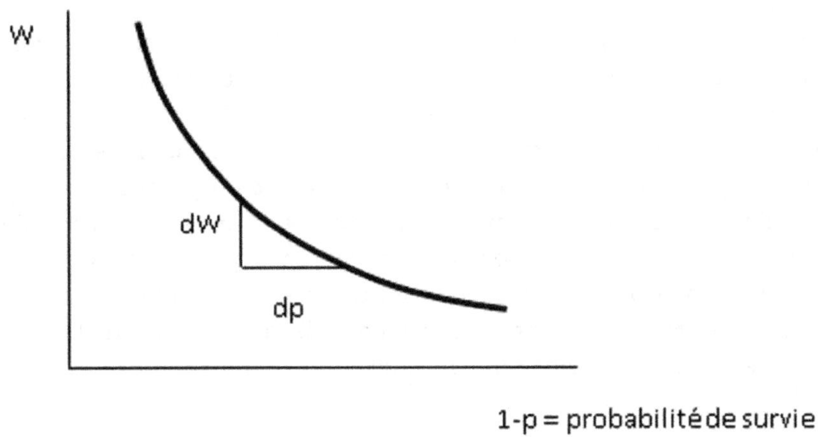

Si l'on procède à la différenciation de l'équation [15.A1.1] tout en maintenant l'utilité constante, on obtient :

$$\frac{dU(.)}{dp} = (1-p).u_a'(W) - u_a(W) + p.u_d'(W) + u_d(W) = 0 \qquad [15.A1.3]$$

Si bien que

$$VVS = \frac{dW}{dp}\Big|_{EU=constant} = \frac{u_a(W) - u_d(W)}{(1-p).u_a'(W) + p.u_d'(W)} \qquad [15.A1.4]$$

Le numérateur est égal à la différence d'utilité selon que l'individu survit ou meurt pendant la période en cours. Le dénominateur correspond à l'utilité marginale espérée du patrimoine en cas de survie et en cas de décès, chacun de ces événements étant pondéré par la probabilité qu'il se produise. Le dénominateur est souvent appelé « coût de l'utilité espérée des fonds » ou « coût de l'utilité espérée des dépenses ».

Risque de référence

Compte tenu des inégalités indiquées en [15.A1.2], VVS > 0. VSL augmente également avec le risque de référence, p, c'est-à-dire celui de « mourir de toute façon » (Pratt et Zeckhauser, 1996). Hammitt (2000) fait observer que cet effet ne peut être important pour de faibles variations du risque étant donné que les probabilités de survie sont, quelle que soit l'année, bien plus importantes que celles de décès [(1-p) est élevé, p est faible]. Le numérateur de l'équation [15.A1.4] demeure constant en cas d'augmentation de p puisque celui-ci n'exerce aucune incidence sur lui. Par contre le dénominateur varie puisque le premier terme diminue alors que le second augmente. Compte tenu des probabilités vraisemblables, la baisse est plus forte que l'augmentation et il s'ensuit une diminution du dénominateur. La VVS croît avec le risque de référence, quoique modérément.

Patrimoine

L'effet des variations du patrimoine sur la VVS dépend de l'aversion pour les risques financiers dans les deux cas – survie et décès. L'indifférence et l'aversion à l'égard du risque suffisent pour assurer que la VVS augmente en fonction du patrimoine (W). Compte tenu que $u_a'(W) > u_d'(W)$ le numérateur croît en fonction du patrimoine. Étant donné que $u_a''(W) < 0, u_d''(W) < 0$, le dénominateur diminue avec le patrimoine. La VVS augmente donc avec le patrimoine.

État de santé

La relation entre la VVS et l'état de santé en cas de survie est à proprement parler indéterminée, bien que de nombreuses études partent du principe que la VVS sera plus élevée pour une survie en bonne santé que pour une survie en mauvaise santé, ce qui paraît intuitivement vrai. Hammitt (2000) fait observer que la survie en mauvaise santé peut limiter la capacité de l'individu à accroître l'utilité en procédant à des dépenses monétaires – l'utilité marginale du patrimoine peut être moindre en cas de survie en mauvaise santé qu'en bonne santé. Le dénominateur de l'équation [15.A1.4] est plus faible en cas de survie en mauvaise santé. Mais le numérateur est également plus faible, si bien que la relation entre la VVS et l'état de santé dépend de la valeur exacte de ces variables et pourrait tout aussi bien être positive que négative.

Latence

L'équation [15.A1.4] ne fournit aucune information sur la latence, autrement dit sur le fait qu'une exposition aux risques aujourd'hui pouvant entraîner un décès beaucoup plus tard (arsenicose, asbestose etc.). La VVS pertinente (que l'on appellera VVS_{lat}) est :

$$VVS_{lat} = \frac{VVS_T}{(1+s)^T}.P_T \qquad [15.A1.5]$$

où VVS_{lat} est la VVS au moment présent pour une exposition aux risques aujourd'hui, T la période de latence au terme de laquelle l'individu meurt, s le taux d'actualisation (en théorie le taux d'actualisation de l'individu) et P_T la probabilité que l'individu survive à la période de latence, c'est-à-dire la probabilité qu'il ne décède pas entre-temps pour d'autres causes. La VVS pertinente est donc fondamentalement égale à la valeur actualisée de la VVS future au moment où les conséquences de l'exposition au risque se font sentir, ajustée pour tenir compte de la probabilité de survivre à la période de latence. Si le CAP varie en fonction du revenu et que celui-ci augmente avec le temps, au lieu d'actualiser le CAP futur en appliquant le taux pertinent, il est possible d'utiliser un taux net. Si s est le taux d'actualisation et que le CAP augmente de n % par an, le taux d'actualisation net sera égal à (s-n) % par an. Un cas de figure particulièrement pratique se produit lorsque s = n étant donné qu'il suffit alors d'utiliser des valeurs non actualisées.

Hammitt et Liu (2004) présentent une version légèrement plus complexe de l'équation [15.A1.5] pour un risque latent dont la variation présente un caractère transitoire, la réduction du risque étant temporaire au lieu d'être permanente. (Lorsque la réduction du risque est permanente, les CAP pour chacune des périodes futures doivent être additionnés). L'équation utilisée par les auteurs est la suivante :

$$CAP_0 = \frac{CAP_T}{(1/(1+s))^T .a_T.(1+g)^{T\eta}} \qquad [15.A1.6]$$

où CAP_0 est le consentement à payer pour une réduction du risque au moment présent, CAP_T le consentement à payer pour une réduction du risque dans T années, s le taux d'actualisation de l'individu, a un coefficient décrivant la relation entre l'âge et le CAP (a = 1 si l'âge n'a aucune incidence sur le consentement à payer, alors que normalement a < 1), g le taux de croissance du revenu et η l'élasticité du consentement à payer pour une réduction du risque par rapport au revenu. La formule [15.A1.6] s'attache donc expressément à modifier l'équation de la VVS en ce qui concerne (a) l'âge et (b) la croissance du revenu durant une période de latence.

Âge

L'équation [15.A1.4] ne nous dit pas si le CAP (et donc la VVS) varie en fonction de l'âge. L'âge est d'ordinaire supposé avoir deux effets qui se compensent potentiellement : (a) plus on vieillit, moins il reste d'années à vivre si bien que les avantages d'une réduction du risque au moment présent diminuent – nous nous attendrions à ce que la VVS diminue avec l'âge – et (b) le coût d'opportunité de dépenses monétaires en vue de réduire le risque diminue avec le temps en raison de l'accumulation de l'épargne, de sorte que le CAP pour une réduction du risque peut de fait augmenter avec l'âge. La VVS peut donc en théorie varier de façon indéterminée en fonction de l'âge.

PARTIE IV

L'analyse coûts-avantages dans la pratique

PARTIE IV

Chapitre 16

Utilisation actuelle de l'analyse coûts-avantages

Il est important de déterminer dans quelle mesure les avancées des analyses coûts-avantages appliquées à l'environnement ont influencé les évaluations pratiquées dans les faits. Ce chapitre examine cette question du point de vue de plusieurs pays de l'OCDE, en s'intéressant plus particulièrement aux politiques menées dans des secteurs tels que l'énergie, les transports et l'environnement, et en se fondant sur les réponses données par les pays à un questionnaire. Il ressort de ces réponses que le recours à l'ACA est très variable, tout comme la mesure dans laquelle différents types d'impacts environnementaux sont pris en considération dans ces analyses, la situation variant selon les secteurs économiques et les contextes analytiques. Par exemple, les investissements dans le secteur de l'énergie et les propositions de politique sont relativement bien pris en compte dans les ACA, alors que la couverture des impacts environnementaux non liés au climat est beaucoup plus étroite. Il est important de dresser l'inventaire des utilisations de l'ACA. Cette démarche, bien entendu, ne permet pas de répondre à la question inévitable de savoir pourquoi l'ACA est utilisée dans tel contexte et pas dans tel autre. De même, les réponses au questionnaire ne donnent pas une idée claire et précise de l'influence des ACA sur les décisions finales. Il doit également être admis que l'utilisation et l'influence des ACA sont des sujets d'étude mouvants, au sens où l'on peut s'attendre à ce que la situation évolue assez rapidement à la lumière des avancées des ACA appliquées à l'environnement.

Tandis que les précédents chapitres ont examiné les fondements théoriques de l'analyse coûts-avantages (ACA), le présent chapitre fait le point sur l'*utilisation* actuelle de l'ACA dans les évaluations de projets d'investissement public dans certains secteurs, en particulier les transports et l'énergie. Il décrit également l'utilisation qui est faite de l'ACA dans les évaluations *ex ante* de diverses politiques publiques et dans les évaluations *ex post* des projets d'investissement et des politiques publiques. Il s'appuie en grande partie sur les réponses à un questionnaire élaboré par l'OCDE pendant la phase de préparation du chapitre. Ces réponses ont été fournies par les délégués auprès du Groupe de travail sur l'intégration des politiques environnementales et économiques, qui relève du Comité des politiques d'environnement de l'OCDE, et ont été complétées par des informations provenant d'autres contacts dans les pays membres[1]. Le chapitre utilise également les réponses à un questionnaire analogue de 2014, élaboré en préparation de l'étude de Smith et Braathen (2015)[2].

Parmi les pays déclarants, 24 ont indiqué que des lignes directrices générales avaient été élaborées pour guider la préparation des ACA destinées à différents secteurs et à différents types d'évaluation. Dans dix-neuf pays déclarants, ces lignes directrices ont force obligatoire à l'échelon national, et dans cinq autres, elles sont de nature consultative. Six pays déclarants ont indiqué que ces lignes directrices avaient également force obligatoire aux échelons inférieurs de l'administration, sept qu'elles avaient un caractère consultatif à ces échelons, et six que les lignes directrices nationales n'avaient aucun statut aux échelons inférieurs de l'administration. Neuf pays membres de l'OCDE n'ont répondu à aucun des deux questionnaires. Les raisons de ces non-réponses peuvent être variables, mais il est permis de penser que, dans l'ensemble, le recours à l'ACA est moins répandu dans les pays qui n'ont pas répondu.

16.1. Utilisation actuelle de l'analyse coûts-avantages dans les évaluations *ex ante* des projets d'investissement public[3]

Une partie du questionnaire portait sur l'analyse coûts-avantages *ex ante* des projets d'investissement public réalisés dans deux secteurs susceptibles d'avoir des impacts considérables sur l'environnement : les transports et l'énergie. Les réponses reçues font apparaître que, de manière générale, l'ACA joue un rôle plus important dans l'évaluation des projets d'investissement relevant du secteur des transports que dans l'évaluation des projets énergétiques ; de la même manière, les impacts environnementaux reçoivent davantage d'attention dans les évaluations de projets de transport que dans celles qui concernent des investissements dans l'énergie.

Il existe dans les deux secteurs des critères communs clairement définis sur la façon dont les ACA doivent être conduites[4] ; 88 % des réponses font état de tels critères dans le secteur des transports, 76 % dans le secteur de l'énergie (voir graphique 16.1)[5].

Il est signalé dans de nombreuses réponses que le niveau de détail requis dans les ACA est variable et dépend par exemple de la taille du projet. Pour les projets de transport, par exemple, le Danemark indique que « le niveau de détail dépend de l'étape du processus de planification où intervient l'ACA. En général, le niveau de détail est proportionnel à la taille du projet en

Graphique 16.1. **Existe-t-il des critères clairs indiquant comment les ACA des projets d'investissement doivent être réalisées ?**

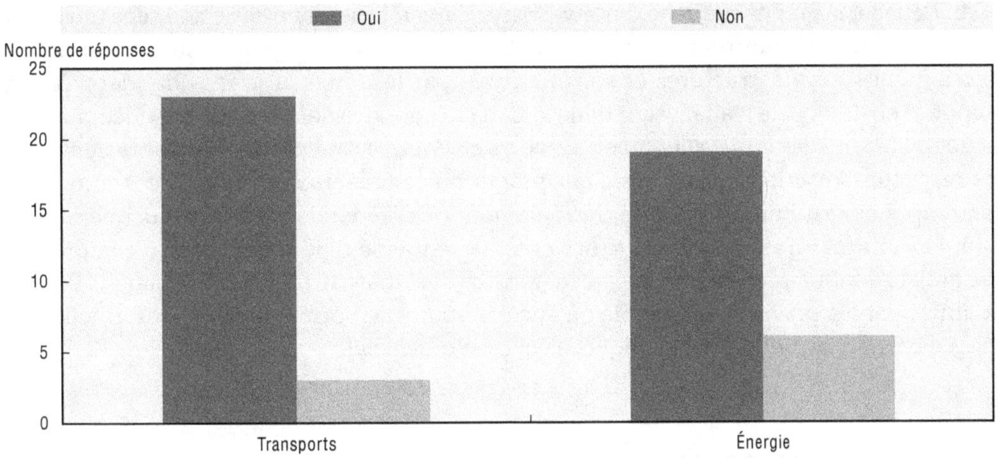

termes de coût et de niveau d'information requis pour la prise de décision ». La France explique que le niveau de détail requis « dépend de la taille de l'investissement potentiel. Tous les projets publics sont supposés faire l'objet d'une évaluation socioéconomique ex ante, mais les exigences dépendent de la taille du projet ». Israël précise que les « projets de faible envergure liés à la sécurité ou les projets locaux reposant sur des critères socioéconomiques sont également dispensés d'évaluation économique complète ». En Irlande, le cadre d'évaluation des projets et programmes de transports (« Common Appraisal Framework for Transport Projects and Programmes ») fixe des seuils de dépense associés à différents niveaux d'analyse requis. En Nouvelle-Zélande, une ACA est requise pour tous les projets d'amélioration de plus de 300 000 NZD, et des preuves d'optimisation de l'utilisation des ressources sont demandées pour tous les autres projets.

Dans 88 % environ des pays déclarants, la *totalité ou la plupart* des projets d'investissement relevant du secteur des transports ont fait l'objet d'une ACA au cours des 3 à 5 dernières années. Pour les investissements dans le secteur de l'énergie, la proportion correspondante est de 50 %. Trois pays ont répondu qu'aucun projet d'investissement dans le secteur de l'énergie n'avait donné lieu à une ACA durant cette période (voir graphique 16.2).

Graphique 16.2. **Quelle est la proportion de projets ayant fait l'objet d'une ACA au cours des 3 à 5 dernières années ?**

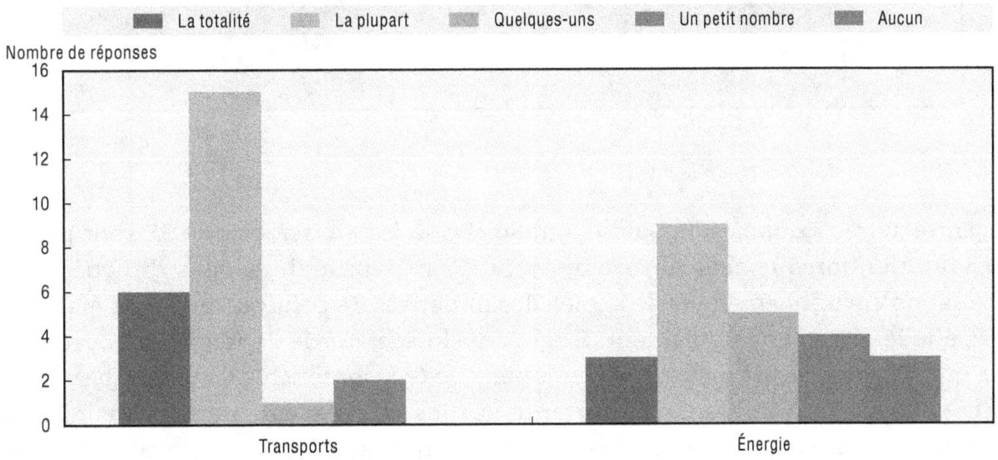

Encadré 16.1. **L'évaluation des projets dans un État fédéral**

Au Canada, la grande majorité des investissements réalisés dans le secteur des transports sont gérés par les autorités provinciales et municipales. Une grande partie d'entre eux concernent les infrastructures et sont financés par le Nouveau fonds chantiers Canada annoncé en 2014 et le Plan investir dans le Canada annoncé dans les budgets fédéraux 2016 et 2017. Bien que les projets liés aux transports et d'autres catégories de projets soient tenus de respecter des critères attachés à ces programmes fédéraux, y compris concernant les avantages et résultats escomptés, la réglementation fédérale n'impose aucune analyse coûts-avantages. Il est possible que des critères de même type soient pris en compte dans les projets d'infrastructure provinciaux et territoriaux, mais au vu des informations limitées fournies par les provinces, il semble qu'aucune approche normalisée ne soit formellement exigée ou systématiquement appliquée l'échelon provincial.

Traitement des impacts environnementaux dans les ACA

En examinant la façon dont les impacts environnementaux sont couverts dans les ACA, on observe des différences notables entre les deux secteurs. Par exemple, la grande majorité des lignes directrices en matière d'ACA s'appliquant aux projets d'investissement public dans les transports énoncent des règles claires sur la façon d'évaluer les variations des émissions de gaz à effet de serre, contre seulement un peu plus de 50 % dans le secteur de l'énergie (voir graphique 16.3).

Graphique 16.3. **Existe-t-il des critères clairs indiquant comment intégrer les GES dans les ACA ?**

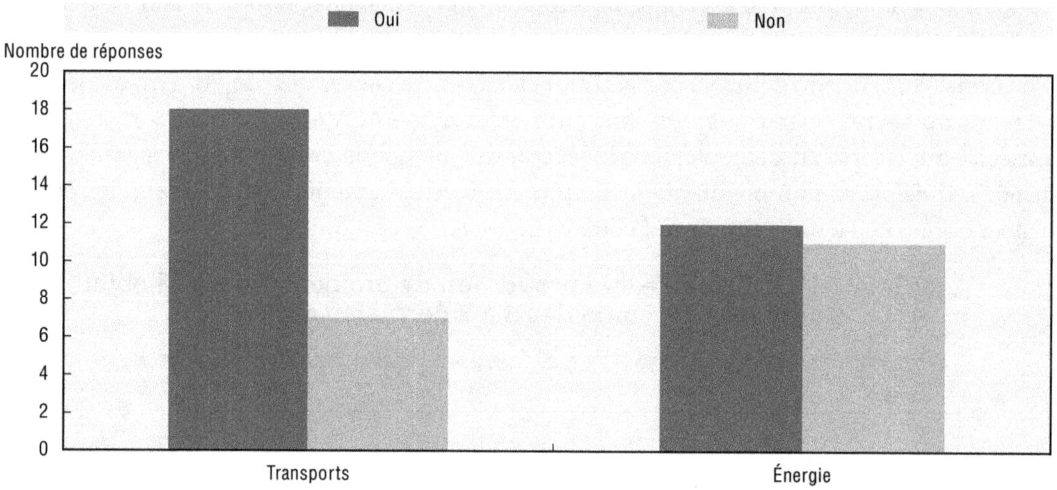

Entre autres exemples, la Suisse a indiqué que les émissions de GES sont prises en considération lorsque cela s'avère opportun, sur la base des lignes directrices pour l'évaluation environnementale des nouvelles initiatives de politique publique établies par l'Office fédéral de l'environnement. S'agissant du secteur de l'énergie, le Royaume-Uni note que les impacts estimés sur les émissions de GES sont inclus dans l'analyse dès lors qu'ils exercent une influence importante sur les coûts et avantages. Plusieurs pays européens ont indiqué qu'ils devaient se conformer aux lignes directrices de l'Union européenne pour l'évaluation des projets d'investissement dans le secteur des transports[6]. Par exemple, la Hongrie explique dans sa réponse que les émissions de GES doivent être calculées en fonction de la taille du projet et du mode de transport considérés. Le calcul des impacts est exigé pour tous les projets d'un coût supérieur à 1 million EUR qui bénéficient d'un financement de l'UE, ainsi que pour les projets générateurs de recettes. Si aucune ACA n'est requise, il n'y a pas lieu non plus de calculer les émissions de GES. De même, l'Estonie a indiqué que « les ACA sont réalisées conformément aux lignes directrices applicables de la Commission européenne ». L'Italie fait savoir que la plupart des investissements effectués dans le secteur des transports avec le concours financier de l'UE ont donné lieu à une ACA[7].

De même, dans 68 % environ des pays déclarants, *la totalité* ou *la plupart* des évaluations de projets d'investissement dans les transports réalisées au cours des 3 à 5 dernières années avaient pris en considération la variation des émissions de GES. S'agissant des évaluations de projets d'investissement public dans l'énergie, seuls quelque 30 % des pays ont déclaré que *la totalité* ou *la plupart* des ACA avaient évalué l'impact sur les émissions de GES (voir graphique 16.4). Les valeurs indiquées par tonne d'émissions de CO_2 sont beaucoup plus élevées dans les évaluations de projets de transport que dans celles – moins nombreuses (voir graphique 16.5) – de projets énergétiques. Les graphiques 16.6 et 16.7 représentent la distribution complète des valeurs monétaires du carbone utilisées dans les deux secteurs. Le graphique 16.8 illustre quant à lui la moyenne non pondérée des valeurs du carbone[8]. L'une des raisons pour laquelle les moyennes diffèrent est que différents pays ont communiqué des informations sur les valeurs du carbone appliquées dans l'un et l'autre secteurs ; autrement dit, les moyennes indiquées pour les deux secteurs reposent sur des valeurs appliquées par des pays différents. Cependant, *si* les impacts sur les émissions de GES représentent une part plus importante des impacts totaux pour les projets d'investissement du secteur de l'énergie que pour ceux du secteur des transports, peut-être les ministères responsables des investissements énergétiques sont-ils incités à utiliser une valeur du carbone plus basse que celle utilisée par leurs homologues du secteur des transports[9].

Graphique 16.4. **Quelle proportion des ACA réalisées au cours des 3 à 5 dernières années ont tenu compte des impacts sur les émissions de GES ?**

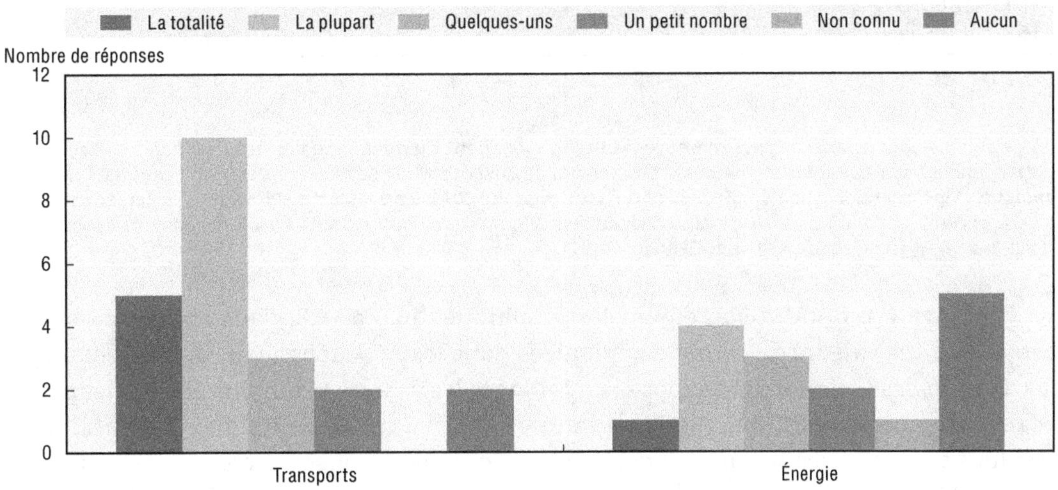

Graphique 16.5. **Pour combien de pays les valeurs monétaires du carbone ont-elles été indiquées ?**

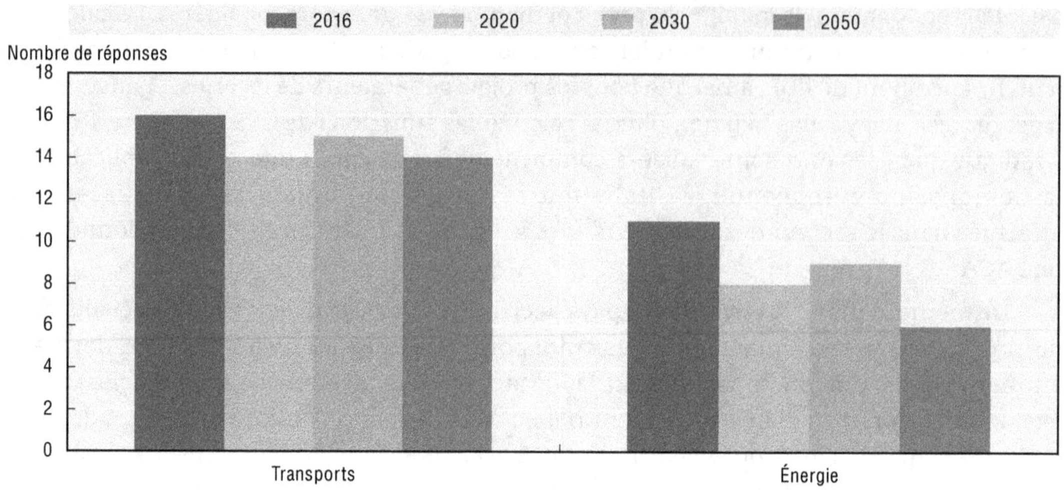

Graphique 16.6. **Valeurs monétaires du carbone utilisées dans le secteur des transports**

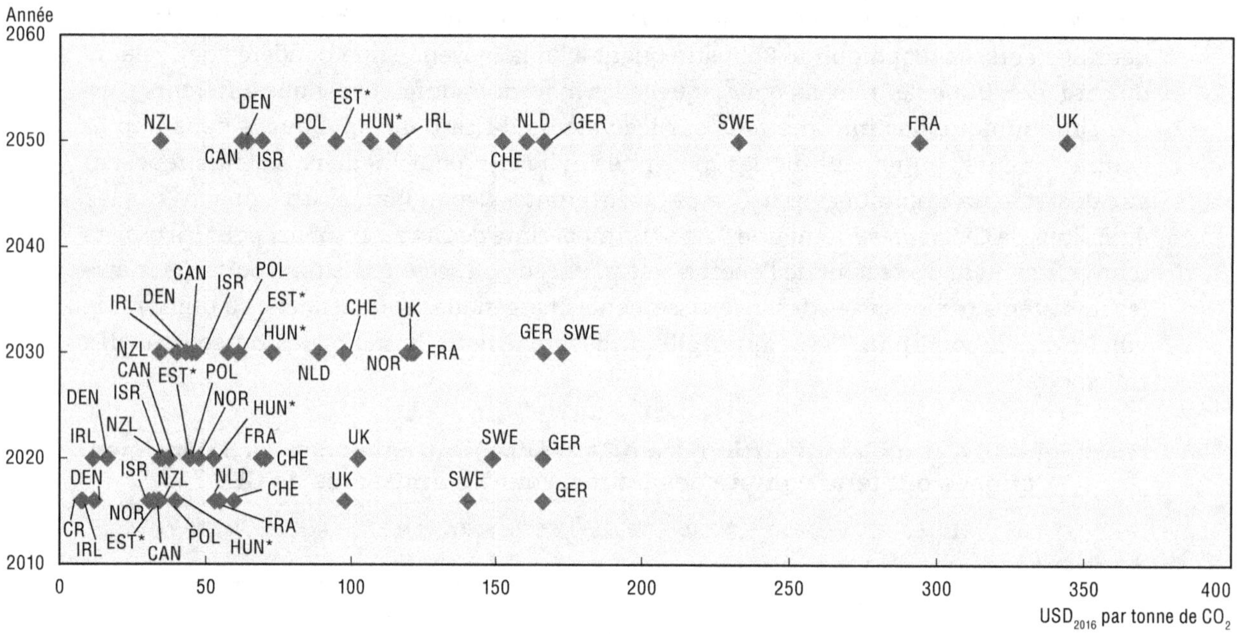

Note : Les informations concernant les pays marqués d'une * proviennent du questionnaire de 2014. Pour les Pays-Bas, les valeurs indiquées correspondent aux hypothèses « hautes ». Les valeurs des hypothèses « basses » représentent un quart de celles indiquées dans ce graphique. Depuis la publication de CPB/PBL (2016) en Novembre 2016, les évaluations devraient également tenir compte d'une « tarification efficace du CO_2 conforme à un scénario de hausse de 2°C des températures ». Ces valeurs peuvent dépasser les hypothèses « hautes » de 25 % à 600 % (voir le tableau 2 dans CPB/PBL (2016)).

Comme le montrent clairement les graphiques 16.6 à 16.8, dans les deux secteurs considérés, les valeurs du carbone appliquées dans les ACA dépendent du *moment* auquel la variation des émissions est supposée intervenir, les valeurs étant plus élevées (et parfois beaucoup plus élevées) lorsque la variation est attendue dans un avenir lointain. Ces résultats sont logiques si l'on considère que les dommages causés par les émissions de GES augmenteront au fil du temps (voir à ce sujet l'exposé plus approfondi de Smith et Braathen, 2015).

Graphique 16.7. **Valeurs monétaires du carbone utilisées dans le secteur de l'énergie**

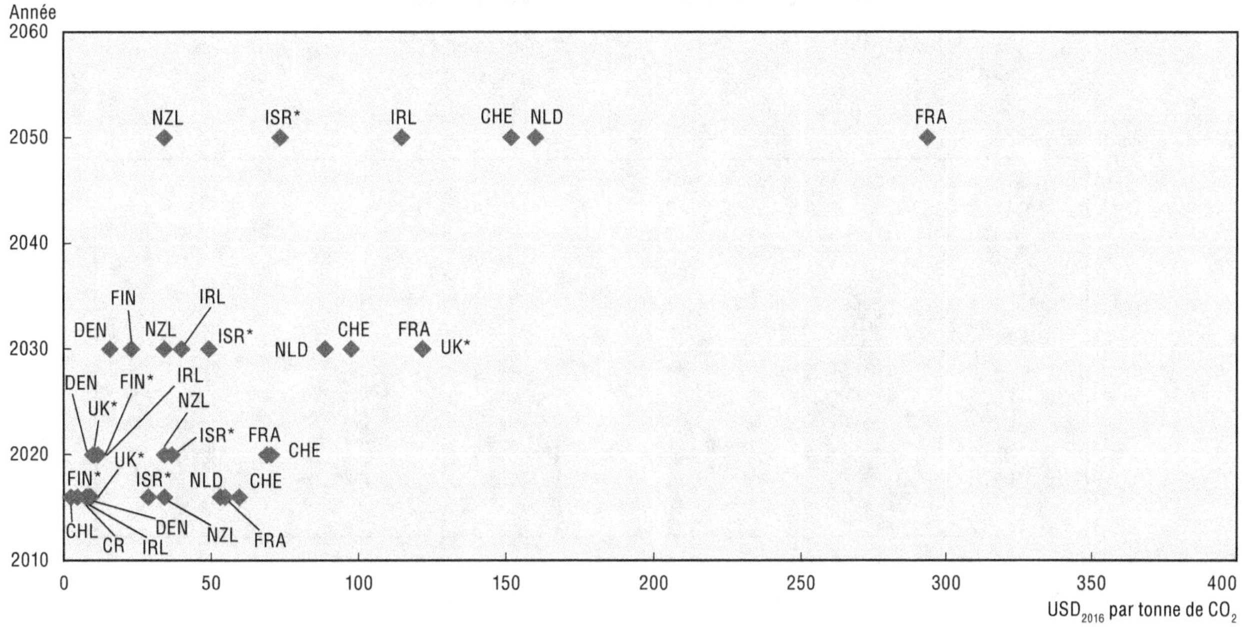

Note : Les informations concernant les pays marqués d'une * proviennent du questionnaire de 2014. Pour les Pays-Bas, les valeurs indiquées correspondent aux hypothèses « hautes ». Les valeurs des hypothèses « basses » représentent un quart de celles indiquées dans ce graphique. Depuis la publication de CPB/PBL (2016) en novembre 2016, les évaluations devraient également tenir compte d'une « tarification efficace du CO_2 conforme à un scénario de hausse de 2°C des températures ». Ces valeurs peuvent dépasser les hypothèses « hautes » de 25 % à 600 % (voir le tableau 2 dans CPB/PBL (2016)).

Graphique 16.8. **Moyenne non pondérée des valeurs monétaires du carbone indiquées dans les réponses**

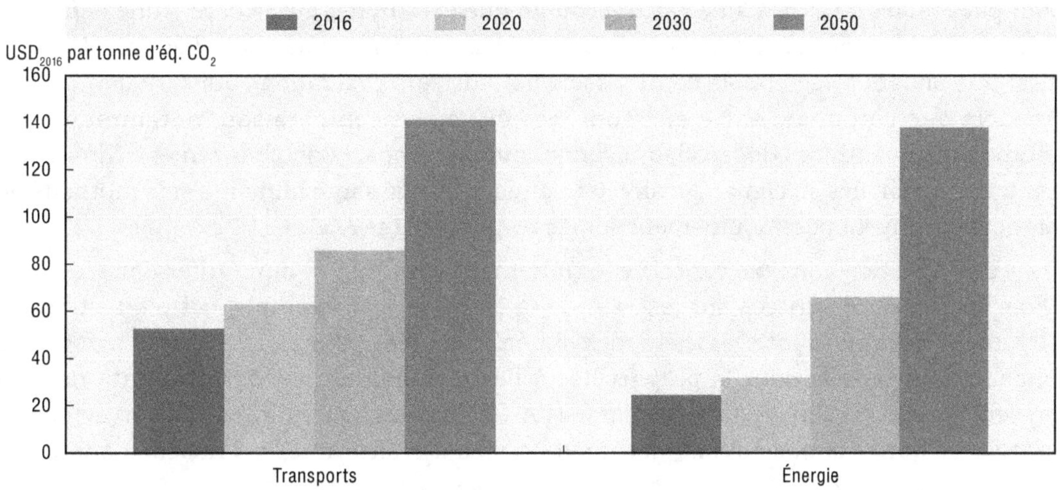

Une autre différence importante entre les ACA réalisées dans les deux secteurs, illustrée par le graphique 16.9 ci-après, réside dans le fait que les ACA des investissements dans les transports prennent en considération davantage d'impacts environnementaux non liés au climat que ne le font les ACA des investissements énergétiques. Plus de la moitié des pays qui ont répondu aux questions sur le secteur des transports ont indiqué que leurs ACA couvraient les émissions de particules et de NO_X ainsi que le bruit, et un tiers ou plus ont déclaré que leurs analyses prenaient aussi en compte les émissions de SO_2 et

Graphique 16.9. **Quels autres impacts environnementaux sont généralement pris en compte dans les évaluations ?**

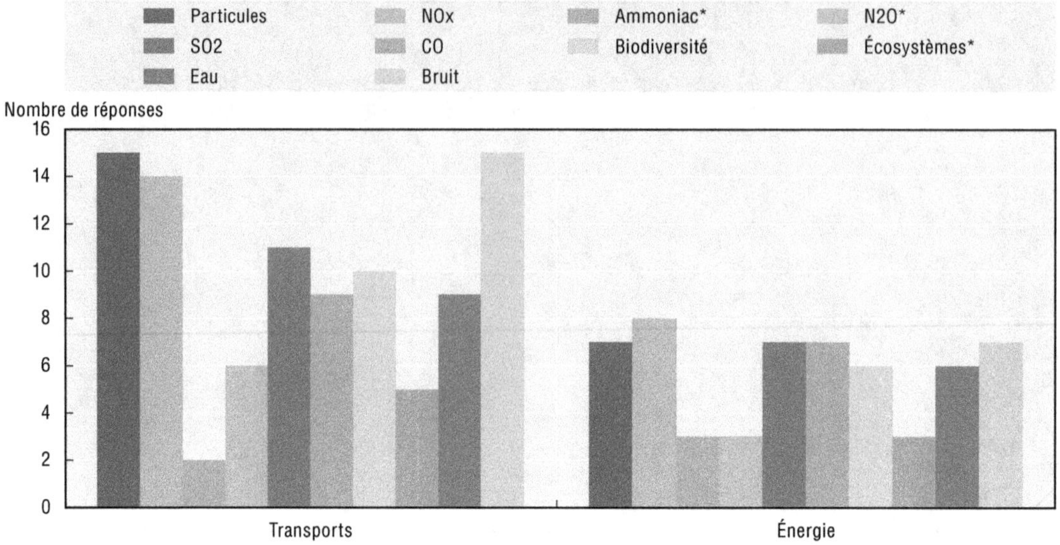

* Ces impacts ne figuraient pas parmi les options proposées dans le questionnaire de 2014.

de CO, la pollution de l'eau et les impacts sur la biodiversité et les services écosystémiques[10]. S'agissant des investissements dans le secteur de l'énergie, les NO_x sont la seule catégorie d'impact prise en compte dans les ACA selon plus de 30 % des réponses.

Certains pays ont défini des valeurs communes que les ACA doivent utiliser pour l'estimation d'un certain nombre d'impacts environnementaux non liés au climat. Dans bien des cas cependant, ces impacts – lorsqu'ils sont pris en considération dans les analyses – ne sont pas évalués à l'aune d'une valeur économique déterminée sur la base d'une définition commune. Si l'on en conclut que la valeur de ces impacts n'est pas quantifiée dans les ACA, c'est une situation regrettable car il ressort de plusieurs évaluations qui *ont* quantifié ces impacts que certains d'entre eux sont très élevés en comparaison, notamment, des estimations quantifiées de la valeur économique des impacts du changement climatique. Les impacts non liés au climat qui affectent directement la santé humaine et la mortalité en particulier peuvent peser lourdement sur les résultats d'une ACA.

Une question connexe concerne le traitement des impacts non tarifés dans les ACA. Dans les lignes directrices sur les ACA de la Norvège, par exemple, cette question est largement mise en avant. Des méthodes ont été élaborées pour caractériser et agréger les impacts non tarifés, pour la plupart liés à l'environnement, et des orientations sont présentées sur la façon de les intégrer dans l'ACA. Dans les lignes directrices norvégiennes, la règle est que ces impacts sont placés sur un pied d'égalité avec les impacts monétisés.

Le fait que les évaluations des investissements dans les transports tiennent compte d'un plus grand nombre d'impacts non liés au climat que les évaluations de projets énergétiques s'explique probablement en grande partie par le fait que les activités de transport génèrent une gamme d'impacts plus large que la plupart des investissements énergétiques ; par exemple, peu de projets énergétiques entraînent des niveaux de bruit élevés susceptibles de gêner un grand nombre de personnes. Cela étant, de nombreux projets énergétiques ont un impact – direct ou indirect[11] – sur les émissions de particules, de NO_x et de SO_2. Or, ces impacts ne sont couverts par les ACA que dans un tiers ou moins des pays qui ont répondu au questionnaire.

Encadré 16.2. **Ampleur relative de différents problèmes environnementaux**

L'ampleur relative de différents problèmes environnementaux peut être illustrée au moyen des valeurs indiquées par Israël. D'après OCDE (2015), en 2012, Israël a émis 78 millions de tonnes d'équivalent CO_2, 182 000 tonnes de NO_x et 174 000 tonnes de SO_2. Dans le questionnaire utilisé pour préparer ce chapitre, le pays a donné les valeurs suivantes : 30.6 USD par tonne de CO_2 émise en 2016 ; 22 760 USD par tonne de NOx et 22 640 USD par tonne de SO_2. Cela signifie que les émissions totales de GES du pays sont évaluées à environ 2.4 milliards USD, tandis que ses émissions totales de NO_x et de SO_2 sont évaluées à 4.1 milliards USD et 3.9 milliards USD respectivement.

Ce qui intéresse l'analyse coûts-avantages, cependant, c'est la variation des émissions de différents polluants induite par un projet ou une politique – non le niveau des émissions totales.

Actualisation

Pour les deux secteurs, la grande majorité des pays déclarants ont indiqué que les coûts et avantages futurs devaient être actualisés (voir graphique 16.10), et la plupart des pays ont défini des taux d'actualisation communs à appliquer. Le taux d'actualisation moyen indiqué pour les projets énergétiques est légèrement supérieur au taux moyen appliqué dans le secteur des transports – 4.78 % contre 4.64 % pour les impacts qui interviennent au cours des 30 premières années – mais cette différence tient en partie au fait que les pays ayant communiqué la valeur des taux d'actualisation ne sont pas exactement les mêmes pour les deux secteurs.

Graphique 16.10. **Les coûts et avantages futurs doivent-ils être actualisés ?**

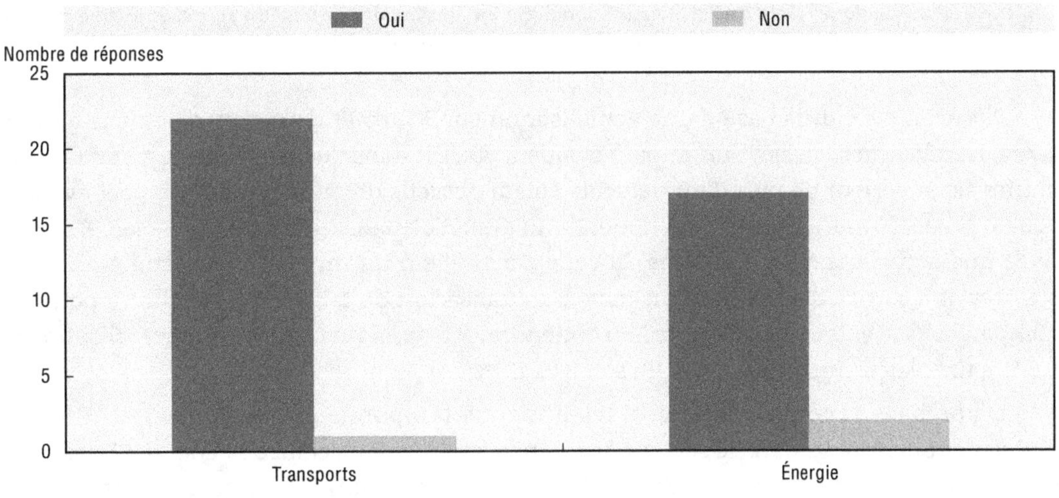

Quelques pays appliquent des taux d'actualisation plus bas pour les impacts qui sont supposés se produire dans un avenir plus lointain. Par exemple, le Danemark applique un taux d'actualisation réel de 4 % pour les impacts se produisant durant les 30 premières années, de 3 % pour les impacts survenant au bout de 30 à 50 ans, et de 2 % pour les impacts encore plus éloignés dans le temps. La Norvège applique la même règle. Le Royaume-Uni utilise des taux d'actualisation réels de 3.5 %, 3 % et 2.5 %, respectivement[12].

Le graphique 16.11 illustre les différents taux d'actualisation appliqués aux impacts à différents horizons temporels dans le secteur des transports. Le taux moyen indiqué ci-avant masque la très grande variabilité des taux appliqués, qui s'échelonnent entre 1.7 % et 8.3 % pour les impacts survenant au cours des 30 premières années. Ces choix ont des conséquences très importantes pour la valeur actualisée des impacts futurs.

Graphique 16.11. **Taux d'actualisation réels utilisés dans le secteur des transports**

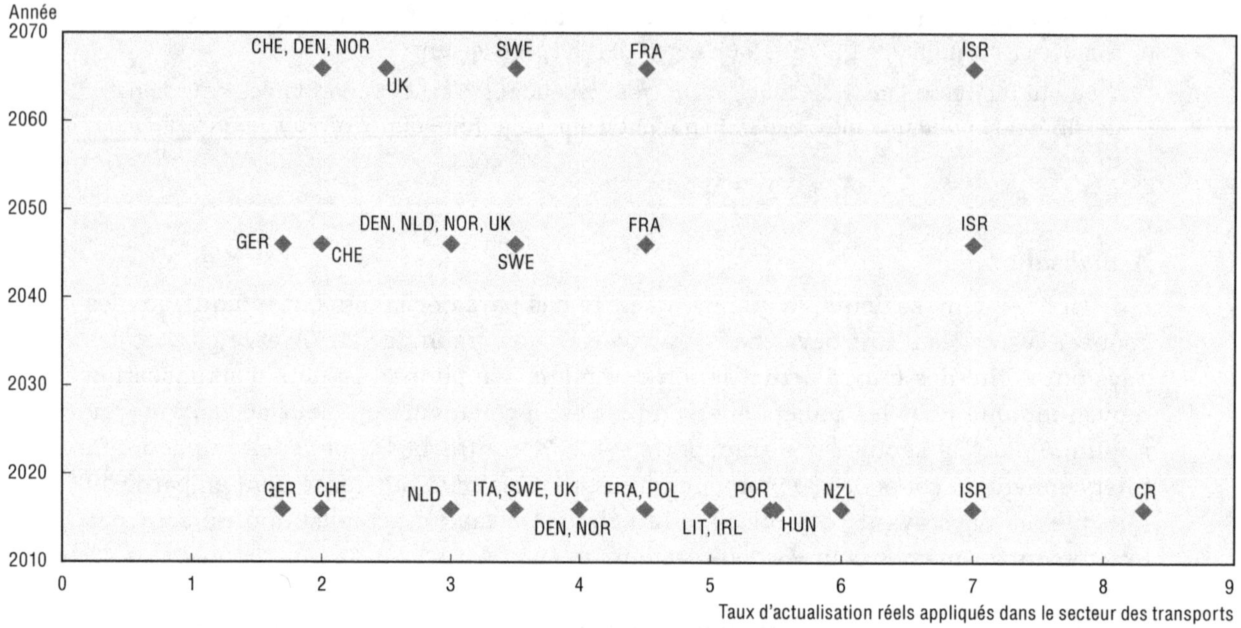

Note : Les taux d'actualisation indiqués pour 2016 sont ceux qu'il y a lieu d'appliquer aux impacts supposés intervenir durant les 30 premières années. Les taux indiqués pour 2046 sont ceux qui doivent être appliqués aux impacts supposés intervenir au bout de 30 à 50 ans, et les taux indiqués pour 2066 concernent les impacts encore plus éloignés dans le temps.

Par exemple, sur la base d'une actualisation sur 30 ans et d'un taux d'actualisation de 1.7 %, la valeur actualisée d'un impact évalué à 20 EUR dans 30 ans serait de 12.06 EUR. Ce chiffre est supérieur de plus d'un tiers à la valeur actuelle obtenue pour un impact évalué à 100 EUR dans 30 ans auquel on appliquerait un taux d'actualisation de 8.31 % – soit 9.12 EUR. Avec une actualisation sur 100 ans, la valeur actuelle d'un impact futur estimé à 20 EUR s'élèverait à 3.71 EUR à raison d'un taux d'actualisation de 1.7 % – un résultat à peu près comparable à la valeur actuelle que l'on obtiendrait en appliquant un taux d'actualisation de 3.5 % à une valeur future de 100 EUR, soit 3.21 EUR.

D'après les réponses obtenues, les horizons temporels couverts par les ACA sont légèrement plus longs dans le secteur des transports que dans celui de l'énergie. Tandis que 60 à 70 % des évaluations de projets d'investissement dans le secteur des transports couvrent les impacts qui surviendront dans un laps de temps d'au moins 40 ans, très peu, si ce n'est aucune des ACA de projets énergétiques, ne prennent en considération les impacts aussi éloignés. La différence *pourrait* s'expliquer par l'angle plus « commercial » des évaluations de projets énergétiques, qui se concentrent surtout sur les recettes que peuvent générer les projets à relativement court terme. Cependant, en termes de changement climatique par exemple, les impacts d'un grand nombre de projets énergétiques peuvent s'étaler sur beaucoup plus de 40 ans.

La question des impacts redistributifs n'est pas suffisamment prise en compte[13]

Sur la question de savoir si les ACA doivent ou non traiter les effets redistributifs des projets d'investissement, les résultats sont à peu près les mêmes dans les deux secteurs. Environ un tiers seulement des pays ont répondu que ces impacts devaient *obligatoirement* être pris en compte ou qu'ils l'étaient *fréquemment* (voir graphique 16.12). Dans le secteur de l'énergie, près de 90 % des pays déclarants indiquent que ces impacts sont *parfois* pris en compte et, dans le secteur des transports, un tiers d'entre eux déclarent que c'est *rarement* ou que ce n'est *jamais* le cas.

Graphique 16.12. **Les ACA font-elles en principe ressortir la répartition des coûts et avantages ?**

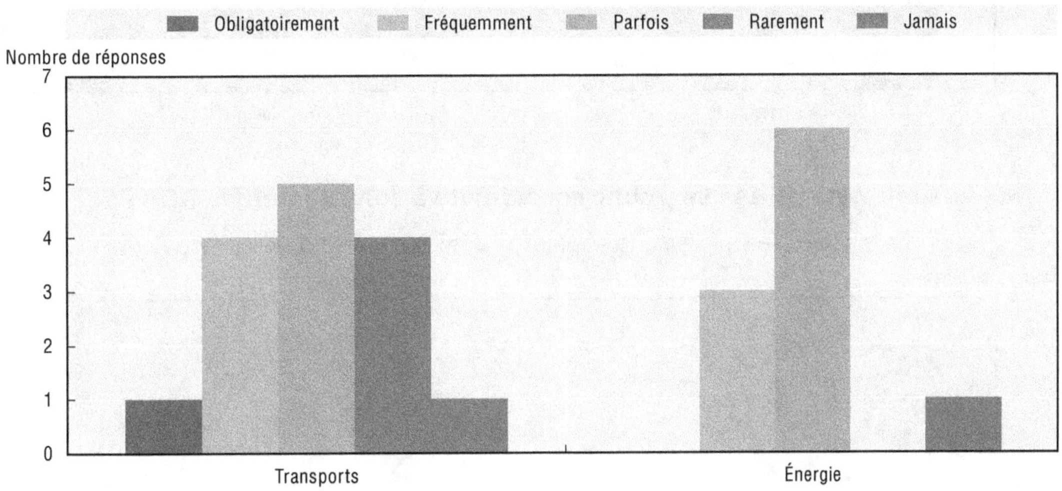

Un contrôle de la qualité indépendant relativement satisfaisant

Les ACA sont normalement réalisées en interne au sein des ministères concernés, ou par des experts externes travaillant sous contrat pour ces ministères, en interne dans les agences gouvernementales des transports ou de l'énergie, ou par des experts externes engagés par ces agences. Il semble par exemple que les ministères des Finances ne soient en général pas directement associés à la préparation des évaluations des investissements.

Il est toutefois relativement fréquent, dans les deux secteurs, qu'une forme de contrôle de la qualité indépendant soit exigée pour les ACA des projets d'investissement. Dans un secteur comme dans l'autre, entre 55 et 65 % des déclarants ont indiqué que ces contrôles étaient *obligatoires* ou qu'ils étaient *fréquemment* effectués, tandis que la plupart des déclarants restants ont indiqué que des contrôles avaient parfois lieu s'agissant des investissements dans les transports. Les pays ont été plus nombreux à préciser que ces contrôles étaient rares dans le cas des investissements énergétiques et un pays a fait savoir qu'aucun contrôle n'était jamais réalisé dans ce secteur. Dans environ 60 % des réponses, ces contrôles indépendants des ACA ont été introduits après 2010[14].

Le public n'est pas systématiquement invité à commenter les ACA.

Il est relativement courant que les ACA *ex ante* des projets d'investissement soient rendues publiques (voir graphique 16.13), mais légèrement moins fréquent que le public soit invité à les commenter (voir graphique 16.14). Dans 60 à 80 % des réponses portant sur les deux secteurs, le déclarant a indiqué que les ACA étaient *obligatoirement* ou *fréquemment*

Graphique 16.13. **Les ACA sont-elles généralement rendues publiques ?**

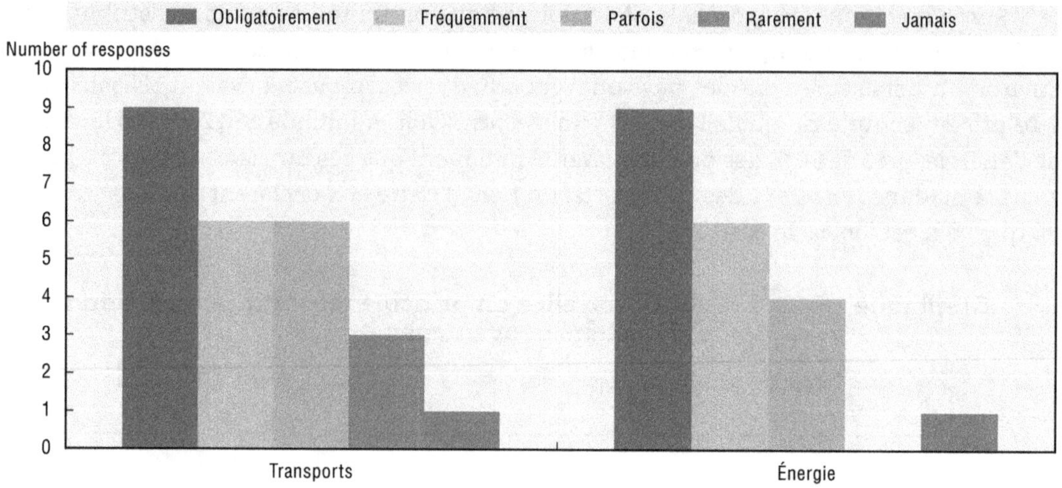

Graphique 16.14. **Le public est-il invité à commenter les ACA ?**

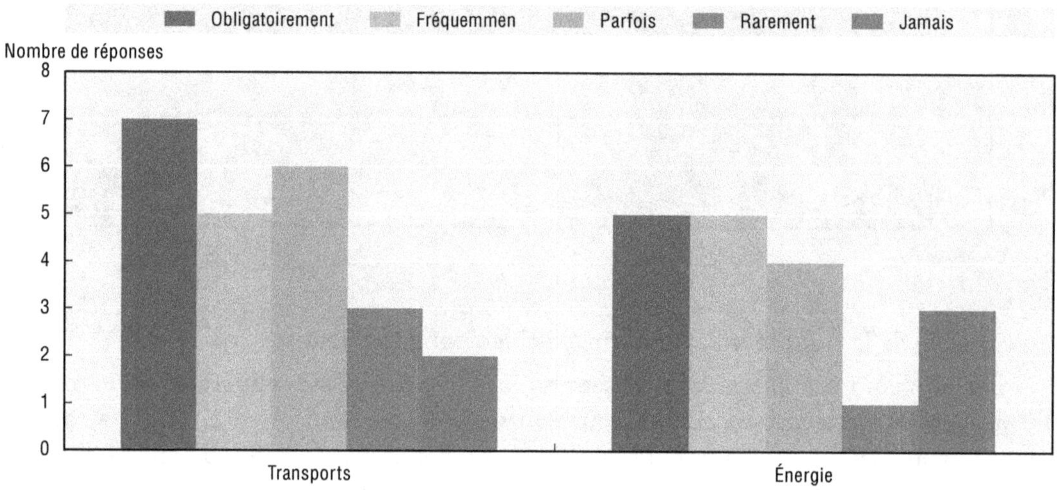

rendues publiques, mais 15 à 20 % des réponses concernant le secteur des transports et 6 % des réponses concernant le secteur de l'énergie font apparaître que cela n'arrive que *rarement* ou n'arrive *jamais*.

Entre 50 et 60 % des déclarants ont indiqué qu'il était *obligatoire* ou *fréquent* d'inviter le public à commenter les ACA, mais 25 % environ des réponses pour les deux secteurs ont signalé que les commentaires du public étaient *rarement* ou n'étaient *jamais* sollicités. Dans 75 % des réponses pour les deux secteurs, le déclarant a indiqué que les ACA devaient *obligatoirement* être tenues à la disposition du Parlement ou qu'elles l'étaient *fréquemment*[15, 16].

Dans toutes les réponses concernant les deux secteurs, il a été indiqué que l'influence des ACA sur les décisions finales était au minimum *modérée* ; dans certains cas, elle est *importante* ou même *très importante* (voir graphique 16.15)[17]. Dans la plupart des cas, *aucune tendance claire* ne se dessine quant à l'influence des ACA au cours des 10 à 15 dernières années[18], mais d'après environ 30 % des réponses portant sur le secteur des transports, cette influence a augmenté durant cette période (voir graphique 16.16).

Graphique 16.15. **Quel est en général l'influence des ACA sur les décisions finales des pouvoirs publics ?**

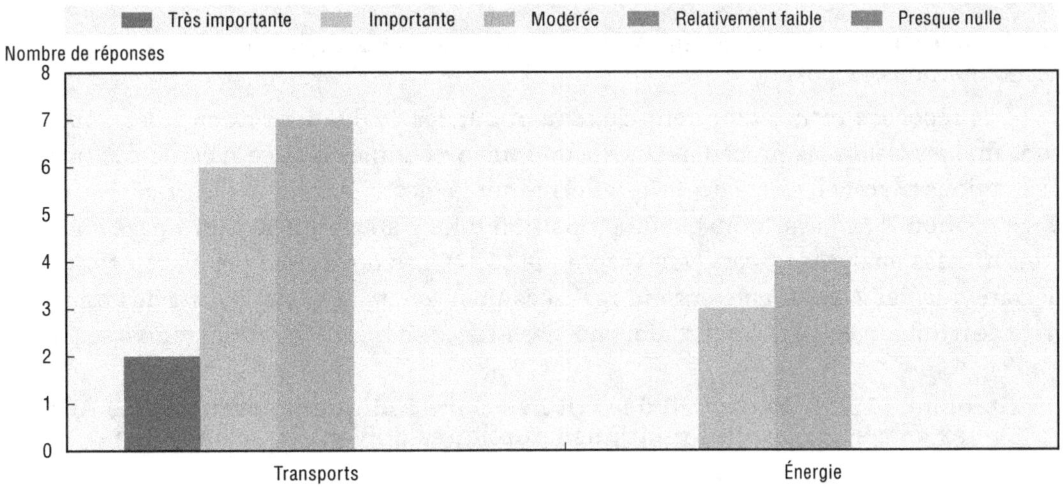

Graphique 16.16. **L'influence des ACA a-t-elle évolué au cours des 10 à 15 dernières années ?**

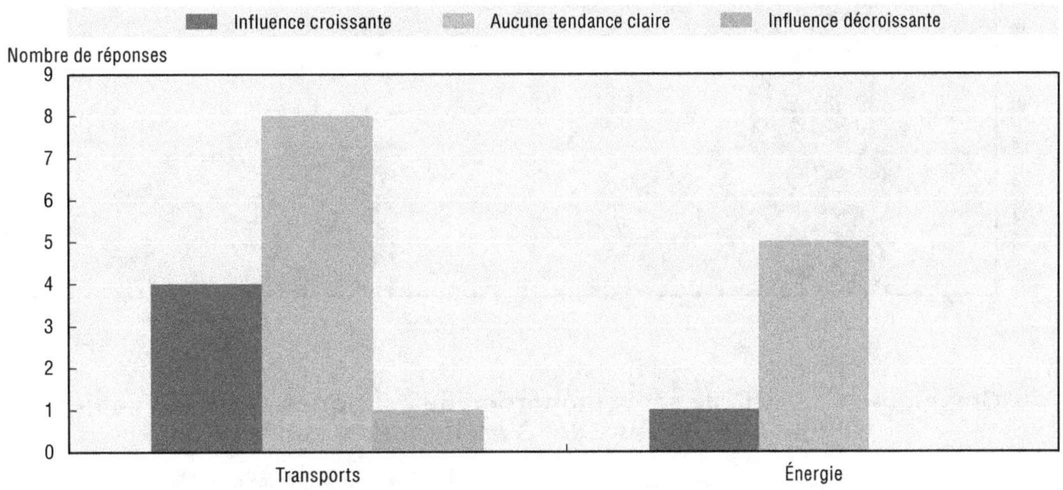

16.2. Utilisation actuelle de l'analyse coûts-avantages dans les évaluations des politiques publiques

Cette section décrit et compare les réponses reçues au sujet des ACA *ex ante* et *ex post* de diverses politiques publiques ; ces politiques peuvent comprendre par exemple des réglementations sur les normes de consommation de carburant, des propositions de durcissement des normes d'émission des véhicules, l'adoption de taxes environnementales ou d'un système de plafonnement et d'échange, etc.[19] Le nombre de pays ayant répondu à ces sections du questionnaire est sensiblement le même que pour les questions portant sur l'évaluation des projets d'investissement public, examinées ci-avant. Cependant, ce ne sont pas tout à fait les mêmes pays qui ont répondu aux deux catégories de questions[20].

Dans la mesure où il n'a pas été donné de définition *exacte* de ce qu'est « une politique », les éléments auxquels se réfèrent les réponses peuvent varier quelque peu. On peut cependant supposer que les réponses abordent au moins les « grandes » politiques, par exemple celles qui produisent un impact économique significatif[21].

Les évaluations ex ante sont régies par des critères mieux définis que ne le sont les évaluations ex post

Les réponses reçues montrent clairement que les évaluations *ex ante* des politiques sont menées selon les procédures beaucoup mieux définies que ce n'est le cas pour les évaluations *ex post* : il existe des critères clairs sur la façon de conduire les analyses *ex ante* dans environ 75 % pays, alors que la proportion tombe à environ 50 % des pays en ce qui concerne les analyses *ex post* (voir graphique 16.17). Les deux tiers des pays environ ont déclaré que des ACA *ex ante* ont été réalisées pour *la totalité* ou *la plupart* des nouvelles (grandes) initiatives de politique, alors que les ACA *ex post* ont été rares (graphique 16.18).

Graphique 16.17. **Existe-t-il des critères clairs indiquant comment les ACA *ex ante* et *ex post* des politiques publiques doivent être conduites ?**

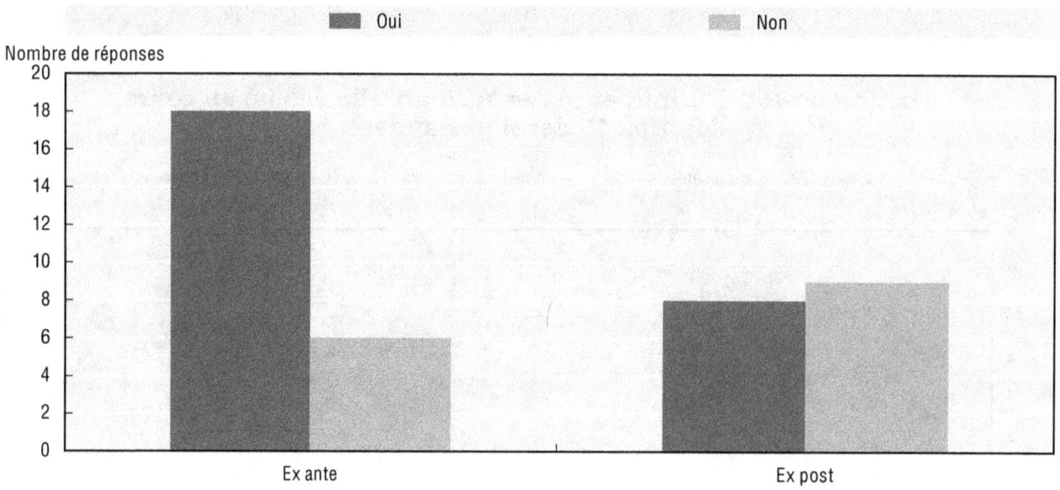

Graphique 16.18. **Quelle est la proportion de politiques ayant fait l'objet d'une ACA au cours des 3 à 5 dernières années ?**

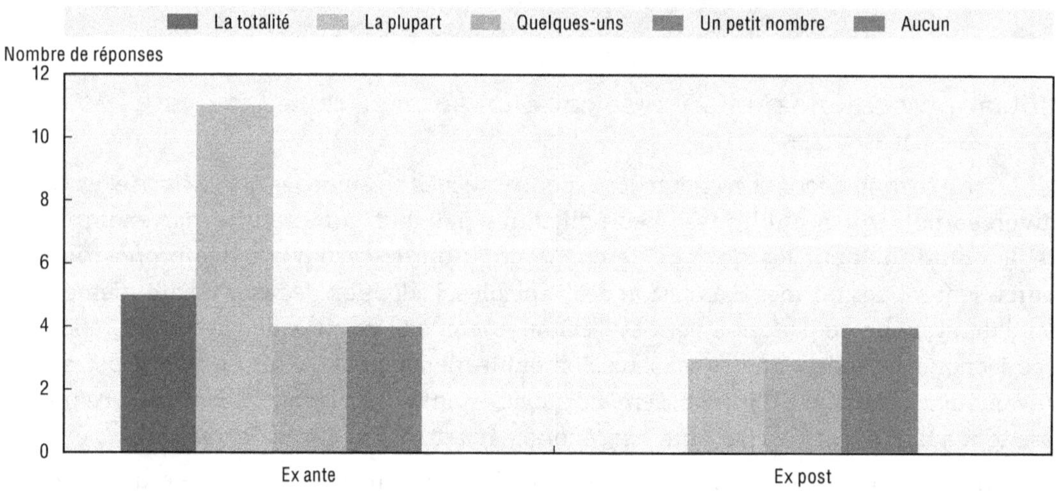

Il est possible de mieux prendre en compte les impacts environnementaux dans les ACA

Dans la majorité des pays déclarants (de 60 à 75 %), il n'existe pas de règles claires sur la façon dont les émissions de gaz à effet de serre devraient être traitées dans les évaluations des politiques publiques, qu'il s'agisse d'analyses *ex ante* ou *ex post* (voir graphique 16.19). Toutefois, s'agissant des politiques dont on peut supposer qu'elles auront un impact plus important en termes de variation des émissions de GES, la situation est peut-être plus favorable : dans quelque 40 à 80 % des cas, les pays ont indiqué que les émissions de GES avaient été prises en compte dans *la totalité* ou *la plupart* des évaluations (voir graphique 16.20)[22]. Il est cependant à noter que parmi les 20 pays qui ont répondu à cette question concernant les évaluations *ex ante* des politiques, quatre indiquent que les impacts sur les émissions de GES n'ont été pris en compte dans aucune évaluation.

Graphique 16.19. **Existe-t-il des critères clairs indiquant comment intégrer les GES dans les ACA des politiques publiques ?**

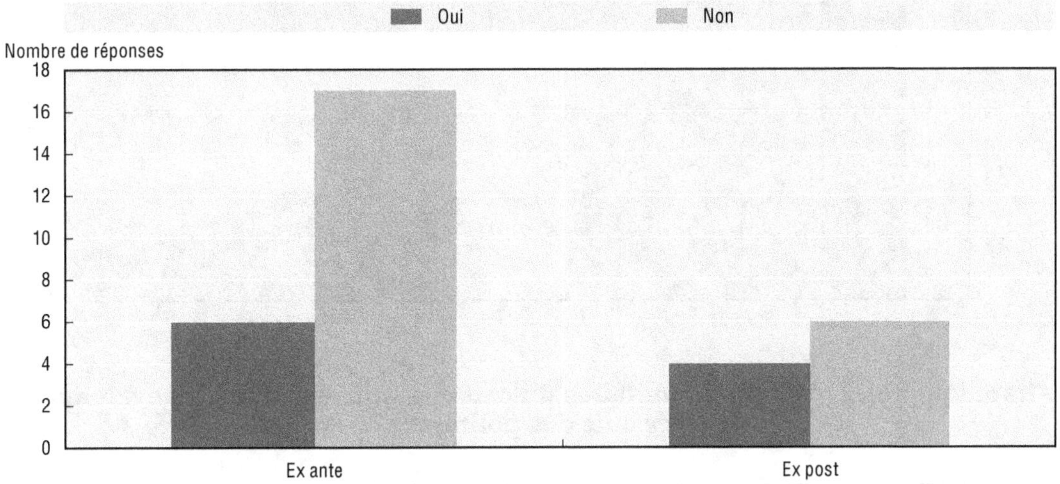

Graphique 16.20. **Quelle proportion des ACA réalisées au cours des 3 à 5 dernières années ont tenu compte des impacts sur les GES ?**

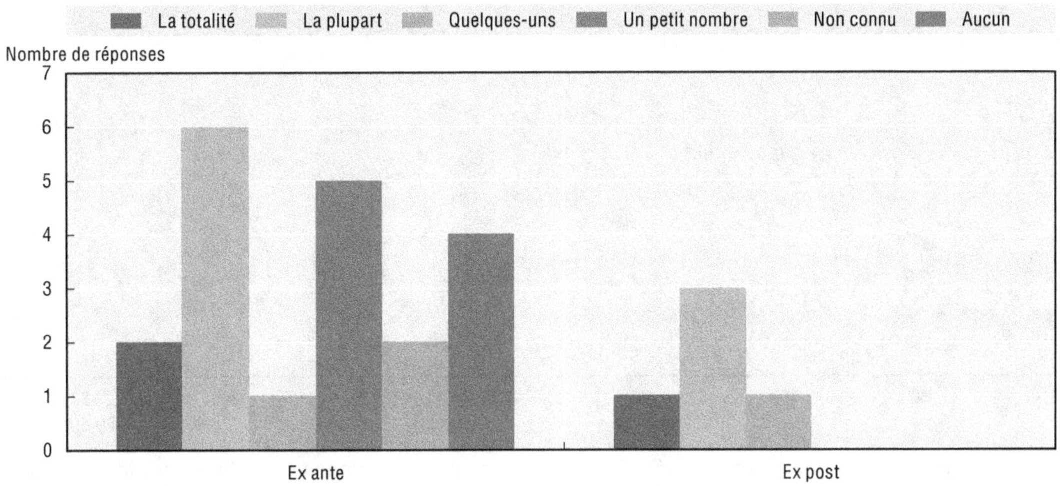

Le graphique 16.21 montre le nombre de déclarants ayant indiqué des valeurs monétaires du carbone à prendre en compte dans les évaluations des politiques, pour différentes années ; entre cinq et dix pays ont donné des valeurs pour les évaluations ex ante, mais seulement trois pour les évaluations ex post. Les graphiques 16.22 et 16.23 présentent la série complète des valeurs du carbone données par les déclarants (l'échelle utilisée en abscisse étant la même que sur les graphiques relatifs aux évaluations des projets dans les secteurs des transports et de l'énergie), et le graphique 16.24 donne la moyenne non pondérée de ces valeurs.

Graphique 16.21. **Combien de pays ont indiqué des valeurs monétaires du carbone à prendre en compte dans les évaluations des politiques ?**

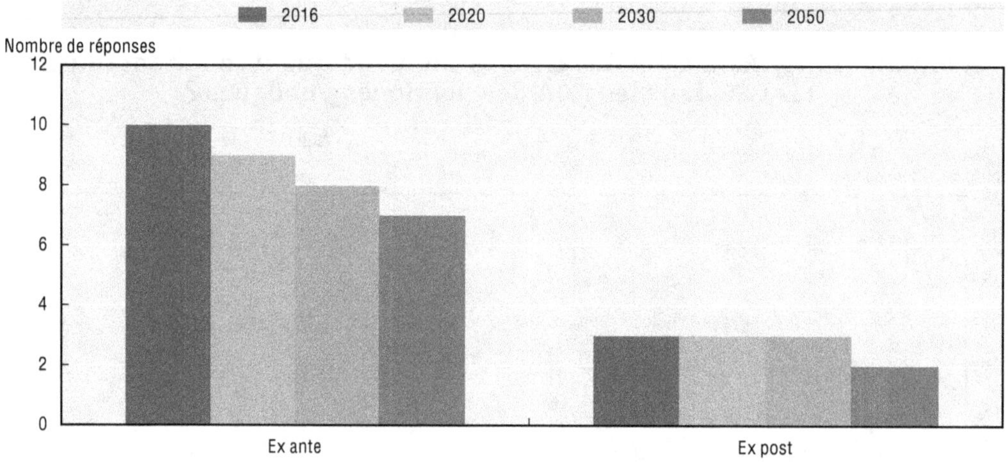

Graphique 16.22. **Valeurs monétaires du carbone utilisées dans les évaluations *ex ante* des politiques**

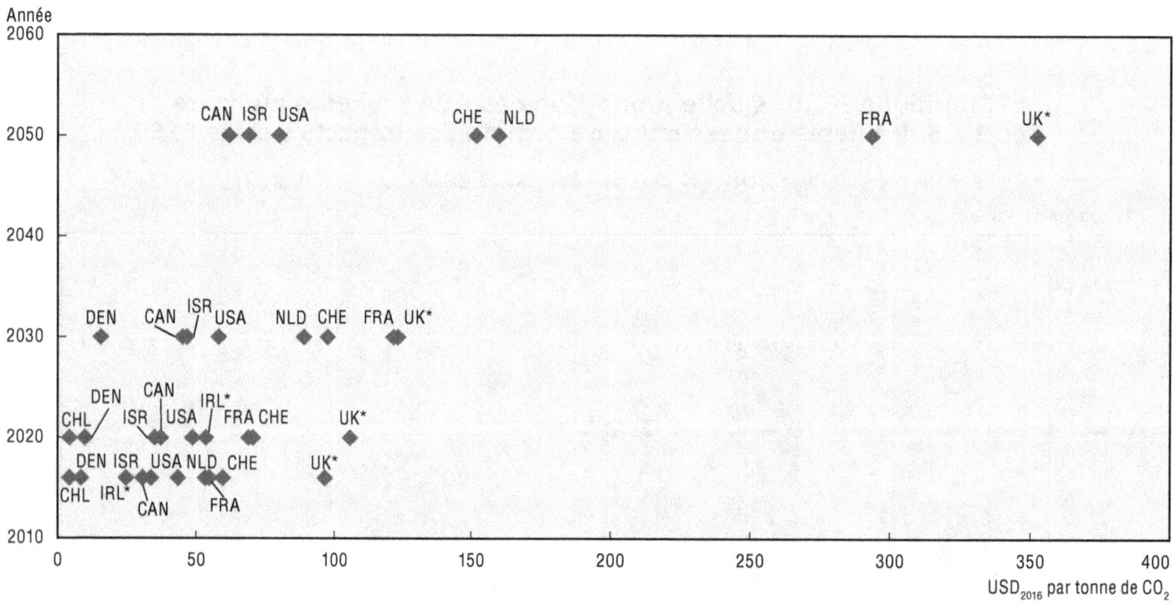

Note : Les informations concernant les pays marqués d'une * proviennent du questionnaire de 2014. Pour les Pays-Bas, les valeurs indiquées correspondent aux hypothèses « hautes ». Les valeurs des hypothèses « basses » représentent un quart de celles indiquées dans ce graphique. Depuis la publication de CPB/PBL (2016) en novembre 2016, les évaluations devraient également tenir compte d'une « tarification efficace du CO_2 conforme à un scénario de hausse de 2°C des températures » s'agissant des politiques liées au climat. Ces valeurs peuvent dépasser les hypothèses « hautes » de 25 % à 600 % (voir le tableau 2 dans CPB/PBL [2016]).

Graphique 16.23. **Valeurs monétaires du carbone utilisées dans les évaluations *ex post* des politiques**

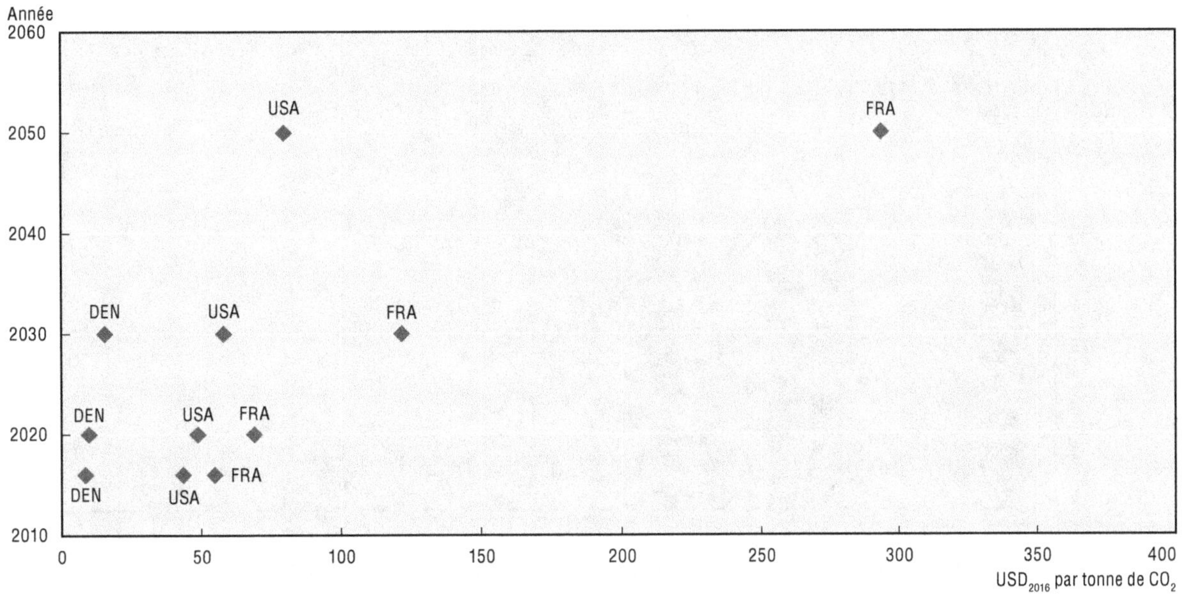

Note : Le graphique illustre uniquement les valeurs « médianes » utilisées à ce jour aux États-Unis (bien que les organismes publics soient invités à présenter leurs résultats en utilisant une série de 4 valeurs dans l'analyse *ex ante* de la réglementation). Les lignes directrices en vigueur aux États-Unis sont en cours de révision.

Graphique 16.24. **Moyenne non pondérée des valeurs monétaires du carbone indiquées dans les réponses**

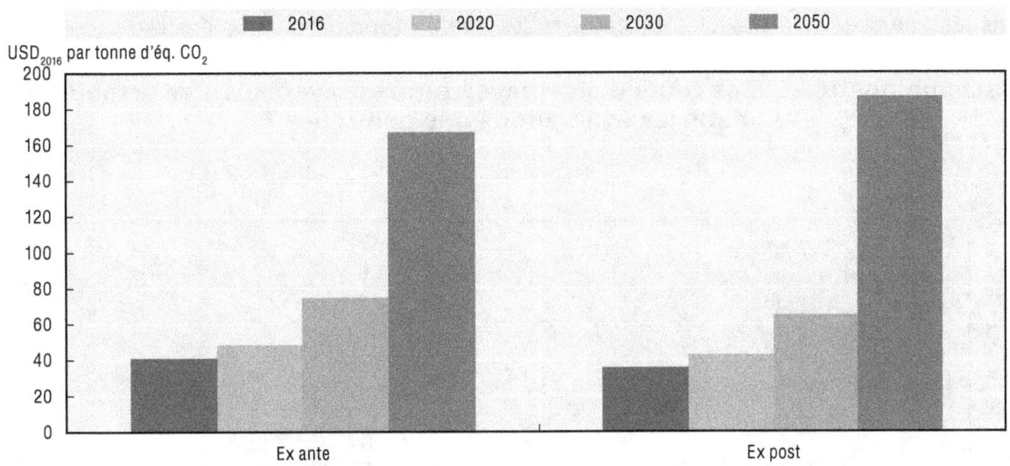

Le graphique 16.25 illustre la mesure dans laquelle les impacts environnementaux autres que les émissions de GES sont pris en considération dans les évaluations *ex ante* et *ex post* des politiques. Tandis que ces impacts semblent être relativement bien pris en compte dans les analyses ex ante, il est frappant de voir que deux réponses seulement indiquent qu'ils sont inclus dans les analyses ex post. Comme on l'a vu précédemment, les évaluations des politiques ayant étudié un large éventail d'impacts environnementaux montrent que les effets sur la santé humaine – effets des particules et des NO_X notamment – peuvent être considérables en comparaison des estimations quantifiées du coût du changement climatique[23].

Graphique 16.25. **Quels autres impacts environnementaux sont généralement pris en compte dans les évaluations des politiques ?**

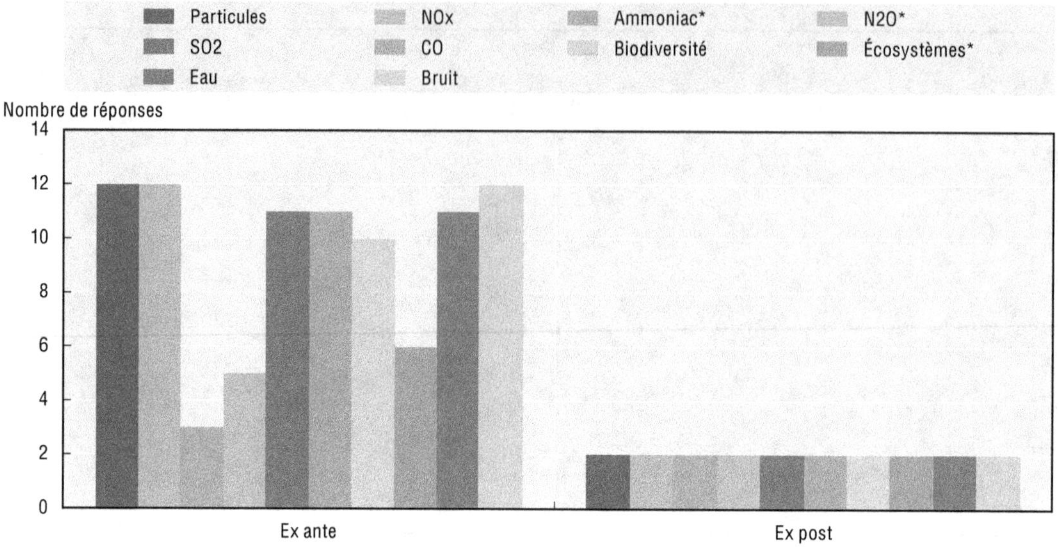

* Ces impacts ne figuraient pas parmi les options proposées dans le questionnaire de 2014.

Actualisation

Le graphique 16.26 illustre l'utilisation qui est faite de l'actualisation dans les évaluations *ex ante* et *ex post* des politiques. Si plusieurs pays ont indiqué que les valeurs devaient être actualisées, il convient de remarquer que dans quatre des 23 pays qui ont répondu à cette question, les coûts et avantages futurs *ne sont pas* tenus d'être actualisés dans les analyses ex ante. La fiabilité de telles évaluations paraît très limitée.

Graphique 16.26. **Les coûts et avantages futurs doivent-ils être actualisés dans les évaluations des politiques ?**

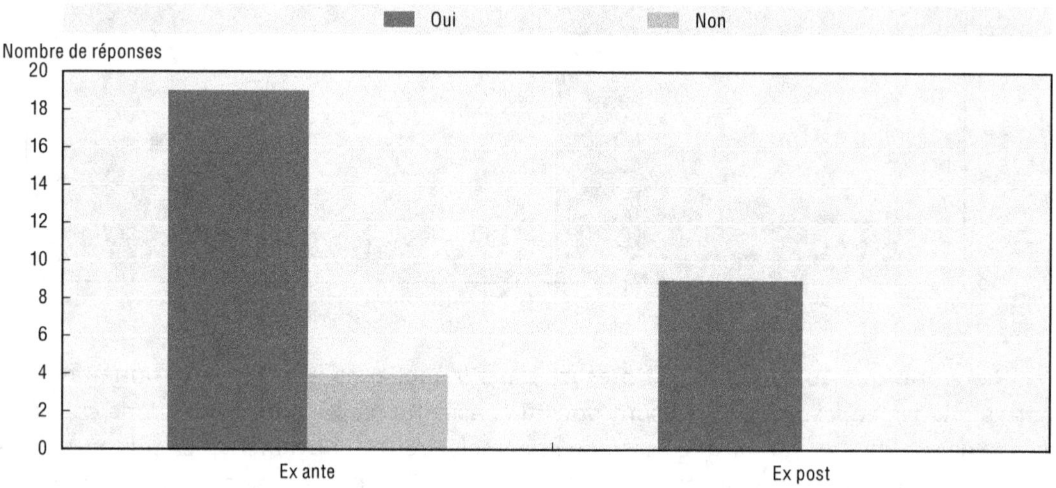

La moyenne non pondérée des taux d'actualisation réels indiqués dans les réponses est quelque peu plus élevée dans les analyses *ex ante* que dans les analyses *ex post* – 4.46 % contre 4.42 % pour les impacts survenant au cours des 30 premières années[24]. Le graphique 16.27 reproduit la série entière des taux d'actualisation appliqués dans les

Graphique 16.27. **Taux d'actualisation réels utilisés dans les évaluations *ex ante* des politiques**

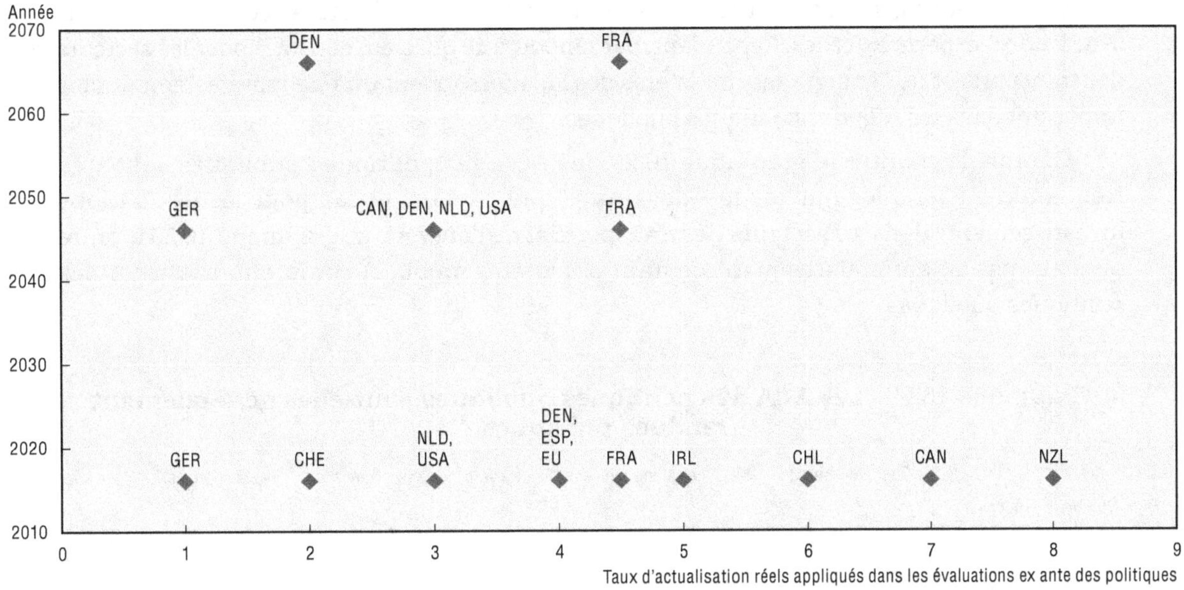

Note : Les taux d'actualisation indiqués pour 2016 sont ceux qu'il y a lieu d'appliquer aux impacts supposés intervenir durant les 30 premières années. Les taux indiqués pour 2046 sont ceux qui doivent être appliqués aux impacts supposés intervenir au bout de 30 à 50 ans, et les taux indiqués pour 2066 concernent les impacts encore plus éloignés dans le temps. Aux États-Unis, des évaluations sont également menées en tenant compte d'un taux d'actualisation de 7 %, soit plus élevé.

analyses ex ante, tels qu'indiqués par les déclarants. Comme dans le cas des secteurs examinés dans la section 16.1, l'éventail des valeurs est très large, ce qui, encore une fois, peut avoir une influence déterminante sur les résultats des évaluations.

Effets redistributifs[25]

Le graphique 16.28 montre que les ACA *ex ante* et *ex post* des politiques publiques comprennent assez régulièrement des estimations de la répartition des coûts et avantages. En comparant ce graphique avec le graphique 16.12, on constate que la prise en compte de ces impacts est quelque peu plus fréquente dans les évaluations des politiques que dans les évaluations des projets d'investissement dans les secteurs des transports et de l'énergie.

Graphique 16.28. **Les ACA comprennent-elles en principe des estimations de la répartition des coûts et avantages ?**

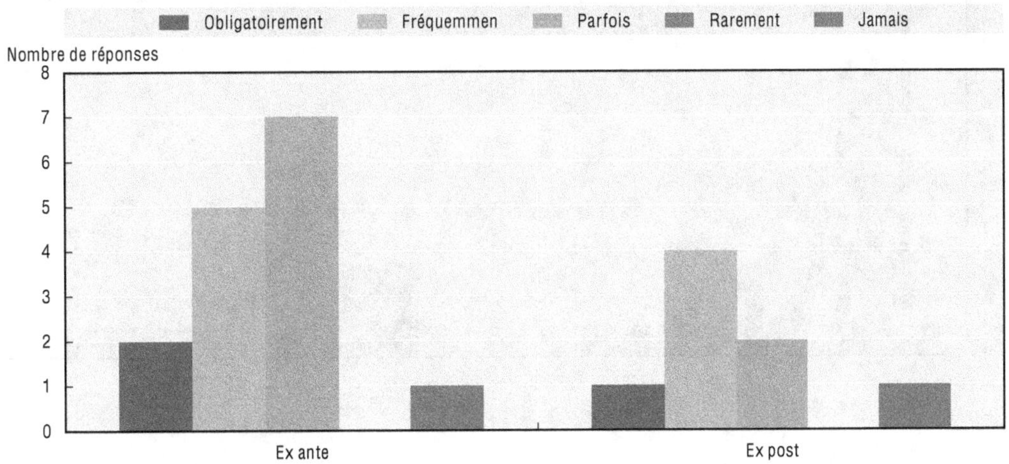

Contexte institutionnel des ACA

Les ACA sont généralement réalisées en interne par les ministères concernés, parfois avec l'aide d'experts externes. Cependant, par rapport à ce qui a été constaté pour les secteurs des transports et de l'énergie, les ministères des Finances jouent un rôle manifestement plus important dans les ACA des politiques publiques.

Comme le montre le graphique 16.29, les ACA des politiques publiques sont très fréquemment rendues publiques – davantage que ce n'est le cas pour les évaluations investissements dans les secteurs des transports et de l'énergie. Le graphique 16.30 montre qu'il est par ailleurs relativement courant d'inviter le public à commenter les ACA des politiques publiques.

Graphique 16.29. **Les ACA des politiques publiques sont-elles généralement rendues publiques ?**

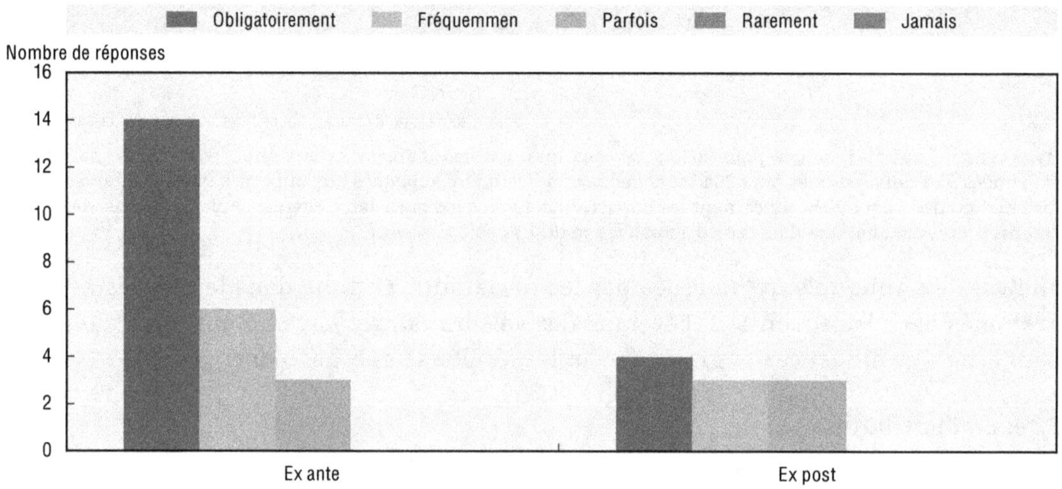

Graphique 16.30. **Le public est-il invité à commenter les ACA des politiques publiques ?**

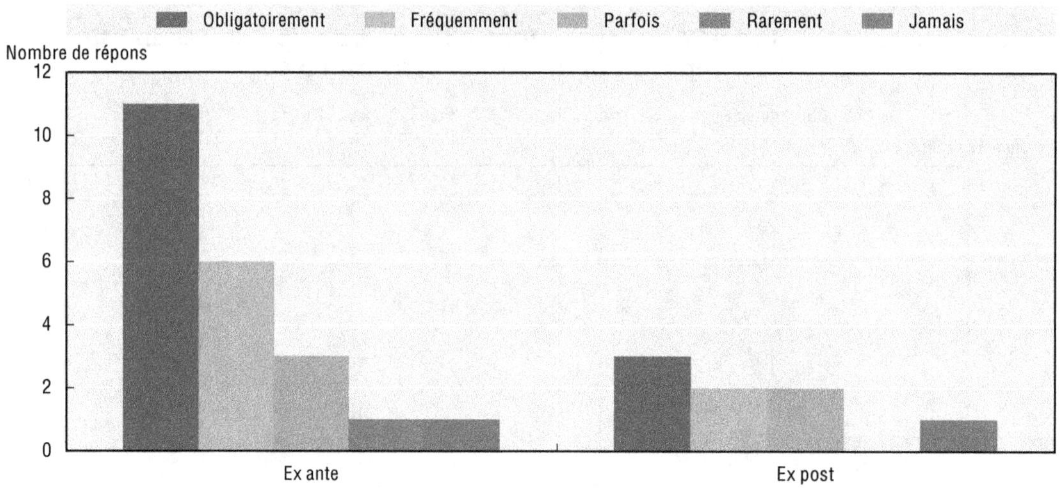

Compte tenu du faible nombre de réponses, il faut se garder de tirer des conclusions trop hâtives, mais le graphique 16.31 indique que les ACA exercent une certaine influence sur les décisions politiques actuelles ou à venir. Le graphique 16.32 montre qu'il est difficile de discerner des tendances claires concernant l'évolution de cette influence au cours des 10 à 15 dernières années.

Graphique 16.31. **Quel est en général l'influence des ACA sur les décisions politiques actuelles ou à venir ?**

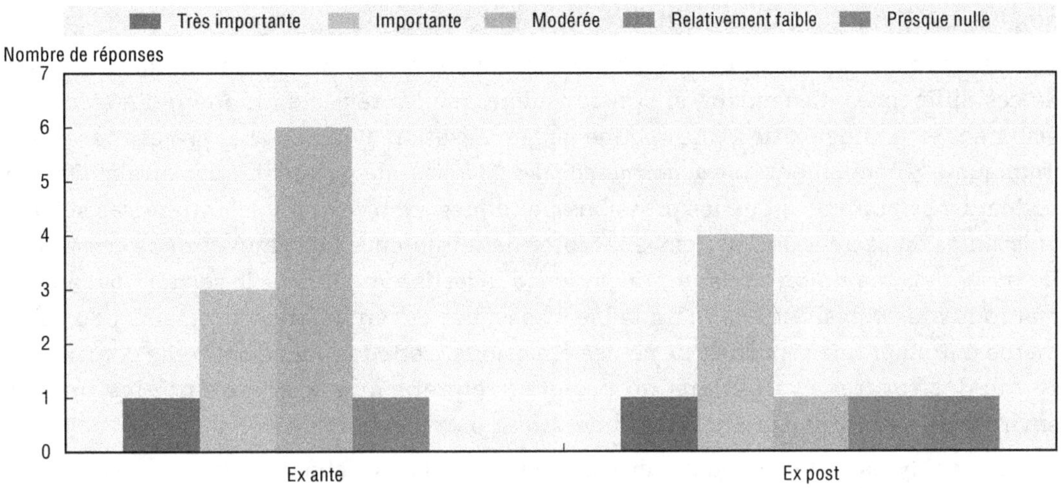

Graphique 16.32. **L'influence des ACA a-t-elle évolué au cours des 10 à 15 dernières années ?**

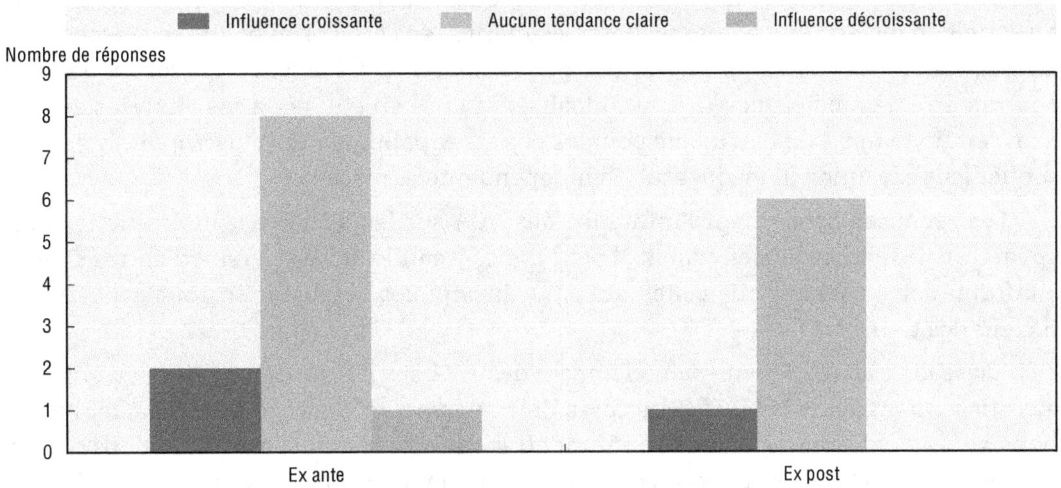

16.3. Commentaires de portée générale

Il ressort de ce chapitre que le recours aux analyses coûts-avantages est très variable, tout comme la mesure dans laquelle différents types d'impacts environnementaux sont pris en considération dans ces analyses, la situation variant selon les secteurs économiques et les contextes analytiques.

Les évaluations *ex ante* des projets d'investissement public dans le secteur des transports sont généralement les mieux couvertes par les ACA, à la fois en ce qui concerne les impacts environnementaux pris en compte et les valeurs attribuées aux différents impacts. Dans ce secteur, les ACA sont en usage depuis de nombreuses décennies, et il n'est pas tellement surprenant qu'un nombre grandissant d'impacts environnementaux y soient intégrés en raison des avancées des connaissances scientifiques et de la sensibilisation croissante du public aux nombreux effets potentiels des activités de transport sur l'environnement et la santé humaine.

De même, les investissements dans le secteur de l'énergie et les *propositions* de politique sont relativement bien couverts dans les ACA, mais les impacts environnementaux non liés au climat sont alors moins bien pris en compte.

Les réponses au questionnaire ne fournissent pas beaucoup d'éléments sur les raisons de ces différences. Cependant, si l'on considère que les règles en matière d'ACA ont été élaborées en grande partie à une époque où la réalisation d'un nouveau projet énergétique impliquait généralement une *augmentation des émissions* de gaz à effet de serre et d'autres polluants, se pourrait-il que les pressions politiques exercées par les entreprises souvent puissantes du secteur de l'énergie aient fortement influencé la formulation de ces règles ? De nos jours, un nombre croissant de projets d'investissement dans le secteur de l'énergie n'auront vraisemblablement qu'un faible impact sur ces émissions, et certains pourraient même entraîner une réduction nette des émissions. Cette tendance peut-elle contribuer à ce que les futures évaluations de projets prennent mieux en compte les impacts environnementaux et leur attribuent une valeur plus élevée ?

Les analyses coûts-avantages *ex post* ne sont pas aussi abouties, que ce soit pour les projets d'investissement ou pour les politiques publiques[26]. À condition d'être correctement réalisées, ces analyses pourraient apporter des éléments très utiles à la conception et à la mise en œuvre des futurs projets d'investissement ou des nouvelles politiques publiques ; cependant, on ne peut exclure le risque qu'elles servent essentiellement, en l'état actuel, à vanter les mérites des projets ou politiques récents ou à discréditer les projets ou politiques des gouvernements précédents. En conséquence, il pourrait être très judicieux d'institutionnaliser la mise en œuvre de ces analyses au bout d'un certain temps – tout au moins pour les projets et politiques les plus importants – et de confier leur exécution à une institution indépendante et respectée.

Les réponses concernant l'influence des ACA sur les décisions finales ne font pas apparaître de tendances très claires. Il peut donc être utile de se référer à d'autres sources d'informations, sachant que celles qui sont disponibles semblent surtout concerner le secteur des transports.

Eliasson et al. (2015) ont évalué l'impact des ACA sur les décisions prises au sujet des investissements dans les infrastructures de transport en Norvège et en Suède. Pour la Norvège, ils n'ont trouvé aucune donnée montrant que les résultats des évaluations ont une incidence sur le choix des projets. Leur étude, qui prend en considération les modalités du vote, n'a relevé aucune corrélation significative entre une quelconque mesure des avantages, des coûts ou de l'efficience et le choix des projets, que ce soit pour les propositions gouvernementales relevant du Plan national pour les transports ou pour la sélection des projets par l'Administration des routes. En Suède, en revanche, les résultats des évaluations semblent avoir une influence sur les décisions. Eliasson et al. ont constaté que les choix de l'Administration suédoise des transports étaient étroitement liés aux résultats des ACA. A contrario, les décisions prises par les dirigeants gouvernementaux sont faiblement liées aux résultats des ACA, et ne le sont que pour les petits projets[27].

Il se peut néanmoins que la situation en Norvège ait quelque peu évolué. Dans un rapport conjoint des agences de transport et d'Avinor[28], établi en préparation du Plan national pour les transports 2018-2029, il est indiqué en préambule que « le rapport coût-efficacité socioéconomique, ainsi que les exigences de protection civile et la cohérence des normes et du mode de développement, ont été des critères décisifs dans la constitution du portefeuille d'investissements » (voir Avinor et al., 2016).

Les réponses aux questionnaires commentées dans les sections qui précèdent ont été rédigées par des fonctionnaires (ce qui est naturel) – et non par les personnes à qui revient la décision finale, c'est-à-dire, généralement, les ministres responsables, les députés ou d'autres personnalités de même rang. Les fonctionnaires et les responsables politiques peuvent utiliser les ACA de manière différente, et avec des motivations différentes. Mouter (2016) indique que dans le secteur des transports néerlandais, les ACA des projets d'investissement sont présentées au Parlement le plus souvent en tant que document d'information à l'appui de la décision du ministre quant à « l'option privilégiée ». Les ACA ne sont soumises aux députés à un stade antérieur du processus décisionnel que dans des cas exceptionnels[29]. Contrairement aux députés, les ministres et les hauts fonctionnaires peuvent recevoir une copie du rapport d'ACA beaucoup plus en amont du processus. Les fonctionnaires peuvent à l'occasion utiliser les ACA au début de la phase de planification, pour évaluer et optimiser les propositions de projet.

Notes

1. Les pays suivants ont répondu à l'ensemble ou à certaines parties du questionnaire, en fonction de la pertinence des questions posées au regard de leur contexte institutionnel : Allemagne, Australie, Autriche, Canada, Chili, Danemark, États-Unis, France, Irlande, Israël, Italie, Mexique, Norvège, Nouvelle-Zélande, Pays-Bas, Pologne, République tchèque, Royaume-Uni, Suède et Suisse. Ont également répondu au questionnaire la Commission européenne ainsi que le Costa Rica et la Lituanie, pays en voie d'adhésion à l'OCDE. Dans les sections qui suivent, le terme « pays » s'applique aux réponses reçues de l'ensemble des déclarants.

2. Le questionnaire de 2014 donnait notamment des informations sur l'Espagne, l'Estonie, la Hongrie, le Japon et la Turquie, qui sont utilisées dans ce chapitre. Par ailleurs, des informations de ce questionnaire ont également été utilisées pour compléter les réponses fournies par certains des pays susmentionnés au questionnaire plus récent.

3. Dans les sections qui suivent, lorsque le texte se réfère explicitement aux choix de réponse qui figuraient dans le questionnaire, le terme correspondant est indiqué en *italique*.

4. Voici quelques exemples de documents d'orientation existants : Secrétariat du Conseil du Trésor du Canada (2007), HM Treasury (2011), CPB/PBL (2013), Direction générale des infrastructures, des transports et de la mer (2014), Commission européenne (2015), New Zealand Treasury (2015), Department for Transport, Tourism and Sport (2016), et Interagency Working Group on Social Cost of Greenhouse Gases (2016). Official Norwegian Reports (2012) aborde également un certain nombre de questions liées aux ACA.

5. Dans certains des pays déclarants, presque tous les investissements dans le secteur de l'énergie sont réalisés par des entreprises privées ou des entreprises publiques à caractère commercial. Le questionnaire n'abordait pas les évaluations des projets menés par ces entreprises.

6. Voir Règlement 1303/2013 du Parlement européen et du Conseil. La Commission européenne a élaboré un nouveau guide de l'ACA en décembre 2014. Les exigences les plus importantes figurent dans le Règlement d'exécution 2015/207 de la Commission du 20 janvier 2015. Ce guide met à profit l'expérience acquise en matière d'évaluation des grands projets au cours de la période de programmation précédente, de 2007 à 2013, et a pour but de fournir des recommandations pratiques et des études de cas aux autorités et consultants en charge de la documentation des projets (voir *http://ec.europa.eu/regional_policy/sources/docgener/studies/pdf/cba_guide.pdf*).

7. Il y a quelques années, l'Italie a engagé une réforme structurelle qui impose la réalisation d'analyses coûts-avantages des projets d'investissement infrastructurel, dans le cadre d'une réforme plus

générale de la planification des investissements publics. Chaque ministère central est censé soumettre à un *Comité interministériel de la planification économique* un plan directeur mettant en cohérence l'ensemble des projets de travaux publics relevant de son domaine de compétence et comprenant des lignes directrices pour l'évaluation de ces projets. Cependant, aucun ministère n'a encore établi ces lignes directrices.

8. S'agissant des pays pour lesquels les seules informations disponibles sont celles du questionnaire de 2014, on a considéré que les valeurs du carbone indiquées en 2014 restaient valides en 2016, mais les chiffres pour chacune des années écoulées entre ces deux périodes ont été corrigés en fonction de la variation du déflateur du PIB de 2014 à 2016.

9. Ce point sera plus ou moins valide selon que le projet énergétique considéré tendra à accroître ou à réduire les émissions de GES – autrement dit selon que l'évaluation porte par exemple sur une centrale électrique au charbon ou sur un parc éolien. Pour évaluer l'impact d'un projet particulier sur les émissions de GES, il importe aussi de tenir compte de ses interactions avec les instruments d'action préexistants. Par exemple, dans les juridictions où les émissions liées à la production d'électricité sont soumises à un plafonnement contraignant, les nouveaux projets d'investissement (dans les centrales au charbon ou dans la production renouvelable) n'auront aucun impact sur les émissions totales si le plafond reste inchangé.

10. Les impacts sur les émissions d'ammoniac et les services écosystémiques ne figuraient pas parmi les options proposées dans le questionnaire de 2014.

11. Des impacts indirects peuvent se produire lorsque, par exemple, une centrale utilisant une énergie renouvelable vient remplacer une centrale électrique alimentée par des combustibles fossiles, ce qui a (aussi) pour effet de réduire les émissions de polluants dans l'air local.

12. Groom et Hepburn (à paraître) commentent le choix qu'ont fait certains pays d'adopter des taux d'actualisation décroissants – et le choix des États-Unis et des Pays-Bas de ne pas suivre cet exemple.

13. Cet aspect n'était pas abordé par le questionnaire de 2014. Les commentaires de cette section s'appuient sur 13 réponses concernant le secteur des transports et 8 réponses concernant le secteur de l'énergie.

14. Cet aspect n'était pas abordé par le questionnaire de 2014. Les commentaires de cette section s'appuient sur 17 réponses concernant le secteur des transports et 11 réponses concernant le secteur de l'énergie.

15. Cet aspect était aussi abordé par le questionnaire de 2014. Les commentaires rapportés ici s'appuient sur 25 réponses concernant le secteur des transports et 20 réponses concernant le secteur de l'énergie.

16. Le moment auquel l'ACA est présentée au Parlement a également son importance. Cet aspect n'était pas abordé dans le questionnaire mais a été examiné par Mouter (2016). L'auteur explique qu'aux Pays-Bas, il arrive fréquemment que les ACA soient publiées très peu de temps avant le débat qui doit décider de l'affectation des fonds à différents projets d'infrastructure de transport. Par exemple, « pour les deux grands projets d'infrastructure qui ont fait l'objet d'une décision en 2014 (...) les ACA ont été publiées un jour ouvré et trois jours ouvrés, respectivement, avant le débat ». On peut douter que les ACA puissent avoir une grande influence dans ce cas.

17. Pour le secteur de l'énergie, seulement sept déclarants ont répondu à cette question, qui n'apparaissait pas dans le questionnaire de 2014. Pour le secteur des transports, 15 réponses ont été reçues.

18. La question posée se référait aux ACA « et autres analyses quantifiées analogues ». Cela signifie entre autres qu'en cas d'abandon des ACA au profit d'analyses à critères multiples, ce changement ne se reflétera pas dans les réponses.

19. Dans le questionnaire utilisé, il était indiqué que le déclarant pouvait inscrire dans la section consacrée aux analyses *ex post* toute règle pertinente à cet égard s'appliquant aux évaluations des projets d'investissement public et aux évaluations des politiques publiques. Pour des raisons de présentation, les réponses reçues sont comparées à la section qui ne traite que des évaluations *ex ante* des politiques. Il y a cependant peu de raisons de penser que des règles clairement différentes s'appliquent aux évaluations ex post des projets d'investissement public et des politiques publiques.

20. Par exemple, alors que les sections du questionnaire consacrées aux projets d'investissement dans les transports et l'énergie présentaient peu d'intérêt pour les autorités fédérales des États-Unis, le pays a fourni des réponses détaillées sur les évaluations ex ante et ex post des politiques.

21. Par exemple, les exigences établies par le décret présidentiel n° 12866 aux États-Unis en matière d'ACA sont plus strictes pour les réglementations « économiquement importantes » dont les avantages ou les coûts dépassent 100 millions USD au cours d'une année donnée ou qui

pénalisent, de façon importante, l'économie, un secteur de l'économie, la productivité, la concurrence, l'emploi, l'environnement, la santé ou la sécurité publique, ou les gouvernements ou communautés régionaux, fédéraux ou tribaux.

22. La Suède indique par exemple qu'il n'existe pas de critères clairs sur la façon de traiter les émissions de GES dans les analyses, mais que les effets qui revêtent une importance socioéconomique majeure, tels que les variations des émissions de CO_2, sont normalement pris en compte de façon systématique.

23. Voir par exemple l'évaluation par l'Agence de protection de l'environnement des États-Unis des coûts et avantages des *Clean Air Act Amendments* de 1990, disponible à l'adresse *www.epa.gov/clean-air-act-overview/benefits-and-costs-clean-air-act-1990-2020-second-prospective-study*.

24. Le Mexique a pour sa part donné un taux d'actualisation *nominal* de 12 % pour les deux catégories.

25. Cet aspect n'était pas abordé par le questionnaire de 2014. Les commentaires de cette section s'appuient sur 15 réponses concernant les évaluations ex ante et 8 réponses concernant les évaluations ex post.

26. Dudley (2017) s'interroge sur les raisons possibles de cet état de fait, en se focalisant sur les réglementations dans le secteur des produits chimiques.

27. Le plan suédois a été arrêté en 2010 et couvre la période 2010-2021. Le plan norvégien a été arrêté en 2012 et couvre la période 2014-2023.

28. Les agences de transport comprennent l'Administration nationale norvégienne des chemins de fer, l'Administration côtière norvégienne et l'Administration publique norvégienne des routes. Avinor est une société anonyme détenue par l'État qui exploite 46 aéroports et des services de gestion du trafic aérien.

29. Eliasson et al. n'ont pas examiné le rôle des députés, mais en Suède comme en Norvège, les informations sur le rapport coûts-avantages des différents projets sont mises à la disposition du Parlement à un stade précoce.

Références

Avinor et al. (2016), *National Transport Plan 2018-2029*, Avinor, Jernbaneverket, Kystverket, Statens Vegvesen, Oslo, *www.ntp.dep.no/Forside/_attachment/1525049/binary/1132766?_ts=1571e02a3c0*.

Commission européenne (2015), *Better Regulation Guidelines*, document de travail des services de la Commission, Commission européenne, Bruxelles, *http://ec.europa.eu/smart-regulation/guidelines/docs/swd_br_guidelines_en.pdf*.

CPB/PBL (2013) (Agence néerlandaise d'analyse des politiques économiques/Agence néerlandaise d'évaluation environnementale), *General Guidance for Cost-Benefit Analysis*, CPB/PBL, La Haye, *www.cpb.nl/en/publication/general-guidance-for-cost-benefit-analysis*.

Direction générale des Infrastructures, des Transports et de la Mer (2014), *Note technique du 27 juin 2014 relative à l'évaluation des projets de transport*, Ministère de l'Écologie, du Développement durable et de l'Énergie, Paris, *www.ecologique-solidaire.gouv.fr/sites/default/files/Note_technique_completesignatureok.pdf*.

Dudley, S. (2017), « Retrospective evaluation of chemical regulations », *Documents de travail de l'OCDE sur l'environnement*, n° 118, Éditions OCDE, Paris, *http://dx.doi.org/10.1787/368e41d7-en*.

Eliasson, J. et al. (2015), « Does Benefit-Cost Efficiency Influence Transport Investment Decisions? », *Journal of Transport Economics and Policy*, vol. 49, pp. 377-396.

Groom, B. et C. Hepburn (2017), *Looking Back at Social Discount Rates: The Influence of Papers*, Presentations, Political Preconditions and Personalities on Policy, *www.strategie.gouv.fr/sites/strategie.gouv.fr/files/atoms/files/20_2017_groom_hepburn_2017_reep.pdf*.

HM Treasury (2011), *The Green Book: Appraisal and Evaluation in Central Government*, HM Treasury, Londres, *www.gov.uk/government/uploads/system/uploads/attachment_data/file/220541/green_book_complete.pdf*.

Interagency Working Group on Social Cost of Greenhouse Gases (2016), *Technical Update of the Social Cost of Carbon for Regulatory Impact Analysis Under Executive Order 12866*, Interagency Working Group on Social Cost of Greenhouse Gases, Gouvernement des États-Unis, Washington, DC, *www.whitehouse.gov/sites/default/files/omb/inforeg/scc_tsd_final_clean_8_26_16.pdf*.

Ministère irlandais des transports, du tourisme et du sport (2016), Common appraisal framework for transport projects and programmes, Department for Transport, Tourism and Sport, Dublin, *www.dttas.ie/sites/default/files/publications/corporate/english/common-appraisal-framework-2016/common-appraisal-framework2016_1.pdf.*

New Zealand Treasury (2015), *Guide to Social Cost Benefit Analysis*, New Zealand Treasury, Wellington, *www.treasury.govt.nz/publications/guidance/planning/costbenefitanalysis/guide/.*

OCDE (2015), *Panorama de l'environnement 2015 : Les indicateurs de l'OCDE*, Éditions OCDE, Paris, *http://dx.doi.org/10.1787/9789264255531-fr.*

Official Norwegian Reports (2012), *Cost-Benefit Analysis, Official Norwegian Reports NOU 2012: 16*, *www.regjeringen.no/contentassets/5fce956d51364811b8547eebdbcde52c/en-gb/pdfs/nou201220120016000en_pdfs.pdf.*

Smith, S. et N.A. Braathen (2015), « Monetary Carbon Values in Policy Appraisal: An Overview of Current Practice and Key Issues », *Documents de travail de l'OCDE sur l'environnement*, n° 92, Éditions OCDE, Paris, *http://dx.doi.org/10.1787/5jrs8st3ngvh-en.*

Secrétariat du Conseil du Trésor (2007), *Guide d'analyse coûts-avantages pour le Canada : Propositions de réglementation*, Secrétariat du Conseil du Trésor, Ottawa, *www.tbs-sct.gc.ca/rtrap-parfa/analys/analys-fra.pdf.*

Analyse coûts-avantages et environnement
Avancées théoriques et utilisation par les pouvoirs publics

PARTIE IV

Chapitre 17

Économie politique de l'analyse coûts-avantages

La question de savoir pourquoi l'utilisation et l'influence de l'ACA sont ce qu'elles sont relève du domaine de l'économie politique, et exige une meilleure compréhension du processus de formulation des politiques. À la limite, si toutes les décisions devaient être arrêtées sur la base de l'ACA, les décideurs n'auraient plus aucune souplesse pour répondre aux diverses sollicitations en faveur de l'adoption d'une politique plutôt qu'une autre. Pour résumer, l'ACA, comme d'ailleurs n'importe quel type de calcul normatif, compromet la souplesse dont les décideurs ont besoin pour « agir en politiques » ou pour atteindre d'autres objectifs de l'action publique. Bien entendu, cela a pour effet d'en limiter l'utilisation ou d'en modifier le mode de réalisation. L'économie politique s'attache par conséquent à expliquer pourquoi l'économie telle qu'elle est enseignée dans les manuels ne trouve que rarement une traduction concrète dans le processus effectif de prise de décision comme dans les processus de formulation des politiques. Expliquer le fossé entre pratique et théorie ne revient toutefois pas à le justifier. S'il importe effectivement de bien mieux comprendre les pressions qui ont une incidence sur le processus réel de prise de décision, le rôle de l'ACA n'en demeure pas moins d'expliquer à quoi devrait ressembler une décision dans l'hypothèse de l'adoption d'une approche purement économique.

Note de la *Turquie* :

Les informations figurant dans ce document qui font référence à « Chypre » concernent la partie méridionale de l'Île. Il n'y a pas d'autorité unique représentant à la fois les Chypriotes turcs et grecs sur l'Île. La Turquie reconnaît la République turque de Chypre Nord (RTCN). Jusqu'à ce qu'une solution durable et équitable soit trouvée dans le cadre des Nations Unies, la Turquie maintiendra sa position sur la « question chypriote ».

Note de tous les États de l'Union européenne membres de l'OCDE et de l'Union européenne :

La République de Chypre est reconnue par tous les membres des Nations Unies sauf la Turquie. Les informations figurant dans ce document concernent la zone sous le contrôle effectif du gouvernement de la République de Chypre.

17.1. Introduction

La méthodologie de l'analyse coûts-avantages (ACA) a été mise au point sur la durée. Elle a également fait l'objet de nombreuses critiques, tout comme le fondement théorique sur lequel elle repose – à savoir l'économie du bien-être. Néanmoins, la plupart des économistes (quoique ce ne soit assurément pas le cas de la totalité d'entre eux) continuent de recommander l'utilisation de l'ACA en tant que procédure visant à « éclairer la prise de décision ». Le chapitre 16 a en outre mis en évidence un large recours à l'ACA dans les pays de l'OCDE, du moins en ce qui concerne certains secteurs de la politique environnementale. Cependant, ce que l'on sait des politiques et des décisions d'investissement *effectivement adoptées* révèle une autre réalité : l'ACA ne joue souvent qu'un rôle réduit dans les processus d'évaluation, malgré le consensus qu'elle suscite parmi les économistes, et les prises de décisions effectives (éventuellement fondées sur cette évaluation) paraissent souvent peu conformes à ses résultats. L'une des raisons de ce fossé entre théorie et pratique est assez évidente : il existe souvent d'autres facteurs importants pour la prise de décision, dont la prise en compte nécessite d'appliquer d'autres outils en plus de l'ACA dans le cadre de l'évaluation de l'impact général (voir chapitre 18). Dans certains cas, ces autres facteurs peuvent être jugés plus importants que les coûts et avantages monétaires et amener ainsi les décideurs à passer outre la recommandation de l'ACA. De même, les pouvoirs publics ne peuvent tout simplement pas prendre des décisions sur la conduite à suivre sans tenir compte des réalités politiques et institutionnelles. Cette constatation met en lumière un certain nombre de considérations importantes.

Premièrement, cet instrument, dont les économistes pourraient juger la conception « optimale », tend à servir un but primordial, à savoir *l'efficience économique*. Pour y parvenir, encore faut-il que d'autres objectifs soient pris en considération lors des prises de décisions effectives. Ces objectifs ne sont pas nécessairement cohérents entre eux, mais ils contribuent à déterminer le processus concret de formulation des politiques, tout comme le mode réel d'utilisation des divers outils d'aide à la décision, dont l'ACA.

Deuxièmement, les pouvoirs publics ne sont pas simplement le garant du bien-être social comme le supposent habituellement les manuels traitant de l'ACA. De fait, ce terme général et commode de « pouvoirs publics » désigne de fait différents acteurs prenant part de l'intérieur au processus de formulation des politiques, auxquels se joignent par ailleurs d'autres acteurs extérieurs au processus, mais qui n'en sont pas moins intéressés par son issue. Il s'agit notamment de groupes de pression et de lobbies qui peuvent eux-mêmes représenter des intérêts et des objectifs contradictoires.

Troisièmement, les considérations exposées ci-dessus indiquent que le contexte politique et institutionnel dans lequel s'inscrit l'ACA est d'une grande complexité. Tout comme la capacité des acteurs de l'évaluation à négocier cette réalité. Il pourrait ainsi être préférable de considérer que les acteurs de l'évaluation ne sont pas des décideurs omniscients et omnipotents, mais plutôt, pour paraphraser Cairney (2016), des intervenants dont la capacité à produire et à traiter l'ensemble des informations idéalement requises pour prendre des décisions « optimales » s'avère limitée. Autrement dit, ces acteurs sont rationnels (compte tenu de leurs objectifs), mais leur rationalité a des limites qui ne sont pas dénuées d'intérêt.

Tout cela revient à dire que la « fonction de bien-être social » qui est à la base de l'ACA n'est pas identique à la fonction (ou aux fonctions) de bien-être social adoptée(s) par les acteurs associés à la formulation des politiques et des décisions d'investissement. Aussi la politique réelle et la politique « optimale » ne coïncident-elles pas nécessairement. L'évaluation des facteurs à l'origine de ce « décalage » relève de plein droit d'une approche de l'analyse des politiques et du processus de formulation de l'action publique fondée sur l'*économie politique*. C'est là le sujet de ce chapitre, dont la suite s'articule comme décrit ci-après. Il commence par poursuivre l'examen, entamé au chapitre 16, de l'utilisation de l'ACA et de son influence sur les décisions d'investissement et sur celles relatives aux politiques à mettre en œuvre, même si l'analyse se rapporte en partie au rôle de l'ACA dans les processus d'évaluation de l'impact en général plutôt que sur l'ACA à proprement parler. Sont ensuite examinées les possibles explications de ces modes d'utilisation, de même que les motivations politiques qui expliquent le recours à l'ACA (ou bien la place réduite qui lui est accordée, voire le refus pur et simple d'y faire appel). Une vision plus réaliste du mode d'utilisation de l'ACA et des motivations auxquelles elle répond ne devrait cependant pas dispenser les décideurs de tenter de mieux faire. Un certain nombre d'innovations favorisant une évolution des pratiques dans ce sens sont de fait également examinées.

17.2. La réalité de l'ACA : un regard neuf sur son utilisation et son influence

Le chapitre 16 a fait état d'une série de réponses fournies par les acteurs participant à l'élaboration des politiques dans les pays de l'OCDE concernant l'utilisation et l'influence de l'ACA (appliquée à l'environnement) dans le cadre de la formulation de l'action publique. Il en ressort une interprétation à double tranchant. D'une part, l'ACA est utilisée (parfois dans une large mesure) et ceux prenant part à ce processus ont le sentiment qu'elle exerce une influence, de sorte que ces efforts concrets ne sont pas vains. D'autre part, le recours à cet instrument n'est pas aussi largement répandu qu'il pourrait l'être, compte tenu des progrès accomplis à la frontière des connaissances relatives à l'ACA comme en ce qui concerne la traduction de ces progrès en applications concrètes. Ces constatations sont dans l'ensemble conformes à celles issues d'autres travaux relevant d'une littérature empirique en voie de constitution, qui vise à évaluer l'ampleur du recours à l'ACA à partir de données quantitatives et qualitatives.

Par exemple, une étude réalisée par le Groupe d'évaluation indépendant (IEG, 2011) fournit des informations sur l'utilisation de l'ACA au sein de la Banque mondiale. Le pourcentage des projets de la Banque mondiale s'appuyant sur une ACA a enregistré un recul sensible entre 1970 et 2000. D'après l'IEG (2011), cette tendance à la baisse a pour explication (immédiate) une évolution du portefeuille d'investissements, dans lequel les domaines d'action des pouvoirs publics ayant habituellement recours à l'ACA (tels que l'énergie, les transports et le développement urbain) ont cédé du terrain au profit de secteurs dans lesquels cette pratique n'était pas aussi ancrée (comme l'éducation, l'environnement et la santé). Le rapport de l'IEG n'en constate pas moins un recul sensible de l'utilisation de l'ACA dans les secteurs y ayant traditionnellement recours dans lesquels la Banque mondiale maintient un fort engagement en matière d'investissement (comme l'infrastructure matérielle). En outre, les progrès réalisés s'agissant de l'extension de la théorie et de la pratique de l'ACA à de nouveaux contextes dans lesquels sont mis en œuvre des projets obligent à se demander pourquoi ces avancées ne se traduisent pas par une application effective de cet instrument dans ces nouveaux secteurs.

Aux États-Unis, un examen de 74 études d'impact sur l'environnement publiées par l'Agence pour la protection de l'environnement entre 1982 et 1999 a mis en évidence que, s'il est vrai qu'elles exprimaient toutes en termes monétaires au moins certains des coûts, seule environ la moitié d'entre elles en faisait de même pour certains avantages (Hahn et Dudley, 2007). Elles étaient encore moins nombreuses (environ un quart en moyenne) à fournir un éventail complet d'estimations des avantages en termes monétaires, bien que leur nombre ait sensiblement augmenté au cours de la période examinée. Cela soulève certains points importants. Il conviendrait manifestement de déployer davantage d'efforts pour développer l'utilisation de l'ACA, tout comme pour mettre la pratique en accord avec les lignes directrices officielles. Il ne faut pas pour autant en conclure que l'évaluation économique est totalement inexistante : elle est généralement présente bien qu'elle ne soit souvent que partiellement mise en œuvre.

Une autre question logique se pose, celle de savoir si, dans les cas où l'ACA est mise en œuvre, ses applications peuvent être jugées de relativement bonne qualité. Certains des indicateurs réunis par Hahn et Dudley (2007) pour les États-Unis identifient un certain nombre de questions pertinentes. Par exemple, même dans les applications mises en œuvre par l'Agence pour la protection de l'environnement des États-Unis qui estimaient les coûts et/ou les avantages, il était relativement rare que les évaluations soient complètes (au lieu de n'exprimer sous forme monétaire qu'un petit sous-ensemble d'impacts) et qu'une fourchette de valeurs soit indiquée dans le cas des estimations ponctuelles (autrement dit une estimation basse et une estimation haute de la valeur d'un impact donné).

Par ailleurs, la prise en considération des coûts et des avantages de différentes options ou solutions de rechange était également peu fréquente. La pratique impliquait le plus souvent une simple comparaison entre une seule option (vraisemblablement) privilégiée de modification de la politique mise en œuvre et le *statu quo*. Un autre examen récent des études de l'UE portant sur des projets environnementaux pour lesquels un financement était sollicité dans le cadre des programmes d'aide régionale parvient à une conclusion similaire (COWI, 2011). Autrement dit, la question de savoir quelles sont les diverses options (chapitre 2) envisagées pourrait avoir été posée dès le démarrage du processus d'évaluation. Cependant, les données tangibles tendant à montrer que l'ACA a exercé une incidence sur ce point à ce stade sont toutefois, semble-t-il, moins nombreuses.

De précieuses informations peuvent également être tirées des études portant plus largement sur le processus d'évaluation des impacts. Turnpenny et al. (2015) présentent des indices d'une telle utilisation des études d'impact en général – pour les États membres de l'UE comme pour la Commission elle-même – plutôt que de se focaliser plus étroitement sur l'ACA. Cependant, comme le montre le tableau, l'ACA sous une forme ou une autre est généralement l'un des éléments de ces études, puisqu'elles donnent lieu à une « évaluation monétaire ». Les auteurs examinent plus précisément 325 exemples de politiques impliquant des études d'impact au sein de 8 pays ou instances (Chypre, Commission européenne, Danemark, Finlande, Grèce, Irlande, Pologne et Royaume-Uni). Dans certains cas, ces études d'impact paraissent être des documents assez volumineux, en particulier dans le cas de la Commission européenne. Dans d'autres, il semble que la rédaction soit extrêmement concise ou l'analyse plutôt rudimentaire, du moins si l'on en juge par la longueur moyenne des rapports d'évaluation. Le pourcentage d'évaluations en termes monétaires est de même variable. Il va de 0 % à Chypre à 92 % au Royaume-Uni, comme le montre le tableau 17.1. Naturellement, cela n'indique nullement dans quelle mesure l'évaluation était complète et avait donné lieu à une ACA pleine et entière. Mais il est probable que l'on puisse en tirer une première impression concernant le degré de développement d'une réflexion plus formelle en termes de coûts et d'avantages dans le cadre du processus d'évaluation.

Tableau 17.1. **Évaluation des politiques au sein de certains pays et de certaines instances de l'UE**

Pays/instances (période couverte)	Objectif déclaré de l'évaluation	Nombre d'études d'impact	Longueur moyenne des rapports (pages)	Évaluation monétaire (%)
Chypre (2009-11)	Amélioration de la législation, allégement de la charge administrative	20	14	0
Commission européenne	Amélioration de la réglementation et de son efficience ; consultation et communication	50	84	44
Danemark	Amélioration de la réglementation ; élaboration des politiques sur la base de données factuelles	50	2.5	56
Finlande (2009)	Amélioration de la réglementation, participation et transparence ; élaboration des politiques sur la base de données factuelles	50	2.5	18
Grèce (2010-11)	Amélioration de la réglementation ; consultation, délibération et participation, et transparence ; allégement de la charge administrative	36	17	14
Irlande (2004-10)	Allégement de la charge administrative ; amélioration de la réglementation ; élaboration des politiques sur la base de données factuelles ; consultation	49	13	45
Pologne (2008-10)	Amélioration de la réglementation ; élaboration des politiques sur la base de données factuelles ; allégement des coûts de réglementation ; transparence et consultation	20	7	40
Royaume-Uni (2007-10)	Allégement de la charge administrative ; transparence et responsabilité ; évaluation des coûts et des avantages	50	38	92

Source : D'après Turnpenny et al. (2015)

L'ACA a été largement utilisée en 2014 lors d'une évaluation par le Canada des options de gestion de la qualité de l'air qui s'offraient à lui (ministère de l'Environnement et ministère de la Santé du Canada, 2014)[1]. Parmi les valeurs estimées figuraient non seulement celles relatives aux améliorations de la santé, mais aussi diverses valeurs environnementales, telles que la baisse des impacts sur la productivité agricole (par la réduction de l'exposition à l'ozone troposphérique), la diminution de l'encrassement des bâtiments résidentiels et tertiaires (grâce à des réductions de la pollution atmosphérique ambiante) ou l'amélioration de la visibilité. Il s'ensuit des ratios avantages-coûts très élevés – allant de 15 à plus de 30 – pour les réglementations durcissant les normes environnementales applicables aux moteurs (autres que ceux des moyens de transport), aux chaudières et appareils de chauffage, et à la production de ciment. Sous réserve que ces valeurs soient à peu près exactes, cela met en évidence que le durcissement de ces normes offre manifestement un intérêt d'un point de vue économique. Cette analyse présente une caractéristique intéressante, à savoir qu'elle représente l'aboutissement d'un processus institutionnel de nature collaborative auquel ont entre autres été associées les autorités fédérales, provinciales et territoriales de tout le Canada[2].

Howlett et al. (2015) ont mené une enquête auprès de près de 3 000 décideurs au sein d'importants ministères d'orientation canadiens, au niveau fédéral comme à celui des provinces. Leur enquête couvre également ceux qui opèrent dans des secteurs autres que l'environnement : éducation, finances, santé, transports et action sociale, entre autres. Les résultats montrent que les responsables du secteur de l'environnement ont tout aussi largement recours à une analyse technique reposant sur l'ACA (mais aussi sur l'analyse des risques et sur l'analyse de l'impact financier) que ceux (de la plupart) des autres ministères, et qu'ils disposent d'une expertise et d'une capacité à prendre des décisions comparables à celles de ces derniers. Cependant, l'environnement fait plutôt figure d'exception du point de vue de la proportion des personnes interrogées qui jugent que les données issues de l'analyse exercent effectivement une influence sur la prise de décision dans ce secteur et que le financement et les ressources disponibles sont suffisants pour entreprendre des travaux étayés par des données factuelles. En l'occurrence, les personnes interrogées actives dans ce domaine se montraient relativement dubitatives à propos de ces critères, par comparaison avec celles travaillant dans d'autres grands secteurs d'action des pouvoirs publics.

Les études qui se sont également attachées à déterminer avec précision le degré d'influence de l'ACA sur les décisions fournissent d'autres indications intéressantes. Par exemple, l'IEG (2011) constate que les projets de la Banque mondiale pour lesquels une ACA avait été entreprise *ex ante* offrent des rendements *relativement* plus élevés. Cependant, comme le reconnaît le rapport de l'IEG, il est particulièrement ardu d'isoler les effets de l'évaluation sur les résultats du projet et de les distinguer de l'impact d'autres facteurs, qui peuvent être une source de confusion. Hahn et Tetlock (2008) passent en revue les éléments d'information disponibles sur l'influence exercée par l'évaluation économique sur un certain nombre de réglementations relatives à la santé et à la sécurité aux États-Unis. Leur étude semble indiquer qu'une telle évaluation n'a guère contribué à l'élimination des réglementations destinées à assurer la protection de la vie et de l'intégrité des personnes à un coût exorbitant. Par ailleurs, dans les cas où son influence peut être déterminée, l'ACA a surtout servi à préciser les détails d'une option préalablement retenue. Autrement dit, il est plus difficile de trouver des exemples où l'ACA a été utilisée pour contribuer à éclairer la réflexion sur les réponses appropriées que peuvent apporter les pouvoirs publics dès le démarrage du processus de prise de décision. Il apparaît donc que, du moins dans ce contexte, ces applications effectives n'ont pas tiré parti de l'atout qui est celui de l'ACA (ainsi que des techniques similaires) selon Turnpenny et al. (2015), c'est-à-dire de la possibilité d'évaluer les différentes options dès le stade de la conception du processus de formulation des politiques. En revanche, certaines au moins des données les plus saillantes dont on dispose incitent à penser que l'ACA a plutôt été utilisée pour ajuster la conception des projets après qu'une décision a été prise par les pouvoirs publics.

Le fait que la qualité de bon nombre d'applications de l'ACA puisse être loin, et peut-être même très loin, de se conformer aux bonnes pratiques pourrait faire douter de l'existence d'une véritable volonté d'utiliser l'évaluation économique pour guider la formulation des politiques. Il ne faudrait cependant pas en tirer des conclusions trop pessimistes. En effet, si, comme cela a été indiqué plus haut, certains pays ne font pas du tout appel à l'ACA dès le départ de la formulation de l'action publique, on observe par ailleurs un recours non négligeable à cet instrument à un stade encore plus précoce du cycle d'élaboration des politiques, puisqu'il contribue même à la définition des priorités. Au Royaume-Uni, le rapport Stern sur l'économie du changement climatique (Stern, 2007) et l'évaluation des écosystèmes nationaux (UK National Ecosystems Assessment, 2011) en offrent des exemples. D'autres grandes évaluations des écosystèmes – telles que l'initiative sur l'économie des écosystèmes et de la biodiversité (TEEB, 2010) – s'appuient sur l'estimation des avantages pour fournir d'importants éléments d'information ou des arguments de poids concernant la perte entraînée par l'épuisement ou la dégradation des écosystèmes. Bien qu'elles ne puissent se substituer à une politique en la matière (qui devrait elle-même faire l'objet d'une évaluation), les connaissances de ce type ont un rôle important à jouer en délimitant le cadre dans lequel s'inscriront non seulement la réflexion sur les politiques, mais aussi leur formulation ultérieure.

En outre, les études de l'utilisation et de l'influence de l'ACA rendent compte de cette situation mouvante, puisque les pratiques – et leur ampleur – sont en (plus ou moins) constante évolution. Il reste sans doute aussi beaucoup d'autres nuances et éléments d'information à mettre au jour. En Angleterre et au Pays de Galles, par exemple, les sociétés du secteur de l'eau font de l'ACA dans le domaine social un élément du dossier d'investissement qu'elles soumettent à l'OfWAT dans le cadre des révisions périodiques de prix auxquels ce secteur est soumis. Il s'en est suivi une abondante « littérature grise » sur la mise en œuvre pratique des méthodes des préférences déclarées – et notamment des approches fondées sur la modélisation des choix – dans le secteur de l'eau. Ces études peuvent bien entendu également être une source d'enseignements sur l'utilisation de l'ACA. Cependant, comme les données qui en sont issues sont tout à la fois exclusives et non publiées (pour une large part), on ne sait avec certitude dans quelle mesure des enseignements pourront en être aisément tirés.

17.3. Les aspects politiques de l'ACA

La constatation que les décisions sont souvent peu conformes à l'ACA, ou ne lui accordent qu'une importance restreinte, peut être rapportée au fait que, dans la pratique, cet instrument n'est qu'un élément parmi d'autres dans la prise de décision et que, dans certaines circonstances, d'autres considérations (et d'autres outils analytiques) éclipsent la logique qu'incarne cette évaluation économique. Dans la pratique, elle met en évidence la nécessité d'un examen plus approfondi et, dans le meilleur des cas, le besoin urgent d'acquérir une compréhension plus précise et plus nuancée de la manière dont sont effectivement formulées les politiques et dont l'ACA s'insère dans ces processus.

En effet, d'après Adelle et al. (2012, p. 402), ce mode de formulation de l'action des pouvoirs publics relève « ... [d']un modèle bien plus chaotique d'élaboration des politiques dans lequel un grand nombre d'acteurs poursuivent des buts multiples », par comparaison avec ce que supposent généralement les textes relatifs à l'ACA.

Il pourrait par exemple être souhaitable de distinguer parmi ce « grand nombre d'acteurs » ceux qui participent « de l'intérieur » au processus d'évaluation (tels que les fonctionnaires en activité et les ministres en exercice) et ceux qui lui sont « extérieurs » (parlementaires ou conseillers externes, etc.) (Turnpenny et al., 2015). Les « objectifs multiples » pourraient correspondre aux diverses motivations qui incitent ces acteurs à avoir recours à l'ACA (ou, à l'inverse, à en minimiser le rôle). Pour Dunlop et al. (2010), cela contribue à expliquer leurs observations sur ce qu'ils considèrent comme un « contrat incomplet » ; c'est-à-dire sur l'inadéquation entre la codification des conditions d'évaluation décrites dans les lignes directrices officielles et la marge d'appréciation qui paraît être accordée dans la pratique. Dans les études, ce débat se concentre généralement sur les outils d'évaluation et les études d'impact plus généralement. Il n'en demeure pas moins parfaitement pertinent dans le cadre de la réflexion sur les questions relatives à l'ACA, et l'utilisation de l'ACA peut donc être analysée dans ce contexte.

À cet égard, Dunlop et al. (2010) identifient quatre motivations sous-tendant le recours aux outils d'évaluation.

- Premièrement, il convient de citer celle qui est sans doute la plus familière pour ceux qui mettent concrètement en œuvre l'analyse coûts-avantages. Elle correspond à une

« utilisation instrumentale », ayant notamment pour objectif d'éclairer le processus d'élaboration des politiques sur la base de données factuelles. Il s'agit d'une approche plus rationaliste de l'utilisation des outils d'analyse pour les besoins de la formulation des politiques.

- Deuxièmement, une « utilisation politique » pourrait renvoyer aux situations où une entité politique se sert de l'évaluation pour exercer un contrôle sur le processus de formulation des politiques. Elle peut prendre diverses formes selon le contexte politique et institutionnel (Turnpenny et al., 2015). Posner (2001) fait toutefois valoir que, dans le contexte des États-Unis, le recours à l'ACA a pu être un moyen pour des responsables politiques (tels que des élus) d'exercer un pouvoir sur les agences chargées de la formulation des politiques. Cela peut être tout simplement une manifestation de la volonté d'éviter que cette dernière ne prenne une initiative décisive (et peut-être irréversible) avant qu'ils aient pu s'assurer que les mesures considérées sont compatibles avec leurs objectifs politiques (Radaelli, 2008).
- Troisièmement, il existe une « utilisation communicative » qui désigne le recours à un outil d'évaluation à des fins de consultation. Elle peut prendre, là encore, diverses formes, depuis des processus de consultation de nature formelle et en place de longue date jusqu'à des interactions davantage axées sur le fond entre une autorité et les parties prenantes, donnant peut-être même lieu à des délibérations. Les outils du processus de formulation des politiques, tout comme le processus lui-même, constituent le moyen par lequel ont lieu ces interactions, vraisemblablement dans une plus ou moins large mesure selon les caractéristiques de l'outil considéré[3].
- Enfin, une « utilisation de pure forme », condensé de pragmatisme, correspond au cas de figure où l'évaluation est requise, mais mise en application par les acteurs institutionnels sans aucune conviction. En ce sens, l'évaluation constitue certes un élément du processus de formulation des politiques, mais elle relève peut-être de ce que Radaelli (2008) appelle le « symbolisme politique », l'utilisation de l'outil de formulation des politiques considéré étant « exclusivement » (ou peut-être principalement) considérée comme un « rituel » ou simplement comme une « case à cocher ».

Tableau 17.2. **Exemples de motivations sous-tendant l'utilisation des outils d'évaluation**

	Politique	Instrumentale	Communicative	De pure forme
Changement climatique I – évaluation des options en matière de lutte contre le changement climatique en Europe après 2012 (CE)	X			
Protection des eaux souterraines – directive visant à renforcer la protection des eaux souterraines contre la pollution (CE)	X			
Pollution atmosphérique – stratégie thématique sur la pollution atmosphérique (CE)		X	X	
Décharges – politique de mise en œuvre de la directive sur la mise en décharge de l'UE (Royaume-Uni)		X		X
Changement climatique II – politique visant à lier les crédits de projet du Protocole de Kyoto au système européen d'échange de quotas d'émission(SEQE-UE) (Royaume-Uni)				X
Environnement / santé – plan d'action visant à prévenir les effets sur la santé imputables à des sources environnementales (CE)	X			X

Source : D'après Dunlop et al. (2010).

Il importe de préciser ici que, pour évaluer une mesure particulière dont la mise en œuvre est proposée, il n'est nul besoin de supposer qu'une seule et unique de ces motivations soit à l'origine du projet. À cet égard, le tableau 17.2 décrit les résultats obtenus par Dunlop et al. (2010) dans le cadre plus général des études d'impact réalisées au sein de la Commission européenne ou au Royaume-Uni (plutôt que dans celui plus spécifique de l'ACA). Le tableau tient compte des évaluations afférentes aux propositions environnementales et récapitule les motivations auxquelles répond l'utilisation des outils correspondants, que les auteurs ont pu répartir entre les quatre catégories précédemment définies, et il s'appuie pour ce faire sur les jugements formulés à la suite d'un examen détaillé des documents d'orientation appropriés, etc. Il en ressort que la réalisation de l'évaluation peut de fait correspondre à plus d'un de ces divers types d'utilisations envisageables, même dans le cas du très petit nombre de propositions environnementales examinées ici. En outre, l'utilisation instrumentale ne constitue pas nécessairement une motivation à l'origine de l'évaluation ; en effet, d'après le tableau, elle ne constitue une motivation que dans 2 des 6 cas examinés, et elle n'est jamais l'unique motivation si l'on en croit Dunlop et al.

Bien qu'ils aient plus généralement trait aux études d'impact, ces résultats pourraient éclairer les débats relatifs à la qualité de l'ACA évoqués au chapitre 16 et dans la précédente section du présent chapitre. Autrement dit, la prise en considération d'un ensemble plus large de motivations sous-tendant l'utilisation des outils analytiques tels que l'ACA offre une interprétation des insuffisances concernant le recours à l'ACA ou sa qualité généralement mises en évidence dans le petit nombre d'études qui se sont penchées sur cette question. Elle pourrait également expliquer pourquoi les responsables politiques ont dans la pratique recours à divers outils analytiques aux fins d'évaluation bien qu'ils soient eux-mêmes incomplets ou tout aussi problématiques que l'ACA (si ce n'est davantage) (voir chapitre 18).

En guise d'illustration, rappelons que, pour Posner (2001), l'utilisation politique de l'ACA pourrait être motivée par la volonté des responsables politiques d'exercer un contrôle sur l'administration. Dans ce cas, les responsables politiques s'intéressent à l'ACA pour d'autres raisons que le souhait de voir les décisions effectivement prises être en tous points conformes à ses recommandations. En effet, pour illustrer cette souplesse, Posner prend l'exemple d'un projet de loi du Sénat des États-Unis de 1999. Selon ce texte, si une ACA est entreprise, la mesure envisagée sur laquelle elle porte ne doit pas nécessairement se conformer à ses conclusions. Par ailleurs, l'utilisation politique pourrait influer sur la nature de l'ACA mise en œuvre. Les priorités d'ordre politique en matière de gestion publique pourraient par exemple avoir une incidence sur la mise en œuvre de l'ACA, qui pourrait éventuellement se contenter de mettre essentiellement l'accent sur les coûts qui devraient être supportés, ou bien sur les avantages du strict point de vue d'un secteur particulier de la société (tel que les petites et moyennes entreprises) (Radaelli, 2008).

Autrement dit, le plaidoyer en faveur du recours à l'ACA – dans les processus de formulation des politiques et dans le cadre d'utilisations non instrumentales – n'implique pas nécessairement que les responsables politiques la considèrent comme un moyen d'atteindre l'objectif social dont le critère coûts-avantages standard est l'expression même : l'efficience économique. Cet état de fait peut également contribuer à expliquer les déficits de qualité de l'ACA, tels qu'une quantification et une évaluation des impacts laissant manifestement à désirer. Face aux jugements formulés à propos des insuffisances de l'ACA, Adelle et al. (2012) posent par conséquent une question : « la qualité selon quels critères ? » Autrement dit, si les économistes évaluent (assez logiquement) l'ACA effectivement mise en œuvre en s'appuyant sur leurs propres critères, les acteurs prenant part au processus de formulation des politiques, qui doivent jongler avec une multiplicité de motivations et de priorités, pourraient avoir une vision bien différente de ce qui est « suffisant ».

Tout cela présente également une importance pratique pour la formulation de recommandations quant à la manière dont le processus d'évaluation pourrait produire de meilleurs résultats. Généralement, les propositions en la matière sont axées sur l'amélioration des lignes directrices et sur le renforcement des capacités (c'est-à-dire sur l'investissement dans l'expertise technique). En 2015, le troisième rapport du Comité du capital naturel britannique (*Natural Capital Committee* – NCC), qui préconise un meilleur traitement du capital naturel dans la politique menée par les pouvoirs publics au Royaume-Uni, formulait ainsi la recommandation suivante : « Le Gouvernement devrait revoir son évaluation économique (Livre vert), conformément à l'avis que nous avons formulé, et appliquer d'urgence les lignes directrices révisées aux nouveaux projets. » (NCC, 2015, p. 6). Quinet et al. (2013) ont également formulé (pour la France) d'importantes recommandations au sujet des lignes directrices françaises afin de relever les nouveaux défis auxquels est confrontée l'évaluation. Ces lignes directrices constituent des documents centraux et représentent donc des points de départ importants. Adelle et al. (2012) font cependant valoir que certaines considérations d'ordre supérieur peuvent en dernière analyse imposer des restrictions aux meilleures pratiques (ou plus simplement en limiter l'application de sorte qu'elles servent les mesures qu'il est effectivement prévu de mettre en œuvre). Cependant, l'assouplissement des contraintes ainsi imposées – qui pourraient sinon aboutir à une dilution de l'ACA – constituera vraisemblablement un défi de taille qui soulèvera des questions relatives au leadership politique, au contexte institutionnel et à la culture bureaucratique.

De même, la capacité et l'expertise peuvent également limiter l'acceptation et l'utilisation de l'ACA étant donné qu'il faut du temps, mais aussi consentir un effort pour en comprendre la logique sous-jacente tout comme certains détails techniques. Hertin et al. (2009) observent que, dans des pays tels que le Royaume-Uni et l'Allemagne, les acteurs prenant part de l'intérieur aux processus d'évaluation (tels que les fonctionnaires en activité) ont tendance à s'occuper moins fréquemment des questions relatives à l'action publique relevant des domaines de fond auxquels ils ont été formés ou à n'être que très peu formés à l'analyse formelle des politiques. Au Royaume-Uni, un éminent conseiller économique a ainsi souligné la distinction entre « les théoriciens qui s'efforcent de dévoiler les secrets les plus profonds de l'économie dans leurs modèles et les praticiens qui vivent dans un monde d'action où le temps est précieux, les connaissances sont limitées, rien n'est certain et les considérations non économiques sont toujours importantes et bien souvent décisives » (Cairncross, 1985).

Le raffinement de ses fondements théoriques et l'abondance des règles pourtant relativement bien définies qui doivent être respectées pour en assurer une mise en œuvre satisfaisante risquent de rendre l'ACA trop complexe pour des fonctionnaires déjà fort affairés à jongler avec les diverses motivations auxquelles répond l'action des pouvoirs publics. Ce ne pourra être que pire encore si les conseils ou l'expertise économiques apparaissent comme un « élément surajouté » aux plus hauts niveaux de décision. Les situations de ce type peuvent être jugées de deux façons, selon que l'on considère (a) qu'elles résultent d'une mauvaise compréhension de l'intérêt de l'ACA et des techniques économiques en général ou (b) que la structure du processus de décision reflète elle-même un sentiment de défiance à l'égard des techniques d'évaluation économique. Il semble plus facile de trouver une solution dans le premier cas de figure que dans le second, bien que les travaux sur la dimension politique de l'ACA (et de l'étude d'impact de manière plus générale) portent à croire que ce sont précisément ces questions plus délicates qui ont vraiment de l'importance, dans la mesure où elles limitent l'utilisation de cet instrument.

Howlett et al. (2015) mettent l'accent sur un important groupe d'acteurs extérieurs associés au processus d'évaluation qui a dû avoir un certain rôle dans l'assouplissement de cette contrainte. Ce groupe est formé d'analystes, et notamment de conseillers extérieurs, mais travaillant pour des gouvernements dans le domaine de l'analyse de leurs politiques. Dans le contexte de l'ACA appliquée au domaine de l'environnement, la tâche de ces acteurs pourrait être de procéder à une évaluation environnementale (que les estimations portent sur les valeurs monétaires primaires ou secondaires) aux stades préalables (tels que celui de l'estimation des paramètres physiques à évaluer) ou aux étapes ultérieures du processus d'ACA. Comme le font observer Howlett et al., ces travaux réalisés par un personnel extérieur qualifié pourraient même supplanter l'analyse interne. Une externalisation de la capacité et de l'expertise techniques est donc en cours et contribue à atténuer les problèmes de capacité, tout en soulevant par ailleurs des questions intéressantes sur la gouvernance de ce processus d'externalisation.

Il importe de souligner que le fait de replacer l'ACA dans le contexte de ces considérations plus larges sur le processus de formulation des politiques ne signifie pas nécessairement qu'elle ne puisse pas être à la hauteur de la mission fondamentale que lui assignent les praticiens de l'analyse coûts-avantages. Adelle et al. (2012), par exemple, se demandent s'il est possible d'apaiser les controverses politiques, et donc de les surmonter plus aisément, en transférant une question conflictuelle dans un contexte technocratique comme l'est l'ACA. Au premier abord, le recours à l'ACA pourrait être un moyen de réduire l'influence exercée par les groupes d'intérêts spéciaux au sein du processus de formulation. Cela pourrait ne pas être une si mauvaise chose si l'on suppose que ces groupes d'intérêt ne se contentent pas d'être des « médiateurs honnêtes » dans ce processus (voir par exemple Posner, 2001). Par ailleurs, l'ACA pourrait offrir aux parties intéressées extérieures au gouvernement un moyen d'exercer une surveillance sur un organisme et sur ses propositions, assurant ainsi un niveau de contrôle supplémentaire (Radaelli, 2008).

L'évaluation d'un projet d'investissement du gouvernement britannique visant à relier Londres aux Midlands et au nord de l'Angleterre par un réseau ferroviaire à grande vitesse (HS2) pourrait en être un exemple. L'ACA faisait partie du dossier officiel à constituer pour obtenir un soutien financier public, et cette ACA officielle du réseau HS2 a été soumise à un examen approfondi par les opposants au projet. Les débats ont principalement porté sur les coûts qui n'étaient pas pris en considération par l'évaluation, et en particulier sur les modifications des paysages et les pertes de biodiversité que pourrait provoquer la nouvelle infrastructure. La controverse a également tourné autour de l'estimation du gain de temps que procurerait aux voyageurs d'affaires une liaison ferroviaire plus rapide. L'intéressant, en l'occurrence, est la manière dont les arguments relatifs aux coûts et aux avantages ont contribué à orienter ce débat, mais aussi le fait que la teneur économique de la controverse n'a pas été le domaine réservé des experts techniques.

17.4. Incitations, comportement et ACA

La qualité de l'ACA pourrait être évaluée d'une autre manière, en s'interrogeant sur son degré de précision. La réponse à cette question pourrait tout d'abord impliquer un exercice mécanique de comparaison des ACA *ex ante* et *ex post* relatives à la même intervention. Une ACA *ex ante* constitue essentiellement une prévision de l'avenir : une estimation des avantages nets probables destinée à éclairer la prise de décision. L'ACA *ex post* – c'est-à-dire la réalisation d'une analyse approfondie des coûts et des avantages d'un projet à un stade ultérieur – peut donc être considérée comme une « vérification » de cette prévision. Il s'agit en d'autres termes de tirer des enseignements rétrospectifs – en vue, par exemple, de guider les applications similaires qui pourraient être entreprises à l'avenir ou d'évaluer le degré d'exactitude de l'ACA telle qu'elle est généralement mise en œuvre. L'utilisation effective de l'ACA *ex post* est moins fréquente que celle de l'évaluation économique *ex ante*. Il existe toutefois quelques exceptions importantes. Meunier (2010) a ainsi fait état voici quelques années d'une large utilisation officielle de l'ACA *ex post* pour les investissements dans les infrastructures de transport en France.

Ces évaluations peuvent fournir d'utiles indications complémentaires qui pourraient améliorer la manière dont l'ACA *ex ante* est effectuée (et dont ses résultats sont interprétés) (Meunier, 2010, Quinet et al., 2013). Flyvbjerg et al. (2003) proposent une métaétude des coûts *ex ante* et *ex post* des investissements dans les infrastructures de transport en Europe, aux États-Unis et dans d'autres pays (des années 20 jusqu'aux années 90). Les résultats sont révélateurs : l'inflation des coûts *ex post* a touché 90 % des projets qu'ils ont examinés. Leurs données montrent par ailleurs que cette inflation des coûts n'est nullement un phénomène du passé. Le Trésor britannique (HM Treasury, 2003) fournit par exemple des indications sur la manière de tenir compte de ces résultats dans l'évaluation effective par le biais de majorations officielles des coûts d'investissement (et d'allongements des calendriers de réalisation) dans le cas des projets d'infrastructures matérielles. Le biais ne va toutefois pas toujours dans le même sens, quel que soit le contexte. Un phénomène inverse peut en effet être constaté dans le cas des réglementations environnementales. À titre d'exemple, MacLeod et al. (2009) observent que, d'après des données en provenance de toute l'UE, les coûts liés à ces réglementations s'avèrent inférieurs *ex post* (comparativement aux prévisions *ex ante*), phénomène qu'ils attribuent au fait que les entreprises ayant à supporter ces coûts trouvent des moyens plus efficients de se conformer aux mesures adoptées. Dans le cas des États-Unis, Hahn et Tetlock (2008) ne trouvent pas d'éléments attestant de façon systématique d'un tel biais pour les réglementations environnementales.

Deux attitudes initiales peuvent être adoptées face à cet optimisme concernant les coûts des projets d'investissement public (ou plus généralement face à l'optimisme des évaluations). La première consiste à « faire avec ». Tel est par exemple le cas de la procédure britannique, puisque les lignes directrices officielles recommandent d'appliquer une majoration aux estimations des dépenses d'investissement et des frais d'exploitation, en particulier pour ce qui est des projets publics impliquant des investissements d'infrastructure. Une seconde solution serait de « surmonter » le problème. Il s'agirait, autrement dit, de considérer que cette sous-évaluation des coûts est la conséquence technique d'une analyse laissant à désirer, et qu'il convient donc de s'efforcer de mieux faire en dispensant une meilleure formation aux praticiens, etc. Cependant, les débats sur ce type de sujets doivent à l'évidence également prendre en considération « l'économie politique de l'ACA » et les incitations comportementales auxquelles sont confrontés les acteurs participant à ce processus. Comme l'a fait remarquer de Rus (2011) dans le contexte des projets ferroviaires, il apparaît *ex post* que les prévisions de la demande sont toujours surestimées alors que celles des coûts sont toujours sous-estimées. Faire des prévisions est assurément une tâche difficile et cela peut expliquer les erreurs techniques de ce type. Cependant, les comportements stratégiques et les incitations jouent probablement aussi un rôle.

Par exemple, Florio et Santori (2010) se penchent sur la question de l'optimisme des évaluations dans le contexte de l'analyse de l'UE sur le montant des fonds structurels et de cohésion décaissés dans le cadre de sa politique régionale[4]. Le problème qui se pose en l'occurrence tient au fait que, pour prendre sa décision d'approuver ou non le financement des projets, l'UE en est réduite à s'appuyer sur les informations (relatives aux coûts et aux avantages) qui lui sont communiquées par ceux qui, dans les régions éligibles, lui proposent de procéder à des investissements (dans les infrastructures environnementales ou de transport, par exemple). Il peut s'agir d'une autorité régionale ou nationale qui peut elle-même se fonder sur des informations fournies par des acteurs privés (comme un sous-traitant).

Un pays membre ou une région (susceptible de bénéficier des fonds de l'UE) propose un projet. Pour justifier cette demande d'aide, le pays ou la région en question doit d'abord déterminer la valeur actuelle nette (VAN) du projet sous l'angle des coûts et avantages sociaux. Si la VAN d'ordre social est supérieure à zéro, il lui est demandé d'effectuer une analyse financière des flux de trésorerie associés au projet. Si la VAN d'ordre financier est supérieure à zéro, l'UE ne (co-)financera pas le projet, puisque celui-ci est en mesure de s'autofinancer. L'UE n'envisagera de combler une partie du déficit de financement que si la VAN d'ordre financier est inférieure à zéro.

Le cabinet de conseil COWI (2011) met bien en évidence le problème des incitations en citant un représentant d'un État membre de l'UE d'après lequel, dans cette évaluation, « ... il s'agit de faire en sorte que l'analyse financière paraisse aussi mauvaise que possible afin d'accroître le besoin de financement, et que l'analyse économique paraisse aussi positive que possible pour justifier le financement public » (p. x). Le soupçon que ces incitations pourraient expliquer en grande partie ce qui paraissait auparavant une simple conséquence des carences de l'analyse est de plus en plus largement partagé.

Comment ce biais dont pourrait souffrir l'évaluation pourrait-il être une conséquence des incitations auxquelles sont soumis les acteurs participant à la formulation des politiques, mais aussi le processus d'ACA ? Un problème tient au fait que l'UE, en sa qualité de « principal » dans le processus d'évaluation, ne dispose inévitablement que d'une capacité limitée à juger de la sincérité de l'analyse des coûts et avantages sociaux et financiers figurant dans le dossier qui lui est soumis par le pays ou la région concernés en leur qualité d'« agent ». La réalisation d'une telle vérification serait coûteuse et, de toute façon, ceux chargés de la mener à bien auraient inévitablement une rationalité limitée (par le temps et les capacités dont ils disposent, compte tenu des autres priorités urgentes auxquelles ils doivent faire face). Dans la mesure où il existe une possibilité (et une volonté) de surestimer les coûts financiers et les avantages sociaux, ce contexte institutionnel pourrait réunir toutes les conditions nécessaires pour qu'il en soit ainsi.

Pour y remédier, il est nécessaire de modifier les incitations. L'instauration du « cofinancement » a amorcé une évolution en ce sens. Par exemple, une partie de la charge imposée par l'inefficacité par rapport aux coûts est supportée par les pays ou les régions qui participent désormais au financement du projet conjointement avec l'UE. Florio et Sartori (2010) proposent d'imposer une obligation de rendre compte *ex post* à titre complémentaire. Autrement dit, si un pays ou une région sait qu'il y de bonnes chances pour que son processus d'évaluation soit contrôlé *ex post* et que ce contrôle mettra très probablement en lumière les éventuelles carences, lesquelles pourraient être « sanctionnées » d'une manière ou d'une autre, les incitations à procéder dès le départ à une évaluation *ex ante* conforme aux règles de l'art s'en trouveront renforcées.

Ces conditions sont toutefois loin d'être réunies. S'il est vrai que la sanction ou le risque de réputation seront sans doute une source de préoccupation pour l'agent, il reste à démontrer que le principal sera vraiment prêt à jouer à ce point le rôle d'accusateur. Une telle attitude pourrait en effet être injuste (si le manque de précision est le fruit de facteurs inconnus indépendants de la volonté de l'agent) ou politiquement difficile. Plus généralement, le fait de savoir si des études *ex post* peuvent être entreprises de manière systématique demeure une question ouverte. Les responsables politiques pourraient être peu désireux de s'engager à procéder à de coûteuses études *ex post* pour examiner des décisions qui font littéralement partie du passé et qui pourraient se révéler politiquement embarrassantes (Hahn et Tetlock, 2008). Cela dit, ce type d'examen approfondi de l'économie politique de l'ACA constitue un moyen tout à fait bienvenu d'améliorer le processus d'ACA.

17.5. Amélioration du processus d'évaluation

Bien entendu, il est important d'expliquer les défauts de l'ACA telle qu'elle est effectivement mise en œuvre, par rapport à ce qu'elle devrait être dans l'idéal, mais cela ne les justifie pas pour autant, et le rôle de l'ACA demeure de montrer à quoi devrait ressembler une décision si cette approche est appliquée en adoptant le point de vue de l'économiste. La question est alors de savoir comment faire en sorte que l'ACA soit dans la pratique plus conforme à l'idéal. Un aspect important a en l'occurrence trait à l'infrastructure institutionnelle qui pourrait contribuer à ce processus. Cette infrastructure doit non seulement comporter des règles fondamentales auxquelles devront se conformer les applications pratiques de l'ACA – utilisation obligatoire, lignes directrices, manuels, etc. –, mais aussi disposer de capacités techniques. Toutefois, comme l'ont montré les précédentes sections, ces éléments ne seront sans doute pas suffisants.

Le renforcement d'autres aspects du processus de réalisation de l'ACA est tout aussi crucial, si ce n'est plus. Il pourrait notamment s'agir de mettre en place des institutions officielles chargées de contrôler (et d'apprécier) la qualité des évaluations. Par exemple, les analyses d'impact réalisées au sein de l'UE en sont une composante essentielle et sont elles-mêmes le reflet d'un processus en cours, puisque les lignes directrices les plus récentes renforcent le rôle potentiel de l'ACA (Commission européenne, 2009a, b). Celles-ci exigent désormais que les résumés des rapports d'analyse d'impact (AI) « fournissent une présentation claire des avantages et des coûts (y compris un chiffrage approprié) des diverses options » (p. 1). Pour les plus importantes des ACA mises en œuvre dans le cadre des AI de l'UE, ces lignes directrices sont complétées par des instructions plus détaillées concernant la quantification et l'estimation de la valeur des impacts non marchands. Une innovation intéressante a toutefois été introduite dans toute cette architecture de l'analyse économique. Il s'agit de l'instauration d'un contrôle indépendant des conclusions et de l'évaluation de l'AI par un comité d'examen de la réglementation (CER) indépendant, auparavant dénommé « comité des analyses d'impact ».

Sous sa forme initiale, le CER avait été créé en 2007 pour contribuer à l'évaluation de l'analyse des impacts des politiques (plutôt que des projets). Ce rôle est fondamental, puisque toute proposition subordonnée à la présentation d'une analyse des impacts à la Commission européenne doit obtenir une décision positive de cet organisme. Le CER peut exiger que des améliorations soient apportées aux résultats de l'analyse, mais aussi que ces résultats lui soient de nouveau soumis, à la lumière de ces révisions. Un récent exemple d'AI soumise à un contrôle nous est fourni par un document de la Commission européenne (2013a) présentant les options envisageables concernant les règles institutionnelles qui pourraient régir l'exploitation des ressources énergétiques non conventionnelles (telles que le gaz de schiste) dans les États membres (dont une éventuelle nouvelle directive si la législation en vigueur, en particulier sur la protection de l'environnement, est jugée insuffisante). L'avis formulé par le CER (Commission européenne, 2013b) s'est essentiellement intéressé à certains points importants de cette analyse, demandant que les avantages économiques soient plus clairement identifiés (dans le cadre de l'analyse des impacts sur l'activité économique et sur les recettes budgétaires) et que les coûts et les avantages des différentes options soient de manière plus générale mieux pris en considération (outre un certain nombre de questions spécifiques sur la manière dont les estimations des coûts de mise en conformité avaient été calculées dans le cas des données présentées dans l'AI initiale).

Le tableau 17.3 indique le pourcentage des analyses d'impact dont le CER a demandé qu'elles lui soient à nouveau soumises. Fait notable, le nombre de nouvelles soumissions demandées a d'abord augmenté à la suite de la mise en place de cet organisme, et il n'a semblé montrer aucune baisse apparente au cours des années qui ont suivi, bien qu'à l'évidence la série soit ici limitée compte tenu de la création récente de l'institution. Le nombre d'AI soumises a cependant été sensiblement inférieur en 2014 et 2015. Chose intéressante, les problèmes soulevés dans les évaluations récentes de ces AI (par exemple au cours de la période 2012-15) ne semblent pas avoir beaucoup évolué par rapport aux années précédentes. Banable (2013) décrit succinctement certaines des grandes questions qui ressortent du travail de contrôle entrepris par cet organisme entre 2009 et 2012. Les conclusions les plus marquantes et les plus fréquentes sur la qualité des AI font en règle générale mention de problèmes concernant l'analyse des impacts, la définition des objectifs des projets, les points de référence et les options, ainsi que l'évaluation des impacts économiques.

Tableau 17.3. **Pourcentage des évaluations ayant dû être soumises à nouveau**

	2007	2008	2009	2010	2011	2012	2013	2014	2015
% de nouvelles soumissions demandées	9 %	33 %	37 %	42 %	36 %	47 %	41 %	40 %	48 %
nombre d'AI initialement soumises	102	135	79	66	104	97	97	25	29

Source : Comité d'examen de la réglementation (2015).

Au Royaume-Uni, le comité des politiques réglementaires (*Regulatory Policy Committee* – RPC) est une institution à peu près analogue au CER. L'ensemble de ses informations et de ses rapports sont librement accessibles en ligne, ce qui assure une certaine transparence permettant aux « personnes extérieures » au processus d'examiner le travail du comité. Une caractéristique essentielle de celui-ci tient toutefois au fait que ses attributions mettent l'accent sur la rationalité économique, ainsi que sur l'impact des propositions sur les intérêts des entreprises (et sur les organismes de bienfaisance ou d'action bénévole). À l'évidence, ce n'est pas tout à fait la même chose qu'une évaluation de la rationalité sociale, peut-être effectuée sur la base de l'ACA classique. Ses recommandations reposent néanmoins sur un examen approfondi. Par exemple, dans son évaluation de l'application d'une taxe sur les sacs en plastique au Royaume-Uni (RPC, 2014), qui exigerait que les détaillants facturent les sacs en plastique (jetables) fournis à leurs clients, le RPC a remis en cause l'hypothèse formulée dans l'analyse coûts-avantages réalisée par le ministère britannique de l'Environnement, de l'Alimentation et des Affaires rurales (Defra) selon laquelle les recettes de cette taxe seraient reversées à des organismes de bienfaisance (au lieu d'aller grossir les bénéfices des entreprises) alors que les réductions des coûts seraient répercutées sur les consommateurs.

Au premier abord, les verdicts du RPC sont incisifs. En dernier ressort, cet organisme confirme ou rejette les données qui lui sont présentées, en vertu de son mandat (qui consiste à juger des coûts et des avantages sous l'angle économique, la qualité des données, etc.). L'évaluation par le RPC d'une proposition du Defra sur les compensations des atteintes à la biodiversité (RPC, 2013) va plus loin dans la critique, lui infligeant un « carton rouge » parce qu'elle ne la jugeait pas adaptée au but visé. Elle soulignait en particulier l'absence manifeste de dispositions visant à garantir et à vérifier le respect de la nouvelle réglementation envisagée, mais aussi l'alourdissement des coûts que cette proposition imposerait aux promoteurs (étant donné que la politique en question avait en partie pour but d'exiger que les promoteurs immobiliers compensent la perte d'espaces verts et de biodiversité entraînée par leurs projets de construction).

Les cas du RPC au Royaume-Uni et du CER au sein de la CE ne sont pas uniques : d'autres exemples existent également dans d'autres pays, comme la France (voir, par exemple, Quinet et al., 2013). En effet, un grand nombre de pays de l'OCDE disposent, sous une forme ou une autre, de structures institutionnelles similaires, dont certaines sont indépendantes du gouvernement (voir OCDE, 2015). Les institutions mises en place par la directive relative aux produits chimiques (c'est-à-dire REACH, voir par exemple Commission européenne, 2007) offrent par ailleurs un autre exemple du contrôle exercé au niveau de l'UE. Dans le cadre de ce régime, l'utilisation de produits chimiques (nouveaux ou existants) par l'industrie requiert une autorisation qui n'est accordée que si le demandeur peut démontrer que les avantages sociaux nets sont positifs.

La création de ces institutions pourrait être considérée comme une évolution positive. Elle permet à tout le moins de collecter régulièrement des données sur la qualité des analyses et, dans les deux cas mentionnés ci-dessus, d'en permettre l'accès à un public potentiellement large. Et si la lecture des rapports du CER donne à réfléchir sur la qualité des AI récentes, l'existence de cet organisme fournit une plate-forme et des incitations poussant à mieux faire à l'avenir. Toutes ces mesures pourraient avoir dès le départ une importante influence sur la qualité de l'ACA (par exemple s'il devient plus probable que les analyses de qualité médiocre ou insuffisamment détaillées soient rejetées).

Il importe également de poser certaines questions critiques. Bien que les membres du CER soient indépendants et occupent leur poste à plein temps, ils semblent être pour l'essentiel d'anciens fonctionnaires de haut rang issus des organes de décision économiques, sociaux et environnementaux de l'UE. Une question naturelle doit être posée, celle de savoir jusqu'à quel point ses membres devraient être représentatifs des divers acteurs participant au processus d'analyse et quelle devrait être alors la part relative des acteurs « internes » et de ceux « extérieurs ». Un autre problème tient au fait que tout organisme de ce genre est tributaire des informations qui lui sont fournies et que, comme le montre l'exemple des fonds de cohésion de l'UE, un contrôle approprié est tout à la fois coûteux et difficile à assurer (voir Florio et Sartori, 2010).

Une autre question intéressante a trait aux motivations sous-jacentes qui animent ces institutions. Autrement dit, s'agit-il de promouvoir de meilleures pratiques à des fins « instrumentales » ou dans quelque autre but, comme celui d'exercer un contrôle politique et peut-être aussi d'imposer des restrictions aux propositions ? Par conséquent, bien que cela reste une pure spéculation pour l'instant, il pourrait y avoir lieu de se demander si la baisse du nombre d'AI soumises (comme le montre le tableau 17.3) est due à un éventuel effet dissuasif de cet examen et, qui plus est, si cet effet est une conséquence prévue (délibérée) de sa conception. Dans le cas du RPC, le mandat de cet organisme laisse transparaître de manière plus évidente (du moins dans une certaine mesure) une « utilisation politique », compte tenu de son orientation dans le cadre d'un programme visant manifestement à la déréglementation. Le RPC lui-même semble en avoir conscience, tout comme de l'effet dynamique que cela pourrait avoir sur les données qu'il est amené à examiner. Un rapport sur le travail du RPC réalisé par la commission parlementaire des comptes publics en offre une illustration (PAC, 2016). Il relève une constatation du RPC selon laquelle, en 2014, les coûts et avantages sociaux étaient évalués de manière satisfaisante dans un tiers seulement des dossiers qu'il avait examinés, et le fait que cet organisme n'est pas en mesure d'exercer une influence sur cet état de fait en rejetant par exemple les évaluations laissant à désirer (compte tenu du mandat qui lui est donné de se concentrer sur les coûts (nets) imposés à l'activité économique par les réglementations). Aussi, compte tenu de ces faibles incitations, il n'est pas étonnant que ceux qui proposent l'adoption d'une certaine politique fournissent des données incomplètes ou de qualité médiocre pour ce qui est des avantages sociaux (bien qu'il s'agisse là d'une obligation et que ce point ait fait l'objet de nombreuses lignes directrices, à commencer par celles du Trésor britannique ; HM Treasury, 2003). Bien évidemment, le domaine de compétences du RPC – ou d'un autre organisme – pourrait être élargi de manière à corriger ce déséquilibre.

La plus large diffusion de l'ACA pourrait naturellement aussi dépendre du degré de commodité et d'accessibilité de cet outil dans le cadre d'une utilisation courante. Renda et al. (2013) évaluent le rôle et l'utilisation des méthodes d'AI parmi les États membres de l'UE et au-delà, et ils examinent de manière critique comment les différentes approches pourraient être couramment utilisées. Ce jugement est basé sur divers critères, dont les charges imposées par les exigences en matière de collecte de données et le fait de savoir si les applications peuvent être confiées à des généralistes ou uniquement à ceux disposant de connaissances spécialisées (utilisation de modèles économiques, etc.). La capacité à répondre en temps voulu aux besoins des pouvoirs publics est un critère important par rapport auquel pourraient être jugés les processus d'évaluation. À cet égard, l'ampleur et la profondeur croissantes des bases de données relatives à l'évaluation environnementale constituent une évolution notable. La base de données pilote EVRI (*Environmental Valuation Reference Inventory*) administrée par les autorités canadiennes (*www.evri.ca*) en est une illustration (voir chapitre 6).

Au Royaume-Uni, l'Agence pour l'environnement a recours à l'ACA pour examiner les options de mise en conformité avec la directive-cadre sur l'eau de l'UE. Ces évaluations présentent une caractéristique intéressante, à savoir qu'une grande partie des travaux approfondis d'évaluation sont réalisés par des dizaines de responsables environnementaux – peu formés au préalable aux approches économiques – chargés de gérer les bassins fluviaux à une échelle relativement locale. En l'occurrence, la connaissance des conditions écologiques locales est combinée avec les données d'évaluation collectées à un niveau plus central. Il s'ensuit que si le défi de la fourniture de données peut être surmonté, il n'y a aucune raison que le processus permettant de tirer de ces données une évaluation utile soit le domaine réservé des spécialistes de l'économie.

17.6. Conclusions

L'ACA donne un sens bien précis à la notion d'efficience économique. Une politique est efficiente si elle entraîne un gain de bien-être pour au moins une personne sans que quiconque ne subisse pour autant de perte ou, de façon beaucoup plus réaliste, si les gains de bien-être qu'elle génère pour certains sont supérieurs aux pertes subies par les autres. Le bien-être est quant à lui défini en fonction des préférences des individus : une politique est réputée l'accroître si ceux qui y gagnent la préfèrent davantage que ceux qui y perdent ne la « préfèrent pas ». Enfin, les préférences sont mesurées par le consentement à payer (ou à accepter) et cela facilite leur agrégation pour l'ensemble de la population concernée, puisque l'unité de compte est de nature monétaire. La fonction de bien-être social sous-jacente est égale à la somme des variations du bien-être des différents individus et elle prend généralement la forme suivante : $\Delta SW = \sum_{i,t} \Delta W_{i,t}$ où Δ signifie « variation de » et W désigne le bien-être, où la variation du bien-être ΔW peut être positive pour certains individus et négative pour d'autres, et où i représente le $i^{ième}$ individu et t le temps (il est par commodité fait abstraction de l'actualisation). Pour qu'une politique satisfasse au critère coûts-avantages, il faut que ΔSW soit positif.

L'économie politique donne à penser que les décisions concrètes ne sont pas adoptées sur la base de cette fonction de bien-être social. Pour simpliste qu'elle soit à ce stade, elle offre une explication immédiate du fait que l'ACA puisse être rejetée ou que son utilisation (et sa nature) puisse être peu adaptée d'un point de vue politique : cette technique ne peut tout simplement pas rendre compte des diverses pressions et des diverses motivations qui en déterminent l'utilisation par les pouvoirs publics dans leurs processus décisionnels. Le problème fondamental est que les recommandations formulées dans les manuels renvoient à un tout autre contexte que celui de la politique. L'ACA est de toute évidence une procédure normative. Elle vise à distinguer ce qui est « bien » de ce qui est « mal » lors de la prise de décision. La politique peut toutefois être considérée comme l'art du compromis, de la conciliation des divers intérêts publics et particuliers incorporés dans ce que l'on pourrait appeler la « fonction de bien-être politique ».

À la limite, si toutes les décisions devaient être arrêtées sur la base de l'ACA, les décideurs n'auraient plus aucune souplesse pour répondre aux diverses pressions qui s'exercent en faveur de l'adoption d'une politique plutôt qu'une autre. Pour résumer, l'ACA, comme d'ailleurs *n'importe quel type* de calcul normatif, compromet la souplesse dont les décideurs ont besoin pour « agir en politiques ».[5] Bien entendu, cela a pour effet d'en limiter l'utilisation ou d'en modifier le mode de mise en œuvre, comme il en a été question dans le présent chapitre. L'économie politique s'attache donc à expliquer pourquoi l'économie telle qu'elle est enseignée dans les manuels ne trouve que rarement une traduction concrète dans le processus effectif de prise de décision et dans celui, connexe, de formulation des politiques. Expliquer le fossé entre pratique et théorie ne revient toutefois pas à le justifier. S'il importe effectivement de bien mieux comprendre les pressions qui ont une incidence sur le processus réel de prise de décisions, le rôle de l'ACA n'en demeure pas moins de montrer à quoi ressemblerait une décision prise sur la base de la fonction de bien-être social qui a les faveurs des économistes.

Notes

1. Voir *www.gazette.gc.ca/rp-pr/p1/2014/2014-06-07/html/reg2-fra.html* (consulté en décembre 2017).
2. Voir *www.ccme.ca/fr/resources/air/aqms.html* (consulté en décembre 2017).
3. L'examen au chapitre 16 de la pratique actuelle des differents pays en matière de publication des ACA dans divers contextes est valable ici.
4. Les fonds structurels et de cohésion (FSC) de l'UE ont décaissé plus de 300 milliards EUR au cours de la période 2007-2013. La manière dont les parties demandant à en bénéficier devraient procéder à l'ACA est illustrée dans un document d'orientation (Commission européenne, 2008).
5. Le Parlement européen (2018) intègre la déclaration suivante dans un projet d'avis sur l'interprétation et la mise en œuvre de l'accord interinstitutionnel « Mieux légiférer » :« La commission de l'environnement, de la santé publique et de la sécurité alimentaire appelle la commission des affaires

juridiques et la commission des affaires constitutionnelles, compétentes au fond, à incorporer dans la proposition de résolution qu'elles adopteront les suggestions suivantes : (...)

Analyses d'impact

réitère son appel à l'intégration obligatoire, dans toutes les analyses d'impact, d'une analyse équilibrée des impacts économiques, sociaux, environnementaux et sanitaires à moyen et long termes ;

souligne que les analyses d'impact devraient servir uniquement de guide pour mieux légiférer et d'aide à la prise de décisions politiques, et qu'elles ne devraient en aucun cas remplacer les décisions politiques dans le cadre du processus démocratique de prise de décision, pas plus qu'elles ne devraient entraver le rôle des décideurs politiquement responsables ;

considère que les analyses d'impact ne devraient pas retarder indument les procédures législatives, ni être utilisées comme des obstacles de procédure pour retarder des textes législatifs non souhaités ;(...) ».

Références

Adelle, C., A. Jordan et J. Turnpenny (2012), « Proceeding in Parallel or Drifting Apart? A Systematic Review of Policy Appraisal Research Practices », *Environment and Planning C: Government and Policy*, vol. 30, pp. 401-415, *http://dx.doi.org/10.1068/c11104*.

Banable, S. (2013), « The European Commission Impact Assessment System », Paper presented to the Conference on Theory and Practice of Regulatory Impact Assessments in Europe, Paris, juin 2013.

Cairncross, A. (1985), « Economics in Theory and Practice », *American Economic Review*, vol. 75, n° 2, pp. 1-14, *www.jstor.org/stable/1805562*.

Cairney, P. (2016), *The Politics of Evidence-based Policy Making*, Palgrave Macmillan, Londres.

Commission européenne/DG ENV (2013a), *An Initiative on an Environment, Climate and Energy Assessment Framework to Enable Safe and Secure Unconventional Hydrocarbon Extraction*, Commission européenne, Bruxelles.

Commission européenne/Comité d'analyse d'impact (2013b), *Opinion on 'DG ENV - An Initiative on an Environment, Climate and Energy Assessment Framework to Enable Safe and Secure Unconventional Hydrocarbon Extraction*, Commission européenne, Bruxelles.

Commission européenne (2009a), *Lignes directrices concernant l'analyse d'impact, SEC(2009)92*, Commission européenne, Bruxelles, *http://ec.europa.eu/smart-regulation/impact/commission_guidelines/docs/iag_2009_fr.pdf*.

Commission européenne (2009b), *Memo: Main Changes in the 2009 Impact Assessment Guidelines Compared with 2005 Guidelines*, Commission européenne, Bruxelles, *http://abrio.mee.government.bg/upload/docs/revised_ia_guidelines_memo_en.pdf*.

Commission européenne (2007), *Reach In Brief*, Commission européenne, Bruxelles, *http://ec.europa.eu/environment/chemicals/reach/pdf/publications/2007_02_reach_in_brief.pdf*.

COWI (2011), *Report on Ex-post evaluation of Environmental Cohesion Fund Projects 2003-2008*, Commission européenne, Direction générale de la politique régionale, Bruxelles.

de Rus, G. (2011), *Introduction to Cost-Benefit Analysis, Looking for Reasonable Shortcuts*, Edward Elgar, Cheltenham.

Dunlop, C.A. et al. (2012), « The Many Uses of Regulatory Impact Assessment: A Meta-Analysis of EU and UK Cases », *Regulation and Governance*, vol. 6, n° 1, pp. 23-45, *http://dx.doi.org/10.1111/j.1748-5991.2011.01123.x*.

Florio, M. et D. Sartori (2010), « Getting incentives right, do we need ex post CBA? », *Working Paper* n° 01/2010, Centre for Industrial Studies, Milan.

Flyvbjerg, B., M.K. Skamris Holm et S.L. Buhl (2003), « How common and how large are cost overruns in transport infrastructure projects? », *Transport Reviews*, vol. 23, n° 1, pp. 71-88, *http://dx.doi.org/10.1080/01441640309904*.

Hahn, R.W. et P.M. Dudley (2007), « How well Does the U.S. Government Do Benefit-Cost Analysis? », *Review of Environmental Economics and Policy*, vol. 1, n° 2, pp. 192-211, *https://doi.org/10.1093/reep/rem012*.

Hahn, R.W. et R.C. Tetlock (2008), « Has Economic Analysis Improved Regulatory Decisions? », *Journal of Economic Perspectives*, vol. 22, n° 1, pp. 67-84, *http://dx.doi.org/10.1257/jep.22.1.67*.

Hertin, J. et al. (2009), « Rationalising the Policy Mess? Ex Ante Policy Assessment and the Utilisation of Knowledge in the Policy Process », *Environment and Planning A*, vol. 41, pp. 1185-1200, *http://dx.doi.org/10.1068/a40266*.

HM Treasury (2003), *The Green Book, Appraisal and Evaluation in Central Government*, HM Treasury, Londres, *www.gov.uk/government/uploads/system/uploads/attachment_data/file/220541/green_book_complete.pdf*.

Howlett, M. et al. (2015), « Policy Formulation, Policy Advice and Policy Appraisal: The Distribution of Analytical Tools », in Jordan, A. et J. Turnpenny (dir. pub.), *The Tools of Policy Formulation: Actors, Capacities, Venues and Effects*, Edward Elgar, Cheltenham.

IEG (Groupe d'évaluation indépendant), (2011), *Cost-Benefit Analysis in World Bank Projects*, Banque mondiale, Washington, DC, *https://ieg.worldbankgroup.org/Data/Evaluation/files/cba_full_report1.pdf*.

Macleod, M. et al. (2009), *Understanding the Costs of Environmental Regulation in Europe*, Edward Elgar, Cheltenham.

Meunier, D. (2010), « Ex post evaluation of transport infrastructure projects in France: Old and new concerns about assessment quality », Laboratoire Ville Mobilité Transports, Université Paris-Est, *http://s3.amazonaws.com/zanran_storage/www.civil.ist.utl.pt/ContentPages/694954807.pdf*.

NCC (Natural Capital Committee) (2015), *State of Natural Capital*, Natural Capital Committee, Londres.

OCDE (2015), *Perspectives de l'OCDE sur la politique de la réglementation 2015*, Éditions OCDE, Paris, *http://dx.doi.org/10.1787/9789264245235-fr*.

PAC (House of Commons Committee of Public Accounts) (2016), *Better Regulation: Eighteenth Report of Session 2016-17*, House of Commons, Londres, *www.publications.parliament.uk/pa/cm201617/cmselect/cmpubacc/487/487.pdf*.

Parlement européen (2018), *Projet d'avis de la commission de l'environnement, de la santé publique et de la sécurité alimentaire à l'intention de la commission des affaires juridiques et de la commission des affaires constitutionnelles sur l'interprétation et la mise en œuvre de l'accord interinstitutionnel « Mieux légiférer »*, Parlement européen, Bruxelles. *www.europarl.europa.eu/sides/getDoc.do?type=COMPARL&reference=PE-615.308&format=PDF&language=FR&secondRef=01*.

Posner, E.A. (2001), « Controlling Agencies with Cost-Benefit Analysis: A Positive Political Theory Perspective, *The University of Chicago Law Review*, vol. 68, n° 4, pp. 1137-1199.

Quinet, É. et al. (2013), *L'évaluation socioéconomique des investissements publics*, Rapport de la mission présidée par Émile Quinet, Commissariat Général à la Stratégie et à la Prospective, *www.strategie.gouv.fr/sites/strategie.gouv.fr/files/atoms/files/cgsp_evaluation_socioeconomique_29072014.pdf*.

Radaelli, C.M. (2009), « Rationality, Power, Management and Symbols: Four Images of Regulatory Impact Assessment », *Scandinavian Political Studies*, vol. 33, n° 2, pp. 164-188, *http://dx.doi.org/10.1111/j.1467-9477.2009.00245.x*.

RPC (Regulatory Policy Committee) (2014), « Impact Assessment Opinion: Plastic Carrier Bags Charge », Regulatory Policy Committee, Londres, *www.gov.uk/government/uploads/system/uploads/attachment_data/file/499221/2014-9-4-RPC14-DEFRA-2124_2_-Plastic_Carrier_Bags_Charge.pdf*, (consulté le 10/03/2017.)

RPC (2013), « Impact Assessment Opinion: Biodiversity Offsetting », Regulatory Policy Committee, Londres, *www.gov.uk/government/uploads/system/uploads/attachment_data/file/260635/2013-10-03-RPC13-DEFRA-1840-Biodiversity-Offsetting.pdf*, (consulté le 10/03/2017.).

Stern, N. (2007), *The Stern Review on the Economics of Climate Change*, Cambridge University Press, Cambridge, *www.cambridge.org/catalogue/catalogue.asp?isbn=9780521700801*.

TEEB (2010), *The Economics of Ecosystems and Biodiversity, Mainstreaming the Economics of Nature. A Synthesis of the Approach, Conclusions and Recommendations of TEEB*, Routledge, Oxford.

Turnpenny, J. et al. (2015), « The Use of Policy Formulation Tools in the Venue of Policy Appraisal: Patterns and Underlying Motivations », in Jordan, A. et J. Turnpenny (dir. pub.) *The Tools of Policy Formulation: Actors, Capacities, Venues and Effects*, Edward Elgar, Cheltenham.

UK National Ecosystem Assessment (2011), *The UK National Ecosystem Assessment: Synthesis of the Key Findings*, PNUE-WCMC, Cambridge.

PARTIE IV

Chapitre 18

L'ACA et les autres approches de la prise de décisions

Il existe un large éventail de procédures d'aide à la décision. Ce chapitre montre qu'elles se distinguent par leur degré d'exhaustivité, c'est-à-dire par le degré auquel elles tiennent compte de tous les coûts et avantages. En règle générale, seule l'analyse multicritères (AMC) présente un degré d'exhaustivité aussi élevé que celui de l'ACA, et il pourrait même lui être supérieur si l'on considère les autres objectifs que l'efficience et l'incidence sur la répartition. Toutes les autres procédures limitent délibérément leur centre d'intérêt aux seuls avantages sanitaires ou environnementaux, par exemple, ou font abstraction des coûts. Les procédures varient également du point de vue du traitement réservé à la dimension temporelle. L'étude d'impact sur l'environnement et l'analyse du cycle de vie apportent à l'ACA des informations essentielles qui y seront intégrées et lui serviront de point de départ, bien que ces impacts puissent ne pas bénéficier du même type de traitement « en termes physiques » dans une analyse coûts-avantages. L'évaluation des risques, dont l'analyse santé-santé et l'analyse risque-risque sont également des variantes, a tendance à être exclusivement axée sur la santé humaine. Il en ressort essentiellement que toutes ces procédures ne sont pas interchangeables.

18.1. Introduction

Le présent ouvrage porte sur les développements récents de l'analyse coûts-avantages (ACA) appliquée au domaine de l'environnement. Les chapitres 16 et 17 ont établi que l'une des évolutions survenues tient à un large recours à l'ACA pour aider à la formulation concrète des orientations de l'action publique et au processus effectif de prise de décision, qu'il s'agisse de faire un choix entre diverses politiques ou entre différentes options d'investissement dans le cas des projets. Comme l'a mis en évidence le chapitre 17, pour bien comprendre l'utilisation qui en est faite, il est indispensable d'avoir une vision réaliste du processus d'élaboration des politiques, ainsi que de l'économie politique de l'ACA. La mise en œuvre effective de l'ACA présente une particularité : cet instrument n'est que rarement, voire jamais, le seul élément sur lequel s'appuie la prise de décision. Ce ne sera là une surprise pour personne, et beaucoup – dont la plupart des économistes – considéreront d'ailleurs que c'est une situation pleinement satisfaisante. En revanche, les avis des différents acteurs de ce processus analytique pourraient raisonnablement diverger sur un point : le poids à attribuer aux résultats de l'ACA dans les recommandations par rapport à ceux des autres outils qui entrent en ligne de compte dans le processus d'élaboration des politiques et des projets.

Plusieurs raisons plaident en faveur de la prise en compte d'une série d'outils plutôt que d'un seul, dont les suivantes :

- Le souhait de disposer de procédures qui prennent en considération les différents types d'éléments d'appréciation utiles pour la prise de décision. Cela peut refléter la prise de conscience du fait qu'aucun outil de formulation des politiques employé seul n'est à la hauteur de la tâche et que le recours à une série d'outils peut permettre de gommer les défauts supposés de chacun d'eux. Par exemple, certains outils peuvent être davantage adaptés à l'analyse des détails des solutions possibles, alors que d'autres conviennent mieux pour réfléchir aux choix stratégiques pour l'avenir qui peuvent conditionner ces détails.
- La nécessité de combler le déficit d'informations et d'éléments d'appréciation qui subsiste en cas d'application incomplète d'une procédure particulière comme l'ACA. Par exemple, Dudley et al. (2017) dressent une liste de points à vérifier pour déterminer si la prise en compte des coûts et des avantages dans l'élaboration des politiques[1] est conforme aux lignes directrices généralement admises concernant les bonnes pratiques. Un ou plusieurs de ces points peuvent ne pas être respectés dans la pratique, que ce soit par accident (difficulté à évaluer certains impacts, par exemple) ou délibérément (par exemple, culture politique qui apprécie différemment l'intérêt d'évaluer certains impacts ou les besoins en informations que suppose la décision considérée). Dans une partie de ces cas au moins, d'autres procédures peuvent également jouer un rôle important[2].
- Le souhait (connexe) de faire en sorte que les outils employés dans l'élaboration des politiques rendent compte de la pluralité des conceptions (voire des « systèmes de croyances ») au sujet du monde dans lequel les pouvoirs publics prennent leurs

décisions. Ainsi, si un outil particulier repose sur des fondements théoriques difficilement acceptables aux yeux de certains, d'autres outils peuvent permettre aux points de vue différents de s'exprimer. Bien évidemment, la prise en compte simultanée de tous les points de vue dans le processus d'élaboration des politiques est une gageure, mais recourir à un éventail d'outils au lieu de s'en remettre à une seule approche pour recueillir les données utiles permet de rendre compte de la complexité de la réalité.

- Le souhait de disposer de procédures qui puissent être largement comprises et n'imposent pas d'avoir recours à des experts, et qui soient peut-être plus participatives ou délibératives. Vu que les décideurs sont tenus de rendre compte de leur action et que les décisions doivent souvent recueillir une large adhésion, cette délibération remplit une fonction importante.
- Le souhait (pragmatique) de disposer de procédures d'aide à la décision qui n'exigent pas autant d'informations. Il pourrait être lui-même la conséquence du souhait de disposer de procédures « rapides », car les décisions politiques ne peuvent pas toujours attendre les résultats d'une procédure qui nécessite beaucoup d'informations.

En plus de l'ACA, diverses techniques d'évaluation ont fait leur apparition dans le domaine de l'environnement au fil des ans. On peut citer les techniques suivantes (liste non exhaustive) :

- Analyse coût-efficacité (ACE)
- Évaluation des risques
  - Évaluation comparative des risques
  - Analyse risque-avantage
  - Analyse risque-risque
  - Analyse santé-santé
- Évaluation environnementale
  - Étude d'impact sur l'environnement
  - Évaluation stratégique environnementale
  - Analyse du cycle de vie
- Analyse multicritères
- Approches participatives
- Analyse de scénarios

Le présent chapitre examine tour à tour chacune de ces procédures. Faute de place, il ne pourra en présenter une évaluation détaillée (voir pour cela l'étude révisée de Jordan et Turpenny, 2015). En revanche, vu le centre d'intérêt du présent ouvrage, il a plus modestement pour objectif de déterminer la place de l'ACA dans cet éventail de procédures. Il importe de comprendre que le degré d'exhaustivité de ces procédures est très variable et que l'on ne peut présumer qu'elles sont toutes mutuellement substituables. De fait, comme on l'a déjà vu, il ne faut pas céder à la tentation de considérer qu'il s'agit d'approches interchangeables. Ainsi, certaines peuvent permettre de produire des informations qui sont essentielles à d'autres outils et procédures figurant dans la liste. Certaines procédures peuvent faire intervenir une panoplie d'approches (par exemple, utilisation de procédures participatives pour donner forme aux « scénarios » ou aux évaluations « coûts-avantages »). Les différentes procédures peuvent entrer en jeu à différents stades du cycle d'élaboration des politiques. En outre, comme indiqué précédemment, l'argument général (et raisonnable) souvent avancé, selon lequel chaque outil d'aide à la formulation des politiques n'est qu'un élément parmi d'autres à prendre en compte pour formuler des recommandations au sujet des décisions, a sans doute pour implication concrète que ces procédures doivent d'ordinaire être considérées en même temps.

18.2. Présentation (de certaines) des autres procédures

18.2.1. *L'analyse coût-efficacité*

Le moyen le plus simple de réfléchir à l'analyse coût-efficacité (ACE) est de postuler qu'il n'existe qu'un seul indicateur d'efficacité, E, et qu'il doit être comparé à un coût, C. Supposons à présent qu'il s'agisse d'évaluer un projet ou une politique unique. L'ACE exige dès lors que E soit comparé à C. La procédure habituellement utilisée consiste à calculer un ratio coût-efficacité (RCE) :

$$RCE = \frac{E}{C} \qquad [18.1]$$

Il convient de remarquer que E est exprimé dans une unité environnementale alors que C l'est dans une unité monétaire. Le fait qu'ils soient exprimés en unités différentes a une incidence considérable qui est hélas largement négligée dans les travaux sur l'ACE. Si l'on examine un instant l'équation [18.1], il apparaît qu'un tel ratio a réellement un sens – puisqu'il pourrait par exemple correspondre à des dollars par hectare de terres sauvegardées. Mais il ne nous indique absolument pas si la politique de sauvegarde en question vaut la peine d'être mise en œuvre. En d'autres termes, l'ACE n'est d'aucun secours pour déterminer s'il convient ou non d'adopter quelque mesure de sauvegarde que ce soit. Il devrait être immédiatement évident qu'il ne peut être répondu à cette question à moins que E et C soient exprimés dans une même unité.

L'ACE peut uniquement donner des indications permettant de choisir entre plusieurs politiques (ou projets) lorsque l'on se trouve dans l'obligation d'opter pour l'une quelconque d'entre elles. Par extension, l'ACE offre la possibilité de classer n'importe quel ensemble de politiques toutes susceptibles d'être mises en œuvre, sous réserve toutefois qu'il faille nécessairement adopter au moins l'une d'entre elles. Pour ce qui est des limites de l'ACE, l'équation [18.1] devrait suffire pour montrer que toute une série de politiques classées en fonction de leur ratio coût-efficacité pourraient être adoptées sans que l'on ait l'assurance qu'aucune d'elles ne vaille réellement la peine d'être mise en œuvre. On ne peut en effet en juger que si l'on peut comparer les coûts et les avantages de sorte que l'on puisse dire que les premiers sont supérieurs (ou inférieurs) aux seconds. Il est de même indispensable que les coûts et les avantages soient exprimés en une même unité de compte, qui pourrait en théorie être de n'importe quelle nature. Dans l'ACA, il s'agit d'une unité de compte monétaire.

Si l'on suppose qu'il existe i = 1...n politiques potentielles et que nous désignons respectivement par C_i et par E_i les coûts et l'efficacité de chacune d'elles, l'ACE exige que nous classions ces politiques à l'aide de la formule suivante :

$$RCE_i = \frac{E_i}{C_i} \qquad [18.2]$$

Ce classement peut être utilisé pour choisir autant de projets que le permet le budget disponible $\bar{C}$, ou, en d'autres termes :

$$\textit{Classement selon} \quad RCE_i \quad \text{s.t} \quad \sum_i C_i = \bar{C} \qquad [18.3]$$

Le choix de la façon de mesurer l'efficacité est un autre problème que pose l'ACE. Dans l'ACA, les avantages sont en principe mesurés par les préférences des individus telles qu'elles sont révélées par leur consentement à payer pour en bénéficier. Le jugement de valeur qui sous-tend l'ACA affirme la « souveraineté du consommateur » ou celle des « citoyens ». Cela revient à dire que les individus sont les meilleurs juges de leur bien-être. Le même jugement de valeur pourrait en théorie être porté dans l'ACE. L'efficacité pourrait en d'autres termes être mesurée au moyen d'une enquête sur les attitudes d'un échantillon aléatoire d'individus. Dans la pratique, l'ACE a tendance à utiliser des indicateurs d'efficacité choisis par les experts. Les raisons en sont les suivantes : (a) les experts sont mieux informés que les simples particuliers, notamment lorsqu'il s'agit de questions telles que la conservation des habitats, la protection des paysages, etc., et (b) il est plus rapide et moins onéreux d'obtenir ces indicateurs auprès d'experts que de chercher à déterminer les attitudes des individus.

18.2.2. Évaluation des risques

Comme on le verra plus loin, cette approche comporte un certain nombre de variantes. Toutes ont pour point commun de placer au premier plan de l'évaluation le degré de risque des mesures publiques ou nouveaux projets (par rapport à celui de l'inaction). Et si les praticiens de l'ACA pourraient faire valoir que celle-ci est capable de rendre compte de bien des manières des risques et incertitudes dans les recommandations formulées au sujet des politiques ou projets d'investissement envisageables, les approches fondées sur les risques ont pour avantage d'aborder ces aspects de façon plus directe et transparente. C'est pourquoi leur application aux côtés d'outils plus généraux d'aide à la formulation des politiques comme l'ACA mérite d'être envisagée.

Les évaluations des risques (ER) représentent une catégorie générale. Elles consistent à évaluer les risques pour la santé ou pour l'environnement (ou les deux) liés à un produit, un procédé, une politique ou un projet. Elles peuvent être exprimées sous différentes formes :

- la probabilité qu'un certain effet sur la santé ou sur un écosystème se produise, par exemple une probabilité de décès de 1 pour 100 000 dans un certain délai du fait d'une exposition continue à quelque substance chimique ;
- le nombre de cas enregistrés dans une population précisément définie, par exemple 10 000 décès prématurés par an au sein d'une population donnée ;
- l'incidence par unité d'exposition, soit par exemple une augmentation de X % de la mortalité prématurée par unité de pollution atmosphérique ;
- un niveau d'exposition « n'entraînant aucun effet » ; ainsi, en dessous d'un microgramme par mètre cube, il pourrait n'y avoir aucun effet sur la santé.

Les évaluations des risques pourraient ne pas être très aisées à traduire en règles de décision. Un des moyens d'y parvenir consisterait toutefois à comparer le niveau de risque réel ou estimé à un niveau « acceptable » lui-même défini d'après l'avis formulé par des experts ou au moyen d'une enquête publique. Ce seuil est fréquemment établi en examinant quels sont les risques « de tous les jours » qui ne peuvent être évités et en déterminant si la population s'en accommode ou non. Dans l'affirmative, ce niveau de risque pourrait être jugé acceptable. D'autres procédures qui tendent à être plus couramment utilisées peuvent définir le niveau de risque acceptable comme celui où le risque est nul, voire comme un niveau d'absence de risque assorti d'une considérable marge d'erreur. Les procédures qui s'attachent à établir quels sont les niveaux caractérisés par une « absence d'effets », par exemple pour les substances chimiques, définissent l'origine de ce que les économistes appelleraient une « fonction de dommages », mais ne peuvent éclairer la prise de décision, à moins qu'il s'agisse d'assurer un tel niveau de risque. Autrement dit, les points correspondant à une « absence d'effets » ne fournissent aucune information sur la « fonction de dommages ».

L'évaluation comparative des risques (ECR) implique une analyse des risques, mais ce, contrairement à l'ER, pour plusieurs politiques ou projets différents. Il s'agit dès lors de savoir quelle option retenir et la réponse de l'ECR à cette question est qu'il faut choisir celle qui comporte le moins de risques. Des efforts sont déployés pour « normaliser » l'analyse afin de pouvoir comparer des choses comparables. On pourrait ainsi vouloir choisir entre la production d'électricité à partir d'énergie nucléaire ou à partir de charbon. Une solution consisterait à normaliser les risques et à les exprimer par kilowattheure d'électricité produite, par exemple le nombre probable de décès par kWh. L'option associée au « taux de décès » le plus faible serait alors choisie. Cependant, dans cet exemple, le processus de normalisation ne s'étend pas aux coûts, si bien que l'ECR pourrait vouloir tenir également compte d'une autre dimension, à savoir des coûts monétaires imposés par la production d'un kWh. Une fois cette opération effectuée, l'attention tend à se déplacer vers l'analyse des coûts et des avantages – voir ci-dessus. Une question importante dans ce contexte concerne la nature des risques. « Un décès » paraît certes constituer une unité de compte homogène, mais dès lors que les individus ne sont pas indifférents à la manière dont ce décès se produit ou à la question de savoir si l'exposition au risque est volontaire ou non, la normalisation n'en rend pas convenablement compte. Bien évidemment, cela suppose que le contexte (en l'espèce du risque de mortalité) est important ; or le chapitre 15 montre que les éléments d'appréciation disponibles sur ce point ne sont pas tranchés, même si l'on ne peut écarter entièrement l'existence de risques provoquant un « effet d'effroi ».

L'analyse risque-avantage (ARA), pour sa part, tend à prendre deux formes dont chacune peut être ramenée à un critère de décision d'un autre type. L'ARA ne constitue donc pas une procédure distincte. Dans le premier cas, elle tient compte des avantages, des coûts et des risques, ceux-ci étant assimilés à des coûts et évalués sous forme monétaire. La condition suivante doit donc être respectée pour qu'un projet ou une politique soit approuvé :

[Avantages – Coûts – Risques] > 0

Cette formule ne diffère guère du critère qui serait appliqué dans le cadre d'une ACA.

Dans le second cas, le critère de décision de l'ARA se réduit à celui utilisé dans l'ECR. Les avantages pourraient ainsi être normalisés pour être exprimés en « passagers-kilomètres », par exemple, l'élément de risque pouvant correspondre au taux de décès. Le « taux de décès par passager-kilomètre » pourrait alors être la variable qu'il s'agit de minimiser. Comme dans l'ECR, les coûts peuvent être ou non pris en considération. S'ils le sont, l'ARA tend à se confondre avec une ACA ou avec une analyse coût-efficacité.

Deux autres déclinaisons des approches centrées sur les risques examinent plus particulièrement les risques pour la santé. Ainsi, l'analyse risque-risque (ARR) pose la question de savoir comment ceux-ci évolueraient en présence et en l'absence d'une politique donnée. L'ACA aussi a souvent recours à l'approche qui consiste à comparer ce qui se passerait si la politique considérée était mise en œuvre à ce qui adviendrait si tel n'était pas le cas. Ce qui est nouveau, c'est plutôt qu'il est tenu compte du fait que la non-adoption d'une politique peut en soi imposer des coûts en termes de mortalité et de morbidité. Une politique d'interdiction de la saccharine ou de réduction de sa consommation pourrait ainsi être justifiée dans la mesure où elle diminuerait les risques pour la santé liés à cette consommation. Toutefois, la mise en œuvre d'une telle politique risquerait de pousser les consommateurs à se tourner vers le sucre pour remplacer la saccharine désormais interdite, accroissant par là même la morbidité. L'intérêt de l'ARR tient au fait qu'elle contraint les décideurs à examiner les réponses comportementales aux réglementations. Cependant, là encore, toutes les autres composantes dont il serait tenu compte dans une équation coûts-avantages sont ignorées, si bien que cette procédure ne peut être qualifiée de globale.

L'analyse santé-santé (ASS) est similaire à l'ARR, à ceci près qu'elle ne compare pas les risques découlant de la réaction comportementale suscitée par une politique à ce qu'ils seraient en son absence, mais compare la variation des risques entraînée par une politique aux risques liés aux *dépenses* nécessaires à sa mise en œuvre. Elle met à ce titre subtilement l'accent sur un aspect des politiques qui est aisément négligé. Les politiques ont en effet un coût et il faut bien trouver l'argent quelque part, aussi est-ce en fin de compte le contribuable qui aura à le supporter. Dès lors, si une fraction des impôts acquittés par les contribuables est affectée au financement de politiques destinées à sauver des vies, il s'ensuit une diminution de leurs revenus. Une partie de ce manque à gagner aurait autrement été dépensée dans des actions visant à sauver des vies ou à améliorer la santé des individus. L'impôt a donc pour conséquence d'accroître les risques pour la vie. L'ASS compare le nombre anticipé de décès évités grâce à la mise en œuvre d'une politique au nombre de décès qui seraient imputables au coût de cette dernière. En principe, les politiques qui coûtent davantage de vies qu'elles n'en sauvent ne sont pas souhaitables. L'ASS s'attache donc à estimer les coûts d'une politique visant à sauver des vies et le nombre de vies qu'elle permettrait d'épargner. Elle répartit ensuite ces coûts entre les ménages. Les risques pour la vie sont mis en relation avec les revenus des ménages au travers d'une analyse de régression afin de pouvoir estimer le nombre de vies perdues du fait des baisses de revenu. Une fois encore, il ne s'agit pas là d'une procédure globale : les politiques pourraient ne pas respecter le critère d'une ASS, mais satisfaire à celui d'une ACA, et vice versa.

18.2.3. *Évaluation environnementale*

De même qu'il existe différents types d'évaluations des risques, il existe différentes approches axées sur l'impact environnemental des politiques et des projets, que l'on classe dans la catégorie générale des « évaluations environnementales ». Comme on le verra, l'une de ces approches a pour fonction de quantifier les incidences environnementales en termes physiques (ou, lorsque ce n'est pas possible, de les analyser le cas échéant sous l'angle qualitatif). Elle permet donc de produire des informations de base essentielles sans lesquelles il serait tout simplement impossible de faire appel aux outils appliqués en aval, dont l'ACA. Aspect tout aussi important, cette évaluation axée sur l'environnement peut livrer de précieuses données sur le caractère critique des modifications de l'environnement provoquées par une politique ou un projet, et fournir ainsi des informations cruciales dans l'optique des problématiques de durabilité évoquées dans le chapitre 12. Enfin, d'autres outils d'évaluation environnementale peuvent permettre de déterminer la contribution des politiques et projets aux pressions cumulées exercées sur le milieu physique ou le cycle de vie des impacts environnementaux (de sorte que la quantification d'une série d'impacts indirects devient indiquée).

Ces outils environnementaux doivent être envisagés en premier lieu comme des procédures systématiques de collecte d'informations sur les impacts environnementaux d'un projet ou d'une politique et de mesure de ces impacts. C'est ce que l'on appelle généralement l'étude d'impact sur l'environnement (EIE). À l'évidence, l'EIE n'est pas une procédure d'évaluation globale, dans la mesure où elle ignore les effets et les coûts autres qu'environnementaux des politiques et projets. Un autre aspect moins évident, mais important, est de savoir si les impacts sur l'environnement sont consignés d'une façon qui rend compte de leurs variations dans le temps. En tout état de cause, l'EIE est un élément essentiel de toute procédure d'évaluation. Si l'on prend pour référence l'ACA, l'EIE constitue pour cette dernière une source fondamentale d'informations.

L'ACA tient compte des autres types d'incidence des projets et des politiques et elle va en outre plus loin que l'EIE dans la mesure où elle tente d'attacher une valeur monétaire aux impacts environnementaux. La plupart des EIE s'efforcent toutefois d'évaluer l'importance de ces derniers. Certaines d'entre elles peuvent aller encore plus loin et attribuer à chacun d'eux une note (selon leur ampleur) et un coefficient de pondération (en fonction de l'importance qui leur est accordée). Les coefficients de pondération pourraient être déterminés au moyen d'enquêtes publiques, mais ils sont le plus souvent établis par l'analyste lui-même. Contrairement à l'ACA, l'EIE n'est associée à aucune règle de décision formelle (telle que celle qui exige que les avantages soient supérieurs aux coûts), mais la plupart des analystes feront valoir qu'elle vise à trouver d'autres moyens de réduire au minimum les effets sur l'environnement, sans modifier pour autant sensiblement les avantages du projet ou de la politique en question.

Pour résumer :

- l'EIE est un élément essentiel de toute procédure de prise de décision ;
- les impacts peuvent être assortis d'une note et d'un coefficient de pondération, ou encore être intégrés dans une ACA à laquelle ils serviront de point de départ ;
- l'EIE vise de façon générale à trouver les moyens de réduire au minimum les effets sur l'environnement sans pour autant modifier (sensiblement) les coûts et les avantages du projet ou de la politique en question.

L'évaluation stratégique environnementale (ESE) est similaire à l'EIE, mais tend à opérer à un niveau de décision « plus élevé ». Elle ne s'applique pas à des projets ou des politiques envisagés isolément, mais à des programmes d'investissement ou des politiques dans leur ensemble. Elle a pour objectif de chercher des synergies entre les politiques et les projets pris individuellement et d'évaluer de façon plus globale les solutions de rechange. Une ESE est mieux adaptée qu'une EIE lorsqu'il s'agit de répondre à des questions comme celle de savoir s'il est même réellement indispensable de mettre en œuvre la politique ou le projet considéré et, si oui, quelles sont les différentes options envisageables. C'est pourquoi l'ESE est réputée plus proactive que l'EIE, qui tend plutôt à être de nature réactive. Cette proactivité signifie en l'occurrence que l'on cherchera probablement à concevoir du mieux possible les programmes (du point de vue environnemental) au lieu d'accepter de retenir une option donnée quitte à devoir en réduire ensuite au minimum les impacts environnementaux. Là encore, bien qu'elle couvre de plus larges sujets de préoccupation, l'ESE ne constitue pas pour autant une procédure globale d'aide à la décision. Les problèmes de délais, les coûts de quelque nature qu'ils soient, ou encore les coûts et avantages non environnementaux, n'y occupent pas forcément une place de premier plan. L'ESE s'efforce toutefois jusqu'à un certain point d'examiner quelques-unes des questions qui seraient abordées dans une ACA – en appliquant par exemple le principe fondamental consistant à comparer ce qui se produirait si la politique considérée était mise en œuvre à ce qui adviendrait si tel n'était pas le cas, mais aussi en envisageant des solutions de rechange. Un point essentiel que l'ESE peut prendre en compte est le degré auquel une politique ou un projet marginal en apparence exerce un impact cumulé sur le milieu physique en général ou sur un actif naturel en particulier.

L'analyse du cycle de vie (ACV) apporte un autre éclairage en ce qu'elle ne prend pas uniquement en considération les impacts *directs* d'un projet ou d'une politique, mais bien l'ensemble du « cycle de vie » de ces impacts. Supposons que le problème consiste à décider quel est le « meilleur » type d'emballage pour un produit, par exemple un jus de fruits. Les décideurs pourraient ainsi avoir à choisir entre cartons, bouteilles et boîtes. L'ACV examinerait dès lors quels sont les impacts environnementaux de chacune des options en tenant compte non seulement des matériaux nécessaires en amont à la fabrication de l'emballage (bois et plastique, verre, métaux...), mais aussi de leur mode d'élimination en aval, après que les consommateurs ont consommé le jus de fruits. Elle prendrait également en considération les impacts environnementaux de l'extraction des matières premières et ceux liés à l'enfouissement des déchets, à leur incinération, etc.

Les ACV commencent par dresser un inventaire des impacts, lesquels font ensuite l'objet d'une évaluation afin d'en déterminer l'ampleur et d'établir quel est le coefficient de pondération qui doit leur être attaché. Si l'on en juge par rapport à l'ACA, l'ACV représente fondamentalement le pendant physique des études d'impact sur l'environnement sur lesquelles s'appuie l'analyse coûts-avantages. L'ACV n'offre par elle-même aucune règle de décision évidente pour approuver ou écarter les politiques et les projets. Certains y voient un outil global d'aide à la décision, mais l'ACV ne tient (généralement) pas compte des coûts et des avantages non environnementaux. Toutefois, lorsqu'il s'agit de faire un choix entre plusieurs options (nous pouvons ainsi opter pour les boîtes, les bouteilles ou les cartons, mais nous ne pouvons décider de nous passer des trois), si toutes choses sont égales par ailleurs, l'ACV opère de la même manière qu'une analyse coût-efficacité (voir ci-dessus).

18.2.4. Approches multicritères

Les approches multicritères abordent de multiples dimensions des politiques et projets d'investissement, et présentent l'avantage de les examiner à l'intérieur d'un dispositif analytique unique. Ainsi, s'il s'agit d'envisager dans un seul et même cadre des indicateurs correspondant à différents paramètres à prendre en compte dans la décision – « efficience », « efficacité », « équité », « simplicité administrative et gouvernance » –, les approches multicritères offrent un instrument utile pour le faire de façon cohérente. Elles vont donc plus loin que l'ACA, qui ne peut prendre en considération ces paramètres que dans la mesure où il existe des évaluations monétaires robustes pour en rendre compte. Mais comme dans le cas de l'ACA, cette globalité peut avoir pour contrepartie une difficulté à démêler les multiples impacts, et des débats importants sur les « éléments » des décisions possibles risquent d'être noyés dans l'analyse du devenir de « l'ensemble ».

L'une de ces approches – l'analyse multicritères (AMC) – est à bien des égards semblable à l'ACE, mais elle a recours à de multiples indicateurs de l'efficacité. L'ACE aussi fait en principe appel à de multiples indicateurs, mais elle ressemble de plus en plus à des modèles simples d'AMC, étant donné que les divers indicateurs d'efficacité, mesurés dans différentes unités, doivent être normalisés moyennant leur conversion en notes puis agrégés par le biais d'un système de pondération. Comme dans l'ACE, le coût de la politique ou du programme est toujours (ou devrait toujours être) un des indicateurs retenus dans une AMC. Les étapes d'une AMC sont les suivantes :

- Les buts ou objectifs de la politique ou de l'investissement sont tout d'abord définis.

- Ces objectifs ne sont pas préétablis, pas plus qu'ils ne sont uniques (comme c'est le cas dans l'ACA, pour laquelle l'augmentation de l'efficience économique constitue le principal objectif), et ils sont choisis par les « décideurs ».
- Les décideurs sont généralement des fonctionnaires dont les choix sont censés refléter des préoccupations d'ordre politique.
- L'AMC a donc tendance à s'appuyer sur les préférences des experts. Les préférences du public peuvent aussi bien être que ne pas être prises en considération.
- Les « critères » ou « caractéristiques » qui aideront à atteindre les objectifs sont ensuite choisis. Les objectifs et les critères ont parfois tendance à être confondus, et il peut alors être difficile de les distinguer. Les critères correspondent toutefois en règle générale aux caractéristiques d'un bien qui permettent d'atteindre l'objectif visé.
- Ces critères peuvent être ou non mesurés en termes monétaires, mais l'AMC se distingue de l'ACA par le fait que les critères n'y sont pas tous exprimés sous forme monétaire.
- Une note et un coefficient de pondération sont ensuite attachés à chaque option (c'est-à-dire aux différents moyens d'atteindre l'objectif). Pour reprendre l'exemple ci-dessus, une politique pourrait se voir attribuer la note de 6 sur 10 pour un certain effet, celle de 2 sur 10 pour un autre et celle de 7 sur 10 pour un troisième. Les experts peuvent à leur tour juger que le premier effet est deux fois plus important que le second, mais deux fois moins que le troisième. Les coefficients de pondération seraient alors respectivement de 2, 1 et 4.
- Dans la variante la plus simple de l'AMC, le résultat final revêt la forme d'une moyenne pondérée des notes pour chacun des critères, l'option dont la note pondérée est la plus élevée étant la « meilleure ». Des techniques plus sophistiquées pourraient être utilisées pour des décisions plus complexes.
- Pour surmonter les problèmes qui découlent de la nécessité que les critères soient indépendants les uns des autres (en d'autres termes, les préférences exprimées par les experts sur la base d'un critère donné devraient être indépendantes du jugement porté par eux sur cette même option en s'appuyant sur un autre critère), des techniques plus complexes pourraient être utilisées, dont notamment la « théorie de l'utilité multicritères ». Cette dernière tend à être trop complexe pour la plupart des prises de décision concrètes.

La formule à appliquer pour calculer la note finale attribuée à un projet d'investissement ou une politique est la suivante si l'on fait appel à la variante la plus simple de l'AMC :

$$S_i = \sum_j m_j . S_{ij} \qquad [18.4]$$

où i est la iième option, j le jième critère de sélection, m le coefficient de pondération et S la note.

L'AMC adopte un point de vue plus large que l'ACE dans la mesure où elle tient explicitement compte de la multiplicité des objectifs. Certains aspects de l'AMC sont toutefois controversés :

- Comme dans le cas de l'ACE, lorsque l'on compare l'efficacité aux coûts sous la forme d'un ratio, l'AMC ne peut fournir aucune indication quant à savoir s'il convient réellement d'adopter quelque projet d'investissement ou quelque politique que ce soit. Son domaine d'application se limite au choix entre plusieurs options dont l'une au moins doit être mise en œuvre. L'AMC et l'ACE sont donc « efficientes » dans la mesure où elles visent à assurer une efficacité maximale pour une unité de coût donnée, mais elles peuvent néanmoins être « inefficientes » du point de vue économique. L'annexe 18.A1 illustre plus en détail ce problème et montre que l'AMC n'aboutit au même résultat qu'une ACA que lorsque (a) les notes attribuées aux différents critères sont les mêmes, (b) les coefficients de pondération qui leur sont attachés dans le cadre de l'AMC correspondent aux prix fictifs dans l'ACA et (c), qui est une conséquence de (b), le coefficient de pondération appliqué aux coûts est égal à un.

- L'AMC s'appuie généralement sur les notes et coefficients de pondération établis par les experts. L'AMC n'est donc pas aussi « démocratique » que l'ACA, dans le cadre de laquelle les unités monétaires reflètent les préférences des individus plutôt que celles des experts. La « matière première » de l'ACA est en d'autres termes formée par une série de « votes » individuels, quoique pondérés en fonction du revenu, alors que les experts ne sont pas élus et peuvent donc ne pas avoir à rendre de comptes aux individus ayant exprimé ces « votes ».
- L'AMC tend en revanche à être plus « transparente » que l'ACA dans la mesure où les objectifs et les critères y sont en règle générale explicitement et non implicitement définis. Du fait de la multiplicité des objectifs dont elle tient compte, l'AMC est toutefois dans la plupart des cas moins transparente que l'ACE, qui ne prend en considération qu'un unique objectif.
- On ignore souvent jusqu'à quel point l'AMC tient compte des problèmes d'actualisation dans le temps et de variation des valeurs relatives.
- L'incidence sur la répartition figure d'ordinaire parmi les éléments que l'AMC vise à déterminer, et il est donc possible d'en tenir clairement compte.

18.2.5. *Approches participatives*

Lorsque le système politique se préoccupe de l'intérêt public, il est probable qu'il mette l'accent sur la consultation et la participation, en faisant peut-être appel à des approches plus délibératives de la formulation de l'action publique. Cela devrait aussi concerner les praticiens de l'ACA. La raison en est que le manque de participation peut aisément susciter une opposition à un projet ou une politique, ce qui en rend difficile la mise en œuvre et fait qu'il est coûteux de revenir dessus. La participation peut également permettre de mieux concevoir les politiques et les projets puisque les personnes les plus directement intéressées connaissent de plus près les problèmes en cause que les analystes et les décideurs.

Si l'on peut faire valoir que certaines techniques d'évaluation employées dans les ACA environnementales – notamment les approches fondées sur les préférences déclarées – donnent lieu à une consultation directe des individus et permettent de recueillir leurs préférences au sujet des changements de politiques et des nouveaux projets, l'ACA n'en constitue pas pour autant à proprement parler une approche participative ou délibérative. Par exemple, dans les études fondées sur les méthodes des préférences déclarées, les valeurs monétaires sont généralement obtenues dans le cadre d'un échange individuel entre un enquêteur (indépendant) et une personne interrogée séparément des autres ou, de plus en plus souvent, par l'intermédiaire de plates-formes en ligne certes efficientes, mais qui ont l'inconvénient d'être impersonnelles. Le chapitre 4 n'en fait pas moins état d'un petit nombre d'études qui mettent en évidence la possibilité d'adapter ces approches pour y intégrer des éléments plus délibératifs.

Pour déterminer si des outils particuliers sont suffisamment participatifs, il n'est pas inutile de revenir sur la définition de la « participation ». Il apparaît en effet que ce terme a au moins trois acceptions pertinentes selon qu'il recouvre : (a) la participation en tant que moyen de consultation, le but étant d'assurer que les préférences des parties intéressées sont prises en compte ; (b) la participation en tant que moyen d'influence, l'objectif étant de garantir que les parties intéressées influent sur l'orientation et sur la forme du projet ou de la politique en cause ; et (c) la participation en tant que moyen de partage des avantages, où il s'agit de faire en sorte que les parties intéressées recueillent une partie des avantages engendrés. Bien souvent, ce que l'on entend par participation ne correspond pas tant à la nécessité de prendre acte des préférences du public qu'à celle de se concerter avec les groupes de pression qui feraient sinon barrage à la politique envisagée. Ce sont les sens (b) et (c) ci-dessus et non le sens (a) qui ont de l'importance dans le cadre du processus de décision politique. C'est pourtant le sens (a) qui sous-tend l'ACA alors que (b) et (c) n'y ont aucune place. Il y a là encore lieu de garantir la participation en ayant recours à d'autres outils aux fins de formulation des politiques.

Comme le relèvent Hisschemöller et Cuppen (2015), il n'existe pas forcément une typologie à proprement parler des outils participatifs. En revanche, ce qui fait d'après eux le lien entre les approches participatives, ce sont les efforts faits pour intégrer au processus un dialogue utile – sous une forme ou une autre – au lieu de s'en remettre aux seuls jugements des experts (et politiques). À cette aune, plusieurs outils familiers de formulation des politiques sont participatifs dès lors qu'ils sont appliqués de façon à mettre ainsi l'accent sur le dialogue. Ce pourrait être le cas, par exemple, d'une AMC dans le cadre de laquelle un dialogue est établi entre les participants (parties concernées par la décision) et les analystes sur les différentes dimensions du choix d'une politique ou d'un projet ainsi que sur le poids à attribuer à chacune d'elles. Cela peut également comprendre les ACA selon la façon dont elles sont conduites avec les intéressés (par exemple, recours à des approches délibératives faisant appel à des groupes de réflexion et des jurys citoyens).

À titre d'exemple, l'Agence de l'environnement anglaise fait largement appel à l'ACA pour éclairer ses décisions quant aux moyens d'atteindre les objectifs fixés par les pouvoirs publics, notamment en matière de gestion des bassins versants. Pour ce faire, elle recourt notamment à la participation afin de renforcer la transparence et l'adhésion à l'égard des ACA qu'elle réalise, de l'ensemble d'outils qu'elle emploie pour attribuer une valeur aux changements de qualité de l'eau et de la façon dont les données correspondantes sont ensuite utilisées[3]. En l'occurrence, les parties prenantes (organisations de défense de l'environnement, compagnies des eaux et autres groupes concernés) sont invitées à délibérer sur les modalités de réalisation de cette analyse, et notamment à formuler des recommandations concernant les valeurs, environnementales par exemple, à utiliser avec les outils. Bien entendu, comme dans toute délibération de ce type, le risque est que les intéressés préconisent l'usage d'éléments d'appréciation qui servent leurs intérêts. Cependant, cette délibération conjuguée à un examen attentif des recommandations peut permettre de mettre à profit de nouvelles informations au sujet des politiques ou projets envisageables et de légitimer les décisions.

18.2.6. Analyse de scénarios

Les outils tels que l'ACA fournissent une prévision de l'avenir. Ils peuvent notamment prévoir les coûts et les avantages qui découleront de la mise en œuvre de certains changements de politique ou projets d'investissement possibles. Toutefois, ils peuvent aussi en principe servir à examiner les impacts à un stade plus précoce du cycle d'élaboration des politiques, par exemple lorsque le problème posé aux pouvoirs publics reste encore à définir précisément (tout comme les réponses adaptées). La prévision offre un instrument relativement précis dans ce contexte vu le degré de quantification qu'elle implique. En outre, l'application d'outils de nature plus exploratoire, voire abstraite, peut aussi être profitable au processus de formulation des politiques, surtout si les lignes d'action envisageables (et leurs conséquences) ne sont pas encore bien définies.

L'analyse de scénarios (AS) est l'un de ces outils. Selon la définition de Pérez-Soba et Maas (2015), elle se situe quelque part entre la spéculation et la prévision. En l'occurrence, la seconde est adaptée aux problèmes relativement peu complexes et peu incertains (ou du moins aux cas où cette incertitude est gérable sur le plan analytique – voir en particulier le chapitre 9), alors que la première correspond aux situations inverses (fort degré de complexité et véritable incertitude). Par conséquent, d'après Pérez-Soba et Maas, l'AS convient pour les problèmes d'orientation de l'action qui présentent des caractéristiques intermédiaires. Comme il s'agit d'un instrument exploratoire, elle permet de tester les conséquences d'avenirs possibles qui sont plausibles (c'est-à-dire qui peuvent se réaliser) mais divers, et qui mettent en jeu des éléments nouveaux comme des surprises et des chocs. L'un de ses points forts peut être de donner une idée d'une stratégie et d'un fil directeur crédibles (plutôt que des plans détaillés), même si les implications socio-économiques et environnementales globales des scénarios choisis importent bien évidemment aussi. Cette forme de prospective ne consiste pas seulement à concevoir des scénarios. Elle peut aussi donner lieu à des « rétropolations » ou partir d'un scénario futur particulier (jugé par exemple durable ou souhaitable) et revenir en arrière pour voir comment ce résultat peut être obtenu.

L'évaluation des écosystèmes nationaux du Royaume-Uni réalisée en 2011 (*UK National Ecosystems Assessment* ou NEA) permet d'illustrer le recours à l'AS. Au total, six scénarios – ou « canevas » – ont été définis dans ce contexte, explorant chacun une trajectoire d'évolution différente de la gestion des services écosystémiques. Certains de ces scénarios ont privilégié la croissance économique (définie de façon restrictive comme la croissance du PIB) ou la sécurité nationale. Dans ce contexte, le rôle des services écosystémiques dans le développement a été minimisé au détriment, peut-être, de l'expansion et de l'intensification de l'agriculture. Dans d'autres scénarios, le renforcement des services écosystémiques occupe à l'avenir une place centrale et primordiale. Cependant, les canevas sont conçus de plusieurs façons. Ainsi, dans l'un des scénarios, il s'agit principalement de faire en sorte que ces services soutiennent davantage l'économie dans son ensemble (fourniture d'intrants directs et indirects pour l'activité économique), alors que dans un autre, ils sont surtout cantonnés au rôle d'aménité pourvoyeuse de paysages protégés (et peut-être de beauté intrinsèque) et on ne se pose pas la question de savoir ce qu'ils « peuvent faire » pour l'économie.

Chacun de ces scénarios implique des trajectoires particulières en ce qui concerne les politiques, les projets et les comportements humains. Un volet important de cette AS consiste donc à appréhender les différences et les similitudes entre les scénarios. Pour les praticiens de l'ACA, cette approche peut manquer de précision par rapport à l'ACA, mais c'est bien là l'aspect essentiel : on peut considérer que l'AS est d'autant plus utile qu'il est impossible de faire preuve de précision du fait de la nature du problème. En revanche, il peut être possible d'être précis en ce qui concerne certains éléments du problème. Pour reprendre l'exemple ci-dessus, un autre chapitre de la NEA de 2011 a examiné les moyens de transformer les scénarios en prévisions. Vu que chaque scénario impliquait une trajectoire différente concernant les services écosystémiques, s'il était possible de quantifier et d'évaluer certains d'entre eux, l'envergure des avantages écosystémiques – dans le cadre d'un scénario particulier – pouvait être établie de cette façon. En l'occurrence, cette évaluation a été appliquée au stockage du carbone et aux usages récréatifs de la nature, et le résultat a été comparé à la valeur de la production agroalimentaire dans ces différents scénarios, ce qui a contribué à cadrer la réflexion des responsables de l'élaboration des politiques sur ces avenirs possibles.

18.3. Conclusions

Il existe un large éventail de procédures pour orienter la prise de décision. Ce chapitre montre qu'elles se distinguent par leur degré d'exhaustivité, c'est-à-dire par le degré auquel elles tiennent compte de tous les coûts et avantages. En règle générale, seule l'AMC présente un degré d'exhaustivité aussi élevé que celui de l'ACA, et il pourrait même lui être supérieur si l'on considère les autres objectifs que l'efficience et l'incidence sur la répartition. Toutes les autres procédures limitent délibérément leur centre d'intérêt à des catégories d'impacts spécifiques, comme les risques pour la santé ou les effets environnementaux, ou font abstraction des coûts. Les procédures varient également du point de vue du traitement réservé à la dimension temporelle. Certaines approches comme l'EIE apportent à l'ACA des informations de base essentielles, bien que les impacts correspondants puissent ne pas bénéficier du même type de traitement « en termes physiques » dans une analyse coûts-avantages.

Le message qui se dégage est que ces différentes procédures ne sont pas interchangeables, et c'est bien là le point essentiel. Les praticiens de l'analyse coûts-avantages acceptent l'idée que l'ACA n'est qu'un élément parmi d'autres qui entre dans l'élaboration de recommandations pour la prise de décision en matière de politiques et de projets d'investissement. Les autres outils peuvent apporter les éléments supplémentaires. En fait, il est possible que, loin de nuire à l'utilité de l'ACA, ils la renforcent, par exemple en légitimant ses recommandations par un plus large recours à la délibération dans le cadre de la formulation des politiques.

Il ne faut pas en conclure pour autant que « tout est possible ». Le débat sur les relations entre l'ACA et les autres procédures part souvent d'une réflexion critique sur les limites de la première : qu'est-ce que l'ACA omet de prendre en compte et comment combler ces lacunes apparentes par des approches complémentaires ? De même qu'il est primordial de faire preuve de sens critique dans l'utilisation de l'ACA, il convient à l'évidence d'analyser de façon critique les autres approches préconisées et d'en évaluer les applications pratiques à l'aune des critères pertinents comme ceux définis dans les lignes directrices officielles.

Notes

1. En l'occurrence, cette étude s'inscrit dans le contexte de l'analyse de l'impact de la réglementation aux États-Unis.
2. Par exemple, si on se réfère à certaines des procédures examinées vers la suite de ce chapitre, il peut s'agir de définir les objectifs de l'action publique en termes physiques, de recourir à une forme d'évaluation environnementale ou fondée sur les risques et de formuler les politiques en fonction des options qui permettent de produire les résultats voulus avec le meilleur rapport coût-efficacité.
3. Steve Arnold, UK Environment Agency, entretien personnel.

Références

Dudley, S. et al. (2017), « Consumer's guide to regulatory impact analysis: ten tips for being an informed policymaker », *Journal of Benefit-Cost Analysis*, vol. 8, n° 2, pp. 187-204, *https://doi.org/10.1017/bca.2017.11*.

Hisschemöller, M. et E. Cuppen (2015), « Participatory assessment: Tools for empowering, learning and legimating », *in* Jordan, A. et J.R. Turnpenny (éd.), *The Tools of Policy Formulation: Actors, Capacities, Venues and Effects*, Edward Elgar, Cheltenham.

Jordan, A. et J.R. Turnpenny (éd.), *The Tools of Policy Formulation: Actors, Capacities, Venues and Effects*, Edward Elgar, Cheltenham.

Pérez-Soba, M. et R. Maas (2015), « Scenarios: Tools for coping with complexity and future uncertainty? », *in* Jordan, A. et J.R. Turnpenny (éd.), *The Tools of Policy Formulation: Actors, Capacities, Venues and Effects*, Edward Elgar, Cheltenham.

UK NEA (2011), *National Ecosystem Assessment: Technical Report*, PNUE-WCMC, Cambridge.

ANNEXE 18.A1

Analyse multicritères et option « ne rien faire »

Pour que l'option « ne rien faire » puisse être correctement prise en compte dans une évaluation, il faut que les coûts et les avantages soient exprimés en une même unité. Lorsqu'elle se présente de la même manière qu'une analyse coût-efficacité, de multiples critères d'efficacité étant comparés aux coûts *sous la forme d'un ratio*, l'AMC ne peut évaluer l'option « ne rien faire ». La raison en est que les notes pondérées correspondent de fait au degré d'efficacité alors que les coûts sont mesurés en termes monétaires. Le numérateur et le dénominateur ne sont pas exprimés en une même unité. Le moyen d'« échapper » à ce problème consiste à attacher aux coûts une note (qui est d'ordinaire égale à la valeur absolue du coût monétaire) ainsi qu'un coefficient de pondération. Si nous considérons que les notes pondérées sont exprimées en « utils » (ou en toute autre unité de compte), l'AMC peut tenir compte de l'option « ne rien faire ». Si son ratio avantages/coûts est inférieur à un, l'option « ne rien faire » doit être écartée. Il en va de même si les avantages représentent un moindre nombre d'utils que les coûts.

L'AMC peut ainsi être modifiée pour tenir compte de l'option « ne rien faire ». Il peut toutefois être aisément démontré que, sous des conditions très restrictives, l'AMC aboutira au même résultat que l'ACA.

Le tableau 18.A1 indique la procédure appliquée dans l'AMC sous sa forme simple. Supposons que les notes soient respectivement les suivantes : E1 = 10, E2 = 5 et E3 = 30. Ces notes sont multipliées par les coefficients de pondération retenus, à savoir W1 = 4, W2 = 6, W3 = 10. Le coefficient de pondération appliqué aux coûts est égal à un. La somme des notes pondérées montre que l'option « faire quelque chose » constitue un « bon » choix. Si l'on suppose que les coefficients W1... W3 sont des prix, le tableau 18.A1 pourrait correspondre à une ACA, autrement dit l'AMC et l'ACA aboutiraient à des résultats strictement identiques.

Tableau 18.A1. **Données pondérées pour une AMC, le coefficient de pondération des coûts étant égal à un**

	« Faire quelque chose » : notes brutes	« Faire quelque chose » : notes pondérées
Coûts	- 50	- 50
E1	+10	+ 40
E2	+ 5	+ 30
E3	+30	+300
Somme des notes (pondérées)	- 5	+320

Le tableau 18.A1 montre l'importance du choix des coefficients de pondération. Une approche « non pondérée » (c'est-à-dire dans laquelle le coefficient de pondération attaché aux notes brutes serait égal à un) amènerait à écarter la politique envisagée alors que l'approche pondérée inciterait à la retenir. Néanmoins, pour autant que les coefficients de pondération indiqués au tableau 18.A1 correspondent aux prix dans l'ACA, cette dernière et l'AMC aboutiront au même résultat.

Pour finir, si nous supposons que, dans le cadre de l'AMC, les coefficients de pondération attachés à chacun des critères ou caractéristiques sont égaux aux prix fictifs correspondants et que celui appliqué aux coûts s'élève par exemple à 8, les coûts pondérés atteindraient dès lors - 400 au tableau 18.A1 et l'analyse multicritères amènerait en définitive à écarter l'option « faire quelque chose ».

Nous pouvons résumer de la façon suivante les conditions qui doivent être satisfaites pour que l'ACA et l'AMC aboutissent au même résultat :

1. Les notes attribuées aux différents critères doivent être les mêmes,
2. Les coefficients de pondération qui leur sont attachés dans le cadre de l'AMC doivent correspondre aux prix fictifs, et en particulier :
3. Le coefficient de pondération appliqué aux coûts doit être égal à un.

ORGANISATION DE COOPÉRATION ET DE DÉVELOPPEMENT ÉCONOMIQUES

L'OCDE est un forum unique en son genre où les gouvernements œuvrent ensemble pour relever les défis économiques, sociaux et environnementaux que pose la mondialisation. L'OCDE est aussi à l'avant-garde des efforts entrepris pour comprendre les évolutions du monde actuel et les préoccupations qu'elles font naître. Elle aide les gouvernements à faire face à des situations nouvelles en examinant des thèmes tels que le gouvernement d'entreprise, l'économie de l'information et les défis posés par le vieillissement de la population. L'Organisation offre aux gouvernements un cadre leur permettant de comparer leurs expériences en matière de politiques, de chercher des réponses à des problèmes communs, d'identifier les bonnes pratiques et de travailler à la coordination des politiques nationales et internationales.

Les pays membres de l'OCDE sont : l'Allemagne, l'Australie, l'Autriche, la Belgique, le Canada, le Chili, la Corée, le Danemark, l'Espagne, l'Estonie, les États-Unis, la Finlande, la France, la Grèce, la Hongrie, l'Irlande, l'Islande, Israël, l'Italie, le Japon, la Lettonie, la Lithuanie, le Luxembourg, le Mexique, la Norvège, la Nouvelle-Zélande, les Pays-Bas, la Pologne, le Portugal, la République slovaque, la République tchèque, le Royaume-Uni, la Slovénie, la Suède, la Suisse et la Turquie. La Commission européenne participe aux travaux de l'OCDE.

Les Éditions OCDE assurent une large diffusion aux travaux de l'Organisation. Ces derniers comprennent les résultats de l'activité de collecte de statistiques, les travaux de recherche menés sur des questions économiques, sociales et environnementales, ainsi que les conventions, les principes directeurs et les modèles développés par les pays membres.

ÉDITIONS OCDE, 2, rue André-Pascal, 75775 PARIS CEDEX 16
(97 2018 04 2 P) ISBN 978-92-64-30044-6 – 2019

www.ingramcontent.com/pod-product-compliance
Lightning Source LLC
LaVergne TN
LVHW080116011026
849160LV00013B/1115